2024年9月最新版

證券交易法
理論與實務

李開遠｜著

五南圖書出版公司 印行

六版序

　　本書自2022年1月增訂五版至今已逾2年半，在此期間，金管會及立法院為因應企業實務環境變遷，健全公司治理，落實獨立董事職責與功能，分別於2022年11月30日、2023年5月10日、6月28日及2024年7月16日四度修正證券交易法，茲將修正要點分述如下：

　　一、為配合公司法第172條之2有關視訊會議之推行，依證交法第22條之1第2項規定於111年3月4日修正公布公開發行公司股務處理準則，增訂股東會視訊會議專章，明確規範股東會以視訊方式召開會議之相關條文規範及相關應遵循事項。

　　二、為健全取得大量股權揭露制度及提升資訊透明度，並為符合外國立法之趨勢，爰修正本法第43條之1第1項，將大量持股申報及公告之門檻由原百分之十修正為百分之五。

　　三、為配合我國上市櫃公司於111年度全面設置審計委員會取代監察人，並基於審計委員會採合議制，應透過會議方式集思廣益，以落實審計委員會監督職能之發揮，並兼顧少數股東權益之保障，且實務上有獨立董事個別成員濫權致影響公司正常營運，引發社會大眾疑慮之情形，爰規範對於公司法監察人職權之行使方式應由審計委員會合議行之，不得由個別獨立董事單獨行使。

　　四、公司法第220條規定監察人之股東會召集權，依據原規定，審計委員會之獨立董事得單獨召集股東會，惟近來實務上有發生同一公司數位獨立董事分別召開臨時股東會，引發多重股東會等情形，致使全體股東無所從，難以行使股東權利，影響公司正常運營。考量股東會之召集原則由董事會為之，例外由審計委員會者，應以合議式審慎評估是否符合公司法第220條為公司利益而於必要時召集股東會，爰刪除準用公司法第220條有關立董事之股東會召集權，修正

回歸審計委員會決議召集。

五、鑒於公司經營成果仰賴員工之具體貢獻，爰修正本法第14條增列第6項及第7項，要求上市、上櫃公司年度盈餘應提撥一定比率，為基層員工調正薪資或分派酬勞，且前述金額得自當年度營利事業所得額減除之。

六、指數股票型基金（ETF）介紹。近3年來是台股ETF發行及交易最踴躍的3年，20年來成長近千倍，台股ETF的績效表現亦令投資人驚艷不已，為使投資人正確了解ETF的性質、運作及風險，特補充增列專節詳細介紹此項重要的金融產品。

作者站在證券投資分析顧問的角度，只想告訴台灣投資人一件事：買股票最難的不是看懂產業興衰以及特定上市公司的經營本質，而是輕忽地緣政治風險，舉例而言，股神巴菲特擔任執行長的投資公司波克夏公司2023年第三季買進價值逾40億美元的台積電ADR，卻又在第四季大砍持股百分之八十五，2024年4月他接受日經新聞專訪時，首度對大砍台積電ADR發表看法。巴菲特表示，台積電是一家管理良好的公司，但還有布局投資更好的去處。他指出地緣政治緊張是其大砍台積電ADR的考量因素之一。我們環顧當前世界局勢，烏俄戰爭、以巴衝突、中東局勢、紅海危機、台海風雲、南北韓對峙、南海衝突等，投資人千萬別忽視不斷上升的地緣政治風險及其對市場潛在性的巨大影響。地緣政治危機帶來不確定性，此一不確定性會使決策者延遲重大計畫的信心，並成為經濟體以及金融市場的負擔，企業將會放緩投資計畫或是員工招募計畫，消費者也會延後大型商品如汽車或房屋的消費支出規劃，投資人也會為了等待明確的局勢發展、而延遲其投資決策。

2014年1月23日KPMG安達建業發布2023CEO全球前瞻大調查，訪問11國最具影響力（營收5億美元以上）企業共1,325位企業領導人。結論為今年是全球最大選舉年，66國將大選，因此高達18％企業家共同認為，地緣政治及政治不確定性是最大風險，比例最高。但是台灣CEO最擔心的風險第一名是營運風險，卻跟全球CEO最擔心的「地緣政治」風險大不相同。

地緣政治的緊張局勢將引發經濟波動，地緣政治阻礙了全球永續發展目

標（SDGs）的推動進度。當政治意圖壓過市場規則和產業運作習慣，地緣政治就可能變成一種武器，用來打擊異己、劃分地盤，讓企業更加無所適從。中美關係堪稱係當前最重要的政治議題，全世界第一大和第二大的國家作對，對全球而言那不是件好事，當雙方各自對立，強迫建立兩套分離的供應鏈，就會帶來「通貨膨脹」和「逆全球化」等嚴重後果，拖累市場運行效率大幅下滑，也讓企業徒增許多無謂成本。此看法並非杞人憂天。2023年台積電運動會，創辦人張忠謀曾公開表示，或許不久之後，別的公司可能利用地緣政治來打敗台積電，半導體的全球化和自由貿易，已經消失殆盡！在此特別呼籲證券投資人，投資時切莫只顧經濟理論而忽視地緣政治風險之課題。最後我再引用聯合報今年6月18日報導：「美國在臺協會（AIT）台北辦事處長孫曉雅（Sandra Oudkirk）即將屆滿三年任期，她在卸任前建議台灣，別因為中方的挑釁措辭和行動驚慌失措，但是也別對這些風險麻木，台灣與其夥伴國必須找到一條穩健道路，避免陷入歇斯底里或自滿。」作為序文結語，並與各位投資人共勉。

　　僅此再版之際，爰綴數語以為序。另出版人五南圖書公司多方配合本次修訂工作，特此致謝。

李開遠 謹識

2024年9月14日

自序

　　在資本市場發達之國家，其工商企業通常藉由有價證券之發行，募集其所需之長期資金；投資有價證券已成為民間運用儲蓄與個人理財之重要工具。證券市場之主要任務即在於匯集儲蓄轉為投資，進而促進經濟成長，其發展不僅關係到資本市場之興衰，對於金融體系甚至整體社會生活之安定與繁榮亦發揮積極之作用。

　　台灣地區證券市場歷經五十年之發展，尤以民國77年政府開放證券商成立以來，證券商及其相關服務業快速成長，造成國內證券市場蓬勃發展之熱潮，目前正值我國大力推動金融自由化與國際化，規劃發展台灣成為亞太區域金融中心，證券交易為其不可或缺之一環，為促進我國證券市場健全發展、保障投資大眾及責成相關業者適法經營，俾利國家整體經濟發展，實有賴證券相關規範之制定，證券交易法係規範有價證券之募集、發行及買賣之基本法規，其與證券市場秩序之維持，關係至深且鉅，各國無不制定周延、透明及公正之證券交易規範，我國以往亦朝此目標努力，對證券交易法及相關法規不斷加以研析修正，以配合國家整體經濟發展之所需。

　　筆者習法律，涉足財金、經貿領域三十餘載，自民國70年起於東吳大學、淡江大學、文化大學及銘傳大學等校法律及財經系所擔任金融、證券等財經法規課程，因感為人師職責之重大，加以個人興趣所致，平日對公司法、證券交易法、企業併購法等相關理論與實務尤加潛心研析，茲為準備教學之故，多參據法學論著、法令要旨、解釋函令、期刊、學報、專論及國內財經專業報刊等資料，對證券市場之形成、演進及發展加以研究比較；對公開發行有價證券制度之利弊得失為之分析檢討，尤以近二十年來證券市場為社會大眾高度關切，凡提及證券市場，無不論及公開發行、上市、上櫃及興櫃之股份有限公司，如僅論及公司法本身，則讀者未來面對證券市場時，將對股份有限公司制度產生混淆與困擾，究竟公司法中提及之股份有限公司與證券市場中之公開發行、上市、上櫃及興櫃之股份有限公司有何區別？因之，筆者於本書撰稿時，特別將

證券交易法中有關公開發行與上市、上櫃及興櫃部分配合公司法內容詳盡分析比較，俾利讀者對如何適用現代商業運轉之典章制度—「股份有限公司」，有一完整有系統之概念，使股份有限公司之運作，在經濟快速成長之同時，能兼顧社會交易之安全與經濟秩序之維持，此亦為本書撰稿之緣起。

　　筆者利用民國百年上半年，將近二百個夜晚，將過去三十餘年教學研究準備之資料、講稿四十餘萬字整理付梓，以供教學、證券業及投資大眾之參考，使大家瞭解證券市場之正確性質，俾使其權益得以充分保障，筆者在以往教學過程中發現透過股票投資專業知識之學習與操作，可讓學習者能更廣泛、更深入地學習與瞭解國內外政治、經濟、金融及產業等各類知識之廣度與深度。在某種意義上，股票價格之走勢可謂係國內政治、經濟之晴雨表，因之，股票投資除可獲取利潤外，尚且是另一種求知學習之途徑，筆者期盼諸位讀者在閱畢本書後，能體會本書之重點不只是對證券法規之介紹，而是在正確股票投資觀念之建立，衷心期盼各位讀者皆能體會理性的投資行為比正確的行情預測更為重要，亦祝福各位讀者能作一個快樂的業餘投資人。筆者不敏，雖盡全力詳加斟酌考據完成本書，然自愧學驗不足，管窺有限，舛誤難免，尚祈法學先進及財金專家不吝賜教為幸。倘蒙賜正，一字之師，感將不朽！

李開遠　謹識

2011年9月14日

目　錄

第二章　證券市場　　　　　　　　　　　　　　**037**

| 第三章 | 證券主管機關
──金融監督管理委員會證券期貨局 | 051 |

第四章　證券發行市場之管理　　065

第六章　證券商之設立與管理（證交§44～§48）　357

第七章　證券金融事業　　401

| 第九章 | 證券投資顧問事業 | 443 |

第一章 概　論

　　證券交易法第1條規定「為發展國民經濟，並保障投資，特制定本法」。可知證券交易法制定之立法目的有下列二項：

一、發展國民經濟

　　證券市場之主要功能在導引國民儲蓄投入生產事業，納社會游資於正軌，協助工商企業籌集資金，俾利工商企業朝向大規模企業型態發展，進而促進國家經濟穩定發展，因之為加速一國經濟發展，首先必須建立健全之證券市場，藉予維持有價證券發行之順暢，確保有價證券交易之公平，並能使工商企業股權分散，投資人普遍持有股權，參與投資，分享經濟發展之成果，達到民生主義經濟建設均富之目標。故證券交易法制定目的之一，在發展國民經濟。

二、保障投資

　　政府建立證券市場其主要目的在提供企業，以發行股票或公司債等有價證券協助企業在證券市場籌集長期資金，形成資本市場，然由於證券交易行為極富投機性，易為投機者持為斂財之工具，影響證券市場之交易秩序，若僅鼓勵國民投資，而未顧及保障投資，難以提高社會大眾投資意願，易使投資人對證券市場失去信心，因之證券交易法為維護市場之公正與公平，特別制定各種防範詐欺行為之規範，有效遏止內部人交易、利益輸送及操縱市場等違法行為，俾維護投資大眾之權益，以建立公平健全之股票市場。故證券交易法制定目的之二，在保障投資。

第二節　證券交易法立法原則

一、資訊公開原則

　　資訊公開為健全證券市場之基石，加強資訊公開，非但有助於投資人從事理性之投資判斷，更可使公司內部關係人有所忌憚而不致任意違法操縱股市。我國證券管理制度主要沿襲自美國聯邦證券管理制度，其基本之管理原則在於「充分與公正之公開」（Full and fair disclosure），此原則主要起源於美國大法官Louis Brandeis在其1914年之著作*Other People's Money*中所述之名言：「公開是現代社會及工業疾病之救生藥，陽光是最好之防腐劑，電燈是最有效之警察。」換言之，在證券市場之管理上，主管機關之職責在於促使市場之參與者，特別是公開發行公司，就其財務及業務狀況為充分與公正之公開，當此等資訊完全公開於市場時，市場之不同參與者即能察覺其中問題之所在，而投資人亦能在有所依據之情況下從事其投資決策。為維持市場之公正性以及效率性，世界各主要證券市場之政府證券主管機關以及證券市場自律機構對於證券資訊皆訂定相當之管理辦法；而且由於國情之不同，或證券市場制度之差異，對於證券資訊之運用亦有所不同。

　　為使公開發行公司財務業務充分、公正且即時的公開，以利投資人做合理之投資判斷，行政院金融監督管理委員會證券期貨局（以下簡稱證期局）除加強公開說明書及其他定期資訊（如年度財務報告、年報等）公開內容之完整、確實性外，並對影響股東權益及股價之不定期重大訊息修訂發布「公開發行公司取得或處分資產處理要點」、「公開發行公司向關係人購買不動產處理原則」、「公開發行公司從事衍生性商品交易處理要點」及督導台灣證券交易所及櫃檯買賣中心確實依「對上市（櫃）公司重大訊息查證暨公開處理程序」、「上市（櫃）公司重大訊息說明記者會處理程序」及「股市觀測站資訊系統作業辦法」規定嚴格督促上市、上櫃公司即時公開重大訊息。另為貫徹資訊公開管道，該局亦發布多項函令要求各公開發行公司及證券商應依規定適時提供公開說明書予投資人或股東參閱。我國現行證券市場公開體系可分為發行市場之公開與流通市場之公開二大類，茲分述如下：

（一）發行市場之公開

　　證券發行市場係透過公開說明書而將發行人之公司概況、營運概況、營

業與資金運用計畫、財務概況、特別記載事項、重要決議、公司章程及相關法規等加以公開。所謂公開說明書，即發行人為有價證券之募集與發行，向公眾提出之說明文書，其編製及應記載事項，依證券管理委員會頒行之「公司募集發行有價證券公開說明書應行記載事項準則」為之，法源基礎為證券交易法第30條。

（二）流通市場之公開

證券次級市場之參與者包括投資人、經紀商、自營商、市場締造者（market maker）等，由於資訊不斷地產生，而且持續地影響股票價格，如何讓市場之參與者皆能快速且正確地獲得證券資訊，同時對於內線交易之防止及異常交易監控與揭示，以維護市場之公平性與效率性，提升市場之績效與防止市場機能之扭曲，是證券市場資訊管理之主要目的。國際證券市場聯盟（FIBV）1992年6月於加拿大召開之「流通市場之公開揭露制度」研討會報告中曾提出，公開市場資訊之好處有(1)增加市場透明度；(2)強化市場之價格機能；(3)增加市場流通性；(4)提升市場之誠信度；(5)提高市場效率；(6)有效改進市場監視制度，上述幾點充分顯示證券交易資訊管理之重要性。以下係我國證券交易法對國內流通市場資訊公開之規範：

1. 年度財務報告、第一、二、三季季報、每月營業額之公告與申報，以及年報之編製

財務報告指財務報表、重要會計科目明細表及其他依「證券發行人財務報告編製準則」規定有助於使用人決策之揭露事項及說明，例如財務預測及發行人業務、發行之有價證券、財務資訊等其他揭露事項。而財務報表應包括資產負債表、損益表、股東權益變動表、現金流量表及其附註或附表。

為使各上市公司能依照規定時限申報、公告財務業務資訊，證券商及有關證券機構應妥善管理陳列，俾使投資人能於規定地點取得有關資訊作為投資決策之參考。

2. 重大訊息之適時公開

依證券交易法第36條第2項第2款規定，發行公司發生對股東權益或證券價格有重大影響之事項時，應於事實發生之日起2日內公告並向主管機關申報，並以抄本送證券交易所或證券商同業公會供公眾閱覽，以補充定期財務報告之不足。證券交易法第36條第2項第2款所定對股東權益或證券價格有重

大影響之事項，證券交易法施行細則第7條有明文規定。

　　資訊公開為健全證券市場之基石，亦是達成效率市場之先決條件，在一個資訊不公開之證券市場，投資人無法取得關於公司之相關資訊，即或取得，亦可能係片斷、過時之訊息，使資訊社會成本增加。資訊公開原則乃是要求公司將重要資訊定期或即時充分且公正地揭露予投資大眾，一方面保障投資大眾權益，另方面亦可促進社會財富之有效分配。

二、利益衝突避免原則

　　我國企業之發展，多年來仍未擺脫家族企業之型態，通常企業上市之後，因各種利益之交集，形成關係企業，其間藉不當利害關係人交易，而從事利益輸送案例，不勝枚舉，此外，政府於民國70年代，開始逐步採行自由化、國際化之措施，雖然上市、上櫃及公開發行公司因此可享有更寬廣之經營空間，然於推動自由化等措施之際，亦不應任由企業藉關係人交易，從事不當利益輸送之情形，從而嚴格規範公開發行及上市公司不當利益輸送，以及加強關係人交易之揭露與查核，確有必要。然利害關係人交易之型態相當繁複，涉及之法律領域亦甚廣泛，舉凡民法、刑法、銀行法、證券交易法、公平交易法、所得稅法等法令，皆有利害關係人交易之規定，茲將國內相關法令揭櫫利益衝突避免之原則予以分述如下：

（一）禁止原則

　　民法第562條、第563條及公司法第32條、第209條禁止經理人或董事競業之規定。惟如利用上市公司內部資訊謀利，則係違反證券交易法第20條、第157條之1之行為。此外，民法第87條規定通謀虛偽意思表示無效；民法第244條對債務人之詐害行為，予債權人得撤銷之權，亦與禁止之原則相符，一旦違反，行為人負回復原狀及損害賠償之責。再者，刑法對於從事不當利益輸送行為之規範，主要為對第342條背信罪之處罰。

（二）迴避原則

　　公司法第178條、第206條第2項規定股東、董事如具利害關係，致有害公司利益之虞時，則不得參與股東會、董事會有關決議之表決；此外，民法第106條對於雙方代理之情形，亦有類似之禁止規定。

（三）阻絕原則

證券交易法、銀行法及相關法規對若干職務如銀行、上市公司董事不得兼任，對若干業務如承銷與自營業務、商業銀行與儲蓄業務，規定應分別獨立經營，期以阻絕之方式，減少關係人從事不當利益輸送之可能性。

（四）獨立原則

台灣證券交易所對有關母子公司申請上市，或申請上市公司業務、財務未予獨立者，要求其就股數、董事會成員、銷貨往來、財務收支、行銷及研發能力等方面予以改善，期以獨立原則責成相關公司減少關係人交易。

（五）平等原則

前述民法規定，就關係人間交易之條件，嚴格要求不得優於一般正常交易之條件；我國銀行法第32條、第33條及所得稅法第43條之1、遺產及贈與稅法第46條、稅捐稽徵法第41條等相關規定，亦有相關之規範。此外，關係人交易之條件，如與一般正常交易條件有相當差異，亦可能構成我國刑法上背信罪之行為。

（六）比例原則

銀行法對關係人貸放設有限制總額之規定，但尚無對個別利害關係人貸放額度或比例之規定。我國證券管理法令雖亦未有類似之規定，然依財務會計準則公報第6號「關係人交易之揭露」規定，每一關係人交易金額或餘額如達該企業當期各該項交易之總額或餘額10%以上者，應單獨列示，略有比例原則之精神。

（七）提呈原則

就涉及重大之交易，如訂有提呈董事會或股東會之強制規定，以提高審核之層次，並加重董事之注意義務，此即為提呈原則。我國對公開發行公司從事背書、保證等交易，即適用此原則，並明訂於上市發行公司背書保證應注意事項。此外，行政院金融監督管理委員會證期局於民國80年8月8日修正之公開發行公司取得或處分資產應注意事項，亦採向股東會報告之原則。

（八）申請或揭露原則

　　證券交易法對持股達10%之大股東、董事、監察人及經理人從事若干交易如讓售股權要求申報；對關係人交易亦要求予以揭露。

（九）核駁原則

　　我國證券主管機關就上市公司涉及關係人交易，而其條件不合營業常規者，除另行取締外，於實務上對其申請增資等申請案件，通常予以核駁。

（十）歸入原則

　　為加強取締之執法效果，我國證券主管機關對上市公司之關係人從事若干性質特殊之交易，如6個月內買賣本公司股票，於實務上即責成財團法人證券及期貨市場發展基金會，對涉案公司依證券交易法第157條之規定，要求行使歸入權，以確保不法利益之返還。

第三節　證券交易法適用範圍

　　證券交易法第2條規定「有價證券之募集、發行、買賣，其管理、監督，依本法之規定；本法未規定者，適用公司法及其他有關法律之規定」；第22條第1項規定「有價證券之募集及發行，除政府債券或經主管機關核定之其他有價證券外，非向主管機關申報生效後，不得為之」；第181條規定「本法施行前已依證券商管理辦法，公開發行之公司股票或公司債券，視同依本法公開發行。」
　　上述規定可知證券交易法所適用之範圍，包含下列五項：
　　一、有價證券之募集。
　　二、有價證券之發行。
　　三、有價證券之買賣。
　　四、有價證券募集、發行、買賣之管理。
　　五、有價證券募集、發行、買賣之監督。

其例外情形如下：

一、證券交易法所未規定之募集、發行、買賣，適用公司法及其他法律規定。

二、公司未依證券交易法公開募集及發行有價證券者，不適用證券交易法。

三、政府債券或經主管機關核定之其他有價證券，其募集及發行，不適用證券交易法。

四、證券交易法施行前已依證券商管理辦法公開發行之公司股票及公司債券，豁免其再依證券交易法申請核准之程序。

上述有價證券之定義依證券交易法第6條規定「本法所稱有價證券，謂政府債券、公司股票、公司債券及經主管機關核定之其他有價證券。新股認購權利證書、新股權利證書及前項各種有價證券之價款繳納憑證或表明其權利之證書，視為有價證券」。另為配合有價證券之無實體交易及無實體發行，民國89年6月本法修正時增訂「未印製表示其權利之實體有價證券者，亦視為有價證券」。

本法所稱之公司，依本法第4條規定，謂依公司法組織之股份有限公司。至本法所稱之外國公司，謂以營利為目的，依照外國法律組織登記之公司。為促進資本市場發展、符合國際趨勢，參照企業併購法對於外國公司無須經認許之規定，且基於我國企業於美國或日本為募集發行ADR或GDR等亦無須經外國政府認許之平等原則，以及考量本法所規範之外國公司於我國境內並無營業之行為，實務上透過主管機關、證券交易所與證券櫃檯買賣中心對募集發行有價證券作實質審核，較形式認許對投資人權益保障更為周全，爰外國公司之有價證券於我國募集、發行、買賣及私募者，該外國公司無須經認許。

至所稱「募集」，謂發起人於公司成立前或發行公司於發行前，對非特定人公開招募股份或公司債之行為（證交§7）。

另所稱「發行」，謂發行人於募集後製作並交付，或以帳簿劃撥方式交付有價證券之行為（證交§8）。我國證券集中保管帳簿劃撥制度自民國79年施行以來，運作順暢安全，對證券市場之安全性及秩序性之提升成效卓著。復以有價證券集中保管帳簿劃撥制度之效率與有價證券之保管集中度關係密切，是故有價證券募集後之發行採取帳簿劃撥方式直接進入集中保管系統，非但可提高集中保管之「集中度」有助於提高日後帳簿劃撥制度之效率，以發行人而言可減省印製並交付實體有價證券之勞務與費用，對於投資

人而言可省去領取、保管等手續並避免遺失、竊盜或滅失等風險。爰於民國
89年6月本法修正時增訂以「帳簿劃撥交付有價證券」之「發行」方式。

第四節　證券交易法有價證券之定義（證交§6）

　　所稱「有價證券」，依法律性質而言，乃表彰具有財產價值之私權證
券。有價證券有完全有價證券與不完全有價證券之區分，在完全有價證券，
其權利之「發生」必須作成證券，權利之「移轉」必須交付證券，權利之
「行使」必須提示證券，故證券與權利有不可分離之關係，且證券上權利
之行使，皆須占有證券為必要，學者間有以證券以外別無權利之理論，說明
完全有價證券之性質，依民法發行之指示證券及依公司法發行之公司債及無
記名股票等皆屬之。票據法上票據為表彰一定金額之證券，票據權利之「發
生」必須做成票據，票據權利之「移轉」必須交付票據，票據權利之「行
使」必須提示票據，故票據亦為完全有價證券，而公司記名股票在對公司行
使股東權時，有時得不提示股票，故其為不完全有價證券。

　　證券交易法上所稱之有價證券係指依公司法及證券交易法有關規定發
行，得在證券市場交易買賣之證券而言，亦即指得在證券交易所有價證券集
中交易市場或證券商營業處所交易買賣，表彰股東權或資本權利之資本證券
而言，其性質與民商法上之有價證券略有差異，範圍亦較小，其所稱之證券
限於資本證券，茲分述其範圍如下：

一、政府債券

　　政府債券（Government Bond）係指政府基於財政上之理由或為配合重
大經濟建設之需，以其信用作保證，依法定程序作成債券，向社會大眾募集
借款，承諾在一定期間付與持有人利息及償還本金，所發行之債券，亦通
稱為「公債」。公債以債券形式表徵，公債之發行無須經證券主管機關核
准或申報生效，即可為之（證交§22），亦無須依證券交易法所規定之程
序辦理，其上市則由主管機關以命令行之（證交§149），其為一種豁免證
券（Exempted Securities），一般國家多規定政府發行之債券豁免申請或註
冊，即可在證券交易所上市買賣，僅由政府主管機關決定發行與上市之有

關事宜，依美國法例，豁免證券係豁免向聯邦證券交易委員會申請登記即
可發行之證券，依美國1934年證券交易法（Securities and Exchange Act of
1934）第3條第12款規定：所稱「豁免證券」，係指任何證券，其本金與利
息由美國政府直接負責與負責擔保者。凡公司發行或擔保之證券，美國政府
如對該公司有直接或間接發生利益關係，得由財政部長認爲其需要與適當，
對保障大眾之利益與投資人之權益，而指定該種證券爲豁免證券；證券之本
金與利息如由州政府或州政府以下之機關所負責或擔保者，亦爲豁免證券。
其他證券（包括市場主要爲州內之不登記證券），委員會得視保障公共利益
與投資人之權利之需要，無條件或規定在某種條件之下，或以一定之期間，
而指定該種證券爲豁免證券。上述之證券得不受本法對「豁免證券」不適用
之條文規定之限制。

二、公司股票

　　公司股票係表彰股份之有價證券，股份有限公司依其股份是否公開發
行，可區分爲公開發行有價證券之公司與未公開發行有價證券之公司，而公
開發行有價證券之公司再依其股票是否申請或符合證券交易所、櫃檯買賣中
心之上市（櫃）之標準，分爲上市、上櫃或未上市（櫃）股票。證交法第6
條第1項規定之有價證券，原係以公開募集、發行之股票爲限，此乃證券交
易法規範爲有價證券之募集、發行、私募、買賣之管理、監督事項，至於未
公開發行公司則適用公司法之規定，89年7月修正證券交易法時刪除「公開
募集、發行」，使未公開發行有價證券公司之股票之相關行爲規範亦有適用
證券交易法規定之餘地，包括證券詐欺之民刑事責任，及對於未經核准之證
券盤商，爲未上市櫃且未公開發行之股票行紀、居間、代客買賣、自營或承
銷業務行爲時，將有違反證交法第44條及第175條等。

三、公司債券

　　公司債券通常係公司爲籌措長期資金，擴充生產設備而發行之有價證
券，公司以書面承諾，於將來一定時間給付一定金額，並於未到期前，按約
定日期及利率給付利息謂之。公司債券爲對發行人具有債權之憑證，通常是
一種固定利率、到期日固定而且超過1年時可轉讓之信用工具。
　　公司募集公司債時，應申請證券管理機關審核之（公§248），非經主

管機關核准或申報生效後,不得為之(證交§22),公開發行公司募集發行公司債,除募集發行轉換公司債者外,應經向證期會申報生效後,始得為之。

四、經主管機關核定之其他有價證券

(一)證券投資信託事業為募集證券投資信託基金,所發行之受益憑證(Beneficiary Certificate)。換言之,受益憑證係指證券投資信託事業為募集證券投資信託基金而發行之要式有價證券。受益憑證經指定之機關簽證及基金保管機構簽署後,得於有價證券集中交易市場交易買賣。

(二)外國之股票、公司債、政府債券、受益憑證及其他有投資性質之有價證券,凡在我國境內募集、發行、買賣或從事投資服務者(證期會(26)台財證(二)第00900號函)。

(三)僑外人在台募集資金所訂之投資契約:「華僑或外國人在台籌集資金赴外投資所訂立之投資契約,與發行各類有價證券並無二致,投資人皆係給付資金而取得憑證,亦屬證券交易法第6條之有價證券」(證期會(76)台財證(二)第6934號函)。

(四)認購(售)權證(Warrant)係指由證券衍生之商品,其由發行人發行一定之數量,並約定特定條件,權證持有人支付購買該權證之價金後,有權於特定之期間或特定之時點,按約定之價格,向發行人買入或出賣約定數量之特定標的物或結算其差價之權利。財政部於民國86年5月23日依證券交易法第6條第1項核定為有價證券,公告非由標的證券發行公司所發行之認購(售)權證,其募集發行與交易等相關事項均應受我國證券管理法令之規範,因此,認購(售)權證乃為此所稱之經主管機關核定之其他有價證券(參照(86)台財證(五)第03037號以及(86)台財證(五)第03245號函)。

(五)外國股票是否屬證券交易法第6條所稱之有價證券,財政部民國81年2月1日台財證(二)字第50778號函謂,經依證券交易法第6條第1項規定核定外國之股票、公司債、政府債券、受益憑證及其他具有投資性質之有價證券,在我國境內募集、發行、買賣或從事上開有價證券之投資服務,均應受我國證券管理法令之規範。因此,經核定之外國股票乃屬證券交易法第6條第1項所稱經主管機關核定之其他有價證券。

依最高法院判決(104年台上字第3215號、102年台上字第25號刑事判決)皆認定證券交易法所規範之「有價證券」,其適用範圍應參酌該法第6

條基本定義，針對證券交易法之證券特性，著重該金融商品是否有「表彰一定之價值」，且具有「投資性」與「流通性」等要件而為論斷。

我國法系為大陸法系（civil law），法官皆具專業法律素養，司法判決分歧較少，但是缺少創意，法官很少自行造法，但遇到法律條文不盡具體明確要件時，通常法官本於自己確信之價值解釋法律要件，賦予不同法律定義，但是大陸法系因為應遵守文義之文本主義（textualism），重現權利分立，主張法官解釋法律應受文本之拘束，不得自行造法，以免逾越司法分際，亦可避免民眾無所適從。但是現行法院在審理相關金融、證券、保險、期貨、信託等金融案件時，亦常引用外國法律為判決之依據，美國法院判決之引用尤為顯著，此等相關判決，除直接影響訴訟個案之審理，亦間接注入美國普通法（common law）法官造法之功能，對我國大陸法制法官解釋法律應有之界限亦有相當重大之啟示。

五、新股認購權利證書

公司發行新股時，除經目的事業主管機關專案核定者外；應保留發行新股總額10%至15%之股份，由公司員工認購，其餘於向外公開發行或洽由特定人認購之10日前，應公告及通知原有股東，按照原有股份比例優先分認（公§267），原有股東按照原有股份比例優先分認，該項權利謂之新股認購權利。認股人應將款項連同認股書向代收款項之機關繳納之，代收機構收款後，應向各該繳款人交付經由發行人簽章之股款繳納憑證（證交§33），此項以表彰其新股認購權利之憑證，此即所謂新股認購權利證書。故新股認購權利證書係指表彰原有股東按照持有股份比例認購新股權利之書面文件，得視為有價證券（證交§6），即得隨時依股票市價或公司資產價值獲得一定之價值，於報經主管機關核准上市場買賣，可在流通市場轉讓流通，取得其應有之權益。惟新股認購權利證書之轉讓，應於原股東認購新股限期前為之（證交§23）。

六、新股權利證書

股份有限公司將應分派股息及紅利之全部或一部轉作資本所發行之新股（公§240）；或將公積之全部或一部撥充資本所發行之新股（公§241），按原有股東持有股份之比例發給新股，原有股東得享有該項分配新股之權

利,謂之新股權利。由於新股印製需一定時間,在該股票印製交付前,公司先行印製發給原有股東該項權利之證書,得視為有價證券(證交§6Ⅱ)。

七、政府債券、公司股票、公司債及經財政部核定其他有價證券之價款繳納憑證或表明其權利之證書

嚴格而言,上述之權利證券為書證並非有價證券,但因其實質流通具有財產性,故擬制將其視為有價證券。

八、上述有價證券未印製表示其權利之實體有價證券者

民國89年7月本法修正時,為配合有價證券之無實體交易及無實體發行。爰增訂對於未印製表示其權利實體有價證券者,亦視為有價證券。

九、金融資產證券化之受益證券及資產基礎證券

由於資產證券化可使金融市場更加多元化,我國於民國91年7月公布金融資產證券化條例,金融機構可將其所持有之房屋貸款、汽車貸款、信用卡應收帳款等多項貸款債權中,重新包裝組合,成為單位化、小額化之證券形式,向投資人銷售,以提高金融機構的資產流動性。而依該條例第7條規定,就其證券化所發行之受益證券及資產基礎證券,除經主管機關核定為短期票券者外,為證券交易法第6條規定經主管機關核定之其他有價證券。

十、不動產證券化之受益證券

不動產證券化乃將不動產之固定資本投資轉變為證券持分型態,將不動產之龐大而不易變現所有權價值,細分轉化為具備流動性的有價證券。使投資者與該不動產標的物,由物權關係,轉變為持有債權性質之有價證券,不動產證券化條例於民國92年7月公布,其所發行之受益證券亦屬證券交易法第6條規定經主管機關核定之其他有價證券。

十一、存託憑證

存託憑證(Depository Receipt),係指在一國證券市場流通之代表外國

公司有價證券之可轉讓憑證，台灣存託憑證（Taiwan Depository Receipt，簡稱TDR）是指在台灣證券市場上流通代表外國公司有價證券之可轉讓憑證，例如福雷電台灣存託憑證，存託憑證亦屬適用證券交易法之有價證券。

　　持有存託憑證者原則上得隨時兌換回外國股票原股，並得透過存託機構行使其基於股權之表決權。換言之，存託憑證持有人除了程序上必須透過存託機構行使股東權並享受其利益外，與股票持有人之權益並無實質差異，存託憑證實質上即為股票，或可謂股票之化身。

　　我國證交法第6條採有限列舉、概括授權之立法例，一方面有助於法律規範的明確性與安定性，且賦予主管機關得彈性、機動行使核定權，以因應新型金融商品的發展，有其優點。然而，倘若主管機關對於新創金融商品無法即時確定其經濟性質或法律本質，未能有效、迅速核定，將使該商品法律上定性不明，而形成不可預見之法律風險，不利於政府鼓勵投資、打造新創產業友善環境之目的。為解決此一問題，除有賴主管機關積極、迅速行使核定權外，似可考慮修正證交法第6條之立法方式，以免掛一漏萬，又非公開發行公司之股票，是否有必要以證交法規範之，亦應一併探討，以免滋生法律適用上之疑義。

　　為明確規範已在外國證券交易所或證券市場上市櫃之外國發行人，申請其發行之股票或表彰股票之有價證券在我國證券交易所或櫃檯買賣中心上市櫃（第二上市櫃），或由擬跨國上市櫃之公司將其原股或增資發行之股份，另轉由存託機構在台轉換為在台灣證券交易所或櫃檯賣賣中心交易之存託憑證（即台灣存託憑證）之法律適用，101年1月4日爰有證券交易法第165條之2之增訂，規定外國公司所發行股票或表彰股票之有價證券已在國外證券交易所交易者或符合主管機關所定條件之外國金融機構之分支機構及外國公司之從屬公司，其有價證券經證券交易所或證券櫃檯買賣中心同意上市或上櫃買賣者，除主管機關另有規定外，其有價證券在中華民國募集、發行及買賣之管理、監督，準用第5條至第8條及第155條至第157條之1規定。

第五節　證券交易法立法沿革

一、證券交易法之制定

（一）民國3年制定「證券交易辦法」

　　民國3年開始延續清末在「上海眾業公所」買賣外國股票之風氣，成立「上海股票商業公會」買賣國內股票，民國7年成立「北京證券交易所」買賣公債，民國9年成立「上海華商證券交易所」，此一階段證券買賣多屬投機性之期貨買賣，用於規範此一階段之法令，則一直延用民國3年制定之「證券交易辦法」。

（二）民國18年制定「交易所法」

　　此法係為規範當時專作外國股票買賣之上海華商證券交易所而制定之交易所法。

（三）民國43年制定「台灣省證券商管理辦法」

　　政府遷台後於民國38年發行愛國公債，42年初為配合土地改革，將台泥、台紙、工礦、農林四公司開放民營，以股票搭配作為補償地主之價款，但地主對股票價值不甚瞭解，急於脫手求現，因之擁有資金人士乃組成證券行號，應運收購股票，為規範此一階段證券商號之收購行為，乃於民國43年初頒布「台灣省證券商管理辦法」，並於44年7月起實施。

（四）民國50年制定「證券商管理辦法」

　　為因應台灣證券交易所之創設，改善以往缺乏集中證券交易市場，經由店頭市場進行交易之缺失，乃於民國50年依據國家總動員法第18條規定，制定「證券商管理辦法」，作為證券交易法未制定前之過渡權宜措施。

（五）民國57年4月制定「證券交易法」

　　由於我國店頭市場之發展先於集中交易市場，台灣證券交易所至51年2月始建立，且50年制定之證券商管理辦法屬臨時性之法規，其所規定之內容

較為狹隘，疏漏之處甚多，且未經立法機關依立法程序制定通過，因之證期會參酌美、日證券交易法規，於53年由經濟部呈報行政院證券交易法草案共205條，於立法院審議草案時，適逢台糖股價大跌致證券市場休市10天，行政院遂撤回該草案而重擬完成第二次草案，共分8章、183條，即為現行證券交易法之藍圖，該草案於57年4月16日完成三讀，同年4月30日總統公布施行。

二、證券交易法之修正

（一）第一次修正（70年11月13日）

本次修正係於70年11月13日修正公布。主要係配合將證期會由經濟部改隸至財政部，其餘則為技術性之修正。

（二）第二次修正（72年5月11日）

本次修正於72年5月11日修正公布。修正主要係配合證券投資信託事業設立取得法源，另為加強委託書管理及強化公司內部人短線交易歸入權行使等項。

（三）第三次修正（77年1月29日）

本次修正於77年1月29日修正公布。由於20餘年來均未作全盤修正，期間主管機關感於管理上之需要，及為加速推動證券市場之發展，乃組成專案小組擬訂修正草案，提經立法院修正通過，為配合新修正之證券交易法，另新頒「證券商管理規則」、「證券商設置標準」、廢除「證券承銷商設置辦法」、「證券自營商設置辦法」，構成完整健全之管理體系。本次共修正55條，修正重點在簡化有價證券募集及發行之審核程序，俾擴大發行市場規模；另為健全發行公司財務及資本結構，並加強公開原則之實踐；此外並修正加強擴大證券商之功能及管理等項。

（四）第四次修正（89年7月19日）

證券交易法於民國77年1月29日修正公布後，由於市場無論在質與量上皆呈急驟成長，為考量進一步保障投資權益、維護市場紀律，並推動證券市場自由化與國際化之需要，行政院於81年5月15日向立法院提出修正草案。

此後為為配合產業延攬及培植人才及安定市場之需要，行政院於86年10月30日將證券交易法第28條之2有關庫藏股制度之立法草案送請立法院審議，立法院於86年12月4日完成委員會審查，同時通過內線交易等犯罪之除罪化條款，行政院為求反制，乃於88年7月5日提出第171條再修正草案，並獲立法院委員會於同年11月11日通過。除前述行政院送請審議案件外，其間立法院立法委員亦相對提案達20個版本之多，證券交易法修正可謂錯綜複雜，最後經立法院與行政院折衷協商及朝野立法委員之溝通協調，證券交易法部分條文始能於89年6月30日三讀完成立法。從行政院提出草案到立法院完成三讀，歷時8年1個月又15天，本次修正共修正35條，包括新增5條、刪除3條及修正27條，綜觀此次修正，涵蓋範圍廣泛，對於發行公司、證券事業、證券交易所及市場管理等方面，均有重要修正，對證券市場之未來發展，具有深遠影響。茲將修正重要內容及對市場之影響分述如下：

1. 增訂部分

(1) 開放代客操作業務

增訂第18條之3，開放證券投資顧問事業或證券投資信託事業，從事接受客戶全權委託之代客操作業務，鼓勵投資人透過專業投資機構參與市場，引進外部之資金，以增加法人投資之比重，除可促進市場資金之動能外，並可藉由專業法人理性之投資決策，創造穩定之投資環境，健全市場發展之機能。

(2) 建立庫藏股制度

增訂第28條之2，建立庫藏股制度，使公司在激勵員工及留住優秀人才之必要下，得以將所買回之公司股份轉給員工或作為發行員工認股權證及認股選擇權之用；其次在考量予公司更多籌集資金之管道及方便性，配合發行附認股權公司債、附認股權特別股等之特殊需要，使公司得買回自己之股份，以準備作為隨時轉換所需；另為維護公司信用及股東權益，使公司得在考量財務之結構及資金合理運用之判斷，而為買回自己之股份，以減少股票在外流通之籌碼，提升每股之淨值及每股純益，進而激勵公司之股價，對於有效運用公司之資產，提升長期營運之績效，並維護市場之安定，可發揮重大之功能。

(3) 認股權之行使

增訂第28條之3，以排除現行公司法有關公司發行認股權憑證、附認股權特別股或附認股權公司債之障礙，方便公司有更多之籌集資金管道，並使

公司得以發行認股權憑證酬勞員工提高其向心力，亦可使證券商品種類多樣化，擴大證券市場質量之規模，讓投資人有更多可選擇之投資理財工具。

(4) 放寬公司債之發行額度

增訂第28條之4，放寬公開發行股票公司發行公司債之額度，對於有擔保公司債、可轉換公司債或附認股權公司債之發行額度，可達到全部資產減去負債餘額之200%，有利於擴大債券市場規模，並俾利產業界發行公司債籌措中長期營運資金之需求，對產業之發展有甚大助益。

(5) 證券業務檢查權之委託

增訂第38條之1，使主管機關以指定專業或公正人士，檢查發行公司、承銷商等之財務業務狀況，透過獨立專業及公正人士之查核，強化主管機關檢查之績效，可以糾舉不法並防患未然，達到嚇阻不法行為之發生及保障投資安全之目的。

(6) 加重內線交易之處罰及增訂利益輸送之罰則

修正第171條，將內線交易之刑事責任加重到可處7年以下有期徒刑，並增訂對於從事利益輸送非常規交易之行為亦一併納入規範，對於嚴重影響市場公平、公正、公開之行為，及掠取公司資金圖利少數經營階層之不法行為，予以嚴懲，以有效嚇阻不法之經濟犯罪行為，並達到保護投資人之權益及健全市場發展之功能。

2. 刪除部分

(1) 放寬承銷制度

刪除第80條，並配合修改第75條，為暢通承銷商對所承銷有價證券之銷售管道，不再侷限於透過集中市場或店頭市場為之，而得由主管機關視市場需要彈性運用，同時對於未上市未上櫃公司股票之流通管道，亦可由主管機關訂定管理之依據。

(2) 放寬券商在交易所交易之限制

刪除第106條及第131條，使證券商不再限於只能與一家證券交易所有所往來或交易，可為促進我國證券商競爭力及提升服務品質，並為證券市場國際化所必備之條件，對市場之發展有正面之意義。

3. 修正部分

(1) 有價證券之認定

修正第6條，增訂第3項規定，對於未印製表示其權利之實體有價證券

者，亦視爲有價證券，可消除有價證券是否以實體發行爲要件之爭論，且配合第8條第2項之增訂，發行人得以帳簿劃撥方式無實體發行有價證券，得以減少印製及交付實體有價證券之相關成本費用，對投資人亦可省去領取、保管等手續，並避免遺失、竊盜或滅失之風險。

(2) 擴大券商業務種類

修正第15條，使證券商得經營代理業務，並授權主管機關在考量證券商業務發展之需要，核准得爲從事之業務項目，擴大證券商得經營之業務範圍，以提升證券商之競爭能力。

(3) 公積提出之強制

修正第41條第2項，對以資本公積轉增資之情形爲適當之規範，避免公司過度以資本公積轉增資使股份膨脹、稀釋每股盈餘，造成投資人獲配高額股票股利之假象，誤導投資人之決策判斷。

(4) 有價證券買賣之給付與交割

修正第43條，增訂第4項，規定股票集中保管之擬制人名義制度，使證券集中保管事業就集中保管之股票及公司債，得以自己名義登載於股東名簿或公司債存根簿，並使其所保管之股票及公司債於消除前手或過戶事項更爲便利。

(5) 券商董、監事及經理人資格之限制

修正第53條第4款及第6款，在兼顧證券商之負責人與從業人員之工作權利，將違反相關法規規定不得充任董事、監察人及經理人之年限由5年縮短爲3年。

(6) 券商業務員投資其他券商限制之解除

修正第54條，刪除第1項第3款，證券商業務員不得投資於其他證券商之規定，將證券商股票與其他上市上櫃公司股票之流通一視同仁，使證券商從業人員有更多投資之選擇。

(7) 券商董、監事及受僱人員職務之解除

修正第56條第1項及第66條第3款，增加對於證券商之董事、監察人及受僱人，在違規處分上得有較彈性之裁量空間，授權主管機關得視違規情節之輕重，爲停止其1年以下業務之執行，並明確規定可對違規證券商總公司或分支機構，就其所營業務之全部或一部分爲6個月以內之停業。

(8) 證券交易所經理人兼職之限制

修正第126條及第128條，放寬證券商之董、監事得兼任公司制證券交易所之董、監事，爲鼓勵證券商投資公司制證券交易所之股份，同時也限制

證券交易所之股票轉讓之對象以證券商為限，期以發揮證券交易所自律之功能。

(9) 上市有價證券禁止行為之修正

修正第155條第1項第2款及增訂第157條第6項之規定，刪除不移轉證券所有權而偽作買賣，不符現行民法概念之操縱行為構成要件；並就內部人員短線交易歸入權部分，對於具有股權性質之其他有價證券亦納入規範，以避免遺漏並達到遏止內線交易發生之效果。

（五）第五次修正（90年11月14日）

本次修正係由立法委員連署提案修正證券交易法部分條文，本次修正條文共計6條，茲將本次修正重點分述如下：

1. 鑑於證券市場公開發行公司股票面額均已統一為新台幣10元，爰修正公開發行公司於登記後應申報公告內部人持股時，不必申報公告所持有之本公司股票之面額（修正條文§25）。
2. 配合公司法維持股票票面金額惟同意可折價發行之制度，爰明定公司更改其每股發行價格，應向主管機關申報（修正條文§27）。
3. 考量管理市場交易秩序及現今除罪化之觀點下，未上市（櫃）股票之交易純屬個人交易，應不必受現款、現貨之拘束，爰明文僅有在證券交易所上市或證券商營業處所買賣之有價證券，其給付或交割應以現款、現貨為之；另其交割期間及預繳買賣證據金數額，得由主管機關以命令定之（修正條文§43）。
4. 考量證券交易所具有公益性質，並與公司制證券交易所明訂公益監察人之規定衡平，爰明訂會員制證券交易所之公益監事至少應有一人。另為使公益董事及監事（監察人）之選任或指派有明確之標準，爰明定由主管機關訂定選任標準及辦法（修正條文§113、§126）。
5. 有關證券交易法第41條以法定盈餘公積或資本公積撥充資本、應先彌補虧損之規定，考量公司財務報告業經會計師查核簽證，以資本公積撥充資本亦需報經主管機關同意生效，應無再處以刑罰之需要，爰將違反證券交易法第41條之情形予以除罪化（修正條文§177）。

（六）第六次修正（91年2月6日）

近年來，伴隨我國內部與外部政經環境之快速變遷，鼓勵企業利用併購

方式進行快速轉型及成長已成為必然之趨勢。為配合推動企業併購政策，「企業併購法」對於現行有礙企業併購之法規多予鬆綁，故配合該法之精神，引進私募制度及修正公開收購制度，爰擬具「證券交易法」部分條文修正草案，修正第二章章名並增訂三節，計增訂7條，修正9條，其修正要點如下：

1. 建立我國私募制度

(1)為使企業籌募資金方式更具有彈性，並配合企業併購法推動企業併購政策，參酌美國、日本對於私募之法例，引進私募制度，由於私募制度牽涉資本市場籌集資金之規範，為健全我國私募制度之發展，應於本法明定私募之定義，並配合修正募集之定義，將募集之標的由股份或公司債，修正為有價證券，以求周延（修正條文§7）。

(2)為保障投資人權益，增訂有價證券之私募不得為虛偽、詐欺，或隱匿不實等情事（修正條文§20）。

(3)第二章之章名原為「有價證券之募集、發行及買賣」，為將私募納入本章規範，爰修正章名為「有價證券之募集、發行、私募及買賣」，另將本章區分為三節，第一節規範有價證券之募集、發行及買賣，第二節規範有價證券之收購，第三節規範有價證券之私募及買賣，以臻明確（第二章章名及第一節、第二節、第三節節名）。

(4)參考美、日私募之規定，明定有價證券之私募排除本法第22條第2項應先經主管機關核准或向主管機關申報生效之規定（修正條文§22Ⅱ）。

(5)有價證券之私募，因排除原股東及員工優先認購權利，涉及股東權益，爰明定應經股東會之決議同意，並應於股東會召集事由列舉說明相關事項，不得以臨時動議提出；復考量上市（櫃）公司股東會召集不易及股東成員每年變動幅度大，明定公司得於股東會決議之日起1年內，分次辦理。由於公司債之募集依公司法第246條規定，僅需經由董事會決議通過，為求簡便，增訂公司債之私募，得免經股東會決議。另參酌美、日立法例，明定私募之對象以及人數之限制，暨增訂公司負有提供資訊之義務暨事後報備主管機關之規定（修正條文§43-6）。

(6)為保障投資人權益，增訂有價證券之私募及再行賣出不得為一般性廣告或公開勸誘之行為，違反者，視為對非特定人公開招募之行為。另為避免私募之有價證券透過轉讓以規避公開招募程序之適用，爰參酌美國私募制度，訂定私募有價證券得再轉讓之條件；又為使投資人瞭解私募有價證券轉

讓之限制，爰訂定資訊揭露之規範（修正條文§43-7、§43-8）。

(7)為健全私募制度，避免流弊，就有價證券之私募，違反私募應經股東會決議及對象之規定，以及違反私募有價證券再行賣出規定者，明定其相關刑責（修正條文§175、§177）。

(8)為保障投資大眾權益，對於有價證券之私募未依規定報請主管機關備查、未於有價證券私募股東會召集事由中列舉並說明相關事項，以及分次辦理私募未依規定事先於股東會召集事由列舉並說明相關事項者，明定其相關罰則（修正條文§178）。

2. 健全公開收購制度

(1)為符合外國立法之趨勢，爰參酌美、日立法，將公開收購制度由核准制改為申報制，並將收購數量不至於影響公司經營權變動者予以豁免；另為避免大量收購有價證券致影響個股市場之價格，爰參酌英國立法例，導入強制公開收購之規定，至於就公開收購之有價證券範圍、條件、期間、關係人範圍及強制公開收購之一定比例及條件，則授權主管機關以命令定之，以因應證券市場之快速變化而能立即調整管理之腳步（修正條文§43-1）。

(2)為維護應賣人之權利，明定公開收購人應以同一收購條件為收購，不得為公開收購條件之不利變更、不得於公開收購期間以其他方式購買同種類之公開發行公司有價證券及有交付公開收購說明書義務之規定（修正條文§43-2～§43-4）。

(3)公開收購原則上不得停止，公開收購人所申報及公告之內容有違法情事者，主管機關為保護公益之必要，得命令公開收購人變更公開收購申報事項並重行申報公告；公開收購人未於收購期間完成預定收購數量或經主管機關核准停止公開收購之進行者，除有正當理由並經主管機關核准者外，公開收購人於1年內不得就同一被收購公司進行公開收購（修正條文§43-5）。

(4)為維護證券市場秩序，以保障投資大眾權益，爰明定公司內部人、基於職業或控制關係及從前開之人獲悉消息者，於重大影響股票價格未公開前，不得買賣具有股權性質之有價證券，另將公開收購納為重大影響股票價格之消息（修正條文§157-1）。

(5)為使法規鬆綁後有完整之配套措施，爰配合修正本法相關罰責，增列公開收購人違反強制公開收購規定，所提供之表冊、文件等相關文書其內容有虛偽之記載，未交付公開收購說明書，未依規定時間提出或未依規定製作、申報、公告、備置或保存帳簿、帳冊等相關書件或違反本法其他有關

公開收購相關規定，應處以刑責或罰鍰之規定（修正條文§174、§175、§177、§178）。

（七）第七次修正（91年6月12日）

　　為配合行政程序法之施行，立法院曾於修正通過「行政程序法」第174條之1修正案時，作成附帶決議要求配合行政程序法修正之法律案，應單純以提升位階或明確規定授權依據者爲限，爰依該附帶決議，擬具「證券交易法」部分條文修正草案，其修正要點如次：

1. 現行「公開發行公司建立內部控制制度實施要點」等規定內容涉及人民權利義務，依行政程序法之規定，其訂定應有法律之依據，爰增列訂定上開要點等之授權依據（修正條文§14-1）。
2. 現行「初次申請有價證券上市之公開說明書應行記載事項要點」等規定內容因涉及人民權利義務，依行政程序法之規定，其訂定應有法律之依據，爰增列訂定上開要點等之授權依據（修正條文§30）。
3. 現行「公開發行公司取得或處分資產處理要點」、「公開發行公司從事衍生性商品交易處理要點」、「上市上櫃公司背書保證處理要點」等規定內容因涉及人民權利義務，依行政程序法之規定，其訂定應有法律之依據，爰增列訂定上開要點等之授權依據（修正條文§36-1）。
4. 現行「會計師查核簽證財務報表規則」規定內容因涉及人民權利義務，依行政程序法之規定，其訂定應有法律之依據，爰增列訂定上開規則之授權依據（修正條文§37Ⅱ）。
5. 爲維持行政秩序，達規範之目的，配合新增第14條之1規定，對違反規定之行爲者，增訂其罰則（修正條文§178）。

（八）第八次修正（93年4月28日）

　　近年來國內金融市場陸續發生重大舞弊案件，不僅造成國家整體金融環境衝擊，影響金融體系安定，其所造成之損害或謀取之不法利益，動輒數以億元計，甚至達數十億、上百億元，對此類重大金融犯罪行爲，實有衡酌其影響層面，適度提高其刑責，以嚇阻違法之必要。有鑑於國內重大金融犯罪有日趨增加之趨勢，歸其主因與現行法規之刑罰及罰金偏低不無關連，尤其當犯罪所得遠大於其受懲代價時，無形中更增加了犯罪之誘因。此外，依刑法第42條之規定，無力完納罰金者，得易服勞役，而依其規定，易服勞役

之期限不得逾6個月，致形成犯罪之人縱被科處巨額罰金，如無力完納時，也只需易服勞役6個月的不公平現象，刑罰之客觀性與合理性也迭遭社會質疑。

　　為建構高紀律、公平正義之金融環境並健全金融市場之紀律與秩序，依據行政院金融改革小組積極預防金融犯罪相關具體改革建議，乃全方位研修各金融法規之相關罰則，包括提高刑罰及罰金，延長易服勞役之期間，並對重大之犯罪行為加重其刑等，茲將有關證券交易法修正重點分述如下：

　　1.增訂對犯罪所得達新台幣1億元以上之重大金融犯罪案件提高刑責（修正條文§171Ⅱ）：

　　銀行法、金融控股公司法、票券金融管理法、保險法、信託業法、信用合作社法及證券交易法（金融作用法），對前開重大金融犯罪之刑罰，均提高為處7年以上有期徒刑，得併科新台幣2,500萬元以上5億元以下罰金。

　　2.考量罰責之衡平性，前開七項金融作用法均依下列原則，修法提高刑責（修正條文§171）：

　　(1)刑期3年以上10年以下者，罰金上限訂為新台幣2億元，下限訂為新台幣1,000萬元。

　　(2)刑期7年以上者，罰金上限訂為新台幣5億元，下限訂為新台幣2,500萬元。

　　3.前開七項金融作用法均增訂於犯罪後自首，如有所得並自動繳交全部所得財物者，減輕或免除其刑，因而查獲其他共犯者，免除其刑；在偵查中自白，如有所得並自動繳交全部所得財物者，減輕其刑，因而查獲其他共犯者，減輕或免除其刑之規定（修正條文§171Ⅳ）。

　　4.前開七項金融作用法均增訂因犯罪所得財物或財產上利益，除應發還被害人或得請求損害賠償之人外，屬於犯人者，沒收之；如全部或一部不能沒收時，追徵期價額或以其財產抵償之規定（修正條文§171Ⅵ）。

　　5.前開七項金融作用法均增訂規定：所科罰金達新台幣5,000萬元以上而無力完納者，易服勞役期間為3年以下，其折算標準以罰金總額與3年之日數比例折算；所科罰金達新台幣1億元以上而無力完納者，易服勞役期間為5年以下，其折算標準以罰金總額與5年之日數比例折算（增訂條文§180-1）。

　　6.修正證券交易法增訂企業相關人員及會計師出具不實財務報告或簽證報告，處1年以上7年以下有期徒刑，得併科新台幣2,000萬元以下罰金及主管機關對會計師得予以停止執行簽證工作（修正條文§174）。

（九）第九次修正（94年5月18日）

　　證券交易法部分修正條文業於93年4月28日經總統令公布施行，對重大證券犯罪行為者，提高刑期及罰金，延長易服勞役之期間等，為避免該等犯罪行為人進行財產移轉行為，掩飾其犯罪所得，以維護公司權益，並使犯罪人或相對人無法享受其犯罪所得或財產上利益，依據行政院金融改革專案小組下設金融犯罪查緝工作小組決議及學者專家意見，參考民法第244條、第245條，規定修正條文第171條第1項第2款、第3款或第174條第1項第8款之已發行有價證券公司之董事、監察人、經理人或受僱人，於一定條件下其所為無償或有償行為得撤銷之規定，並將公司董事、監察人、經理人或受僱人，與其一定親屬間之處分其財產行為視為無償行為，公司董事、監察人、經理人或受僱人與其一定親屬以外之人間之處分其財產行為推定為無償行為，以便於公司回復損害，並使犯罪人或相對人無法享受其所得，發揮嚇阻犯罪之功效。

　　此外，為防止該等犯罪行為人，掩飾、隱匿因自己犯罪所得財物或財產上利益，增訂第171條第1項第2款、第3款及第174條第1項第8款之罪，為洗錢防制法第3條第1項所定之重大犯罪，以適用洗錢防制法之相關規定。

　　再者，證券犯罪案件有其專業性、技術性、一般刑事法庭法官若無相當專業知識者，較不易掌握案件重點，為使證券犯罪案件之審理能符合法律及社會公平正義之要求，有設立證券專業法庭之必要，爰擬具「證券交易法」第174條之1、第174條之2、第181條之1修正草案，其修正要點如次：

1. 增訂在一定條件下，證券犯罪行為人所從事之財產移轉行為，公司得聲請法院撤銷之（修正條文§174-1）。
2. 增訂第171條第1項第2款、第3款或第174條第1項第8款之罪，為洗錢防制法第3條第1項所定之重大犯罪，適用洗錢防制法之相關規定（修正條文§174-2）。
3. 增訂法院為審理違反本法之犯罪案件，得設立專業法庭或指定專人辦理（修正條文§181-1）。

（十）第十次修正（95年1月11日）

　　近年來全球經濟金融情勢急遽變化，金融市場結構與運行機制發生重大結構性之改變，為因應國家經濟轉型及發展需要，建構具國際競爭力之金融環境。此外，近年來國內許多家知名公司相繼發生重大弊案，為加速改革公

司治理之決心，國際組織及世界各國亦高度重視健全公司治理，依據行政院
「金融改革專案小組」資本市場工作小組會議結論及健全資本市場發展目
標，提出證券交易法部分條文修正，主要內容包括推動公司治理、增進證券
商業務、與外國簽訂資訊合作協定及加強防制證券市場操縱、內線交易不法
行為等四大主題予以檢討：

1. 在健全公司治理方面，為提升董事會動作效能，並落實監督，以保障
   股東權益，經參考各國相關規定，引進獨立董事制度；另為提升董事
   會之功能，增訂董事會得設置審計委員會，藉由專業分工及獨立超然
   立場，協助董事會決策；並進一步強化董事會及監察人之獨立性，及
   加重相關人員財務報告虛偽不實之責任。鑑於強化公司治理已為國際
   潮流，上開修正有助於與國際接軌，並有利於我國企業赴海外籌資，
   得以提升我國公司治理之國際水準，吸引國際投資人來台投資。

2. 於增進證券商業務部分，隨著經濟環境之變遷，證券商規模大型化及
   業務、投資多元化，係金融市場發展主要潮流之一，是以有關證券商
   不得投資於其他證券商、證券商應專營及相關人員不得兼任之禁止規
   定，自宜適度配合調整；又國內證券商面臨國際市場激烈之競爭，其
   發展須更趨於國際化、自由化，為滿足各類投資人多樣交易策略需
   求，提升證券商國際競爭力，亦有調整證券商經營業務範圍之必要。
   其次，有關承銷制度部分，為符合現時證券商業務之發展所需及簡化
   承銷實務作業，爰一併配合修正證券交易法相關規定。

3. 在與外國簽訂資訊合作協定部分，為加強國際合作，與外國主管機關
   充分合作，共同遏止、打擊跨國不法行為，以維護本國證券市場之交
   易秩序與安全便利，爰增訂與外國政府機關、機構或國際組織，就資
   訊交換、技術合作、協助調查及執行等規定。

4. 至為加強防制證券市場操縱、內線交易不法行為，於證券交易法對該
   等不法行為之構成要件予以更明確規範，以維護證券市場交易安全及
   落實保障投資人權益。

（十一）第十一次修正（95年5月30日）

　　中華民國刑法已於94年2月2日修正公布，並定自95年7月1日施行，其
中第四章章名已由「共犯」修正為「正犯與共犯」，爰配合將本法第171條
第3項及第4項所定「共犯」，修正為「正犯或共犯」，另為配合刑法修正條

文自95年7月1日施行，爰將本法第183條酌修施行日期規定。

（十二）第十二次修正（98年6月10日）

　　民國97年5月23日修正公布之民法總則編（禁治產部分）、親屬編（監護部分）及其施行法部分條文，已將「禁治產宣告」修正為「監護宣告」，並增訂「受輔助宣告」之相關規定，爰配合將第1項第2款之受「禁治產宣告」修正為「監護宣告」，另考量受輔助宣告之人係因精神障礙或其他心智缺陷，致其為意思表示或受意思表示，或辨職其意思表示效果之能力，顯有不足，以公開收購之進行涉及公眾權益，如公開收購人受輔助宣告者，宜停止其公開收購之進行，爰於證交法第43條之5增列公開收購人受輔助宣告之規定。

（十三）第十三次修正（99年1月13日）

　　本次修正亦係配合97年5月23日修正公布之民法總則編及其施行法，將「禁治產宣告」修正為「監護宣告」，另增訂「輔助宣告」制度，並定自98年11月23日施行，爰擬具「證券交易法」第54條、第183條修正草案，其修正要點如下：

1. 為保護交易相對人及投資人權益，增訂受監護宣告或受輔助宣告尚未撤銷者，不得充任證券商之業務人員（修正條文§54）。
2. 配合民法有關監護宣告及輔助宣告之規定，係自98年11月23日施行，本次修正之第54條第1項第1款亦定自同日施行（修正條文§183）。

（十四）第十四次修正（99年6月2日）

　　茲為強化跨國監理協助能力，促進我國與其他國家金融主管機關及國際機構之國際合作，以符合國際證券管理機構組織多邊諮商、合作與資訊交換瞭解備忘錄之正式簽署國要件，爰參考外國立法例及期貨交易法第99條等規定，修正相關條文（修正條文§21-1）。

　　又現行公開發行公司年度財務報告之公告及申報期限為年度終了後4個月，為增進財務資訊公告及申報之即時性，避免財務資訊之空窗期過長，爰修正縮短現行上市（櫃）公司財務報告之公告及申報期限，以保護投資大眾權益；另因近來部分公開發行之金融機構發生被依法接管或簽證會計師被處以停業處分，致無法如期公告及申報之情事，爰有增訂得以展期公告及申報

之除外規定之必要（修正條文§36）。

　　另鑑於世界各國主要交易所多將會員制改為公司制，並朝向以控股公司等模式進行整合及上市，為因應此一世界潮流趨勢，俾使我國證券市場與國際接軌，提升國際競爭力，爰修正相關條文（修正條文§128）；復為使禁止內線交易之規範更為完備，以利內部人等對法令之遵循，有關內線交易之相關規定亦須予以修正（修正條文§157-1）。

（十五）第十五次修正（99年11月24日）

　　目前我國證券交易法已明確規範公開發行股票之公司應設置審計委員會。為保障投資人權益，亦應設置薪資報酬委員會，且薪資報酬委員會所訂定股票已在證券交易所上市或於證券商營業處所買賣之公開發行股票公司董監事及經理人酬金應包括薪資、股票選擇權與其他具有實質獎勵之措施，爰增列第14條之6。

（十六）第十六次修正（101年1月4日）

　　為促進證券市場國際化，俾使依外國法律組織登記之公司來我國募集、發行、買賣及私募有價證券之規範明確，以強化相關監理機制運作與保障投資人權益；另鑑於有價證券之申請上市、停止或回復買賣及終止上市等事項，係由證券交易所審核，現行報經主管機關核准之制度應予修正為備查制，以符合實務作業情形。另基於處罰衡平性之考量，避免情輕法重，檢討修正罰則章之部分規定，以期周延，爰擬具證券交易法28條部分條文修正案，其修正要點如下：

1.配合外國公司來台上市（櫃），修正相關規定：

(1)外國公司之有價證券於我國募集、發行、買賣及私募者，應受本法規範，爰增訂外國公司之定義（修正條文§4）。

(2)增訂第五章之一「外國公司」，定明外國公司來台上市（櫃）者，除主管機關另有規定外，其有價證券在中華民國募集、發行、私募及買賣之管理、監督，準用本法之相關規定（修正條文§165-1、§165-2）。

(3)外國公司應在中華民國境內指定其訴訟及非訴訟之代理人，並以之為在中華民國境內之公司負責人（修正條文§165-3）。

(4)外國公司或其人員違反所準用本法之相關規定者，定明其處罰規定，並增訂外國公司違反本法之規定者，依罰則章各條之規定處罰

其為行為之負責人（修正條文§171、§174、§174-1、§174-2、§175、§177、§178、§179）。

2.為保護投資人，出售所持有第6條第1項規定之有價證券而公開招募者，均應向主管機關申報生效（修正條文§22）。

3.考量目前有價證券之申請上市、停止或回復買賣及終止上市，係由證券交易所審核，爰將證券交易所與公司訂立之上市契約、就上市有價證券停止或回復其買賣及終止上市等事項，應報經主管機關核准之規定，修正為報請主管機關備查，以符合實際狀況（修正條文§141、§142、§144、§145、§147）。

4.基於衡平性之考量，避免情經法重，對於公開發行公司之董事、監察人及經理人所為之違背職務行為或侵占公司資產，增訂致公司遭受損害達新台幣500萬元之實害結果要件，以期周延；至致公司遭受損害未達新台幣500萬元者，則回歸普通刑法之規定處罰，並加重其刑至三分之一（修正條文§171）。

5.參酌證券投資信託及顧問法等規定，加重違法募集、發行或公開招募有價證券之刑罰；另將未依規定交付公開說明書、公開收購說明書及違反有價證券買賣融資融券之相關規定者，由刑罰改為行政罰（修正條文§174、§175、§77、§178）。

（十七）第十七次修正（102年6月5日）

證券交易法在民國99年6月2日時修正第36條條文，將年度財務報告的申報日期從每會計年度終了後4個月內改為會計年度終了後3個月內。惟規定公司內部控制聲明書申報期限卻未同步修正，導致內部控制聲明書的申報日期有可能晚於財務報告的申報日期。為使內部控制聲明書與財務報告的申報日期同步，因此修正本法第15條之1。

（十八）第十八次修正（104年2月4日）

為配合行政院組織改造，更正現行機關名稱，實有必要。故將原第3條條文之行政院金融監督管理委員會修正為金融監督管理委員會。

（十九）第十九次修正（104年7月1日）

　　1.我國證券交易法第20條之1有關財報不實之規定，對於董事長與總經理之責任顯然高於國際水準而有礙企業之用才。值此國家經濟發展之際，為避免過苛之賠償責任降低優秀人才適任董事長及總經理等高階職位意願，爰修正證券交易法第20條之1，改採「推定過失」責任，以減輕其過度之負擔。

　　2.為避免大量收購公開發行公司公司股份致過度影響個股市場價格，故91年2月6日證券交易法第43條之1增列強制公開收購之現行規定。但除公開發行公司所發行股份以外，其他如不動產證券化之受益證券等具有表決權之公開發行有價證券，因受益人會議之召集、表決、決議，受益人以表決權行使權利大量收購此類公開發行有價證券，勢將過度影響證券市場之價格波動，自有健全管理之必要。且此類公開募集發行而有表決權性質之有價證券，其受益人會議之決議亦事涉公開投資人之權益，故關於此類有表決權有價證券之收購事項，應併予納入公開收購之管理，爰修正證券交易法第43條之1、第43條之3規定。

　　3.證交法第155條第1項第4款不法炒作，原條文所謂「連續以高價買入或低價賣出」，構成要件過於空泛、恐有罪行明確之原則，且其行為結果不論是否造成市場正常價格之破壞，均該當犯罪，亦有違刑法之目的。為免司法實務操作上陷於困難，或流於各個法官不同之心證，有將炒作股票要件加以明確化之必要，爰增列「而有影響市場價格或市場秩序之虞」要件，使本項之運用更明確化。

　　4.企業社會責任之概念係基於商業運作必須符合可持續發展之構想，企業除需考慮自身之財務和經營狀況外，也需加入其對社會和自然環境所造成影響之考量。日前爆發頂新集團黑心油事件，旗下味全集團身為上市食品公司，摻用黑心油使其流竄市面販售，並一再隱瞞，嚴重危害國人健康；以及日月光半導體公司排放廢水汙染後勁溪，造成高雄市環境公害事件。儘管金融監督管理委員會日前提出上市（櫃）食品業、金融業、化學工業及實收資本額100億元以上的公司明年應編製企業社會責任報告書，惟若無法律規範、實際成效將受限。爰此，為強化法律約束力，對於上市公司違反企業社會責任，犯重大公害或食品藥品安全事件者，就其有價證券停止其部分或全部之買賣。將證交法第156條第5款修正為「發行該有價證券之公司發生重大公害或食品藥物安全事件。」

　　5.依證券交易法第36條第3項第2款於發生對於股東權益或證券價格有重

大影響之事項時,發行有價證券之公司有公告並向主管機關申報之義務。然遍查現行證券交易法第七章罰則之規定,對於違反第36條第3項第2款即時揭露資訊義務之行為,欠缺處罰之明文。為貫徹即時揭露資訊義務之立法目的,並使主管機關得有效監督發行有價證券之公司公告之資訊是否充分、確實,進而達成保障投資大眾權益及健全證券市場機能之目標,爰提案修訂本法第178條第1項第4款。

(二十)第二十次修正(105年12月7日)

為因應國內實務環境變遷,放寬公開發行股份有限公司募集及發行無擔保公司債之發行限額,以增進企業資金調度效率,爰修正證券交易法第28條之4,放寬公開發行公司募集及發行無擔保公司債之發行限額,不得逾全部資產減全部負債之餘額,以增進企業資金調度效率。

另針對我國關於公開收購防範機制有所不足,相較於美國,我國公開收購辦法資訊揭露透明度不管深度與廣度均有待加強,其中又以公開收購人資金來源尤為重要。有鑑於此,爰修正證券交易法第43條之1,明定將「公開收購人公開收購資金來源之確認或證明文件」增列授權由主管機關另以辦法定之,並要求有關公開收購公開發行公司有價證券管理辦法應從速於本條修正通過後一併修正,以健全公開收購機制。

(二十一)第二十一次修正(107年1月31日)

基於數位經濟發展瞬息萬變,為提供金融科技試驗更安全的環境,並透過金融創新促進有效競爭,參考英國及新加坡等國做法,引進「監理沙盒」制度,使監管體制更具彈性,以減少監管際擦,最終達成提高金融普惠的目的,爰提出證券交易法增訂第44條之1條文。

另立法院第八屆第八會期修正刑法部分條文時,通過附帶決議「現行刑事特別法中,諸多犯罪或以犯罪所得之有無為其成立之構成要件之一,或以之作為刑罰輕重不同之標準。為避免就『犯罪所得』之同一用語異其認定之標準,相關法規主管機關應配合本次刑法之施行日期,為相應之適當修正。」為避免與修正後之第38條之1所定犯罪所得混淆,造成未來司法實務犯罪認定疑義,爰將本法第171條「犯罪所得」的範圍修正為「因犯罪獲取之財物或財產上利益」。此外刪除本法第171條、第172條有關沒收因犯罪所得財物或財產上利益及追徵、抵償之規定,以回歸適用刑法。

另為配合105年12月28日修正公布之洗錢防制法第3條第1款規定，將特定犯罪門檻降為最輕本刑為6月以上有期徒刑以上之刑之罪，均已含括現行條文所列舉適用洗錢防制法相關規定之犯罪，本法第174條之2已無規範必要，爰予刪除。

（二十二）第二十二次修正（107年4月25日）

為健全公司治理，落實獨立董事對公司事務為獨立判斷與提供客觀意見之職責與功能。爰參考現行「○○股份有限公司獨立董事之職責範疇規則參考範例」第7條規定，增訂本法第14條之2第3項，明定「公司不得妨礙、拒絕或規避獨立董事執行業務。獨立董事執行業務認有必要時，得要求董事會指派相關人員或自行聘請專家協助辦理，相關必要費用，由公司負擔之。」目的係強化獨立董事之專業監督能力，避免獨立董事執行職務時受到不當干擾。

另為配合上述本法第14條之2第3項之增訂，另修正證交法第178條明定違反第14條之2第3項之罰則。

（二十三）第二十三次修正（107年12月5日）

為有效維護與保障民營企業受僱者之薪資及其他福利等權益，使勞工能合理分享企業獲利，並打破勞工長期在薪資議價之弱勢地位，立法院委員建議對上市櫃公司應強制要求揭露年度內全體員工薪資調整資訊，以利查核公司治理是否公平合理並善盡社會責任，爰修正本法第14條第5項，另行規範，明定上市櫃公司編製年度財務報告時，應另揭露公司全體員工平均薪資及調整情形等相關資訊，以茲明確。

（二十四）第二十四次修正（108年4月17日）

將庫藏股買回轉讓期間由3年延長為5年，逾期未轉讓者，視為公司未發行股份，並應辦理變更登記（證交§28之2）。

主管機關於調查證券商之業務、財務狀況時，發現該證券商有不符合規定之事項，得隨時以命令糾正之，並增列限期改善（證交§65）。

證券商違反本法或依本法所發布之命令者，除依本法處罰外，主管機關並得視情節之輕重，為左列處分，增列其他必要之處置（證交§66）。

另將本法第178條及第178條之1罰則最高額增為480萬元，並增列得命其限期改善，屆期未改善者，得按次處罰，以加強管理之效。

（二十五）第二十五次修正（108年6月21日）

基於金融機構以外之公開發行公司依第36條第1項規定，第二季財務報告無須經會計師查核簽證及監察人承認，爰將本法第14條之5第1項第10款有關「半年度財務報告」應經審計委員會同意之規定，修正為「須經會計師查核簽證之第二季度財務報告」，始須經審計委員會同意。

另於本法第36條，修正公開發行公司公告年度財務報告及第一、二、三季財務報告須公告並申報增加由董事長、經理人及會計主管簽名或蓋章，並經會計師核閱及提報董事會之財務報告。

（二十六）第二十六次修正（109年5月19日）

為促使公司訂定合理之董事、監察人及員工薪資報酬，爰於本法第14條第5項內容修正為「股票已在證券交易所上市或於證券櫃檯買賣中心上櫃買賣之公司，依第二項規定編製年度財務報告時，應另依主管機關規定揭露公司薪資報酬政策、全體員工平均薪資及調整情形、董事及監察人之酬金等相關資訊。」

（二十七）第二十七次修正（110年1月27日）

為順應國際潮流，強化青年權益保障，及配合民法成年年齡下修為18歲，爰修正本法第54條第1項有關證券商僱用對於有價證券營業行為直接有關之業務人員年齡限制，由應年滿20歲修正為應成年，成年年齡依民法之規定。

（二十八）第二十八次修正（111年11月30日）

為配合公司法第172條之2修訂，爰依證券交易法第22條之1第2項授權規定，增訂股東會視訊會議專章，視訊會議平台業者資格條件與申請程序、公開發行公司召開股東會視訊會議之相關資格條件、作業程序及其他應遵循事項，俾利前揭規範更加明確。

（二十九）第二十九次修正（112年5月10日）

為健全取得大量股權揭露制度及提升資訊透明度，並為符合外國立法之趨勢，爰修正本法第43條之1第1項，將大量持股申報及公告之門檻由原百分之十修正為百分之五。

（三十）第三十次修正（112年6月28日）

1.為考量本法第19條之4原第1項但書之實務作業係透過實質法規命令方式規範強制設置審計委員會之適用範圍，並未訂定相關管理辦法，爰配合實務，刪除後段授權訂定辦法之規定，並酌作文字修正。

2.修正第4項：

(1)為配合我國上市櫃公司於111年度全面設置審計委員會取代監察人，應透過會議方式集思廣益，以落實審計委員會監督職能之發揮，並兼顧少數股東權益之保障，且實務或有獨立董事個別成員濫權致影響公司正常營運引發社會大眾疑慮之情形，爰對於公司法監察人職權之行使方式應由審計委員會合議或獨立董事成員個別行使，容有修正之必要。

(2)公司法第230條規定公司與董事間訴訟由監察人代表公司及第214條規定少數股東得以書面請求監察人為公司對董事起訴，係規範公司與董事之訴訟代表歸屬權，考量對董事提起訴訟應透過合議方式周延討論以避免濫訴，爰刪除個別獨立董事準用公司法第213條及第214條有關監察人之規定，該條文有關公司對董事之訴訟應依第3項由審計委員會合議為之，並由審計委員會選任代表，審計委員會可決議單獨行使或共同代表為之。至對獨立董事提起訴訟仍應準用公司法第214條、第215條及第217條但書規定，向董事會提出請求，爰配合於後段增訂相關規範，以資明確。

(3)公司法第220條規定監察人之股東會召集權，依據原規定，審計委員會之獨立董事得單獨召集股東會，惟近來實務上有發生同一公司數位獨立董事分別召開臨時股東會，引發多重股東會等情形，至使全體股東無所適從難以行使股東權利，影響公司正常營運。考量股東會之召集原則由董事為之，例外由審計委員會者，應以合議方式審慎評估是否符合公司法第220條為公司利益而於必要時召集股東會，爰刪除準用公司法第220條有關獨立董事之股東會召集權，修正回歸審計委員會決議召集。

（三十一）第三十一次修正（113年7月16日）

鑒於公司經營成果仰賴員工之具體貢獻，爰修正本法第14條增列第6項及第7項，要求上市、上櫃公司年度盈餘應提撥一定比率，為基層員工調正薪資或分派酬勞，且前述金額得自當年度營利事業所得額減除之。

第六節　證券交易法主要內容

我國現行證券交易法，共分為八章183條，各章主要內容說明如下：

第一章：總則（§1～§21），規定本法之立法目的、規範範圍、專有名詞之定義、證券事業之核准及詐欺之民事責任。

第二章：有價證券之募集、發行及買賣（§22～§43-1），規定發行人募集及發行有價證券之程序、限制及監督。

第三章：證券商（§44～§88），乃規定證券商之核准、監督及業務之限制等。

第四章：證券商同業公會（§88～§92），規定證券商同業公會之組織、職權及主管機關對其之監督。

第五章：證券交易所（§93～§165），規定證券交易所之設立、組織及業務管理、上市及買賣、內部人交易之禁止、操縱行為之禁止及行政監督等事項。

第六章：仲裁（§166～§170），規定證券交易行為發生爭議之解決方式。

第七章：罰則（§171～§180），規定違反本法各章禁止規定之刑事及行政罰則。

第八章：附則（§181～§183），規定本法施行前已依證券商管理辦法公開發行之公司身分，及本法施行細則之訂立。

第七節　證券交易法與公司法之關係

公司法為規範公司制度之基本法規，著重於各類公司之設立條件、組織、內部關係及股票關係等一般性實質管理。證券交易法則專為公開發行之股份有限公司規範其有價證券募集、發行與買賣之基本法規，其為公司法之特別法，依特別法優先普通法適用之原則，舉凡有關股份有限公司之設立、組織、營業行為及對內對外法律關係等實質管理，原則上適用公司法；公司資本額達中央主管機關所定一定數額以上，股權分散達主管機關所定標準之股份有限公司，其股票之公開發行、上市（櫃）、證券市場之交易買賣、證券商、證券交易所及相關行為之證券事業等實質管理，適用證券交易法。二

者同爲規範公開發行股份有限公司相關之法規。茲將股份有限公司適用公司法及證券交易法以表示解說如下：

	不公開發行股份有限公司（僅適用公司法）	不公開發行之股份有限公司
股份有限公司	公開發行之股份有限公司（適用公司法及證券交易法）	未上市未上櫃之公開發行股份有限公司
		股票上市之公開發行股份有限公司
		股票上櫃之公開發行股份有限公司
		登錄興櫃股票之公開發行股份有限公司

第八節　公開發行股份有限公司股票發行概況（2024年6月）

年度	上市公司（家數）	上櫃公司（家數）	公開發行未上市上櫃公司（家數）（包括興櫃）	興櫃股票（家數）
2009	741	546	497	223
2010	758	564	512	285
2011	790	607	516	277
2012	809	638	540	285
2013	838	658	584	261
2014	854	685	621	284
2015	874	712	636	284
2016	892	732	639	271
2017	907	744	652	274
2018	928	766	666	256
2019	942	775	677	248
2020	948	782	708	253
2021	959	788	747	296
2022	971	808	785	299
2023	997	816	828	329
2024	1013	822	838	324

資料來源：證期局公開發行公司股票發行概況統計表（1）。

第九節 我國現行商業組織型態比較表（2024年6月）

組織種類＼比較項目	獨資	合夥	有限合夥	無限公司	兩合公司	有限公司	股份有限公司	公開發行股份有限公司	閉鎖性股份有限公司
家數	978,650 / 933,887	44,763	164	7	4	586,528	189,364	2,673	5,855
法人資格	非法人		法人						
成員責任	無限責任		普通合夥人負無限責任，有限合夥人負有限責任	無限責任	無限責任股東負無限責任，有限責任股東負有限責任	以出資額爲限	以所認股份負有限責任		
業務機關	獨資個人經營	合夥人	普通合夥人	各股東	無限責任股東	董事	董事會		
損益分配	獨資個人	合夥人	契約自訂	章程自訂			股東持股比例		
每年盈餘分配次數	1次或多次		依契約規定	1次			依章程規定		
出資轉讓	個人決定	全體合夥人同意	有限合夥之合夥人，得依契約約定，或經其他合夥人全體同意，以其出資額之全部或一部，轉讓於他人	其他股東全體同意	有限責任股東須經無限責任股東過半數同意，無限股東須經全體同意	經其他股東過半數同意	無限制		依公司章程規定
人數	1人	2人以上	1人以上之普通合夥人，與1人以上之有限合夥人	2人以上	1人以上無限責任股東，與1人以上有限責任股東	1人以上	2人以上爲發起人	無限制	50人以下
存續期間	出資人決定	合夥人得約定存續期間	得約定存續期間	永續經營爲原則					
法律規範	商業登記法		有限合夥法	公司法				公司法、證交法	公司法

資料來源：作者自製（2024年6月統計）。

第二章 證券市場

第一節 證券投資之概念

　　現代經濟發展之社會，投資理財已成為國民經濟活動之重要課題，所謂投資，涵義甚廣，舉凡購買不動產、黃金、有價證券等固係投資，購買保險、接受教育亦為投資，其中證券因具有極佳之市場流通性，復因目前證券市場蓬勃發展，故證券投資已儼然成為投資之主流。所謂「證券投資」，即為買賣有價證券，以期望未來能夠獲取投資報酬之行為。至於何謂有價證券？依經濟學上之定義，「有價證券」乃指貨幣證券及資本證券而言，貨幣證券為商業上之給付工具，如本票、支票；資本證券則係表示投資之憑證和收益之請求權，如股票、公司債。一般而言，貨幣證券之期限在1年以內，資本證券則在1年以上。再就證券交易法之有價證券定義而言，依該法第6條規定，係指政府債券、公司股票、公司債券及經主管機關核定之其他有價證券。新股認購權利證書、新股權利證書及前項各種有價證券之價款繳納憑證或表明其權利之證書，視為有價證券。前述規定之有價證券，未印製表示其權利之實體有價證券者，亦得視為有價證券。一般在證券交易中，習慣上所稱之有價證券，乃係以證券交易法之定義為範圍。

　　凡投資行為必涉及時間、報酬及風險三方面之因素，其中證券投資因較其他投資具有彈性，一般期望之報酬較大，相對承擔之風險亦大。因之如何建立一個公開、公正、自由運作之投資市場以便利證券買賣，實為證券投資發展之基礎，亦係證券主管機關責無旁貸之職責。至於證券投資人，亦應培養對證券市場知識之瞭解，及證券投資風險之認知，俾能建立正確之投資觀念，促進證券市場之健全發展。

第二節 證券市場之意義

　　證券市場係政府或公司公開發行有價證券，以及已發行有價證券繼續流通轉讓所形成之市場；其分為證券發行市場與證券流通市場。公司公開發行

股票、公司債及政府發行公債，均以不特定之公眾為其對象，並賴中間機構為其媒介，因而形成證券發行市場，又稱為證券初級市場。另證券必須具有自由轉讓之特質，始能維持其市場能力，否則證券如難以脫手變現，勢將無人再願持有，因而公司與政府將難以順利公開發行有價證券，遂有證券流通市場之產生，供給已發行證券繼續流通轉讓，並支持證券發行市場；故此二市場具有相輔相成之效，缺一不可。

　　證券流通市場係由證券交易所與店頭市場所構成，又稱為證券次級市場。證券交易所係證券流通市場之核心，備有固定之集中交易場所，由經紀商與自營商共聚一堂，從事交易，且證券交易所訂有證券上市標準，非經公開發行公司正式申請，並能符合其上市標準之證券，不能上市買賣，故為健全證券市場不可或缺之組織；然由於政府與部分發行公司其證券尚未具有上市之條件，無法在證券交易所上市買賣，遂有店頭市場專供未上市證券流通轉讓之產生。

　　證券市場是自由經濟制度之產物，亦係經濟發展中金融市場不可缺少之要角，證券市場具有結合國民儲蓄、促進資本形成、提升企業經營成效之功能。證券市場號稱經濟櫥窗，足以適切反應各國經濟情況之良窳，影響國家經濟發展與社會繁榮至深且鉅。

第三節　證券市場之功能

　　證券市場之任務，在引導國民儲蓄與社會資金，透過證券投資之途徑，促進企業資本之形成，從而充裕產業資金，加速經濟發展，並使社會大眾藉工商業利潤之分配，共享經濟發展之成果，以促進民生之均富。一般而言，證券市場具備下列功能：

一、提供企業、政府等籌措長期且安定資金之場所

　　企業需要長短期資金以因應經營上之用途，一般可分為應用於擴充廠房、機器設備購置等之長期資金，及支應正常營運所需之短期資金。企業資本來源，則有企業營運所產生之資金、企業向金融機構等借入之長短期貸款，以及藉由證券市場發行公司債或股票募集資金等。一般而言，企業自證券市場所籌措之資金，大都屬長期性質，可用於擴充廠房設備、增加存貨生

產等，對企業經營之安定性有甚大助益。此外，政府在籌措公共財源方面，亦可經由發行債券及釋出官股方式，在證券市場上得到部分長期資金。近年來由於政府推動各項重大公共建設以促進國民經濟發展，而公共建設之財源籌措，部分即由發行公債而來，因之債券市場之興衰，對於國民經濟發展，扮演著極為重要的角色。

二、提供國民儲蓄資金之運用場所

一般而言，作為國民儲蓄運用之管道，有銀行存款、有價證券之投資、信託、保險及房地產等，其中有價證券之投資，包括股票、債券、受益憑證等，近年來，隨著經濟之發展、國民所得迅速提高，我國國民儲蓄累積金額已有顯著增加，國人對金融資產之偏好，比例亦大幅增加，並有從以往較重視安全性之投資，逐漸轉變為重視收益性及流動性高之投資傾向，且對金融資產採取多樣化之投資組合，藉以分散風險並提高投資報酬率，因之對有價證券之投資，有逐年增加之趨勢，為因應國人之需求，證券主管機關亦多次合理修改上市條件，健全及擴大店頭市場之組織與規模，並持續鼓勵符合一定條件之公司股票上市、上櫃，以利募集資金，並擴大市場規模。

三、使社會資源有效率分配，促進國民經濟成長

證券市場健全發展，可提供國人儲蓄資金投資管道，不但有助於國內物價之穩定，同時證券市場亦可提供企業及政府一個籌措資金之管道，將國人多餘儲蓄資金引導至生產事業，而促進國民經濟發展。近年來，我國證券市場隨著經濟快速發展，及多項證券管理制度之持續建立、充實與改善，市場規模迅速擴大，交易日趨活絡，上市公司總市值占當年國民生產毛額、證交稅占政府總稅收及開戶人數占總人口等項之比例皆具相當之比重，證券市場已在我國國民經濟上，占有相當地位，其對國民經濟之重要性與日俱增。

第四節　證券市場之種類

一般而言，企業籌措其長期性資金之方式有兩種：一為向金融機構舉債，取得資金。二為發行證券，經由證券市場向社會大眾籌集資金。前者稱

之為間接金融，後者為直接金融。就直接金融而言，證券市場係扮演金融橋樑之角色，透過證券發行市場及證券流通市場相輔相成之運作，將社會大眾儲蓄和企業需求資金相互結合，成為資本之供求中心。

基本上證券市場係金融市場之一環，金融市場除包括銀行體系為主之借貸市場、外匯市場、信託市場及保險公司為主導之保險市場外；證券市場無疑係其中最重要之市場，絕大多數之創新金融產品皆以有價證券之方式發行和交易。證券市場除包括股票市場、債券市場外，甚至連票券市場、期貨市場中占絕高比例之金融性期貨亦包括在內。

證券市場通常分為兩類：一是新證券首次向社會大眾發行之市場，稱之為初級市場或證券發行市場。另一是在初級市場分配工作完成後，從事公開買賣之市場，稱之為次級市場或證券流通市場。茲分述如下：

一、發行市場

發行市場又稱初級市場，指政府或公司為籌集資金，向社會大眾公開發行債券、股票或公司債等有價證券，並透過證券承銷商向社會大眾公開銷售，由投資人購買所形成之市場稱為發行市場。換言之，發行市場即有價證券之募集發行或出賣所形成之市場，為企業從事資本證券化，證券大眾化活動之場所，發行市場以證券承銷商擔任主要角色。

發行市場係資金供需相遇之中介，提供政府或企業籌集所需資金之管道，引導國民儲蓄投入生產事業之創業、建廠、擴充或更新設備所需之資金，當企業需用資金時，可申請證券主管機關核准或申報生效，藉發行股票或債券之方式，透過證券承銷商向非特定人公開銷售，匯集多數投資人之小額資金，成為公司所需之資本，企業因而於成長過程中可免除長期負債及利息負擔，使產業得以加速成長與升級，其為企業籌措營運資金之最佳管道。另發行市場亦可協助發行公司股權分散，使發行公司股權分散達主管機關所定之標準，實現證券大眾化，俾使人人有機會成為企業之股東，分享企業經營之利潤。

一般發行市場之組成主要由下列三部分所構成：

（一）證券發行者

即資金之需求者，為募集及發行證券籌措所需資金之企業或政府。

（二）證券購買者

即資金之供給者，爲購買證券發行人所發行證券之投資者。通常包括一般個人投資者及機構投資者（如金融機構、保險公司、信託投資公司、證券投資信託公司、自營商）。

（三）中介者

係資金需求者與資金供給者之中間橋樑，即證券承銷商。證券承銷商爲證券發行市場之中介機構，一方面協助企業發行證券籌措所需之長期資金；另一方面將企業所發行之證券銷售給投資大眾，藉以將儲蓄資金導入產業供作生產之用途。

二、流通市場

流通市場又稱次級市場，指有價證券發行後，投資人彼此間交易所形成之市場，換言之，流通市場指依本法已發行有價證券之買賣市場，故又稱證券交易市場。有價證券具有自由轉讓之特質，自應有使投資人能隨時變現之市場供其交易轉讓，始能維持其市場能力，流通市場之主要功能在提供已發行證券轉讓交易之管道，使證券流通不致受阻，換言之，流通市場爲提高證券之流通性，使證券盡速變現，促進資金市場再分配之功能。一般流通市場可分爲集中交易市場與店頭市場兩種，茲分述如下：

（一）集中交易市場

本法所稱有價證券集中交易市場，謂證券交易所爲供有價證券之競價買賣所開設之市場（證交§12）。換言之，集中交易市場即爲證券自營商及證券經紀商從事上市有價證券競價買賣所形成之市場，其買賣方式係採電腦競價買賣，由多數連續供需關係決定股票之交易價格。交易價格繫於集中交易市場供需關係，非人爲操縱，有價證券之交易，係基於投資人對證券價值之體認，形成一定之供需關係，並由供需關係決定其交易價格，公平合理。證券交易所訂有上市標準，非經依法公開發行，並能符合上市標準之證券，不得於集中交易市場掛牌買賣。

集中交易市場之組成主要是證券交易所，其設置場所及設備，供證券經紀商及證券自營商集中於此處，代表其顧客，或爲自己計算，彼此競價買

賣。另其參與者在會員制則爲會員，以證券自營商及證券經紀商爲限（證交§103），在公司制則爲與證券交易所訂立供給使用有價證券集中交易市場契約之證券自營商或證券經紀商爲限（證交§129）。

　　集中交易市場提供證券持有人隨時轉讓其持有之證券收回投資，或投資購買其所需要之證券參與企業投資，有價證券變現性極強，能創造繼續性之證券交易，此即證券市場之流通能力。另集中交易市場具有預測經濟景氣之功能，一般而言，股價循環通常先於商業循環，股價變動，率先反映經濟情況之變動。當經濟景氣，發行公司獲利能力增強，必將帶動股價普遍上揚，激勵投資人購買股票之意願，證券市場活絡呈現榮面。反之，當經濟蕭條，發行公司獲利能力衰退，股價普遍下跌，投資人購買證券意願低迷，證券市場呈現萎縮不振。故審視證券市場，可預測整體經濟情況之良窳，因此證券市場可謂爲一國經濟之櫥窗。集中市場之交易流程可參圖2-1。

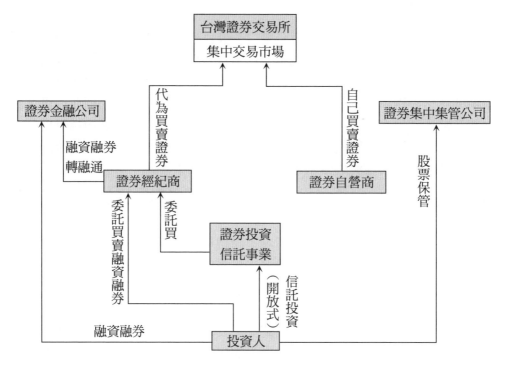

圖2-1　集中交易市場之交易流程圖

（二）店頭市場

　　店頭市場在我國證券交易法中正式名稱爲「證券商營業處所買賣有價證券」，係指證券經紀商或證券自營商在其營業處所受託，或自行買賣有價證券（證交 §62）而言。店頭市場指有價證券不在集中交易市場以競價方式買賣，而在證券商營業處所專設櫃檯議價進行之交易行爲，簡稱「櫃檯買賣」。在店頭市場交易之有價證券，係以依證券交易法公開發行未在集中交易市場競價買賣之股票及證期局指定或證券商同業公會同意在櫃檯買賣者爲限，故又稱未上市證券市場（Market for unlisted Securities）。店頭市場又可分爲債券店頭市場及股票店頭市場二種。

　　依本法規定未上市之有價證券不得於證券交易所之有價證券集中交易市場爲買賣（證交 §142），但未上市股票，其數目遠多於上市股票，未上市股票若由於無交易之流通市場，股權不能分散，無論對整體證券市場之發展，或對資本大眾化與資本形成，皆有極爲不利之影響，故建立店頭市場之主要目的，在對未於證券交易所上市之股票，提供次級交易之流通市場，爲已公開發行證券之持有人，提供流通轉讓之市場，擴大流通市場之規模，使資本證券化，證券大眾化，增加國民投資之管道。

　　另近年來工商企業家數與日俱增，規模日益擴大，而資金取得管道仍侷限於傳統之融資方式，爲協助具有經營理想而缺乏資金之中型企業，利用資本市場募集資金，擴大業務經營，促進產業升級，店頭市場可在適當時機辦理時價發行新股，取得創業或擴大營業所需資金，便利新科技及中型企業籌措資金或獲得增資，建立民營中型企業在資本市場籌措資金之管道，對促進企業發展具有正面推展之功能。

　　店頭市場與集中交易市場同爲流通市場，二者互補互競，構成完整之流通市場，店頭市場之建立，將使流通市場更爲充實，有助於證券業務之發展，引導社會游資投入生產企業，發展國民經濟。關於店頭市場詳情請參閱本書第五章參、有價證券之上櫃（店頭市場）。

三、發行市場與流通市場之關係

　　發行市場係政府或企業爲籌募資金，依證券交易法規定，爲有價證券之募集與發行，透過證券承銷商向社會大眾公開銷售所形成之市場。有價證券發行後，必須有流通轉讓之場所，藉以供已發行之有價證券得以再次轉讓流通，遂有由證券自營商自行買賣或證券經紀商受託買賣證券所形成之流通市

場。發行市場是流通市場之基礎，如無健全之發行市場，則流通市場無法蓬勃發展；反之，若無流通市場，則發行市場所發行之證券，亦無交易轉讓之場所，已發行有價證券之流通將極困難，投資人必因股票無法變現而降低投資意願，對發行市場裹足不前，必將影響發行市場之發展。因此，一個健全之流通市場，必須建立在發行市場暢通之管道，二者關係密切，互為表裡，構成完整之證券市場。就順序而言，先有發行市場而後有流通市場，且因有流通市場之存在，證券變現流通性高，有價證券之募集與發行時，投資人認購意願因而增強，因之流通市場可視為發行市場之基礎。

第五節　我國證券市場之架構

我國證券市場之主要構成參與者除上市（櫃）公司外，係指證期會、證券交易所、櫃檯買賣中心、證券商及各證券金融事業等所組成，茲分述如下並以圖示說明之：

一、證券主管機關

依證券交易法第3條之規定，證券主管機關為金融監督管理委員會證券期貨局（以下簡稱證期局）。

二、證券交易所

依據證券交易法第11條之規定，所謂證券交易所乃是設置場所及設備，以供給有價證券集中交易市場為目的之法人。交易所實為證券流通市場之核心，提供場地予符合上市審查準則所訂標準之有價證券上市買賣，至於本身則不買賣，也不決定價格。

三、櫃檯買賣中心

有價證券不在集中交易市場上市買賣，而在證券商之營業櫃檯以議價方式進行之交易行為稱為櫃檯買賣。83年11月原隸屬於台北市證券商業同業公會之櫃檯買賣中心改以財團法人方式設立，接辦證券櫃檯買賣業務，提供場

地並予符合上櫃審查準則之有價證券買賣。

四、證券商

依據證券交易法之規定，經營有價證券之承銷、自行買賣、買賣之行紀或居間業務者爲證券商。證券商須經主管機關之許可及發給許可證照，方得營業。

五、證券金融事業

證券金融事業指依「證券金融事業管理規則」設立，從事證券投資人融通資金或證券之事業。證券金融公司在證券市場中所扮演之地位，即爲信用交易之授信機構，具有調節市場供需之功能，其服務之對象，除在證券經紀商開戶買賣證券之委託人外，尚有專營之自營商。

六、證券投資信託事業

證券投資信託事業指發行受益憑證募集證券投資信託基金，並運用證券投資信託基金從事證券投資之事業。基金成立後應交由基金保管機構保管，不得自行保管，信託事業並不得以自有資金從事上市公司股票之買賣，至於受益憑證之意義，即指信託事業爲募集基金而發行之有價證券，目前國內信託事業所發行之受益憑證有開放型及封閉型，所謂開放型受益憑證乃投資人得於任何時日按基金淨資產價值申請發行人買回其受益憑證，至於封閉型受益憑證持有人則不得向公司請求買回證券，而只得於公開市場出售予第三人。

七、證券投資顧問事業

證券投資顧問事業指收取報酬並提供證券顧問服務之事業，其設立必須經證期局之核准，業務並受嚴格之規範管理，證券交易法89年6月修正時，已正式開放投顧草案准予代理委任人從事證券投資之行爲，即所俗稱之代客操作。

八、證券集中保管事業

所謂證券集中保管事業，指經營有價證券之保管及帳簿劃撥之事業，國內於79年1月4日成立台灣證券集中保管公司正式營業。

第六節　證券市場之管理

　　公司公開募集發行證券，籌措長期資金，雖為公司理財之行為，惟究應以具有獲利能力為其前置條件，如以發行證券方式詐欺他人，或以操縱手段壟斷市場，謀取非法利潤，均為危害整個經濟社會，政府自不能坐視不顧，而需訂立整套管理法令規章，一方面約束證券之發行，以提高證券信用；另一方面納證券交易於正軌，俾提高證券市場信用，保障交易之安全。因之，所謂證券市場之管理，指政府主管機關對有價證券之募集、發行及買賣，依據有關之法律及規章予以監督、控制或指導之制度（參圖2-2）。雖然世界各國證券管理之範圍容有不同，但管理之主要目的，莫不以達成配合經濟發展及保護投資人權益二項目標為管理之重心。茲將本法對發行市場及流通市場之管理原則分述如下：

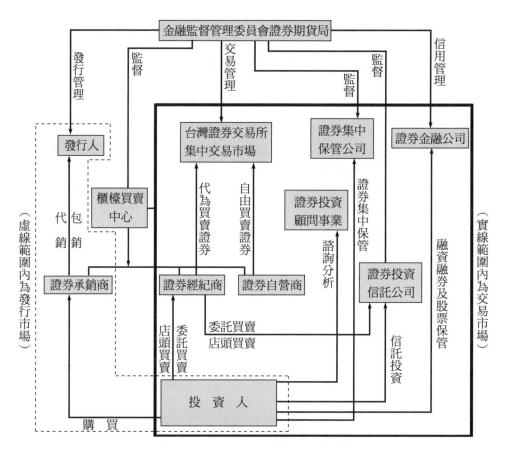

圖2-2　我國證券發行及交易市場架構圖

一、發行市場之管理原則

　　依證券交易法規定關於發行市場之管理，採充分公開之原則，強制企業內容公開，課以發行人履行公開原則，對非特定人公開招募股份時，必須公開財務及交付公開說明書，俾使投資人為投資決定之前，能對其所擬投資之有價證券有充分認識，俾利規避投資風險，以確保其投資權益，維護證券交易之安全。茲列舉有關規定說明於下：

　　(一)有價證券之募集、發行不得有虛偽、詐欺或其他足致他人誤信之行為。發行人申報或公告之財務報告及其他有關業務文件，其內容不得有虛偽或隱匿之情事。違反上述規定者，對於該有價證券之善意取得人或出賣人因而所受之損害，應負賠償之責（證交§20）。

　　(二)發行人募集有價證券，應先向認股人或應募人交付公開說明書（證交§31），此即發行人於募集有價證券之際，必須將主管機關審核之公開說明書向投資人公開，發行人違反前項之規定者，對於善意之相對人因而所受之損害，應負賠償責任（證交§31）。

　　(三)證券承銷商出售其所承銷之有價證券，應依證券交易法第31條第1項之規定，代理發行人交付公開說明書（證交§79），證券承銷商違反前項之規定者，處24萬元以上240萬元以下罰鍰（證交§178）。

二、流通市場之管理原則

　　流通市場以集中交易市場為主，有價證券之交易價格係由多數連續之競價買賣而自然形成，買賣雙方當事人基於平等地位，透過供需關係而決定交易價格。為維持競價買賣之公正，證券交易法規定在證券交易所上市之有價證券，不得有下列各款之行為：

（一）證券市場操縱行為之禁止

　　操縱行為有違證券交易之公平與誠信原則，易造成股市交易秩序脫序，有違保障投資之立法意旨，係導致證券市場無法正常發展之主因，是故證券交易法規定對於在證券交易所上市之有價證券，不得有下列各款之行為（證交§155）：

　　1.在集中交易市場委託買賣或申報買賣，業經成交而不履行交割，足以影響市場秩序者。

2.意圖抬高或壓低集中交易市場某種有價證券之交易價格，與他人通謀，以約定價格於自己出售，或購買有價證券時，使約定人同時為購買或出售之相對行為者。

3.意圖抬高或壓低集中交易市場某種有價證券之交易價格，自行或以他人名義，對該有價證券，連續以高價買入或以低價賣出者。

4.意圖造成集中交易市場某種有價證券交易活絡之表象，自行或以他人名義，連續委託買賣或申報買賣而相對成交（95年1月增訂）。

5.意圖影響集中交易市場有價證券交易價格，而散布流言或不實資料者。

6.直接或間接從事其他影響集中交易市場某種有價證券交易價格之操縱行為者。

（二）內部人短線交易之禁止

為維持集中交易市場之公正性，買賣當事人應皆可平等使用相關資訊以作為投資之依據，特明文規定，發行股票公司董事、監察人、經理人或持有公司股份超過10%之股東，對公司之上市股票，於取得後6個月內再行賣出，或於賣出後6個月內再行買進，因而獲得利益者，公司應請求將其利益歸於公司（證交§157）。

（三）內部人內線交易之禁止

集中交易市場主要之功能在於維持有價證券之競價買賣，買賣當事人雙方基於平等之地位，如一方係公司之內部人，利用公司未經公開之內部消息，從事內線交易，此項交易自非公平，故法律為平衡雙方之地位，特明文規定，下列各款之人，獲悉發行股票公司有重大影響其股票價格之消息時，在該消息未公開前，不得對該公司之上市或在證券商營業處所買賣之股票，買入或賣出（證交§157-1）：

1.該公司之董事、監察人、經理人及依公司法第27條第1項規定受指定代表行使職務之自然人。

2.持有該公司之股份超過10%之股東。

3.基於職業或控制關係獲悉消息之人。

4.喪失前三款身分後，未滿6個月者。

5.從前四款所列之人獲悉消息之人。

　　違反上述規定者，應就消息未公開前其買入或賣出該股票之價格，與消息公開後10個營業日收盤平均價格之差額限度內，對善意從事相反買賣之人負損害賠償責任；其情節重大者，法院得依善意從事相反買賣之人之請求，將責任限額提高至3倍。

（四）詐欺行為之禁止

　　為維護證券市場交易秩序及交易安全，並保障投資人，以建立健全之證券市場，特明文規定，有價證券之買賣，不得有虛偽、詐欺或其他足致他人誤信之行為。另發行人申報或公告之財務報告及其他有關業務文件，其內容亦不得有虛偽或隱匿之情事。違反上述規定者，對於該有價證券之善意取得人或出賣人因而所受之損害，應負賠償之責，俾戒絕證券市場非法行為（證交§20）。

　　另公開發行股票或上市股票之公司，應依證券交易法第36條規定，定期公開財務報告，履行繼續公開原則，提供最新財務狀況，作為投資人投資判斷之依據。

第七節　台灣資本市場國際化應有之努力

　　資本市場係提供長期、穩定資金之直接金融市場，包括股票、債券及衍生性商品等三大金融工具，主要是經由市場機能運作，讓民間資金得以最有效率之方式分配到最佳之投資機會，俾提供企業及產業擴張所需，促進經濟發展。因此，一國資本市場之良窳，直接影響國家資本形成及企業成長能力，對經濟發展至為重要，故資本市場發達之國家，經濟活力亦旺盛，而美國正是資本市場與經濟發展相輔相成之典型。

　　隨著經濟世代之演進，各國資本市場面臨開放與轉型之壓力。在國際資本流動管制尚未鬆綁時期，資本市場資金供給者與需求者都侷限於境內，交易品項及規模相對有限，資訊流通亦無時間差異，相對資金配置效率亦難達最適境界。如今，經濟國界日趨模糊，企業生產基地遍布全球，籌措資金之方式及管道亦多元化，國際資金更可四處尋找最佳投資機會，資金供給者與需求者都已國際化，資本市場更難再畫地自限，此乃台灣資本市場必須與國際接軌的壓力，更是催化改革之動力。

　　在轉向國際化之途，政府改革方向必須更具目標性及策略性，其中，最重要的首推公司治理。公司治理乍看下似與資本市場無關，但實是資本市場發展之根基，因為在資本市場買賣的標的就是企業，必須靠健全之公司治理機制，才能即時並正確的揭露資訊，市場也才能迅速並正確地反映企業價值，這在資本市場國際化後尤其重要。我們由各項國外訊息可知，國際投資機構對公司治理議題之重視程度超乎想像，非常關切我國推動公司治理的做法，以評價台灣企業資訊的透明度及台灣資本市場的投資價值，由此可知強化公司治理對資本市場國際化之重要性。

　　另提升金融機構競爭力，亦為台灣資本市場國際化時必須做好另一基礎工程，國內金融機構係資本市場的媒介者，有效率才能降低交易成本，有創新才能豐富市場內涵，有風險控管能力才能防範危機於未然，這都是資本市場走向國際化必須面對之挑戰，因而強化金融機構競爭力已是刻不容緩。因此，政府必須力排萬難，繼續積極推動金融改革，加速結合公營金融機構民營化政策，引進世界級金融機構的經營管理知識與金融技術，推動金融機構國際化。

第三章　證券主管機關——金融監督管理委員會證券期貨局

第一節　證期局之沿革

　　台灣證券市場始於民國42年，其時政府為實施耕者有其田政策，徵收地主土地，轉放給自耕農承領，將台泥、台紙、工礦、農林等四大省營公司開放民營，以其股票及土地實物債券補償地主。由於部分地主取得四大省營公司股票及土地實物債券後，急需在市面流通變現，因而台灣各地以代客買賣為目的之證券商號得以迅速發展，當時尚無正式之交易市場，皆靠掮客居中介紹買賣，此為台灣地區早期證券店頭市場，為便於監管，台灣省政府乃於民國43年1月頒布「台灣省證券商管理辦法」，此為政府遷台後最早之證券管理法規。

　　證券市場為國民儲蓄與生產資金相互結合之樞紐，政府為配合當時美援資金運用，加速經濟發展，促進資本形成，提高國民就業，於47年發布19點財經改革方案，其中第2點即為籌建證券市場，充分供應建設資金，同年起先後派遣專家，前往美、日等國，研究考察證券市場之業務與管理，民國48年3月邀請有關部會代表及專家組成「建立證券市場研究小組」，從事研究策劃，歷時半載，提出報告中對設立證券市場之基本看法與做法殊為詳盡，為配合推動此項計畫，建議設置證券管理委員會，並修訂有關各項法律俾便執行，繼研究小組之後，前美援會復於民國49年1月間邀請美籍證券市場專家符禮思先生（George M・Ferris Jr.）來台，對台灣證券情況及經濟環境作全面考察，並提出報告，對建立證券市場之先決條件、投資環境之改善等均有所建議，政府當局依據證券市場研究小組之研究結論及美籍證券專家建議，乃於民國49年9月成立「證券管理委員會」，隸屬經濟部。該會成立之初，鑑於原有交易所法及台灣省證券商管理辦法若干規定，難符實際需要，為集思廣益便利證券市場工作能順利推行，復邀請國內外專家，組成「證券市場工作小組」研擬修訂，並依國家總動員法第18條規定制定「證券商管理辦法」，於民國50年6月21日由行政院公布施行，以為證券交易法未制定前過渡性準則，該辦法明定主管機關為「經濟部證券管理委員會」，其組織規

程由經濟部呈報行政院核定之。民國61年12月11日公布「經濟部證券管理委員會組織條例」，嗣後復經71年、73年及80年1月三次修正，並於70年7月1日將證券管理委員會改隸財政部。邇來爲因應經濟國際化需要，健全期貨業之管理與發展，民國81年7月10日隨著「國外期貨交易法」之公布，並自公布後6個月施行，財政部證券管理委員會自該法施行時，納入期貨交易管理業務。民國86年4月2日財政部證券管理委員會組織條例修正公布，將財政部證券管理委員會名稱修正爲「財政部證券暨期貨管理委員會」。

　　以往我國金融管理制度，主要特點爲行政管理權集中於財政部，而金融檢查權則分屬財政部、中央銀行及中央存款保險股份有限公司。在行政管理權方面，以往我國銀行、證券、期貨及保險業之主管機關雖爲財政部，惟囿於法令，實務運作上並未合併監督管理；經統計截至93年6月30日止，財政部已依金融控股公司法核准成立金融控股公司有14家，顯示金融集團之發展趨勢於我國已逐漸形成，上述分業監理及分工檢查之管理模式，難以對橫跨銀行、證券、期貨及保險業之金融集團進行有效監理，而金融檢查權與行政管理權分離，亦影響金融監理之效能。反觀國外情況，各先進國家由於不同型態金融機構之整合，使金融集團事業家數急遽增加，此一金融市場發展趨勢，已使各國金融監理機關注意到分散式的金融監理架構可能衍生一些問題，因此爲採取一元化之金融跨業合併監理模式，行政院於93年7月1日成立「行政院金融監督管理委員會（簡稱金管會）」，並將證券暨期貨管理委員會之名稱改爲證券期貨局，隸屬於行政院金融監督管理委員會。100年6月29日，修正公布「金融監督管理委員會組織法」，101年7月1日依組織法更名爲「金融監督管理委員會」。

第二節　證券期貨局之組織與職掌

一、組　織

　　依據金融監督管理委員會組織法第30條第1項規定訂定之「金融監督管理委員會證券期貨局暫行規程」，證期局現行組織置局長1人，承本會主任委員之命，綜理局務，並指揮監督所屬人副局長2人，襄助局長處理局務。另設有第一、二、三、四、五、六、七、八組及稽核、法務室等眾多單位，並設秘書、人事、會計、政風及資訊室等幕僚單位。其組織圖參見圖3-1。

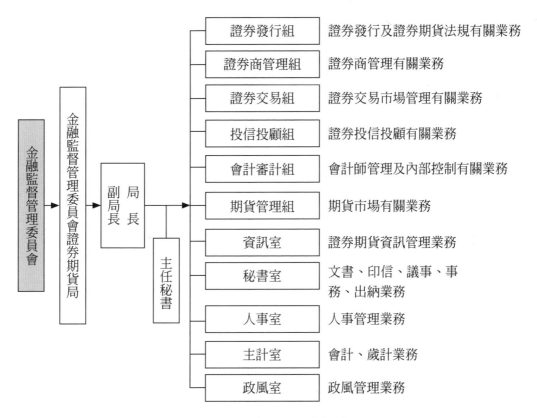

圖3-1　金融監督管理委員會組織圖

　　金管會為管理、監督證券之發行、交易及期貨交易，依該會組織法第30條第1項之規定，設置證券期貨局，該局之基本任務係發展國民經濟、保障投資及健全發展期貨市場，維護期貨交易秩序，為達成此一任務，該局訂定四項工作方針：第一，健全資本市場發展，促進資本證券化、證券大眾化。第二，改進證券期貨市場運作，力求交易公平、公正與公開。第三，發展證券期貨服務事業，發揮溝通儲蓄與投資之功能。第四，加強會計師管理，提升其執業水準及查帳技能。至於有關證券期貨局業務相關之單位參圖3-2。

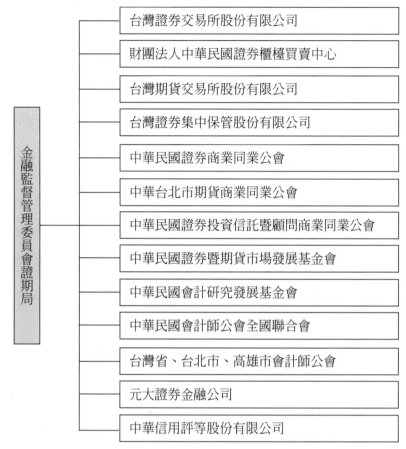

金融監督管理委員會證期局

- 台灣證券交易所股份有限公司
- 財團法人中華民國證券櫃檯買賣中心
- 台灣期貨交易所股份有限公司
- 台灣證券集中保管股份有限公司
- 中華民國證券商業同業公會
- 中華台北市期貨商業同業公會
- 中華民國證券投資信託暨顧問商業同業公會
- 中華民國證券暨期貨市場發展基金會
- 中華民國會計研究發展基金會
- 中華民國會計師公會全國聯合會
- 台灣省、台北市、高雄市會計師公會
- 元大證券金融公司
- 中華信用評等股份有限公司

圖3-2　金融監督管理委員會證期局相關業務單位

二、職　掌

　　依據金融監督管理委員會組織法第30條第1項規定訂定之「行政院金融監督管理委員會證券期貨局組織規程（93年6月2日財政部台財融(六)字第0930018582號令訂定發布）」第2條規定，證期局之職掌如下：

　　(一)公開發行公司、有價證券募集、發行、上市、證券商營業處所買賣之監督及管理。
　　(二)期貨交易契約之審核與買賣之監督及管理。
　　(三)證券業與期貨業之監督及管理。
　　(四)外資投資國內證券與期貨市場之監督及管理。

(五)證券業、期貨業同業公會與相關財團法人之監督及管理。
(六)證券投資信託基金、有價證券信用交易之監督及管理。
(七)會計師辦理公開發行公司財務報告查核簽證之監督及管理。
(八)證券投資人及期貨交易人之保護。
(九)與本局業務有關之金融機構檢查報告之處理及必要之追蹤、考核。
(十)其他有關證券業與期貨業之監督及管理。

第三節　證期局之職權

證期局為證券管理之主管機關，由其負責監督及管理證券市場，依該會組織條例規定，其主要職權如下：

一、發行審核權

對有價證券募集與發行之核准、上市買賣之核定及店頭市場買賣之核定。

二、監督管理權

特許證券經紀商、證券自營商、證券交易所及其他證券事業機構之設立，並規定其從業人員資格，監督及檢查其業務與財務狀況。

三、調閱查核權

證期局為保護公益或投資人利益，得隨時命令證券商、證券交易所提出財務或業務之報告資料，或檢查其營業、財產、帳簿、書類或其他有關物件；如發現有違反法令之重大嫌疑者，並得封存或調取其有關證件（證交§64、§162）。

另為強化主管機關檢查之績效，89年6月本法修正時特增列主管機關認為必要時，得隨時指定會計師、律師、工程師或其他專門職業或技術人員，檢查發行人、證券承銷商或其他關係人之財務、業務狀況及有關書表、帳冊，並向主管機關提出報告或表示意見，其費用由被檢查人負擔（證交§38-1）以確切保障投資安全。

四、糾正處分權

對發行公司、證券商、證券交易所及證券商同業公會及其內部人員違反法令、章程或行政處分者，予以糾正並依法處罰。

美國聯邦證券管理委員會係由總統提名經參院同意任命之5人委員會領導，委員均為專任，任期5年，主任委員由總統任命。美國證管會之職權，主要係執行下列有關證券管理法規：(一)1933年證券交易法；(二)1934年證券交易法；(三)1935年公用事業握股公司法；(四)1939年信託條款法；(五)1940年投資顧問法；(六)投資公司法；(七)1970年證券投資人保護法等，為執行職務之需，上述各種法規賦予證期會廣泛之權力，包括申請案件之審核、法規之制定、違規之裁決等，可謂集行政權、準立法權及準司法權於一身，依美國證券交易法之規定，審核發行證券之申請、核發證券交易所及證券商之執照為行政權之行使；訂頒規則及發布命令係準立法權之行使；懲戒交易所、證券商及從事其他法令之裁決則為準司法權的性質，美國聯邦證券管理委員會集三權於一身，有集中事權、提高效率、易於貫徹法令之優點。

在聯邦政府體制中，美國證管會不隸屬於總統、國會或最高法院之任何一個部門，因此在體制上是獨立的，然而，證管會在委員之任命及經費人事之編制方面仍受制於總統；在法規制定及工作執行方面，受國會之審查及監督；在法規之解釋及行政處分之決定上，則受最高法院終局司法審查，因此，在功能運作上，分別受到行政、立法及司法機構之牽制。

我國證期局隸屬於金管會，因此非但受該會管轄，凡業務涉及其他部會或央行之權限時，更因位階較低，必須向金管會請示及透過該會與相關部會進行協調，受限良多，相較之下，美、日等國之證管會之地位即較為獨立而不受其他行政部門的多方牽制，為提高其管理效率，似應提高我國證期局之位階。

第四節　證期局證券及期貨管理業務

一、證券發行管理

為利企業能有效利用證券發行市場籌措資金並確保資訊之充分及適時揭

露，以保障投資權益，達到發展國民經濟並保障投資之雙重目標，證期局不斷研究發展探行各項方案與措施建立上市、上櫃審查制度並簡化其作業程序、簡化增資申請案件之審核時效及貫徹資訊公開等，茲分別就上市、上櫃、增資、資訊公開等方面之管理分別介紹如下：

（一）上市案件審查制度

1.依「台灣證券交易所股份有限公司有價證券上市審查準則」第2條之1規定：申請本國股票上市之發行公司，除公營事業外，均應先申請其股票登錄為興櫃股票櫃檯買賣屆滿6個月，並完成有價證券之無實體登錄相關作業，本公司始受理其申請上市案。

2.初次申請股票上市案件，係由台灣證券交易所負實質審查之責，證期局僅就證券交易法對承銷商之審查作業予以複核，准其上市契約備查，並採事後抽查或對重大疑義案件詳查，以盡監督之責。

3.為擴大我國集中交易市場規模及提升國際競爭力，針對已於櫃檯買賣中心掛牌買賣且符合上市標準條件之上櫃公司，積極引導至集中交易市場掛牌，證交所爰配合增訂「上櫃公司股票轉申請上市審查準則」、「審查上櫃公司股票轉申請上市作業程序」及其他相關章則之修正規定，經證期局89年5月15日準予備查，證交所並於89年5月16日公告實施。

4.為增進企業自資本市場籌集資金之效率，證期局已將申請上市之輔導期間縮短為6個月，證交所並已於90年1月8日公告實施。

（二）上櫃案件審查制度

1.我國店頭市場起源於民國42年，迄51年集中市場建立，店頭市場始告結束，77年3月1日重新建立股票店頭市場，78年12月20日建弘證券投資信託股份有限公司股票成為店頭市場重新建立後之首家掛牌交易股票。

2.政府為健全資本市場，提高店頭市場之功能，於83年9月26日完成財團法人中華民國證券櫃檯買賣中心的設立，並於同年11月1日接辦證券櫃檯買賣業務。自從政府推動店頭市場改善方案起，企業上櫃意願提高，交易制度改善後市場交易已見活絡。

3.為落實櫃檯買賣中心對於初次申請股票上櫃案件之實質審查功能，並簡化上櫃審查作業程序，規定上櫃案件審查由該中心負其實質審查責任，證期局不再逐案審查，惟事後將採抽查或對有重大疑義案件進行追查，如發現

有執行疏失者，並將明確歸屬責任。因審查作業流程大幅簡化，審查期間約可縮短1個月以上，審查效率已顯著提升。

（三）增資案件審查制度

　　1.對增資案之審核係依據「發行人募集與發行有價證券處理準則」規定辦理，除異常案件採申請核准外，其餘增資案件改採12或7個營業日申報生效制，大幅縮短審核期間。

　　2.為確實督導增資計畫之執行，上市（櫃）公司申報資金運用情形季報表及變更資金運用計畫應輸入網際網路資訊系統，而對於募集資金計畫之執行狀況，增資效益是否顯現及有無資金挪用、計畫任意變更之情形，均列為下次募集資金計畫之審核重點。

　　3.為督促公開發行公司審慎辦理及執行募集資金計畫之健全經營，平時亦加強管理，對公開發行公司進行訪查，有異常情形者迅予處理，並適時掌握發行公司所屬行業之特性及未來發展趨勢，聽取發行公司之興革建議，以作為審核其增資案之參考。

　　4.審核募集資金案件時，要求發行人須事先妥善規劃資金募集計畫，並對持有大量資金不當成立投資公司交叉持股及不當運用公司資產之行為予以規範並加強追蹤監控。

（四）資訊公開

　　為使公開發行公司財務業務充分、公正且即時的公開，以利投資人做合理之投資判斷，證期局除加強公開說明書及其他定期資訊（如年度財務報告、年報等）公開內容之完整、確實性外，並對影響股東權益及股價之不定期重大訊息修訂發布「公開發行公司取得或處分資產處理要點」、「公開發行公司向關係人購買不動產處理要點」、「公開發行公司從事衍生性商品交易處理要點」及督導台灣證券交易所及櫃檯買賣中心確實依「對上市（櫃）公司重大訊息查證暨公開處理程序」、「上市（櫃）公司重大訊息說明記者會處理程序」及「股市觀測站資訊系統作業辦法」規定嚴格督促上市、上櫃公司即時公開重大訊息。另為提高公開資訊流通效率，證期局責成財團法人中華民國證券暨期貨市場發展基金會統籌規劃公開發行公司財務資訊上網之架設工作，並已完成相關作業，投資人可藉由網際網路取得公開發行公司重要資訊。

二、證券商管理

證期局對於證券商之管理，主要有證券商之許可、募集與發行有價證券之核准、證券商同業公會業務之指導、證券商負責人與業務人員之管理、監督等事項。

為擴大證券商經營規模、降低經營成本，提升證券商之營運效率及競爭力，並配合財政部推動金融機構合併之政策，使業者有明確規範可遵循，並簡化行政作業程序，訂定「證券商合併審查原則」，以鼓勵證券商合併，朝向大型化發展，期能發揮規模經濟之效益。另為鼓勵證券商以合併方式替代申請新設證券商，並修正「證券商設置標準」第19條，增列但書規定，放寬對於新設證券商以合併或營業讓與設置分支機構者，不受開業須滿1年之規定。

此外為強化證券商整體經營風險控管，推動建立我國證券商資本適足性制度，88年起增訂「證券商管理規則」及「證券商設置標準」部分條文及訂定「證券商自有資本管理辦法」，俾全面健全證券商財務結構。

此外，為建立未上市（櫃）股票交易制度，91年1月起實施「興櫃股票市場」，使未上市（櫃）股票有合法交易之管道。另為增進興櫃股票市場交易效率，並提升市場交易資訊之透明度，櫃檯買賣中心建置「興櫃股票電腦議價點選系統」，並於92年9月29日正式上線運作。

三、證券交易市場管理

（一）建立證券交易管理制度

交易制度健全與否攸關資本市場之興衰，為提高已發行證券之流動性，以保障投資人權益，期能達到發展國民經濟並保障投資之雙重目標，證期會不斷檢討改進現行交易制度，參酌歐、美等先進國家之做法，並隨時研究發展採行各項方案與措施。以下分從交易方式、結算交割制度、競價方式、漲跌幅度及升降單位等方面簡介現行交易制度：

1. 交易方式

現行集中交易市場及櫃檯買賣市場（以下簡稱店頭市場）買賣交易方式係採普通交割之買賣，須於成交日後第二營業日辦理交割。

2. 結算交割制度

我國結算交割制度係循各國通例，不論集中市場或店頭市場，均於每日營業終了後，將證券商各種證券之成交數量與金額，分別予以沖抵，然後將淨差額證券與價款，透過證券交易所及櫃檯買賣中心集中辦理交割。

3. 競價方式

(1)集中市場：原開盤採集合競價方式，盤中及收盤則採連續競價方式，有二檔限制。91年7月起改採集合競價，並增訂盤中瞬間價格穩定措施，同時收盤價改採5分鐘集合競價。

(2)店頭市場：採等價成交類似集中市場之競價方式，但無二檔限制，開盤、收盤採集合競價方式，盤中則採逐筆最合理價格成交方式。

4. 股票交易漲跌幅度

現行集中市場與店頭市場，交易漲跌幅度均不得超過前1日收盤價格7%。

5. 升降單位

現行集中市場與店頭市場買賣之升降單位相同，凡股票每股或受益憑證每受益權單位市價未滿5元者為1分，5元至未滿15元者為5分，15元至未滿50元者為1角，50元至未滿150元為5角，150元至未滿1,000元者為1元，1,000元以上者為5元。

（二）查核證券市場非法交易

「操縱股價」與「內線交易」影響證券市場交易秩序與公平，為維護證券交易秩序，建立公平、公正之證券市場，證期局得就以下情事進行查處：

1.台灣證券交易所於線上監視發現交易有重大異常者。
2.上市（櫃）公司發生重大訊息，經核有內線交易嫌疑者。
3.交易所監視小組於監視報告中，提出有異常交易行為者。
4.投資人檢舉、媒體報導或其他資料來源顯示，可能涉有不法交易之情事者。
5.就公司內部人未依法事前申報轉讓持股及涉及歸入權資料者。

（三）監視制度之改進

為加強交易市場之監視功能及對異常股票之監控，證期局督導台灣證券

交易所及櫃檯買賣中心研議修訂實施股市監視制度辦法等相關規定，增訂經監視業務督導會報決議採取警示或處置之彈性因應措施，以掌握處理時效，降低對證券市場交易秩序之衝擊，上述修正規定業經證券交易法及櫃檯買賣中心分別公告自88年5月31日及6月1日起正式實施。

（四）公開發行公司股務及內部人股權管理

1.證期局運用電腦系統自動勾稽上市（櫃）公司董事、監察人、經理人及大股東等公司內部人持股交易狀況，查核其事前、事後申報異常情事，並適時對違規者加以科罰，以落實對內部人股權之管理；另亦針對董事、監察人持股未達成數標準及取得股份超過10%未依法申報等異常情形，加強查核予以處罰。茲將各項違規情形，違反證券交易法及相關罰則列表說明如表3-1。

2.為貫徹公司內部人股權資訊之公開，證期局督導證券交易所及櫃買中心完成網路建置，將公司內部人股權變動、設（解）質、董、監事持股成數不足情形彙總報表及內部人個別明細等資料，提供投資人上網查詢。

3.證期局為加強查核董、監事持股情形，於現行「公司內部人股權異動網路申報系統」中新增「上市（櫃）公司盤點董事、監察人持股申報作業系統」，以即時彙總、分析盤點結果，使盤點作業更具效率，落實董、監事持股管理。

表3-1　證交法相關違規情形與罰則

違規情形	違反證券交易法條文	罰則
持股轉讓未依規定申報	證券交易法（第22條之2）	依證券交易法第178條第1項第1款處罰鍰24萬元至240萬元
股權變動未依規定申報	證券交易法（第25條）	依證券交易法第178條第1項第2款處罰鍰24萬元至240萬元
持股總額未達成數標準或未依規定接受盤點	證券交易法（第26條）	依證券交易法第178條第1項第4款及第2項處罰鍰24萬元至240萬元或連續加重處罰
取得股份超過10%未依法申報	證券交易法（第43條之1第1項）	依證券交易法第178條第1項第2款處罰鍰24萬元至240萬元

（五）證券投資人及期貨交易人保護

依證券投資人及期貨交易人保護法規定，於92年1月20日成立「財團法人證券投資人及期貨交易人保護中心」，該中心並已訂定相關業務章則，設置調處委員會，執行受理投資人諮詢、申訴、調處、團體仲裁、團體訴訟及違約償付等各項保護業務。

四、證券服務事業之管理

（一）有價證券融資、融券業務

1.目前我國係由證券金融事業及符合一定資格經申請核准之證券商辦理有價證券買賣融資、融券業務。

2.為調節證券商辦理融資、融券業務之款、券來源，准許證券金融事業辦理對證券商之轉融通業務。

3.為便利發行公司籌措資金，已核准證券金融事業辦理「現金增資及承銷認股融資」及「對證券承銷商承銷融資」兩種融資業務。

（二）有價證券集中保管帳簿劃撥交割制度

證券集中保管劃撥交割制度之設計係一種投資人可以在證券商開設證券保管劃撥帳戶，委託證券商將自己持有的證券送交集保公司集中保管，並利用電腦自動撥款功能，完成證券買賣有關交割結算工作，並可簡化發行公司、證券商以及集保公司對股務作業手續。

（三）證券投資信託業務

證券投資信託公司以發行受益憑證之方式募集成立證券投資信託基金，並運用證券投資信託基金投資證券及其相關商品，投資所得之利益由受益憑證持有人（即受益人）共享，其目的在於集合多數投資人之資金，組成共同基金，委由專業機構負責經理，並由銀行負責保管該基金資產，以兼具專業經營、分散投資風險之特質，負責經理基金之專業機構即為證券投資信託公司，在國外亦稱為基金經理公司。

（四）證券投資顧問業務

　　證券投資顧問事業係指收取報酬提供證券顧問服務之事業。其經營業務範圍如下：

　　1.接受委任，對證券投資有關事項提供研究分析意見或建議。

　　2.發行有關證券投資之出版品。

　　3.舉辦有關證券投資之講習。

　　4.接受客戶全權委託投資（代客操作）。

　　5.其他經證期局核准之有關證券投資顧問業務。

　　證券投資顧問事業除經營國內有價證券之顧問業務外，爲配合外匯管制放寬，提供投資人從事海外投資之顧問服務，證期局並於76年11月23日訂定「證券投資顧問事業辦理外國有價證券投資顧問業務應行注意事項」，就符合此注意事項條件之證券投資顧問事業，准許其對國內投資人提供符合注意事項條件之外國有價證券之投資資訊。

五、期貨管理業務

　　爲配合政府推動亞太區域金融中心之政策，以建構完整金融體系，俾提供國人多元化之理財與避險管道，證期局積極推動我國期貨市場之建制與發展，並於86年6月1日公布施行「期貨交易法」，隨後並陸續發布「期貨商設置標準」等市場建置必備之子法，爲本國期貨市場之建立，奠定法制化之基礎。此外，並依既定之時程與計畫，督導成立國內第一家期貨交易所──台灣期貨交易所，於87年7月21日開業。同時並推出第一個期貨商品──「台股指數期貨契約」上市交易。

　　台股指數期貨契約上市以來，經各界努力，國內交易人逐漸熟悉期貨實務，並滿足投資大眾避險需求；另由於電子類股及金融保險類股現貨交易占國內股市成交值比重7成以上，爲提供交易人適當的避險工具，台灣期貨交易所於88年7月21日開市周年時，推出新種股價指數期貨商品──「電子類股價指數期貨契約」及「金融保險類股價指數期貨契約」上市交易；嗣後爲降低期貨交易人參與期貨市場交易之門檻，台灣期貨交易所再於90年4月9日及12月24日分別推出「小型台股指數期貨契約」及「台股指數選擇權契約」，另92年後再推出「股票選擇權契約」、「台股50指數期貨契約」、「電子選擇權」及「金融選擇權」，近年來並再推出「十年期政府公債期貨」及「卅天利率期貨」等期貨商品，除使國內期貨市場商品能更趨多元化

外，對國內期貨市場之發展，亦有莫大助益。

　　證期局除將持續推動法人參與期貨市場，督導台灣期貨交易所適時推出新種期貨契約商品以因應市場之需求及研議期貨服務事業之建立以活絡市場交易外，亦將強化相關風險控管機制與業者自律組織功能，俾利本國期貨市場之穩健發展。

六、會計師業務之管理

　　(一)會計師法及相關法規之訂修、廢止、疑義解釋之研擬。

　　(二)證券發行人財務報告編製準則、關係企業合併營業報告書關係企業合併財務報表及關係報告書編製準則、公開發行公司公開財務預測資訊處理準則、公開發行公司資金貸與及背書保證處理準則、公開發行公司建立內部控制制度處理準則及相關法規之修訂、廢止、疑義解釋之研擬。

　　(三)會計師管理業務之規劃與執行及會計師申請核准辦理公開發行公司財務簽證案件之審核。

　　(四)公開發行公司財務報告、財務預測、內部控制及其他財務資訊之監理。

　　(五)會計主管與稽核主管之資格條件及專業進修之管理。

　　(六)我國財務會計準則與審計準則之規範及相關疑義解釋之研擬。

　　(七)財團法人中華民國會計研究發展基金會與會計師公會之監督及聯繫。

　　(八)兼辦會計師懲戒委員會相關事宜。

　　(九)其他有關會計審計事項。

第四章　證券發行市場之管理

第一節　有價證券之公開發行

一、公開發行之意義、性質

　　「公開發行」一詞公司法上未有明確之定義，該詞散見公司法第156條第4項、第268條至第273條等處，欲討論其定義，可從股份有限公司發行新股方面論之，股份有限公司發行新股以發行對象區分，可分為「公開發行」與「不公開發行」二種，「公開發行」者謂除原有股東與員工外，更向外對一般社會大眾不特定人招募股份，其情形類似於公司募集設立時之招募股份；而「不公開發行」者，謂由公司原有股東及員工認定，或由特定人協議認購而不對外招股謂之。

　　證券交易法對「公開發行」亦未有明確定義，其規範係將「募集」與「發行」分別定義，依證券交易法第7條規定，所稱募集，謂發起人於公司成立前或發行公司於發行前，對非特定人公開招募有價證券之行為；另依同法第8條規定，所稱「發行」，謂發行人於募集後製作並交付有價證券之行為，由上述二條定義可知發行僅是募集有價證券後，製作並交付證券之行為，與證券交易法其他條文所指之公開發行概念並不完全相同，綜上所述，公司法與證券交易法就「公開發行」相關法規概念，用語上並不一致，規範內容定義亦不甚相同，有待公司法及證券交易法修正時進一步釐清。

　　依現行公司法及證券交易法相關條文規範，所稱公開發行係指證券發行公司依照公司法及證券交易法之規定，辦理有關發行處理程序，將該公司之財務及業務狀況予以公開，並將其已發行之股份總額提出一定比例，對非特定人公開招募股份，募集其所需資金謂之。依據證券交易法第4條規定，發行公司是依公司法組織之股份有限公司，因此，公司法中有關股份有限公司各項規定，發行公司必須切實遵守，公開發行一方面可使發行公司運用發行證券之方式向社會大眾募集其所需資金，藉以健全其財務結構，擴充其生產規模，更新其生產設備，增強其經營能力；另方面可擴大投資管道，引導社會游資投入生產事業，同時證券上市交易，股權漸次分散，促使家族企業轉

化為大眾公司，將所有權與經營權分離，由專家負責經營，更能提高工作效率，發揮企業精神，達到資本證券化、證券大眾化之目標。

所稱「公開」，其方式則為發行公司應編製公開說明書，將公司沿革、組織、資產、營業狀況、財務狀況、資本形成及重要決議事項等載明，供關係人索閱，並將規定事項在通行報紙上公告；另應定期申報及公告年度、半年度、每季財務報告，每年股東會亦須編送年報分送股東，此外，發生對股東權益及股票價格有重大影響事項，應於發生後2日內申報並公告。公開說明書及財務報表主要內容，應依規定作充分揭露，不得有虛偽或隱匿情事，對於應公開事項有隱匿虛偽情事者，應負民事之損害賠償責任、刑事之徒刑罰金等刑責，對於應依時限公告申報而逾期者，則處以罰鍰之處分。另主管機關於審核證券發行時，得命令發行人、承銷商或其他關係人提供參考資料或直接檢查書表、帳冊，平常亦得隨時命令發行人提出財務業務報告或直接檢查財務業務狀況，發現不符法令規定事項，得命令糾正或處罰，對於主管機關之檢查拒絕或不依法提供帳冊資料者，均得移送法院處罰。

現行法令並無公開發行公司必須上市（櫃）之強制規定，申請上市（櫃）與否由公司自行決定，惟股份有限公司股票若要申請上市（櫃），必須先完成公開發行之手續，其目的在使社會大眾均能瞭解該公司財務及業務實況，以為大眾投資人之選擇，並進而全面推動公司財務公開化及企業經營現代化。

民國90年10月公司法修正以前，公司法規定公司資本額達中央主管機關所定一定數額以上者，除經目的事業中央主管機關專案核定者外，其股票應公開發行。但公營事業股票之公開發行，應由該公營事業之主管機關專案核定之。經濟部為配合該項規定，於70年2月14日頒布股份有限公司實收資本額達新台幣2億元以上者，欲辦理增資、變更登記者，必須先補辦股票公開發行，否則即不予受理，以資配合，此即所謂「強制公開發行」，上述2億元之規定於90年初增加為5億元，惟此之資本額係強制公開發行之強制要件，而非必要條件，亦即實收資本額低於5億元者，主管機關並不強制其公開，但仍得依其自願而成為公開發行公司。至公營事業之經營，主要係基於各種政策目的及公共利益以發揮經濟效益，其性質與民營事業有別，因之79年公司法修正時特增列公司資本額達一定數額以上之公營事業，其股票是否公開發行，由其主管機關斟酌個別情形專案核定，俾符實際需要。

民國90年10月公司法修正時，顧及國內部分企業資本規模雖高，但渠並無對外公開募集資金之事實，未涉及大眾持股保護之必要，本於尊重企業自

治之理念，將原公司法第156條第4項強制公開發行之規定修正爲公司得依董
事會之決議，向證券管理機關申請辦理公開發行程序，亦即修正後公司法對
各公司股票是否公開發行，應屬企業自治事項，由公司自行決定，因而刪除
以「資本額」爲標準之規定，改由公司以「董事會決議」，決定其是否申請
股票公開發行。

　　由前述本章第一節得知證券管理法令之所以要求實收資本額達一定金額
以上之特定企業應公開其財務、業務相關資訊，最主要的原因在於企業藉由
資本市場向大眾募集資金，因此其財務、業務之良窳、企業經營之成敗，直
接攸關投資人之權益，而非只關乎經營者之利益。換言之，公開發行公司，
因其股份在大眾投資人間流通的現實，就如同所謂開架之商品，必須將內含
物揭露於外，始利於交易。如特定企業，在對外公開募集資本後，卻未能將
其企業經營狀態繼續公開於眾，則持有其股票之外部股東，勢將難以作出是
否持股續抱或出脫持股之決定。另外，處於潛在可能投資其股票之投資人，
亦無法取得必要之資訊，藉以決定是否購入持股。換言之，未能繼續公開經
營狀態之企業，就如同下架之商品，喪失其基本之流通性，不但持有人無從
退場，潛在之投資人亦無法進場。因之，企業由公開發行公司之地位，轉而
撤銷其公開，其影響所及層面甚廣，並非簡單多數決原理即能解決之課題。

　　依美國法制而言，公開發行公司僅在其股東人數低於一定人數，且公司
資產小於一定金額持續3年時，方得容許公開發行公司撤銷其公開之地位，
探究其原因不外乎股東持有股份之財產權，直接繫於公司之公開狀態，公司
是否維持公開，對於股東權益影響甚鉅。因此僅有在外部持股人數有限，公
司資產亦屬有限的極端狀態下，本於成本效益以及股東損害有限的前提，得
由公司撤銷其公開，如此方能將撤銷公開發行的影響衝擊降至最低，此一規
範可作爲未來修法時之參考。

二、公開發行之目的

　　(一)公開發行股票之主要目的在要求發行人於發行新股時，依規定須提
撥發行新股總額之一定比率股份數額向外公開銷售，分散於不特定人承購，
促進股權分散，避免股權及財富過於集中，影響公司正常經營，藉以消除家
族企業，使社會大眾能參與投資，分享企業利潤，並促進企業所有權與企業
經營權分離原則之貫徹實施。

　　(二)公開發行新股須先交付公開說明書及公開財務狀況，充分實現公開

原則，一方面使投資人於為證券之性質與價值之判斷時，取得有關發行公司之充分且正確資料，俾作為選擇投資之依據，其為防止發行證券詐欺之最好方法；另一方面可促使發行公司在主管機關管理監督、股東及投資人注視之下，有所警惕而發揮敬業精神，加強經營責任，其為保護股東利益之利器。

　　(三)由於公開發行股票公司須依法定期辦理財務公開，因此，公開發行股票可協助發行公司建立健全之會計制度，引導現代化企業經營，提高經營效率，促進企業經營民主化及財務業務資訊透明化。

　　(四)公開發行新股係屬於發行市場範圍，而發行市場與流通市場關係密切，發行市場之良窳立即影響流通市場之發展，二者相輔相成，故公開發行新股增加證券市場籌碼，擴大證券市場規模，對流通市場之健全發展助益甚大。

　　(五)證券主管機關為促進企業所有權與經營權分離訂定股權分散標準，其股權分散未達主管機關所定標準者，為取得其股票上市（櫃）之條件，公開發行股份為不可或缺之管道，因此，公開發行股份端在使發行股票公司之股權分散達證券主管機關所訂定標準，俾資具備股票上市條件，得由發行人向證券交易所申請股票上市，故公開發行新股乃發行人向證券交易所申請股票上市前必經之法定程序，有助於資本證券化及證券大眾化之推展。

　　(六)公開發行新股，可協助工商企業募集其所需用之資金，有促進資本形成之功能，公開發行公司因擴充生產設備而增加固定資產，其所需資金不得以短期債款支應（公§14），故為籌措長期所需資金，絕不能仰賴銀行信用之擴張，而必須取自國民儲蓄，公開發行新股則為籌措自有資金之管道，增加公司營運資金，減低資金成本。

三、公開發行之原因

　　公開發行有價證券在美國和日本皆採用申報生效制度，我國證券交易法第22條規定有價證券之募集與發行，除政府債券或經主管機關核定之其他有價證券外，非向主管機關申報生效後，不得為之。足見我國對募集與發行有價證券亦與美日相同採申報生效制度。主管機關依法訂定「發行人申請募集與發行有價證券處理準則」等有關章則，處理申請公開發行案件，至於公開發行之方式，主要有：(一)募集設立公開發行股票；(二)募集公司債；(三)補辦公開發行；(四)自願公開發行等方式，茲分述如下：

（一）募集設立公開發行股票

　　新公司設立時，由發起人先認足第一次發行股份四分之一後，將其餘未經認足之股份對外公開招募，此種設立方式，稱為募集設立公開發行，亦即公司如有完善之營運計畫，且具高度可行性時，即可透過公開募股之方式，募足所需股本，再行辦理設立登記。

（二）募集公司債

　　發行公司募集公司債為長期舉債方式之一，發行公司必須於擁有盈餘與獲利能力，足以負擔利息支出時，始符合募集公司債之標準。公司法規定，公司經董事會決議後，得募集公司債；但須將募集公司債之原因及有關事項報告股東會。前項決議，應由三分之二以上董事之出席，及出席董事過半數之同意行之（公§246）。

　　另公司法規定公司債之總額，不得逾公司現有全部資產減去全部負債及無形資產後之餘額。無擔保公司債之總額，不得逾前項餘額二分之一。發行公司募集公司債時，應將公司法第248條所列舉之20款事項，申請地方主管機關核轉中央主管機關查核之（公§247）。

　　發行公司申請募集公司債，應填具募集公司債申請書送請主管機關審核，並須依照主管機關規定應行記載事項編製公開說明書連同募集公司債申請書併送主管機關審核，於募集公司債時先向應募人交付。募集公司債之申請，經主管機關核准後，發行公司董事會應於核准通知到達之日起30日內，備就公司債應募書，附載募集公司債申請書所載事項，加記核准之主管機關與年月日文號，同時將其重要內容公告，開始募集。超過30日限期未開始募集而仍須募集者，應重行申請。

（三）補辦公開發行

　　1.股份有限公司尚未依證券交易法發行之股票，而擬在證券交易所上市（櫃）或於證券商營業處所買賣時，應先向主管機關申請補辦公開發行審核程序。

　　2.發行新股同時辦理公開發行，公司已依法設立，然未依證券交易法辦理公開發行，擬辦理增資發行新股時，可同時申請補辦增資新股公開發行，經核准後，依證券交易法規定，其以前未依證券交易法發行之股份，亦視同

已依該法發行（證交§24）。

　　3.未辦理公開發行之有價證券，其持有人擬申報或申請對非特定人公開招募時，應先洽由發行人向證期會申請補辦公開發行，在未經該會核准公開發行前不得為之（證交§22）。

（四）自願公開發行

　　股份有限公司不論資本額多少而自願辦理公開發行者。

四、公開發行之特點

　　綜上所述，不論公司法或證券交易法，其立法精神均在鼓勵公司辦理公開發行，使家族企業透過公開發行成為大眾化公司，財務與業務公開，所有權與經營權分離，以企業化和現代化之經營方式，發展公司業務，創造最佳利潤，分配全體股東，達成均富之目標。依公司法和證券交易法之規定，公開發行證券之股份有限公司有下列數項特點：

（一）公司公開發行證券採申報生效制

　　凡股份有限公司因籌集資金而須公開發行證券，不論依公司法募集設立公開招募股份、增加資本公開發行新股或募集公司債，均須依據證券交易法之規定，事先向證券主管機關申報生效後方得發行。

（二）公司公開發行證券必須財務公開，並經會計師查核簽證

　　為取信投資大眾，發行公司之財務必須完全公開，充分揭露，依照規定定期公告每季、每半年度、每全年度財務狀況，供證券投資人選擇投資對象之參考。公告之財務報告應先經會計師查核簽證，力求公正詳實，增強會計師維護社會公益之責任，發揮會計師簽證之功能。

（三）公司公開發行證券須經簽證機構簽證

　　發行公司所發行之證券是否真假及有無超額發行均足以影響發行公司之信譽和投資人之權益，依證券交易法第35條所制定之「公司公開發行證券簽證規則」之規定，發行證券必須先經簽證機構之簽證，由簽證機構於簽證

前負責審核及登記公司證券之內容、式樣、紙質、編號、面值、張數及總額等。

（四）建立證券承銷制度

公司公開發行證券目的在籌集其所需要之資金，發行公司原可自行推銷證券，然由於發行公司對於證券市場之實務，未必熟悉，恐難於預定之時間內將證券銷售完竣，取得所需資金，是故證券交易法中規定設置證券承銷商，經營有價證券之承銷業務，發行公司可與證券承銷商簽訂承銷契約，由證券承銷商包銷或代銷該公司發行之證券，使發行公司在預定期間內取得其所需之資金，同時透過證券承銷商之中間媒介，亦可加強投資大眾之購買信心。

（五）公司募集公司債須設債權人之受託人

公司法規定公司債債權人之受託人為應募人之利益，有查核及監督公司履行公司債發行事項之權限。公司為發行公司債所設定之抵押權或質權，得由受託人為債權人取得，並得於公司債發行前先行設定，如有擔保品，受託人並應代公司債債權人占有或保管。所以受託人是以第三者之地位，代表全體公司債債權人，採取各項措施來保障他們的權益。受託人之設置，係公司於募集公司債時為保護債權人而設之必要措施，多半約定金融或信託機構為公司債債權人之受託人。

（六）公司公開發行證券得申請上市

證券交易法第139條規定「依本法發行之有價證券，得由發行人向證券交易所申請上市」。其主要目的在使證券維持正常之流通性，惟該條條文用得字而非應字，足見證券上市與否由發行公司自行決定。由於證券上市其利益甚多，除可使證券分散、在集中交易市場形成公平合理之價格、證券持有人易於轉讓流通外，同時對於發行公司有更加利益之處，因證券上市後，社會投資大眾對公司已獲有深刻印象，公司如因更新或擴充需要資金而發行有價證券時，銷售容易，所需資金較易募集。一般而言，企業經營者為證券持有人之利益及公司本身之利益，多半皆傾向將公司公開發行之證券申請上市。

五、公開發行之程序

一般公開發行公司申請發行新股時須按照下列各程序依序進行：

（一）董事會之特別決議

董事會之決議與不公開發行新股相同。

（二）申請主管機關核准

公司發行新股時，除由原有股東及員工全部認足或由特定人協議認購而不公開發行者外，應將下列事項，申請證券管理機關核准，公開發行（公§268）：

1. 公司名稱。
2. 原定股份總數、已發行數額及金額。
3. 發行新股總額、每股金額及其他發行條件。
4. 證券管理機關規定之財務報表。
5. 增資計畫。
6. 發行特別股者，其種類、股數、每股金額及第157條各款事項。
7. 發行認股權證或附認股權特別股者，其可認購股份數額及其認股辦法。
8. 代收股款之銀行或郵局名稱及地址。
9. 有承銷或代銷機構者，其名稱及約定事項。
10. 發行新股決議之議事錄。
11. 證券管理機關規定之其他事項。

公司就前述各款事項有變更時，應即向證券管理機關申請更正；公司負責人不為申請更正者，由證券主管機關各處1萬元以上5萬元以下罰鍰。2.至4.及6.，由會計師查核簽證；8.、9.由律師查核簽證；另公司法第268條第1、2項規定，對於公司法第267條第5項之發行新股不適用之。

另依證券交易法第30條規定公司公開發行股份，於向證券管理機關申請審核時，除依公司法所規定之前述記載事項外，應另加具公開說明書，依公司募集有價證券公開說明書應行記載事項準則規定，公開說明書應記載下列各事項：

1. 公司概況：公司簡介、公司組織、董事、監察人及發起人之有關資料。

2. 業務與固定資產：業務內容、資產分析及固定資產等資料。

3. 營業計畫：上年度營業報告書、本年度營業計畫概要、產銷計畫、收支及盈餘預算。

4. 資金運用計畫分析：前次及本次計畫分析。

5. 專家審查意見：技術專家、業務專家、財務專家及其他專家審查意見。

6. 財務資料：資產負債表、損益表、財務分析（含財務結構、償債能力、經營能力、獲利能力）、會計師查帳報告書。

7. 轉投資事業：轉投資事業概況及綜合持股比例。

8. 資本及股份：股份種類、股本形成經過、股權分散情形、最近3年每股市價、淨值、盈餘及股利。

9. 公司債發行情形。

10. 特別股發行紀錄。

11. 最近2年公司股東會重要決議。

12. 公司章程及有關法規應記載事項。

依發行人募集與發行有價證券處理準則規定，股票已在證券交易所上市或於證券商營業處所買賣之公開發行公司現金發行新股時，應於公開說明書特別註明下列事項：

1. 前條之股利發行計畫及經簽證會計師核閱之財務預測。

2. 溢價發行資本公積轉撥資本之計畫。

3. 證券承銷商依前條規定出具之評估意見。

4. 發行價格訂定之方式與說明。

5. 證券專家及財務分析專家對發行價格所表示之意見。

（三）備具認股書

備具認股書部分同不公開發行新股。亦即公司公開發行新股時，董事會應備置認股書，載明左列事項，由認股人填寫所認股數、種類、金額及其住所或居所，簽名或蓋章：

1. 公司法第129條第1項第1款至第6款及第130條之事項。

2. 原定股份總數，或增加資本後股份總數中已發行之數額及其金額。

3. 公司法第268條第1項第3款至第11款之事項。

4. 股款繳納日期。

（四）公告發行

　　公司公開發行新股時，應將前述認股書所載各項，於證券主管機關核准通知到達後30日內，加記主管機關核准文號、年月日及公司資本總額、財務狀況、公開說明書及證券承銷商之名稱地址一併公告之，俾利證券承銷商公開銷售，但營業報告、財產目錄、議事錄、承銷或代銷機構約定事項，得免予公告（公§273）。

（五）催繳股款

　　公司公開發行新股時，應以現金繳納股款（公§272），此與不公開發行新股除以現金繳納外，得依公司事業所需之財產為出資者不同，其餘繳付股款部分均與不公開發行新股相同。

（六）召集股東會改選董事、監察人

　　召集股東會改選董事、監察人部分與不公開發行新股相同。

（七）申請登記

　　公司公開發行新股係屬公司已登記事項之變更，公司應辦理變更登記，董事會向主管機關申請登記之應備文件及程序與不公開發行新股相同。

六、公開發行之禁止及撤銷

（一）公開發行之禁止條件

1. 公開發行普通股之禁止條件

　　股份有限公司公開發行股份為公司股票上市前必經之程序，為確保交易安全及維護社會公益起見，公司法規定公司有下列情形者，不得公開發行新股（公§270）：
　　(1)連續2年有虧損者，但依其事業性質有較長準備時間或具有健全之營業計畫，確能改善營利能力者，不在此限。
　　(2)資產不足抵償債務者。

2. 公開發行特別股之禁止條件

公司有下列情形者，即顯示債信不健全，不得公開發行具有優先權利之特別股（公§269）：

(1)最近3年或開業不及3年之開業年度課稅後之平均淨利，不足支付已發行及擬發行之特別股股息者。

(2)對於已發行之特別股約定股息，未能按期支付者。

（二）公開發行之撤銷

公司發行新股經核准後，如發現其申請事項有違反法令或虛偽情形者，證券管理機關得撤銷其核准，此項核准之撤銷時，其新股如未發行者，停止發行，已發行者，股份持有人得於撤銷時起，向公司依股票原定發行金額加算法定利息，請求返還；因此所生之損害，並得請求賠償。公司發起人違反本條規定，除虛偽部分依刑法或特別刑法有關規定處罰外，由證券管理機關處新台幣2萬元以上10萬之以下罰鍰（公§271準用公§135）。

七、公開發行與不公開發行之區別

（一）發行性質不同

不公開發行新股，無須對外公告，僅向原有股東、員工或特定人為請求認股之要約。而公開發行新股，係公司發行新股除由公司員工、原有股東認購外，將部分保留餘額股份公開向社會不特定大眾為募集之要約。

（二）是否需經核准不同

不公開發行新股，無須報請證券管理機關核准。公開發行新股，須報請證券管理機關核准（公§268）。

（三）出資種類不同

不公開發行新股，除以現金為股款之出資外，另得以公司事業所需之財產為出資。而公開發行新股，必須以現金為股款之出資（公§272）。

（四）認股順序不同

不公開發行新股，全部新股股份由原有股東及員工認足或由特定人協議認購。公開發行新股，應先將保留新股總額10%至15%之股份不公開發行，由公司員工承購，其餘再公告及通知由原有股東，按照原有股份比例儘先分認，其次再向外公開發行或洽由特定人認購（公§267、§268）。

公開發行新股依發行人募集與發行有價證券處理準則規定，上市或上櫃公司於現金發行新股時，除經依證券交易法第139條第2項規定限制其上市買賣者外，應提撥發行新股總額之10%，以時價對外公開發行，不受公司法第267條第3項關於原股東儘先分認規定之限制。但股東會另有較高比率之決議者，從其決議。

依前述提撥以時價對外公開發行時，同次發行由公司員工承購或原有股東認購之價格，應與對外公開發行之價格相同。

另未上市與未上櫃公司，其持股1,000股以上之記名股東人數未達500人者，於現金發行新股時，除有下列情形之一者外，應提撥發行新股總額之10%，對外公開發行，不受公司法第267條第3項關於原股東儘先分認規定之限制。但股東會另有較高比率之決議者，從其決議：

1.首次辦理公開發行者。
2.自設立登記後，未逾5個完整會計年度者。
3.獲利能力未達股票上市標準者。
4.依10%之提撥比率或股東會決議之比率計算，對外公開發行之股數未達50萬股者。
5.其他本會認為無須或不適宜對外公開發行者。

依前述對外公開發行時，同次發行由公司員工承購或原有股東認購之價格，應與對外公開發行之價格相同。

（五）認股書是否須填列不同

不公開發行新股，必須填認股書（公§274）。公開發行新股，原則上應填認股書，但認股人以現金當場購買無記名股票者，免填認股書（公§273）。

（六）具有優先權利特別股發行禁止條件之不同

公司如最近3年或開業不及3年之開業年度課稅後之平均淨利，不足支付已發行及擬發行之特別股股息者，或對於自己發行之特別股約定股息，未能按期支付者，不得公開發行具有優先權利之特別股（公§269）。不公開發行者，無此限制。

（七）財務虧損或負債發行禁止條件之不同

公司連續2年虧損，或資產不足抵償債務時，為保障投資人之利益，公司不得公開發行新股（公§270）。不公開發行新股，縱有上述情事，證券交易法亦未有限制。

（八）買賣處所不同

上櫃股票在店頭市場買賣，上市股票在證券交易所集中交易市場競價買賣，交易價格合理，流通性強，證券市場資訊充分，投資人較有保障。反之，不公開發行股票公司所發行之股票，不得於證券市場買賣，無合理交易價格與流通性，市場資訊缺乏，交易欠缺保障。

（九）溢價發行與否不同

公開發行新股時，必須以時價發行，發行價格通常皆高於面額價格，時價發行為公開發行新股普遍採用之原則，同次發行由公司員工承購或原有股東認購之價格，應與向外公開發行價格相同，排除公司法第267條第1項關於員工承購或原有股東認購得以面額為之規定之適用（證交§28-1）。但在不公開發行股票公司於不公開發行新股之場合，員工承購或原有股東按照持有股份比例認購，其價格得以面額為之（公§267）。

（十）主管機關監督程度不同

不公開發行新股不涉及公開招募行為，其所受主管機關之行政監督較寬；僅需依公司法規範，受經濟部之監督。公開發行新股涉及公開銷售，事關社會公益及交易安全，其所受主管機關之行政監督與管理，自須較為嚴格，除依公司法受經濟部之監督外，尚須依證券交易法受金管會證期局之督導。

第二節　公開發行公司之監督

一、全體董事、監察人持股之規範

（一）持股最低限制

1. 公司法規定

　　董事經選任後，向主管機關申報，其選任當時所持有之公司股份數額，在任期中不得轉讓其持股二分之一以上，超過二分之一時，其董事當然解任。董事在任期中其股份有增減時，應向主管機關申報並公告之（公§197）。監察人準用之（公§227準用§197）。

2. 證券交易法規定

　　凡依證券交易法公開募集及發行有價證券之公司，其全體董事及監察人二者所持有記名股票之股份總額，各不得少於公司已發行股份總額一定之成數。前項董事、監察人股權成數及查核實施規則，由主管機關以命令定之（證交§26）。所稱公司已發行股份總額係指公司實收資本所發行之全部股份數而言，不因其為普通股或特別股而有所區別；此於計算全體董事或監察人所持有記名股票之股份總數亦同。

　　金管會證期局依據前述規定之授權，訂定「公開發行公司董事、監察人股權成數及查核實施規則」，依據公開發行公司資本額之大小，訂定一定之持股比率及持股不足之處理辦法，該規則規定公開發行公司全體董事及監察人所持有記名股票之股份總額，各不得少於公司已發行股份總額下列成數（參見表4-1）：

(1)公司實收資本額在3億元以下者，全體董事所持有記名股票之股份總額不得少於公司已發行股份總額15%，全體監察人不得少於1.5%。茲舉例說明如下：

設甲股份有限公司資本額新台幣3億元，已全額發行，全體董事、監察人應持有記名股票之股份總額若干？

答：按每股金額為新台幣10元計算，甲公司之股份總額為3,000萬股，全體董事應持有股份總額為（3,000萬股×0.15＝450萬股）450萬股，全體監察人應持股份數額為（3,000萬股×0.015＝45萬股）45萬股，故甲公司全體董事及監察人應持有記名股票之

股份總額為495萬股。

表4-1　金管會規定公司資本額與董監持股比例對照表

公司實收資本額	董監持股成數比例	
	董事	監察人
3億以下	15%	1.5%
超過3億至10億	10%（最低4,500千股）	1%（最低450千股）
超過10億至20億	7.5%（最低1萬千股）	0.75%（最低1,000千股）
超過20億至40億	5%（最低1.5萬千股）	0.5%（最低1,500千股）
超過40億至100億	4%（最低2萬千股）	0.4%（最低2,000股）
超過100億至500億以下	3%（最低4萬千股）	0.3%（最低4,000千股）
超過500億至1,000億以下	2%（最低15萬千股）	0.2%（最低1.5萬千股）
超過1,000億	1%（最低20萬千股）	0.1%（最低2萬千股）

(2)公司實收資本額超過3億元在10億元以下者，其全體董事所持有記名股票之股份總額不得少於10%，全體監察人不得少於1%。但依該比例計算之全體董事或監察人所持有股份總額低於前款之最高股份總額者，應按前款之最高股份總額計之。本但書之規定，讀者應特別注意，以免計算錯誤，發生持股不足受罰之現象，茲舉例說明如下：

設乙股份有限公司資本額新台幣4億元，已全額發行，全體董事、監察人應持有記名股票之股份總額若干？

答：按每股金額新台幣10元計算，乙公司股份總額為4,000萬股，全體董事應持有股份總額為（4,000萬股×0.1＝400萬股）400萬股；全體監察人應持有股份總額為（4,000萬股×0.01＝40萬股）40萬股，故全體董事、監察人應持有記名股票之股份額為440萬股；但依前述之最高股份總額3億元計算，全體董事、監察人應持有記名股票之股份總額為495萬股。二者相較，依本款規定比例計算之全體董事及監察人所持有股份總額，顯然低於按前述之最高股份總額比例所計算者，依本款但書之規定，應按前款之最高股份總計之，故乙公司全體董事、監察人應持有記名股票之股份總額為495萬股，以防止董事、監察人投機取巧，逃避管制。

(3)公司實收資本額超過10億元在20億元以下者，其全體董事所持有記名股票之股份總額不得少於7.5%，全體監察人不得少於0.75%。但依該比例計算之全體董事或監察人所持有股份總額低於前款之最高股份總額者，應按前款之最高股份總額計之。此處應注意但書規定如前例所示。

(4)公司實收資本額超過20億元者，其全體董事所持有記名股票之股份總額不得少於5%，全體監察人不得少於0.5%。但依該比例計算之全體董事或監察人所持有股份總額低於前款之最高股份總額者，應按前款之最高股份總額計之。此處應注意但書規定如前例所示。

(5)公司實收資本額超過新台幣20億元在40億元以下者，全體董事持有記名股票之股份總額不得少於5%，全體監察人不得少於0.5%。但依該比率計算之全體董事或監察人所持有股份總額低於前款之最高股份總額者，應按前款之最高股份總額計之。

(6)公司實收資本額超過新台幣40億元在100億元以下者，其全體董事持有記名股票之股份總額不得少於4%，全體監察人不得少於0.4%。但依該比率計算之全體董事或監察人所持有股份總額低於前款之最高股份總額者，應按前款之最高股份總額計之。

(7)公司實收資本額超過新台幣100億元在500億元以下者，其全體董事持有記名股票之股份總額不得少於3%，全體監察人不得少於0.3%。但依該比率計算之全體董事或監察人所持有股份總額低於前款之最高股份總額者，應按前款之最高股份總額計之。

(8)公司實收資本額超過新台幣500億元在1,000億元以下者，其全體董事持有記名股票之股份總額不得少於2%，全體監察人不得少於0.2%。但依該比率計算之全體董事或監察人所持有股份總額低於前款之最高股份總額者，應按前款之最高股份總額計之。

(9)公司實收資本額超過新台幣1,000億元者，全體董事持有記名股票之股份總額不得少於1%，全體監察人不得少於0.1%。但依該比率計算之全體董事或監察人所持有股份總額低於前款之最高股份總額者，應按前款之最高股份總額計之。

(10) 公開發行公司選任之獨立董事，其持股不計入前項總額；選任獨立董事2人以上者，獨立董事外之全體董事、監察人依前項比率計算之持股成數降為80%。另公開發行公司已依本法設置審計委員會，不適用前述有關監察人持有股數不得少於一定比率之規定。除金融

控股公司、銀行法所規範之銀行及保險法所規範之保險公司外，公開發行公司選任之獨立董事超過全體董事席次二分之一，且已依本法設置審計委員會者，不適用第1項及第2項有關全體董事及監察人持有股數各不得少於一定比率之規定。

已發行股份總額計算之依據，在授權資本制下，股份總額以現已實際發行之股份數額為準據，公開發行公司全體董事及監察人所持有之記名股票，以股東名簿之記載為準，亦包括其配偶、未成年子女及利用他人名義持有者（證交§22-2、§22-3），及買進寄存於集中保管事業保管之股票在內，又依公司法第164條規定：「記名股票背書轉讓即生效力」之旨，因此，其已轉讓，而受讓者尚未辦理過戶手續者，應於扣除。

（二）持股不足之處理方式

公開發行公司股東會選舉之全體董事或監察人，選任當時所持有記名股票之股份總額不足前述所定成數時，應由獨立董事以外之全體董事或監察人於就任後1個月內補足之。1個月內不補足時，應即依法召集股東臨時會改選之。

另公開發行公司之董事或監察人，在任期中轉讓股份或部分解任，致全體董事或監察人持有股份總額低於前述所定之成數時，除獨立董事外之全體董事或監察人應補足之，1個月內不補足，轉讓持有股份超過二分之一者當然解任，解任後致董事缺額達三分之一時，應即依法召集股東臨時會補選之（公§201前段）。

此外公司應於每月15日以前，應依證券交易法第25條第2項彙總向金管會證期局指定之資訊申報其董事、監察人、經理人及持有股份超過股份總額10%之股東持有股數變動情形時，若全體董事或監察人持有股份總額有低於前述所定成數者，應即通知獨立董事外之全體董事或監察人依前項所訂期限補足，並副知該局。

（三）違反持股成數限制之法律效果

金管會證期局得隨時派員查核公開發行公司董事及監察人股權變動登記，並檢查有關書表帳冊。另該局為前述查核時，公司應依該會之通知，轉知其董事或監察人將所持有之記名股票持往公司辦公處所或其指定處所接受檢查；其董事或監察人不得拒絕。

　　鑑於97年3月7日司法院大法官會議釋字第638號解釋，認為最高法院94年度判決所適用行為之證券交易法第178條第1項第4款及公開發行公司董事、監察人股權成數及查核實施規則第8條（即現行條文第7條），關於處罰對象及違反行政法上義務之人為多數時之歸責方式之規定，涉及人民權利之限制，並無法律依據或法律具體明確之授權，而違反憲法第23條規定之法律保留原則，故為符合前揭司法院大法官會議釋字第638號解釋意旨。行政院金管會爰於97年5月20日配合刪除查核實施規則第7條規定，並以強化資訊揭露及配合發行面加強管理等配套措施，代替行政處分。

（四）公開發行公司董事、監察人最低持股規範之目的

　　查證券交易法第26條規定董事、監察人之所以必須持有一定之股數，其立法目的主要有三：一為增強董事、監察人對公司之經營信念。二、為健全公司之資本結構。三、為防止董事、監察人對本公司股票為投機性之買賣，影響大眾投資人之權益。總之其主要目的在期使董事、監察人之利益與公司利益相結合，俾產生休戚相關、利害與共之觀念。然前述規定強制使企業所有與企業經營作某種程序之結合，與我國證券管理之政策目標──「資本證券化、證券大眾化」及現代企業管理之主要模式──「企業所有與企業經營分開」之原則相牴觸，亦值得探討。

　　現行之查核實施規則除已增加級距以符合目前企業資本額狀況外，並為因應司法院大法官會議97年3月7日第638號解釋，已刪除關於處罰對象及違反行政法上義務之人為多數時之歸責方式之規定，目前金管會對於公開發行公司全體董事及監察人持股有未達法定成數之監理，係以強化資訊揭露等配套措施，督促各該公開發行公司之董事及監察人全體維持一定持股成數，以期達到穩定證券市場交易及維護投資人權益等目標。

　　經查世界各國目前都無董監事最低持股限制之方法，目前只有我國有此立法，在政府全面推動獨立董事及審計委員會之公司治理制度之際，全體董監事最低持股成數之規定，已確實面臨存處或調整，筆者認為不應硬性規定董監事最低持股成數，而應交由公司自行管理，如公司管理不佳則交由市場機制制衡。事實上證交法第26條實質上之意義亦越見薄弱，證券主管機關勢需另以替代可行之方案代替之，俾使證交法第26條制度逐漸退場。

二、公司內部人持股轉讓之限制

　　公司法規定公司股份之轉讓，不得以章程禁止或限制之，但發起人之股份非於公司設立登記1年後，不得轉讓（公§163）。董事經選任後，應向主管機關申報其選任當時所持有之公司股份總額，在任期中不得轉讓其二分之一以上，超過二分之一時，其董事當然解任。董事在任期中其股份有增減時，應向主管機關申報並公告之（公§197）。

　　目前證券交易中最為人所詬病者，不外發行公司董事、監察人或大股東參與股票之買賣，與藉上市轉讓股權，不但影響公司經營，損害投資人權益，並破壞市場穩定，為健全證券市場發展，維持市場秩序，對發行公司董事、監察人、經理人及持有公司股份超過股份總額10%之股東股票之轉讓，有必要嚴加管理，證券交易法爰參考美國證券交易法第2條第11款、第4條第1項、第2項及該國證券管理委員會所訂頒144規則、章則D，於證券交易法第22條之2規定已依證券交易法發行股票公司之董事、監察人、經理人或持有公司股份超過股份總額10%之股東（簡稱內部人），其股票之轉讓，應依下列方式之一為之：

　　(一)經主管機關核准或自申報主管機關生效日後，向非特定人為之。此規定主要係為避免各該人員因持有大量股票，如全數透過交易市場轉讓後，影響市場穩定，故特別規定得報經主管機關核准或申報生效日後，向非特定人轉讓。

　　(二)依主管機關所定持有期間及每一交易日得轉讓數量比例，於向主管機關申報之日起3日後，在集中交易市場或證券商營業處所為之，但每一交易日轉讓股數未超過1萬股者，免予申報（內部人股權變動事先申報義務）。其持有期間，每一交易日得轉讓數量比例及申報方法應依下列規定辦理：

1. 持有期間定為各該人員自取得其身分之日起3個月，於期間屆滿後始得轉讓。
2. 每一交易日得轉讓之數量比例，除依「台灣證券交易所股份有限公司受託辦理上市證券拍賣辦法」辦理者，或依「台灣證券交易所辦理上市證券標購辦法」委託證券經紀商參加競賣者，其轉讓數量比例不受此限外，應依下列兩種計算方式擇一為之：
   (1) 發行股數在3,000萬股以下部分，為5‰，發行股數超過3,000萬股者，其超過部分為2.5‰，
   (2) 發申報日之前10個營業日該股票市場平均每日交易量（股數）之

　　　　10%。

　　3. 申報轉讓時，其申報之轉讓期間不得超過1個月，超過者應重行申報。

　　(三)於向主管機關申報之日起3日內，向符合主管機關所定條件之特定
人為之。此所謂特定人係符合下列情形之一者：

　　1. 公開發行公司其股票未在證券交易所上市且未於證券商營業處買賣
　　　者，其特定受讓人為對公司財務、業務有充分瞭解，具有資力，且非
　　　應公開招募而認購者。

　　2. 公開發行公司其股票已於證券商營業處所買賣者，其特定受讓人限於
　　　證券自營商及以同一價格受讓之該發行公司全體員工。

　　3. 公開發行公司其股票已在證券交易所上市者，其特定受讓人限於以同
　　　一價格受讓之該發行公司全體員工。

　　為防止特定受讓人於受讓股票後再行轉讓，發生相同流弊，參照公司法
第163條第2項所定發起人之股份非於公司設立登記1年後，不得轉讓之立法
例，另規定，本項受讓人股票，受讓人在1年內欲轉讓時，仍須依前述所列
三款之一方式為之。

　　另為防止股票持有人，藉配偶、未成年子女或他人名義持有股票，規避
前述之限制，特別規定利用他人名義持有股票，係指具備下列要件之一者：

　　(一)直接或間接提供股票與他人或提供資金與他人購買股票。

　　(二)對該他人所持有之股票，具有管理、使用或處分之權益。

　　(三)該他人所持有股票之利益或損失全部或一部歸屬於本人。

　　公開發行公司之董事、監察人、經理人或持有公司股份超過股份總額
10%之股東，其股票轉讓應依證券交易法第22條之2規定辦理，違反規定者
應負同法第178條之罰責。已上市公司，前開股票持有人股票之轉讓，並應
依同法第150條規定為之，違反規定者應依同法第177條規定論處。

三、內部人持股變動公開申報之義務（內部人持股資訊揭露）

　　內部人持股變動公開申報之義務，係指公開發行股票公司內部人，選任
當時持有股份數額及在任期中持股變動時，須於法定時間向主管機關申報及
同時向投資大眾公告，俾利一般投資人知悉公司內部人之持股及變動情形而
言。發行股票公司內部人持股變動之公開，為公開原則之內部關係之公開方

式，乃爲已依證券交易法發行股票公司之義務。茲將公司法及證券交易法有關公開申報義務之規範分述如下：

（一）公司法規定

董事經選任後，應向主管機關申報其選任當時所持有之公司股份數額，在任期中其股份有增減時，亦應向主管機關申報並公告之（公§197）。

（二）證券交易法規定

1. 公開發行股票之公司於登記後，應即將其董事、監察人、經理人及持有股份超過股份總額10%之股東，所持有之本公司股票種類、股數及票面金額，向主管機關申報並公告之。前項股票持有人，應於每月5日以前將上月份持有股數變動之情形，向公司申報；公司應於每月15日以前，彙總向主管機關申報，必要時主管機關得命令其公告之（內部人股權變動事後申報義務）（證交§25）。

2. 前述內部人所持有股數，除本人名下股份外，尚包括配偶、未成年子女、利用他人名義所有之股份及寄存於集中保管事業之股票合併計算；法人股東代表擔任者，包括本人名下及代表之法人股數及寄存於集中保管事業之股票合併計算（證交§25）。

3. 另公開發行股票公司內部人持有之股票經設定質權者，出質人應即通知公司；公司應於其質權設定後5日內，將其出質情形，向主管機關申報並公告之（證交§25）。

4. 發行股票公司違反公司內部人之持股變動之申報與公告之義務者，處24萬元以上240萬元以下罰鍰（證交§178）。

（三）初次取得超過公開發行公司已發行股份總額5%之申報規定
（證交§43-1）

任何人單獨或與他人共同取得任一公開發行公司已發行股份總額超過5%之股份者，應於取得後10日內，向主管機關申報其取得股份之目的、資金來源及主管機關所規定應行申報之事項；申報事項如有變動時，並隨時補正之。其規範之主要目的在使公開發行公司可預作準備以因應股權變動所可能導致之公司經營權變動，且主管機關及投資人亦能經此瞭解公司經營權及股價可能產生之變化。證期局爲落實前述申報制度，制定「證券交易法第43

條之1第1項取得股份申報事項要點」規範相關事宜。

四、內部人非常規交易之處罰

已發行有價證券公司之董事、監察人、經理人及受僱人等相關人員,使公司為不合營業常規或不利益交易行為,嚴重影響公司及投資人權益,有詐欺及背信之嫌,同時因受害對象尚包括廣大之社會投資大眾,犯罪惡性重大,實有必要嚴以懲處,以收嚇阻之效果,爰於89年6月本法修正時於第171條增列:已依本法發行有價證券公司之董事、監察人、經理人或受僱人,以直接或間接方式,使公司為不利益之交易,且不合營業常規,致公司遭受損害者處3年以上10年以下有期徒刑,得併科新台幣1,000萬元以上2億元以下罰金,俾維護證券市場之公平性。

五、財務公開之義務

(一)財務公開之意義

公司之財務報告為投資人投資有價證券之主要參考依據,除必須符合可靠性、公開性外,尚須具時效性,使投資人瞭解公司之現狀與未來,因之財務公開可謂係企業投資者與經營者之間,雙方取得共利互信合作之必要工具。公開發行股票或公司債之股份有限公司於募集出賣有價證券時,必須提供最新之財務狀況或業務資訊,以作為投資人投資有價證券或股東選擇之判斷依據,依照證券發行人財務報告編製準則規定,公司必須編造財務報告,依法定期申報與公告,將公司資產、負債、財務營運情形及經營績效,充分顯露,全部公開。前述財務報告應經董事長、經理人及會計主管簽名或蓋章,並出具財務報告內容無虛偽或隱匿之聲明(證交§14)。另對臨時發生有重大影響股票價格之消息,亦須立即對投資人做迅速、公正、正確之公布,財務公開即所謂繼續公開原則之具體表現。

(二)財務公開之作用

1.投資人投資證券,其目的在於追求利潤,獲取盈餘之分派,故首重公司獲利能力及未來可能分派股息及紅利之研析,以為投資抉擇之依據,一般投資者欲瞭解公司營運與財務狀況,除參與股東會外,惟有依賴發行公司各

種定期申報與公告之財務報表或資訊資料，財務報表顯示上市公司之財務結構，猶如該公司之健康檢查表，藉以衡量其財務結構是否健全及測知獲利能力之良窳，財務公開可充實流通市場財務資訊之質與量，促使投資者均能明瞭公司財務與營運狀況，因應如何透過市場之反應來評估該公司經營未來之收益與現金流量，以利投資之選擇，避免因不知而遭受不測損失，保障投資，助長交易安全之維護，協助投資人建立對發行股票公司經營未來遠景之理性預測。

2.一般投資人通常皆未具備有價證券及證券投資之專業知識，保護之道，爲繼續公開原則之實現，藉以發揮「太陽是最佳之防腐劑，電燈是最有效之警察」作用，使投資人免被欺騙，除可增進投資人之信心，提高發行公司負責人之經營責任及敬業精神外，對於促進證券交易公正性，健全證券市場，維持證券市場交易秩序，以及鼓勵民間投資意願，亦具甚大助益。

3.股份有限公司實施企業所有與企業經營分離政策，平日公司業務經營權操諸董事及經理人之手，股東均不參與，對公司經營成果全然無知，爲防範公司經營當局濫肆侵害股東權益及違背股東投資意願，董事會應依法將經營成果、獲利能力及財務狀況，造具各項表冊，經會計師查核簽證、董事會通過及監察人承認後向主管機關申報與公告並即時公示其重大事項，俾使一般投資人及公司債權人知悉而有所抉擇，此爲保護股東及公司債權人之最佳良方。

4.證券主管機關對發行公司之監督，並不加以任何直接之管理或干預，只要求發行公司依法定期財務公開，股東憑藉財務資訊之公開，可有充分適切之依據，監督公司之經營政策。證期局則根據公司所發布之財務資訊，監理其營運決策，另新聞媒體隨時報導，發揮輿論監督之功能，可促進公司積極經營業務，增進資本市場之效率，稅務機關藉財務資訊充分掌握稅源證據，鞏固財務收入，維護納稅公平。

（三）財務公開之內容

1.公司法規定

每營業年度終了，董事會應依中央主管機關規定編造下列表冊，於股東常會開會30日前交監察人查核（公§228）：

(1)營業報告書。

(2)財務報表。

　　(3)盈餘分派或虧損撥補之議案。

2. 證券交易法規定

　　依據證券發行人財務報告編制準則規定,所謂財務報表,依財務會計準則公報第1號第52條規定係指資產負債表、損益表、業主權益變動表、現金流量表等4張報表及其附註,企業會計應劃分會計期間,分期結算損益以產生各期之財務報表,管理階層並應依商業會計法、公司法及其他相關法令規定限期向股東或業主提出財務報表,以解除其經營責任。前述報表之編製,除相關法令有規範外,主要係依據具準法令位階的一般公認會計原則編製,目前我國一般公認會計原則係由中華民國會計研究發展基金會財務會計準則委員會所發布,已廣泛爲公開發行公司、上櫃上市公司所遵循採用,一般企業之會計處理依商業會計法及公司法等相關法令規定亦須遵循一般公認會計原則辦理,並無例外,財務報表既爲企業管理階層所編製,當然須對其眞實性負起責任,此點以各報表須由主辦會計、財務主管及公司負責人簽字蓋章理已甚明。換言之,財務報表如有虛僞不實或編製失當,在報表上簽名蓋章之管理階層必須負起相關法律責任,由於責任如此重大,現今世界各國均建立一套機制,即管理階層所編製之財務報表爲取信於股東及其他報表使用者,在送交股東或其他報表使用者以前,均應先聘請會計師以專業與超然獨立之立場,就所編妥之財務報表進行查核並提出查核報告,然後由管理階層向股東或業主提報,再送交其他報表使用者,如投資大眾、授信機構或往來客戶參考運用。以下茲就財務報告應包括之項目說明如後:

　　(1)資產負債表:資產負債表之資產科目分類及其帳項內涵與應加註明事項,包括A.流動資產;B.基金及長期投資;C.固定資產;D.無形資產;E.其他資產等。

　　資產負債表之負債科目分類及其帳項內涵與應加註明事項如下:A.流動負債;B.長期負債;C.其他負債。

　　(2)損益表:損益表係指表示公司在某一期間之經營成果,損益表之科目結構及其帳目內涵與應加註明事項包括:營業收入、營業成本、營業費用、營業外收支、性質特殊且不常發生之非常損益、會計原則變更之累積影響數,應單獨列示於非常損益之後。 另損益表底端應加列普通股每股盈餘,並分別按經常營業利益、非常利益、會計原則變更累積影響數及本期稅後淨利計算之。根據會計所得計算之所得稅與根據課稅所得計算之應納所得稅,二者如有差異,且其

差異係因損益表承認之時間不同而產生者，應作跨期間之所得稅分離。

(3)股東權益變動表：股東權益變動表為表示股東權益組成項目變動情形之報告，應列明股本、資本公積、保留盈餘（或累積虧損）、長期股權投資未實現跌價損失、累積換算調整數及庫藏股票之期初餘額；本期增減項目與金額；期末餘額等資料資訊之彙總報告。

(4)現金流量表：其編製應採現金及約當現金為基礎。現金流量表之格式應按營業活動、投資活動及理財活動劃分，並應分別報導此三種活動之淨現金流量及其合計數。

（四）財務報告公告及申報期限

1. 營業年度財務報告

已依本法發行有價證券之公司，應於每營業年度終了後3個月內公告並向主管機關申報，由董事長、經理人及會計主管簽名或蓋章，經會計師查核簽證、董事會通過及監察人承認之年度財務報告（證交§36），前述年度財務報告無須提經股東會承認，亦即無公司法第230條應經股東會認可規定之適用。因發行公司之財務報告為投資人投資有價證券之主要參考依據，除必須符合可靠性、公開性外，尚須著重時效性，使投資人及時瞭解公司財務現況與經營前景，而股東常會雖規定應於營業年度終了後6個月內召集，公司往往都在6個月期間屆至前始召開股東會，如須經股東會承認，對投資大眾而言，已不具時效性，故年度財務報告規定於每會計年度終了後三個月內，公告並申報由董事長、經理人及會計主管簽名或蓋章，並經會計師查核簽證、董事會通過及監察人承認之年度財務報告即可。

另2018年12月5日證交法第14條修正時增列第5項，股票已在證券交易所上市或於證券櫃檯買賣中心上櫃買賣之公司，依同條第2項規定編製年度財務報告時，應另依主管機關規定揭露公司全體員工平均薪資及調整情形等相關資訊。2020年5月5日本法修正時，為促使公司訂定合理之董事、監察人及員工薪資報酬，爰於本法第14條第5項內容修正為「股票已在證券交易所上市或於證券櫃檯買賣中心上櫃買賣之公司，依第二項規定編製年度財務報告時，應另依主管機關規定揭露公司薪資報酬政策、全體員工平均薪資及調整情形、董事及監察人之酬金等相關資訊。」

另2024年7月16日本法修正時增列第14條第6項及第7項，鑒於員工是公

司經營最重要之資產，公司經營成果應由股東及員工共享，爲擴大鼓勵上市（櫃）公司爲員工加薪，特增列「前項公司應於章程訂明以年度盈餘提撥一定比率爲基層員工調整薪資或分派酬勞。但公司尚有累積虧損時，應予彌補。前項調整薪資或分派酬勞金額，得自當年度營利事業所得額減除之」。

2. 第一季、第二季及第三季財務報告

公開發行公司應於每營業年度第一季、第二季及第三季終了後45日內，公告並申報由董事長、經理人及會計主管簽名蓋章，並經會計師核閱及提報董事會之財務報告（證交§36），季財務報告僅需會計師核閱，並載明核閱會計師姓名及核閱報告所特別敘明事項，其屬簡明者，應載明「會計師查核（核閱）之財務報告已備置公司供股東查閱或抄錄」之字樣（證施§4）。

3. 每月營業報告

公開發行公司，應於每月10日以前，公告並申報上月份營運情形（證交§36），所謂營運情形，係指包括下列事項（證施§5）：

(1)開立發票總金額及營業收入額。

(2)爲他人背書及保證之金額：依公司法第16條規定，公司除依其他法律或公司章程規定得爲保證者外，不得爲任何保證人。惟上市公司爲與該公司業務有關之公司所爲下列之背書，雖具保證性質，但仍非法所不許：

A.融資背書保證：包括客票貼現融資，爲他公司融資之目的所爲之背書或保證及爲本公司融資之目的而另開立票據予非金融事業作擔保者。

B.關稅背書保證：指爲本公司或他公司有關關稅所爲之背書或保證。

C.其他背書保證：指無法歸類列入前二項之背書或保證事項。

背書保證之總額及對單一企業背書保證限額，一律須經董事會訂明額度，提報股東會同意後據以實施，該項背書保證總額，應於每月10日以前，公告並向證券主管機關申報。

4. 每月資金貸放金額

資金貸放金額，上市上櫃公司得簡化報紙公告內容，惟應將完整資訊揭露於股市觀測站。興櫃股票公司免辦理公告申報，惟應將資訊輸入證券櫃檯

買賣中心之股市觀測站。

5. 衍生性商品之交易資料

公開發行公司從事衍生性商品之交易金額應予公告，然上市上櫃公司得簡化報紙公告內容，惟應將完整資訊揭露於股市觀測站。興櫃股票公司免辦理公告申報，惟應將資訊輸入證券櫃檯買賣中心之股市觀測站。

6. 繼續公開之財務預測

公開發行公司應於營業年度終了後4個月內公告申報應繼續公開經會計師核閱之財務預測。由於財測往往涉及眾多不確定因素，本質上即存有高度不確定性，所揭露之事未必會實現，因此無法擔保一定會發生，目前強制規定以刪除，公司得自願公布財務預測。

7. 重大訊息之揭露

公開發行公司有下列情事之一者，應於事實發生之日起2日內公告並向主管機關申報（證交§36），及時釋疑，避免誤導投資人，並防杜內部人從事短線交易：

(1)股東常會承認之年度財務報告與公告並向主管機關申報之年度財務報告不一致者。

(2)發生對股東權益或證券價格有重大影響之事項。重大影響之事項，係指下列情事（證施§7）：

A.存款不足之退票、拒絕往來或其他喪失債信情事者。

B.因訴訟、非訟、行政處分、行政爭訟、保全程序或強制執行事件，對公司財務或業務有重大影響者。

C.嚴重減產或全部或部分停工、公司廠房或主要設備出租、全部或主要部分資產質押，對公司營業有影響者。

D.有公司法第185條第1項所定各款情事之一者。

E.經法院依公司法第287條第1項第5款規定其股票為禁止轉讓之裁定者。

F.董事長、總經理或三分之一以上董事發生變動者。

G.變更簽證會計師者。但變更事由係會計師事務所內部調整者，不在此限。

H.重要備忘錄、策略聯盟或其他業務合作計畫或重要契約之簽訂、

變更、終止或解除、改變業務計畫之重要內容、完成新產品開發、試驗之產品已開發成功且正式進入量產階段、收購他人企業、取得或出讓專利權、商標專用權、著作權或其他智慧財產權之交易，對公司財務或業務有重大影響者。

I.其他足以影響公司繼續營運之重大情事者。

8.財務報告之更正

公告並申報之財務報告，有未依有關法令編製而應予更正者，應照主管機關所定期限自行更正並依下列規定辦理（證施§6）：

(1)更正稅後損益金額在新台幣1,000萬元以上，且達原決算營業收入淨額1%或實收資本額5%以上者，應重編財務報告，並重行公告。

(2)更正稅後損益金額未達上述標準者，得不重編財務報告，但應列為保留盈餘之更正數。

9.公司年報

鑑於發行公司除在募集與發行有價證券之年度，依證券交易法第30條規定編製公開說明書，對公司財務業務狀況與展望有較詳盡報導外，在未辦理增資或發行公司債之年度，雖於召開股東常會，備有財務報告及議事手冊或議事錄，然財務報告並未涵蓋業務狀況及展望；議事手冊或議事錄，內容又失之簡略。為使投資人對公司之現況及未來有較詳盡之認識，及配合推動僑外資投資證券市場，規定編製中英對照，內容較詳盡之年報，於股東常會分送股東參閱。

一般而言，年報編製之基本原則如下：(1)年報所載事項應具有時效性，並不得有虛偽或隱匿情事；(2)年報宜力求詳實明確，文字敘述應簡明易懂，善用統計圖表、流程圖或其他圖表，必要時得以中、外文對照方式刊載或另行刊印外文版本。

另年報編製內容，應記載事項如下：

(1)致股東報告書。

(2)公司概況：包括公司簡介、公司組織、資本及股份、公司債、特別股、海外存託憑證、員工認股權憑證及併購（包括合併、收購及分割）之辦理情形。

(3)營運概況。

(4)資金運用計畫執行情形。

(5)財務概況。

(6)特別記載事項。

　　前述有關發行公司各項財務報告之公告、申報事項暨年報，其有價證券已在證券交易所上市買賣者，應以抄本送證券交易所及證券商同業公會，有價證券已在證券商營業處所買賣者，應以抄本送證券商同業公會供公眾閱覽。

　　目前實務上證期局規定，股票未在證券交易所上市且未於證券商營業處所買賣之公開發行股票公司，應公告並申報年度財務報告及其第一、二、三季財務報告及每月營運情形。

　　至股票已於證券交易所上市或於證券商營業處所買賣之公開發行股票公司，其各項財務報告及營運情形，除下列情形者外，均應依證券交易法第36條第1項之規定辦理：

(1)公營事業應公告並申報之財務報告，得免經會計師核閱或簽證。

(2)營建業之第一、三季財務報告，得延後15日辦理；航運業之第一、三季財務報告得免公告並申報。

（五）會計師查核報告書內容規範

　　投資人欲瞭解發行公司之財務狀況、獲利能力，最基本而完整之資料來源當屬會計師出具之查核報告書，依照證期局規定，會計師查核報告書應包括6個部分：1.查核報告；2.主要財務報表；3.附註；4.各科目明細表；5.重要查核說明；6.合併財務報告實施之檢討，茲分述如下：

1. 查核報告

　　發行公司編制之財務報告（包括主要報表、附註及各科目明細表）乃是該公司經營結果之成績單，惟爲避免發行公司與閱讀報表者之立場不一，發行公司或爲維持股價，或爲掩飾經營不善，而可能編制無法允當表達該公司經營實況之財務報表，因此，有賴具專業知識之獨立第三者——「會計師」，對財務報表之品質表示意見，查核報告就是會計師對企業所編製之財務報告發表其專家意見之園地。

　　查核報告主要包括：(1)查核意見；(2)查核意見之基礎；(3)關鍵查核事項；(4)管理階層與治理單位對財務報表之責任；(5)會計師查核財務報表之責任等五大段。

　　會計師簽發之意見可分為二大類，第一類「無保留意見」，即會計師依照會計師查核簽證財務報表規則及審計準則執行查核工作。執行必要之查核程序後，認為財務報表確係符合證券發行人財務報告編製準則暨經金融監督管理委員會認可並發布生效之國際財務報導準則、國際會計準則、解釋及解釋公告於先後一致之基礎上編製足以允當表達企業之財務狀況及營業結果。通常一般會計師之查核所出具之查核報告如為無保留意見，其查核意見段之標準文字為：「依本會計師之意見，上開財務報表在所有重大方面係依照證券發行人財務報告編製準則暨經金融監督管理委員會認可並發布生效之國際財務報導準則、國際會計準則、解釋及解釋公告編製，足以允當表達甲公司之財務狀況、財務績效及現金流量。」

　　第二類為「修正式意見」，依審計準則第700號公報規定可分為：(1)保留意見；(2)否定意見；(3)無法表示意見。

　　通常有下列情況時，會計師應表示「保留意見」（審計準則第706號）：

(1)會計師已取得足夠及適切之查核證據，並認為不實表達（就個別或彙總而言）對財務報表之影響雖屬重大但並非廣泛。

(2)會計師無法取得足夠且適切之查核證據以作為表示查核意見之基礎，但認為未偵測出不實表達（如有時）對財務報表之可能影響雖屬重大但並非廣泛。

　　另會計師已取得足夠及適切之查核證據，並認為不實表達（就個別或彙總而言）對財務報表之影響係屬重大且廣泛，應表示「否定意見」。

　　此外，會計師實無法取得足夠及適切之查核證據以作為表示查核意見之基礎，並認為未偵測出不實表達（如有時）對財務報表之可能影響係屬重大且廣泛，應出具「無法表示意見」之查核報告。另在極罕見情況下，儘管查核人員已對多項不確定性中之每一個別不確定性取得足夠及適切之查核證據，但會計師因該等不確定性之潛在相互影響與對財務報表之可能累積影響，而無法對財務報表形成查核意見時，應出具「無法表示意見」之查核報告。

　　會計師如接受委任後始察覺管理階層對查核範圍予以限制，且認為該限制可能導致須出具保留意見或無法表示意見之查核報告，則應要求管理階層解除該限制。如管理階層拒絕解除上述之限制，除非所有治理單位成員均參與受查者之管理，查核人員應與治理單位溝通該事項，並確定是否可執行替代程序以取得足夠及適切之查核證據。如無法取得足夠及適切之查核證據，

則會計師應採取下列措施：
> (1)如認為未偵測出不實表達對財務報表之可能影響雖屬重大，但並非廣泛，則應表示「保留意見」。
> (2)如認為未偵測出不實表達對財務報表之可能影響係屬重大且廣泛，致使保留意見不足以適當溝通該情況之嚴重性，則應：
> A.如實務上可行且法令允許終止委任，則終止委任。
> B.如於出具查核報告前終止委任係實務上不可行或不可能，則出具無法表示意見之查核報告。

當會計師認為須對財務報表整體出具否定意見或無法表示意見之查核報告時，查核報告不應同時包含對單一財物報表或對財務報表之特定要素或項目單獨表示之無保留意見，因為查核報告中包含該等無保留意見，將與會計師對財務報表整體所表示之否定意見或無法表示意見相互矛盾。

2. 主要財務報表

企業之經濟活動，經由會計系統之衡量、認列、記錄，最後以彙總之型態表達於財務報表中。企業之主要財務報表有四：一為資產負債表，表達企業在某特定日期之財務狀況，其中列示企業所擁有之各項「資產」，與購買資產之資金來源；向他人借入之資金及負擔給付義務之債務稱為「負債」，而投資人對企業之投資所擁有該企業之權益稱為「股東權益」。二為損益表，表達企業在某特定期間之經營成果，通常以與正常活動關連性之大小，依序列示收入、費用與純益之關係。三為股東權益變動表，其目的乃是顯示企業在某一段期間內，股東權益之增減變動情形，投資人可由股本、資本公債、保留盈餘之變動情形，瞭解企業籌資概況，並略窺其股利政策與未來發放股利之潛力。四為現金流量表，藉由某一特定期間現金流入、流出之情形，彙總說明企業之營運、投資與理財活動。投資人可透過現金流量表，窺悉企業現金流入之來源及現金流出之用途，進而掌握可供支配現金之數額。

3. 附　註

財務報表之編製過程雖有一般公認會計原則以為遵循，但採用之會計方法仍具有選擇性，例如，作同業存貨水準比較時，即需先參閱附註重要會計政策，以瞭解其成本流程係採先進先出法、後進先出法、抑或平均法，以免比較基礎不一致，導致分析結論有嚴重偏誤。另外，有關各科目之重要事項如會計變更之理由及對於財務報表之影響、債權人對特定資產之權利、重大

承諾事項及或有負債、盈餘分配所受之限制、重大期後事項等，均有賴詳閱財務報表附註，方能有充分之瞭解。

4. 各科目明細表

財務報表係經彙總、濃縮之會計作品，因此各科目詳細內容需參閱各科目明細表。例如，財務報表所列資本公債，其來源關係未來年度得轉為資本之限額；有價證券及長期投資之項目明細、市價或淨值、入帳基礎等資料，均有助於投資人對該科目之瞭解。

5. 重要查核說明

為使閱讀報表者對被查核公司及查核程序有更深入之瞭解，查核報告書尚包括對被查核事業內部控制制度實施之說明及評估，及對存貨監盤情形、各項資產與負債函證情形等重要查核說明，投資人可據以瞭解該公司內部控制制度是否有重大缺失，存貨監盤情形是否有重大異常事項，各項資產與負債函證比率、回函比率及其結論是否令人滿意。

6. 合併財務報告實施之檢討

依本法第36條規定上市櫃公司須定期公告月營收、季報、半年報及年報，據此，投資者可依據此等公告之財務資訊瞭解公司價值並制定投資決策，因之公司財務報表之真實性與透明化程度對投資者之權益有重大之影響。

我國與其他國際證券市場關於財務報表編製上最大之不同處，在於我國上市櫃公司不論擁有多少轉投資事業，除每年年底必須編製合併報表並與母公司為主體報表並存外，平時在編製並公告月營收、季報、半年報時，報表報導之主體是母公司，不是合併報表。此與國際規定上市櫃公司必須編製並公告合併報表大不相同。我國制度提供上市櫃公司1年操縱報表之空窗期，在此1年空窗期期間，公司可透過轉投資事業任意操縱財務報表，任意盜取資產，任意增加負債，外界投資者都無法得知。在此會計特性下，上市櫃公司轉投資事業數量越多，報表操縱之現象將會越明顯。

在我國經貿國際化趨勢下，上市櫃公司擁有海外轉投資事業是再自然不過之現象。如果您是投資者，您是否相信台灣各上市櫃公司對轉投資事業能夠完全資訊透明化及真實化，由於我國前述財報編製規定，投資人較無法相信上市櫃公司之月營收、季報、半年報報表，亦即上市櫃公司轉投資事業越

多，財務報表就會越模糊，投資人權益越容易受損。

　　事實上要解決本項問題並不困難，只要證券主管機關要求所有上市櫃公司財務報表皆需編製合併報表，所有轉投資事業營運結果皆可透明化。因為財務報表之主體是母公司或合併報表，決定母公司對於轉投資事業資訊透明化之程度，主體如係母公司，母公司與轉投資事業間之資訊透明化僅賴「權益法」會計處理；母公司可不問轉投資事業之獲利來源，只要將轉投資事業獲利結果，以「業外利得」方式回歸到母公司之損益表，由於權益法並不將轉投資事業之資產與負債反應到母公司之報表，因之投資者無法從報表中知悉轉投資事業獲利內容及資產與負債之內容。但如財務報表主體係合併報表，母公司與轉投資事業間必須全面性將每一會計科目詳細地合併處理，投資者因此可掌握母公司與所有轉投資事業之全貌。

（六）違反財務公開之相關法律責任

1. 財務報告不符法令規定之處罰

　　主管機關於審查發行人所申報之財務報告、其他參考或報告資料時，或於檢查財務、業務狀況時，發現發行人有不符合法令規定之事項，除得以命令糾正外，並得依本法處罰（證交§39）。

2. 財務報告內容虛偽記載之刑事處罰

　　財務報告為公開發行公司必須公開申報之文件，其內容應不得有不實虛偽之記載，如有下列情形者，依證券交易法第174條規定，處1年以上7年以下有期徒刑，得併科2,000萬元以下罰金。

　　(1)發行人、公開收購人或其關係人、證券商或其委託人、證券商同業公會、證券交易所或證券交易法第18條所定之事業，對於主管機關命令提出之帳簿、表冊、文件或其他參考或報告資料之內容有虛偽之記載者。

　　(2)發行人、公開收購人、證券商、證券商同業公會、證券交易所或證券交易法第18條所定之事業，於依法或主管機關基於法律所發布之命令規定之帳簿、表冊、傳票、財務報告或其他有關業務文件之內容有虛偽之記載者。

3. 財務報告內容虛偽記載之民事責任

　　發行人申報或公告之財務報告及其他有關業務文件，其內容不得有虛偽

或隱匿之情事，違反前述規定者，對於該有價證券之善意取得人或出賣人因而所受之損害，應負賠償之責（證交§20）。另前述發行人申報或公告之財務報告及財務業務文件或依本法第36條第1項公告申報之財務報告，其主要內容有虛偽或隱匿之情事，下列各款之人，對於發行人所發行有價證券之善意取得人、出賣人或持有人因而所受之損害，應負賠償責任（證交§20-1）。

(1)發行人及其負責人。

(2)發行人之職員，曾在財務報告或財務業務文件上簽名或蓋章者。

　　前項各款之人，除發行人、發行人之董事長、總經理外，如能證明已盡相當注意，且有正當理由可合理確信其內容無虛偽或隱匿之情事者，免負賠償責任。此項規範之立法理由，主要是因為發行公司之負責人等及投資人對於財務資訊之內涵及取得往往存在不對等之狀態，在財務報告不實之民事求償案件中，若責令投資人就公司負責人之故意過失負舉證之責，無異阻斷投資人求償之途徑，爰參考美國證券法第11條、日本證券交易法第21條之規定，採取過失推定之立法體例，發行人之負責人及於有關財務業務文件上簽名或蓋章之人，如能證明已盡相當注意且有正當理由可合理確信其內容無虛偽或隱匿之情事，免負賠償責任。

　　另會計師辦理上述財務報告或財務業務文件之簽證，有不正當行為或違反或廢弛其業務上應盡之義務，致產生損害發生者，負賠償責任。對會計師之賠償責任，有價證券之善意取得人、出賣人或持有人得聲請法院調閱會計師工作底稿並請求閱覽或抄錄，會計師及會計師事務所不得拒絕。

　　前述各相關人員，除發行人、發行人之董事長、總經理外，因過失致生損害之發生者，亦應依其責任比例，負賠償責任，以示衡平。

　　有關會計師的賠償責任問題，筆者認為會計師簽證功能係執行之查核或核閱等相關程序，以合理確保發行人所公告申報財務報告等有關書件之正確性，若其出具虛偽不實或不當之意見，亦應對有價證券之善意取得人、出賣人或持有人因而所受之損害，理當負賠償責任；然基於會計師與發行人、經理人間責任之衡平，95年1月本法修正時，參考美國等先進國家規範，增訂會計師應依其過失比例負賠償責任，此係非常正確之方向。然而對於會計師若涉簽證不實，投資人往往無法蒐集充分證據對會計師提出告訴，為保障投資人權益。筆者認為應參採日本、韓國證券交易法及現行本法第32條之規範，增列會計師要能證明已盡專業注意義務方得免責之規定，較為妥適。

4. 拒絕製作財務報告之處罰

　　發行人、證券商、證券商同業公會、證券交易所或證券交易法第18條所定之事業，於依法或主管機關基於法律所發布之命令規定之帳簿、表冊、傳票、財務報告或其他有關業務之文件，不為製作、申報、公告、備置或保存者，依證券交易法第178條規定，處24萬元以上240萬元以下罰鍰。經主管機關科處罰鍰，並責令限期辦理；逾期仍不辦理者，得繼續限期令其辦理，並按次連續各處48萬元以上480萬元以下罰鍰，至辦理為止（證交§178）。

5. 不抄送、不備置財務報告之處罰

　　董事會於股東常會召開後，應將股東常會承認後之資產負債表、損益表、股東權益變動表、現金流量表及盈餘分派或虧損撥補之決議，分發各股東；代表公司之董事，不為分發時，處2,000元以上1萬元以下罰鍰。

　　另公開發行股票或上市股票公司公告、申報事項及年報，有價證券已在證券交易所上市買賣者，應以抄本送證券交易所及證券商同業公會，有價證券已在證券商業營業處所買賣者，應以抄本送證券商同業公會供公眾閱覽（證交§36）。違反者依證券交易法第178條規定處24萬元以上240萬元以下罰鍰。除此之外，並應備於公司及其分支機構，以供股東及公司債權人之查閱或抄錄（證交§37），違反者亦同。

（七）公開發行公司少數股東權益之保護

　　依本法第38條之1規定主管機關認為必要時，得隨時指定會計師、律師、工程師或其他專門職業或技術人員，檢查發行人、證券承銷商或其他關係人之財務、業務狀況及有關書表、帳冊，並向主管機關提出報告或表示意見，其費用由被檢查人負擔。101年1月本法修正時，為保護少數股東，參考公司法第245條規定，增訂本法第38條之1第2項，繼續1年以上，持有股票已在證券交易所上市或於證券商營業處所買賣之公司已發行股份總數百分之三以上股份之股東，對特定事項認有重大損害公司股東權益時，得檢附理由、事證及說明其必要性，申請主管機關檢查發行人之特定事項或有關書表、帳冊，然為避免少數股東濫用本項規定干擾公司之正常營運，特規定其申請須經主管機關審酌認有必要時，始依第1項規定委託相關人員進行檢查，檢查費用仍由被檢人負擔。

六、強化董事會組織（證交§26-3）

為強化公開發行公司董事會及監察人之結構，協助企業之經營發展，並衡酌實務之運作，95年1月本法修正時，特別增列下述規定：

(一)董事應有適當之席次，規定已依本法發行股票之公司董事會，設置董事不得少於5人。至於監察人之最低席次於公司第216條已有明定。

(二)鑑於目前我公司法第27條允許法人股東同時指派代表人擔任董事、監察人職務，且國內企業多為家族企業，公司董事及監察人彼此多為關係人或為同一法人所指派，導致監察人缺乏獨立性且其職權不易有效發揮，故訂立政府或法人為公開發行公司之股東時，除經主管機關核准者外，不得由其代表人同時當選或擔任公司之董事及監察人，不適用公司法第27條第2項規定。

(三)考量公司董事或監察人如均由同一家族擔任，董事會執行決策或監察人監督時恐失卻客觀性，爰規定公司除經主管機關核准者外，董事間應有超過半數之席次，不得具有下列關係之一：

1.配偶。

2.二親等以內之親屬。

衡酌部分企業因行業特殊性或其他原因，規定公司除經主管機關核准者外，監察人間或與董事間，應至少1席以上，不得具有上述各款關係之一。

(四)為考量董事、監察人選任時若有違反前述規定之情事，則實務上董事、監察人之當選席次如何決定，應有適當之規範，爰增訂公司召開股東會選任董事及監察人，原當選人不符前項規定時，應依下列規定決定當選之董事或監察人：

1.董事間不符規定者，所得選票代表選舉權較低者，其當選失其效力。

2.監察人間不符規定者，準用前款規定。

3.監察人與董事間不符規定者，監察人中所得選票代表選舉權較低者，其當選失其效力。

已充任董事或監察人違反上述規定者，準用前項規定解任之。

(五)董事因故解任致不足規定時，恐影響公司之經營動作，爰參考第14條之2及公司法第201條規定，於第7項增定，董事因故解任致人數不足5人者，公司應於最近一次股東會補選之。但董事缺額達章程所定席次三分之一者，公司應自事實發生之日起60日內，召開股東臨時會補選之。

(六)為落實董事會之職能，規定公司應訂立董事會議事規則，有關主要

議事內容、作業程序、議事錄應載明事項、公告及其他應遵行事項之辦法，則授權由主管機關定之。

七、股東會之召集（證交§26-2、§36）

（一）股東會之意義

股份有限公司股東不直接參與公司企業之經營，但對公司之營運管理有表達其意思之權利，股東個人所表達之意思，尚非公司之意思，必集合法定多數之決定，所達成之意思始為公司之決議，股東意思之表達則以「股東會」為其表達之處所，其為全體股東所組成。股東會與董事會、監察人鼎足而立，均為公司之機關，但董、監事之任免則取決於股東會，公司重要決策亦決定於股東會之全體股東，有拘束董事執行業務之效力，但股東會並不實際執行公司業務，故股東會非執行機關，而係公司之最高意思機關。

股東會雖為公司之最高意思機關，惟為適應企業所有與企業經營分離之經營策略，公司法規定，公司業務之執行，由董事會決定之。除公司法或章程規定應由股東會決議之事項外，均應由董事會決議行之（公§202）。以期權力集中運用、健全公司組織、增進營業效率、保障社會投資大眾之利益，公司法雖擴張董事會之權限，而縮小股東會之權限，惟股東會仍不失為公司之最高意思機關。

（二）股東會之種類

1.股東常會

公司法規定股東常會每年至少召集一次，並應於每會計年度終結後6個月內召集之，但有正當事由，經報請主管機關核准者，則不在此限，代表公司之董事違反召集期限之規定時，處1萬元以上5萬元以下罰鍰（公§170）。

證交法規定股票已在證券交易所上市或於證券商營業處所買賣之公司股東常會，應於每會計年度終了後6個月內召開；不適用公司法第170條第2項但書規定（證交§36）。

股票已在證券交易所上市或於證券商營業處所買賣之公司董事及監察人任期屆滿之年，董事會未依前項規定召開股東常會改選董事、監察人者，主

管機關得依職權限期召開；屆期仍不召開者，自限期屆滿時，全體董事及監察人當然解任（證交§36）。

　　所謂會計年度，係指依商業會計法及所得稅法所規定之商業會計年度，即為每年1月1日起至12月31日止之1年期間而言。

2. 股東臨時會

　　股東臨時會係指公司於必要時召集之股東會議（公§170）。所謂必要時，應依具體事實，由有召集權者認定之，惟股東臨時會有強制召集與任意召集之情形，前者如公司虧損達實收資本額二分之一時（公§211）或法院對於檢查人之報告認為必要時（公§245）等召集情形；後者如監察人認為必要時（公§220），繼續1年以上，持有已發行股份總數3%以上股東以書面請求（公§173）等召集情形。

3. 特別股股東會

　　指公司發行有特別股，由全體特別股股東所組成之股東會。惟於章程之變更如有損害特別股股東之權利時，除應有代表已發行股份總數三分之二以上股東出席之股東會，以出席股東表決權過半數之決議為之外，並應經特別股股東會之決議始為可決（公§159）。

　　公開發行股票之公司，出席股東之股份總數不足前項定額者，得以有代表已發行股份總數過半數股東之出席，出席股東表決權三分之二以上之同意行之，並應經特別股股東會之決議。前述出席股東股份總數及表決權數，章程有較高之規定者，從其規定（公§159）。

　　上述之規定旨在保障特別股股東之權益，且章程之變更既應經股東會之特別決議，即使有損害普通股股東之權利時，亦應認為已接受其決議，無另經普通股東會決議之必要。另各該特別股股東，仍有權參與前述之股東常會及股東臨時會，自不待言。

（三）股東會之召集

1. 召集人

　　股東會之股東常會原則上由董事會召集之（公§171）。但下列各情形則由監察人、股東、重整人及清算人召集之：

　　(1)監察人除董事會不為召集或不能召集股東會外，得為公司利益，於必要時，召集股東會（公§220）。另法院對於檢查人之報告認為必

要時，亦得命監察人召集股東會（公§245）。

(2)繼續1年以上，持有已發行股份總額3%以上股份之股東，得以書面記明提議事項及理由，請求董事會召集股東臨時會。前項請求提出後15日內，董事會不爲召集之通知時，股東得報經主管機關許可，自行召集。董事或監察人因股份轉讓或其他理由，致不能依公司法之規定召集股東會時，得由持有已發行股份總數3%以上股份之股東，報經主管機關許可，自行召集（公§173）。

(3)公司重整人，應於重整計畫所定期限內完成重整工作；重整完成時，應聲請法院爲重整完成之裁定，並於裁定確定後，召集重整後之股東會選任董事、監察人（公§310）。

(4)清算完結時，清算人應於15日內，造具清算期內收支表、損益表、連同各項簿冊，送經監察人審查，並召集股東會提請承認（公§331）。

2. 召集程序

(1) 公司法規定

股東常會之召集，依公司法規定應於20日前通知各股東，對於持有無記名股票者，應於30日前公告之。臨時股東會之召集，應於10日前通知各股東，對於持有無記名股票者，應於15日前公告之（公§172）。

另公開發行股票之公司股東常會之召集，應於30日前通知各股東，對於持有無記名股票者，應於45日前公告之；公開發行股票之公司股東臨時會之召集，應於15日前通知各股東，對於持有無記名股票者，應於30日前公告之。

(2) 證券交易法規定

惟依證券交易法規定，公開發行公司對於持有記名股票未滿1,000股之股東，其股東常會之召集通知得於開會30日前；股東臨時會之召集通知得於開會15日前，以公告方式爲之（證交§26-2），亦即公開發行公司，對持有1,000股以上之股東，其股東會召集之通知與公告有關事項仍依公司法規定，僅對於持有記名股票未滿1,000股之股東適用證券交易法之特殊規定，即得依公告代替通知。證券交易法對持有未滿千股股東之所以有此規範，主要係公開發行公司因歷年辦理現金增資股息轉作資本或公積撥充資本，一般皆按原有股東持有股份比例配發新股，以致持有未滿千股股東人數遽增，由於持有人未賣出，亦未合併爲一個交易單位股數，致使持有零股股東人數達

各該公司股東總人數之半數，然其總持股數僅爲各該公司發行股份總額1%以下，所占比例甚微。惟依公司法第172條規定，公開發行股票之股份有限公司召集股東會，對於記名股票股東之通知，應於召集股東會30日前，或召集股東臨時會15日前通知各股東，實務上公司必須將開會通知以掛號寄發各股東，尤其對於已上市（櫃）之公開發行公司造成人力、物力甚大負荷，故規範以公告代替通知，其主要立法目的在減輕發行公司股東會召集通知事務及費用。

前述股東會之召集，其所規定之通知日期，實務上均採「發信主義」，而非「到達主義」，即指將召集之通知書交郵局寄出之日爲準，受通知人何時收到，並不影響股東會召集之效力。代表公司之董事，違反前述通知期限之規定時，處1萬元以上5萬元以下罰鍰。但公開發行股票之公司，由證券主管機關處代表公司之董事新臺幣24萬元以上240萬元以下罰鍰（公§172）。

3. 召集事由

(1) 公司法規定

股東會之通知及公告應載明召集事由，亦得列臨時動議，但有關公司重要事項如許任意以臨時動議提出，易生弊端，故雖公司法規定可列臨時動議，然以但書限制之，即如關於改選董、監事、變更章程或公司解散或合併之事項，應在通知及公告所載之事由中列舉，不得以臨時動議提出，以防止少數股東操縱公司（公§172）。前述改選董、監事尚包括董、監事在任期中缺席，就其缺額予以補選之情形在內；至以變更章程爲召集事由應於召集事由中有明列之意，非謂應將擬修正之章程條項詳列，僅列舉討論修改章程即可。

(2) 證券交易法規定

除前述公司法之規定外，另證券交易法第26條之1及第43條之6規定，已依證券交易法發行有價證券之公司召集股東會時，關於下列決議事項，爲防止公司取巧影響各股東權益，對於股東會召集之通知與公告，特別規定不得以臨時動議提出：

A. 董事競業許可：董事爲自己或他人爲屬於公司營業範圍內之行爲，應對股東會說明其行爲之重要內容，並取得其許可，該項許可並應經股東會特別決議（公§209）。

B. 股息紅利轉作資本：公司將應分派股息及紅利之全部或一部，以發行

新股方式爲之，應經股東會特別決議行之（公§240）。

C.公積撥充資本：公司發行新股時，得依股東會之特別決議，將公
積之全部或一部撥充資本，按股東原有股份之比例發給新股（公
§241）。

D.私募有價證券：有價證券之私募者，應在股東會召集事由中列舉並說
明下列事項，不得以臨時動議提出：

a.價格訂定之依據及合理性。

b.特定人選擇之方式。其已洽定應募人者，並說明應募人與公司之關
係。

c.辦理私募之必要理由。

前述證券交易法之特別規定，其主要立法理由係因前述三項決議事項，
其基本性質皆屬公司經營之重大事項，涉及股東權益，爲防止公司取巧以臨
時動議提出，影響股東權益，特別規範不得於股東會以臨時動議提出，且須
於召集事由中列舉並說明其要旨，俾使各股東皆能事先瞭解議案內容，知悉
而預作準備，防範弊端於未然，若不能親自出席股東會時應爲如何授權委託
之決定，俾確實保障股東權益。

4. 股東會召集程序違法之效力

股東會之召集程序違反法令或章程時，股東得自決議之日起30日內，訴
請法院撤銷其決議（公§189）。所謂召集程序違反法令，例如，股東未經
申請主管機關核准或未經通知自行召集者；對於記名股票股東之召集通知，
不依法定期限爲之；或於召集通知中不載明召集事由者；對於無記名股票股
東之召集公告，不依法定期限爲之等皆屬之。

股東會之召集程序違反法令或章程時，准許股東聲請法院宣告決議爲無
效，此項申請通常以訴之方式爲之，爲形成之訴，且限以必須於決議之日起
1個月之不變期間內提起爲要件，逾期不提起或提起而因無理由被駁回確定
時，該決議即屬有效成立。股東會決議提起撤銷之訴，原告非股東不得爲
之，此股東不限於董事、監察人或少數股東，任何股東均得提起，不限制其
資格以保護股東及公司之利益，但提起撤銷決議之訴之原告，在起訴時須具
有股東身分，其當事人之適格始無欠缺。股東於股東會決議時雖尚未具有股
東資格，然若其前手即出讓股份之股東，於股東決議時具有股東資格，且已
依民法第56條規定取得撤銷訴權時，其訴權不因股份之轉讓而消滅，得由繼
受人即起訴時之股東行使撤銷訴權而提起撤銷股東會決議之訴，否則繼受人

即無撤銷訴權而不得提起該項訴訟，至於決議後原始取得新股之股東則於決議時尚非股東，不能有撤銷訴權，其不得提起該項訴訟，自不待言。至請求撤銷股東會決議之訴應以股東會所由屬之公司為被告，其當事人之適格始無欠缺。

決議撤銷聲請期間為自決議之日起1個月內為限，此1個月期間為法定不變期間，不得延長或縮短，1個月經過後，不得追加主張決議撤銷之事由。股東會決議在未撤銷前仍非無效，此與公司法第191條規定「股東會決議之『內容』違反法令或章程者無效」不同。因之公司股東會之召集程序違反法令或章程者，在股東依法聲請法院撤銷其決議前，將其已決議之事項向主管機關提出申請登記時，主管機關仍應准其登記。決議事項已為登記者，主管機關須於法院為撤銷決議判決確定後，並經法院通知或利害關係人申請時，始得撤銷其登記股份有限公司股東會違法決議之事項。

八、股東得以視訊方式參與股東會議

根據公司法第172條之2規定，公司章程得訂明股東會開會時，以視訊會議或其他經中央主管機關公告方式為之。股東開會時，如以視訊會議為之，其股東以視訊參與會議者，是為親自出席，但公開發行股票的公司不適用相關規定。前述規定主要考量公開發行股票之公司股東人數眾多，視訊會議有股東身分認證、視訊斷訊、同步計票計數等相關疑慮，執行面有困難，因此排除公開發行股份有限公司得以視訊會議召開股東會。

2021年起因Covid-19疫情擴大，金管會臨時准許公開發行股份有限公司股東會亦可以以視訊會議為之，公司法於2021年12月14日由立法院三讀通過修正第172條之2、第356條之8准許公開發行股份有限公司、閉鎖性股份有限公司之章程得訂明股東會開會時，以視訊會議或其他經中央主管機關公告的方式舉行，但因天災、事變或其他不可抗力情事，中央主管機關得公告公司於一定期間內，得不經章程訂明，以視訊會議或其公告的方式開會。修正條文亦明定，因公開發行股票公司人數眾多，採視訊方式召開股東會影響層面廣，須有相關配套保障股東權益，公開發行股票公司應符合的條件、作業程序及其他應遵行事項，證券機關另有規定者，從其規定。

開放的視訊股東會分為兩種，一種是「純視訊」股東會，也就是不招開實體股東會，整場股東會都透過視訊與線上完成；第二種是「視訊輔助」股東會，仍然有實體股東會，但無法親自到場的股東能透過視訊輔助的方式參

與。但金管會定有限制，如果是有董監選舉會議案，或有解任董事會監察人議案，或需要股東會重度決議，例如有重大併購案等，就不能採「純視訊」股東會；但雖然有董監事選舉議案，但如為同額競選，或是有重大議案不需重度決議，則可採用「視訊輔助」股東會。

九、委託書使用規範（證交§25-1）

（一）委託書之意義與作用

　　股東會原係以股東親自出席為原則，惟如股東因故不能親自出席，得委託代理人出席，使其有機會達到參與公司決議、形成公司意思，期可對董事會發揮監督作用，此制度純係為便利股東行使表決權而特設之制度。

　　股份有限公司股東會召集時，股東本人無法親自出席，而委託他人代理出席時所書立之授權文件，稱為委託書。一般而言，公司規模較小時，股東人數較少，股東會召集時，大都能親自出席參與公司業務，委託他人代理出席之情形較少，因此，使用委託書之情形亦甚為少見，對公司股東會之正常功能尚無影響，公司法第177條委託書之規定，純係為便利無法出席股東會之股東，委託他人代理出席而設。

　　然公司規模變大後，尤以公開發行公司及上市（櫃）公司，為配合股權分散之要求，股東人數大為增加，股東分散各處，出席不便，或股東個人因工作關係，無暇撥冗參加；或股東個人持有股份數量較少，參加股東會影響力有限，缺乏參加誘因、參與股東會意願不高，為避免流會，委託書制度之運用漸漸發揮其效用。以往我國對股票公開發行及上市（櫃）公司出席股東會委託書之管理，向來僅沿用公司法關於股份有限公司之有關規定，惟行之多年，出席股東會委託書制度之立法精神與原意，已被誤解而濫用，以致部分股東以極少之持股，因收購他人委託書，而能當選公司董事或監察人，或以委託書操縱股東會之召開與進行，甚至將委託書作為公司經營權爭奪之工具，使股東會功能無法正常發揮，嚴重影響公司之內部安定與正常經營，損害大多數股東之利益，甚有部分市場人士更公然在報紙上大肆刊登徵求廣告、或透過函件電話徵求、或派員到處蒐購委託書，其狀越演越烈，亟待加以矯正與管理，因之證券主管機關訂定公開發行公司出席股東會使用委託書規則（以下簡稱委託書規則），以作為委託書之管理準則。

（二）委託書管理之法律依據

　　關於委託書之管理，現行法規有下列三項：

1. 公司法第177條。
2. 證券交易法第25條之1。
3. 金管會證期局依證券交易法第25條之1頒訂之「公開發行公司出席股東會使用委託書規則」。

　　公司法第177條適用於任何股份有限公司，不論公開發行或未公開發行。證券交易法第25條之1及「公開發行公司出席股東會使用委託書規則」僅適用於公開發行公司，因之公開發行公司出席股東會使用之委託書亦同受公司法第177條之規範。

　　民國71年6月10日財政部報奉行政院核定頒行「公開發行公司出席股東會委託書管理規則」，惟施行後，由於缺乏法律授權，對違反規定者，無禁止及處罰規定，致使執行困難，徒增困擾。證券交易法於民國72年5月11日修正公布，增訂第25條之1「公開發行股票公司出席股東會使用委託書應予限制取締或管理；其規則由主管機關定之。使用委託書違反前項所定規則者，其代理之表決權不予計算。」正式授權主管機關訂定公開發行公司出席股東會使用委託書規則，以期導正委託書制度之正常發展。　財政部證期會為配合前述政策之實施，經於73年1月7日頒訂「公開發行公司出席股東會使用委託書規則」，使用後，發現仍有若干不備之處，委託書之收購現象仍未見改進，74年1月至109年2月共21次再度修正。現行委託書之使用已日趨變質，委託書已成為用於爭取經營權及圖謀私利之工具，良法美意已淪為斲傷整體經濟力之利器，嚴重影響交易市場之秩序，因之金管會多次修正委託書規則，以期徹底杜絕利用徵求委託書手法入主上市公司。

　　然綜觀歷次委託書規則之修正，主管機關對委託書規則訂定之目的，主要係為防止委託書成為公司經營權爭奪之工具，造成公司經營權之變動，甚至影響上市公司之正常經營。惟現代大型企業，規模龐大，股東人數眾多，股權分散，股東會召集次數有限，無法經常聚集一堂研議公司業務。公司業務經營之決定權，漸漸由股東會旁落至少數經營者手中，經營者雖掌控公司之經營，然本身擁有股權十分有限，股東雖係公司之所有人，但實際上卻鮮有機會決定業務，此種企業所有與企業經營分離之現象，蔚為現代大型企業之特色，股東人數如此眾多，如何就股東會議案作充分討論，使股東會具有其實質意義，實為一困難問題，一般常見股東會上由秘書宣讀議案，經主席或其指定之人就議案作簡短說明後，便鼓掌通過，在此情形下，股東會之召

開，已可謂流於形式，股東會之決策及監督功能，更屬無從發揮，準此，委託書之徵求過程，已成爲實質意義之股東會，因此，如何藉委託書制度之運作，使股東滿足其知之權利和選擇之自由，進而使股東會重獲其實質意義，發揮決策與監督之功能，其應是妥善運用委託書制度之基本方向。主管機關如能瞭解此重點，才能正確認識委託書之積極功能，亦始可把握委託書管理及訂定之目的。

（三）委託書之使用規範

1. 公司法規定

股東得於每次股東會，出具公司印發之委託書，載明授權範圍，委託代理人出席股東會（公§177）。所稱股東，不限於自然人，亦包括法人股東在內，惟爲執行便利起見，法人股東如已指派代表人者，自不得同時委託代理人，另股東委託出席股東會之代理人並不限於公司之股東。至規定需出具公司印發之委託書乃爲便利股東委託他人出席而設，並非強制規定，公司雖未印發，股東仍可自行書寫此項委託書，委託他人代理出席，股東會之召集程序亦未違反法令。公司法規定委託書需載明授權範圍，此立法意旨純爲尊重股東意思而保障其權益，如委託書未載明委託事項，依法得行使表決權之一切事項代理行使表決權。

一股東以出具一委託書，並以委託一人爲限，應於股東會開會5日前送達公司，委託書有重複時，以最先送達者爲準；但聲明撤銷前委託者，不在此限（公§177）。至於委託書應於股東會前5日送達公司，係指以送達本公司爲準，故若委託書非送達本公司而送達於分公司時，因分公司僅具營業處所之性質，尚無受領之權限，故不能予以承認，但如由分公司再送本公司時，則應解爲以委託書到達本公司之時爲標準。

除信託事業或經證券主管機關核准之股務代理機構外，一人同時受二人以上股東委託時，其代理之表決權不得超過已發行股份總數表決權之3%，超過時其超過之表決權，不予計算，此爲關於代理表決權之限制（公§177），主要在防止少數股東收買委託書，以杜操縱股東會之流弊，此與一股東而有已發行股份總額3%以上，應以章程限制其表決權者，形異而實同。

2. 證券交易法規定

公開發行公司出席股東會使用委託書依據證券交易法及委託書使用規則

可分為「徵求」與「非屬徵求」二種方式，所稱徵求，指以公告、廣告、牌示、廣播、電傳視訊、信函、電話、發表會、說明會、拜訪、詢問等方式取得委託書藉以出席股東會之行為。所稱非屬徵求，指非以上述方式而係受股東之主動委託取得委託書，代理出席股東會之行為。茲分述如下（參表4-2）：

(1)徵求（公開徵求）

A.徵求之定義

所謂徵求，係指以公告、廣告、牌示、廣播、電傳視訊、信函、電話、發表會、說明會、拜訪、詢問等方式取得委託書藉以出席股東會之行為。

B.徵求人資格(一)：個人徵求（非信託事業）

公開徵求委託書徵求人，應為持有公司已發行股份5萬股以上之股東。但股東會有選舉董事或監察人議案，徵求人應為截至該次股東會停止過戶日，依股東名簿記載或存放於證券集中保管事業之證明文件，持有該公司已發行股份符合下列條件之一者：

　　a.金融控股公司、銀行法所規範之銀行及保險法所規範之保險公司召開股東會，徵求人應繼續1年以上，持有該公司已發行股份總數千分之五以上，或持有該公司已發行股份二百萬股。

　　b.前款以外之公司召開股東會，徵求人應繼續6個月以上，持有該公司已發行股份80萬股以上或已發行股份總數2‰以上且不低於10萬股。

C.徵求人資格(二)：徵求人團（信託事業或股東代理機構）

繼續1年以上持有公司已發行股份符合下列條件之一者，得委託信託事業或股務代理機構擔任徵求人，其代理股數不受本規則第20條代理股數不得超過公司已發行股份總數3%之限制：

　　a.金融控股公司、銀行法所規範之銀行及保險法所規範之保險公司召開股東會，股東及其關係人應持有公司已發行股份總數10%以上，並符合下列條件之一：

　　(a)依金融控股公司法第16條第1項、第3項、銀行法第25條第3項、第5項、保險法第139條之1第2項、第4項規定向本會申報或經本會核准者。

　　(b)合於同一人或同一關係人持有同一金融控股公司已發行有表決權股份總數超過一定比率管理辦法第10條、同一人或同一關係人持

有同一銀行已發行有表決權股份總數超過一定比率管理辦法第10條或同一人或同一關係人持有同一保險公司已發行有表決權股份總數超過一定比率管理辦法第11條規定者。

b.前款以外之公司召開股東會，股東應持有公司已發行股份符合下列條件之一：

(a)持有公司已發行股份總數10%以上。

(b)持有公司已發行股份總數8%以上，且於股東會有選任董事或監察人議案時，其所擬支持之被選舉人之一符合獨立董事資格。

另對股東會議案有相同意見之股東，其合併計算之股數符合前二款規定應持有之股數，得為共同委託。

信託事業或股務代理機構依前項規定受股東委託擔任徵求人，其徵得委託書於分配選舉權數時，股東擬支持之獨立董事被選舉人之選舉權數，應大於各非獨立董事被選舉人之選舉權數。

信託事業或股務代理機構，具有下列情事之一者，於股東會有選舉董事或監察人議案時，不得接受第一項股東之委託擔任徵求人：

a.本身係召開股東會之公開發行公司之股務代理機構。

b.本身係召開股東會之金融控股公司之子公司。

股東委託信託事業或股務代理機構擔任徵求人後，不得再有徵求行為。股東會有選任董事或監察人議案時，第一項委託徵求之股東，其中至少一人應為董事或監察人之被選舉人。但擬支持之被選舉人符合獨立董事資格者，不在此限。

D.徵求人之消極資格

符合上述資格之股東、信託事業、股務代理機構或其負責人，有下列情事之一者，不得擔任徵求人：

a.曾犯組織犯罪防制條例規定之罪，經有罪判決確定，服刑期滿尚未逾5年。

b.因徵求委託書違反刑法偽造文書有關規定，經有罪判決確定，服刑期滿尚未逾3年。

c.曾犯詐欺、背信、侵占罪，經受有期徒刑6個月以上宣告，服刑期滿尚未逾3年。

d.違反證券交易法、期貨交易法、銀行法、信託業法、金融控股公司

法及其他金融管理法，經受有期徒刑6個月以上宣告，服刑期滿尚
未逾3年。

e.違反本規則第10條之1規定，經金管會處分尚未逾3年。

f.違反本規則第11條第1項規定，或違反本條或第6條有關徵求資格條
件規定，經本會處分尚未逾1年。

g.違反本規則徵求委託書其代理之表決權不予計算，經判決確定尚未
逾2年。

E.徵求人徵求股數之限制

徵求人除本規則另有規定外，其代理之股數不得超過公司已發行股份總
數之3%。

F.代為處理徵求事務者之資格

除證券商或符合公開發行股票公司股務處理準則第3條第2項規定之公司
外，代為處理徵求事務者應符合下列資格條件：

a.實收資本額達新台幣1,000萬元以上之股份有限公司。

b.辦理徵求事務之人員，含正副主管至少應有5人，並應具備下列資
格之一：

(a)股務作業實務經驗3年以上。

(b)證券商高級業務員或業務員。

(c)本會指定機構舉辦之股務作業測驗合格。

c.公司之內部控制制度應包括徵求作業程序，並訂定查核項目。

委託信託事業或股務代理機構擔任徵求人，其代理股數不受上述規定之
限制，可無限徵求。

G.徵求資料之製作

徵求人應於股東會開會38日前或股東臨時會開會23日前，檢附出席股東
會委託書徵求資料表、持股證明文件及擬刊登之書面及廣告內容定稿送達公
司及副知證基會。公司應於股東會開會30日前或股東臨會開會15日前，製作
徵求人徵求資料彙總表冊，以電子檔傳送至證基會予以揭露或連續於日報公
告2日。

公司於前述徵求人檢送徵求資料期間屆滿當日起至寄發股東會召集通知
前，如有變更股東會議案情事，應即通知徵求人及副知證基會，並將徵求人
依變更之議案所更正之徵求資料製作電子檔案傳送至證基會予以揭露。

　　股東會有選舉董事或監察人議案者，公司除依上述規定辦理外，應編制徵求人彙總名單，於寄發或以電子文件傳送股東會召集通知時同時附送股東。

　　上述徵求人資料彙總表冊，公司以電子檔案傳送至證基會者，應於股東會召集通知上載明傳送之日期、證基會之網址及上網查詢基本操作說明；以日報公告者，應於股東會召集通知上載明公告之日期及報紙名稱。

　　徵求人或受其委託代為處理徵求事務者，不得委託公司代為寄發徵求信函或徵求資料予股東。徵求人非於前述規定期限內將委託書徵求面資料送達公司者，不得為徵求行為。

H.徵求委託書應行記載事項

徵求委託書之書面及廣告，應載明下列事項：

　a.對於當次股東會各項議案，逐項為贊成與否之明確表示；與決議案有自身利害關係時並應加以說明。

　b.對於當次股東會各項議案持有相反意見時，應對該公司有關資料記載內容，提出反對之理由。

　c.關於董事或監察人選任議案之記載事項：

　　(a)說明徵求委託書之目的。

　　(b)擬支持之候選人名稱、股東戶號、持有該公司股份之種類與數量、目前擔任職位、最近3年內之主要經歷、董事被選舉人經營理念、與公司之業務往來內容。如係法人，應比照填列負責人之資料及所擬指派代表人之簡歷。

　　(c)徵求人應列明與擬支持之候選人之間有無證券交易法施行細則第2條所定「利用他人名義持有股票」之情形。

　d.徵求人姓名、身分證字號、住址、股東戶號、持有該公司股份之種類與數量、持有該公司股份之設質與以信用交易融資買進情形、徵求場所、電話及委託書交付方式。如為法人，應同時載明其負責人姓名、身分證字號、住址、持有公司股份之種類與數量、持有公司股份之設質與以信用交易融資買進情形。

　e.徵求人所委託代為處理徵求事務者之名稱、地址、電話。

　f.徵求取得委託書後，應依股東委託出席股東會，如有違反致委託之股東受有損害者，依民法委任有關規定負損害賠償之責。

　g.其他依規定應揭露之事項。

徵求人或受其委託代為處理徵求事務者不得於徵求場所外徵求委託書，

且應於徵求場所將前項書面及廣告內容爲明確之揭示。

　　前述擬支持董事被選舉人經營理念以200字爲限，超過200字或徵求人未依第1項規定於徵求委託書之書面及廣告載明應載事項者，公司對徵求人之徵求資料不予受理。

　　股東會有選舉董事或監察人議案者，徵求人其擬支持之董事或監察人被選舉人，不得超過公司該次股東會議案或章程所定董事或監察人應選任人數。

表4-2　委託書個人徵求與信託事業徵求之區別

種類	公開徵求			
	非信託事業（個人徵求）		信託事業或股務代理（徵求人團）	
董監改選	有	無	有	無
受託人數	不限			
徵求人持有股數	金融控股公司、銀行法所規範之銀行及保險法所規範之保險公司召開股東會，徵求人應繼續1年以上，持有公司已發行股份總數千分之5以上，或持有已發行股份200萬股。上述以外之公司召開股東會，徵求人應繼續6個月以上，且持有該公司已發行股份80萬股以上或已發行股份總數千分之二以上且不低於10萬股。	5萬股	一、金融控股公司、銀行法所規範之銀行及保險法所規範之保險公司召開股東會，股東應持有公司已發行股份總數10%以上。 二、前款以外之公司股東應符合下列條件之一： (一)持有公司已發行股份總數10%以上 (二)持有公司已發行股份總數8%以上，且於股東會有選任董事或監察人議案時，其所擬支持之被選擇舉人之一符合獨立董事資格	
徵求人持有時間	1年或6個月以上	不限	1年以上	
徵求人得徵求股數	不得超過3%（有限徵求）	不得超過3%	不受限制（無限徵求）	

表4-2　**委託書個人徵求與信託事業徵求之區別（續）**

種類	公開徵求	
	非信託事業（個人徵求）	**信託事業或股務代理（徵求人團）**
其他限制		下列情事之一者不得擔任徵求人： 1. 本身係召開股東會之公開行公司之股務代理機構 2. 本身係召開股東會之金融控股公司之子公司	金融控股公司其依金融控股公司法第4條所定之子公司及公司召開股東會依公司法規定無表決權之公司，不得擔任徵求人或委信託事業，股務代理機構擔任徵求人
委託方式	委託書應由委託人親自填具徵求人或受託代理人姓名	委託書得以蓋章方式代替之
委託書之轉讓	徵求人應於徵求委託書上簽名或蓋章，並不得轉讓他人使用	

(2) 非屬徵求（一般徵求）

A.非屬徵求之定義

所謂非屬徵求指非以前述公開徵求之方式而係受股東之主動委託取得委託書，代理出席股東會之行為。

B.徵求人資格(一)及代理之限制

非屬徵求委託書之受託代理人所受委託之人數不得超過30人，其受3人以上股東委託者，應於股東會開會5日前檢附聲明書及委託書明細表乙份，並於委託書上簽章送達公司或其股務代理機構，另其代理之股數除不得超過其本身持有股數之4倍外，亦不得超過公司已發行股份總數之3%。

C.徵求人資格(二)及代理之限制

股務代理機構亦得經由公開發行公司之委任擔任該公開發行公司股東之受託代理人；其所代理之股數，不受發行股份總數3%之限制。公開發行公司依上述規定委任股務代理機構擔任股東之受託代理人，以該次股東會並無選舉董事或監察人之議案者為限；其有關委任事項，應於該次股東會委託書使用須知載明。另股務代理機構受委任擔任委託書之受託代理人者，不得接受股東全權委託；並應於各該公開發行公司股東會開會完畢5日內，將委託

出席股東會之委託明細、代爲行使表決權之情形及其他證期局所規定之事項向該局申報。股務代理機構辦理前述業務時應維持公正超然立場。

（四）委託書違法使用之效力

出席股東會委託書之取得，除委託書規則另有規定者外，限制如下：

1.不得以給付金錢或其他利益爲條件，但代爲發放股東會紀念品或徵求人支付予代爲處理徵求事務者之合理費用，不在此限。每屆股東會紀念品以一種爲限，其數量如有不足時，得以價值相當者替代。公司得依委託人數，交付紀念品給徵求人及受託代理人，再由其轉交委託人。

2.不得利用他人名義爲之。

3.不得將徵求之委託書作爲非屬徵求之委託書出席股東會。

民國72年本法修正時，主管機關取得訂定管理委託書之權限，但法律仍有禁止收購委託書之規定。然立法機關決定不實施之事，證期會卻仍實施。民國85年財政部證期會藉修正委託書規則之便，逕自規定不得以金錢收購委託書。當時證券交易法第177條第3款規定，違反主管機關所爲禁止、停止或限制之命令者，處1年以下有期徒刑、拘役或科或併科10萬元以下罰金。財政部證期會搭此便車，讓收購委託書者負擔刑責。此條文後經90年3月9日大法官會議第522號解釋宣告違憲，91年2月正式被立法院刪除；95年1月本法修正時、特於本法第178條增列違反主管機關依第25條之1所定規則有關徵求人、受託代理人所代爲處理徵求事務者之資格條件、委託書徵求與取得之方式及對於主管機關要求提供之資料拒絕提供之規定，處新台幣24萬元以上240萬元以下罰鍰。

〔司法院大法官會議釋字第522號解釋〕

【解釋文】

對證券負責人及業務人員違反其業務上禁止、停止或限制命令之行爲科處刑罰，涉及人民權利之限制，其刑罰之構成要件，應由法律之法律保留原則；若法律就其構成要件，授權以命令爲補充規定者，其授權之目的、內容及範圍應具體明確（授權明確性原則），而自授權之法律規定得預見其行爲之可罰（預見可能性），方符刑罰明確性原則。中華民國77年1月29日修正公布之證券交易法第177條第3款規定：違反主管機關其他依本法所爲禁止、停止或

限制命令者，處1年以下有期徒刑、拘役或科或併科10萬元以下罰金。衡諸前開說明，其所爲授權有科罰行爲內容不能預見，須從行政機關所訂定之行政命令中，始能確知之情形，與上述憲法保障人民權利之意旨不符，自本解釋公布日起，應停止適用。證券交易法上開規定於89年7月19日經修正刪除後，有關違反主管機關依同法所爲禁止、停止或限制之命令，致影響證券市場秩序之維持者，何者具有可罰性，允宜檢討爲適當之規範，併此指明。

【解釋理由書】

　　立法機關得以委任立法方式，授權行政機關發布命令，以爲法律之補充，雖爲憲法之所許，惟其授權之目的、內容及範圍應具體明確，始符憲法第23條之意旨，迭經本院解釋在案。至於授權條款之明確程度，則應與所授權訂定之法規命令對人民權利之影響相稱。刑罰法規關係人民生命、自由及財產權益至鉅，自應依循罪刑法定主義，以制定法律之方式爲之，如法律授權主管機關發布命令爲補充規定時，須自授權之法律規定中得預見其行爲之可罰，方符刑罰明確性原則。

　　對證券負責人及業務人員違反其業務上禁止、停止或限制命令之行爲科處刑罰，關係人民權利之保障，依前所述，其可罰行爲之類型固應在證券交易法中明文規定，惟法律若就犯罪構成要件，授權以命令爲補充規定時，其授權之目的、內容與範圍即應具體明確，自授權之法律規定中得預見其行爲之可罰，始符首開憲法意旨。77年1月29日修正公布之證券交易法第177條第3款規定：違反主管機關其他依本法所禁止、停止或限制命令者，處1年以下有期徒刑、拘役或科或併科10萬元以下罰金。將科罰行爲之內容委由行政機關以命令定之，有授權不明確而必須從行政機關所訂定之行政命令中，始能確知可罰行爲內容之情形者，與上述憲法保障人民權利之意旨不符，自本解釋公布日起，應停止適用。惟人民之行爲如依當時之法律係屬違法者，自不得依本解釋而得主張救濟，乃屬當然，爰併予敘明。

　　證券交易法上開規定於92年2月6日經修正刪除後，有關違反主管機關依同法所爲禁止、停止或限制之命令，致影響證券市場秩序之維持者，何者具有可罰性，允宜檢討爲適當之規範，併此指明。

使用委託書有下列情事之一者，其代理之表決權不予計算：

1. 其委託書用紙非為公司印發。
2. 因徵求而送達公司之委託書為轉讓而取得。
3. 違反第5條、第6條或第7條之1第1項、第2項規定。
4. 違反第11條第1項規定取得委託書。
5. 依第13條出具之聲明書有虛偽情事。
6. 違反第10條第1項、第13條第1項、第14條、第16條第1項或第19條第2項規定。
7. 徵求人或受託代理人代理股數超過第20條或第21條所定限額，其超過部分。
8. 徵求人之投票行為與徵求委託書之書面及廣告記載內容或與委託人之委託內容不相符合。
9. 其他違反本規則規定徵求委託書。

有前項各款情事之一者，公開發行公司得拒絕發給當次股東會各項議案之表決票。

有第1項表決權不予計算情事者，公開發行公司應重為計算。

委託書及依本規則製作之文件、表冊、媒體資料，其保存期限至少為1年。但經股東依公司法第189條規定提起訴訟者，應保存至訴訟終結為止。

（五）委託書制度之檢討

隨著經濟日益繁榮發展，公開發行公司規模日漸擴大，股權分散，經營權與所有權分離，已成為必然之趨勢。雖股東會為公開發行公司最高權力機關，但股權分散之結果，股東人數眾多，造成股東會之召開似徒具形式意義，無法充分反應廣大股東之意見。另我國公司法將絕大部分公司經營權限授與董事會，貴為公司主人之股東會，反而僅保留非常有限之決策功能。現行公司法和證券交易法，一方面強制分散股權，希望藉股權分散達到民生主義均富之目標；另方面卻又強制董事、監察人須持有相當比例之股權，盼藉董事、監察人持股之增加，使渠等專心於公司業務之經營俾提升經營績效。但現代企業「所有權」與「經營權」分開，委託書作為公司經營權爭奪之工具，已為必然之趨勢，非但在野股東徵求委託書，在朝董、監事亦不例外，在野小股東受限於徵求資格、代理股數及不公平競爭，難以利用委託書挑戰在朝董、監事寶座，而現任董、監事除依賴本身持股之優勢外，更可利用大

股東身分徵求委託書，因此，當權董、監事想連任職位，較一般股東容易。此種結果，易使董、監事永保權位，而在絕對權力絕對腐敗之情形下，難保董、監事不會濫權，甚至中飽私囊、利益輸送，凡此種種，似均對多數小股東之權益構成嚴重之威脅，同時也使股東會形同虛設，公司法所架構公司經營者必須對股東會負責之設計成為空談。委託書代理之限制，其執行之結果，極可能使委託書淪為當權董、監事長期把持公司權位之工具，與先進國家規範委託書之目的背道而馳。

　　國內立法者一直存在有公司派至上之觀念，對委託代理出席股東會各方面加以限制。現行證券交易法亦規定公開發行股票公司出席股東會使用委託書應予限制、取締或管理，可見我國立法多偏向公司派，從外部人之角度來看至為明顯，例如限制繼續持有一定期間之股東始得成為徵求人或委託信託事業擔任徵求人，此即限制公司派以外之人爭取經營權，即使外部人已成為大股東亦然。又如過去及現行委託書相關規定限制外資及投信事業投資投票必須於股東會支持公司派提出之議案，亦是相同之思考模式。

　　吾人皆瞭解委託書既有其積極功能，委託書管理規則實宜提供徵求委託書者公平競逐董、監席次之機會，而不宜偏袒任何一方。換言之，委託書規則宜對競逐經營權之在朝、在野雙方保持中立色彩，否則無異放棄委託書在現代公司制度裡所具有的監控、治理功能。然現行規定執行結果，似值得吾人深思。

　　另從公司監控、管理而言，委託書有其正面功能，即股東可藉由委託書徵求制度，挑戰表現不佳之公司現任董、監事，使股東得以監督公司經營人員，防止董、監事濫權，甚或發揮經營長才，故委託書規則允宜提供公司競爭機會及落實公開原則，長久以來，公司法及證券交易法有關委託書之規定甚為僵化，僅從防杜少數股東或職業股東鬧場之角度為規範出發，並未考慮公司併購之規劃與適用之可能性，如從提升公司治理及促進併購市場的方向思考，委託書之運用將有助股權分散之公司調整經營團隊及董監事，淘汰表現不良的經營者，並可進一步調整公司股權結構。

　　筆者以為股東將委託書交由何人使用，乃為股東個人私權之選擇行為，委託書屬民眾之財產，有自由處分之權利，只要委託書能充分貫徹公開原則，使股東能夠充分明瞭議案之情形，則即為已足，委託書規則似不宜過多干預，或以徵求人僅具股東身分為已足，即將市場還給市場。以免造成美國名教授羅斯名言：「委託書之使用，如放任而不加以管理，無異是鼓勵經營者長期留任而濫用其經營權；如加以適當管理，則可能成為挽救現代公司制

度之利器」。吾人對委託書之使用與管理，此觀念必須先掌握，始得以瞭解公司法制定委託書之精神所在。

目前外國立法例多未規定委託書徵求人必須持有該公司股份繼續一定期間之限制。美國證券交易法對徵求人之資格，僅於徵求人主張提案權之情況下有門檻限制外，其餘情況並未要求委託書徵求人必須持有該公司一定股數或繼續一定之期間，日、韓等國亦未對此一問題設定限制。我國規定要求必須繼續持股達一定期間，似過於嚴格。

證券交易法雖允許主管機關訂定規則，就公開發行股票公司出席股東會使用委託書予以限制，惟其立法理由係爲防止少數股東假借徵求委託書而操縱股東會，因此主管機關規定徵求人之持股數應達一定標準，即可達到防少數股東操縱股東會之目的。按法規命令之內容，不得逾越法律授權之範圍與立法精神，因此如對持股期間進一步再做限制，恐將超出母法立法目的及授權範圍。

我們可推知主管機關對刪除持股期間之規定，其最大憂心在其認爲持股期間不長且與公司無相當關連之人，輕易以徵求委託書方式當選董監事，可能無心專注公司經營，對公司股東長遠利益有害。然就法而言，股東徵求委託書當時持股期間雖不長，但徵求人仍須符合法規所要求持有特定股數之標準，與公司仍具有一定緊密之關係，且一旦其當選董監事，在其任內將受到證券交易法有關內部人持股轉讓之限制，不可能出現立即出脫或短暫持股之現象；又公司法規定，董監事如轉讓持股超過當選時半數，亦將當然解任。因此限制徵求人之持股期間恐無法眞正達到目的。另依公司法第193條、第200條及民法第535條規定，董事執行業務，應依照法令、章程及股東會決議，並應盡善良管理人之注意，同時刑事上亦有詐欺、背信等責任相約束，但驗諸現實社會，股市作手或不肖人士竊取上市公司資產企圖曝光，而眞正招致法律制裁者實在少之又少，此中原因，或是民刑責任構成要件過嚴，不易將不法之徒繩之以法，或是司法追訴程序及要件過於繁複，致公司本身或投資大眾疏於行使。因此，筆者建議修訂公司法，將董、監事所應負相關責任予以從嚴，並將追訴程序及要件予以從寬，以落實防杜不法之徒染指上市公司資產之設計，並確實保障投資大眾正當權益及導正社會風氣。

依照OECD公司治理原則，公司必須給予股東充分而及時資訊，以瞭解公司之業務及財務狀況，此種資訊之提供，在通訊投票之情形尤其重要，股東投票權之行使，必須是在資訊充足之基礎上完成始有意義。依日本法規定，資本額達5億日圓以上，且有表決權之股東人數在1,000人以上之股份

有限公司，必須讓股東有採用書面投票之機會，對公司具有強制作用。日本法也明定公司採書面投票時，應於寄發股東會召集通知時附送相關資料，俾使股東得以充分瞭解各項議案的內容；至於應檢附何種文件及應記載哪些事項，則授權主管機關規定。此外，日本法也授權主管機關就書面投票的格式及有關技術事項做補充規定，以方便股東行使表決權及公司的後續作業。

　　新修正公司法，已在第177條之1及第177條之2，設有「通訊投票」制度，小股東可以使用電子或書面方式行使表決權，法律已通過年餘，主管機關始終未強制落實，筆者在此建議我主管機關應加速推動全面通訊投票制度之實施，規範公司得允許股東以書面或電子方式直接行使表決權；同時，股東會之召集通知及議事錄亦可用電子方式製作及分發，通訊投票之實施，對公司治理之健全發展關係重大，對國內企業營運將產生重大深遠意義，值得國人重視與關切。

十、公積之分類與使用

（一）公積設置之目的

　　股份有限公司係典型之資合性公司，其對外均以其資產為信用之依據，如公司有盈餘時，悉數分派股東，然公司遇有虧損，非但無盈餘可資分派，更將使公司虧損無從彌補，公司業務經營將更受影響，公司償債能力也將相對減低。為鞏固公司資產結構及資本之充實，俾能增進公司之營利能力及擔保能力，以保障投資大眾之利益，公司法特別規定，公司為彌補營業虧損、健全公司財務、固定資本及其他特定用途等原因，應於每屆營業年度終結辦理決算時，就公司營業年度之盈餘，提出部分不予分配，或提列各項依法所得之溢額及受頒贈與之所得等列為公積。此處所稱之提出，僅係帳上處理，並未有實際支付金額，主要目的在強化公司財務基礎，保障公司債權人之權益。

（二）公積之分類

1. 盈餘公積

　　公司於每年度決算時，提出一定比例之盈餘，預為彌補公司損失或為其他特定用途之公積謂之，可分為下列二種：

(1) 法定盈餘公積

公司決算有盈餘時，於完納一切稅捐後，分派盈餘時，應先提出10%為法定盈餘公積，但法定盈餘公積，已達資本總額時，得免予提列，公司負責人違反規定不提列法定盈餘公積時，各科6萬元以下罰金（公§237）。其立法意旨乃在於股份有限公司係屬資合性公司，其信用係建立於公司財務上，除公司財產外，別無其他擔保，爰強制規定公司應提列法定盈餘公積，以健全公司財務，並保障債權人之利益。法定盈餘公積又稱強制公積，係基於法律之強制規定，不容以章程或股東會之決議加以變更。公司法既明定公司應提之法定盈餘公積為10%，如超過10%時，自應依公司法第237條第2項規定，另提特別盈餘公積行之。

(2) 特別盈餘公積

A. 公司法規定

除前述依法提出10%之法定盈餘公積外，公司可另於章程內訂明或由股東會決議，從盈餘項下提出一部分金額為特別盈餘公積（公§237），本項公積提出與否及提出之比例，悉由公司章程訂定或依股東會決議為之，法律上不加以限制。

B. 證券交易法規定

證券交易法規定，主管機關認為有必要時，對於已依證券交易法發行有價證券之公司，得以命令規定其於分派盈餘時，除依法提出法定盈餘公積外，並應另提一定比率之特別盈餘公積（證交§41）。本項規定賦與證期會行政命令權，其主要目的在對已依證券交易法發行股票公司強制提存特別盈餘公積，抑制盈餘分派，建立平衡股利政策。因股息紅利分派之多寡與股價息息相關，而股息紅利分派之多寡，與盈餘公積之提存又居於相反之立場，董事會得藉盈餘公積提存政策之運用，調整其股息紅利之分派，實施平衡股利政策，達到穩定股價之目的，並兼顧公司利益。在平衡股利政策下，公司每年平均按固定股息紅利發放，不致出現重大利多或利空之消息，內部人當可減少利用內部消息從事短線交易之機會，可發揮穩定股價之功能。

特別盈餘公積係來自公司盈餘，因其提存之目的不同，大致可分為：

- ‧損失填補公積。
- ‧分派平衡公積。
- ‧公司債償還公積。
- ‧折舊公積。
- ‧公司公積。

另公司為改良、修繕、保險等事項，亦得分別提出公積，但特別盈餘公積因係基於章程或股東會議所提存，如欲變更其提存目的、比率及方法，須依變更章程之方法或由股東會再為新決議始得為之。

2. 資本公積

按資本公積之規定，係屬商業會計處理問題，任何金額應累積為資本公積，商業會計法及相關法令已有明定且更周延，公司法於90年10月25日修正時已將原公司法第238條規定，可累積為資本公積的種類，包括發行新股溢價、資產重估增值、處分資產溢價、合併溢額及受領贈與所得等五種刪除，回歸前開法令之適用。

（三）公積之使用

1. 公積彌補虧損

(1) 公司法規定

公積之首要作用在以彌補虧損為原則，除填補公司虧損外，不得使用之。各種公積在填補公司虧損時，盈餘公積應先使用，倘有不足時，再以資本公積補充（公§239）。另股份有限公司之法定盈餘公積及資本公積依公司法第241條規定轉增資發行新股時，依公司法第239條第1項但書規定，得不受先彌補虧損之限制。

(2) 證券交易法規定

證券交易法對前述公司法之規範另設有特別規定，其已依證券交易法發行有價證券之公司申請以法定盈餘公積或資本公積撥充資本時，應先填補虧損，其以資本公積撥充資本者，應以其一定比例為限。

2. 公積撥充資本

(1) 公司法規定

公司發行新股時，得由有代表已發行股份總數三分之二以上股東出席之股東會，以出席股東表決權過半數之決議增加資本，將公積之全部或一部撥充資本，按股東原有股份之比例發給新股。惟以法定盈餘公積撥充資本者，以該項公積已達實收資本50%，並以撥充其半數為限制（公§241），此為股份或非現金股息之分派。

至於法定盈餘公積已達到資本總額以上者，其超過資本總額部分之法定公積轉作資本並無限制，此參照公司法第237條第1項但書所定，法定盈餘公

積已達資本總額時，即可不必再提，因該項超過資本總額之法定公積，公司如以累積盈餘處理時，將盈餘全數轉作資本自無不可，故公司法第241條第3項規定，如法定盈餘公積超過資本總額者，於轉作資本時，以保留原資本總額之半數爲已足。

資本公積因公司法第238條已刪除，公司法第241條僅規定超過票面金額發行股票所得之溢額（股本溢額）及受領贈與之所得（受贈資本）二項資本公積之全部或一部得撥充資本，亦即限定「已實現」的資本公積始能增資配發股利，然舊公司法第238條中「處分資產之溢價收入」這部分資本公積應屬「已實現」，不知在修法時爲何未將此出售固定資產增益部分列入可增資配發股利項目，實有待修法補正。此項新規定對上市上櫃之資產股票者而言，未來將失去增資配股之來源，影響至鉅，目前金融控股公司法第47條中規定，金融機構轉換爲金控公司後，原帳上未分配盈餘在轉換後，可列爲金控公司之資本公積，但此項資本公積之分配，不受公司法第241條之限制，亦即未來金控公司帳上資本公積仍可增資配股給金控公司股東，至於其他公司，分配資本公積就會受到公司法第241條限制。

另公開發行公司以公積撥充資本，除原股份總數須已全部發行，尚須依法修正章程、增加資本總額外，公司法第241條第1項及同條第2項準用第240條第4項、第5項之規定，須在章程已有訂明授權董事會決議辦理者，得經董事會決議將公積之全部或一部撥充資本，並申請證券管理機關核准，於事後報告股東會，不受須先彌補虧損之限制。

(2) 證券交易法規定

證券交易法第41條原規定公司以土地增值或資產重估增值之資本公積撥充資本者，應以其增值淨額之一定比率爲限，其主要立法理由有二項：第一、依公司法第241條規定，並無撥充金額之限制，惟公開發行公司以資產重估增值之資本公積撥充資本、發行新股分配股東，如此項增值尚未實現，其增資並無現金投入，對於公司營運並無助益，而公積原屬股東實質權益，配股僅爲形式，徒使股份膨脹，若公司業績無法配合，從而影響每股盈餘之分配減少，並由於股價因除權而下降，造成投資人對發行公司產生不良印象，易扭曲證券市場之正常形象。第二、重估並非眞實之出售行爲，並無處分利得產生，財務報表上需以公告現值爲入帳基礎，故證券交易法第41條第2項規定，其以土地增值或資產重估增值之資本公積撥充資本者，應以其增值淨額之一定比率爲限。其比率爲每年申請撥充資本之金額，不得超過土地增值及資產重估增值總和5%，並不得超過公司實收資本額5%，且此撥充資

本限額之計算，應以重估或調整增值年度為準，其申請以土地增值之資本公積撥充資本並應先扣除土地增值稅準備後，再以其淨值依上述比例辦理增資（證施§8）。89年6月本法修正時為對以上述資產重估增值之資本公積轉增資之情形能為適當之規範，避免公司過度以資本公積轉增資使股份膨脹，稀釋每股盈餘，造成投資人獲配高額股票股利之假象，誤導投資人之決策判斷，爰將上述以資產重估增值之資本公積轉撥資本之規定刪除，另修正為已依本法發行有價證券之公司申請以法定盈餘公積或資本公積撥充資本者，應先填補虧損；其以資本公積撥充資本者，應以一定比率為限。其比率如係以公司法第238條第1款、第3款及第5款規定之資本公積撥充資本者，每年撥充之合計金額不得超過實收資本額10%；以公司法第238條第2款及第4款規定之資本公積撥充資本者，每年撥充之合計金額不得超過實收資本額5%。另依公司法第238條第1款或第4款規定轉入之資本公積，應俟增資、合併、轉換公司債轉換或其他事由所產生該次資本公積經公司登記主管機關核准登記後之次一年度，始得將該次轉入之資本公積撥充資本。至以依公司法第238條第2款轉入之資本公積撥充資本，其以土地增值之資本公積撥充資本者，應先扣除土地增值稅準備後，再以其淨值依第1項比例辦理增資。

民國90年10月25日公司法修正刪除第238條資本公積之規定，因資本公積係屬商業會計處理問題，何種金額應累積為資本公積，商業會計法及相關法令已有明定且更周延，毋需於公司法規定，爰予刪除，回歸前開法令之適用。本法為配合前述公司法之修正，特將資本公積撥充資本之規定限定於公司法第241條第1項第1款股本溢價及第2款受贈資本所產生之資本公積撥充資本者，其每年撥充之合計金額，不得超過實收資本額10%。

另依公司法第241條第1項第1款規定轉入之資本公積，應俟增資或其他事由所產生該次資本公積經公司登記主管機關核准登記後之次一年度，始得將該次轉入之資本公積撥充資本（證施§8）。

3. 公積派充股息紅利

公司無盈餘時，不得分派股息及紅利，公司法已定有禁止性規定，但法定盈餘公積已超過資本總額50%時，公司為維持股票之價格，得以其超過部分派充股息及紅利（公§232），供做平衡股利之用。因法定盈餘公積已超過資本總額50%者，公司已擁有一倍半之資產，公司債權人不虞匱乏保障，無害於公司債權人之權益，固得為之。惟資本公積之提列，最主要目的在於穩固公司資本，預防公司資本之損耗，故其用途僅得為彌補公司虧損及撥充

資本，不得派充股息紅利分派（公§239），違反者，構成董事會決議違法及有違法分派盈餘之責任問題（公§193、§232）。

（四）公積違法使用之處罰

1.公開發行公司法定盈餘公積及資本公積之使用，違反規定時，處1年以下有期徒刑、拘役或科或併科120萬元以下罰金（證交§177）。

2.公開發行公司違反主管機關得以命令規定其於分派盈餘時，除依法提出法定盈餘公積外，並應另提一定比率之特別盈餘公積之規定者，構成違反主管機關其他依證券交易法所為禁止、停止或限制之命令之規定，處1年以下有期徒刑、拘役或科或併科120萬元以下罰金（證交§177）。

3.公開發行公司法定盈餘公積及資本公積之使用，均經董事會之決議，若有違反規定時，構成董事會決議違法，自有公司法第193條規定之適用。

十一、有價證券之簽證（證交§35）

（一）簽證之意義及規範

股份有限公司發行股票、公司債券、新股權利證書及股款繳納憑證，依公司法及證券交易法規定，應經主管機關或其核定之發行登記機構簽證後發行之（公§162）。此項規定包括公開發行及非公開發行之股票在內。至發行股票之公司係公營或民營及發行之股票是否記名或無記名，公司法均無免為簽證之例外規定，仍應依法辦理簽證手續。股票未經簽證者，尚難認為已完成法定發行手續。

證期局依照公司法第161條、第162條、第257條及證券交易法第35條之規定訂定「公司發行股票及公司債券簽證規則」二種，規範有價證券簽證應依下列規定辦理：

1.簽證機構辦理簽證期間，新發行之證券自接受委託之日起，不得超過5日，並於簽證前應就公司登記事項卡及證券之內容、印鑑式樣、紙質、編號、面值、張數、總額等詳為審核並登記之。

2.簽證機構簽證於證券之印鑑樣本及經簽證之證券樣張，應分送經濟部及公司所在地之直轄市政府備查。證券屬集中交易市場交易者，應再加送證券交易所，由證券交易所分送各證券商；其係在證券商營業處所買賣者，應再加送財團法人中華民國證券櫃檯買賣中心，並由該中

心分送經核准辦理櫃檯買賣之證券商；分別存置備查。證券為公司債者，證券交易所及櫃檯買賣中心得免分送各證券商。

3. 簽證證券數額應以經主管機關核准發行總額以內之實際發行數額及已實收款項之證券總數為限。

4. 公司發行之證券申請補發者，應於申請人取得經法院宣告原證券無效之除權判決書後簽證之。

5. 同次發行之證券，應委託同一機構簽證。

6. 簽證機構於辦理發起人之股份之簽證，應核對其依公司法第163條規定於公司設立登記1年內不得轉讓之記載是否詳實，但法律另有規定不受轉讓限制者，不在此限。

（二）簽證主管機關

證券簽證之主管機關為金管會，目前經核定公告之簽證機構計有台灣銀行信託部、中央信託局信託部、中華開發信託公司、中國國際商業銀行儲蓄部、台北市銀行儲蓄部、交通銀行儲蓄部、台灣第一信託投資公司、慶豐商業銀行、中聯信託投資公司、亞洲信託投資公司、台灣土地開發信託投資公司、中國信託商業銀行、世華商業銀行及中國農民銀行信託部等。

（三）簽證費用

證券簽證之報酬，由發行公司與簽證機構依下列規定約定給付之：

1. 未公開發行公司：新發行證券之簽證，最高為發行面值總額萬分之三，但計算之報酬未滿新台幣1萬元時；仍以新台幣1萬元計酬。

2. 公開發行公司：依「公開發行公司發行股票及公司債簽證規則」第6條規定辦理，新發行證券之簽證，最高為發行面值總額萬分之三。但計算之報酬未滿新台幣3,000元或超過新台幣50萬元時，仍以新台幣3,000元或50萬元計酬。

3. 換發、補發、合併或分割之簽證報酬按面值萬分之三計收，其因零星換發補發手續費金額微小者可累計半年或壹年結算壹次，但證券集中保管事業送交發行公司合併換發者，最高為面值萬分之零點三，報酬一次不超過新台幣5萬元為限。

（四）簽證之功能

1. 對新發行有價證券之內容、式樣、面值、印鑑、紙質、張數及總額等作統一規範。
2. 防止偽造、變造有價證券。
3. 建立簽證公信力，並藉予控制發行數量，防止超額發行，保障社會大眾之投資利益。
4. 股票係表彰股東權之證券，須經簽章與簽證後，始得認定為有價證券，得在證券市場交易流通，持有人始得認為係發行公司之股東或公司債債權人。

第三節　公開發行與未公開發行之股份有限公司在公司法及證券交易法上適用之比較

類別 項目	公開發行之股份有限公司	未公開發行之股份有限公司	相關法令
發行新股	1.於增資發行新股時，若股權分散未達標準（持股1,000股以上之記名股東人數未達500人）者，於現金發行新股時，除首次公開發行、最近2年度稅前純益占年度決算實收資本額比率均未達10%、現金發行新股未達50萬股或其他證期會認為無須或不適宜對外公開發行者外，應提撥發行新股總額之10%，對外公開發行。但股東會另有較高比率之決議者，從其決議。	1.原股東優先認購。	1.公司法第267條第1項。 證券交易法第22條之1。 84年5月2日台財證第00921號令修正公布「發行人募集與發行有價證券處理準則」。
	2.發行新股時，除(一)盈餘轉增資(二)資本公積轉增資(三)同一年度現金發行新股未達	2.無此規定。	2.84年5月2日台財證第00921號令修正公布「發行

類別 項目	公開發行之股份有限公司	未公開發行之股份 有限公司	相關法令
發行新股	1,000萬股及已發行股份總數四分之一，且募集金額未逾5億元等案件可採「申請生效制」外，其餘均應申請證期局核准後，始得為之。 3. 董、監事、經理人或持有股份超過總額10%之大股東，應依下列方式之一轉讓股份： (1)經主管機關核准或自申報生效日後，向非特定人為之。 (2)依主管機關所定持有期間及每一交易日得轉讓數量比例，於申報之日起3日後，在集中交易市場或證券商營業處所為之。但每一交易日轉讓股數未超過1萬股者，免予申報。 (3)自申報之日起3日內，向符合主管機關所定條件之特定人為之。	3. 除發起人之股份非在公司設立登記一年後不得轉讓外，股份轉讓不得以章程禁止或限制之。但公司因合併或分割後，新設公司發起人之股份得轉讓。	人募集與發行有價證券處理準則」。 3. 公司法第163條。證券交易法第22條之2及之3。
股東會規定	1. 召集程序：對持股未滿1,000股之股東，僅依法公告即可，免再個別通知。 2. 召集事由：對於「董事為自己或他人為屬於公司營業範圍內之行為，提請股東會認可」、「將應分派股息或紅利之全部或一部，以發行新股方式為之者」，及「將公積之全部或一部撥充資本者」等事項，亦應於召集事項列明，不得以臨時動議提出。	1. 股東會之召集，不同股東持股多寡，應以公告及個別通知方式為之。 2. 股東會召集事由僅限於改選董監事、變更章程（包括增資或減資）、公司解散或合併事項。	1. 公司法第172條。證交法第26條之2。 2. 公司法第173條、第189條、第209條第1項、第240條第1項、第241條第1項。證交法第26條之1。

類別 項目	公開發行之股份有限公司	未公開發行之股份有限公司	相關法令
股東會規定	3.委託出席：使用委託書出席股東會應依「公開發行公司出席股東會使用委託書規則」辦理。	3.股東得出具公司印發之委託書，載明授權範圍，委託代理人出席，並限代理人之表決權不得逾3%及不得重複委託。對於寄送與公開徵求委託書等事項無規定。	3.公司法第177條。 證交法第25條之1。 85年12月17日修正公布「公開發行公司出席股東會使用委託書規則」。
董監事、經理人及大股東特別規定	1.董監事持股成數：全體所持有記名股份總額，各不得少於公司已發行股份總額一定之成數，其成數依「公開發行公司董事、監察人股權成數及查核實施規則」辦理。 2.股權異動：於登記後應即將其董、監事、經理人及持有股份超過總額10%之大股東持股情形，向主管機關申報並公告之。若買入股份超過10%者，包括單獨或與他人共同取得，均應於取得後10日內向主管機關申報。	1.無此規定。 2.無此規定。	1.公司法第192條、第216條及第227條。 證交法第26條。 85年4月29日修正公布「公開發行公司董事、監察人股權成數及查核實施規則」。 2.證交法第25條、第178條。
股票之製發與過戶	1.依公司法得發行股票之日起30日內，對認股人憑繳納憑證，交付股票，並應於交付前公告。公司股款繳納憑證之轉讓，應於前述規定之期限內為之。	1.公司資本額達中央主管機關所定一定數額以上者，應於設立登記或發行新股變更登記後3個月內發行股票，其未達中央主管機關所定一定數額者，	1.公司法第161條之1第1項。 證交法第34條。

類別 項目	公開發行之股份有限公司	未公開發行之股份 有限公司	相關法令
股票之製發與過戶	2.股票簽證：應依主管機關所制定之「公司發行股票及公司債券簽證規則」有關規定爲之。 3.過戶：依證期局所制定之「公開發行股票公司股務處理準則」有關規定辦理。 4.分配現金股利或配發增資股票，股東若未於停止過戶前辦理過戶，而僅憑同意書轉讓其股利或增資股票者，應自停止過戶5日內爲之，逾期由受讓人洽出讓人自行協調辦理。	除章程另有規定者外，得不發行股票。 2.應由董事3人以上簽名、蓋章並交主管機關或其核定發行登記機構簽閱後發行。 3.記名股票由股票持有人以背書轉讓之，並須將受讓人之本名或名稱及住所或居所記載於公司股東名簿。 4.無此規定。	2.公司法第162條。 證交法第35條。 （83）台財證(一)第01973號令。 3.（83）台財證(三)第03242號令。 公司法第164條、第165條。 4.公司法第165條第2項。 公開發行股票公司股票公司股務處理準則。
盈餘分派及公積撥充資本規定	1.以法定盈餘公積及資本公積轉增時，應先填補虧損，始能以其餘額撥充資本。 2.以公司法第241條第1項第1款超過票面金額發行股票所得之溢額及第2項受領贈與之所得產生之資本公積撥充資本者，每年申請之金額不得超過公司實收資本額10%。	法定盈餘公積需累積達實收資本50%始得撥充資本，並以撥充半數爲限。	公司法第241條、第239條第1項。 證交法第41條。 證交法施行細則第8條。
財務會計處理規定	1.會計制定：應訂定書面會計制度。	1.無此規定。	1.「證券發行人證券商及公司制證券交易所財務報告編製制準則」第2條。

類別 項目	公開發行之股份有限公司	未公開發行之股份有限公司	相關法令
財務會計處理規定	2.會計準則：應依證期會制定之準則及一般公認會計原則。 3.財務報表簽證：應由證期會核准之聯合會計事務所開業會計師2人以上共同查核簽證。	2.依據公司法及商業會計法。 3.除資本額3,000萬元以上應申報財務報表者應委請會計師簽證外，其餘並無簽證之強制規定，且簽證會計師資格亦無限制。	2.證交法第14條第2項「證券發行人證券商及公司制證券交易所財務報告編製準則」。 3.83年9月27日台財證(六)第01876號函修正「會計師辦理公開發行公司財務報告查核簽證核准準則」。
財務公開規定	一、應於每會計年度終了後3個月內，公告並申報經會計師查核簽證、董事會通過及監察人承認之年度財務報告。 二、於每會計年度第一季、第二季及第三季終了後45日內，公告並申報經會計師核閱為提報董事會之財務報告。 三、於每月10日以前，公告並申報上月份營運情形。 前項公司有下列情事之一者，應於事實發生之日起2日內公告並向主管機關申報： 一、股東常會承認之年度財務報告與公告並向主管機關申報之年度財務報告不一致者。 二、發生對股東權益或證券價格有重大影響之事項。	無此規定，僅須提請股東會承認。	公司法第20、228、236條及證交法第36條。

資料來源：作者自製。

第四節　有價證券之募集與發行（證交§22）

一、募集與發行之意義

　　「募集」謂發起人於公司成立前或發行公司於發行前，對非特定人公開招募股份或公司債之行為（證交§7）。募集之主體為發起人或發行公司，募集之客體則為股份或公司債，募集之對象則非特定人。所謂特定人乃限定為符合條件之本國法人或自然人，泛指發起人、員工及原有股東，外國法人或自然人並不包括在特定人之範圍內，所謂非特定人係指發起人或員工及原有股東以外之社會大眾而言，因此，發行新股數額全部洽由發起人、員工及原有股東按照持有股份比例承購，認足股份者即為不公開發行新股，非前述之募集。所謂對非特定人公開招募股份，必須於其發行新股時，由發起人或員工承購及原有股東認購部分股份數額外，於發行前，應提撥發行新股總額之一定比率，對外公開銷售（證交§28-1），委託證券承銷商包銷或代銷，募集涉及公開招募股份之行為，為保障投資，維護交易之安全，除政府債券或經主管機關核定之其他有價證券外，非向主管機關申報生效後，不得為之（證交§22）。

　　「發行」謂發行人於募集後製作並交付有價證券之行為（證交§8）。發行係發行人募集後之行為，無募集則無發行行為。股份有限公司藉發行股份，募集其所需資金，當股份募足及股東繳足股款後，發行人有依法發行股票，交付股東以表彰股東權之義務，股東亦有要求發行人發行股票以表彰其股東權之權利。發行股票之情形分為三種：(一)以募集設立方式成立公司者；(二)公司成立後，分次發行股份（公§156），或增資發行新股（公§278）；(三)公司成立後，發行公司債者（公§248）。發行之客體則為有價證券，所謂「製作」者，指發行人依法定程序，作成證券，編號載明法定事項，由董事3人以上簽名蓋章，並經主管機關或其核定之發行登記機構簽證後發行之（公§162、證交§35）。所謂「交付」謂脫離占有現實交給股東或應募人之行為，發行係由製作與交付二者合併所構成，僅有製作而無交付，仍尚未完成發行行為，因之本法所謂發行，實係一種新股發行，如原有股份再為公開發行，即非本法之發行。

　　另證券交易法之發行與公司法之發行意義不同，公司法對發行一詞未有定義，惟從公司法第231條及第268條分析，公司法上之發行不限於對不特定

人為之,如洽商由特定人認購而製作並交付股票者,亦屬發行行為,此與證券交易法發行限於向不特定之公眾為招募者,始構成發行行為不同。

有價證券之募集與發行在證券管理上,有核准制與申報制之分,前者乃指有價證券之發行,必須先經主管機關之核准,主管機關就申請發行之發行人的實質條件審查,如符合一定之發行條件,始予核准謂之,此制採「實質管理」原則。後者係指發行證券時,發行人依規定向主管機關申報並公開有關之資訊後,經過一定期間,主管機關未發現有不符相關規定而命令其補正者,發行人即得發行證券。申報制的特色在於以發行人資料之完全揭露為已足,至於發行人的實質條件如何,並非所問。故申報制係所謂公開原則(full and fair disclosure)之體現,茲分述如下。

二、申報生效制

依證券交易法規定有價證券之募集與發行,除政府債券或經主管機關核定之其他有價證券外,非向主管機關申報生效後,不得為之;其處理準則,由主管機關定之(證交§22)。金融監督管理委員會審核有價證券之募集與發行、公開招募、補辦公開發行、無償配發新股與減少資本採申報生效制。因之所稱申報生效,係指發行人依規定檢齊相關書件向該會提出申報,除因申報書件應行記載事項不充分、為保護公益有必要補正說明或經該會退回者外,其案件自該會及該會指定機構收到申報書件即日起屆滿一定營業日即可生效。

前述規定於出售所持有之公司股票、公司債券或其價款繳納憑證、表明其權利之證書或新股認購權利證書、新股權利證書,而對非特定人公開招募者,準用之。另依證券交易法發行股票之公司,於依公司法之規定,發行新股而可不公開發行者,仍應依前述之規定辦理(證交§22)。茲將申報生效制說明如下:

(一)申報生效制之意義

「申報生效制」又稱註冊制,即為「完全公開主義」(Full Disclosure Philosophy),主管機關對發行人發行有價證券事先不作實質條件之限制,發行人發行時,要完全且正確地將投資人為判斷證券性質、投資價值所必要之重要資訊作充分之公開,主管機關對發行人所申報發行要件,僅作形式要件之審查,審查發行人所申報資訊是否具完全性及正確性,至於對發行證券

之價值不作審查，發行人在申報後一定期間內，除因申報書件應行記載事項不充分、爲保護公益有必要補正說明或經證期局退回者，其案件自申報之日起屆滿一定期間，即可進行募集及發行有價證券之行爲。但申報生效不得藉以作爲證實申報事項或保證證券價值之宣傳。

（二）立法理由

民國77年本法修正時，鑑於證券主管機關限於有限之人力，實無法應付與日劇增之有價證券募集與發行申報案件，當時決定除保留核準制外，並兼採行申報制，自可減輕證券主管機關審核業務負荷，提高審核案件之正確性，以及提升發行人公開資訊之品質，順應證券市場之自由化與國際化之趨勢。在申報制下，可縮短募集與發行案件審查時間，減輕發行人人力物力之負荷，因應發行公司業務發展需要，增進有價證券募集與發行之時效性及保障投資人之權益。

另投資證券之風險，除公司本身經營之因素外，尚包括國外各項政治、經濟、金融等因素，此等風險因素隨時發生，投資人必須對各項資訊有充分之認識，俾利對投資作正確之判斷，申報制可去除投資者對證券主管機關之依賴心理，養成投資風險觀念，俾確保投資安全。

各國邇來爲配合資金市場擴大需求，有逐漸擴大採取申報制之趨勢，投資人之證券投資知識水準提高，公開發行與上市股票公司與日劇增，及證券市場逐漸擴大，爲因應經濟發展與證券市場成長之需要及提高投資人意願，95年1月起全面採行申報制，係必然之選擇，與時勢使然所致。

（三）適用範圍

1. 以盈餘、資本公積辦理增資發行新股案件

發行人辦理盈餘、資本公積發行新股案件，除有下列情形之一者外，得檢具「發行新股申報書」載明其應記載事項，連同應檢附書件向證期局申請申報生效：

(1)最近2年連續虧損者。

(2)最近2年內向證期局申報或申請募集與發行有價證券，有經該局予以退件、不予核准、撤銷或自行撤回之情事者。

(3)所委任之會計師、律師或主辦證券承銷商，最近2年度因辦理有價證券之募集與發行有關業務，經依法處以警告以上處分者。

(4)首次辦理公開發行者。但發行人依證券交易法第42條第1項及公司法第156條第4項規定補辦公開發行而符合下列各款條件者不在此限：

①委請證券承銷商評估、律師審核法律事項，並依證期會規定分別提出評估報告及法律意見書者。

②最近2年度之財務報告，經主管機關核准辦理公開發行公司財務簽證之會計師簽發無保留意見之查核報告者。

2. 補辦公開發行案件

補辦公開發行案件需符合下列條件始得向證期局申請申報生效：

(1)委請證券承銷商評估、律師審核法律事項，並依證期局規定分別提出評估報告及法律意見書者。

(2)最近2年度之財務報告，經主管機關核准辦理公開發行公司財務簽證之會計師簽發無保留意見之查核報告者。

(3)無前述(1)自動生效前三項所列情形之一者。

3. 公開發行公司發行公司債（含有擔保、無擔保、轉換公司債、認股公司債及交換公司債）案件

公開發行公司發行公司債，應檢具「發行公司債申報書」，載明其應記載事項，連同應檢附書件，向證期局申報生效後，始得為之。

公開發行公司依上述規定提出申報，於證期局受理發行公司債申報書之日起屆滿12個營業日生效。但有下列情形之一者，申報生效期間縮短為7個營業日：

(1)發行公司債未對外公開銷售者。

(2)最近1年內發行人或所發行之公司債經金管會認可之信用評等機構評等者。

另公開發行公司如發行無擔保公司債，應先委託經金管會認可之信用評等機構對擬發行之公司債進行評等，並出具信用評等報告。

上市或上櫃公司依規定提出發行轉換公司債之申報，證期局受理發行轉換公司債申報書之日起屆滿12個營業日起生效。但最近1年內發行人或所發行之公司債經金管會認可之信用評等機構評等者，申報生效期間可縮短為7個營業日。

4. 有價證券已在證券交易所上市或於證券商營業處所買賣者，其持有人申報對
非特定人公開招募案件

5. 未上市或未上櫃公司辦理減資及合併發行新股案件

（四）申報生效之期間

　　發行人辦理募集與發行股票須依案件性質分別檢具各項申報書，載明其
應記載事項，連同應檢附書件，向證期局申報生效後，始得為之。一般案件
發行人依規定提出申報，於該局受理發行新股申報書之日起屆滿12個營業日
生效。但辦理下列案件或於最近1年內發行人取具經證期局認可之信用評等
機構評等報告者，申報生效期間可縮短為7個營業日：
　　1. 以盈餘、資本公積轉作資本者。
　　2. 未上市或未上櫃公司辦理現金增資發行新股免依規定提撥發行新股總
　　　　額之一定比率對外公開發行者。
　　3. 未上市或未上櫃公司辦理減少資本者。
　　4. 未上市或未上櫃公司辦理合併發行新股者。

　　發行人依本法規定首次辦理公開發行新股者，須檢具申報書，載明應記
載事項，連同應檢附書件，向證期局提出申報，於該局受理申報書之日起屆
滿12個營業日生效。
　　發行人所提出之申報書件不完備、應記載事項不充分，於未經證期局通
知停止其申報生效前，自行完成補正者，自完成補正日起依前述規定期間生
效。
　　另發行人申報現金發行新股，因變更發行價格，於申報生效前檢齊修正
後相關資料，向證期局申報者，仍依前述規定之申報生效期間生效。
　　此外發行人辦理下列各款案件，於金管會及其指定之機構收到發行新股
申報書即日起屆滿20個營業日生效：
　　1. 募集設立者。
　　2. 辦理發行人募集與發行有價證券處理準則第6條第2項第1款或第4款之
　　　　案件，有下列各項情事之一者：
　　　　(1)前次因辦理第6條第2項各款規定之案件，曾經金管會退回、不予
　　　　　　核准、撤銷或廢止。但自申報生效或申請核准通知到達之日起，尚
　　　　　　未募足並收足現金款項而經本會撤銷或廢止，不在此限。

(2)發行人申報年度及前1年度違反本法及相關法令規定受金管會依本法第178條處分達2次以上。

(3)發行人最近2年度之營業利益或稅前純益連續虧損或最近期財務報告顯示每股淨值低於面額。

(4)發行人涉及非常規交易應提列特別盈餘公積，尚未解除。

(5)申報年度及前二年度發生公司法第185條情事或有以部分營業、研發成果移轉予他公司。但移轉項目之營業收入、資產及累計已投入研發費用均未達移轉時點前一年度財務報告營業收入、資產總額及同期間研發費用之百分之十，不在此限。

(6)申報年度及前二年度三分之一以上董事發生變動且有下列情形之一。但發行人於前開變動前後，其董事席次有超過半數係由原主要股東控制者，不在此限：

A.所檢送之財務報告顯示有增加主要產品（指該產品所產生之營業收入占營業收入百分之二十以上）且來自該增加主要產品之營業收入合計或營業利益合計占各該年度同一項目達百分之五十以上。但主要產品營業收入前後二期相較增加未達百分之五十以上，該主要產品得不計入。

B.所檢送之財務報告顯示取得在建或已完工之營建個案，且來自該營建個案之營業收入或營業利益達各該年度同一項目之百分之三十。

C.所檢送之財務報告顯示受讓聯屬公司以外之他公司部分營業、研發成果，且來自該部分營業、研發成果之營業收入或營業利益達各該年度同一項目之百分之三十。

(7)證券承銷商於發行人申報時最近1年內經本會、證券交易所、財團法人中華民國證券櫃檯買賣中心及中華民國證券商業同業公會處記缺點累計達5點以上者。

（五）申報生效之停止

發行人申報書件不完備或應記載事項不充分或證期局為保護公益認為有必要者，證期局得停止其申報發生效力。發行人於接獲停止申報生效通知日起，得就停止申報生效的原因提出補正，申請解除停止申報生效，如未再經證期局通知補正或退回案件，自最後補正日起屆滿前述規定之申報生效期間

生效。

（六）申報生效制之優缺點

1. 優點

(1)簡化發行手續及改進發行時效，以增加企業及早籌措資金而增強競爭優勢。

(2)減輕主管機關人事負擔，加重會計師、發行公司、各類專家及承銷商之責任。

(3)促使投資大眾降低依賴心理，培養正確之投資態度。

2. 缺點

(1)一般投資大眾無專業知識閱讀公司資料，或者因誤導而造成投資錯誤之情形。

(2)公開資料到達投資人手中時，往往因過時而無法有效運用，使公開原則流於形式。

（七）發行人違反申報生效之法律責任

1. 民事責任

有價證券之募集與發行，屬於執行業務之範圍，應由董事會以董事三分之二以上之出席，及出席董事過半數同意之特別決議行之（公§266），董事會應依法執行，其未申請證券主管機關核准或申報生效，遽予募集與發行，乃公司負責人應忠實執行業務並盡善良管理人之注意義務，如有違反致公司受有損害者，負損害賠償責任。

另公司負責人對於公司業務之執行，如有違反法令致他人受有損害時，對他人應與公司負連帶賠償之責（公§23）。

2. 刑事責任

發行人違反「有價證券之募集與發行，非經向主管機關申報生效，不得為之」規定者，或利用新聞媒體公然刊登廣告，對非特定人招募已依本法發行之有價證券，而未經向證券主管機關申報生效，處2年以下有期徒刑、拘役或科或併科180萬元以下罰金（證交§175），法人違反證券交易法之規定者，依該法有關之規定，處罰其為行為之負責人（證交§179）。

三、申請核准制

（一）申請核准制之意義

　　所謂申請核准制，即「實質審查主義」（Substantive Regulation Philosophy），證券之發行不僅以眞實狀況公開爲滿足，尚須合乎若干實質的條件，亦即政府對有價證券之發行，在公司法及證券交易法或授權主管機關作有發行條件之限制，發行人發行有價證券必須符合該等限制條件，主管機關在審查時，除審查發行人所申報文件之完全性及正確性外，尚須審查發行之證券價值是否符合所規定之限制條件，發行人必須收到主管機關之核准後，始得進行募集及發行有價證券之行爲。

（二）申請核准制之優缺點

1. 優點

(1)由於經主管機關審核符合所定條件方可發行，對投資人權益較有保障，並維持市場之穩定發展。

(2)藉審查制可淘汰並遏止不宜向大眾公開募集發行之公司，以達到適度保障投資大眾。

(3)確實執行後，能防範詐欺情事，建立投資人的信心。

2. 缺點

(1)易導致投資大眾誤認投資證券具有絕對之安全性。

(2)經審查符合者，其實質內容未必百分之百正確，若有偏差易遭投資人指責。

(3)審查期間若太長，易導致企業錯失商機。

四、私募制度（證交§43-6、§43-7、§43-8）

（一）私募之意義及立法緣起

　　依本法第7條第2項規定，所謂私募謂已依本法發行股票之公司依第43條之6第1項及第2項規定對特定人招募有價證券之行爲。換言之，私募係指發行公司所發行之有價證券，並非銷售給證券市場上一般不特定對象之投資

人，而是經由私人洽購方式出售給特定之投資人，例如銀行，保險公司等對象，募集該企業資金的管道，私募之特色，係發行公司招募有價證券之對象為「特定人」，非如公募之公開招募對象為「非特定人」。

就發行公司而言，私募有價證券之優點，在於降低企業發行有價證券之成本與減少證券管理之行政程序，屬於企業資金調度之最佳選擇方式。就理論上而言，企業籌措資金之管道應屬於企業自治事項之範疇，其是否藉由證券市場之機制籌措資金，或是洽由特定人認購之私募制度，其實應尊重企業之決定。

然依修正前本法第22條第2項規定「已依本法發行股票之公司，於依公司法之規定，發行新股而可不公開發行者，仍應依前項之規定辦理」。換言之，若是公開發行公司發行新股時，縱依公司法第268條第1項規定，公司發行新股時，由原有股東及員工全部認足或由特定人協議認購可不公開發行者，仍受修正前證券交易法第22條第2項之限制，該公開公司發行新股時，應申請主管機關核准或向主管機關申報生效後，始得為之。由此可知以往我國實施私募制度之困難，主要在於相關法規之不合時宜，政府有鑑於此，為增加企業籌資管道及便利企業利用併購方式進行快速轉型，參考美、日私募之規定，引進私募制度（private placements）以應企業之需。為利適用，新法明定私募之定義，爰增訂證券交易法第7條第2項：「本法所稱私募謂已依本法發行股票之公司依第43條之6第1項及第2項規定對特定人招募有價證券之行為。」

私募係企業不須經主管機關核准，而直接向特定投資人募集資金之方式；事實上，私募在國內外早已行之有年，過去未上市櫃公司對外籌資時，大都透過私募方式向創投、投資公司等投資人募資，而上市（櫃）公司則礙於法令限制，無法操作，如今修法後，此方式便可利用。私募之執行旨在消弭資金募集者與投資者間資訊不對稱缺口，透過營運計畫書或其他方式讓投資人瞭解公司之核心價值，以爭取較佳的募資條件；另資金募集者亦應尋找識貨之投資者評估，始能事半功倍。至於已上市（櫃）公司，若透過私募進行籌資，由於本身資訊已相當公開且透明，因此在傳遞公司核心價值之工作上，即能節省許多。

私募之對象一般區分為財務性及策略性投資人，財務性投資人如創投、投資公司等，其獲利來源為處分股權賺取資本利得，投資後大多不會涉及公司經營。反之，策略性投資人如募資公司之上下游、具策略合作價值公司等，其投資獲利來源除賺取資本利得外，因與募資公司具有策略合作價值，

對公司本身經營將有實質助益。近年來由於大陸經濟快速發展，全球性大企業與投資機構均計畫進軍大陸，而與大陸文化、語言相近且亦計畫往大陸發展之我國企業，正是該全球性企業合作之夥伴，因此，這些機構不失為私募之理想對象。

近來年國內外私募股權基金（Private equity fund）極為盛行，私募股權基金可算是投資銀行業務之一部分，性質與創投雖然有幾分類似，但還是有差別，創投通常以未上市企業為主要標的，較屬於產業週期初期階段。私募股權基金在操作上，多投資於即將上市掛牌企業，或者是瞄準已上市但經營不善，導致股價重挫之企業，也會投資於具有改造或重整空間之企業，目的都是希望在最適時間點，以最低股價取得該企業經營主導權，加以改造或購併後，高價賣出持股賺取資本利得價差。

在國外私募基金全有一個共同特性，即其董事會成員個個資歷顯赫，如國際赫赫有名的卡萊爾（Carlyle），從美國前總統老布希（George Bush）、美國前國務卿貝克（James Becker）、IBM前董事長（Lou Gerstuer）、英國前首相梅傑（John Maior）等，都列名其中。該集團亦投資國內桃竹苗地區有線電視頻道業。在國內比較為市場熟悉私募股權基金，多以收購不良資產為業的機構，如龍星昇（LoneStar），至於宏碁退休的前董事長施振榮新成立的智融集團，也都可算是私募股權基金。

（二）私募之程序及對象

依證券交易法第43條之6第1項規定，公開發行股票之公司，得以有代表已發行股份總數過半數股東之出席，出席股東表決權三分之二以上之同意，對下列之人進行有價證券私募，不受本法第28條之1、第139條第2項及公司法第267條第1項至第3項規定之限制：

1. 銀行業、票券業、信託業、保險業、證券業或其他經主管機關核准之法人或機構。
2. 符合主管機關所定條件之自然人、法人或基金。
3. 該公司或其關係企業之董事、監察人及經理人。

本私募制度規範之程序及對象主要係參考美國、日本等國外私募制度，其各國並無類似我公司法第267條規定應由原股東與員工優先認購，及證券交易法第28條之1規定應提撥一定比例公開發行之問題，故立法明定私募排除前揭公司法及證券交易法相關規定之限制；且由於前述限制之排除，影響

股東權益，應經股東會特別決議，並明定私募之對象：

1. 專業投資法人或機構，具有相當程度之分析及判斷能力，參考美、日私募規定訂定之。

2. 所稱符合主管機關所定條件之自然人、法人或基金，依證期局規定係指符合下列條件之自然人、法人或基金：

   (1)對該公司財務業務有充分瞭解之自然人，且於應募或受讓時符合下列情形之一者：

     ①本人淨資產超過新台幣1,500萬元或本人與配偶淨資產合計超過新台幣2,000萬元。

     ②最近兩年度，本人每年度所得均超過新台幣300萬元，或與配偶之每年所得合計均超過新台幣450萬元。

   (2)近期經會計師查核簽證之財務報表總資產超過新台幣7,500萬元之法人或基金。

    所稱淨資產指在中華民國境內外之資產市價減負債後之金額，所稱所得指最近兩年度依所得稅法申報或經核定之綜合所得總額，加計可具體舉證之所得稅法所規定免稅所得金額。

    上述各符合條件之自然人、法人或基金，其資格應由該私募有價證券之公司舉證。但依證券交易法第43條之8第1項第2款規定轉讓者，其資格應由轉讓人舉證。

    3. 另參考美國法上之規則D（Regulation D）對於「合格投資人」對象之一，係指發行人之內部人，包括發行人之董事、高階主管（executive officers）及一般合夥人（general partners）。

    私募應募人總數，不得超過35人，此一限制，實係參照美國法上之「規則D」加以制定。其用意係避免發行人以私募之名，行公開招募之實，故限制應募人最高總數。

    至於在私募程序方面，本法第43條之6第6項規定依第1項規定進行有價證券之私募者，應在股東會召集事由中列舉並說明下列事項，不得以臨時動議提出：

1. 價格訂定之依據及合理性。

2. 特定人選擇之方式。其已洽定應募人者，並說明應募人與公司之關係。

3. 辦理私募之必要理由。

不得以臨時動議提出私募之議案，係其事關股東權益甚鉅，宜令所有股東事前知曉，以決定如何行使表決或委託表決。

此外為顧及股東會召開不易且股東成員每年變動大，特於同條第7項規定私募於股東會決議日起1年內，得分次辦理，並且各次私募仍應於股東會召集事由中列舉並說明相關事項。

（三）普通公司債之私募

現行公司債之發行依公司法第246條規定，並無員工、原股東優先認購問題，只需經由董事會決議通過即可辦理，為便利公司作業，爰於本法第43條之6第3項增訂公司債採私募辦理者，得免召開股東會決議。

另為便利普通公司債之私募，亦明定得於董事會決議之日起1年內分次辦理。

此外作為大幅解除普通公司債私募之發行總額限制，本法亦規定除經主管機關徵詢目的事業中央主管機關同意者外，不得逾全部資產減去全部負債餘額之400%，不受公司法第247條規定之限制。因公司法第247條規定公司債之總額，不得逾公司現有全部資產減去全部負債及無形資產後之餘額。另無擔保公司債之總額，不得逾前項餘額二分之一。

（四）公司債私募提供資訊之義務

另本法為便符合主管機關所定條件之自然人、法人或基金有機會獲得有關私募之公司資訊，以決定是否購買私募之有價證券，爰參酌美國1933年證券交易法Rule 502及日本證券交易法第23條之13第4項規定，於本法第43條之6第4項明定公司應同條第1項第2款之人之合理請求，於私募完成前負有提供與本次有價證券私募有關之公司財務、業務或其他資訊之義務。至於同條第1項第1款及第3款之應募人，為專業投資機構或公司內部人，具有一定地位可與發行人進行對等協商，以取得決定是否購買私募有價證券所需之資訊，並保護自身之利益，基於「武器對等原則」，毋需再行規定予以保護。

民國94年10月行政院金融監督管理委員會為利公開發行公司辦理私募有價證券之遵循並確保原股東權益，訂定「公開發行公司辦理私募有價證券應注意事項」，規定公開發行公司依證券交易法第43條之6私募有價證券，除普通公司債得經董事會決議外，應於股東會召集事由中列舉下列相關事宜，並於股東會充分說明：

1. 私募價格訂立之依據及合理性

(1)私募普通股或特別股者，應載明私募價格不得低於參考價格之成數、暫定私募價格、訂價方式之依據及合理性。

(2)私募轉換公司債、附認股權公司債等具股權性質之有價證券者，應載明私募條件、轉換或認購價格不得低於參考價格之成數、暫定轉換或認購價格，並綜合說明其私募條件訂立之合理性。

2. 特定人選擇方式

(1)於股東會開會通知寄發前已洽定應募人者，應載明應募人之選擇方式與目的、及應募人與公司之關係。應募人如屬法人者，應說明法人之股東直接或間接綜合持有股權比例超過10%或股權比例占前十名之股東名稱。

(2)於股東會開會通知寄發後洽定應募人者，應於洽定日起2日內將上開應募人資訊輸入公開資訊觀測站。

3. 辦理私募之必要理由中，應載明不採公開募集之理由、辦理私募之資金用途及預計達成效益

（五）私募事後報備之義務

證券交易法第22條第2項原規定：「已依本法發行股票之公司，於依公司法之規定，發行新股而可不公開發行者，仍應依前項之規定辦理。」亦即有價證券之發行應先經核准或申報生效。但是私募在性質上係洽由特定人認購，屬不公開發行，為建立我國私募制度，爰修正第2項，對於符合本法第43條之6第1項及第2項之規定辦理者，排除私募之有價證券須報經主管機關申請核准或申報生效之規定。

但是為利主管機關管理之目的，亦參採美國1933年證券交易法D規則及日本證券交易法第2條第3項規定，公司應於股款繳納完成日起15日內檢附相關書件報請主管機關備查。

（六）私募之禁止行為

由於私募之性質限制，本法特別禁止「私募」及其「再行賣出」有所謂一般性廣告或公開勸誘之行為（證交§43-7）。所謂一般性廣告或公開勸誘之行為，係指以公告、廣告、廣播、電傳視訊、網際網路、信函、電話、拜訪、詢問、發表會、說明會或其他方式，向本法第43條之6第1項以外之非特

定人爲要約或勸誘之行爲（證交施§8-1）。

（七）私募轉售之限制

爲避免私募之有價證券透過轉讓規避公開招募程序之適用，本法參酌美國1933年證券交易法Rule 144(e)(2)，明定有價證券私募之應募人及購買人除有下列情形，不得再行賣出：

1.本法第43條之6第1項第1款之人持有私募有價證券，該私募有價證券無同種類之有價證券於證券集中交易市場或證券商營業處所買賣，而轉讓予具相同資格者。

本款立法之主要理由係爲提高私募有價證券之流通性，參酌美國1933年證券交易法Rule 144A創設機構投資人之私募有價證券次級市場，以該私募有價證券無同種類有價證券於證券集中交易市場或證券商營業處所交易，機構投資人可轉讓予具相同資格者，不受轉讓期間之限制而訂定。

2.自該私募有價證券交付日起滿1年以上，且自交付日起第3年期間內，依主管機關所定持有期間及交易數量之限制，轉讓予符合本法第43條之6第1項第1款及第2款之人。

所稱依主管機關所定持有期間及交易數量之限制，依證期局解釋係指符合下列條件者：

(1)該私募有價證券爲普通股者：本次擬轉讓之私募普通股數量加計最近3個月內私募普通股轉讓之數量，不得超過下列數量較高者：
①轉讓時私募普通股公司依證券交易法第36條第1項公告申報之最近期財務報表顯示流通在外普通股股數之0.5%。
②依最近4周該私募普通股公司之普通股於台灣證券交易所或證券商營業處所買賣交易量計算之平均1周交易量之50%。

(2)私募有價證券爲特別股、公司債、附認股權特別股或海外有價證券者：本次擬轉讓之私募有價證券加計其最近3個月內已轉讓之同次私募有價證券數量，不得超過所取得之同次私募有價證券總數量之15%。

3.自該私募有價證券交付日起滿3年。此3年係參考美國法規定，訂定私募有價證券得自由轉讓任何人前須有3年之持有時間。

4.基於法律規定所生效力之移轉。例如繼承等。

5.私人間之直接讓受，其數量不超過該證券一個交易單位，前後2次之

讓受行為，相隔不少於3個月。

　　本款規定係參照本法第150條但書之規定而來，該款所謂「私人間」，係指非常業性買賣之當事人而言；而所謂讓受數量不超過該證券1個交易單位，係指交易數量不超過1,000股，此一規定，係基於實務需要及轉售數量不多不致嚴重影響市場秩序及投資人權益，而作之例外規定。

　　6.其他經主管機關核准者。此為概括授權規定，保持適用之彈性。

　　另前述有關私募有價證券轉讓之限制，應於公司股票以明顯文字註記，並於交付應募人或購買人之相關書面文件中載明。此規定與美國法要求使用警語（legend）於私募有價證券上，俾利持有人注意之立意相同。

　　7.公司董事、監察人、經理人或持有公司股份超過股份總額10%之股份，其募取之私募股票無證券交易法第157條規定之適用（金管會94年8月25日金管證三字第0940130983號函）。

（八）私募有價證券申請上市之程序及要件

　　發行公司私募有價證券者，於證券交易法第43條之8所定限制轉讓期間內，不得以該私募之有價證券申請初次上市。限制轉讓期滿，如擬申請上市買賣應先向主管機關完成補辦發行審核程序後始得提出申請。

　　上市公司辦理私募有價證券及嗣後所配發、轉換或認購之有價證券，於依證券交易法第43條之8所定限制轉讓期間內，該私募之有價證券不得上市。限制轉讓期滿，應先向交易所申請同意函，並於據以向主管機關完成補辦發行審核程序後始得提出上市申請。但得免辦上市前公開銷售。

　　上市公司依前項規定向交易所申請同意函時，應符合下列各款標準：

1. 最近期及最近一個會計年度財務報告顯示無累積虧損且淨值為正數者。
2. 營業利益及稅前純益占年度決算之實收資本額比率最近2年度均達4%以上者；或最近二個會計年度平均達4%以上且最近一個會計年度之獲利能力較前一會計年度為佳者。
3. 最近二個會計年度之財務報告經會計師查核並簽發無保留意見之查核報告者。如出具無保留意見以外之查核報告，未有影響財務報告允當表達之情事。
4. 未有台灣證券交易所股份有限公司有價證券上市審查準則第9條第1項第1、3、4、6、8及12款所定情事者。

5. 全體董事、監察人所持有記名式股份總額高於「公開發行公司董事監察人股權成數及查核實施規則」所定之持股成數者。

6. 私募有價證券所得之資金業依資金運用計畫執行完竣，並產生合理效益者。但有正當理由者，不在此限。

7. 其他符合主管機關規定者。

公司所發行之有價證券經主管機關限制上市買賣者，於其限制尚未解除，其私募有價證券之限制轉讓期間雖已屆滿，該私募之有價證券不得上市。

（九）違反私募規定之刑事罰及行政罰

1. 刑事責任

(1)為健全私募制度，避免逃避公募之程序，就有價證券之私募，如有違反私募應經股東會決議及私募對象之規定者，處2年以下有期徒刑、拘役或科或併科新台幣180萬元以下罰金（證交§175）。

(2)違反私募有價證券再行賣出之規定者，處1年以下有期徒刑、拘役或科或併科新台幣120萬元以下罰金（證交§177）。

(3)本法規定，有價證券之募集、發行、私募或買賣，不得有虛偽、詐欺或其他足致他人誤信之行為（證交§20），以保障投資人權益，違反者應依本法第20條負民事損害賠償責任及處3年以上10年以下有期徒刑得併科1,000萬元以上2億元以下之罰金（證交§171）。

2. 行政罰

為保障投資人權益，對於有價證券之私募如未依規定報請證券主管機關備查、未於有價證券私募之股東會召集事由中列舉並說明相關事項、以及分次辦理私募未依規定事先於股東召集事由列舉並說明相關事項者，明定處新台幣24萬元以上240萬元以下罰鍰（證交§178）。

（十）私募制度實施之檢討

近數年來，私募已成為上市上櫃公司籌集資金之新寵，至少已有百餘家企業辦理私募，最知名當屬台新金控公司以365億元吃下彰化銀行14億私募特別股，為政府第二階段金融改革注入新動能。但是隨著銳普電子爆發私募掏空弊案，伴隨私募之管理漏洞及弊端亦漸漸浮上檯面。私募已被視為富人

冒險之新樂園，亦爲垂死掙扎企業起死回生之仙丹，但過大之灰色管理地帶也正爲有心人士所利用，成爲大股東個人套利之工具，甚至不法者掏空公司之捷徑，主管機關實在不能再漠視。

私募原是相對於公開募集而言，民國91年修正證券交易法，引入私募制度之前，公開發行公司凡涉及對外發行有價證券募集資金，事前需向主管機關申報，並且有一定承銷及資訊揭露程序。在90年時，因科技泡沫吹破及地雷股頻爆，上市櫃公司股價腰斬甚至跌落面額10元以下之股票不計其數，在營運陷入困窘、向公開市場募集資金又不易之情況下，政府遂修正證交法，允許公開發行公司只要事先找好符合條件的投資者，不必事前呈報主管機關核准，只要在收足價款後15日內備查，即可以低於面額的折價方式發行股票籌資。當時開放私募制度主要目的，在提供部分急需資金，但受限於種種現行公募規範而無法獲准的企業另一管道，因而私募程序較一般公募爲寬，除採事後報備，也不必透過承銷商、提出公開說明書，並允許內部人可爲應募人、可自行選擇發行對象，且訂價方式較且彈性、取得資金時程較短等，讓需要資金的企業可以即時取得，但風險是由應募特定人自行承擔，而非公開市場。由於募資程序較寬鬆，證管機關對私募也訂有一些限制，例如私募有價證券的流通有3年閉鎖期，3年期滿後雖然可以買賣，但不能掛牌交易，必須補辦公開發行後始得申請掛牌交易。

私募具備多項積極性功能，可讓部分因連年虧損、投資大陸金額過高、債信評級欠佳而不易獲准辦理現金增資、發行公司債的公司，得以私募方式合法募集資金，並可藉此引入新資金及新經營團隊，協助公司轉型及改善體質，甚或運用移轉訂價方式美化財報；因而常視爲財務陷入困境、但尚具產業發展前景的企業，起死回生之救命靈藥。此外，善用私募尚可發揮其他功能，例如關係企業間，即可經由私募進行財務調度，規避公司法上資金借貸限制；亦可以運用私募限制股票流通之特性，進行策略聯盟或確保核心股東之持股穩定性。由此可見，私募是一極具運用彈性之金融工具，使用正確得宜，有時確可發揮讓企業麻雀變鳳凰之神效。

但是私募之積極性功能卻是以犧牲部分既有股東權益交換而來。因爲私募沒有固定之訂價模式，而且絕大多數是折價發行，如果私募訂價低於公司淨值太多，等於私募股東以極低之成本享有與其他股東等同之權利。雖然說，私募折價發行是既有股東基於公司長遠利益所做的暫時犧牲，但亦不宜偏離公司本質過多，然而現行缺乏透明度之訂價模式，極易出現此種侵害股東權益之情事。

　　尤其是私募排除既有股東及員工優先認股權，卻又允許內部人得為私募應募人，使董事會在決定私募對象時，極易出現上下其手之弊端。其情況包括：大股東左手參與私募折價認購新股，右手就於市場出售老股套利，3年閉鎖期根本不生影響；又私募訂價多係依市價打折出售，大股東可先售股壓低股價，再以更低之成本買入更多之持股，以增加對公司之經營主導權，此為公司辦理私募前股價常見波動的原因之一；再者，私募引入的新經營團隊，因經營大權在握，亦極易運用關係人交易掏空公司資產，銳普電子即是此一顯例。私募對象雖有限制，但與公開集中交易市場畢竟仍具一定連動性，對私募之從寬管理固係基於提升效率考量，亦不能忽視一寬一鬆之間之監理套利問題，這或許也正是越來越多企業捨公募而就私募原因之一，且套利情況將隨私募案日增而日明。因此，證券主管機關應全面檢視當前私募制度之問題及成效，與私募之利，除私募之弊，讓我國私募之發展更能發揮其應有之功效。

　　私募引進特定人，股票至少鎖三年不能賣，通常應不是壞事，公司私募很少是為了資金，而是為了改變原來的經營心態，從實務上來說，一般投資人對上市櫃企業的私募可以用較正面的角度看待，因企業引進特定人後，除證券交易法第43條之8規定的少數情況外，該特定人在取得股票後3年內不能賣出，因此雙方都會用較長線的角度思考。因為要鎖3年，也不大可能放空鎖獲利，成本太高。除少數例外，私募對公司通常是轉機或有技術、業務、經營等某方面的益處；辦理私募的目的一般不是單純籌資，而是為了發展新策略，雙方成為長線夥伴後，必須逐步將公司營運提升，才可能在3年後真正推升股價。投資人可買進辦理私募企業之股票，但股價不保證一定會上漲，當金融市場或產業狀況不好，股價一樣會下跌；私募可以看成長線利多，但不一定能很快看到結果，例如網家（8044）在2021年底引進中華電、中華開發後，因產業激烈競爭，迄今股價反而腰斬就是一例，投資人最好的策略是可將其列為觀察名單，觀察後續的基本面是否朝正向發展，再決定是否投資。

　　上市櫃公司私募案若是引進策略投資人或創投等能夠改變體質的經營團隊，則不排除中長線營運看好，投資人可以逢低進場。不過，由於轉型需要時間，也需要大環境配合，因此投資人需要資金、時間及成本的考量。

　　根據規定，私募的特定對象限三類：分別為「機構法人」、「符合條件之個人或基金」，以及「跟公司有關、相關企業的董事、監察人及經理人」。而採取私募方式認購的股票，3年內不能在公開市場買賣，承受風險

較高，因此私募價額約爲市場的80%，若低於80%時，則應併請獨立專家就訂價之依據及合理性出具意見。上市櫃公司會選擇辦理私募，可能是獲利表現差、股價低落、銀行不願借貸，但卻在短時間內需要資金，且考量市場對公司認同度不高，無法成功辦理公開募集的現金增資，因此轉而採取私募。不過有時企業明明賺錢，也不缺錢，卻辦理私募，主要是私募具有快速、籌資成本低的優點，有利企業併購、擴大營運、引進策略性投資人，進行快速轉型、協助企業再造。但策略性投資人也可能是讓其他公司借殼上市，後續若不是順利華麗轉身，就可能走向另一個噩夢，因此投資人需留意，企業私募的眞正原因。

　　最重要是，根據規定，私募股票閉鎖3年期滿、可補辦公開發行，在證券市場上交易後，將造成公司總發行股數增加，在股本變大下，就會影響每股稅後盈餘（EPS）表現，若獲利沒有同步提升，一旦EPS下降，股價可能也會受影響。

　　另外，私募制度原本是良善美意，讓上市櫃公司快速籌資，但過去有案例大股東家人加入策略聯盟行列，折價認股或是左手買右手賣，在保有原來的持股之餘，還能賺得價差的不肖大股東自肥工具。

五、有價證券募集與發行之禁止行爲（證交§20、§40、§43-1）

（一）禁止虛僞詐欺或其他足致他人誤信之行爲（反詐欺條款）（證交§20）

　　有價證券之募集、發行、私募或買賣，不得有虛僞、詐欺或其他足致他人誤信之行爲。發行人申報或公告之財務報告及其他有關業務文件，其內容不得有虛僞或隱匿之情事（證交§20），此即所謂禁止詐欺行爲條款。有價證券募集與發行之主體爲發行人，故發行人於募集與發行有價證券時，如涉有虛僞、詐欺或其他足致他人誤信之行爲者，例如發行人募集、發行有價證券時必須將公司財務業務之眞實情況完全公開於社會，使投資人有可靠之研判資料，如果發行人公布之財務報告及業務資料不實，或提供錯誤資訊，使上市股票不能眞實反映價格，使投資人產生誤判，因而遭受損害，便構成違反禁止詐欺行爲條款規定，其應負之法律責任如下：

1. 刑事責任

任何人違反證券交易法第20條第1項有價證券之募集、發行、私募或買賣，不得有虛偽、詐欺或其他足致他人誤信之禁止詐欺行為條款之規定者，處3年以上10年以下有期徒刑，得併科1,000萬元以上2億元以下罰金（證交§171）。

另違反證券交易法第20條第2項發行人申報或公告之財務報告及其他有關業務文件，其內容不得有虛偽或隱匿之情事規定者，依第174條第1項第4款及第5款規定處1年以上7年以下有期徒刑，得併科2,000萬元以下罰金。按第174條第1項第4款及第5款規定：「四、發行人或其關係人、證券商或其委託人、證券商同業公會或證券交易所，對於主管機關命令提出之帳簿、表冊、文件或其他參考或報告資料之內容有虛偽之記載者。五、發行人、證券商、證券商同業公會或證券交易所，於依法或主管機關基於法律所頒布命令規定之帳簿、表冊、傳票、財務報告或其他有關業務文件之內容有虛偽之記載者。」發行人在該二款規定之情形下，均須科以刑罰。按該二款規定之內容相近，有甚多雷同之處，二者所不同者，在於第4款所禁止者，為「對於主管機關命令提出之帳簿」等文件為虛偽之記載；而第5款所禁止者，為「依法或主管機關基於法律所頒布命令規定之帳簿」等文件為虛偽之記載，二者在概念上雖可勉予區分，惟性質上則甚為接近，因此，此二款規定似可合併，以資簡化避免區分之困難。

關於第4款及第5款之刑責以帳簿、表冊、文件之內容「有虛偽記載」為要件，如有證券交易法第20條第2項「隱匿」之情事者，是否有如前述虛偽記載刑責之適用？如從行為之可罰性論之，「虛偽」與「隱匿」皆為詐害投資人之行為，應具相同之可罰性，殊無必要將「隱匿」行為排除在須負刑事責任行為之外。然現行法並未就此定有明文規定加以處罰，因而從罪刑法定主義之原則論斷，則上述刑責之適用似有疑義，另日本法對於虛偽記載者，亦僅就「重要事項」為虛偽記載時，始可加以處罰，我證券交易法並未有此限制，因此，在解釋上是否就「非重要內容」為虛偽記載時，亦有處罰之必要，亦有待商榷。

此外依證券交易法第20條及第174條第1項第4款、第5款之構成要件，其行為主體皆規定為「發行人」，此依證券交易法第5條規定，係指為募集及發行有價證券之公司或募集有價證券之發行人；又依證券交易法第36條第1項、第2項、第3項之規定，申報財務報告之義務人為發行有價證券之公

司，因之第174條第1項第4款、第5款之行為主體應亦應解為發行有價證券之公司，惟依證券交易法第179條規定，法人違反本法之規定係處罰其行為之負責人，由此可推知，證券交易法乃以公司負責人之自然人為其處罰對象，並非以法人為對象，而依公司法第8條之規定，公司之負責人有當然負責人與職務範圍內負責人二種，證券交易法僅將處罰對象限定於「行為之負責人」，至於何人為行為之負責人，則應就具體情形及公司法相關規定分別定之，此點於適用時不可不作區分，各公開發行公司企業之負責人及公司內部業務職務上之負責人亦不可不慎，以免誤觸法律而遭致刑事處罰。

2. 民事責任

　　有價證券之募集、發行或買賣行為係屬相對，當事人雙方均有可能因受對方或第三人之虛偽、詐欺或其他足致他人誤信之行為而遭受損失，故有關人員違反上述規定者，致他人權利受有損害，便構成侵權行為，因此，對於該有價證券之善意取得人或出賣人因而所受之損害，應負賠償之責，藉以嚇阻違法，保障投資人。委託證券經紀商以行紀名義買入或賣出之人，視為前項之取得人或出賣人（證交§20）。證券承銷商為發行人承銷有價證券者，為發行人之代理人於募集發行有價證券時，如涉有共同詐欺之情事者，應負連帶賠償責任（民§184、§185）。

　　依證券交易法第20條第2項之條文觀之，財務報告不實之損害賠償責任主體似僅限於發行人，公司負責人不包括在內，如此規定似有缺漏，因發行公司一旦出事，往往僅剩一空殼公司，如公司負責人可再卸免責任，其不當自屬顯而易見，且財務報表之編製，本為公司負責人職務上之行為，課以民事責任可發揮其預防性之功能，為保障大眾投資人之權益，課財務報告編製不實之公司負責人以民事責任，應屬妥適；另負責編製而有故意或重大過失之會計師等相關人員，除依證券交易法第174條負刑事責任外，是否亦須負該條之民事責任，法無明文規定，應可參酌美國證券交易法第18條之規定，即「任何人」在依證券交易法或依法規定之規則而登錄於委員會之申請、報告或其他文件，作重大不實之記載，均應負相當之民事責任，使被害人因而得以請求損害賠償。

　　另依證券交易法第20條第2項請求賠償者，亦須受該條第3項之限制，即賠償請求權人必須為有價證券之「善意取得人」或「出賣人」，亦即不知財務報告之內容為虛偽或被隱匿，因而信賴該財務報告而買受或賣出有價證券者，且依該條第4項之規定，並賦予投資人「視為買賣當事人」之法律地位

以取得當事人適格，依此始得請求賠償。因而發行人申報或公告之業務文件雖有虛偽隱匿情事，但如受害人並未買賣有價證券因而非有價證券之善意取得人或出賣人者，仍不得依本條規定請求賠償。

　　證券交易法第20條之規定為該法規範民事責任之主要條文，其功能之發揮對於投資人之保護及證券市場之健全發展均極具重大性，然至目前為止，該條並未發揮其應有之效用，一方面係由於投資人權利意識之薄弱，但其主要原因，還是由於舉證之困難繁複，因而阻礙投資人求償之意願。民事責任制度之建立，在證券交易法上不僅在填補被害人損失，使被害人能獲得適當之賠償，且因被害人對違法者追訴其賠償責任，具有嚇阻違法之作用，進而彌補主管機關人力物力之不足，使法律規定更能貫徹執行。民國77年對證券交易法第20條的修正，雖已擴大保護投資人，在民事責任之功能上加以充實，惟由於某些技術性問題未能克服，相關規定上仍有未盡妥善之處，使該條功能之發揮大受影響，因而在執行上恐難達成預期之目標。因此，證券交易法第20條之規定在相關制度上仍應再尋求其改進之道。

（二）禁止證實申請事項或保證證券價值之宣傳（證交§40）

　　發行人對於有價證券募集之核准，不得藉以作為證實申請事項或保證證券價值之宣傳（證交§40）。其主要立法理由係證券主管機關對於有價證券公開發行之審查，係本於行政權作用，為保護投資人之利益，依法律規定所履行之一定程序，本質上並非保證證券之價值。茲為防止發行股票公司假借證券主管機關核准為由，濫肆宣傳，企圖造成搶購其所發行證券之熱潮，欺瞞投資大眾，從事斂財，特制定本禁止規定，發行人或證券承銷商違反上述條文規定者，處1年以下有期徒刑、拘役或科或併科120萬元以下罰金（證交§177）。

（三）非經主管機關核准，不得公開收購股票（證交§43-1）

　　任何人不經由有價證券集中交易市場或證券商營業處所，對非特定人公開收購公開發行公司之有價證券者，非經主管機關核准，不得為之。前項公開收購公開發行公司有價證券管理辦法，由主管機關定之（證交§43-1）。此所謂對非特定人公開收購公開發行公司之有價證券者即為公然出價收購（Tender offer），例如利用新聞媒體刊登廣告、信函、廣播、電視方式對外公開徵求買賣上櫃股票或上市股票，以求讓受公司之經營權。蓋此涉及大

量收購有價證券，以取得公司經營權。如非經由集中交易市場或證券商營業所買賣，不易獲致公平合理價格，難於防止有價證券買賣之詐欺，勢將影響股票交易價格，又涉及交易安全，故由主管機關核准，始得為之，俾有所管理，保障投資大眾。另任何人單獨或與其他人共同取得任一公開發行公司已發行股份總額超過10%之股份者，應於取得後10日內，向主管機關申報其取得股份之目的、資金來源及主管機關所規定應行申報之事項，申報事項如有變動時，並隨時補正之（證交§43-1）。行為人公然出價收購股票，該項交易行為當事人間仍得主張有效，惟行為人違反證券交易法第43條之1第2項規定公然收購股票者，處2年以下有期徒刑、拘役或科或併科180萬元以下罰金（證交§175）。

六、公開說明書之規範（證交§13、§30～§32）

（一）公開說明書（Prospectus）之意義及審核、交付之義務

　　所謂公開說明書（prospectus），係指發行人或受託機構在募集及發行有價證券時，依據證券法規及應行記載事項準則規定，編製法定應載事項等內容，並提供投資大眾作為參考的書明書。究其法律性質，乃為公司或受託機構募集發行有價證券的資訊公開（information disclosure）。所謂募集係指發起人於公司成立前或發行公司於發行前，對非特定人公開招募股份或公司債之行為（證交§7）。所謂出賣，係指有價證券發行後，有價證券持有人出售其所持有之公司股票或公司債券而對非特定人公開招募者而言（證交§22）。公開募集有價證券，與交易安全及社會公益關係至鉅，為協助投資大眾明瞭上市、上櫃公司及公開發行公司之動態，進而幫助其採取理性之投資決策，以維護證券交易之安全，預防企業犯罪，保障投資人，證券交易法規定無論初次公開發行或現金增資發行新股，都必須編製公開說明書，並於主管機關申請審核後，向社會大眾公開說明其業務財務狀況之文件。

　　然為防杜公開說明書編製內容虛偽浮濫，力求內容完整性，而取信於投資大眾，證券交易法規定公開募集與發行有價證券，於申請審核時，除依公司法所規定記載事項外，應另行加具公開說明書，前項公開說明書，其應記載之事項，由主管機關以命令定之（證交§30）。金管會證期局根據上述授權，訂頒「公司募集發行有價證券公開說明書應行記載事項準則」（以下簡稱記載事項準則）乙種，俾資準據。公開說明書現行法採事前審核，發行人

應依上述準則編製，於有價證券之募集、發行或出賣前，向證期局申報生效時，同時申請證券主管機關審核，由證券主管機關基於行政監督之立場，考慮投資人之利益，詳細審查而後決定准許與否，俾使投資人信賴其為適當而作為選擇投資之參考依據。

發行人募集有價證券，應先向認股人或應募人交付公開說明書（證交§31）。有價證券持有人於申報轉讓股份公開招募時，應先向應募人交付公開招募說明書。公開說明書之交付為公開原則之實現，交付義務之履行，應於募集前為之。公開說明書交付義務人係為發行人（證交§31），交付對象為認股人或應募人，惟證券承銷商在承銷過程中，與認股人或應募人直接接觸，由證券承銷商向認股人或應募人交付公開說明書最為簡便，故證券承銷商出售其所承銷之有價證券，應代理發行人交付公開說明書（證交§79）。然因投資人眾多，證券承銷商對每一投資人交付，在實際上確實有困難，故證券承銷商在報紙上刊登公開發行新股或公司債之承銷廣告，縱令投資人於購買證券當時未接到公開說明書之交付，而不知其內容時，亦推定投資人已經知悉。

（二）公開說明書編製之基本原則

1.公開說明書所記載之內容，必須詳實明確，文字敘述應簡明易懂，不得有虛偽或欠缺之情事。

2.公開說明書所記載之內容，必須具有時效性。公開說明書刊印前，發生足以影響利害關係人判斷之交易或其他事件，均應一併揭露。

（三）公開說明書之內容

依證券交易法第30條第2項規定訂定之「公司募集發行有價證券公開說明書應行記載事項準則」，公開說明書編製內容應記載事項如下：

1.公司概況：包括公司簡介、公司組織、公司沿革、資本及股份、公司債及特別股發行情形。

2.風險事項：風險因素、訴訟或非訟事件、公司董事、監察人、經理人及持股比例超過百分之十之大股東最近二年度及截至公開說明書刊印日止，如有發生財務週轉困難或喪失債信情事，應列明其對公司財務狀況之影響。

3.營運概況：包括公司之經營、固定資產及其他不動產、轉投資事業、

　　重要契約及其他必要補充說明事項。
4. 發行計畫及執行情形：包括前次現金增資、併購、受讓他公司股份或發行公司債資金運用計畫分析、本次現金增資或發行公司債資金運用計畫分析、本次受讓他公司股份發行新股及本次併購發行新股情形。
5. 財務概況：包括最近5年度簡明財務資料、財務報表及財務概況等其他重要事項資料。
6. 特別記載事項。
7. 重要決議、公司章程及相關法規。

　　銀行、票券、證券、期貨、保險及信託投資等特殊行業金管會證期局另訂頒商業銀行募集設立公開說明書應行記載事項準則，依該準則規定，上述特殊行業之公開說明書編製內容應記載事項如下：
1. 籌設概況：包括籌設經過、組織結構及股權分散情形。
2. 營運概況：包括業務範圍、固定資產、股款動支情形及重要契約。
3. 營業計畫：包括產業概況及市場分析、營業目標、營業計畫書主要內容及取得不動產或長期投資計畫。
4. 財務概況：包括會計師查核情形及其他必要補充說明事項。
5. 財務預測及分析：包括財務預測及財務預測分析。
6. 特別記載事項。
7. 重要決議、章程及相關法規。

（四）簡式公開說明書

　　公司於募集發行有價證券前，應將公開說明書併同繳款書交付認股人或應募人。但公司編製之公開說明書已依記載事項準則規定記載，並以電子檔案方式傳至金管會指定之資訊申報網站者，得逕以簡式公開說明書併同繳款書交付認股人或應募人。簡式公開說明書編製內容應記載事項如下：
1. 公司普通股股票代碼，與認股人或應募人可查閱公開說明書之網站，如有記載事項準則第3條第3項各款之情形，應併予記載。
2. 本次募集與發行有價證券之計畫及其預計可能產生效益概述。
3. 最近3年度及最近期會計師查核簽證或核閱財務報告之查核或核閱意見、簡明資產負債表及綜合損益表。
4. 如屬合併、分割、收購或股份受讓發行新股案應併揭露獨立專家就換股比例合理性之意見。

5.公司印鑑及負責人簽名或蓋章。

6.其他必要記載事項。

（五）違反公開說明書規定之法律責任（證交§31、§32）

1. 民事責任

(1) 不交付公開說明書之責任

證券交易法規定，發行人募集有價證券，應先向認股人或應募人交付公開說明書，違反前項規定者，對於善意之相對人因而所受之損害，應負賠償責任（證交§31）。然發行人係為依公司法登記成立之股份有限公司組織型態，董事應為公開說明書之作成關係人，董事就公司一切事務，對外代表法人（民§27），故應負該項賠償責任人應為發行人之董事。

依本法規定證券承銷商出售其所承銷之有價證券，應代理發行人交付公開說明書（證交§79），證券承銷商負有代理交付公開說明書之義務，然若證券承銷商未代理發行人交付公開說明書，證券交易法僅課以行政責任，處24萬元以上240萬元以下罰鍰之行政處分（證交§178），至應否負損害賠償民事責任，證券交易法無明文規範。

至請求權人除應該證明其未交付公開說明書之事實外，尚須證明其為善意，善意依通說係指不知悉發行人應交付公開說明書之情形，另請求權人對於因發行人未交付公開說明書，致認股人或應募人受有損害，須證明損害與未交付公開說明書存有因果關係始可成立。

本項損害賠償請求權，自有請求權人知有得受賠償之原因時起2年間不行使而消滅；自募集、發行或買賣之日起逾5年者亦同（證交§21）。

(2) 主要內容虛偽或隱匿之責任

公開說明書之主要內容若有虛偽或隱匿，使投資人無法正確判斷公司之營運及財務狀況，易致不利選擇投資，嚴重影響有價證券交易之公平性。因此，為確保公開說明書之真實性和可靠性，以維護投資大眾之利益，證券交易法規定公開說明書其應記載之主要內容有虛偽或隱匿之情事者，下列各款之人，對於善意之相對人因而所受之損害，應就其所應負責部分與公司負連帶賠償責任：

A.發行人及其負責人。

B.發行人之職員，曾在公開說明書上簽章，以證實其所載內容之全部或一部者。

C.該有價證券之證券承銷商。

D.會計師、律師、工程師或其他專門職業或技術人員，曾在公開說明書上簽章，以證實其所載內容之全部或一部，或陳述意見者。

前述各款之人，除發行人外，如能證明已盡相當之注意，且有正當理由確信其主要內容無虛偽、隱匿情事者，免負賠償責任；前項D款之人，如能證明已經合理調查，並有正當理由確信其簽證或意見為真實者，亦同。

2. 刑事責任

(1)公司募集、發行有價證券，於申請審核時，應另行加具公開說明書，其應記載之事項為虛偽之記載者，處1年以上7年以下有期徒刑，得併科新台幣2,000萬元以下罰金（證交§174-1①）。

(2)公開說明書，其應記載之主要內容有虛偽或隱匿之情事，發行人及其負責人，或發行人之職員，曾在公開說明書上簽章，以證實其所載內容之全部或一部者，並無免責事由者，處1年以上7年以下有期徒刑，得併科新台幣2,000萬元以下罰金（證交§174-1③）。

(3)發行人或其關係人，對於主管機關命令提出之帳簿、表冊、文件或其他參考或報告資料之內容有虛偽之記載者，處1年以上7年以下有期徒刑，得併科新台幣2,000萬元以下罰金（證交§174-1④）。

(4)募集有價證券，應先向認股人或應募人交付公開說明書，發行人違反規定者，處1年以下有期徒刑、拘役或科或併科120萬元以下罰金（證交§177①）。

第五節　有價證券之承銷（securities underwriting）

一、證券承銷之意義及功用

「承銷」一詞依證券交易法之定義，謂依約定包銷或代銷發行人發行有價證券之行為（證交§10），換言之，即公開發行股票之公司，辦理公開發行或上市股票之前，依法應提撥發行股份總額之一定比率股份數額，委託證券承銷商代為公開銷售，使社會大眾在該證券尚未上市前，就能持有該公司股票，藉以加強大眾投資人對該公司之瞭解，及達到股權分散之目的。證券

承銷屬於發行市場，證券承銷商扮演重要之角色。募集設立之公司或已公開發行股票之公司於現金增資發行新股時，須對外公開發行股票，此時須提撥發行新股總額之一定比率股份數額，委託證券承銷商代為向外公開銷售，發行人給予約定報酬，此項代為向外公開銷售股份之行為即為承銷。

　　證券承銷之主要目的在促進股權分散，增加記名股票股東人數，俾可實施企業所有與企業經營分開，藉以消除家族企業，導引企業現代化經營之途徑。

　　另證券承銷後經申請上市或上櫃買賣，有助於提高有價證券流通性，增加證券市場交易買賣籌碼，促進後續流通市場之繁榮，緊密結合發行市場與流通市場，對導引國民儲蓄投資於資本市場之管道，協助企業募集長期資金有甚大之助益。

　　此外，證券承銷除促進公開原則之實現外，尚可協助企業建立健全之會計制度，且可提高企業知名度，加強企業者之經營責任及敬業精神，使證券承銷能真正發揮引導國民儲蓄投資證券之管道，協助企業利用資本市場募集其所需資金。

二、證券承銷制度之沿革

　　有價證券發行市場包括二項最重要之制度，即募集與發行前之核准或申報生效、及核准或申報生效後之承銷制度。有關發行市場之承銷制度，財政部證期會於民國73年9月發布「證券承銷商設置管理辦法」，規定有價證券之公開承銷如申購數量超過承銷數量，應以公開抽籤配售方式辦理，76年台北市證券商業同業公會依上開辦法訂定「台北市證券商業同業公會公開發行股份承銷抽籤辦法」，民國78年該公會復依新發布之證券商管理規則規定訂定「台北市證券商業同業公會證券商承銷或再行銷售有價證券申購數量超過承銷數量之處理辦法」，至80年5月1日該公會再訂定「台北市證券商業同業公會證券商承銷或再行銷售有價證券處理辦法」。

　　民國80年全國證券會議鑑於我國承銷制度存有若干缺失，為因應證券市場自由化、國際化發展之需，就承銷制度中承銷價格之決定、承銷方式與股票之分配、承銷商功能與所扮演之角色、承銷商之風險與報酬、承銷團之功能與角色、價格安定操作制度及股票發行至股票掛牌期間之探討等各重要議題加以檢討，並就他國制度比較分析，建議採行競價拍賣制度、價格安定操作制度、考慮修改法規以縮短股票發行時間、減少投資人與承銷人之市場

風險、開放機構投資人得直接投資新發行之證券等措施，俾協助企業籌措資金。財政部證期會依據全國證券會議之決議，自81年2月起開始研議，經參酌日本股票初次上市承銷採競價拍賣方式做法，由台北市券商公會草擬「有價證券競價拍賣辦法」草案及參考美國詢價圈購做法，由該公會擬具「證券商辦理有價證券詢價圈購處理辦法」草案，期使承銷方式多樣化。有關之配合措施包括如何縮短辦理變更登記時間、增資發行新股採大面額無實體交易可行性、承銷申購預收股款方式、安定操作制度、時價發行、機構投資人參與承銷中有價證券等亦同時一併研議。經與各單位歷2年餘之會商討論，經請公會將競價拍賣辦法及詢價圈購辦法草案納入「台北市證券商業同業公會證券商承銷或再行銷售有價證券處理辦法」中，證券公會於84年2月將修正草案報證期會，該會於84年3月4日核備，公會於同年3月8日發布施行。新修訂之承銷方式除原有公開申購抽籤配售外，依承銷時機及類別，新增競價拍賣及詢價圈購方式，使承銷方式更有效率之國際化。

　　新制競價拍賣及詢價圈購係由市場之供需情形決定承銷價格，使價格具市場性，參與競價拍賣或詢價圈購之投資人，因無預期之價差，且認購數量無類似公開申購每一申購人限定申購一單位之限制，應可避免人頭戶申購之現象，導正投資人正確投資觀念。此外機構投資人得參與競價拍賣及詢價圈購，有助安定流通市場交易之功能。

　　目前我證券市場股票競價拍賣與詢價圈購制度，在歐美國家實施已行之有年，而在國內則是近年來才開始使用，目前國內詢價圈購方式是學習歐美國家之制度，而競價拍賣方式則是取材自日本。實施之初，若要完全模仿國外做法，就必須大幅修改公司法與證券交易法，所以只有儘量以接近國外制度之方式來進行，不過受到國內文化及股市結構不同影響，競價拍賣與詢價圈購制度雖讓股票公開發行價格交由市場來決定，但仍有部分瑕疵尚待階段性之修正。就以新上市上櫃或現金增資股票承銷詢價圈購方式而言，在歐美國家之承銷程序是先由各承銷商組成承銷團，根據公開說明書向熟悉之客戶說明，並進行圈選登記，將客戶登記之數量和價格彙總到主辦承銷商處，經美國證期會核准後，再由主辦承銷商分析客戶需求量和購買價格，再與上市公司敲定承銷價格，和客戶說明並進行簽約繳款動作，整個流程僅花1周即可結束。國內詢價圈購程序與國外其實雷同，主要差異處在於國內承銷商一般都會訂出一個基本參考價，讓客戶針對此價格去參考圈購數量及希望價格；但是國外做法是事先並未訂定參考價，全部皆由客戶根據公開說明書，及自己蒐集之資訊做出價格判斷，承銷價格是等待整個需求量和客戶出

價後，最後再與被承銷公司協商敲定。

此其中最主要之不同在於國內股市投資人結構，自然人（即散戶）占大多數，而法人僅占3成之少數，自然人較無自行判斷發行公司股票應有價值之能力。而國外股市結構多半以法人為主，法人對於各種投資都有專業分析人士來推算，所以根本無須訂參考價讓投資人參考，而此也是國內證管單位積極鼓勵機構法人參與證券市場，提高股市法人比重之主因。

另國內圈購制度在發展過程中，亦遭逢另一瓶頸，在國外，機構投資人可經由承銷商獲得更適當投資標的，而承銷商可藉由股票承銷賺取手續費，所以機構投資人對於圈購數量一般都會認購，並非如國內一般投資人對圈購數量常發生同意後又另行變更之情事。

我國新上市上櫃公司競價拍賣之制度是引自日本，但我國法令規定強制提撥公開承銷之數量，譬如資本額10億元以下者須提撥20%，10億元至20億元者提撥15%等，而日本對此則並無上下限規定，公司若願意，也可以全數提撥公開承銷；而且若競價拍賣情況不佳而導致標購數量不足流標，必須全部重新再投標，直至完全承銷結束為止。然反觀國內，因為當初執行時擔心會失敗，遊戲規則修正為提撥承銷之數量如果競價拍賣時無法完全被投資人認足，就將剩下部分再放入公開抽籤數額裡，讓大眾抽籤認購而釋放出去，讓流程更為簡化。但競價拍賣都有一底價，如果在市場競價拍賣時都無法被投資人認足，即表示此股票市場認同度不足，卻要把剩餘部分交由社會大眾去抽籤認購，對於社會一般小額投資人風險將相對提高，對其不甚公平。另國外對發行公司初次上市上櫃承銷，可將應提出公開承銷總數，全部提供辦理詢價圈購與競價拍賣，讓更多數投資人來決定承銷價格，而國內是由公司提供一半提撥公開競價與圈購，也就是由較少部分之人來決定公司股價，雖然較以前由承銷商與上市公司協商決定承銷價，更符市價發行精神，但是較諸國外之開放制度，國內仍須再做階段性之修正與努力。

三、目前實施之承銷制度

行政院金融監督管理委員會於93年7月29日召開「提升證券發行市場品質專案小組會議」，廣徵各界意見後決議全盤檢討承銷制度，並完成「承銷制度改革方案」；本次修正範圍甚廣，涉及整體承銷制度之改革，非但採行強制新股承銷制度，甚而就承銷價格之訂定、承銷價格之穩定、開放承銷配售方式之自由化、強化專業與自律機制之發揮及上市櫃掛牌後首5個營業日

之漲跌幅限制等爭議多時之議題，亦有所修正，在兼顧保護投資大眾及發行公司之利益前提下，應可大幅提升證券市場效率並促進證券市場健全發展。茲將新制承銷制度改革修正重點分別說明如下：

（一）承銷價格訂定合理化

1.公開承銷之股份來源：除公營事業、參與公共建設之民間機構，得以公司已募集發行之股票辦理承銷外，餘皆應以現金增資發行之新股辦理承銷，亦即以法規強制要求之手段，而達成完全落實新股承銷之美意。

2.承銷價格之訂定方式：廢除承銷價格慣用計算公式，回歸市場機制，由推薦證券商專業評估各項因素後，與發行公司議定之。但價格決定之依據及方式應揭露於公開說明書，以供投資人進行投資時作成決策之參考。

3.上市櫃掛牌後之漲跌幅限制：為因應自由化、國際化潮流，增進我國股市競爭力，避免初次上市櫃股票之成交價格於買賣開始日起發生連續漲停或跌停之現象，導致交易市場價格發現機能延遲及流動性降低之問題，爰將初次上市櫃掛牌股票買賣開始日起連續5個營業日，取消其成交價格升降幅度限制，俾使其股價得以迅速反映公司基本面與市場相關資訊，並提升市場交易效率。

（二）承銷價格穩定措施

1.引進「過額配售」機制，發揮穩定承銷價格功能：
　(1)所謂「過額配售」係指推薦證券商應與發行公司約定，協調股東提出承銷總數一定比例（上限15%）之老股，供推薦證券商於承銷期間進行過額配售。此過額配售亦屬委託推薦證券商辦理承銷之一部分，故得扣除集保。
　(2)上市櫃掛牌後無漲跌幅限制之5個營業日內，倘股價皆未跌破承銷價格者，推薦證券商就執行過額配售之款項交付予提供老股之股東；倘股價跌破承銷價格者，推薦證券商優先以過額配售款項，自交易市場買入股票，交還提供老股之股東。如此即有穩定承銷價格功能。而推薦證券商亦不得以低於承銷價格賣出持股。

2.限定特定股東出售股票：推薦證券商與發行公司約定，特定股東應承諾一定期間（至少3個月）不得出售持股，俾維持價格穩定。

3.強化資訊公開：

(1) 推薦證券商如擬執行過額配售者，應併承銷契約公告。

(2) 上市櫃掛牌後無漲跌幅限制之5個營業日內，推薦證券商因執行過額配售或自營商部門買賣發行公司股票之情況，亦應每日辦理資訊公開。

4. 分級管理：推薦證券商是否發揮功能穩定承銷價格，將列入券商分級管理之指標。

（三）配售方式自由化

1. 承銷配售方式：承銷配售選擇更自由化，除公營事業外，配售方式由推薦證券商自由擇定，但兼採公開申購配售者，亦不得高於承銷總數20%。

2. 簡化公開申購配售：

(1) 推薦證券商應對申購者預扣承銷價款。

(2) 申購手續費調整為每件20元。

（四）專業與自律機制之發揮

1. 增訂推薦證券商配售規範：

(1) 採全數詢價圈購辦理者，得保留不超過20%之部分，配售給非推薦證券商之自然人客戶，惟該客戶應預繳價款。

(2) 詢圈承銷案件結束後應將配售明細等資料報證券商公會備查。

2. 導正承銷配售專業化及承銷業務收費來源合理化：

(1) 取消推薦證券商應先行認購10%至25%之規定。

(2) 將包銷及代銷手續費上限分別提高為10%及5%。

3. 加強會員自律：推薦證券商如有違反自律規定者，將由證券商公會紀律委員會議處，情節重大者，經證券商公會理事會決議後得報主管機關。

四、證券承銷之方式（證交§71、§72）

證券承銷商承銷有價證券，因所負擔風險之程度不同，而有多種不同之證券承銷方式。依證券交易法第10條規定，承銷指依約包銷或代銷發行人發行有價證券之行為。因此可知目前規定之承銷方式有二種，一為包銷，一為代銷。復依證券交易法第71條及第72條對包銷及代銷之定義分述如下：

（一）包　銷（證交§71）

包銷分爲確定包銷及餘額包銷。

1. 確定包銷（證交§71Ⅱ）

證券承銷商包銷有價證券，得先行認購後再行銷售，或於承銷契約訂明保留一部分自行認購（證交§71）。此種方式爲美、日最流行之承銷方式，即所謂眞正之「包銷」，亦稱爲確定承銷制。確定包銷爲發行公司將發行之證券售予承銷商，再由承銷商售予投資大眾，由於發行公司於證券公開出售前已能確定獲得所需之資金，故稱之「確定包銷」。至於證券發行成敗之風險，則完全由承銷商承擔。確定包銷如果採行之方式是先行認購後再行銷售，根據證券商管理規則第24條規定，證券商先行認購之有價證券，應於承銷契約所訂定承銷期間內再行銷售，以達到由公眾持股之目的。至於保留一部分自行認購者，此部分應依同法第75條之規定，於有價證券集中交易市場或證券營業處所出售。

2. 餘額包銷（證交§71Ⅰ）

證券承銷商包銷有價證券，於承銷契約所訂定之承銷期間屆滿後，對於約定包銷之有價證券，未能全數銷售者，其剩餘數額之有價證券，應自行認購（證交§71）。事實上，餘額包銷就發行人而言，亦能確定獲得所需之資金，其與確定包銷之差別，就我國之規定，在於先「認購」再「銷售」，另一爲先「銷售」再「認購」，亦即確定包銷之情形下，發行公司可以先行獲得資金，而餘額包銷則需俟承銷期間屆滿後才獲得資金。

3. 包銷之限制

(1)證券承銷商包銷有價證券者，其包銷之總金額，不得超過其流動資產減流動負債後餘額之一定倍數；其標準由主管機關以命令定之。共同承銷者，每一證券承銷商包銷總金額之計算，依前項之規定（證交§81）。證券商包銷有價證券者，其包銷之總金額，不得超過其流動資產減流動負債後餘額之15倍。

(2)證券商所承銷或再行銷售之有價證券，不得向該證券商董事、監察人或受僱人銷售。

(3)證券承銷商包銷之報酬，由承銷商與發行公司議定之，但包銷之報酬最高不得超過包銷有價證券總金額之5%，除前項規定之包銷報酬外，證

券承銷商不得另以其他名義收取費用。

（二）代　銷（證交§72）

　　證券承銷商代銷有價證券，於承銷契約所訂定之承銷期間屆滿後，對於約定代銷之有價證券，未能全部銷售者，其剩餘數額之有價證券，得退還發行人（證交§72）。代銷方式，承銷商僅擔任證券分銷之任務，並不保證承銷之成敗，其募集資金成敗之風險，由發行公司自行承擔。在此種方式下，發行公司無法於公開承銷時取得所需資金，須待承銷期間屆滿，承銷商將募得之價款扣除推銷手續費之餘額，始為發行公司所籌募之資金。

　　就發行人言，應給付證券承銷商手續費低，因而負擔銷售成本低，但如銷售不順，即不易如期募得一定之資金，影響其業務計畫之進行。就證券承銷商言，證券承銷商僅負責託售證券並不負擔承銷風險，對於代銷之有價證券，不負售完之義務，其未能全數銷售者，其賸餘數額之有價證券，得退還發行人，但代銷之手續費較低，銷售證券所獲得之利潤較少。

　　關於發行市場之承銷制度在84年5月4日以前，承銷制度之承銷方式僅有1.公開抽籤配售及2.洽商銷售二種方式，其後除保留公開申購抽籤配售外，另依承銷時機及類別，新增「競價拍賣」及「詢價圈購」方式，並配合修訂「發行人募集與發行有價證券處理準則」有效縮短現金增資申報生效時間；而允許銀行、保險公司、投信基金及國外專業投資機構等參與投資承銷中之有價證券，將可提高發行市場機構法人比率；另以股款繳納憑證無實體大面額發行，不但有效縮短投資人自繳納股款至可交易之時間，以降低投資人投資風險，同時縮短發行公司募集資金時間等10項配合措施，期使我國資本市場更臻健全，發行公司得以提高資金募集效率，承銷商得以發揮其承銷功能，投資人得以降低其投資風險，更加速我國資本市場國際化之腳步。

　　新承銷制度依承銷案件類別所採行之承銷方式如下：

　　1.初次上市、櫃前公開承銷方式。

　　　(1)以提出公開銷售總數50%辦理競價拍賣，其餘50%辦理公開申購配售。

　　　(2)以提出公開銷售總數50%辦理詢價圈購，其餘50%辦理公開申購配售。

　　　(3)以提出公開銷售總數全數以公開申購配售方式辦理。

　　2.非屬股票初次上市、櫃前公開承銷、現金增資案件、募集公司債、募

集台灣存託憑證及公開招募等案件之承銷方式分爲下列三種：
　　(1) 全數詢價圈購。
　　(2) 部分詢價圈購部分公開申購配售。
　　(3) 全數公開申購配售。

　　關於新制三種承銷方式分別依其適用時機、辦理流程及辦理方式說明如下：

　　1.公開申購配售：承銷案除搭配競價拍賣及詢價圈購辦理者外，應全數採公開申購配售方式辦理。申購數量如未超過銷售數量，合格之申購人均爲中籤人，免辦理公開申購配售。另中籤人認購不足者，得由承銷商洽特定人認購或由承銷商自行認購。

　　公開申購配售的投資人以中華民國國民爲限，機構投資人不得參與。申購人選擇一家經紀商辦理申購，每一申購人限申購一銷售單位。申購截止後，由證交所辦理公開電腦抽籤決定中籤者。至於「全數辦理公開申購時」，承銷價格則由承銷商與發行公司共同商議決定。由於「公開申購配售」的對象是以一般投資人爲限，機構法人不能參與認購，而且每一申購人只能申購一個銷售單位，類似所謂的「小額股票交易」。競價拍賣及詢價圈購的主要對象是法人、機構投資人，每一位單一投標人得標（認購）的數量雖不得超過該次承銷總數的百分之三，但對於有意取得多數股權的投標人而言，仍可透過安排代理人方式參與競標（圈購），取得公司監督治理權。因此競價拍賣及詢價圈購的承銷方式與「大額股票交易」類似。另外，以競價拍賣或詢價圈購方式辦理承銷時，通常會將部分的承銷股票以公開申購方式辦理之。因此，實際上我國的初次發行市場，大額、小額股票的交易的確是分開，但卻是同時發生。

　　2.競價拍賣：股票初次上市、櫃前之公開銷售，如以已發行股份提出銷售者適用之。承銷團應提出公開銷售總數之50%辦理競價拍賣，其餘應由承銷團內各證券商辦理公開申購配售。惟(1)公營事業釋股；(2)轉換公司債；(3)公開招募案件則不受50%之限制。

　　競價拍賣由主辦承銷商與發行人議定競價拍賣數量、最低每標單位、最低承銷價格、包銷報酬等事項並向證券商公會申報，主辦承銷商應於接受投標始日前2天辦理公告，證券商公會應於期限內辦理有關投標、競標等事項。

　　競價拍賣之競標方式係以投標人以不低於最低承銷價格之投標單，逐向

承銷商辦理競標。競標則以價格高者優先得標,同一價格以隨機擇定得標者,直至滿足該次提交競價拍賣數量爲止。若投標總數已達該次競價拍賣數量,則公開申購配售之銷售價格,依得標價格未超過所訂之最低承銷價格1.3倍全部股份及其數量加權平均所得之價格爲之;若全數得標價格均超過所訂承銷價格1.3倍,則以所訂之最低承銷價格1.5倍爲公開申購配售之銷售價格;若投標數量未達該次競價拍賣數量,則公開申購配售之銷售價格爲依規定所訂之最低承銷價格。

競價拍賣之承銷商得向投標人收取投標處理費,投標人並應預繳其投標金額至少20%保證金(違約可沒收),得標人不如期履行繳款者,公會得停止其不得再參加投標。每一得標數量不得超過該次承銷總數3%。另投標總數與競價拍賣數量之差額則分配予各承銷商辦理公開申購配售。

3.**詢價圈購**:有關詢價圈購之規定,於證券交易法第44條第4項具體授權證期局訂立「證券商管理規則」,依該規則第28條規定,中華民國證券商業同業公會訂有證券商承銷或再行銷售有價證券處理辦法第21條至第29條。「詢價圈購」係投資人在議定承銷價格的上下限內,將其願意認購的數量與價格填具在圈購單遞交承銷商。承銷商彙總圈購單後,依據投資人的認股需求並與發行公司議定實際價格;爲避免股權集中的現象,每一投資人實際認購的數量亦不得超過該次承銷總數的百分之三。詢價圈購爲承銷商藉由投資人圈購,探求市場需求情形,以訂定承銷價格及投資人認購數量之方法。參加圈購之投資人向證券承銷商遞交圈購單,僅係向證券承銷商表達認購意願,證券承銷商受理圈購,亦僅係探求投資人之認購意願,雙方均不受圈購單之內容所拘束。承銷商彙總圈購情形後,再與發行公司議定實際承銷價格。換言之,此種有價證券之銷售,係由發行公司定出價格與數量,再由投資人填寫「認購意願單」,發行公司再與承銷證券商統計,最後訂出一個價格,作爲承銷價格。

股票初次上市、櫃前之公開承銷如以現金增資辦理者,承銷團應提出公開銷售總數之50%辦理詢價圈購,其餘應由承銷團內各承銷商辦理公開申購配售。

下列承銷案件,得以全數詢價圈購或部分詢價圈購部分公開申購配售方式辦理:

(1)非屬股票初次上市、櫃前公開承銷之現金增資案件。

(2)募集公司債。

　　(3)募集台灣存託憑證。

　　(4)公開招募案件。

　　詢價圈購由主辦承銷商組織承銷團，決定提交詢價圈購數量、與發行人議定承銷價格可能範圍及包銷報酬等事項並向證券公會申報。主辦承銷商應於接受投標始日前2天辦理公告，召開發行說明會，開始辦理圈購。

　　詢價圈購之主辦承銷商彙總圈購情況後，與發行人或有價證券持有人議定承銷價格，並將承銷團簽訂之承銷契約向證期局申報。

　　現金增資案件如全數提出承銷且全部以詢價圈購配售者，承銷團可於現金增資案申報生效後4個營業日內，開始辦理詢價圈購，但仍須在申報生效後8個營業日之內，完成詢價圈購之作業。另須於取得承銷契約核備函後2日內辦理承銷公告，而認購權證之公開承銷，則限定採洽商銷售辦理。至於圈購人繳款，則自次日起算之第3天至第7天繳款，股款繳納憑證則於第12天發放，並上市或上櫃。

　　詢價圈購制度之主要精神，在於承銷商擁有股票配售的裁量權，以及主導承銷價格的訂定。亦即投資人參與圈購之後，即使願意認購的價格比別人高，但是承銷商不一定就會配售股票給圈購的投資人。這項作法對於一向講求公平的國內投資人來說，似乎很難被接受。美國學術界以及華爾街對於詢價圈購制度亦有正反之不同意見，美國大多數的初次公開發行股票配售是採用詢價圈購的方式，同時美國也是實施詢價圈購制度最為成功的國家。為了要推銷初次公開發行的公司，投資銀行會向其主要客戶進行說明會，同時也會邀請客戶參與此次初次公開發行公司認購。台灣在實施詢價圈購來配售初次上市上櫃公司新股制度實施之後，由於配售資訊不透明，雖有明文條款規定不得參與圈購的對象，但是市場仍有耳語不斷，質疑配售的不公平。對於透明度與公平性，是必須要思考之問題，畢竟各種制度都有其優點與缺點，如何找尋最適合國內的承銷制度，是值得吾人深思之課題。

五、證券承銷契約之擬訂

　　承銷契約係指證券承銷商與有價證券發行人所簽訂之協議，內容訂明銷售證券之條件、包銷或代銷有價證券交易法定事項、期間及報酬或手續費等事項之契約。有價證券承銷，涉及發行人、證券承銷商及投資人等三方面之關係，影響證券發行市場秩序至鉅，故證券交易法訂定有價證券之承銷事宜，當雙方達成證券銷售協議，應即由證券承銷商與發行人訂立承銷契約，

規範承銷行為及釐定當事人雙方之權利義務關係。

六、證券承銷價格之議定

　　初次上市或上櫃之股票由於過去欠缺公開市場價格，必須由承銷商與發行公司依據市場供需狀況及公司經營情形，共同議定承銷價格，並需經證券專家及財務分析專家表示意見。因有價證券之價值如何，證券發行公司最為瞭解，另加入證券承銷商參與議定，則可兼顧市場性。然為防止承銷價格之訂定趨於主觀，因而由發行公司與證券承銷商共同議定之承銷價格，尚須經證券專家及財務分析專家表示意見，俾兼顧承銷價格之客觀公正，其於議定承銷價格時，應評估其申報或申請年度之財務預測及次年度股利發行計畫之可行性，但申報或申請時已逾營業年度終結9個月者，應對次一年度之財務預測一併評估，前項之財務預測，應依財團法人中華民國會計研究發展基金會審定之財務會計準則公報及審計準則公報編製。

　　由於議訂過程中涉及諸多對未來經營情況之推估，學理上迄今尚無完全令人滿意之公式，為使承銷價格之訂定更為公開，使用之財務資料更為客觀，94年以前證期局曾訂有「股票承銷價格訂定使用財務資料注意事項」以為依據，但自94年起已取消以往市場慣用之承銷價格計算公式，由承銷商發揮專業評估訂價能力後與發行公司議定，使承銷價格訂定更彈性合理，惟價格之決定方式應詳細揭露於公開說明書。

七、上市與上櫃辦理股票承銷方式比較表

項　　目	上　　市		上　　櫃	
承銷方式	代銷或包銷 （科技事業應由承銷商包銷其股票）		包銷（但證券商申請上櫃適用代銷方式）	
未達股權分散標準之承銷比率	發行 公司資本額	應提出 承銷比率	發行 公司資本額	應提出 承銷比率
	10億元以下	20%	5億元以下	20%
	超過10億元至20億元部分	15%	超過5億元至 10億元部分	10%

項　目	上　市		上　櫃	
未達股權分散標準之承銷比率	超過20億元至50億元部分	10%	超過10億元以上部分	4%
	超過50億元至100億元部分	5%		
	超過100億元以上部分	2%		
已達股權分散標準之承銷比率	1. 其股票已於證券商營業處所買賣，且於申請上市以前已符合股權分散規定標準則免辦承銷。 2. 其於申請上市日前半年起，以至股票上市買賣日前，募集發行新股時，已依主管機關規定，提出新上市股份一定比率對外公開銷售完畢，且符合股權分散標準亦免辦承銷。 3. 應辦理承銷者，應提出擬上市資本額10%委託辦理承銷，但以不超過2,000萬股或依前項規定計算。		應提出實收資本額10%委託辦理承銷，但以不超過1,000萬股或依前項規定計算之股數為限。	
證券商應自行認購比例	無		總承銷股數10%至25%	

八、我國證券承銷制度之檢討

　　我國證券承銷制度之精神在於強調投資者有分享社會財富權利平等之機會及資源能作最有效之分配，即期望透過適當之承銷俾促進財富公平與分配，此與香港承銷制度較強調市場發行者募集資金之效率不同。因此，以往政府所訂定之承銷規範偏重於保護投資人權益，例如證券交易法規定承銷期間不得少於10日、多於30日規定，目的即在防止承銷商任意操縱承銷期間，造成投資人因承銷期間過短而買不到，形成壟斷現象；限制最長時間，則在避免拖延承銷期間，以使股票迅速進入市場。這項規定原是基於保障投資人公平取得股票之機會，但最少承銷期間之規定卻升高了價格波動風險，造成股票無法依流通市場價格發行。因此，95年1月本法修正時已取消此一承銷期間限制，以縮短承銷作業時間，消除時間造成之價格差異。

　　此外，受制於現行公司法「非經設立登記或發行新股變更登記，不得

發行」之規定，造成現金增資承銷送件到實際掛牌交易之時間長達1、2個月，承銷商為規避價格波動風險，即在與發行公司議訂承銷價格時，通常皆將承銷價訂得偏低，自然讓發行價格偏離市價。再者，為提高投資人認購之意願、降低承銷商的風險，以使增資股票得以成功發行，承銷商與發行公司也多傾向以低於市價之價格供投資人申購，即以所謂之折價發行，增加投資人購買股票之期望報酬。另承銷價須事先報備，從報備到發行間亦有時間落差，凡此種種，都讓時價發行不可行，以上皆為證券承銷制度未來需要研究修正之處。

我們都瞭解套利是市場正常現象，更具有活絡市場交易之功能，但其前提是讓市場每一個參與者都擁有公平之套利機會，而非獨厚大股東、優先獲取資訊者等特定人士，此種不當套利是政府管理市場之核心工作，也是改革國內證券承銷制度之關鍵。目前國內證券承銷制度容易產生不當套利可乘之機，主要原因是未能落實時價發行，產生具套利誘因之價差，讓擁有股票者得以運用時間差套利；相對地，落實時價發行，不僅可以杜絕不當之價格風險，並讓在市場表彰相同權利義務之有價證券，不會因發行時間之不同而產生差異，更可充分發揮發行公司資金募集能力，提高資本市場效率。

證券市場之主要功能，是作為儲蓄者與投資者之溝通機制，使企業得以獲取長期資金進行投資，並藉著利潤分配，使儲蓄者得以共享企業經營成果；證券承銷制度則是證券市場之重要一環，透過顧問、分銷功能之發揮，提高儲蓄與投資者之溝通效率，其運作制度之優劣，直接關乎證券市場效率之高低。因此，有心發展台灣成為亞太籌資中心之金管會，今後仍應參酌歐美證券市場制度積極推動證券承銷制度之改革，並視之為關鍵之起步，因資本市場為國家經濟之櫥窗，健全的承銷制度，更為建置有效率之資本市場的重要基石。我國承銷制度經過數十年演變，期間因應社會環境變遷及實務需求有多次改革，各次改革訴求之重點或有不同，惟其核心目的均係以促進資本市場之自由化、國際化、增進企業籌資效率及投資人權益之保障為主軸。隨著我國資本市場規模之擴大及直接金融之快速成長，建置與維持承銷制度之效率、公平與健全，亦為政府與業者持續共同關注與努力之課題。

第五章　證券交易市場之管理

第一節　證券交易所

一、證券交易所之意義與組織

　　證券交易所是依據國家有關法律，經政府證券主管機關批准設立之集中進行證券交易之有形場所。依我國證券交易法規定，證券交易所係設置場所及設備，以供給有價證券集中交易市場為目的之法人（證交§11）。證券交易所是證券交易市場之核心，依證券交易法第五章各有關條文規定，證券交易所除供給公開競價之集中交易市場之場所與設備之外，尚賦予(一)制定有關章則標準，審查公司證券之上市；(二)建立公平有秩序之競價交易制度，形成公平合理價格，為市場買賣兩造證券商撮合成交，並為其辦理結算與交割；(三)審閱上市公司財務業務資訊之公開；(四)經常查核證券商作業有無違反法令、章則之規定，並對違反者作適當之處量，以維護集中交易市場之秩序，以保障投資大眾之權益等職權。

　　設立證券交易所之地區及其組織，由主管機關斟酌當地情況，報請財政部核定之，同一地區內，以設立一個證券交易所為限，每一證券交易所以開設一家有價證券集中交易市場為限（證交§95），其設置場所及設備，提供證券自營商及證券經紀商對上市股票競價買賣之場所，為證券流通市場之核心。

　　證券交易所係自律機構，具有自律規範力量，制定自律規章，以管理證券交易行為，維持證券交易之秩序及保障投資人之權益。證券交易所各項業務接受證券主管機關之監督，但其本質上仍為一私營之法人組織，其型態可分為公司制與會員制二種。

　　世界各主要證券交易所大都為會員制，或由會員組成之非營利性公司制，無論採取何種組織型態，均強調其公益性、非營利性及證券商參與原則。證券交易所在近代工商業先進國家，大都由同業會員組織，全體會員選出理事若干人組織理事會，為交易所之管理機構，交易所之經費來源由會員共同負擔，其業務不以營利為目的，場內交易只限於定額之會員，他人須委

託會員（經紀商）代為買賣。會員組織之特點，為自治與自律，會員對於證券市場有高度之認識，道德上有高度之責任感，而且能利用自律方式互相約束，使會員活動不逾常軌。

台灣證券交易所創立於民國51年，依證券交易法第五章關於證券交易所之條文規定，分別於第二、三節訂定會員制證券交易所和公司制證券交易所規定；從其立法意旨觀之，似應採非營利性社團法人之會員組織，但成立初期，為牽就現實困難，採股份有限公司制，且股東亦排除證券商，均為公民營之法人機構，且股東成員性質不一，董、監事由股東選舉產生，再由當選之法人機構指派代表人，組成證券交易所之董、監事會。因此，基本上其股東、董、監事成員均缺乏證券商及公益人士，也因此經營上難免遷就股東與董、監事之利益，以致經營方向難免偏重業務導向與利潤導向。此種組織型態，如與世界各主要證券交易所之組織相較，情況堪稱特殊，證券交易所之現有股東皆為公民營法人機構，對於執行證券交易有關章則或制定章則較欠缺公益立場，甚至缺乏證券服務之立場，此外，證券交易所部分股東還是目前之上市公司，對於各該上市公司本身或其轉投資事業之上市或增資申請、財務業務資訊公開等證券交易所在執行有關業務時，如對象為其本身之股東或董、監事或渠等轉投資事業，其執行上固須依法行事，惟制度架構上仍不無商榷餘地。77年初修訂公布之證券交易法，其第126條已規定證券交易所之董事、監察人至少應有三分之一，由主管機關指派非股東之有關專家任之，從而已加強證券交易所之公益性。

民國88年證券交易法修正時，為過渡公司制證券交易所未來成為會員制之需要，爰將第128條配合修正，明定證券交易所股票轉讓之對象以依本法設立許可之證券商為限，然為避免壟斷，並規定每一證券商持有證券交易所股份之比率，由主管機關定之。另為配合第128條之修正，並將第126條修正為證券商得購買公司制證券交易所股份，並同時放寬證券商得兼任證券交易所之董事、監察人，但為避免因執行業務之利害衝突，及貫徹專職經營之原則，故規定證券交易所之經理人仍不得由證券商董、監事、股東或受僱人兼任。

由於上述規範之修正，未來證券商將有較方便之管道取得證券交易所之股權，進而入主董事會或擔任監察人，實際掌控證券交易所之經營。屆時，台灣證券交易所雖然有公司形式之外殼，實質上卻已轉化為會員制，證券交易所與證券商之間，將不再是單純之管理者與被管理者之關係。此種關係之演變，將影響證券交易所之功能定位，亦將牽動證期會未來扮演之角色。面

對此種新的情勢，主管機關必須未雨綢繆，妥慎因應，利用證券交易法之授權，採行具體措施以提升證券商之素質，並且強化專家董、監事之功能，或許亦為可考慮之因應之道。

筆者建議宜參酌其他各國公司制證券交易所組織，於下次台灣證券交易所增資時，開放相當比例之增資股份，允許證券商參與投資。譬如韓國證券交易所為公營、非營利性之會員組織，其股權之中，由政府投資68%，交易所會員（即證券商）投資32%。在台灣證券交易所如容納證券商參與投資，將來應可容納更多證券專家擔任董、監事，甚至亦可由證券商之代表人出任證券交易所之董事。則證券交易所在公益性、會員參與方面必將大幅提高。茲將各國證券交易所組織結構、執行單位及會員性質、名額等比較如表5-1所示：

表5-1　各國證券交易所比較表

證券交易所	設立時間	現行組織結構	最高決策執行單位	會員名額	會員性質	備　註
台灣證券交易所	1961	公民合營公司制	董事會15名			官股39%，民股61%
紐約	1792	民營非營利性公司制	董事會24名	會員限制1,366席	自然人	
東京	1878	民營非營利性會員制	理事會24名	正會員115席	法人	
韓國	1956	非營利性會員組織	理事會最多10名	25席	法人	原為官民合營之非營利性公司制。官股三分之二，民股三分之一，自1988年3月1日起改制為會員組織
香港	1914	民營非營利性公司制	理事會	個人會員653席，公司會員120席	自然人或法人	1988年6月資料

表5-1　各國證券交易所比較表（續）

證券交易所	設立時間	現行組織結構	最高決策執行單位	會員名額	會員性質	備註
澳洲聯合證券交易所	1987將6個地區交易所聯合爲一	民營非營利性公司制	董事會14名		自然人或法人	
阿姆斯特丹	1876	民營協會組織會員制	評議會17名	161席	法人	
盧森堡	1927	國有有限公司制	董事會		自然人或法人	
蘇黎士（瑞士）	1800	協會組織會員制			銀行	
紐西蘭	1981	民營非營利性會員	評議會		自然人或法人	
約翰尼斯堡	1887	民營非營利性會員制	委員會10至12名		自然人或法人	
泰國	1974	民營非營利性公司制	董事會9名	至1988年1月，32席	法人	
新加坡	1973	民營非營利性公司制	委員會		自然人或法人	

資料來源：筆者彙整國際證券交易所聯合會比較報告。

二、證券交易所之功能

　　各國對於交易所功能之定位不同，純依各國國情之需要，其功能可小至僅係提供證券交易撮合場所而已，大可涵蓋至整個證券市場之管理，從股票交易實踐可以看出，證券交易所有助於保證股票市場運行之連續性，實現資金之有效配置，形成合理之價格，減少證券投資之風險，聯結市場之長期與短期利率。以我國爲例，目前台灣證券交易所之功能有下列數項：

（一）設置有價證券集中交易市場，供給交易資訊，維護交易秩序，以利公正價格之形成

1. 電腦輔助撮合交易

　　依證券交易法第11條及第12條規定，證券交易所以設置場所及設備，供給有價證券集中交易市場競價買賣為目的，為強化此一目的功能，台灣證券交易所自民國77年起，對股票買賣全面改採電腦輔助撮合交易方法，使交易過程及價格揭示，更臻公平、客觀、迅速，以提升投資人對集中交易市場之信心，並為我國股市成交量大幅增長與蓬勃發展，奠立重要基礎。

2. 維護交易市場秩序，實施股市監視制度

　　為維護交易市場秩序，保障投資人權益，交易所除訂有「電腦輔助交易撮合室管理作業規範」加強撮合室之管理暨確保交易作業之公平、公正、公開外，並訂定「實施股市監視制度辦法」，對於有異常交易之證券，透過監視制度予以追蹤，並對投資人公告周知，必要時進而變更其交易方式。

3. 證券交易資訊之提供

　　(1)上市證券交易資訊，例如買賣委託價、成交價、委託張數及筆數、成交張數及筆數等，悉由交易所產生，並銷售予證券商及資訊廠商。

　　(2)對於掛失股票、違約帳戶各項有礙於交易之資訊，每日傳輸予各證券商，通知投資人。

　　(3)與交通部合作，經由電傳視訊，傳播上市公司財務業務資料以及市場交易資訊。

（二）證券上市審查與資訊公開

1. 證券上市之審查

　　(1)我國交易所不僅辦理證券上市之形式行政手續，尚實質審查證券是否准予上市，有實質之上市審查權。

　　(2)交易所依其與上市公司簽訂「有價證券上市契約」之規定，對上市公司有資料調取權，並得經主管機關核准後停止上市證券之買賣、終止上市、限制或變更其交易方法。

2. 資訊公開

　　交易所除將上市公司依證券交易法第36條規定編送之各種財務報告予以

公開外，並訂定「有關上市公司重大訊息之查證暨公開處理程序」，規範上市公司於發生對股東權益或證券價格有重大影響之事項，或於大眾媒體之報導與投資人所提供之訊息，有足以影響該公司之有價證券行情者，應即填具「上市公司重大訊息公開說明表」呈送交易所，轉知各證券經紀商張貼於營業處所，供投資大眾參考，以利資訊之即時公開。

（三）輔導證券商加強自律管理

目前證券商現行內部及同業相互間之自律活動，尚有待加強，舉凡客戶徵信評估、內部控制、稽核及風險預警管理等機能，仍未有效建立，交易所已協同證券商業同業公會，加強輔導建制。

（四）積極研究開發新證券商品及規劃市場國際化

1. 新商品開發設計

指數、利率、期貨、選擇權及其他衍生性證券商品，為增加投資工具與避險管道，其於先進國家證券市場已行之有年，深具相當功能成效，目前交易所亦積極研究，預為設計規劃，以為未來建制之基礎。

2. 市場國際化之推動

證券市場國際化，係現行既定政策，亦為國際潮流之所趨，有關未來跨國市場連線所生全球性交易、交割、資訊揭露及相關制度規章之整合問題，交易所亦參考他國推行經驗，積極研究規劃，並儲備培訓國際化人才，預為因應。

三、公司制證券交易所

（一）意義及設立

公司制證券交易所係指經證券主管機關之許可，設置場所及設備，以經營有價證券集中交易市場為目的事業之股份有限公司（證交§11、§93）。公司制證券交易所之組織，以股份有限公司為限（證交§124），其最低實收資本額為新台幣5億元。

公司制證券交易所是以營利為目的，提供交易場所和服務人員，以便利證券商交易與交割之證券交易場所，證券交易所收取發行公司之上市費與證

券成交一定比例之手續費為其主要收入。

公司制證券交易所之設立，發起人應以全體之同意簽名蓋章，訂立章程（公§129），該章程除依公司法規定者外，並應記載下列事項（證交§125）：

1.在交易所集中交易之經紀商或自營商之名額及資格。

2.存續期間不得逾10年。但得視當地證券交易發展情形，於期滿3個月前，呈請主管機關核准延長之。

公司制證券交易所之董事、監察人至少應有三分之一，由主管機關指派非股東之有關專家任之；不適用公司法第192條第1項及第216條第1項公司董、監事必須由股東會就有行為能力股東中選任之規定，俾加強交易所之公益性（證交§126）。

公司制證券交易所不得發行無記名股票：其股份轉讓之對象，以依本法許可設立之證券商為限（證交§128）。前者目的在防止濫肆轉讓，俾利於主管機關之管理；後者為過渡公司制證券交易所成為會員制之需要，爰於87年6月修正時明定證券交易所股票轉讓之對象以證券商為限；另為避免壟斷，並規定每一證券商得持有證券交易所股份之比率，由主管機關定之。違反前述規定者，處1年以下有期徒刑、拘役或科或併科新台幣120萬元以下罰金（證交§177）。另公司制證券交易所發行之股票，不得於自己或他人開設之有價證券集中交易市場上市交易（證交§127），俾維持業務上公正客觀之立場。

（二）管理規範

證券市場之管理、交易秩序之維持及投資人權益之保障，除繫於證管機關法令之執行外，尚賴於證券交易所自律機構之自律規範力量，自律機構得對於證券市場秩序之維護及投資人權益之保障，制定自律自治規則，凡違反該規則之證券商賦予適當懲戒處分。證券交易法規定證券交易所對於違反法令、證券交易所章程或業務規則或其所訂頒之其他規則之證券自營商或證券經紀商，賦予適當處分之權利，茲分別說明如下：

在公司制證券交易所交易之證券經紀商或證券自營商，應由交易所與其訂立供給使用有價證券集中交易市場之契約，並檢同有關資料，申報主管機關核備。前述契約除因契約所訂事項終止外，因契約當事人一方之解散或證券自營商、證券經紀商業特許之撤銷或歇業而終止（證交§129、§130）。

公司制證券交易所應於契約訂明對使用其有價證券集中交易市場之證券自營商或證券經紀商有下列各款規定之情事時，應繳納違約金或停止或限制其買賣或終止契約（證交§133）：

1.違反法令或本於法令之行政處分者。

2.違反證券交易所章程、業務規則、受託契約準則或其他章則者。

3.交易行為違背誠實信用，足致他人受損害者。

證券自營商或證券經紀商依規定終止契約，或被停止買賣時，對其在有價證券集中交易市場所為之買賣，有了結之義務（證交§136）。

公司制證券交易所於其供給使用有價證券集中交易市場之契約內，應比照證券交易法第112條之規定，訂明證券自營商或證券經紀商於被指定了結他證券自營商或證券經紀商所為之買賣時，有依約履行之義務（證交§135）。

四、會員制證券交易所

（一）意義及設立

會員制證券交易所係指經證券主管機關許可，設置場所及設備，以經營有價證券集中交易市場為目的事業法人組織。會員制證券交易所，為非以營利為目的之社團法人，除依證券交易法規定外，適用民法之規定。會員制證券交易所之會員，以證券自營商及證券經紀商為限（證交§103），會員制證券交易所係由證券商同業所設立，共同出資組成，非以營利為目的，參加者則稱會員，並依資本額的大小按比例共同負擔會費，會員間必互相約束，自動自發發揮自治功能，以維持股市交易之正常與公平。會員制證券交易所之會員，不得少於7人（證交§104）。會員制證券交易所建立之前提，必須在證券市場步入正軌，達到一定之水準，亦即從業人員具有相當學識素養，證券商具有相當職業道德水準，投資人具有相當證券知識，始足以發揮自律之功能，證券交易所始能公正、公平之處理證券交易事務，維持證券交易秩序。

會員制證券交易所為非以管制為目的之社團法人，依民法規定（民§47）其設立應訂立章程，依證券交易法規定會員制證券交易所之章程，應記載下列事項（證交§105）：

1. 目的。
2. 名稱。
3. 主事務所所在地，及其開設有價證券集中交易市場之場所。
4. 關於會員資格之事項。
5. 關於會員名額之事項。
6. 關於會員紀律之事項。
7. 關於會員出資之事項。
8. 關於會員請求退會之事項。
9. 關於董事、監事之事項。
10. 關於會議之事項。
11. 關於會員存置交割結算基金之事項。
12. 關於會員經費之分擔事項。
13. 關於業務之執行事項。
14. 關於解散時賸餘財產之處分事項。
15. 關於會計事項。
16. 公告之方法。
17. 關於主管機關規定之其他事項。

　　會員制證券交易所至少應置董事3人，監事1人，依章程之規定，由會員選任之。但董事中至少應有三分之一，就非會員之有關專家中選任之。董事、監事之任期均為3年，連選得連任。董事應組織董事會，由董事過半數之同意，就非會員董事中選任1人為董事長（證交§113）。會員制證券交易所之董事、監事或經理人，不得為他證券交易所之董事、監事、監察人或經理人（證交§115）。會員制證券交易所、監事或經理人應具備之資格，準用證券商之董事、監察人或經理人有關規定（證交§114）。

（二）管理規範

　　會員制證券交易所對會員有下列行為之一者，應課以違約金並得警告或停止或限制其於有價證券集中交易市場為買賣或予以除名（證交§110）：
1. 違反法令或本於法令之行政處分者。
2. 違反證券交易所章程、業務規則、受託契約準則或其他章則者。
3. 交易行為違背誠實信用，足致他人受損害者。

　　會員制證券交易所之會員董事或監事之代表人，非會員董事或其他職員，不得為自己用任何名義自行或委託他人在證券交易所買賣有價證券。前項人員不得對該證券交易所之會員供給資金，分擔盈虧或發生營業上之利害關係。但會員董事或監事之代表人，對於其所代表之會員為此項行為者，不在此限（證交§116）。違反前述條文規定，處2年以下有期徒刑、拘投或科或併科180萬元以下罰金（證交§175）。主管機關發現證券交易所之董、監事之當選有不正當之情事者，或董、監事、經理人有違反法令、章程或本於法令之行政處分時，得通知該證券交易所令其解任（證交§117）。

　　另會員制證券交易所之董、監事及職員，對所知有關有價證券交易之秘密，不得洩漏（證交§120），違反前述條文之規定者，處2年以下有期徒刑，拘役或科或併科新台幣180萬元以下罰金（證交§175）。

五、台灣證券交易所

（一）設立背景

　　政府於民國48年釐訂十九點經濟計畫，倡導獎勵儲蓄投資，強調健全資本市場，並於當年設立證券市場研究小組，繼於49年9月設置證券管理委員會，積極推動證券市場之建立，為配合此種需要，由各公民營金融、企業機構共同出資，於50年10月3日成立台灣證券交易所，51年2月9日正式開業迄今。

（二）組　織

　　台灣證券交易所為民營之公司組織，最高決策機構為股東大會，下設董事會，另設監察人。為維持公益之目標，董事及監察人，依證券交易法規定，至少應有三分之一由主管機關指派非股東之有關專家擔任，餘由股東會就股東中依法選任之。

　　目前台灣證券交易所共有14部、1室及內部稽核小組等16個部門，其組織參見圖5-1。

（三）資本結構與轉投資事業

　　台灣證券交易所為股份有限公司組織，由各公民營金融、企業機構共同

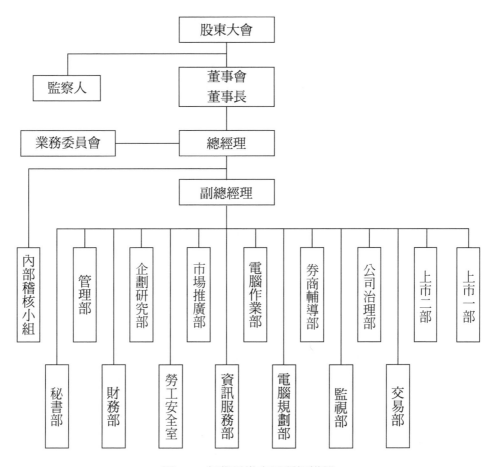

圖5-1　台灣證券交易所組織圖

出資籌組而成，其中公股占39%，民股占61%。民國50年設立登記時，資本額為新台幣1,000萬元，分為普通股1,000股，每股1萬元，嗣後為配合業務發展需要，陸續以盈餘暨特別公積轉增資，資本額增至新台幣31億9,422萬元，分為31萬9,422股，全額發行。

民國69年9月，台灣證券交易所以新台幣2,000萬元，轉投資於辦理融資融券及證券保管業務之復華證券金融股份有限公司，占其資本額5%。其間經增資及出售，至民國85年底持有1,147萬8,737股，占其資本額約1%。民國78年9月為配合政府推動證券存摺化，以新台幣3億元轉投資台灣證券集中保管股份有限公司，持股比率為60%，民國80年為落實有價證券集中保管帳簿劃撥作業宗旨，應集保公司要求放棄新台幣5,000萬元新股認股權利，僅再

投資新台幣2億5,000萬元，至85年底計投資新台幣5億5,000萬元，占集保公司資本額55%。另台灣證券交易所投資評等機構新台幣3,000萬元，約占其股本15%；投資期貨交易所新台幣1億，占其股本5%；及投資台灣證券電腦股份有限公司新台幣4億6,400萬元，占其股本58%。

（四）目前業務發展之方向

台灣證券交易所自民國51年2月9日開業迄今，對協助政府及企業籌措長期資金，並加強社會大眾對金融資產之運用，在國家經濟發展過程中，扮演著重要之角色，台灣證券交易所發行量加權股價指數之起伏軌跡和60餘年來我國經濟成長態勢，有相當程度之吻合，可為佐證。未來，隨著我國經濟發展邁向已開發國家之林，台灣證券交易所之角色與功能之發揮，將益顯重要。

目前本國發行公司初次申請股票上市或外國公司申請第一上市時，由證交所經理部門審查後，提請「有價證券上市審議委員會」審議，經審議通過後，再提報董事會核議，董事會同意上市者，證交所則與申請公司簽訂上市契約，並陳報主管機關備查。外國上市公司申請第二上市者由證交所召開經理部門會議審查後，與申請公司簽訂上市契約，並陳報主管機關備查。

發行公司上市後應繳交上市費，並應於規定時間內檢送經會計師查核簽證之年度、及核閱後之第一、二（自2021年起，第一上市公司之第二季財務報告需經會計師查核簽證）、三季財務報告予證交所審閱；若有重大訊息時，除應適時公開，並應確保申報內容之正確性及完整性。證交所積極推動上市公司之公司治理，並對其財務、業務狀況執行平時及例外管理，以監督其正常營運。

為促使我國證券市場商品多樣化，並提供投資人合理避險管道，證交所積極開發新商品。目前上市交易之有價證券包括股票、可轉換公司債、受益憑證、認購（售）權證、ETF、ETN、臺灣存託憑證及受益證券（不動產投資信託基金）等。自1997年開放權證商品交易，隨著各類投資及避險需求的日益增加，發行標的亦持續擴增，陸續開放以本國指數、股票、ETF、TDR、外國指數與股票及期貨為標的之權證發行申請。另於2005年推出不動產投資信託受益證券。另自2003年推出首檔臺股ETF，目前ETF種類不僅橫跨股票、債券、貨幣、原物料商品等不同資產類別，還有連結匯率、波動率，以及槓桿型、反向型、Smart Beta等不同策略的商品，幫助投資人實現資產配置、風險分散之目標。近期多檔聚焦永續、5G、人工智慧和機器人

等主題型ETF的上市，有利於投資人運用指數化商品掌握最新投資趨勢，為證券市場注入新動能。此外，2019年推出指數投資證券（ETN），目前已涵蓋國內外股票、槓桿反向等類別，未來也將持續發展多元策略的ETN。

依現行國內多層次資本市場架構，為接軌國際、落實國家政策，並全力支持政府推動之產業發展策略，證交所設立「臺灣創新板」，鼓勵擁有關鍵核心技術及創新能力或創新經營模式之企業進入資本市場籌資。因該類公司創設初期大多處於虧損、甚或尚無營收的階段，爰參考國際主要資本市場實務，上市標準訂定以「市值」為核心，並輔以營收或營運資金之要求。考量創新板上市公司所屬產業快速更迭，營運風險亦較高，因此僅限合格投資人，即專業投資法人、創投及符合相當財力門檻暨投資經驗之自然人得參與交易，係期望其對市場投資判斷較佳且風險承擔能力亦較高，進而可彰顯創新板公司合理價值。

證券市場國際化亦為我國目前重要政策之一，台灣證券交易所未來應針對僑外資金投資我國證券市場之政策，以及跨國性之發行、上市、交易、結算、交割、資訊揭露與傳播等，參酌外國實施情況，預為研究規劃。此外，台灣證券交易所應積極參與國際證券交易所聯合會及其他相關證券國際組織，俾對國際化潮流所可能帶來衝擊，及早取得有關資訊並擬具因應措施，循以加速我國證券市場之國際化。

上市交易有價證券須經嚴謹、客觀、公平、公正之程序審核通過，方能切合市場之需要及保障投資人之權益，台灣證券交易所未來應積極強化上市審議委員會之組織功能，提升審查工作之品質，加強上市公司重大訊息之查證與公開。

自民國51年開業以來，台灣證券交易所集中交易市場上市公司家數、上市股份數額、成交值及投資人參與程度，均有長足之進展；在促進資本形成以加速經濟建設，股權分散以達成均富社會等功能之發揮上，備受肯定，惟未來仍須百尺竿頭，在開發新證券商品、維護證券交易秩序、健全證券商體質、活絡債券市場、提升上市證券品質、培養證券專業人才、加速證券市場國際化等方向，尤賴努力推動，以期我國證券市場早日躋登世界先進證券市場之列。

六、交割結算基金

交割結算基金係為防範證券商在證券交易所買賣證券不履行交付義務

時，為維護集中交易市場之信用及保障投資人之權益為目的，由會員或證券自營商、證券經紀商向證券交易所繳付一定金額，由證券交易所保管運用之基金謂之。

（一）設立目的

其設立主要目的有下列二項：

1. 集中交易因證券商買賣一方不履行交付義務，由證券交易所指定之會員或證券經紀商、證券自營商代為履行時，用於填補因該項代為履行交付義務所生之價金差額及一切費用，期使代為履行交付之會員或證券自營商、證券經紀商不致因此遭受損失（證交§153）。

2. 證券交易所遇有證券商發生倒閉或財務危機，得緊急動用支應，藉以維護集中交易市場之信用，避免某一證券商財務危機，影響證券市場交易秩序，保障投資大眾之權益。

（二）交付義務人

交割結算基金之交付義務人依會員或公司制而有不同，茲分述如下：

1. 公司制證券交易所

按公司制證券交易所於其供給使用有價證券集中交易市場之契約內，應訂立由證券自營商或證券經紀商繳存交割結算基金（證交§132）。證券商應俟台灣證券交易所股份有限公司簽還使用市場契約並繳存交割結算基金後，方得參加集中交易市場買賣，證券經紀商奉准設置分支機構者，須增繳交割結算基金後，方准開業。

2. 會員制證券交易所

會員有應依章程之規定，向證券交易所繳存交割結算基金（證交§108）。

（三）交付金額

交割結算基金應交付之金額依證券商之性質不同而有差異，茲分述如下：

1. 證券經紀商

　　證券商經營在集中交易市場受託買賣有價證券業務者，於開始營業前，應一次向證券交易所繳存交割結算基金新台幣2,000萬元；並於開始營業後，按受託買賣上市有價證券手續費收入之10%，於每季終了後10日內繼續繳存交割結算基金，但交割結算基金金額累積已達證期會規定金額，得免繼續繳存，證券經紀商交割結算基金繳存上限為新台幣3,000萬元。交割結算基金以繳存現金為限。

2. 證券自營商

　　證券商經營在集中交易市場自行買賣有價證券業務者，於開始營業前，應一次向證券交易所繳存交割結算基金新台幣2,000萬元。

3. 綜合證券商

　　證券商經營在集中交易市場受託及自行買賣有價證券業務者，應按前二項併計繳存。

4. 證券商分支機構

　　證券商每增設一分支機構應於開業前，向證券交易所一次繳存交割結算基金新台幣500萬元，前已增設者並應補繳之。證券商終止使用市場契約時，須了結在該公司市場所為之交易，並將一切帳目結清以後，可申請發還交割結算基金。

（四）交割結算基金違法使用之罰則

　　交割結算基金係由會員或證券經紀商、證券自營商向證券交易所繳納，由證券交易所代為保管運用之基金，該項基金未發生證券交易法第153條所規定情事時，不得以任何方法運用，係為確保基金不致被濫用，及防杜不當使用，以維護基金之安全。證券交易所違反前述條文規定使用交割結算基金者，處1年以下有期徒刑、拘役或科或併科120萬元以下罰金（證交§177）。

第二節　有價證券之上市

一、有價證券上市之意義

　　有價證券上市係指凡依法核准公開發行之股票，得由公司發行人依「台灣證券交易所股份有限公司有價證券上市審查準則」規定，向台灣證券交易所申請，轉行政院金管會證期局核備後，得於證券交易所之有價證券集中交易市場為買賣謂之。換言之，股票上市係指公開發行公司發行人申請在證券交易所集中交易市場買賣其發行股票之審核程序。

　　一般而言，並非任何公司股票皆可在證券交易所集中交易市場內競價買賣，證券交易所為保障大眾投資人及健全證券市場，乃對擬利用集中交易市場為買賣之股票設定若干條件，一般稱為上市要件，公司股票申請上市，必須符合上市要件，經證券交易所審查合格後，由上市公司與交易所訂立「證券上市契約」，檢具上市契約報請證期局核備後生效，繳納上市費後，始能正式參與集中交易市場競價買賣，此證券稱為「上市證券」，該公開發行公司稱之為「上市公司」，經核准上市之證券，由證券交易所列入名單，編制代號，電腦建檔，並由電腦輔助交易。

二、有價證券上市之利益

（一）有價證券上市對公司之利益

1.易於籌措資金，加速資本形成

　　在科技發展日新月異之現代，企業欲求持續成長與發展，生產技術與設備必須不斷研究更新及改良，生產規模亦加速擴大，俾低生產成本，提高產品品質，始能增強其與同業間之競爭能力，而研究發展及購買設備所需之資金龐大，一般家族企業財力有限，籌措較為困難，如能申請股票上市，透過證券發行市場，向大眾募集，當為最佳之籌資方式，除較易於加速資本形成，改善公司之資本結構外，復可調度多餘資金，轉投資其他事業，採取企業多角化經營，使規模擴大，事業基礎益臻穩固，為社會創造更多財富。

2.減輕財務負擔，便利資金調度

　　企業擴展用之長期資金，可以現金增資或發行公司債之方式募集，而短

期營運資金常賴銀行借款支應，公司股票上市以後，公司信譽較佳，內部管理制度較為健全，向銀行融通資金可以獲得金融機構較高額度之融資，且股票上市公司可免提供擔保而發行商業本票，資金調度較為寬裕。未上市股票由於價格不易決定，股票發行不易，使股票僅單純為一紙股權證明，價值效用不大，銀行對其真實淨值不易評估，致喪失對取得質權之興趣，無法發揮資金融通之功能。

3. 健全公司會計，提高公司企業之地位與信譽

公司股票獲准上市，必須具備一定之條件，且須經過會計師、證券承銷商、技術專家及業務專家等之查核與評估，且核准上市以後，其定期提出之年度財務報告及半年度財務報告，必須經會計師查核簽證，財務業務充分公開，亦須受證券交易法之規範及有關單位之督導，可促使內部會計制度健全發展，容易獲得社會大眾之信賴，自易提高企業之地位與信譽。同時上市以後，由於新聞媒體不斷報導，可收長期免費廣告之效力，亦有助於提高企業之知名度及其產品在市場之占有率。

4. 促進營運合理，樹立企業經營責任

公司股票上市後，主管機關本於健全證券市場，提高上市公司水準，訂有各種督導與規範。上市股票每天均有市場成交價格，此項價格之長期趨勢反映公司獲利能力之演變，亦即企業經營管理良窳之指針，公司管理階層為珍惜公司聲譽，並避免股東責難，必定努力經營，不斷改進革新，有助於公司內部經營管理之健全發展，促使企業更具績效。然最重要乃公司上市後，公司經理人處理財務之價值觀，由過去完全為公司本身權益著想，改為社會公認之企業標準而管理，此為公司股票上市之真正實益。

5. 分散股權，利潤分享投資人

股票上市以後，應依規定辦理股權分散，企業家所創造之利潤，藉著股息紅利之發放，由社會上投資大眾共同分享，可使利潤回饋社會，達成均富之目標。

6. 有利員工之招募，吸引優秀人才

經由上市知名度的提升及員工分紅入股計畫，有利於吸引優秀人才加入，提升員工士氣，增加對公司向心力。

7. 與集中交易市場同步邁向國際化

交易所目前每日透過路透社、道瓊德勵等國際性資訊廠商將交易資訊傳送到世界各地的投資機構，並與美國紐約證券交易所等簽有提供資訊服務之備忘錄，上市公司經由上開管道自然而然提升其國際知名度與形象，有利於企業海外籌資及一般業務之推展。

（二）有價證券上市對股東之利益

1. 投資者較有保障

股票上市公司須依規定，定期編制年報及財務報告，每月10日前，公告並申報上月份營運情形，申請增資時須編制公開說明書，發生對股東權益或證券價格有重大影響之事項，應於事實發生日起2日內公告並向主管機關申報同時副知台灣證券交易所依資訊公開體系予以公開，股東可以適時瞭解公司財務業務狀況，作為投資分析之依據，且其公司財務報告係由會計師查核簽證，依法負責公開，而股票製發須經政府核准之簽證機構簽證，不虞虛偽詐騙，投資安全性高。另一方面，股東持有上市公司之股票，在集中交易市場買賣，其市價由市場供需狀況決定，證券經紀商於成交後，必須交付買賣報告書作為憑證，投資人之權益可獲得法令之保障，無虞詐欺受損。

2. 股票易於流通及變現

上市公司股票之市價，每日均可於報紙及廣播中獲悉，股東如欲將持有之股票出售，可隨時委託證券經紀商，在交易所之集中交易市場，按當時市價賣出，手續簡便，變現容易，投資人如有多餘之資金，亦可選定投資對象，隨時委託證券經紀商買進，且每一成交單位為1,000股，只要略有積蓄者，均可藉買進股票而直接投資於生產事業，享受事業利益。

3. 買賣股票得辦理融資融券或以股票質押借款

投資於上市公司股票者，得向部分核准辦理融資融券業辦理之綜合證券商及證券金融股份有限公司辦理融資或融券，擴張投資人之信用交易，投資人如急需資金而不擬出售股票時，亦可將所持有之上市股票，向金融機構按市價辦理質押借款，持有未上市股票則無此便利。

三、有價證券上市股票之分類

　　民國86年7月1日以前，依據「台灣證券交易所股份有限公司有價證券上市審查準則」（以下簡稱審查準則）規定，上市股票可分為第一類、第二類及第三類科技事業上市股票，86年7月1日起將第一類及第二類上市股票之分類予以取消。另原第三類股科技事業申請上市之標準，仍予保留，惟亦不區分類別。該次將行之30餘年之上市股票分類取消，主要是基於下列各項理由，並考量我國證券市場之特性所作之變更：

　　(一)經詢銀行公會全國聯合會，得悉金融界授信實務上之上市股票質押放款成數均係依上市公司實際財務狀況為據。復查保險法第146條之1有關保險業資金得投資之有價證券，暨第146條之3有關得為保險業質押放款標的之有價證券等規定，亦以發行有價證券公司最近3年課稅後之淨利率，平均在6%以上為限，均非以第一、二類股為標準。

　　(二)在信用得為融資融券之標準修正為不以第一、二類股之類別為區別標準後，益使原已於交易面作用不大之分類制度，更失其實益。

　　(三)由於以一、二類股票改列之觀察期間長達2年，在上市公司相關財務資訊均不易達成之情況下，往往造成上市公司實際財務狀況與其所屬類股應達標準不相符，致生名實不符之困擾。

　　(四)每逢處理股票改列類別案件時，經常造成股價波動而影響行情。

　　(五)世界各重要證券交易所中，雖有基於經濟發展遲緩、停滯之因素，或基於可接納更多證券市場籌資之企業等考量，而於正式市場外另設「第二部市場」、「併行市場」或「未上市證券市場」（如歐、美、新等），並訂有較正式市場寬鬆之上市標準，以資適用，而類似我國在同一（部）市場依不同標準，區分一、二類股，且可升降類別者僅日（東京）、韓二交易所有之，惟該二交易所對初次上市之股票原則上規定均可列為第二類股，上市後符合相關條件者，得改列為第一類股，此乃與我國迥異之處。

四、我國有價證券上市之要件

（一）一般公司

　　申請股票上市之發行公司，依上市審查準則第4條規定，如合於下列各款條件者，同意其股票上市：

1.設立年限：自設立登記後，已屆滿3年以上者。但公營事業或公營事業轉為民營者，不在此限。

2.資本額：申請上市時之實收資本額達新台幣6億元以上且募集發行普通股股數達3,000萬股以上。

3.獲利能力：其財務報告之稅前淨利符合下列標準之一，且最近一個會計年度決算無累積虧損者。

(1)稅前淨利占年度決算之財務報告所列示股本比率，最近二個會計年度均達6%以上者。

(2)稅前淨利占年度決算之財務報告所列示股本比率，最近二個會計年度平均達6%以上，且最近一個會計年度之獲利能力較前一會計年度為佳者。

(3)稅前淨利占年度決算之財務報告所列示股本比率，最近五個會計年度均達3%以上者。

4.股權分散：記明股東人數在1,000人以上，公司內部人及該等內部人持股逾百分之五十之法人以外之記名股東人數不少於500人，且其所持股份合計占發行股份總額百分之二十以上或滿1,000萬股者。

5.興櫃股票登錄：申請本國有價證券上市之發行公司，除公營事業外，均應先申請其股票登錄為興櫃股票櫃檯買賣屆滿6個月，並完成已公開發行有價證券之無實體登錄相關作業，證交所始受理其申請上市案。

6.設有專業服務代理機構：申請有價證券上市之發行公司，應在本公司所在地設有專業股務代理機構或股務單位辦理股務事宜，不得收回自辦。證交所始受理其申請上市案。

7.申請本國股票上市之發行公司，應就下列事項載明於公司章程，本公司始受理其申請上市：

(1)將電子方式列為股東表決權行使管道之一。

(2)公司董事選舉應採候選人提名制度。

(3)公司應設置審計委員會。

8.申請股票上市之發行公司，其市值達新台幣50億元以上且合於下列各款條件者，同意其股票上市（無獲利大型企業上市）：

(1)合於前述一般公司上市要件第1、2、4、5款條件。

(2)最近一個會計年度營業收入大於新台幣50億元，且較前一會計年度為佳。

(3)最近一個會計年度營業活動現金流量為正數。

(4)最近期及最近一個會計年度財務報告之淨值不低於財務報告所列示股本三分之二。

9.申請股票上市之發行公司，其市值達新台幣60億元以上且合於下列各款條件者，同意其股票上市（無獲利大型企業上市）：

(1)合於前述一般公司上市要件為第1、2、4、5款條件。

(2)最近一個會計年度營業收入大於新台幣30億元，且較前一會計年度為佳。

(3)最近期及最近一個會計年度財務報告之淨值不低於財務報告所列示股本三分之二。

依前述第8項及第9項申請股票上市之發行公司，其上市買賣有價證券數量，乘以初次申請股票上市首日掛牌價格之承銷價格，亦達其申請上市之市值標準者，方同意其股票上市。但股票以依櫃檯買賣中心證券商業營業處所買賣有價證券審查準則第3條規定，在櫃檯買賣中心上櫃買賣或在創新板上市買賣者，以上市股票數量乘以終止櫃檯買賣或改列上市前之最後交易日收盤價格計算，如最後交易日無收盤價格，則依證交所營業細則第58條之3第4項第2款之原則決定價格。

大型無獲利企業上市條件比較（多元化上市）

	類型一	類型二
規模	市值達50億元以上 且實收資本額達6億元以上	市值達60億元以上 且實收資本額達6億元以上
經營成效（最近1年營業收入）	大於50億元且較前1年度為佳	大於30億元且較前一年度為佳
現金流量	最近一年度營業活動現金流量為正數	無要求
資本結構	淨值占實收資本額三分之二以上	淨值占實收資本額三分之二以上

資料來源：作者自製。

（二）科技或文化創意事業

申請股票上市發行公司，經中央目的事業主管機關出具其係屬科技事業或文化創意事業且具市場性之明確意見書，合於下列各款條件者，同意其股

票上市：

   1. 申請上市時之實收資本額達新台幣3億元以上且募集發行普通股股數達2,000萬股以上。

   2.（刪除）

   3. 經證券承銷商書面推薦者。

   4. 最近期及最近一個會計年度財務報告之淨值不低於財務報告所列示股本三分之二者。

   5. 記名股東人數在1,000人以上，且公司內部人及該等內部人持股逾百分之五十之法人以外之記名股東人數不少於500人者。

有關中央目的事業主管機關出具之明確意見書，目前係由經濟部工業局提供，經濟部工業局為協助科技事業申請股票上市，訂定「經濟部工業局受託提供係屬科技事業暨產品技術開發成功且具市場性意見書作業要點」，俾據以就個案出具明確意見書。依作業要點規定，產品開發成功且具市場性之科技事業，依其產業性質應分別符合下列條件：

1. 屬生物技術工業、製藥工業或醫療保健工業之科技事業者

   (1) 已依法令取得主管機關許可進行人體臨床試驗或田間實驗，或從事生物技術工業或醫療保健工業研究發展，且已有生物技術或醫療保健相關產品製造及銷售或提供技術服務。

   (2) 其從事相關之研究發展並具研究成果，其提出申請之上一年度之研究發展費用占該公司總營業收入淨額3%以上；或其提出申請之上一年度之研究發展費用占該公司實收資本額10%以上，且專職大專學歷以上研發人員至少5人。

   (3) 其產品屬新興工業產品及其相關技術服務範圍已達生產或提供勞務階段。但依法令規定須經主管機關許可或證明方得銷售或進行人體臨床試驗或田間試驗之產品，需取得主管機關許可或證明文件。

   (4) 其產品或技術服務目前已具有銷售市場或於未來3年內具有商業化可行性並能提出相關市場調查報告佐證者。

2. 屬網際網路公司之科技事業者

   (1) 提出申請時其上一年度網際網路相關營業收入淨額占該公司總營業收入淨額50%以上。

   (2) 其經營團隊須具持續創新及開發能力。

(3)其產品具創意並係自行開發或整合之營運流程系統、工具、內容或知識庫。

(4)其使用率須有成長潛力並具再用吸引力。

3.屬其他科技事業者

(1)提出申請時其上一年度屬新興工業產品及其相關技術服務之營業收入淨額占該公司總營業收入淨額50%以上。

(2)應設有研究發展部門並具研究成果，且其提出申請時之上一年度研究發展費用占該公司總營業收入淨額3%或新台幣7,000萬元以上。

(3)公司產品屬新興工業產品及其相關技術服務範圍者已達生產或提供勞務階段，且該產品或技術服務目前已具有銷售市場或於未來3年內具有商業化可行性並能提出相關市場調查報告佐證者。

另技術開發成功且具市場性之科技事業，應符合下列條件：
1.所開發之技術屬新興工業產品及其相關技術服務之範圍。
2.設有研究發展部門，且其提出申請之上一年度研究發展費用占該公司實收資本額10%以上或4,000萬元以上。
3.專職大專學歷以上或具有相關經驗之研發人員至少15人以上。
4.所開發之技術具有前瞻性及市場價值，且已取得適當之專利權、智慧財產權或其他可於市場交易之成果，並經大專院校、研究機構、智慧財產服務公司或專家提出相關市場價值評估報告者。

工業局為提供前述評估意見，得設置評估小組召開會議進行評估，評估小組由下列人員組成之：
1.常務委員30人至35人，工業局局長或副局長一人為當然委員，其餘聘請相關政府機關、學術機構及研究機構之專家任之。
2.專案委員120人至150人，依產業別聘請專家任之，或由常務委員兼任。
3.委員聘期3年，得連續聘任，聘期中增聘或補聘者，其聘期以同任委員未滿之聘期為限。
4.委員於聘期中如因轉任民營企業服務或因其他事由無法執行職務者，該局得予以解聘並改聘之。

評估會議由工業局局長或副局長召集，每次會議除召集人為當然委員外，應抽選常務委員5人，並視評估案產業特性抽選專案委員5人共同參加。

委員與申請事業有利害關係者，應自行迴避；如未自行迴避，召集人得令其迴避。開會時工業局相關業務主管應列席說明。評估會議應由委員親自出席，且應有應出席委員二分之一以上出席始得開會。評估會議之決議方法採彌封式記名投票一次表決，主席應參加表決。決議後由出席委員過半數同意為通過。

（三）公營事業

有關申請股票上市之發行公司，如屬於國家經濟建設之重大事業，經目的事業主管機關認定，並出具證明文件，依上市審查準則第6條規定，如合於下列各款條件者，同意其股票上市：

1.由政府推動創設，並有中央政府或其指定之省（直轄市）級地方自治團體及其出資50%以上設立之法人參與投資，合計持有其申請上市時已發行股份總額50%以上者。

2.申請上市時之實收資本額達新台幣10億元以上者。

3.股權分散：記名股東人數在1,000人以上，其中持有股份1,000股至5萬股之股東人數不少於500人，且其所持股份合計占發行股份總額20%以上或滿1,000萬股者。

（四）政府獎勵民間參與之國家重大公共建設事業

申請股票上市之公開發行公司，依上市審查準則第6條之1規定，其申請股票上市之發行公司，屬於政府獎勵民間參與之國家重大公共建設事業，取得中央政府、直轄市及地方自治團體或其出資50%以上之法人核准投資興建及營運之特許權合約，並出具證明文件，合於下列各款條件者，同意其股票上市：

1.公司係為取得特許合約所新設立之公司，且其營業項目均經中央目的事業主管機關之核准。

2.申請上市時之實收資本額達新台幣50億元以上者。

3.取得特許合約之預計工程計畫總投入成本達200億元以上者。

4.申請上市時，其特許營運權尚有存續期間在20年以上者。

5.公司之董事、監察人、持股達已發行股份總額5%以上之股東、持股達發行股份總額5‰以上或10萬股以上之技術出資股東或經營者須具備完成特許權合約所需之技術能力、財力及其他必要能力，並取得核

准其特許權合約之機構出具之證明。

6.股權分散合於審查準則第4條第4款規定標準者。

（五）證券、金融、保險業

證券業、金融業及保險業申請其股票上市，依上市審查準則第15條規定，除應符合該準則有關規定外，應先取得目的事業主管機關之同意函，證券交易所始予受理。

證券公司申請其股票上市，應符合上市審查準則有關規定外，並應同時經營證券承銷、自行買賣及行紀或居間等三種業務屆滿五個完整會計年度。

（六）金融控股公司

依台灣證券交易所股份有限公司金融控股公司申請股票上市審查準則規定，金融控股公司申請其股票上市，除應先取得目的事業主管機關之同意函外，並應符合下列規定：

1. 設立年限

自設立登記後，已屆滿3年或其任一子公司之實際營運年限已逾3年者。

2. 獲利能力

其依財務會計準則公報第7號規定編制之合併財務報表之營業利益及稅前純益占股東權益總額比率，最近二個會計年度均達3%以上。

3. 股權分散

公司內部人及該等內部人持股逾50%之法人以外之記名股東人數不少於500人，且其所持股份合計占發行股份總額20%以上或滿1,000萬股者。

另已於國內上市（櫃）之金融控股公司，其持股逾70%之子公司不得在國內申請股票上市，已上市者應終止上市。

（七）投資控股公司

依上市審查準則規定，投資控股公司申請其股票上市者，應符合下列條件：

1.設立年限：自設立登記後，已屆滿3年或其任一被控股公司之實際營運年限已逾3年者。

2.股東權益：其最近一個會計年度之股東權益額應在新台幣10億元以上。

3.獲利能力：其合併財務報表之營業利益及稅前純益占股東權益總額比率，最近二個會計年度均達3%以上。

4.股權分散：公司內部人及該等內部人持股逾50%之法人以外之記名股東人數不少於500人，且其所持股份合計占發行股份總額20%以上或滿1,000萬股者。

5.本身未從事投資以外之任何業務。

6.應持有被控股公司二家以上，且該被控股公司不得以投資為專業，並不得持有申請公司之股份。

7.合併財務報表之營業利益70%以上應來自各被控股公司。

8.其投資於前款所規定各被控股公司之帳面金額應占其長期股權投資及股東權益均達50%以上。

9.未向非金融機構借貸資金。

10.最近一年度合併財務報表盈餘分派前之淨值占資產總額比率應達三分之一以上。

11.申請有價證券上市之發行公司，應在本公司所在地設有專業股務代理機構或股務單位辦理股務事宜，本公司始受理其申請上市案。

12.前款專業股務代理機構或股務單位，其辦理股務之人員與設備應符合主管機關所頒之「公開發行股票公司股務處理準則」之規定，且其最近3年度皆無經台灣集中保管結算所股份有限公司查核後，以書面提出改進意見，逾期仍未改善之情形。

申請股票上市之投資控股公司，其最近一個會計年度之股東權益總額在新台幣8億元以上，且其被控股公司符合下列各款條件者，得不適用前項第1款、第3款之規定：

1.經中央目的事業主管機關出具係屬科技事業之明確意見書。

2.產品開發成功且具市場性，經提出中央目的事業主管機關出具之明確意見書。

投資控股公司因透過第三地再轉投資致其被控股公司有以投資為專業之必要時，如該投資控股公司承諾將所有被控股公司直接或間接控制之子公司財務狀況及營運情形編入合併財務報表，前項第6款有關被控股公司不得以投資為專業之部分，得不適用之。

上述所稱投資控股公司，謂以投資為專業並以控制其他公司之營運為目

的之公司。

　　所稱之被控股公司係指下列情形之一者：

1. 投資控股公司直接持有逾50%已發行有表決權股份或出資逾50%之被投資公司。
2. 投資控股公司經由子公司間接持有逾50%已發行有表決權股份之各被投資公司。
3. 投資控股公司直接及經由子公司間接持有逾50%已發行有表決權股份之各被投資公司。
4. 投資控股公司直接或間接選任或指派董事會超過半數董事之公司。

（八）產業控股公司

　　單一上市公司依企業併購法第31條規定轉換股份予他新設或已上市之既存公司，並成為該新設或已上市之既存公司100%持股之子公司者，經證交所報經主管機關核准後，該新設或已上市之既存公司之有價證券自完成相關上市程序後上市買賣，原上市公司之有價證券於股份轉換基準日終止上市。

　　前項規定於單一或數家股份有限公司轉換股份予他新設或已上市既存公司，亦適用之。但股份轉換予他新設公司者，其中至少應有一家以上為上市公司，且該等未上市（櫃）之股份有限公司應符合下列各款之規定：

1. 其獲利能力符合有價證券上市審查準則第4條第1項第3款所定之標準。
2. 未有有價證券上市審查準則第9條第1項第1、3、4、6、8、11款所定情事之一者。
3. 其最近一會計年度之財務報告應經主管機關核准辦理公開發行公司財務簽證之會計師查核簽證，並簽發無保留意見之查核報告。

（九）建設公司

　　申請股票上市之發行公司，依上市審查準則第16條規定，除公營事業外，其最近二個會計年度內有營建收入占總營業收入20%以上，或營建毛利占總毛利20%以上，或營建收入或營建毛利所占比率較其他營業項目為高之情事者，除應符合上市審查準則有關規定外，並應合於下列各款條件：

1. 自設立登記後，已超過八個完整會計年度者。
2. 申請上市時之實收資本額達新台幣6億元以上者。
3. 最近期財務報告及其最近一個會計年度盈餘分派前之淨值，須達資產

總額30%以上。

4. 最近期財務報告及其最近一個會計年度之待售房地及出租資產（減除
累計折舊之淨額），合計不得逾淨值之70%。但公司取得使用執照未
滿1年者，或公司依合約規定所取得地上權所為之推案僅得出租而不
得出售致轉列出租資產者，得免列入待售房地之計算。

5. 最近三個會計年度營業利益及稅前純益均為正數，且最近三個會計年
度均無累積虧損者。

6. 全部採完工比例法認列收益者，應依全部完工法；部分採完工比例法認列
收益者，應分別依全部完工法及完工比例法；採全部完工法認列收益者，
應依完工比例法，編製擬制之最近三個會計年度損益表，均經會計師
核閱，並由承銷商併原損益表，分析其獲利能力均符合上市規定條件
者。

7. 經簽證會計師設算下列情況所獲利益予以扣除後，其獲利能力仍符合
上市規定之條件者：
   (1)買賣他人完工個案或未完工程（指已投入營建成本占總營建成本達
   40%以上者）者。
   (2)買賣素地或成屋者。
   (3)取得原係合建方式契約相對人之土地或房屋，再予出售者。
   (4)銷售予關係人之房地者。

　　另前述之發行公司，除公營事業外，如最近二個會計年度發包與營造公
司之年度金額如逾新台幣2億元，或雖未逾2億元而該營造公司為關係人者，
於該二年度內均應符合下列各款之規定：

1. 該營造公司除須具甲級營造廠資格外，其最近二個會計年度之財務報
告暨個案別之毛利率，均應經聯合會計師事務所之會計師2人以上共
同查核簽證。

2. 其與營造公司最近二個會計年度之個案別毛利率並無異常情形。

3. 對工程之承包過程、承包價格之形成及付款辦法，經由專業機構出具
報告，評估其具合理性。

4. 該營造公司於最近2年內，並無重大違反建築營建相關法令及與建設
公司間工程承包契約之情事。

5. 其與營造公司間之資金往來無異常情形。

6. 其與營造公司間無第9條第1項第3款規定之情事。

　　鑑於申請上市之公營事業，往往係基於各級政府之土地開發政策，而該政策一般係爲照顧中低收入戶、促進偏遠鄉鎮之繁榮或爲扶植公營營造廠而爲，故其負債比率暨與指定之公營營造廠間之關係等動輒不易符合建設公司申請上市規定，基於配合政府公營事業民營化政策之推行，應有排除適用之必要。

（十）集團企業中之發行公司

　　集團企業中之發行公司申請股票上市，依上市審查準則第18條規定，除公營事業外，雖合於上市審查準則有關規定，但不能符合下列各款情事，台灣證券交易所認爲不宜上市者，應不同意其股票上市：

1. 申請公司與同屬集團企業公司之主要業務或主要商品，無相互競爭之情形。但申請公司具獨立經營決策能力者，不在此限。
2. 申請公司與同屬集團企業公司間有業務往來者，除各應就相互間之財務業務相關作業規章訂定具體書面制度，並經董事會通過外，應各出具書面聲明或承諾無非常規交易情事；無業務往來者，應由申請公司出具書面，承諾日後有往來時必無非常規交易之情事。
3. 其財務業務狀況及前述之作業辦法與其他同業比較應無重大異常現象。
4. 其對於銷售予集團企業公司之產品，應具有獨立行銷之開發潛力。
5. 申請上市會計年度及其最近二個會計年度之進貨或營業收入金額來自集團企業公司未超過50%。但對於來自母、子公司之進貨或營業收入金額，或依據公司法、企業併購法辦理分割者，不適用之。

　　第1項第5款之規定情形，如係基於行業特性、市場供需狀況、政府政策或其他合理原因所造成者，得不適用之。

（十一）母子關係之子公司

　　屬於母子公司關係之子公司申請其股票上市，依上市審查準則第19條規定，除公營事業外，雖合於上市審查準則有關規定，但不能符合下列各款情事，台灣證券交易所認爲不宜上市者，應不同意其股票上市：

1. 應檢具母公司與其所有子公司依母公司所在地會計原則編製之合併財務報表，並應由中華民國會計師就中華民國與母公司所屬國所適用會計原則之差異及其對財務報告之影響表示意見。
2. 依前款檢送之合併財務報表核計，最近一個會計年度之股東權益總額

應達新台幣10億元以上；且最近二個會計年度之營業利益及稅前純益占股東權益總額之比率，均應達3%以上，但申請公司係依第5條、第6條或第6條之1規定申請上市，或於申請上市會計年度及其最近一個會計年度內與其母公司間之進銷貨往來金額未達其進銷貨總金額10%者，於上開獲利能力之比率得不適用之。

3. 母公司及其聯屬公司，以及其公司之董事、監察人、代表人，暨持有公司股份超過股份總額10%之股東，與其關係人總計持有該申請公司之股份不得超過發行總額之70%，超過者，應辦理上市前之股票公開銷售，使其降至70%以下。但申請公司符合下列各款情事者，不在此限：

    (1)設有審計委員會或獨立董事逾全體董事人數二分之一者。

    (2)本款所訂持有股份總額限制對象以外之人持有股數達3億股以上者。

4. 其獨立董事人數應至少3人。

5. 於申請上市會計年度及其最近一個會計年度來自母公司之營業收入不超過50%，主要原料或主要商品或總進貨金額，不超過70%。但基於行業特性、市場供需狀況、政府政策或其他合理原因者，不在此限。

6. 母公司股票已在我國證券集中交易市場上市（櫃）買賣者，申請上市時最近四季未包括申請公司財務數據且經會計師核閱之擬制性合併財務報表所示之擬制性營業收入或營業利益，未較其同期合併財務報表衰退達50%以上，且母公司最近二個會計年度未有重大客戶業務移轉之情事。

（十二）政府發行之債券

政府發行之債券，由主管機關函令台灣證券交易所股份有限公司後，公告其上市。凡經奉准發行之金融債券及由上市公司發行之公司債，經該發行人申請上市者，證券交易所得同意其上市。

（十三）封閉式證券投資信託基金

凡經奉准公開發行且成立之國內封閉式證券投資信託基金，合於下列各款條件，由募集之國內證券投資信託事業申請上市者，交易所得同意其受益憑證上市：

1. 基金發行總額在新台幣20億元以上者。

2.持有該基金受益權單位價金額未超過新台幣100萬元之持有人不少於1,000人，且其所持有之受益權單位價金總額並不少於新台幣4億元者。

（十四）新股認購權利證書

上市公司所發行之新股認購權利證書或新股權利證書，應於增資案經證券主管機關核准或申報生效後15日內；所發行之股款繳納憑證，應於增資案經主管機關核准或申報生效並收足股款後15日內，向證券交易所申請上市，方得在證券交易所市場上市買賣。

（十五）不宜上市之情形

申請股票上市之發行公司雖符合本準則規定之上市條件，但除有第8、9、10款之任一款情事，本公司應不同意其股票上市外，有下列各款情事之一，經本公司認為不宜上市者，得不同意其股票上市：

1.遇有證券交易法第156條第1項第1款、第2款所列情事，或其行為有虛偽不實或違法情事，足以影響其上市後之證券價格，而及於市場秩序或損害公益之虞者。

2.財務或業務未能與他人獨立劃分者。

3.有足以影響公司財務業務正常營運之重大勞資糾紛或污染環境情事，尚未改善者。

4.經發現有重大非常規交易，尚未改善者。

5.申請上市年度已辦理及辦理中之增資發行新股併入各年度之決算實收資本額計算，不符合上市規定條件者。

6.有迄未有效執行書面會計制度、內部控制制度、內部稽核制度，或不依有關法令及一般公認會計原則編製財務報告等情事，情節重大者。

7.所營事業嚴重衰退者。

8.申請公司於最近5年內，或其現任董事、總經理或實質負責人於最近3年內，有違反誠信原則之行為者。

9.申請公司之董事會成員少於5人，獨立董事人數少於3人或少於董事席次五分之一；其董事會有無法獨立執行其職務；或未依證券交易法第14條之6及其相關規定設置薪資報酬委員會者。另所選任獨立董事其中至少1人須為會計或財務專業人士。

10.申請公司於申請上市會計年度及其最近一個會計年度已登錄為證券

商營業處所買賣興櫃股票，於掛牌日起，其現任董事及持股超過其發行股份總額百分之十之股東有未於興櫃股票市場而買賣申請公司發行之股票情事者。但因辦理本準則第11條之承銷事宜或有其他正當事由者，不在此限。

11.申請公司之股份為上市（櫃）公司持有且合於下列條件之一者，該上市（櫃）公司最近3年內為降低對申請公司之持股比例所進行之股權移轉，未採公司原有股東優先認購或其他不損害公司股東權益方式：

　　(1)申請公司係屬上市（櫃）公司進行分割後受讓營業或財產之既存或新設公司。

　　(2)申請公司係屬上市（櫃）公司之子公司，於申請上市前3年內，上市（櫃）公司降低對申請公司直接或間接持股比例累積達百分之二十以上。

12.其他因事業範圍、性質或特殊狀況，本公司認為不宜上市者。

（十六）初次申請股票上市公司董、監事及大股東集中保管股票規定

初次申請股票上市之發行公司，其下列人員應將其於上市申請書件上所記載之各人個別持股總額至少50%、且總計不低於上市審查準則第10條第2項規定比率之股票，併同扣除供上市公開銷售股數後之其餘股票，分別提交經主管機關核准設立之證券集中保管事業辦理集中保管後，方同意其股票上市。但董事、監察人、持股總額低於當選時總額者，改以當選時之總額為準。如提交之股數不足審查準則第10條第2項所規定之比率者，應協調其他股東補足之：

1.依上市審查準則第4條或第6條規定申請上市者，其董事、監察人及持股超過已發行股份總額10%之股東。

2.依上市審查準則第5條規定或以資訊軟體業申請上市者，其董事、監察人、持股超過已發行股份總額5%之股東或以專利權或專門技術出資而在公司任有職務，並持有公司申請上市時之已發行股份總數5‰以上股份或10萬股以上之股東。但於其登錄為興櫃股票期間之推薦證券商因認購或於興櫃股票交易期間買賣營業證券，致持股超過該發行公司已發行股份總額5%以上者，不在此限。

前項所規定發行公司應提交集中保管股票之股份總額，係指其上市申請書件所記載已募集發行之普通股股份總額依下列方式計算其應提交集中保管股票之總計比率：

1. 股份總額在3,000萬股以下者，應提交股份總額25%。
2. 股份總額超過3,000萬股至1億股以下者，除依前款規定辦理外，超過3,000萬股部分，應提交股份總額20%。
3. 股份總額超過1億股至2億股以下者，除依前款規定辦理外，超過1億股部分，應提交股份總額10%。
4. 股份總額超過2億股者，除依前款規定辦理外，超過2億股部分，應提交股份總額5%。

發行公司之董事、監察人及股東依規定應提交集中保管之股票，自上市買賣開始日起屆滿6個月後始得領回二分之一；其餘股票部分，自上市買賣開始日起屆滿1年後始得全數領回。但依規定申請上市之發行公司，其提交辦理集中保管之股票總數經核計超過發行公司已發行股份總數之50%且該發行公司之實收資本額達新台幣300億元者，該應提交集中保管之股數超過上開已發行股份總數之50%部分，如係發行公司之董事、監察人及股東為公司或其本人資金融通之保證而以其持股設定質權於金融機構，則得以金融機構出具之證明文件替代集中保管之股票，惟於保管期間解質者，該董事、監察人及大股東應將同額股數提交集中保管；或質權標的物經金融機構處分者，發行公司應洽其他董事、監察人或股東將同額股數提效集中保管。

發行公司之董事、監察人及股東於保管期間不得中途解約，所保管之股票及憑證不得轉讓或質押，保管之效力不因持有人身分變更而受影響。

前述規定於其董事、監察人及股東為政府機關或公營事業，或報經目的事業主管機關核准出售持股而有不宜將持股送交集中保管者不適用之。另關於提交集中保管股票總計比率之規定，於公營事業之申請公司亦不適用之。

關於發行公司之董事、監察人，於其送交集中保管持股屆期領回時，如因該次之領回，致其全體董事、監察人集中保管之持股合計低於主管機關所訂定「公開發行公司董事、監察人股權成數及查核實施規則」所規定之持股總額成數者，其董事、監察人僅得就超過規定持股成數部分予以領回，其餘之持股，則仍繼續予以集中保管；集中保管期間董事、監察人改選者，仍應就其改選後全體董事、監察人之持股合計符合規定持股成數部分，繼續予以集中保管，集中保管期間屆滿後亦同。但公營事業申請公司之董事、監察人為公營事業或政府機關者，其所持有之該公司股份，得併入前揭集中保管之持股計算。

另依上市審查準則第10條之1規定初次申請股票上市之發行公司，其董事、監察人、持股達已發行股份總額3%以上之股東及持股達已發行股份總

額5‰以上或10萬股以上之技術出資股東，應將其於上市申請書件上所記載之各人個別持股總額，於扣除供上市公開銷售股數後之其餘股票，且總計不得低於依下列方式所計算之總計比率，全部提交經主管機關核准設立之證券集中保管事業辦理集中保管後，方同意其股票上市。但董事、監察人持股總額低於當選時總額者，改以當選時之總額為準，如提交之股數不足所規定應提交集中保管股票之總計比率者，應協調其他股東補足之：

　　1.擬上市股份總額在10億股以下者，應提交股份總額50%。
　　2.擬上市股份總額超過10億股至30億股以下者，除依前款規定辦理外，超過10億股部分，應提交股份總額40%。
　　3.擬上市股份總額超過30億股至50億股以下者，除依前款規定辦理外，超過30億股部分，應提交股份總額30%。
　　4.擬上市股份總額超過50億股至70億股以下者，除依前款規定辦理外，超過50億股部分，應提交股份總額20%。
　　5.擬上市股份總額超過70億股以上者，除依前款規定辦理外，超過70億股部分，應提交股份總額10%。

　　前項提交集中保管之股票，自上市買賣開始日起屆滿3年後始得領回六分之一，其後每半年可繼續領回六分之一，如於期間屆滿時，公司所興建之工程尚未全部完工並開始營運者，其提交集中保管之期間繼續延長至工程全部完工並開始運止：但若工程未全部完工前已開始部分營運者，則延長至公司之年度財務報告顯示已有營業利益及稅前純益止。保管期間不得中途解約，所保管之股票及憑證不得轉讓或質押，保管之效力不因持有人身分變更而受影響。

　　前述規定於初次申請股票上市之發行公司登錄為興櫃股票期間，其推薦證券商因認購或於興櫃股票交易期間買賣營業證券，致持股超過該發行公司已發行股份總額3%以上者，不適用之。

五、外國有價證券上市之要件

（一）外國政府公債、國際組織發行之公債及外國發行人發行之債券

　　外國政府發行之政府公債及國際組織發行之債券，由主管機關函令台灣證券交易所公告其上市。

外國發行人申請其經奉准發行之債券上市，應為股票已在台灣證券交易所上市、參與發行台灣存託憑證上市，或符合下列：1.台灣存託憑證，或2.外國發行人所規定上市條件之外國公司。

外國發行人申請其擬發行以外國貨幣計價之債券上市，合於前述所訂債券上市條件者，台灣證券交易所得出具同意其上市之證明文件。

前述取得台灣證券交易所同意上市證明文件之債券上市案，俟經主管機關核准發行完成後，由台灣證券交易所將其外國債券上市契約報請主管機關核准後，公告其上市。

（二）台灣存託憑證（TDR）

存託憑證是一種可轉讓之有價證券，係指先由外國發行公司或其有價證券持有人，委託存託銀行（Depositary Bank）發行表彰外國有價證券之可轉讓憑證，存託憑證持有人之權利義務與持有該發行公司普通股之投資者相同，所表彰之有價證券則由存託銀行委託國外當地保管銀行代為保管。存託憑證之種類，依發行地不同可區分為海外存託憑證及台灣存託憑證，前者如全球存託憑證（簡稱GDR，於全球發行的存託憑證）、美國存託憑證（簡稱ADR，於美國發行的存託憑證），後者為在台灣發行的存託憑證，簡稱TDR。政府為推動證券市場自由化、國際化，促進我國資本市場與國際資本市場間之流通整合，以提升我國際金融地位，乃引進英、美等先進國家行之多年的存託憑證制度，俾利外國優良公司所發行之有價證券亦可來台上市買賣，從而擴大國內證券市場規模，並增加國人投資管道，讓國內投資人可藉由購買台灣存託憑證，間接投資外國上市公司股票。

股票已在海外證券交易所或證券市場上市之外國發行人申請其發行之股票上市，依上市審查準則第27條規定，合於下列各款條件者，同意其上市：

1. 上市股數：2,000萬股以上或市值達新台幣3億元以上者。但不得逾其已發行股份總數之50%。
2. 外國發行人依據註冊地國法律發行之記名股票，於申請上市之股票掛牌前，已在經主管機關核定之證券交易所或證券市場之一主板上市者。
3. 股東權益：申請上市時，經會計師查核簽證之最近期財務報告所顯示之股東權益折合新台幣6億元以上者。
4. 獲利能力：最近一個會計年度無累積虧損，並符合下列標準之一者：

(1)稅前純益占年度決算之股東權益比率，最近一年度達6%以上者。

(2)稅前純益占年度決算之股東權益比率，最近二年度均達3%以上，或平均達3%以上，且最近一年度之獲利能力較前一年度為佳者。

(3)稅前純益最近二年度均達新台幣2億5,000萬元以上者。

5. 股權分散：上市時，在中華民國境內之記名股東人數不少於1,000人，且扣除外國發行人內部人及該等內部人持股逾50%之法人以外之股東，其所持股份合計占發行股份總額20%以上或滿1,000萬股。

6. 上市股票應以已在其他證券交易所或證券市場上市之同種類股票為限，其權利義務應與在其他證券交易所或證券市場發行同種類之股票相同，並不得限制國內股票持有人於國外證券交易所或證券市場出售者。

7. 外國發行人依據註冊地國法律發行之記名股票，於向本公司申請上市之股票上市契約核准前3個月未有股價變化異常之情事。

　　取得台灣證券交易所同意上市證明文件之台灣存託憑證上市案，俟經主管機關核准發行完成後，由台灣證券交易所將其台灣存託憑證上市契約報請主管機關核准後，公告其上市。

　　存託憑證係透過國人熟悉之交易方式，間接投資外國股票，故買賣存託憑證無論定交易單位、價格申報、交易時間、升降單位、漲跌停幅或是手續費計算，均準用本國股票相關規定辦理，而證券交易稅為1‰。

　　TDR表彰的是外國交易所上市之股票，投資本質與股票相同，投資時仍應注意該公司之基本面及產業面。要特別注意的是TDR表彰原股的證券市場交易時間可能與台股存有落差，例如香港、新加坡及泰國交易所都有下午盤，台股則無，而南非交易所更與台股有6小時的時差。因此要是TDR發行公司在台灣時間下午發生重大事件，原股市場可立即反映，TDR則要等到隔天台股開盤才會反映。

　　同一檔股票在不同兩地掛牌，受到匯率波動、交易成本及投資人偏好等因素影響，自然會有兩個不同的收盤價格。投資人可以比較兩個市場的交易情形，仔細分析後再決定買賣行為。現行TDR只要透過一般證券帳戶即可交易，買賣方式與國內股票相同，以台幣計價及交割，須負擔成交金額一定比率的手續費及1‰的證券交易稅。複委託則要開立外國有價證券交易帳戶，交易以外幣為計價單位，須面對外匯變動風險，手續費率視各證券商而定，另須再負擔各國股市稅負。

六、有價證券申請上市之程序

（一）董事會及股東會之特別決議

　　股份有限公司股票申請上市關係全體股東權益與公司之利益，屬重大事項，應由董事會以董事三分之二以上之出席，及出席董事過半數同意之決議做成提案，召集股東會，並將該項提案於股東會召集通知之召集事由中載明，經股東會特別決議通過後始得提出申請。

（二）公開發行股票

　　上市有價證券須為依證券交易法發行之有價證券（證交§139），亦即有價證券必須先依證券交易法公開發行後，始得申請上市，因此，公開發行公司初次申請上市時，應依證期局規定，先將其擬上市股份提出一定比率之股份，委託證券承銷商辦理上市前公開銷售，但有下列情形之一者，不在此限：

1. 其股票已於證券商營業處所買賣，且於申請上市日以前已符合上市審查準則股權分散規定標準者。
2. 其於申請上市日前半年起，以至股票上市買賣日前，募集發行新股時，已依證期局規定，提出擬上市股份一定比率之股份，對外公開銷售完畢，且符合上市審查準則股權分散規定標準者。

　　另證券交易所認為有必要者，得要求發行公司另行提出一定比率之股份，併同前述規定辦理公開銷售。

（三）證券承銷商輔導

　　一般而言，公司欲申請股票上市，須先選定主辦承銷商，由主辦證券承銷商自主管機關核准其公開發行後，向台灣證券交易所提出輔導契約及輔導股票上市計畫，逐月連續申報輔導進度及成效；主辦證券承銷商並應於輔導契約送達後3個月內及輔導期間跨年度6個月內檢送受輔導公司有無不宜上市情事之評估報告，方得受理其申請股票上市。

　　發行公司申請股票上市，該發行人與其證券承銷商間，不得具有下列各款情事之一，否則交易所將拒絕接受該證券承銷商所出具之評估報告，並不同意其有價證券之上市：

1.雙方互為有價證券初次上市或上櫃評估報告之評估
2.有證券商管理規則第23條之2所列情事：
　(1)任何一方合計持有對方股份達10%以上者。
　(2)任何一方派任於對方之董事，超過對方董事席次半數者。
　(3)雙方董事或總經理具有配偶或二親等以內親屬關係者。
　(4)雙方股東有重疊，且股東所持有之股份總數超過20%。

在此同時應先選定聯合會計師事務所輔助公司建立或修訂書面會計制度，並提供公司最近3年財務資料，委託兩位簽證會計師查核簽證最近3個年度財務報告；另須委託專家進行業務、財務及技術審查，並蒐集資料編製公開說明書。

承銷商評估該公司各項情形已臻成熟，於輔導期滿前2個月，向交易所申請上市之備查函，交易所須於收文後2月內函復是否同意備查。

（四）送件申請上市

申請本國有價證券上市之發行公司，除公營事業外，均應先申請其股票登錄為興櫃股票櫃檯買賣屆滿6個月，並完成已公開發行有價證券之無實體登錄相關作業，證交所始受理其申請上市案。然有價證券之上市與否，由發行公司自行決定，凡依證券交易法規定發行或補辦發行審核程序之有價證券，其發行公司於依證券交易法第139條之規定向台灣證券交易所公司申請上市者，應分別檢具各類有價證券上市申請書，載明其應記載事項，連同應檢附書件，向台灣證券交易所公司申請。有價證券上市申請書之格式及應附送文件，由台灣證券交易所股份有限公司依上市有價證券之種類及性質分別擬訂印製。

（五）證券交易所審查作業

發行公司申請有價證券上市，須經台灣證券交易所公司實質審查，依據有價證券上市審查準則暨審查有價證券上市作業程序之規定，申請案件須先行書面審查瞭解狀況，再行實地查核作成工作底稿，經由上市審議委員會之審議，完成審查報告提經交易所董事會決議後，檢附初審資料、審查報告及上市契約報請證期會核備。若上市案件於當月5日以前提出者，應提報次月份審議小組會議審議之，但情形特殊者，得簽報核准後，延長提報時間。

審議小組開會審議上市案件，其結果有下列幾種情形：

1. 經決議同意上市者，錄案完成後提報交易所董事會。
2. 經決議補充有關資料後提報董事會者，錄案完成後函請申請公司限期補充有關資料，於補正後提報交易所董事會。
3. 經決議補充資料後再審者，於函請補正後提請審議。
4. 經決定暫緩審議者，則通知申請公司，並視情形退還有關書件。
5. 經決定暫緩上市者，如需再提報交易所董事會，應於錄案完成後，提報董事會通過後予以退件。

（六）金管會證期局核備

基於證券交易法第139條及第141條規定之意旨，對於初次申請股票上市案件，均由台灣證券交易所負起實質審查之責，證期局依主管機關之職責，僅就交易所、承銷商之審查作業予以複核，准其上市契約備查，並採事後抽查或對重大疑義案件詳查，以盡監督之責，因之證券交易所雖係受託審查機關，但具有實質審查權，其審查同意上市案僅需呈報證期局核備即可，俾縮短上市之流程。

（七）有價證券上市契約之訂立

台灣證券交易所接獲證期局准予核備前述公開發行之有價證券申請在證券交易所上市後，應按證券交易所有價證券上市契約準則所定事項與上市公司簽訂上市契約。有價證券上市契約為當事人雙方權利義務關係之依據，內容須依據上市契約準則載明有價證券上市費用、初次申請上市之證券種類、發行日期、發行股數、每股金額及發行總額等事項，發行公司及證券交易所均應遵守之。發行公司公開發行有價證券，其上市買賣、停止買賣或終止上市，依證券交易所與各該發行公司所訂之有價證券上市契約規定辦理並公告之，前項上市契約內容，悉依證券交易所報奉證券管理機關核定之上市契約準則為準。證券交易所與上市公司訂立有價證券上市契約應報請主管機關備查（證交§141）。發行人公開發行之有價證券於發行人與證券交易所訂立有價證券上市契約後，始得於證券交易所之有價證券集中交易市場為買賣（證交§142）。

（八）公開承銷程序

1.公司與承銷商擬訂承銷價格，自94年起已取消市場慣用之承銷價格計算公式，由承銷商發揮專業評估訂價能力後與發行公司議定，使承銷價格訂定更彈性、合理，惟價格之決定方式應詳細揭露於公開說明書。

2.公司將承銷價格及銷售辦法報請證期局備查。

3.承銷商公告上市前銷售，發行公司印送公開說明書。

4.舉辦業績發表會，業績發表會應於承銷截止收件5天前舉辦完畢，並應先期發布新聞。

5.完成上市前銷售，承銷商向證期局申報承銷名冊並副知交易所，同時將名冊送發行公司。

6.發行公司編送承銷後股東名冊及股權分散表函送交易所並辦理各該股東之過戶手續。

（九）交付上市費用

公開發行公司初次申請有價證券上市者，應向證交所乙次繳足上市審查費新台幣50萬元整。經決議退件後提出申復者，應再向本公司繳交申復審查費新台幣30萬元整。但股票已上市增資發行新股之上市或其他有價證券之初次申請上市，得免繳審查費。外國發行人暨其存託機構申請其擬發行之台灣存託憑證（TDR）上市者，應向交易所乙次繳足上市審查費新台幣30萬元整。但申請因增資而增發或經兌回後在原發行額度內再發行與已上市台灣存託憑證權利義務相同之台灣存託憑證上市，得免繳審查費。

另發行公司所發行之有價證券，在證券交易所核准上市後，規定應於有價證券集中交易市場內買賣，其須利用證券交易所設備，應由發行公司向證券交易所繳付上市費。有價證券上市費用，應於上市契約中訂定；其費率由證券交易所申報主管機關核定之（證交§143）。發行公司於上市契約經主管機關核准後，應依證券交易所訂定「有價證券上市費費率表」所列有價證券上市費標準，於上市以後每年開始1個月內，向證券交易所交付有價證券上市費。上市費費率表請見表5-2。

表5-2　上市費率表

公司股票（含國內公開發行公司及外國發行人發行之股票，暨視爲有價證券之新股認購權利證書、新股權利證書及股款繳納憑證在內，惟轉換公司債所換發之債券換股權利證書暫不收取上市費）。

上市有價證券單位數	上市費費率
5,000萬股元以下	每10萬股收取300元，但低於10萬元者以10萬元計收
超過5,000萬股至1億股部分	每10萬股收取200元
超過1億股至2億股部分	每10萬股收取100元
超過2億股至3億股部分	每10萬股收取50元
超過3億股部分	每10萬股收取25元
每年上市費最高額爲45萬元	

（十）洽定及公告掛牌上市日期

　　發行公司申請有價證券上市案經交易所審定，檢具上市契約報經主管機關核准生效，該公司即列爲上市公司，除按上市契約規定繳付上市費外，應於接到交易所通知後，將公開說明書送交交易所轉發各證券商，並於與交易所洽定之上市買賣開始日期3日前，由上市公司將上市有關事項刊登交易所所在地之日報公告之。上市公告事項應包括公司名稱、上市有價證券種類、數量、權利、義務、面額、上市買賣開始日期、主管機關核准發行及核准上市日期及文號、有價證券過戶機構之名稱、證券承銷商名稱、承銷期間、價格、數量及其他應行公告事項。

　　初次申請股票上市之發行公司，其有價證券上市契約經主管機關核准後3個月內未能依照規定完成股票公開銷售者，其上市案應予以註銷，如有正當理由申請延期，經交易所同意報請主管機關核准後，得再延長3個月，且以一次爲限。

　　發行公司於其股票開始上市買賣前，經發現具體事證認爲有前述上市審查準則不宜上市情事之虞時，得先暫緩其股票上市買賣，並進行查核，同時報請主管機關備查。上市公司拒絕接受查核或提出必要之資料，或經查證確有不宜上市之情事者，交易所得報經主管機關核准後，撤銷其上市契約；經查證並無不宜上市之情事者，得報經主管機關核備後，通知該公司恢復辦理上市買賣相關事宜。但不宜上市之情事尚待確定者，得繼續暫緩其股票上市買賣。

（十一）股票上市（櫃）審查作業流程圖

1. 本圖適用於所有公開發行股票公司

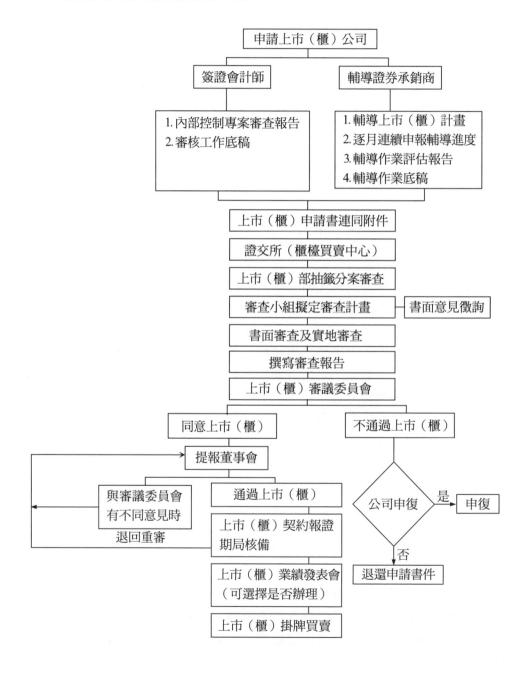

2. 本圖適用於補辦公開發行股票及原股權分散未達規定標準公司

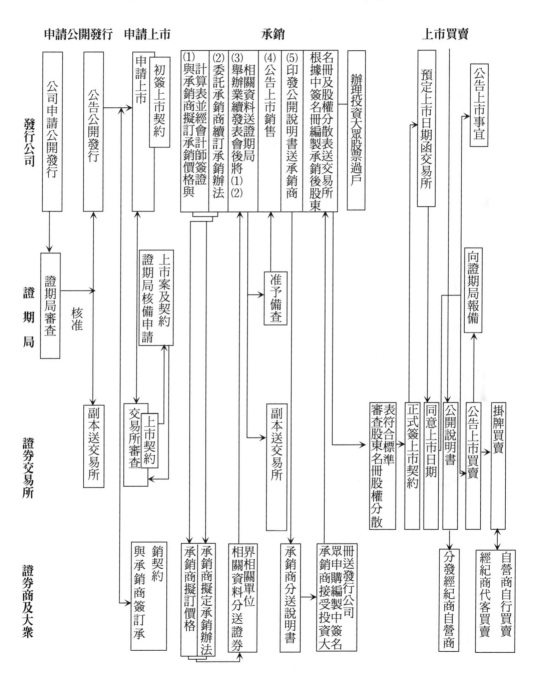

七、有價證券上市後之管理

（一）重大訊息之揭露

1. 法令依據

　　公司有下列情事之一者應於事實發生之日起2日內公告並向主管機關申報：

(1)股東常會承認之年度財務報告與公告並向主管機關申報之年度財務報告不一致者。

(2)發生對股東權益或證券價格有重大影響之事項（證交§36）。

2. 重大訊息條款

(1)上市公司及其母公司或子公司發生存款不足之退票、拒絕往來或其他喪失債信情事，或母公司發生重大股權變動情事者。

(2)因訴訟、非訟、行政處分、行政爭訟或假扣押、假處分之申請或執行事件，對公司財務或業務有重大影響者。

(3)嚴重減產或全部或部分停工、公司廠房或主要設備出租、全部或主要部分資產質押者。

(4)有公司法第185條第1項所定各款情事之一者。

(5)經法院依公司法第287條第1項第5款規定，對其股票為禁止轉讓之裁定者。

(6)董事長、總經理、法人、董、監事及其代表人或三分之一以上董事發生變動者。

(7)非屬簽證會計師事務所內部調整之更換會計師者。

(8)公司發言人、代理發言人、財務主管或研發主管發生變動者。

(9)變更會計年度者。

(10)重要備忘錄或策略聯盟或其公司業務合作計畫或重要契約之簽訂或解除者、改變業務計畫之重要內容、完成新產品開發、試驗之產品已開發成功且正式進入量產階段或收購他人企業者，或專利商標及著作權之取得。

(11)董事會決議減資、合併、解散、增資發行新股、發行公司債或其他有價證券者。

(12)召開法人說明會之財務、業務資訊。

(13)公開經會計師核閱之財務預測資訊、公開前揭財務預測資訊不適用或更正或更新前揭財務預測資訊者。

(14)董事會決議發放股利或股利分派經董事會或股東會決議有所變動者。

(15)董事會或股東會決議直接或間接進行投資計畫達公司實收資本額20%或新台幣1億元以上者。

(16)現金增資或募集公司債計畫經申報生效或申請核准後，因董事會決議有所變動者。

(17)董事會決議股東會或臨時東會召開日期、召集事由及停止變更股東名簿記載之日期。

(18)股東會或臨時股東會重要決議事項。

(19)未於營業年度終了後6個月內召集股東常會者。

(20)依主管機關函訂之公開發行公司取得或處分資產處理要點規定應行公告申報之事項。

(21)子公司取得或處分母公司股權累積交易金額超過該子公司實收資本額50%或新台幣1億元以上者，嗣後如再取得或處分之累積交易金額超過上開標準者，應得再輸入。

(22)上市公司及其子公司辦理背書保證金額達主管機關函訂之「上市上櫃公司背書保證處理要點」第5點各款規定之標準者。

(23)公司與主要買主或供應商停止業務往來，該買主或供應商占公司最近一會計年度之總銷售值或進貨金額達10%以上者。

(24)發生災難、集體抗議、罷工或有環境污染情事，經有關機關命令停工、停業、歇業或撤銷汙染相關許可證或罰鍰金額達新台幣10萬元以上處分者。上市公司及其母公司或子公司依相關法令進行破產或重整程序之有關事項。

(25)上市公司及其母公司或子公司依相關法令進行破產或重整程序之有關事項。

(26)公司主要債務人遭退票、申請破產或其他類似情事；公司背書保證之主要債務人無法償付到期之票據、貸款或其他債務者。

(27)母公司或子公司或其聯屬公司經其董事會決議之重大決策，對公司之股東權益或證券價格重大影響者。

(28)上市公司年度及半年度財務報告經會計師出具非無保留意見之查核意見，但因依財務會計準則公報調整會計原則者除外。

(29)大眾傳播媒體報導或投資人提供訊息有足以影響上市公司之有價證

券行情者。

(30)上市公司依規定辦理股票集中保管後，迄保管期間屆滿前，遇有辦理提交集中保管人員之股票，因依法院之執行命令或其他原因被領回，致集中保管比率不足者。

(31)有公司法第369條之8第1項及第2項所規定公司股權變動之事由並收到通知者。

(32)董事或監察人之一受停止行使該公司董事或監察人職權之假處分裁定。

(33)其他對股東權益或證券價格有重大影響之情事或其他經公司董事會決議之重大決策。

3. 管　理

(1)重大訊息未公告者，證期局依證券交易法第178條規定，可處24萬元以上，480萬元以下罰鍰。

(2)重大訊息未公告者，證券交易所可課違約金3萬至5萬元，或變更其交易方法，或停止其股票買賣。

（二）財務報告之審閱

1. 法令依據

證券交易法第36條。

2. 公告之內容

(1)年報：會計師查核簽證3月底前公告。

(2)季報：會計師核閱、5月中、8月中及11月中前。

(3)營運情形：每月10日前公告上月份營運情形。

3. 管　理

(1)未公告者，證期局依證券交易法第178條規定可處罰鍰24萬元以上，240萬元以下。

(2)未公告者證券交易所依營業細則第50條規定可停止其買賣

(3)已公告如淨值為5元以下，證券交易所變更其交易方法。

(4)已公告者如淨值為負數，證券交易所可終止其上市。

（三）內部人股權之管理

1. 法令依據

　　(1)證券交易法第22條之2：上市公司內部人賣出該公司股票前應先向證期局申報。

　　(2)證券交易法第25條：上市公司內部人持股異動，應向主管機關申報。

2. 內部人定義

　　(1)董事、監察人、經理人或持有公司股份超過10%之股東。

　　(2)包含其配偶、未成年子女及利用他人名義持有者。

3. 管　理

　　違反者證期局依證券交易法第178條規定，可處24萬元以上，480萬元以下罰鍰。

八、有價證券終止上市、停止買賣及變更交易之方法

（一）終止上市

　　股票終止上市即一般所稱之「下市」，係指已上市之有價證券因不符上市要件，已不適宜在集中交易市場公開競價買賣，證券主管機關為保障投資大眾之交易安全，依職權或由上市公司主動申請終止在集中交易市場競價買賣謂之。依證券交易法規定，終止上市之原因可分為下列各項：

　　1.證券交易所得依法令或上市契約之規定，終止有價證券上市，並應報請主管機關備查（證交§144）。依證券交易所營業細則規定，上市公司有下列情事之一者，交易所對其上市有價證券應報請主管機關核准終止其上市：

　　(1)有公司法第9條、第10條、第11條、第17條第2項、第315條第1項第1款至第8款及第397條規定情事，經有關機關撤銷公司登記或予以解散者。

　　(2)有公司法第251條或第271條規定情事，或其他原因經有關主管機關撤銷其核准者。

　　(3)經法院裁定宣告破產已確定者。

(4)經法院裁定准予重整確定或依公司法第285條之1第3項第2款規定駁回重整之聲請確定者。

(5)公司營業範圍有重大變更，本公司認為不宜繼續上市買賣者。

(6)其上市特別股發行總額低於新台幣2億元者。

(7)其有價證券經依前條規定予以停止買賣，滿6個月後仍有前條第1項各款規定情事之一者。

(8)有拒絕往來或退票紀錄，且自停止買賣次一營業日起，6個月內無法提出票據交換所註記證明者。

(9)其依證券交易法第36條規定公告並申報之最近期財務報告或投資控股公司之合併財務報告淨值為負數者。

(10)公司營業全面停頓暫時無法恢復或無營業收入者。但依本公司有價證券上市審查準則第6條之1規定申請之上市公司，於其特許合約工程興建期間無營業收入者，不適用之。

(11)有證券交易法第156條規定情事，經主管機關命令停止全部有價證券買賣達3個月以上者。

(12)與其他公司合併不符第53條之19、第53條之10或第53條之2繼續上市之規定者。

(13)重大違反上市契約規定者。

(14)依司法機關裁判確定之事實，證明該上市公司具有下列情形之一：

　　A.該公司於申請股票上市時，所提供之財務報告、帳冊等資料有虛偽隱匿之情事，而將該等虛偽隱匿之金額加以設算或扣除後，其獲利能力不符合上市規定條件者，但該公司自上市日起，至司法機關裁判確定日止，已逾5年者，不在此限。

　　B.符合前目但書規定之上市公司，其虛偽隱匿所涉相關會計科目，係遞延至裁判確定時仍存在，經設算或扣除後，其裁判確定所屬當年度之獲利能力，不能符合上市規定條件者。

(15)其他有終止有價證券上市必要之情事者。

2.證券交易所依法令或上市契約之規定，或為保護公眾之利益，就上市有價證券停止或回復其買賣時，應報請主管機關備查（證交§147）。

3.於證券交易所上市有價證券之公司，有違反本法或依本法發布之命令時，主管機關為保護公益或投資人利益，得命令該證券交易所停止該有價證券之買賣或終止上市（證交§148）。

4.於證券交易所上市之有價證券，其發行人得依上市契約申請終止上市。證券交易所對於前項之申請之處理，依證交法第145條規定於102年1月23日訂定「台灣證券交易所股份有限公司上市公司申請有價證券終止上市處理程序」。為維護投資人之權益，上市公司申請其有價證券終止上市案，應經董事會或股東會決議通過，且表示同意之董事或股東，其持股需達已發行股份總數三分之二以上。但如係已上市之可轉換公司債，申請終止上市而轉往櫃檯買賣中心買賣者，得不受此限。

上市公司申請有價證券終止上市者，應至少由下列人員負連帶責任承諾收購公司股票：
1.經董事會決議通過者：表示同意之董事，但獨立董事不在此限。
2.經股東會決議通過者：於董事會對申請終止上市議案提交股東會討論表示同意之董事，但獨立董事不在此限。

前項承諾收購公司股票，應於申請終止上市之議案中列明下列事項：
1.收購起始日。
2.收購價格之計算方式。
3.收購期間。
4.寄發董事會或股東會開會通知日前1日止，董事、監察人之持股股數暨其占該公司已發行股份總數之比率。
5.就承諾收購負連帶責任之董事個別收購比率，但經董事會決議通過者，得延至股東會之議案中列明或向本公司提出申請時予以補齊。

前項收購起始日為終止上市之日，收購期間應為50日，且應於收購期間屆滿後辦理交割；收購價格依下列標準訂之，但不得低於該公司最近期經會計師查核或核閱之財務報告之每股淨值：
1.經董事會決議終止上市者，收購價格不得低於董事會決議日前1個月股票收盤價之簡單算術平均數。
2.經股東會決議終止上市者，收購價格不得低於董事會決議日前1個月或股東會決議日前1個月股票收盤價之簡單算術平均數孰高者。

前項所稱之淨值，係指主管機關訂頒之各類別財務報告編製準則之資產負債表中歸屬於母公司業主之權益。

近年來10餘家上市公司相繼產生財務危機，公司股價在連番重挫後遭遇

下市之命運。然對股齡逾30年之老投資人而言，民國53年台糖股價暴跌風波導致後來台電、台糖終止上市事件，印象應依然深刻。民國52年因當時整體經濟趨於繁榮，尤以在銀根鬆弛游資充沛之環境中，有利國內股市第一次之大多頭攻堅，且政府為推行公股移轉民間政策，提撥台糖公司優先股300萬股於證券市場分批公開拍賣，其間適值國際糖價高漲，國內對外貿易首次出超，在股民競購台糖股票之熱潮下，引起股市全面大漲，使購買台糖股票之投資人大都獲利，並使股票第一次成為全民運動，與79年股市崩盤前，美容院小妹也忙於購買股票之趣談相較，亦毫不遜色。53年時，由於當時充沛之資金追逐有限之籌碼，股價指數由1月之126點，一路直線上升至8月之高點345.6點，漲幅高達1.74倍，旋即因國際糖價重挫，導致台糖股價暴跌，政府於54年10月直接下令台電停止上市，隨即56年3月再令台糖亦停止上市，雖官方版之記載中並無詳細記錄終止上市之真正原因，且年代久遠，諸多臆測業已不可考，但應與股價人為操控嚴重暴漲暴跌無法肯定股市正面功能難脫干係。

　　民國51年台灣證券交易所開業之初，台電、台糖公司即係名列16家上市公司中之2員，而後分別在54年10月及56年3月終止上市，兩家公司曾於88年向證券交易所表示，有意恢復上市，但因在目前證券交易法令規定中並無對「終止上市」有任何之解釋，相對亦無所謂恢復上市之規定存在，因此，台電與台糖等先前遭終止上市之公司，在台灣證券交易所上市審查單位之立場而言，歸類為未上市之公營事業。

（二）上市股票停止買賣

　　主管機關對於已在證券交易所上市之有價證券，發生下列各款情事之一，而有影響市場秩序或損害公益之虞者，得命令停止其一部或全部之買賣，或對證券自營商、證券經紀商之買賣數量加以限制（證交§156）：

1. 發行該有價證券之公司遇有訴訟事件或非訟事件，其結果足使公司解散或變動其組織、資本、業務計畫、財務狀況或停頓生產。
2. 發行該有價證券之公司，遇有重大災害，簽訂重要契約，發生特殊事故，改變業務計畫之重要內容或退票，其結果足使公司之財務狀況有顯著重大之變更。
3. 發行該有價證券公司之行為，有虛偽不實或違法情事，足以影響其證券價格。

4. 該有價證券之市場價格，發生連續暴漲或暴跌情事，並使他種有價證券隨同為非正常之漲跌。

5. 發行該有價證券之公司發生重大公害或食品藥物安全事件（104年7月新增）。

6. 其他重大情事。

　　另，上市公司有下列情事之一者，台灣證券交易所對其上市之有價證券，得依證券交易法第147條規定停止其買賣，並報請主管機關備查（台灣證券交易所股份有限公司營業細則§50 I）：

1. 未依法令期限辦理財務報告或財務預測之公告申報者。

2. 有公司法第282條之情事，經法院依公司法第287條第1項第5款規定對其股票為禁止轉讓之裁定者。

3. 檢送之書表或資料，發現涉有不實之記載，經證交所要求上市公司解釋而逾期不為解釋者。

4. 在證交所所在地設置證券過戶機構後予以裁撤，或虛設過戶機構而不辦過戶，經查明限期改善而未辦理者。

5. 其依證券交易法第36條規定公告並申報之財務報告，有未依有關法令及一般公認會計原則編製，且情節重大，經通知更正或重編而逾期仍未更正或重編者；或其公告並申報之財務報告，經其簽證會計師出具無法表示意見或否定意見之查核報告或出具否定式或拒絕式之核閱報告者。上市公司公告並申報經會計師核閱之財務預測者，其簽證會計師出具否定式或拒絕式核閱報告。

6. 違反上市公司重大訊息相關章則規定，個案情節重大，有停止有價證券買賣必要之情事者。

7. 違反申請上市時出具之承諾。

8. 依證交所有價證券上市審查準則第六條之一規定上市之公司，其所興建之工程發生重大延誤或有重大違反特許合約之事項者。

9. 違反第49條第1項第8款規定，且3個月內無法達成同條第2項第8款情事者。

10. 違反第49條第1項第9款規定，且自變更交易方法後之次一營業日起，3個月內無法達成同條第2項第9款之各項補正程序並檢附相關書件證明者。

11. 對其子公司喪失金融控股公司法第4條第1款所定之控制性持股，經

　　　　主管機關限期命其改正者。

12.違反第49條第1項第10款、第11款、第12款、第13款或第17款規定，
　　且自變更交易方法後之次一營業日起，3個月內無法達成同條第2項
　　第10款、第11款、第12款或第16款之情事者。

13.違反第49條第1項第15款規定，且自變更交易方法後之次一營業日
　　起，3年內無法達成同條第2項第14款之情事者。

14.經營權異動且異動前後一定期間有營業範圍重大變更之情事者。但
　　上市公司與上市（櫃）公司、第一上市（櫃）公司依企業併購法或
　　其他法令進行併購、私募或公開收購者，不在此限。

15.因第49條第1項第16款規定列為變更交易方法有價證券後2年內無法
　　達成同條第2項第15款規定者。

16.其他有停止有價證券買賣必要之情事者。

（三）上市股票變更交易方法

　　台灣證券交易所集中交易市場內有價證券之買賣，分下列三種：

1.普通交割之買賣。

2.成交日交割之買賣。

3.特約日交割之買賣。

　　普通交割之買賣於成交日後第二營業日辦理交割（T+2日）。成交日交
割之買賣，應經買賣雙方以書面表示，於當日辦理交割。特約日交割之買
賣，其辦法由台灣證券交易所擬訂，報請主管機關核定後實施。

　　目前一般正常之買賣皆採用普通交割之買賣，惟上市公司有下列情事之
一者，台灣證券交易所對其上市之有價證券得變更原有交易方法為全額交
割：

1.其依證券交易法第36條規定公告並申報之最近期財務報告或投資控股
　　公司之合併財務報告顯示淨值已低於實收資本額二分之一者。

2.未於營業年度終結後6個月內召開股東常會完畢者，但有正當事由經
　　報請公司法主管機關核准，且於核准期限內召開完畢者，不在此限。

3.其依證券交易法第36條規定公告並申報之年度或半年度財務報告或投
　　資控股公司之合併財務報告，因查核範圍受限制，或會計師對其管理
　　階層在會計政策之選擇或財務報表之揭露，認為有所不當，經其簽證
　　會計師出具未能將其保留之原因充分揭露或未能將可能影響之科目及

其應調整金額充分揭露之保留意見之查核報告者。

4. 違反上市公司重大訊息查證暨公開相關章則規定，經通知補行辦理公開程序，未依限期辦理且個案情節重大者。

5. 董事或監察人累積超過三分之二（含）以上受停止行使董事或監察人職權之假處分裁定。

6. 依公司法第282條規定向法院聲請重整者。

7. 公司全體董事變動二分之一以上，有股權過度集中，致未達現行上市股權分散標準，或其現任董事、監察人、總經理有本公司有價證券上市審查準則第9條第1項第10款規定之情事，經本公司限期改善而未改善者。

8. 無法如期償還到期或債權人要求贖回之普通公司債或可轉換公司債。

9. 上市公司退票經證券交易所知悉者。若上市公司因退票被列為全額交割股，次一營業日起，經該上市公司於3個月內清償贖回、提存備付或重提付訖、出示直接或間接源自票交所之註記證明，且於恢復前未再有新增退票紀錄者，便可恢復其股票原有正常交易方法。列為全額交割股後3個月內未註記，將予以停止買賣；停止買賣後，6個月內未註記，將遭到下市命運，亦即上市公司自退票次日起至9個月內，若未解決財務問題，將被勒令下市。

全額交割與一般交易及處置股票對照表

類型	買進預收款	賣出預收券（圈存）
一般交易（普通交割）	不必預收	不必預收
全額交割	1張就要預收款	1張就要預收券（圈存）
處置股票（一）10分鐘撮合一次	單筆達10張或多筆累積達30張	單筆達10張或多筆累積達30張
處置股票（二）20分鐘撮合一次	1張就要預收款	1張就要預收券（圈存）

資料來源：臺灣證交所。

（四）上市公司利用減資回復普通交割之檢討

如前述上市公司每股淨值低於5元，由普通交割變更為全額交割，其主要目的係讓投資人瞭解這一類股票是營運虧損、財務面較差之公司，提醒投資人這些上市公司之營運、財務面惡化；即使投資人執意買賣，就要有十足款券證明有自負風險能力。

一般而言，淨值高低，反應企業財務、經營能力，正常情況下，上市公司累積之淨值多是透過營運獲利提升；然而營運艱困公司透過大量減資提升淨值到5元、10元以上，或有財務面改善效益，但不代表營運已經不再惡化。證交所卻遽以作為恢復普通交割或信用交易資格，實有商榷之處。依照證交所營業細則第49條規定全額交割要件中，以往對上市公司因金融機構退票被變更為全額交割者，不管是否實際清償或僅是換票而仍留有債務，只要「註明」退票即可恢復普通交割。然於證交所在陸續之管理實務上卻發現，用換票方式註記退票，實際對上市公司財務沒有改善，只是把既有財務風險延後；因而修改營業細則，規定上市公司須實際清償註記等，證明已把票據債務解決，才能恢復交割。此係證交所把上市公司之財務風險由「形式認定」提升為「實質認定」，運用在股票變更交易方式，其理也真：上市公司以減資提高淨值，在營運面改善未被檢視之前，即恢復普通交割、信用交易，也僅是「形式認定」；與前述同一條款恢復普通交割的風險控管精神，存有相當矛盾。

我們只有稍為檢視證交所的資料，就可以發現以往實務有不少上市公司年年辦理減資，恢復信用交易或普通交割之後，營運還是虧損、每股淨值持續惡化，再被取消信用交易、列為全額交割。這種惡性循環即是證交所對於營運虧損的艱困上市公司，僅採取財務面每股淨值的「形式審查」，而不管淨值提升的原因，沒有對其經營面作進一步觀察期所造成；最後，艱困公司利用作為炒作股價題材，反而傷害到投資人權益。

艱困上市公司利用減資提高淨值，不是不能讓其恢復普通交割、信用交易；而是必須更謹慎地來觀察未來營運是否改善，是否已具有承擔信用擴張風險的能力？例如，排除庫藏股減資、現金減資這些非營運惡化的減資，若屬於營運虧損減資的上市公司，證交所可以訂出一段觀察期，如3個月或6個月不等，觀察上市公司季報或半年報營運沒有虧損、惡化，且淨值條件符合者，才能恢復為普通交割、信用交易，才是比較務實之做法。

1997年亞洲金融風暴，不少上市公司股價跌破10元票面，主管機關因此

把信用交易資格的門檻，由市價10元以上，改為現行的每股淨值10元以上得以信用交易至今。

以淨值作為衡量信用交易資格，相對市價較具有風險控管意義，除非作假帳，淨值畢竟代表上市公司真實的清算價值、營運能力和財務狀況；但現在不論任何情形，艱困公司大量減資也能恢復普通交割、信用交易，就失去主管機關當初訂淨值標準的意義，易陷投資人於盲目擴張信用之風險中。

筆者認為資本市場以往因「非常時期」所訂之法規須重新檢討，亦須訂有「落日條款」。艱困公司辦理減資，沒有營運觀察期，就遽以恢復普通交割、信用交易，此乃係違背專業、悖離常識之不合宜法規，實有檢討之必要。

第三節　有價證券櫃檯買賣市場（店頭市場）

一、櫃檯買賣之定義（stocks listed on OTC）（證交§42、§62）

有價證券不在集中交易市場上市以競價方式買賣，而在證券商之營業櫃檯以議價方式進行之交易行為，稱為櫃檯買賣。由櫃檯買賣所形成之市場稱為櫃檯買賣市場，又稱店頭交易，英文為Over-the-Counter，簡稱OTC。公開發行公司申請將其所發行之證券（包括股票與公司債）在證券商營業處買賣者稱為上櫃申請，經核准可以在證券商營業處所為櫃檯買賣之股票稱為上櫃股票，亦即可在櫃檯買賣市場發行與流通之股票稱為上櫃股票。

櫃檯買賣之法源主要係依據證券交易法第42條及第62條，其賦予「營業處所買賣有價證券」之法源，為配合新制實施，財政部證券暨期貨管理委員會於83年10月修正發布「證券商營業處所買賣有價證券管理辦法」，確立櫃檯買賣中心之法律地位。

完整之證券市場體系包含集中市場與櫃檯買賣市場，為推動台灣成為亞太營運中心，使國內眾多中小企業得利用資本市場募集發展所需資金，以提升產能、強化競爭能力，為政府及民間之共識，因此參考其他先進國家扶植本土高科技及新興產業之做法，構建集中市場與櫃檯買賣市場相輔相成的完整證券市場體系。尤其現今國內許多產業面臨轉型，策略性工業多為資金密

集，為使國內產業順利升級，穩健而有效率的櫃檯買賣市場將創造台灣第二個經濟奇蹟。

事實上店頭市場可謂集中交易市場之預備市場與後備市場，通常大型企業股票上市在集中交易市場發行與流通，中型企業之股票在店頭市場發行與流通，當上櫃企業規模擴大、經營效率提高之後，可躋身為上市股票，因此店頭市場可謂有志上市企業之先修班，可謂集中交易市場之預備市場。反之，若企業股票上市後，經營不善，業績未達上市標準，則可能被降至店頭市場交易，如此，則店頭市場即為集中交易市場之後備市場。一般而言店頭市場與集中交易市場兩者係垂直分工，相輔相成，企業規模大者股票上市，規模較小成長性高者股票上櫃，上市者不能同時上櫃，上櫃者不能同時上市，由兩者形成完整之證券市場。

二、店頭市場之功能

建立股票店頭市場之目的係要健全上櫃公司籌集資金之管道，提高上櫃公司股票之流通性，有效匯集社會儲蓄投資於上櫃公司，促其改善財務結構、擴大生產規模與提升生產技術，達成促進經濟發展與增進社會繁榮之目標。未上市之有價證券不得於證券交易所之有價證券集中交易市場為買賣（證交§142），但未上市之股票，其數目遠多於上市股票，未上市股票由於無店頭市場而失去次級交易之流通市場，股權無法分散，無論對整體證券市場之發展，或對資本大眾化與資本之形成，皆甚為不利，故建立店頭市場之主要目的在於促使證券之再分配，使證券資本更能大眾化，增加國民投資之管道，另亦為已公開發行證券之持有人，提供流通轉讓之處所，擴大流通市場之規模，並增進有價證券之變現性。

店頭市場與集中交易市場同為流通市場，二者互補互競，構成完整之流通市場，店頭市場之建立，將使流通市場更為充實，故為求健全證券市場，僅求管理集中交易市場，尚不能竟其全功，仍須健全店頭市場，俾擴大證券市場之規模，有助於證券業務之發展，引導社會游資投入生產企業，發展國民經濟。

三、我國店頭市場發展沿革

國內證券市場之演進，第一階段係起源於店頭市場，最早期有民國38年

政府發行之愛國公債，其次民國42年政府實施耕者有其田政策，開放台泥、台紙、工礦、農林四大公司為民營，並以7成土地債券補償地主，開啓證券於市面上自由流通買賣，當時尚未有證券交易所集中交易市場之設置，故此四大公司之股票，皆在各證券公司由買賣雙方自行協議成交，此即店頭市場最早之雛型，爾後因交易不集中，紀錄未公開，市場分散，政府管理欠周，部分證券商矇混操縱，弊端叢生，形成惡性投機，44年股市風波迭起，市場混亂情形有增無減，於是有集合一固定場所集中交易之建議，48年經濟部組成「建立證券市場研究小組」，正式策劃建立台灣證券市場，民國49年設置「證券管理委員會」，51年2月台灣證券交易所開業，分散各地之交易全部納入證券交易所集中交易，並嚴格禁止場外交易，於是國內證券店頭市場正式結束，取而代之者為證券集中交易，此為證券市場發展之第二階段。

　　民國57年證券交易法公布實施，考慮到部分未上市股票仍應有流通交易之處所，於是將國內證券市場架構分為兩大部分，即證券交易所之集中市場與各證券商營業處所有價證券之櫃檯買賣，同時規定證券經營是項業務應經主管機關核准，惟迄71年止，主管機關皆未核准證券商辦理該項業務，故法律雖架構為二種市場，然實際上此段期間之證券交易，仍以集中市場之交易為限，亦即國內店頭市場自51年停辦以來，至民國71年此時仍未正式恢復。

　　民國71年8月政府為促進債券交易活絡，並提供未上市股票流通之處所，乃著手建立店頭市場，是為店頭市場沿革之第三階段，並由證期會訂定「證券商營業處所買賣有價證券管理辦法」，作為推動店頭市場之依據，惟此時仍只恢復政府公債、金融債券及公司債由證券自營商辦理櫃檯買賣業務，73年復准由證券經紀商申請經營櫃檯受託買賣證券；金融機構兼營證券經紀商者，並得申請為證券自營商，兼營櫃檯自行買賣及受託買賣債券業務。

　　民國75年政府協助創業或具成長潛力之企業募集資本，以改善企業財務結構，促進經濟發展，並落實企業員工分紅認股制度，開辦股票店頭市場之議復起，後經主管機關正式決議並函請台北市證券商公會辦理，成立股票店頭市場籌劃小組，著手有關規劃工作，76年2月證券商公會完成計畫初稿報主管機關，以後歷經多次研議，並會請專家學者針對該議題表示意見，證期會終於在同年11月底核定「台北市證券商業同業公會證券商營業處所買賣有價證券審查準則」，並於77年核定「台北市證券商業同業公會證券商營業處所買賣有價證券業務規則」，開始接受公開發行但未上市股票加入店頭市場之申請，自此店頭市場之發展乃進入第四階段，然此段期間，由於作為市場

骨幹之推薦證券商制度尚未成熟，且市場欠缺交易籌碼，故無法順利開辦，直至78年12月始有建弘證券投資信託事業首家申請上櫃，其後並陸續有多家企業表達其上櫃意願，於是國內股票店頭市場之籌建，乃告確立。

櫃檯買賣中心之基金來源，係由台北市證券商業同業公會、高雄市證券商業同業公會、台灣證券交易所股份有限公司及台灣證券集中保管股份有限公司等四單位分別捐助1億6,525萬元、20萬元、1億2,000萬元及6,000萬元。前二者於83年8月底捐出，後二者於9月中旬捐出。法人登記於83年10月完成，並於同年11月1日自台北市證券商公會接辦證券櫃檯買賣業務。

財團法人中華民國證券櫃檯買賣中心之董事、監察人產生方式，依中心捐助章程規定，董事名額15人，監察人名額5人，其中三分之二之名額由主管機關指派專家、學者擔任，另三分之一由捐助單位就捐助人、專家學者及證券商業者中遴聘。

四、公開發行公司申請股票上櫃之要件及程序

公開發行公司申請股票在店頭市場買賣應具備下列要件，並應與櫃檯買賣中心訂立證券商營業處所買賣有價證券契約，於報經證期局核備後，始得許可為櫃檯買賣：

(一)實收資本額達新台幣5,000萬元以上，且募集發行普通股股數達500萬股以上者，以公司登記（或變更登記）後之證明文件記載之資本額為準。但私募有價證券未經公開發行之股份不列入前開資本額之計算。

(二)依公司法設立登記滿二個完整會計年度，且財務要求應符合下列標準之一：

1. 「獲利能力」標準，經會計師查核簽證之財務報告，其稅前淨利占股本之比率，符合下列條件之一者，且最近一個會計年度之稅前淨利不得低於新台幣400萬元：

   (1)最近一個會計年度達百分之四以上，且決算無累積虧損者。

   (2)最後二個會計年度均達百分之三以上者。

   (3)最近二個會計年度平均達百分之三以上，且最近一個會計年度之獲利能力較前一個會計年度為佳者。

2. 「淨值、營業收入及營業活動現金流量」標準，同時符合：

   (1)最近期經會計師查核簽證或核閱財務報告之淨值達新台幣6億

　　　元以上且不低於股本三分之二。

　　(2)最近一個會計年度來自主要業務之營業收入達新台幣20億元以上，且較前一個會計年度成長。

　　(3)最近一個會計年度營業活動現金流量為淨流入。

(三)公司內部人及該等內部人持股逾百分之五十之法人以外之記名股東人數不少於300人，且其所持股份總額合計占發行股份總額百分之二十以上或逾1,000萬股。

(四)公司股票應集中保管人員，將其持股總額依本中心有關規定辦理集中保管及屆期領回等事宜。就集中保管及屆期領回等事宜之有關規定，由本中心另訂之。

(五)經二家以上證券商書面推薦者。惟應指定其中一家證券商係主辦推薦證券商，餘係協辦推薦證券商。

(六)應委任專業股務代理機構辦理股務者。自102年1月2日起掛牌之上櫃公司應委託專業股務代理機構辦理股務事務，不得收回自辦。

(七)應於興櫃股票市場交易滿6個月以上，但主辦推薦證券商倘有異動者，發行人應由新任之主辦推薦證券商進行輔導，且再於興櫃股票櫃檯買賣滿6個月以上，始得提出上櫃之申請。

(八)募集發行、私募之股票及債券，皆應為全面無實體發行。

(九)應依證券交易法第14條之2及第14條之6規定設置獨立董事、薪資報酬委員會及審計委員會。

(十)公司章程應載明下列事項：

　　1.將電子方式列為股東表決權行使管道之一。

　　2.公司董事、監察人選舉，應採候選人提名制度。

　　3.應設置審計委員會替代監察人。但申請時實收資本額未達新台幣6億元者，不在此限。

(十一)上櫃產業類別係屬食品工業或最近一個會計年度餐飲收入占其全部營業收入百分之五十以上之發行公司，應符合下列各目規定：

　　1.設置實驗室，從事自主檢驗。

　　2.產品原材料、半成品或成品委外辦理檢驗者，應送交經衛生福利部、財團法人全國認證基金會或衛生福利部委託之機構認證或認可之實驗室或檢驗機構檢驗。

　　3.洽獨立專家就其食品安全監測計畫、檢驗週期、檢驗項目等出具合理性意見書。

　　公營事業申請股票在櫃檯買賣者，得不受第(二)款至第(四)款及第(七)款規定之限制；公營事業轉為民營者，得不受第(二)款設立年限之限制。

　　證券業、期貨業、金融業及保險業申請其股標為櫃檯買賣，應先取得目的事業主管機關之同意函，始予受理。且證券投資信託事業之董事、監察人及持股5%以上之股東，應依第(四)款規定辦理股票集中保管事宜，並承諾自股票在櫃檯買賣之日起4年內不予出售，所取得之集中保管證券憑證不予轉讓或質押，且4年期限屆滿後，集中保管之股票允按本中心規定比率分批領回。但證券投資信託事業於登錄興櫃股票期間，其推薦證券商因認識或因買賣營業證券，致持股超過已發行股份總額5%以上者，不在此限。

　　公開發行公司取得中央目的事業主管機關出具其係屬科技事業且其產品或技術開發成功具有市場性之評估意見者，得不受第(二)款規定之限制。但其董事、監察人及持股5%以上股東，及以專利權或專門技術出資而在公司任有職務並持有公司申請上櫃時已發行股份總數達5‰以上之股東，應依第(四)款有關規定辦理集中保管及屆期領回等事宜。

　　公開發行公司雖合於審查準則之規定條件，但有下列各款情事之一，櫃檯買賣中心認為不宜櫃檯買賣者，除有第(七)款至第(九)款情事應不同意其股票為櫃檯買賣者外，得不同意其股票為櫃檯買賣：
(一)遇有證券交易法第156條第1款至第3款所列情事者。
(二)財務或業務未能與他人獨立劃分者。
(三)發生重大勞資糾紛或重大環境汙染之情事，尚未改善者。
(四)有重大非常規交易迄申請時尚未改善者。
(五)申請上櫃會計年度已辦理及辦理中之增資發行新股併入最近1年度決算實收資本額計算，其獲利能力不符合上櫃規定條件者。
(六)未依相關法令及一般公認會計原則編製財務報告，或內部控制、內部稽核及書面會計制度未經健全建立且有效執行，其情節重大者。
(七)公司或申請時之董事、監察人、總經理或實質負責人於最近3年內，有違反誠信原則之行為者。
(八)申請公司之董事會或監察人，有無法獨立執行其職務者。
(九)申請公司於申請上櫃會計年度及其最近一個會計年度已登錄為證券商營業處所買賣興櫃股票，於掛牌日起，其現任董事、監察人及持股超過其股份總額10%之股東，有未於興櫃股票市場，而買賣申請

公司發行之股票情事者。但因辦理第4條之承銷事宜或有其他正當事由者，不在此限。

(十)其他因事業範圍、性質或特殊情況，本中心認為不宜上櫃者。

公營事業申請股票在櫃檯買賣者，不適用第(二)款之規定。

公開發行公司在興櫃股票交易滿6個月後得提出上櫃之申請，櫃檯買賣中心即予以收文並分案。隨後由承辦之審查小組人員進行書面審查、實地查核及辦理上櫃審查意見之徵詢；並根據審查結果製作審查報告提交由15位審議委員組成之上櫃審議委員會進行審議。於上櫃審議委員會決議同意上櫃者，即提報董事會討論通過後，函報金管會證期局核准後始得許可為櫃檯買賣。

經主管機關指定或櫃買中心同意在櫃檯買賣之有價證券，其發行人應於接到主管機關指定通知契約核准後，於該有價證券開始櫃檯買賣前3日，向櫃買中心辦理下列事項：

(一)洽定櫃檯買賣開始期日。

(二)繳付櫃檯買賣費用。

(三)檢送公開說明書、股權分散表、經簽證之有價證券樣張、辦理有價證券事務之印鑑卡及其他經本中心指定之必要文件。

經同意在櫃檯買賣之有價證券，其開始買賣期日應訂於自發行人接到通知契約核準日起3個月之；逾期未開始買賣者，應報經主管機關核准後，撤銷該有價證券櫃檯買賣契約，但其有正當理由申請延期，得報請主管機關核備後，得延長3個月，且以一次為限。

公開發行公司經申請股票為櫃檯買賣管理股票者，其開始買賣期日應訂於終止櫃檯買賣或台灣證券交易所終止上市之同一日，逾期未開始買賣者，應報經主管機關核准後，撤銷該有價證券櫃檯買賣契約。

五、申請股票上櫃與上市要件之探討與比較

近年來由於我國經濟發展快速，資金充裕，資本市場亦不斷擴大，企業界多利用股票上市與上櫃之方式募集資金，擴大營運之意願大為增加，資本市場促進經濟發展之功能亦因而得以發揮，然亦有部分公司或因其上市上櫃之目的、經營方式、市場情況等而存有高度之風險，基於保障投資大眾之考量，而有不宜上市或上櫃之情形，如何在促進經濟發展與保障投資人間取得平衡，使資本市場發揮其應有之功能，即為上市與上櫃審查制度所欲達成之

目標。由於上市上櫃之審查，關係申請公司之權益及資本市場之保障，因此審查過程繁複而慎重，上市（櫃）之標準與審查制度，各國寬嚴不等，主要視各國之政策目標與投資環境而定，且此種規定亦不斷修訂中，上市與上櫃審查之重點在於兼顧申請公司之獲利能力與潛在風險，以期上市或上櫃後能減少對投資人可能之傷害。美國紐約證券交易所與日本東京證券交易所皆以保護投資者為前提，訂有較嚴格之審查標準，再輔以資訊之充分揭露，協助投資者之判斷。歐洲各國主要之證券交易所則以儘量開放市場為基本精神，審查標準較為寬鬆，而以提供投資者判斷所需資訊之揭露為主，我國較接近美、日之模式，但亦有若干差異處。

在美國與日本之制度下，雖然審查標準較為嚴格，但執行之方式則主要由承銷商與會計師等專業人員負起責任，由此等專業人員依既定之標準確實輔導，則其案件送達交易所與主管單位時，所需之審核工作便可大幅減少，增進審議之時效，尤以日本承銷商輔導申請公司之時間長達3年，更可確實按照審查標準，輔導申請公司改善，俟送件申請之時，交易所及主管單位便可充分信賴，予以核准。除此之外，美、日等國家，法人機構之投資比重甚高，對於揭露之資訊賦與充分之關注，以評估公司之獲利能力與風險，使得資訊揭露之功能得以發揮。

反觀我國，在目前之階段，承銷商與會計師之專業輔導功效尚未發揮，投資者多以一般個人為主，其對已揭露資訊之認識與使用，實有不足，以致資訊公開揭露之功效尚屬有限，在此情況之下，交易所或櫃檯買賣中心與主管單位所負之審查責任，便相對增加，長期之目標應為加強承銷商與會計師等專業人員之功能，而逐漸減少交易所、櫃檯買賣中心與主管單位在實質審查上之工作。

六、店頭市場法令規範

店頭市場主要法令規範以證券交易法為主，再加以財政部證期會及櫃檯買賣服務中心訂定之相關法規為輔，構成一完整之市場架構，茲將相關法令規範分述如下：

(一)證券交易法
(二)財政部證期會訂定之法規
1.證券商設置標準
2.證券商管理規則

3.證券商負責人與業務人員管理規則

4.證券商營業處所買賣有價證券管理辦法

(三)櫃檯買賣中心訂定之相關法規

1.櫃檯買賣中心證券商營業處所買賣有價證券審查準則

2.櫃檯買賣中心證券商營業處所買賣有價證券業務準則

3.依業務規則訂定之作業要點及相關細則

　①櫃檯買賣有價證券開戶契約

　②櫃檯買賣確認書

　③櫃檯買賣證券商受託買賣錯帳處理作業要點

　④證券商櫃檯買賣電腦申報作業要點

　⑤櫃檯買賣股票圈存作業要點

　⑥櫃檯買賣圈存準備金管理辦法

　⑦櫃檯買賣有價證券款券劃撥作業要點

　⑧櫃檯買賣零股交易辦法

　⑨買賣外國債券辦法

　⑩債券附條件買賣交易細則

　⑪櫃檯買賣證券商財務、業務查察辦法

第四節　興櫃股票

一、興櫃股票之定義及緣起

　　所謂興櫃股票（emerging stock），指已經申請上市上櫃輔導契約之公開發行公司之普通股股票，在尚未掛牌之前，經過櫃檯買賣中心依據相關規定核准，先在證券商營業處所議價買賣者謂之。

　　興櫃股票市場設置之主要目的，是取代以盤商仲介為主之未上市股票交易，以往此類交易不僅發行公司資訊不明，相關財務、業務資訊不能及時公開，交易資訊也缺乏客觀、公正之揭示管道，盤商操縱股價坑殺投資人之情事時有所聞，另成交後之款券交割，因買賣雙方互不信任，除採最原始之「一手交錢、一手交貨」方式，費時耗力，欠缺效率，也因此改革之呼聲由來已久。稍早證券主管機關曾規劃「報備股票制度」及「登錄股票制度」，

但遲遲未能上路，90年7月19日行政院財經小組核定櫃檯中心研擬之辦法，並正式定名為興櫃股票，並自91年1月起正式實施。

對投資大眾與投資機構而言，興櫃股市無疑增加一項甚具潛力之投資工具，因興櫃股票之發行公司規模雖較小，知名度與財務透明度較低，但這也意味其成長空間較大，在投資學中有所謂「小型股效果」，即小型股之長期、平均報酬率較大型股為高，也因此以往許多投資人樂於在未上市股中「尋寶」，待上市之後俟機脫手獲利可觀，但有更多投資人視投資未上市股為畏途，因其潛藏之風險甚高。在興櫃股市起跑之後，投資大眾可放心參與尋找潛力股，由於政府正式要求興櫃股票必須定期公開年報、半年報、並揭露每月營業額、背書保證金額、資金貸放金額及衍生性金融商品、交易等資訊，資訊透明度提高，將使投資人獲得較高之保障。

二、興櫃股票市場之功能

（一）開拓中小型企業籌資管道

興櫃股票市場機制建立之後，可增加公開發行公司籌資管道，使集中市場、上櫃市場及興櫃市場分別成為大型企業、中型企業及小型企業之籌資市場。尤其是對尚未能上市（櫃）的中小型企業而言，在興櫃股票市場登錄交易之後，可經由適當之輔導符合上市、上櫃資格後，轉至集中市場及上櫃市場掛牌交易，其未能符合上市（櫃）條件者，其公司股票亦將有合法、安全及便利之流通管道，透過公開合法市場價格揭露之功能，使公司股票取據參考性之市場價格，公司可先瞭解市場動態及熟悉資訊揭露規定。故興櫃股票市場之建立對中小型公開發行公司籌資具有正面之助益。

（二）作為上市、上櫃股票之預備市場

興櫃股票係指已經申報上市櫃輔導契約之公開發行公司，其普通股股票在尚未上市櫃掛牌前，經過櫃檯買賣中心依據相關規定核准，先行在證券商營業處所議價買賣者，故基本上興櫃股票市場可謂係為上市櫃股票正式掛牌前之預備市場，而非成為與上市櫃市場相互競爭之第三市場。對發行公司而言，到集中市場或上櫃市場正式掛牌前，先於興櫃股票市場試身6個月，將有助於其先行適應證券市場動態及相關上市櫃股票資訊揭露之規定，且可增加媒體及市場之能見度，對未來募集資金將有正面之效益。

（三）交易資訊公開透明保障投資人權益

　　興櫃股票在制度上強化對發行公司財務、業務資訊的即時與充分揭露，並注重推薦證券商造市之責任，因而有助於提高未上市（櫃）股票交易效率及資訊公開透明度，投資人買賣未上市（櫃）股票，將可透過合法之證券商進行交易，提供投資人安全、合法、便利及透明之投資管道，將可去除以往股票透過盤商仲介交易產生之諸多弊端，有助於投資人權益之保障。

（四）增加證券商業務創造獲利來源

　　在興櫃股票市場中，證券商所能發揮之空間大幅提高，除對業務範圍及獲利業源之拓展均有所助益外，尚可增加證券經紀手續費收入外，藉由興櫃市場特有之議價交易機制，證券商將可發揮議價交易之主導權，扮演market maker之角色，除有助於提高興櫃股票市場活絡性外，尚可透過自營部獲取可觀之資本價差收益，使證券商開創多角化經營之契機，建立專業形象，為證券商轉型為創投公司或投資銀行奠定基礎。

三、興櫃股票之發行

（一）發行公司申請條件

　　公開發行公司符合下列條件者得申請其股票登錄為櫃檯買賣：
1. 已由證券商與發行人簽訂輔導股票上櫃或上市契約。
2. 經二家以上證券商書面推薦並檢送最近1個月對該公司之「財務業務重大事件檢查表」。惟應指定其中一家證券商係主辦推薦證券商，餘係協辦推薦證券商。
3. 在櫃檯買賣中心所在地設有專業股務代理機構或股務單位辦理股務。
4. 募集發行之股票及債券，皆應為全面無實體發行。

　　前述之專業股務代理機構或股務單位，應經台灣證券集中保管股份有限公司出具下列證明文件：
1. 其辦理股務之人員與設備，皆已符合「公開發行股票公司股務處理準則」之規定。
2. 其最近3年度皆無經台灣證券集中保管股份有限公司查核後，以書面提出改進意見，逾期仍未改善之情事。

　　證券業、期貨業、金融業及保險業申請其股票爲興櫃股票者，應先取得目的事業主管機關之同意函，櫃買中心始予受理。

（二）推薦證券商

1. 資　格

(1)具備證券承銷商、櫃檯買賣證券經紀商及櫃檯買賣證券自營商之資格。

(2)符合證券商管理規則第23條之規定。

(3)與發行公司不得屬同一集團企業，且無證券商管理規則第26條所列情事。

(4)資本適足率達200%以上。

(5)須與發行公司訂有申請上市或上櫃輔導契約。

(6)自行認購之股份：發行公司已發行股份總數1%以上且不低於10萬股；但1%如超過50萬股，則至少應自行認購50萬股。

2. 義　務

(1)每日報價。

(2)於報價範圍內負應買應賣義務。

3. 中途加入、退出之規定

(1) 中途加入

①股票開始櫃檯買賣之日起3個月後，其他推薦證券商始得加入。

②須持有發行公司股份5萬股以上。

③中途加入之推薦證券商，加入後未滿6個月不得退出。

(2) 退　出

①所推薦之股票開始櫃檯買賣之日起屆滿2年，始得退出。

②雖未屆滿2年，但其退出後推薦證券商（與發行公司訂有申請上市或上櫃輔導契約者）仍維持2家以上者，不在此限。

（三）登錄程序

　　公開發行公司於與推薦證券商簽訂上櫃輔導契約後，即可提出登錄興櫃之申請，櫃檯買賣中心即予以收文並分案。隨後由承辦之審查人員進行書面審查，並擬具是否同意其股票登錄爲興櫃之明確意見，簽請櫃檯買賣中心總經理核可後，即可辦理相關掛牌事宜。興櫃股票從送件至掛牌交易僅需9個營業日即可完成。

（四）申請費用

1.登錄處理費2萬元。
2.櫃檯買賣費用按一般上櫃股票費率減半計收。

（五）資訊揭露

1. 資訊揭露之內容

(1)財務報告：於每營業年度結束後4個月內公告並申報經會計師查核簽證之年度財務報告；於每半營業年度結束後2個月內公告並向主管機關申報經會計師查核簽證之半年度財務報告。

(2)財務預測：自願公開財務預測者，應依主管機關「公開發行公司財務預測公開體系實施要點」之規定辦理。

(3)每月將營業額、背書保證金額、資金貸放金額及衍生性商品交易訊息輸入櫃檯中心股市觀測站。

(4)股東會：召開股東常會或股東臨時會之日期，應依限期向櫃檯買賣中心申報，並由該中心對市場公告。

(5)股息紅利：公司決定分派股息及紅利或其他利益之基準日，應依限期向櫃檯買賣中心申報，並由該中心對市場公告。

(6)重大訊息：
　①若發生證券交易法施行細則第7條所定情事之一者，發行公司須於事實發生或傳播媒體報導日之次一營業日交易時間開始前，將相關訊息輸入櫃檯買賣中心股市觀測站。
　②推薦證券商發現發行公司有重大異常情事時，有督促發行公司應向投資大眾揭露之責任。

2. 推薦證券商輔導股票上櫃之相關規定

由於興櫃股票之發行人依規定必須為輔導中之公司，因此推薦證券商對發行公司之狀況理應最為熟稔，故興櫃股票審查準則乃賦予推薦證券商督促發行人揭露重大之訊息之義務，期使推薦證券商落實上櫃輔導作業並藉此建立發行人重大訊息揭露之另一監督機制。除此之外，櫃檯買賣中心將針對已登錄為興櫃股票之上櫃輔導公司，於執行下列覆核作業時，特別注意發行公司是否有應揭露之重大訊息而未予揭露者，並對推薦證券商違反督促發行人公開重大訊息之義務者，連帶處以違約金，以加強對重大訊息揭露之管理：

(1)覆核推薦證券商每月檢送輔導股票上櫃進度及成效資料彙總表及輔導評估資料。

(2)覆核推薦證券商是否依規定於輔導契約送達後3個月內及輔導期間跨年度6個月內檢送受輔導公司是否不宜上櫃之情事暨其改進情形。

(3)覆核推薦證券商是否依規定於輔導契約送達後6個月內及輔導期間跨年度6個月內檢送對受輔導公司內部控制制度之評估意見。

(4)於推薦證券商檢送之輔導評估資料滿10個月後且受輔導公司經推薦證券商評估符合上櫃申請資格且無不宜上櫃情事者，抽查其受輔導公司是否有不宜上櫃情事之評估工作底稿編製情形。

3. 資訊公開之方式

(1)發行公司輸入櫃檯買賣中心股市觀測站。

(2)發行公司亦須提供予推薦證券商，再由推薦證券商透過適當管道對市場公開。

（六）暫時及終止買賣

1. 暫停櫃檯買賣（符合以下條件之一）

(1)僅餘一家推薦證券商推薦者。

(2)發行公司未依證券交易法規定時間揭露年度或半年度財務報告者。

(3)未依規定公開重大訊息，且未於限期內改善者。

(4)在櫃檯買賣中心所在地已無專業股務代理機構辦理股務。

2. 終止櫃檯買賣（符合以下條件之一）

(1)股票已上市或上櫃掛牌者。

(2)股票經依規定暫停交易達3個月，其暫停交易原因仍未消滅者。

(3)已無推薦證券商推薦者。

(4)經法院裁定宣告破產、準予重整確定者或駁回重整之聲請確定者。

(5)經有關主管機關撤銷公司登記或予以解散者。

(6)有公司法第251條或第271條規定情事或其他原因經主管機關撤銷其核准者。

四、興櫃股票之交易

興櫃股票之交易方式與一般上市上櫃股票最大不同處在於興櫃股票之交易採與推薦證券商議價交易之方式進行，和一般上市櫃股票之電腦集合競價交易不同，其做法係由推薦證券商先行報價，投資人參考其報價後，透過證券經紀商與推薦證券商議價交易，或直接與推薦證券商議價交易。自營商業處所議價方式，無電腦撮合交易、鉅額交易、盤後定價交易及零股交易等。

（一）交易前

1. 開戶與徵信：投資人須先向證券商申請開戶，證券商須對投資人進行徵信。
2. 風險預告書及股票議價買賣授權書：投資人於交易前應先簽署風險預告書及股票議價買賣授權書。

（二）交易中

1. 推薦證券商之報價

(1) 報價義務

①每日交易時間開始前須就其推薦之股票為至少1,000股買進及賣出之報價。

②推薦證券商就其所推薦之登錄股票開始櫃檯買賣之日起2年內，應維持其每日庫存數量不低於初次認購數量之二分之一或5萬股（以孰低者為準）。

(2) 報價之性質

推薦證券商之報價，一律為確定報價。

(3) 應買應賣義務

推薦證券商於報價範圍內有應買應賣義務。

2. 報價揭示

推薦證券商輸入櫃檯買賣中心報價資訊系統後，櫃檯買賣中心即透過傳輸系統對外揭示推薦證券商間最佳報價相關資訊。

3. 投資人進行議價

(1) 自行與推薦證券商議價

投資人可自己直接打電話給興櫃股票之推薦證券商，或請證券經紀商營業

員打電話給推薦證券商，先跟推薦證券商進行議價（討價還價），在雙方議定價格與數量之後，再請證券經紀商的營業員將這筆「指定委託單」傳給已議價成功之這家推薦證券商來完成成交手續。但如果是交易數量在10萬股（100張）以上的大額交易話，投資人可直接與推薦證券商完成議價及成交手續。

(2) 委託證券經紀商議價

依代理法律關係，委託證券經紀商依其指定之價格與推薦證券商議價。推薦證券商收到投資人之委託資料後，如果委託價格達到推薦證券商之報價價格範圍，5分鐘之內，推薦證券商必須在其報價數量範圍內（每筆至少1,000股）進行成交。如果投資人委託買進與其他投資人的委託賣出價格價差達到3%，推薦證券商可在其庫存範圍內一買一賣予以成交。

（三）交易後

1. 即時成交資訊

(1)推薦證券商應於確定成交後3分鐘內將成交資料輸入櫃檯買賣中心指定之電腦系統。

(2)櫃檯買賣中心揭示當市最近一筆成交價格、數量及累計成交量。

2. 收市後成交資訊

櫃檯買賣中心揭示當日成交數量、最高、最低、最後及加權平均成交價格。

（四）其他交易原則

1. 交易時間：上午9點至下午3點。
2. 無成交單位限制。
3. 申報買賣價格之最低單位無限制，但不得低於0.01元。
4. 漲跌幅度無限制。
5. 手續費：證券經紀商得以5‰為上限向客戶收取手續費；手續費未滿新台幣50元者，按50元計收。

五、興櫃股票交易流程及資訊揭示流程

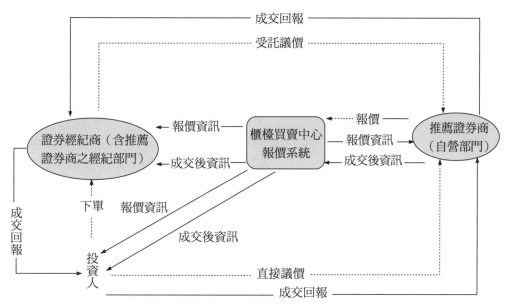

資料來源：財團法人中華民國證券櫃檯買賣中心。

第五節　上市（上櫃）發行暨交易條件之比較

	興櫃股票	一般上櫃股票	上市股票
實收資本額	無	5,000萬元以上	6億元以上
設立年限	無	登記滿2年	依公司法設立登記屆滿3年以上
獲利能力要求	無	1.最近1年4%以上，且無累積虧損。 2.最近2年均達3%以上。 3.最近2年平均達3%以上，且最近1年較前1年為佳者。	1.最近2年均達6%以上。 2.最近2年平均達6%以上，且最近1年較前1年度為佳。 3.最近5年均達3%以上。
不宜上櫃條款	無	共14款	共14款

	興櫃股票	一般上櫃股票	上市股票
審查程序	書審後，簽奉櫃買中心總經理核准即可	實地審查6日，需經內部審查會議、審議委員會、董事會及報局等程序；對第2類股票之申請，並無特別之優惠	上市部受理上市申請後應經經理部門會議、審議委員會審議、董事會通過及證期局核備上市契約等程序
股權分散程度	無	持股1,000股至5萬股記名股東人數不少於300人，且持股總額占10%以上或逾500萬股	記名股東1,000人以上，持有1,000股至5萬股者不少於500人，且合計占發行股份總數20%以上或滿1,000萬股者
輔導期間	公開發行且已申報輔導契約	公開發行且需在興櫃股票掛牌滿半年	公開發行且需在興櫃股票掛牌滿半年
強制集保要求	無	董事、監察人及10%以上股份之股東，將其持股總額依櫃買中心規定比率（總計不低於30%或6,000萬股），委託指定機關集中保管，並承諾自股票在櫃檯買賣之日起2年內不予出售，所取得之集中保管證券憑證不予轉讓或質押，且2年期限屆滿後，集中保管之股票允按櫃買中心規定比率（每半年五分之一）分批領回者	董事、監察人及10%以上股東，依規定比率提交集中保管，滿2年可領回五分之一，其後每屆半年可領回五分之一
增資發行新股之強制集保	無	無	無
推薦證券商之辭任	2年內，不得辭任；惟辭任後仍有2家以上，不在此限	1年內，不得辭任	無
推薦證券商之財報審閱等義務	無	無	無

	興櫃股票	一般上櫃股票	上市股票
推薦證券商之報價義務	有，應買及應賣各一張，且無10%漲跌幅等之限制	無	無
推薦證券商之最低庫存	有，原始認購部位之50%或5萬股	無	無
交易方式	議價市場，惟無漲跌幅限制	電腦撮合，惟有漲跌幅限制	電腦撮合，惟有漲跌幅限制
獨立董事及審計委員會	獨立董事最少3人，且不得少於董事席次1/3	獨立董事最少3人，且不得少於董事席次1/3	獨立董事最少3人，且不得少於董事席次1/3

第六節　台灣創新版（TIB）

一、制度緣起

　　鑑於歐美先進交易所扮演創新性公司成長的關鍵角色，例如Google、Facebook、Amazon等，都是透過資本市場才得以快速成長。台灣證券交易所為活絡資本市場、發展國家經濟的初衷，希望透過資本市場扶植創新公司發展，協助其籌集資本、擴大營運。創新板公司亦可為創投、專業投資法人及合格有經驗之投資人增加投資標的，創造多贏的局面。

　　事實上我國現已建立多層次資本市場，然為接軌國際、落實國家政策，全力支持政府推動之產業發展策略，並依政府於109年5月公布之「六大核心戰略產業推動方案」及證券主管機關109年12月發布之資本市場藍圖，為強化發行市場功能，鼓勵擁有關鍵核心技術及創新能力或創新經營模式之企業進入資本市場籌資，並鼓勵、支持及培植創新事業發展，帶動我國產業轉型。110年7月20日起爰於證券交易法規範下，在現有證券集中交易市場增設台灣創新板（中文簡稱：創新板；英文名稱：Taiwan Innovation Board、英文簡稱：TIB），鎖定擁有關鍵核心技術，以及創新能力（如物聯網、人工智慧、大數據等新技術應用）或創新經營模式之新創企業與新藥研發業者，採市值為核心的上市標準，貼近其營運實質與需求，期建構完整上市機制，

扮演支持企業成長關鍵角色。打造具競爭優勢的資本市場環境，協助新創業者進入資本市場籌資，扶持其快速成長，支持實體經濟發展，催生本土獨角獸企業。考量創新板上市公司所屬產業快速更迭，營運風險亦較高，因此僅限合格投資人，即專業投資法人、創投及符合相當財力門檻暨投資經驗之自然人得參與交易，係期望其對市場投資判斷較佳且風險承擔能力亦較高，進而可彰顯創新板公司合理價值。

　　台灣的科技產業聚落完整，創新能量充沛，且政府對創新創業一向非常重視與支持。期待創新板未來除了能將本土創新企業留在國內證券市場，亦可爭取海外台商及國際創新企業來台掛牌，強化與美歐及東南亞國家之連結，以匯聚成為創新的證券市場聚落，進而成為台股再創新高的動能，並為我國經濟成長注入新活力。

二、TIB申請上市條件

項目	內容
上市輔導或登錄興櫃	證券承銷商上市輔導或登錄興櫃股票擇一屆滿6個月。
公司屬性	以擁有關鍵核心技術，及創新能力或創新經營模式之新創企業與新藥研發業者為限，並應由推薦證券承銷商出具評估意見說明。
設立年限	申請上市時已依公司法設立登記屆滿2年以上。
公司資本額	申請上市時普通股股份發行總額達新台幣1億元以上，且發行股數達1,000萬股以上。
公司市值及財務標準	申請上市時應符合下列標準之一： 第一類： • 市值：不低於10億元 • 營業收入：最近四季財務報告所示營業收入不低於1億元 • 有足供掛牌後12個月之營運資金
	第二類：（限生技醫療事業） • 市值：不低於20億元 • 有不低於足供掛牌後12個月營運資金之125% • 新藥公司核心產品通過第一階段臨床試驗

項目	內容
公司市值及財務標準	第三類： • 市值：40億元以上。 • 有不低於足供掛牌後12個月營運資金之125%
股權分散	記名股東人數50人以上，公司內部人及該等內部人持股逾50%之法人以外之記名股東所持股份合計占發行股份總額5%以上或滿500萬股者。
集中保管	• 董事、總經理、核心技術人員及持股超過已發行股份總額5%股東，應將其於上市申請書件上所記載之各人個別持股總額之全部，扣除供上市公開銷售股數，提交集中保管。 • 核心技術人員係指研發主管、營運相關技術主管及以專利權或專門技術出資且在公司任職之股東。 • 應提交集中保管之股票，自上市買賣開始日起屆滿6個月後始得領回四分之一，其後每屆滿6個月可繼續領回四分之一，自上市買賣開始日起屆滿2年後始得全數領回。
上市前公開銷售	申請公司應將其擬上市股份總額至少3%，且不得低於50萬股，全數以現金增資發行新股之方式，於扣除保留供公司員工承購及應提出主辦證券承銷商認購之股數後，採全數詢價圈購辦理上市前公開銷售。

　　我國創新板不以上市櫃要求的實收資本額、獲利能力為要件。創新板係以「市值」為認定標準，比較符合新創公司之生態。此處所指之市值，簡單而言，係以公司股票發行股數乘以券商承銷價格，或是乘以一定期間營業日的收盤平均價格為其認定基準。

三、上市申請流程

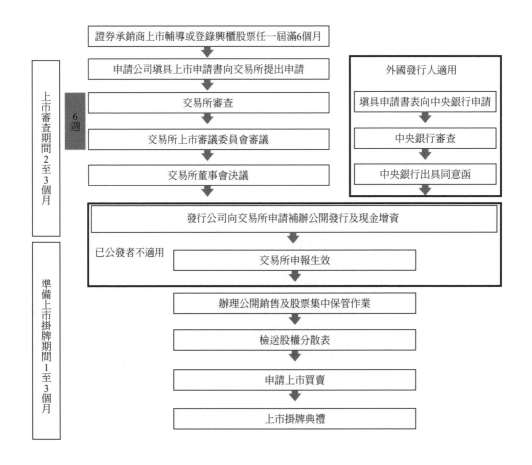

四、創新板之交易機制

目前創新板散戶仍無法參與該板上市的股票交易，只有合格投資人才能交易買賣，所謂「合格投資人」必須是：(一)專業機構投資人或具有1年以上證券交易投資經驗之法人；(二)依法設立之創業投資事業；(三)依洽商銷售方式取得創新板初次上市有價證券之法人；(四)具有2年以上證券交易經驗之自然人，且符合條件之一：1.新臺幣200萬元以上之財力證明；2.最近2年度平均所得達新臺幣100萬元。

　　證交所為考量新創公司多屬發展階段，投資風險相較於一般上市櫃公司高，為保護投資人才有此交易門檻限制。但仍有例外，例如公司原有股東就

所持有股票就不受限制，仍可賣出（但不得買入）、或是公司辦理現金增資時，原股東及員工本得依法令或章程規定認購，得不受「合格投資人」條件限制等。

　　此外，在上市後的監理及造市部分，創新板上市公司有關財務報告申報、資訊申報、重大訊息揭露、暫停及恢復交易及公司治理等上市後監理制度，係比照現行上市公司及第一上市公司規定辦理。正因如此，創新板上市掛牌日起屆滿1年可再轉爲一般上市，階段期間便於公司籌資，證交所爲提高創新板股票的交易及流動性，另訂有「創新板股票造市者作業辦法」及「創新板股票造市者獎勵及經手費折讓標準」並已實施。

第七節　有價證券之買賣

一、上市有價證券買賣資格之限制

（一）集中交易市場

　　買賣屬私法上之契約行爲，但有價證券之買賣與公益有關，涉及投資交易之安全，是故證券交易法對於在有價證券集中交易市場爲買賣者限制如下（證交§151）：

1. 在會員制證券交易所於集中交易市場爲買賣者，限於會員。
2. 在公司制證券交易所於集中交易市場爲買賣者，限於訂有使用有價證券集中交易市場契約之證券自營商或經紀商，不包括一般投資人，一般投資人不能爲集中交易市場買賣之當事人，投資人買賣股票，必須於證券經紀商開戶，與證券經紀商訂立受託契約，書面委託證券經紀商以行紀名義逕至集中交易市場買賣其指定之上市公司股票。

（二）店頭市場

　　店頭市場買賣之當事人，限於經主管機關核准，加入財團法人中華民國證券櫃檯買賣中心之證券自營商或經紀商，不包括一般投資人，一般投資人不可能爲店頭市場買賣之當事人，因此投資人買賣上櫃公司股票，必須於證券經紀商開戶，與證券經紀商訂立受託契約，書面委託證券經紀商以行紀戶

名義逕至店頭市場買賣其指定之上櫃公司股票。

二、上市有價證券買賣場所之限制（場外交易之禁止）及例外情形

（一）集中交易市場

上市有價證券之買賣，應於證券交易所開設之證券集中交易市場為之，不得場外交易。但下列各款情形不在此限（證交§150）：

1. 政府所發行債券之買賣。
2. 基於法律規定所生之效力，不能經由有價證券集中交易市場之買賣而取得或喪失證券所有權者。
3. 私人間之直接讓受，其數量不超過該證券一個成交單位；前後兩次之讓受行為，相隔不少於3個月者。
4. 其他符合主管機關所定事項者。

目前證券交易所對上市有價證券之競價買賣採電腦輔助交易，利用電腦撮合成交，上市有價證券買賣處所僅限於集中交易市場，禁止場外交易，投資人購買上市有價證券必須委託證券經紀商於集中交易市場以證券商行紀名義為之，否則交易資料無從輸入電腦，無法完成交易行為。依證券交易法規定，場外交易行為得處1年以下有期徒刑、拘役或科或併科120萬元以下罰金（證交§177）。此種禁止場外交易並輔以刑事制裁之立法為世界各先進國家所不採，我國對於此項禁令是否應檢討解除，值得進一步研討，民國87年12月政府為挽救股市，財政部曾依據上述4.其他符合主管機關所定事項之情況由證期會宣布對於財務發生危機之上市公司，其股票暫停在集中市場交易，並准許為場外交易，此項措施之目的將財務發生危機之上市公司，隔離在集中市場之外，使整體股價指數不致受到影響；同時為兼顧投資人交易之需要，准許此類上市公司之股票可在集中市場之外為交易買賣，就維持股價指數之穩定而言，暫停交易措施固已發揮其功能，而就市場交易制度而言，准許場外交易一項，則別具意義。

證券交易法第150條之規定，係沿襲民國50年依國家總動員法所訂定之證券商管理辦法第9條而來，該條立法的目的在於徹底結束當時之股票店頭市場，讓新成立之股票集中交易市場順利開業，按耕者有其田政策在民國42年實施之後，政府大量徵收土地轉放自耕農承領，為補償地主，政府一方面

發行土地債券，同時將台泥、台紙、工礦、農林四家公營事業股票搭配發給地主，由於當時地主多將股票及債券脫售求現，證券交易開始活潑，證券行號紛紛設立，店頭市場於焉誕生；由於缺乏管理，投機操縱之事蔚然成風，證券商與投資人之糾紛亦時有所聞，民國50年行政院採納經濟部及美籍顧問之建議，決定建立股票集中交易市場，同時關閉已存在8年之店頭市場，為達成此項目的，證券商管理辦法一方面採取強制上市制度，規定凡在店頭市場流通交易之股票必須向證券交易所申請上市；另方面規定已上市之股票，禁止為場外交易，這項禁止場外交易的規定，經納入民國57年公布施行之證券交易法，已成為現行法第150條之規定。

以往在美國紐約證券交易所章程早期亦曾規定，交易所會員不得在場外買賣上市證券，與上述第150條規定相類似，但其適用對象僅限於紐約證券交易所之會員，而不能適用於非會員證券商，更不能適用於一般投資人，抑有進者，此項禁止會員證券商為場外交易之規定，在1975年之後也面臨嚴厲之考驗，美國證期會從1975年12月開始到1980年6月陸續發布命令，逐步取消上述禁止場外交易之規定，2000年5月已正式廢除場外交易之限制。

從我國證券市場之發展歷史觀之，第150條立法背景到今天已經有重大改變，非但股票集中交易市場的交易值已躋身全世界第三位，股票店頭市場亦已蓬勃發展，禁止上市股票為場外交易之目的早已消失，第150條的存在僅係使用刑事威嚇保障證券商和證券交易所之佣金收入而已，而其代價則是人民處分財產的自由受到嚴重之限制；此種限制，除非有堅強之理由，否則實應予取消，以符合民主法治國家。

上述解除場外交易之禁令措施，或許有人認為，禁止場外交易之禁令一旦解除，市場交易可能陷於混亂；且此一制度實施多年，驟然改變對證券商及證券交易所必造成重大衝擊，不可不慎。筆者認為交易秩序是否因而陷於混亂，可先研究採行配合措施予以防範，但從外國證券市場之情況而言，場外交易並未禁止，而市場並未因此陷於混亂。從國內證券市場之情況而言，解除交易之禁令，對證券商之衝擊確實可以預見，一方面場外交易將使部分佣金收入流失；另方面目前固定佣金制度將面臨更大之衝擊，為降低證券商可能面臨之衝擊，禁止場外交易之規定可分階段逐步取消。第一步先允許一般投資人之場外交易，其次開放證券經紀商之部分，最後開放證券自營商之場外交易；同時，固定佣金制度也應配合檢討，一併作適當之調整。

有關證交法第150條但書第4款規定，上市有價證券之買賣，符合下列事項者，得不受同法第150條本文規定應於證券交易所開設之有價證券集

中交易市場爲之之限制（金融監督管理委員會111年7月20日金管證交字第
1110382923號函）：

1. 上市公司依公司法、企業併購法、金融控股公司法之規定對異議股東
收買股份。
2. 華僑或外國人經依華僑投資條例或外國人投資條例報經經濟部投資審
議委員會核准讓受予其他華僑或外國人。
3. 公司發行可轉換之有價證券，經本會核准以他種有價證券清償或轉
換。
4. 公司發行附買回條件之有價證券，依章程記載之發行條件買回。
5. 以指定用途信託資金買入上市有價證券，解約後償還信託人。
6. 有證券交易法第22條第3項、第22條之2第1項第1款、第3款、第43條
之1第2項所規定情事。
7. 經本會核准停止在集中交易市場買賣之上市有價證券。
8. 依證券交易法規定限制上市買賣之股票。
9. 依公司法規定，投資人以上市有價證券抵繳股款或公司以上市有價證
券充抵減資應退還之股款。
10. 上市公司依企業併購法或金融控股公司法規定進行股份轉換。
11. 投資人以其持有之國內上市股票抵繳外國公司依其註冊地國法令發
起設立或發行新股之股款。
12. 銀行、證券商辦理台股股權相關之衍生性金融商品或結構型商品業
務，因採實物交割履約，而以避險專戶之上市有價證券交付。
13. 證券商於其營業處所辦理議約型認購權證商品交易，因採實物交割
履約，而以避險專戶之上市有價證券交付。
14. 交易人買賣股票選擇權契約到期履約採股票實物交割。
15. 槓桿交易商從事台股股權相關之槓桿保證金契約交易，以上市有價
證券辦理履約。
16. 中央政府發行之交換公債以上市有價證券作爲償還。
17. 上市公司買回其股份轉讓予員工。
18. 其他事先報經本會核准。

（二）店頭市場

上櫃有價證券之買賣應於財團法人中華民國證券櫃檯買賣中心爲之，通

稱店頭市場交易，目前櫃檯買賣中心對上櫃有價證券亦採取電腦輔助交易，利用電腦撮合成交，上櫃股票買賣處所僅限於櫃檯買賣中心，亦禁止場外交易，投資人購買上櫃股票必須委託證券經紀商於櫃檯買賣中心以證券商行紀名義爲之，否則無從完成交易。

三、集中交易市場買賣證券之優點

投資人欲買賣上市上櫃有價證券，應委託證券經紀商辦理，在委託買賣之前，須先辦好開戶手續並與證券經紀商訂立受託契約，委託買賣時，可當面委託或以電話、書信和電報委託，買賣成交後應於成交日後第一個營業日上午12時前，向受託證券經紀商繳交買進證券之價金或賣出證券。

一般而言在集中交易市場買賣證券之優點計有：

（一）合　法

集中交易市場爲買賣上市有價證券之唯一場所。

（二）交易公平且迅速

目前集中交易市場之證券買賣，除債券買賣仍採人工方式申報競價外，所有上市股票和受益憑證之交易作業均透過電腦輔助交易系統進行。電腦化之結果，使得交易作業既公平、合理而且迅速有效率，投資人可安心地參與買賣。

（三）資訊充分且即時

充分且即時之證券資訊，對作成買賣決策助益良多。證券投資人可從證券商營業處所、電傳視訊和廣播、電視、報章雜誌等傳播媒體獲得證券集中交易市場之各項交易資訊。

四、場外交易之缺點

投資人若從事場外交易，不但會因觸犯證券交易法而受到法律制裁，也可能會蒙受以下幾種損失：

（一）交易不公平

在集中交易市場，證券買賣成交價格完全由市場供需來決定，以公平合理的競價方式將買賣申報予以撮合成交。投資人若以場外交易方式買賣證券，未經集中交易之競價，其成交價格自難認為公平合理。

（二）權益欠缺保障

依證券交易所營業細則第90條規定：「證券經紀商受託買賣不得違背受託契約，委託人如遇證券經紀商違約時，得報告本公司。委託人因證券經紀商受託在市場買賣違約所生之債權，對於違約證券經紀商繳存本公司之交割結算基金享有僅次於本公司之優先受償權。」

另營業細則第92條亦規定：「證券經紀商受託買賣有價證券，於成交並辦理交割後，應即將受託買進之證券或賣出證券之價金，交付委託人，其未成交者，即將已收取之證券或價金返還委託人。」此外，營業細則第141條：證券經紀商有上述第90條第1項之情形或違反第92條之規定，嚴重損害受託人之權益，經本公司查明屬實者，本公司得限制或停止其買賣或終止其使用市場契約。

由上可知，集中交易市場對投資人之款、券等權益有充分保障。然投資人若不在集中交易市場買賣上市證券，其權益自然不能受到前述規定之保障，很可能於交付買進證券之價款後卻收不到買進之證券，或交付賣出之證券後卻收不到賣出證券之價款。

（三）不能過戶享受股東應有權益

辦理股票過戶時，應檢附買進報告書和由證券經紀商加蓋交割及代繳交易稅證明章之過戶申請書。場外交易無買進報告書和合格之過戶申請書，因此無法辦理過戶手續以享受股東應有權益，所以，在場外交易中買進之股票不能享有配股、配息或增資認股等權利，持有人也不能參與股東大會。

（四）買到掛失股票和假股票的風險

掛失股票和假股票都是權利有瑕疵之股票，既不能辦理過戶享受股東應有之權益，亦無法轉手售予他人。在集中交易市場上，證券交易所和證券商對於交割股票都給予嚴格檢查辨識，以防杜掛失股票和假股票流通。集中交

易市場之買賣爲合法行爲且有詳實之紀錄，投資人萬一買到掛失股票或瑕疵股票，可向賣出證券商追索理賠。場外交易由於未在集中交易市場買賣，如果不幸買到掛失股票或假股票，也不易追溯索賠，將會給自己帶來麻煩和損失。

（五）不能利用融資融券交易

投資人在集中交易市場買賣證券，只要經證券經紀商審定確有從事證券信用交易之能力，即可向證券金融公司申請開立證券信用帳戶。場外交易違反證券交易法，當然無法利用融資融券交易。

（六）無法享受證券集中保管之服務

由「台灣證券集中保管公司」專責辦理的「證券集中保管暨劃撥交割制度」，不但可簡化交割業務和投資人過戶手續，亦可避免證券發生瑕疵、竊盜、遺失、滅失等風險，對投資人來說實爲一大便利措施。投資人在集中交易市場買賣股票和受益憑證可利用此項制度以劃撥方式辦理集中交割，省略交割的繁複手續，也可以省略自行保管的麻煩。場外交易未在集中交易市場買賣，也就無法享受證券集中保管劃撥交割制度所提供之服務。

五、有價證券之買賣

（一）一般交易作業

台灣證券交易所開業以來，集中交易市場之買賣即採用公開競價方式，爲因應證券市場的環境與發展，競價方式亦迭次變更。開業初期採分盤競價、口頭唱報、配合專櫃申報方式，嗣自民國61年9月起，改採專櫃申報方式。復自74年8月初，開始採用「電腦輔助交易」作業，人工交易大廳不復存在；82年5月3日起，分階段實施「電腦自動交易」作業，並於同年11月將全部上市有價證券納入該系統作業。實施電腦交易作業後，交易撮合處理能量不斷增加，拓展了證券市場之交易發展空間。

台灣證券交易所甫開業時，每營業日市場集會時間分爲前後兩市，前市爲上午9：30至11：30；後市爲下午2：00至3：30，星期六僅有前市。民國62年4月16日起，市場集會時間調整爲星期一至星期五上午9：00至12：

00，10：30休息15分鐘；星期六為上午9：00至11：00。73年7月3日起，取消中場休息15分鐘規定；74年8月1日起，納入「電腦輔助交易」；82年實施「電腦自動交易」作業，買賣申報限當市有效，得自市場交易時間前30分鐘內輸入，由參加買賣證券商之輸入員按其營業員送交之買賣委託書，依序逐筆輸入，經交易所電腦主機接受後，列印買賣回報單，待撮合成交，即經由參加買賣證券商之印表機列印成交回報單，申報買賣之數量，必須為一交易單位或其整倍數，股票以每股面額10元1,000股為一交易單位，公債及公司債以面額10萬元為一交易單位，公債及公司債如已經分期還本者，以還本後餘值計算其交易單位，受益憑證每受益權單位10元者以1,000單位為一交易單位。自90年1月1日起為配合全面周休二日之實施，市場交易時間調整為星期一至星期五上午9：00至下午1：30。

　　台灣證券交易所開業時，即明訂股票每日市價幅度為漲至或跌至前1日收盤價5%為限。嗣後因應證券上市發展，迭次變更，民國78年10月11日，調整升降幅度各為7%，債券升降幅度為5%；受益憑證及轉換公司債的買賣，其升降幅度比照股票辦理，零股交易漲跌幅度與當日普通交易相同，即以當日普通交易昨日收盤價價上下7%。惟新上市股票如掛牌後首5日於普通交易採無漲跌限制者，其零股交易該段期間買賣申報價格亦為無漲跌限制。

　　2015年6月1日起，漲跌幅限制調整為10%。目前美股、港股及馬來西亞股等無漲跌幅限制；韓國為30%；中國大陸10%；日本依據股價高低調整，從14%到30%左右。以下就舊制集合競價與新制逐筆交易差異說明如下：

1. 集合競價

　　台股交易原為每5秒撮合一次，屬於「集合競價」，各大證券商每5秒會來撮合一次投資人委買、委賣單據，若來不及，投資人就得等下一個5秒撮合。

2. 逐筆交易

　　110年3月23日台灣證券交易所、證券櫃檯買賣中心開始採行盤中逐筆交易制度，但開、收盤與盤中瞬間價格穩定期間仍維持集合競價。採行盤中逐筆交易制度是與國際接軌的必要措施，目前紐約、德國、英國、日本、香港、新加坡、南韓、上海、深圳、泰國、馬來西亞、印尼等交易所皆採行，就國際股市競爭力而言，台灣股市勢必得迎頭趕上。以往集合競價撮合頻率從20秒已降至5秒、股市網路下單比重已逼近七成，已為盤中逐筆交易打下

良好基礎，但逐筆交易新制，委託單採隨到隨撮，會提升成交效率，再者，逐筆交易制度除每5秒提供最近一次交易資訊，還增加即時交易資訊，目前權證與期貨交易已採逐筆交易，股票交易採行此制度，有助現貨與衍生性商品之避險與套利交易，提升風險分散、價格發現功能。

目前採行逐筆交易制度之重點及配套措施有下列各項：

(1)實施方式：在盤中時段（9：00至下午1：25）實施逐筆交易，開收盤時段仍維持集合競價。

(2)委託單種類：新增「市價委託單」、「立即成交或取消」、「全部成交或取消」等種類，可提供投資人更多選擇。

(3)瞬間價格穩定措施：為免因行情波動劇烈，使成交價超出投資人預期，規劃若個股模擬成交價超過前5分鐘加權平均價之3.5%，就採盤中瞬間價格穩定措施，將延緩逐筆撮合2分鐘，並於2分鐘後以「集合競價」撮合，之後再恢復為逐筆撮合。

(4)行情揭示資訊：提供「即時交易資訊」及「5秒行情快照（指每5秒提供行情）」。

（二）特殊交易作業

1. 零股交易

零股交易係指委託人買賣同一種類上市之本國股票或外國股票，其股數不足該股票原流通交易市場規定之交易單位（1000）股。本國股票或外國股票之零股交易以一股為一交易單位，申報買賣之數量必須為一股或其整倍數，其交易由證券經紀商委託買賣，零股交易買賣申報時間為上午9：00至下午1：30，及盤後下午1：40至2：30；其買賣申報限各該交易時段內有效。創新板股票不得進行零股交易，惟盤後零股交易不在此限。

零股交易買賣申報應以限價為之，且限當日有效；變更買賣申報時，除減少申報數量外，應先撤銷原買賣申報，再重新申報。

零股交易自上午9：00起，每一分鐘以集合競價撮合成交，另金管會為給予投資人更即時及充分的資訊，方便投資人做交易決策，落實公平待客原則，鼓勵證券商調整零股交割價金計算方式，決定自本年底起將盤中零股撮合間隔時間再進一步縮短至5秒。盤後零股交易統一於下午2：30分後一次撮合成交。

零股交易之撮合依價格優先及時間優先原則成交，買賣申報之優先順序

依下列原則決定：

(1)價格優先原則：較高買進申報優先於較低買進申報，較低賣出申報優先於較高賣出申報。同價位之申報，依時間優先原則決定優先順序。

(2)時間優先原則：第一次撮合前輸入之申報，依電腦隨機排列方式決定優先順序；第一次撮合後輸入之申報，依輸入時序決定優先順序。

盤後零股交易於申報時間截止後，即以集合競價撮合成交；買賣申報之成交優先順序依價格優先原則，同價位之申報，依電腦隨機排列方式決定優先順序。

2. 鉅額交易

證券經紀商接受委託人或證券自營商一次申報買賣數量、種類及金額達下列標準之一者稱鉅額交易：

(1)單一證券鉅額買賣以逐筆交易方式為之者，其上市證券數量達500交易單位以上；以配對交易方式為之者，其申報上市證券數量達1,000交易單位以上。

(2)股票組合鉅額買賣以逐筆交易方式為之者，其上市股票種類達五種以上且總金額達1,500萬元以上；以配對交易方式為之者，其上市股票種類達五種以上且總金額達3,000萬元以上。

未達前項第(1)款之情形而以逐筆交易方式一次申報買進或賣出總金額達1,500萬元以上，或以配對交易方式一次申報買進或賣出總金額達3,000萬元以上者，得為單一證券鉅額買賣。

茲將其交易內容分述如下：

(1)交易時段：

①盤中：上午9：30至9：50、11：30至11：50二個交易時段。

②盤後：下午1：35至1：50一個交易時段。

(2)買賣申報價格範圍：鉅額買賣申報價格範圍以漲至或跌至參考基準3.5%為限，惟盤中鉅額交易時段申報價格範圍不得超逾當日一般交易市場漲跌停價格。參考基準依下列原則決定：

①盤中鉅額交易時段以交易開始前一般交易市場最近一次未成交最高買進及最低賣出揭示價之平均價為參考基準，但僅有買進或賣出揭示價格，則採最高買進或最低賣出揭示價格，無買進及賣出

揭示價格，則採最近一次成交價格，若當日無成交價格，則採開盤競價基準。

②盤後鉅額交易時段以當日一般交易市場收盤價格為參考基準，若當日無收盤價格，則採開盤競價基準。

(3)申報方式：由證券商以網際網路或電腦主機連線方式申報。

(4)申報限制：採限價委託，委託限於所輸入之交易時段內有效，得於未成交前申報取消，但不接受改量，當時段未成交之委託，電腦系統自動取消。

(5)競價方式：採逐筆競價，隨到隨撮。

①單一證券鉅額買賣，其撮合優先順序及成交價格依逐筆輸入之買進申報或賣出申報別，依下列原則決定之：

A.當筆輸入之買進申報價格高於或等於先前輸入之最低賣出申報價格時，依賣出申報價格由低至高依序成交，如申報之賣價有數筆相同時，按申報時間優先順序依序成交，直至完全滿足或當筆輸入之買進申報價格低於未成交之賣出申報價格為止。

B.當筆輸入之賣出申報價格低於或等於先前輸入之最高買進申報價格時，依買進申報價格由高至低依序成交，如申報之買價有數筆相同時，按申報時間優先順序依序成交，直至完全滿足或當筆輸入之賣出申報價格高於未成交之買進申報價格為止。

②股票組合鉅額買賣之撮合成交，當筆輸入之買進（賣出）申報各股票代號、單價及數量，應與先前輸入之賣出（買進）申報均相符，再與賣出（買進）申報時間最優先者成交。

(6)成交日：買賣申報當日為成交日。

(7)預收款券：證券經紀商申報買進時，應先收足買進價款，申報賣出時，透過證交所電腦連線系統通知集保公司辦理圈存。證交所衡量證券商財務報表資料及當日鉅額買進數額，達特定條件者，得通知其繳交買進金額5成保證金後，始繼續接受其鉅額買進申報。

(8)證券交易稅：鉅額交易之證券交易稅比照一般交易稅率繳付。

(9)手續費費率：鉅額交易比照一般交易手續費率計收。

3. 拍　賣

申請拍賣之證券，其拍賣數量不得少於200萬股，但政府以其持有之證券申請拍賣者，不在此限，實施拍賣之3個營業日前，由台灣證券交易所將

拍賣條件公告，證券拍賣競買申報之時間限於星期一至星期五下午2：30至3：30，並於申報當日成交，依本辦法拍賣證券者，台灣證券交易所於徵得申請拍賣證券商同意後，開始拍賣時或停止接受申報時，於基本市況報導中公告拍賣底價，拍賣底價應由申請拍賣證券商於當場宣布時，以密封方式通知交易所。

4. 盤後定價交易

自89年3月起實施盤後定價交易買賣辦法，其主要目的為讓在盤中普通交易時間內無法進行交易之投資人，得以延長交易時間。投資人可視本身需要依當日收盤價進行交易及避險，且買賣採當日收盤價成交，無須隨時注意股價，不影響其生活作息外，更方便長期投資人及中午時段投資者委託買賣。

盤後定價交易是指於每日普通交易收盤後，依集中交易市場普通交易收盤價之單一固定價格成交之交易。由於盤後定價交易成交價格採當日普通交易收盤價，而收盤價係指申報該證券最後一筆成交價格，若當日普通交易無成交價格產生時，則暫停該證券盤後定價交易。

盤後定價交易於下午2：00至2：30委託，2：30電腦依隨機排列方式決定其優先順序，並於申報當日撮合成交。盤後定價交易之數量規定，與普通交易相同有單筆交易張數不得超過499張之限制，其交割依普通買賣之交割方式辦理交割（即T＋2日）。

5. 標　購

標購為證券經紀商受託人委託買進符合標購數量之證券，並向證券交易所申請，證券交易所於實施前3個營業日將標購條件公告，標購當日接受競賣。競賣申報投資人於標購日下午3：00至4：00止委託證券經紀商輸入競賣委託資料，並於4：00以後採電腦自動撮合成交。申請標購之證券，發行總股數在2,000萬股以下者，其標購數量不得少於發行總股數20%，超過2,000萬股者，其超過部分，不得少於10%。標購底價以標購前一營業日收盤價格上下15%幅度範圍內為限，並於開始標購時公布。另證券經紀商不得接受標購委託人之競賣委託。標購時，為配合外資額度控管作業，同一種有價證券不得同1日進行拍賣之交易。標購公告、標購底價及結果均透過MIS系統公告市場周知。

標購之標定價格決定方式為賣出申報在底價以下，並能全部或部分滿足標購所需數量之最高賣出申報價格為標定價格，或者以不超過標購底價之申

報賣價較低者優先成交。撮合原則按依低於標定價格之賣出申報數量全部按標定價格成交，或是依低於底價之賣出申報價格由低而高次第成交。買賣申報之優先順序按低於底價，申報之賣價較低者優先成交。

（三）結算交割

　　台灣證券集中交易市場之結算在民國78年以前皆採用實物交割制度，鑑於證券交易日趨活絡，交割業務大幅增加，台灣證券交易所乃於78年1月與復華證券金融公司及各證券商共同集資設立「台灣證券集中保管股份有限公司」，專責辦理「證券集中保管劃撥交割制度」，有價證券劃撥交割制自79年1月4日開始實施，至84年2月4日起，除外國專業投資和證券投資信託公司外，全面實施款券劃撥方式辦理交割，各證券商於集中買賣成交之有價證券，其收付作業悉委由台灣證券集中保管股份有限公司，證券經紀商向集保公司辦理集中交割時，除經主管機關核定為全額交割之股票外，概採餘額交割，至委託人須於委託買賣成交後之次一營業日，向受託證券經紀商辦理交割。

　　台灣證券交易所為避免證券商受託或自行買賣發生錯誤，或委託人不履行交割或證券商提出交割之有價證券有瑕疵等情事，致證券商無法完成證券交割時，引起市場投資人之疑慮，遂於民國85年9月2日實施「證券借貸辦法」，消弭前述現象，而借券證券商應於規定或承諾期限內補正有價證券歸還出借人。

　　依證券交易法規定有價證券買賣之給付與交割，應以現款現貨為之，但已上市有價證券買賣，其交割期間及預繳買賣證據金額數，得由主管機關以命令定之（證交§43）。所謂現款現貨交割係指任何人買賣有價證券，應提供買進價款或賣出證券，經由證券經紀商辦理交割，不得無現款或現貨進行交易；所謂交割係指交付購買證券之現款或出售之證券而言。目前我國集中交易市場上市股票之買賣係採期貨交割方式，指在集中交易市場買進或賣出證券時，其價款或證券之給付，買賣當事人雙方約定於成交日後第二營業日，向委託人收取買進證券之價金或賣出證券。其所以未採現貨交割方式，主要是上市股票採現款現貨交易，手續繁瑣，投資人勢必當日攜現款現貨始可完成交易，增加投資人不便，影響投資意願與交易之進行，妨礙流通市場之發展，故未採現貨現款交易方式。

　　投資人或證券商不履行提供價款或證券辦理交割，即不依約履行交割或

其應付交割代價屆期未獲兌現者，即屬違約不履行交割義務，依本法規定處2年以下有期徒刑、拘役或科或併科180萬元以下罰金（證交§175）。

（四）手續費、經手費率

1. 手續費率

證券集中交易市場證券交易手續費率，自85年9月1日起按下列分級費率計算手續費：

(1)公債、公司債、可轉換公司債及以新台幣計價之外國債券
　①每日每戶成交金額在新台幣（以下同）500萬元（含）以下者，按1‰收取。
　②每日每戶成交金額超過500萬元至5,000萬元者，就其超過部分，按0.75‰收取。
　③每日每戶成交金額超過5,000萬元以上者，就其超過部分，按0.5‰收取。

(2)除公債、公司債、可轉換公司債、外國債券外，其他有價證券
　①每日每戶成交金額在新台幣（以下同）1,000萬元（含）以下者，按1.425‰收取。
　②每日每戶成交金額超過1,000萬元至5,000萬元者，就其超過部分，按1.325‰收取。
　③每日每戶成交金額超過5,000萬元至1億元者，就其超過部分，按1.2‰收取。
　④每日每戶成交金額超過1億元至1億5,000萬元者，就其超過部分，按1.1‰收取。
　⑤每日每戶成交金額超過1億5,000萬元以上者，就其超過部分，按1‰收取。

依上述費率計算手續費未滿20元者，按20元計收。

此外，證券經紀商對客戶實收之費用，可自行在前述上限之內折減。

2. 經手費

台灣證券交易所提供集中交易市場服務，撮合買賣雙方證券商完成交易，故向買賣雙方證券收取經手費，以維持集中市場正常運作。自民國79年7月3日起，奉主管機關指示，經手費費率按證券經紀商買賣成交手續費的5%計收。至證券自營商按其成交金額萬分之0.75計收。

（五）股市監視制度

　　為維護證券市場交易秩序，保護證券投資人權益，防止不法炒作及內線交易，健全市場發展，台灣證券交易所依主管機關訂定之「證券交易所管理規則」第22條第1項規定，並參考國外先進國家資本市場監視制度及辦法，持續監視資本市場交易活動，期能即時查悉異常交易情況，公布資訊以促請投資人注意保護其正當權益，並適時採取適當處置措施，制定「實施股市監視制度辦法」，以為實施監視制度的依據，並自79年8月1日起設置專責單位推動執行。

　　實施股市監視制度之主要目的係在防止意圖影響集中交易市場有價證券交易價格之操縱行為。簡言之，就是維護集中交易市場之價格機能，因有價證券價格能真實反映其實際之價值是證券市場穩健發展之基石，如果受到其他因素的影響，造成買賣或交易之異常情形，不僅市場秩序受到破壞，投資大眾之權益亦無保障。因此，發揮監視制度之功能，以期提供「公正」、「公平」、「公開」之證券市場係本項制度實施之目標。

　　目前股市監視制度之主要業務內容有下列數項：

1. 公布注意交易資訊

　　公布異常交易有價證券之交易資訊，以提醒投資人注意，其異常標準如下：

(1)最近6日累積漲跌幅度異常。

(2)最近30日、60日及90日起、迄2個營業日漲跌幅度異常。

(3)最近6日累積漲跌幅度異常且當日成交量放大倍數異常。

(4)最近6日累積漲跌幅度異常且當日周轉率過高。

(5)最近6日累積漲跌幅度異常且當日集中度過高。

(6)最近6日平均成交量放大倍數異常。

(7)最近6日累積周轉率過高。

(8)本益比及股價淨值比異常且當日周轉率及證券商成交買進或賣出金額比率過高。

2. 買賣異常證券商通知作業

　　台灣證券交易所於證券集中交易市場每日交易時間內，分析各種股票、受益憑證及轉換公司債等有價證券之交易，對依規定發布交易資訊或採取處置之有價證券，及盤中發現成交價振幅、漲跌幅或周轉率異常等情況者，予

以深入分析是否有買賣金額過鉅之證券商或投資人，然後將該異常情形於收盤後，以書面方式通知證券商經理人員請其注意，以確保證券交割安全。如投資人或證券商委託買賣該有價證券金額較鉅時，得於交易時間內先行以電話通知證券商經理人員請其注意。

3. 異常交易有價證券處置作業

　　為防止異常情形持續擴大，影響投資人權益及交割安全，當有價證券之交易，已連續5個營業日或最近10個營業日有6個營業日或最近30個營業日內有12個營業日經本公司公布其注意交易資訊時，於次一營業日起6個營業日內，採行下列處置措施：

　　(1)以人工管制之撮合終端機執行撮合作業。

　　(2)通知各證券經紀商對委託買賣較大投資人應預先收取至少5成以上之款券。所謂委託買賣較大者係以每日委託買賣該有價證券一筆達100張或多筆累計達300張以上者為對象。一般投資人委託買賣數量未達上項標準者，並不受影響。

　　委託買賣達上項標準之投資人，證券商應於接受委託時，收取部分款券；係指證券商至少向該投資人收取5成以上的買進價金或賣出證券。

例如：假設A股票已達處置標準；若：

　　甲投資人：

　　第一筆委託買進A股票90千股，第二筆委託賣出A股票90千股，委託買賣均未達標準，得免收5成買進價金或賣出證券。

　　乙投資人：

　　一筆委託買進A股票150千股，證券商應於接受委託時，預收至少5成（75千股）之買進價金。

　　丙投資人：

　　第一筆委託賣出A股票50千股，第二筆賣出90千股，第三筆委託賣出90千股，第四筆委託賣出90千股，因多筆委託賣出累計320千股，達300千股標準，證券商應向投資人預收160千股之賣出證券。

　　另當日因本益比及股價淨值比異常，且當日周轉率暨證券商成交買進或賣出集中度過高而被公布注意交易資訊之有價證券，於次一營業日起6個營業日內，即採行下列處置措施：各證券商每日申報買進或賣出該有價證券金額不得超過新台幣6,000萬元。

4. 查核作業

　　台灣證券交易所對集中市場各種交易異常情形，經電腦分析選案，即予調查追蹤，並將查得有關資料彙整建檔備查。對涉及違反證券交易法及相關法令者，應依規定檢同有關監視報告及查得事證資料報請主管機關核辦，或逕行函送司法檢調機關偵辦。

5. 重大資訊查證處理作業

　　對市場謠言或媒體不實之報導，經本公司調查證實，即透過本公司市況報導系統、電話語音查詢系統及新聞媒體公告之。

　　由於證券市場商品多樣化及金融國際化的影響，未來市場交易內容和型態必然走向多元化，因此，異常交易的行為將越加複雜，為了維護市場的正常運作，股市監視制度辦法的實施，確有其必要性，參照美、日等先進國家證券市場均設有專門單位執行監視作業，足可證明。各國實施股市監視制度，雖因國情、組織架構、相關法令、市場因素有所不同，但台灣證券交易所為維護市場交易秩序暨保障投資大眾權益之既定方針，則屬相同。

六、上市上櫃公司買回本公司股份（庫藏股制度）（證交§28之2）

（一）意義及立法緣起

　　所謂庫藏股（Treasury Shares）就是對於股票已上市或上櫃之公司，在符合規定目的及需要之情況下，得經董事會決議，於有價證券集中交易市場、證券商營業處所或以公開收購之方式買回其股份，不受公司法第167條第1項規定之限制，也就是說公司將其自己之股份收回、買回，然後將其視為公司之資產而收藏於公司謂之。89年6月證券交易法修正時，為健全國內證券市場之發展，參考美國、英國、日本、德國等之立法例，增訂第28條之2庫藏股制度，明定上市、上櫃公司得經董事會決議買回其股份，不受公司法第167條第1項之限制，使公司在激勵員工及留住優秀人才之必要下，得以所買回之公司股份轉給員工或作為發行員工認股權證及認股選擇權之用，其次在考量予公司更多籌集資金之管道及方便性，配合發行附認股權公司債、附認股權特別股等特殊需要，使公司得買回自己之股份，以準備作為隨時轉換所需；另為兼顧公司股價在非經濟因素之影響，而有不正常下跌之情

況下，使公司得在考量財務結構及資金合理運用之判斷，而為買回自己之股份，以減少股票在外流通之籌碼，提升每股淨值及每股純益，進而激勵公司股價，對於有效運用公司資產，提升長期營運績效，並維護市場安定，可發揮重大之功能。

　　綜觀世界各國對公司買回自己股份之問題，除美國外，日、英、德等國原則上均係禁止，日、英、德等國雖原則禁止公司買回自己股份，然例外規定得因銷除股份、公司合併或營業讓與時，配合不同意股東之請求收買股份或轉讓予員工等情況，允許公司買回自己股份。再者，日、英、德等國亦規定其例外取得之股份，原則上均須限期處分。美國雖原則上允許公司買回自己股份，但其取得自己公司股份之理由，實務上一般均係為支應「員工股票選擇權」（employee stock options）之需、配合不同意股東之股份收買請求權或為縮小其資本額以豁免證期會各項申報義務而買回股份等理由而設。

（二）庫藏股之適用範圍

　　依證券交易法第28條之2規定股票已在證券交易所上市或於證券商營業處所買賣之公司，有下列情事之一者，得經董事會三分之二以上董事之出席及出席董事超過二分之一同意，於有價證券集中交易市場或證券商營業處所或依第43條之1第2項規定買回其股份，不受公司法第167條第1項不得自將股份收回、收買規定之限制：

1. 轉讓股份予員工。
2. 配合附認股權公司債、附認股權特別股、可轉換公司債、可轉換特別股或認股權憑證之發行，作為股權轉換之用。
3. 為維護公司信用及股東權益所必要而買回，並辦理銷除股份者。

　　我公司法第167條禁止公司將自家股份收回、收買或收為質物，其立法理由主要係：1.允許公司取得自己股份，將使公司資本減少，違反資本維持原則；2.如任由公司取得自己股份將使公司負責人易於操縱股價，擾亂證券市場，損及投資大眾權益；3.在公司虧損時，公司負責人可能先收買自己及其親友所持有之股份，有違股東平等原則。但公司法第167條亦規定公司得於下列情形下可取得自己公司股份之例外情形：

　　(1)於股東清算或受破產之宣告時，得按市價收回其股份，抵償其於清算或破產宣告前結欠公司之債務；

　　(2)依公司法第158條之規定，收回公司所發行之特別股；

(3)依公司法第186條規定，因反對股東行使股份收買請求權而收買其所
　　持股份；

(4)依公司法第317條之規定，因反對股東行使股份收買請求權而收買其
　　股份。

　　然隨著經濟情勢之變化及健全證券市場發展所需，89年6月證券交易法
修正時將再增列上述三種例外情形，公司為激勵員工對公司產生向心力，由
公司買回自己股份轉讓予員工，或為配合新型衍生性金融商品之發行，公司
可選擇不經由現金增資發行新股之冗長程序因應，而選擇買回自己股份，作
為股權轉換之用，上述二類型之庫藏股制度，除可便利員工入股制度之推行
及提供公司融資管道之多元化外，並可避免公司股本膨脹而產生股利稀釋之
問題，推行此制有利無弊，可真正發揮庫藏股制度之功效。

　　另第三種例外情形之庫藏股，一般稱之為護盤式之庫藏股，其立法理由
係因證券交易市場常受非經濟因素影響之情形時而有之，為避免公司有財務
或業務以外因素，致對公司之信用及股東權益有重大影響時，亦有必要得由
公司買回自己之股份。因為市場持續地過度低估（undervalue）公司股價，
該公司經營者自得藉由買回自己公司股份之做法，發揮向市場傳送公司股價
被過低評價之訊息，並可使股價逐步回升至公司真實價值之行情。

　　然護盤式庫藏股之實施，如遭有心人士濫用，亦可能產生股價操縱及內
線交易之情形，在實施上宜貫徹申報制度，使所有資訊公開透明，以防止公
司經營者及大股東將其個人炒作股票失利套牢之股票轉賣給公司，損害投資
人權益。

（三）買回股份數量、期限及處分之限制

　　依證券交易法第28條之2規定公司買回股份之數量比例，不得超過該公
司已發行股份總數10%；收買股價之總金額，不得逾保留盈餘加發行股份溢
價及已實現之資本公積之金額。公司依規定買回之股份，除為維護公司信用
及股東權益所必要而買回部分，應於買回之日起6個月內辦理變更登記外，
應於買回之日起5年內將其轉讓；逾期未轉讓者，視為公司未發行股份，並
應辦理變更登記。

　　公司依規定買回之股份，不得質押；於未轉讓前，不得享有股東權利。
公司於有價證券集中交易市場或證券商營業處所買回其股份者，該公司其依
公司法第369條之1規定之關係企業或董事、監察人、經理人之本人及其配
偶、未成年子女或利用他人名義所持有之股份，於該公司買回之期間內不得

賣出。

　　另公司董事會之決議及執行情形，應向最近一次之股東會提出報告；其因故未買回股份者，亦同。

（四）買回股份資訊公開申報之義務

　　為使公司資訊充分揭露並防止內線交易之發生，「上市上櫃公司買回本公司股份辦法」規定公司於有價證券集中交易市場或證券商營業處所買回其股份者，應於董事會決議之日起2日內公告，並向行政院金管會申報下列事項：

　　1.買回股份之目的。

　　2.買回股份之種類。

　　3.買回股份之總金額上限。

　　4.預定買回之期間與數量。

　　5.買回之區間價格。

　　6.買回之方式。

　　7.申報時已持有本公司股份之數量。

　　8.申報前3年內買回本公司股份之情形。

　　9.已申報買回但未執行完畢之情形。

　　10.董事會決議買回股份之會議紀錄。

　　11.本辦法第10條規定之轉讓辦法。

　　12.本辦法第11條規定之轉換或認股辦法。

　　13.董事會已考慮公司財務狀況，不影響公司資本維持之聲明。

　　14.會計師或證券承銷商對買回股份價格之合理性評估意見。

　　15.其他本會所規定之事項。

　　公司非依上述規定辦理公告及申報後，不得於有價證券集中交易市場或證券商營業處所買回股份。另為求公司買回股份之資訊透明化，並規定買回數量每累積達公司已發行股份總數2%或金額達新台幣3億元以上者，應於2日內將買回之日期、數量、種類及價格公告並向證期局申報。前述買回股份之相關訊息內容，並應輸入股市觀測站資訊系統，以貫徹資訊公開原則。

（五）買回股份執行期限

　　公司董事會決議買回股份後，因市場及公司狀況可能隨時變化，公司應

於1個月內執行買回完畢，並應於1個月期間屆滿或執行完畢後5日內向證期局申報，俾瞭解公司買回股份之整體執行情形。公司逾期未執行完畢者，如須再行買回，應重行提經董事會決議。

（六）買回股份每日數量、價格及報價時間之限制

為避免公司於證券集中交易市場或證券商營業處所買回其股份導致股價劇烈波動，並為防止其操縱股價，將規定公司買回股份，除依本法第43條之1第2項規定買回者外，其每日買回股份之數量，不得超過申報日前30個營業日市場該股票平均每日成交量之20%，或計畫買回總數量之四分之一；其委託價格不得高於當日漲幅限制之一半，且不得於開盤後30分鐘內及收盤前30分鐘內報價，此外為便於控管及避免因在多家證券經紀商同時下單而造成假性需求之現象，規定限委託單一證券商下單。

另顧及部分股票每日成交量低迷之情形，現定公司每日買回數量不超過20萬股者，得不受前述所定買回數量之限制。

（七）買回股份總金額之計算方式及基準

公司依本法第28條之2第1項第1款至第3款之事由買回其股份之總金額，不得超過保留盈餘加超過票面金額發行股份所得之溢價及下列已實現之資本公積之金額：

1.處分資產之溢價收入。

2.受領贈與之所得；但受捐贈之本公司股份除外。

前項保留盈餘包括法定盈餘公積、特別盈餘公積及未分配盈餘，但應減除下列項目：

1.公司董事會或股東會已決議分派之盈餘。

2.公司依本法第41條第1項規定提列之特別盈餘公積；但證券商依證券商管理規則第14條第1項規定提列者，不在此限。

公司得買回股份之數量及金額，其計算以董事會決議前最近期依法公開經會計師查核或核閱之財務報告為準；該財務報告應經會計師出具無保留查核意見或標準核閱意見；但期中財務報告如因長期股權投資及其投資損益之衡量係依被投資公司未經會計師查核或核閱之財務報告核算，而經會計師保留者，不在此限。

（八）買回股份轉讓辦法之制定

公司依本法第28條之2第1項第1款情事買回股份轉讓予員工者，應事先訂定轉讓辦法。

前項轉讓辦法至少應載明下列事項：

1. 轉讓股份之種類、權利內容及權利受限情形。
2. 轉讓期間。
3. 受讓人之資格。
4. 轉讓之程序。
5. 約定之每股轉讓價格。但其價格不得低於訂定轉換辦法當日該股票之收盤價格。
6. 轉讓後之權利義務。
7. 其他有關公司與員工權利義務事項。

另公司依本法第28條之2第1項第2款情事買回股份，作為股權轉換之用者，亦應於轉換或認股辦法中明定之。

（九）內線交易行為之禁止

本法第28條之2及本辦法有關公司得買回股份之規定，並不豁免公司董事、監察人、經理人、大股東及其他相關人員涉及內線交易之責任，爰規定公司董事會決議買回股份，其董事、監察人、經理人、持有公司股份超過10%之股東及其他相關人員，違反本法第157條之1之規定者，仍應依本法規定處罰。

（十）庫藏股執行期間特定人不得賣出之限制

公司於有價證券集中交易市場或證券商營業處所買回其股份者，該公司其依公司法第369條之1規定之關係企業或董事、監察人、經理人之本人及其配偶、未成年子女或利用他人名義所持有之股份，於該公司買回之期間內不得賣出。另108年4月為配合洗錢防制法之實施，並於本法第28條之2增列前述所定不得賣出之人所持有之股份，包括其配偶、未成年子女及利用他人名義持有者。

（十一）實施庫藏股制度之優缺點

1. 優　點

(1)發生非經濟因素干擾，導致公司股價遽跌時，公司可買進自家股票護盤，遏止股價下跌。

(2)將購回之股份轉讓給員工，鼓勵與留住員工，激勵員工對公司產生向心力。

(3)公司發行新金融商品，如可轉讓公司債等衍生性金融商品，若有必要也可由市場買回自家股票，此舉將使公司財務管理與運作更具彈性。

2. 缺　點

(1)易產生內線交易、利益輸送等弊端，因上市公司可能事先談好倒貨時間，由大股東預先告知特定人士釋股時間及股價，然後藉此賺取利益。

(2)上市公司可能為了個別利益，提前或延後發布公司重要訊息。

(3)公司債權人權益將受影響，因上市公司買進自家股票，將使公司資產減少，影響公司債權人之權益。

(4)真正有能力買進庫藏股而達成護盤效果者，僅限少數於擁有高保留盈餘（可供分配但卻向未分配給股東的盈餘）及資本公積（指所有非營業活動所帶來的收入）之公司，並非所有公司皆可適用。

七、公開收購公開發行公司有價證券（證交§43-1～§43-5）

（一）公開收購之意義

　　所謂公開收購股權，也就是指公開收購人在公開市場以外，以公告之方式，向不特定股東為收購股份之要約，此時公開收購人購買證券之對價，可以是現金，亦可是股份，此外，公開收購人所要購買之股份可以是公司全部之股份，亦可是公司一定比例之股份。其主要目的是讓有意收購他公司股權之企業，在無法與大股東、董、監事等經營層達成協議之情況下，有一個直接與股東交易以合法取得經營權之管道，因而常被視為「惡意併購」。然從股東權益考量，公開收購可避免小股東權益在私下協議過程中被忽略或侵犯，亦予股東檢討現有經營團隊表現優劣之機會，對發動收購者而言，因其

收購價格、期間、數量等均為事先擬訂，相較於在集中市場用人頭戶暗中收購、與其他集團結盟、徵求委託書等途徑，具有可掌控收購成本及時程之優點，而缺點則是需要使用現金，從證期會之管理立場而言，企業藉人頭戶吸取他公司股權，不僅增加目標公司經營階層的不確定性，也降低主管機關對股權管理之有效性，透明化之公開收購則可避免此方面之弊病。

在美國、歐洲及日本等國，公開收購股權制度，通常僅需收購人將公開收購之條件公告周知，一旦前述條件符合證管法令規定即可進行，並不需要經過證券主管機關進行審核，因之收購人往往看重公開收購具有行動隱密、簡便迅速、結果確定以及能壓迫股東盡早作決定等優點，而樂於採取這項策略。

反觀我國，在91年修法前，收購人要進行公開收購，非但要獲得主管機關之核准，且在收購人提出申請後，到主管機關核准前，收購人都不可以從市場中再購買股票，而被收購公司之公司派卻不須停止買進股票之限制。從惡意收購之競爭立場考量，公開收購制度對收購者而言較為不利。也難怪公開收購股權管理辦法，從民國84年制定至90年底止，卻沒有任何一家企業運用這項辦法進行公司收購，而公司購併之案例在市場中則不斷上演，畢竟在國內「人頭戶」充斥之情況下，運用人頭戶從市場中購買股票，可能會比採用公開收購更方便得多。因而91年2月本法修正時特將公開收購制度由核准制改為申報制，並將收購數量不會影響公司經營權變動者予以豁免，俾落實公開收購制度之本意。

我國證券交易法規定上市有價證券之買賣，應於證券交易所開設之有價證券集中交易市場為之（證交§150），不得場外交易，如不經由有價證券集中交易市場或證券商營業處所，對非特定人公開收購公開發行公司之有價證券者，除下列情形外，應先向主管機關申報並公告後，始得為之：

1. 公開收購人預定公開收購數量，加計公開收購人與其關係人已取得公開發行公司有價證券總數，未超過該公開發行公司已發行有表決權股份總數5%。
2. 公開收購人公開收購其持有已發行有表決權股份總數超過50%之公司之有價證券。
3. 其他符合主管機關所定事項（證交§43-1）。

公開收購係指不經由有價證券集中交易市場或證券商營業處所，對非特定人以公告、廣告、廣播、電傳資訊、信函、電話、發表會、說明會或其他

方式為公開要約而購買有價證券之行為。本制度主要目的係讓有意收購他公司股權之企業，在無法與大股東、董、監事等經營層達成協議之情況下，有一個直接與股東交易以合法取得經營權之管道，因而常被視為惡意併購，不過從股東權益考量，公開收購可避免小股東權益在私下協議過程中被忽略或侵犯，亦予股東檢討現有經營團隊表現優劣之機會；對發動收購者而言，因其收購價格、期間、數量等均為事先擬訂，相較於在集中市場用人頭戶暗中收購、與其他集團結盟、徵求委託書等途徑，具有可掌控收購成本及時程之優點，而缺點則是需要使用現金；從證期會之管理立場而言，企業藉人頭戶吸取他公司股權，不僅增加目標公司經營階層的不確定性，也降低主管機關對股權管理的有效性，透明化之公開收購則可避免這方面的弊病。

　　主管機關於民國84年9月即已訂定公開收購辦法，然因收購數量、時程等條件規範嚴苛、程序繁瑣，再加以受和氣生財之商場文化及政府未鼓勵企業併購等因素之影響，公開收購案例甚少，目前僅有寶成工業於85年透過本辦法申請收購倍利產業公司，有鑑於企業併購已成為國際潮流，加以國內經營環境之變化，企業大型化之必要性漸增，證期局乃於90年1月修正公開收購辦法，不僅明定案件之准駁期限、簡化公開收購及申報程序、取消不必要之申報書件等，並大幅度放寬公開收購案之否准條件，最低收購數量由原規定的至少須達股權總數三分之一降為10%，以落實公開收購制度，並期望達成促進企業併購以提升競爭力之政策目標。

（二）公開收購之限制及義務

　　公開收購適用之有價證券係指已依本法辦理或補辦公開發行程序公司之股票、新股認購權利證書、認股權憑證、附認股權特別股、轉換公司債、附認股權公司債及其他經金管會證期局核定之有價證券。有鑑於除有公開發行公司所發行股份以外，其他公開發行之有價證券，因受益人會議之召集、表決、決議，受益人以表決權行使權利，若大量收購此類公開發行有價證券，勢將過度影響證券市場之價格波動，自有健全管理之必要。故對此類公開募集發行而有表決權性質之有價證券，其受益人會議之決議亦事涉公開投資人權益，關於此類有表決權有價證券之收購事項併予納入公開收購之管理規範，爰於104年7月1日及108年4月17日修正本法第43條之1、第43條之3，修正公開收購適用範圍，增列對應適用之客體。

　　公開收購人應以同一收購條件為公開收購，且不得為下列公開收購條件

之變更：

1.調降公開收購價格。

2.降低預定公開收購有價證券數量。

3.縮短公開收購期間。

4.其他經主管機關規定之事項。

違反前述應以同一收購條件公開收購者，公開收購人應於最高收購價格與對應賣人公開收購價格之差額乘以應募股數之限額內，對應賣人負損害賠償責任（證交§43-2）。

上述公開收購人，尚包括其配偶、未成年子女及利用他人名義為公開收購者（證交§28）。公開收購人除依本法第28條之2規定買回其股份者外（庫藏股），應於公開收購前檢具申請書及下列書件向證期局提出申請，該局如未發現異常情事，應於受理申請核准或最後補正送達日起12個營業日內核准：

1.公開收購說明書。

2.公開收購人之身分證明文件影本。

3.公開收購人為華僑或外國人時，應取得其他有關主管機關核准之證明文件。

4.公開收購人依第13條之規定與受任機構間簽定之委任契約書。

5.公開收購人在中華民國境內無住所或營業處所者，指定代理人之授權書。

6.公開收購人為法人時，其最近3年經會計師簽證之資產負債表、損益表及現金流量表；開業不及3年者，以所有開業年度者為限。其最近1年度財務報表尚未經會計師查核簽證者，得以自行編製之財務報表替代。

7.公開收購公開發行公司有價證券資金來源說明書及證明文件；如其資金係以融資方式取得，該融資事項之說明書，證明文件及其償還計畫。

8.公開收購人為法人時，於取得該有價證券後3年內對本法人財務、業務影響之說明書。

9.如須經其他主管機關核准者，其證明文件。

10.申請書件經律師審核並出具之法律意見書。

11.其他證期局規定之文件。

　　此外，公開收購決定之日起至提出申請前，因職務或其他事由知悉與該次公開收購相關之消息者，均應謹守秘密，以防止知悉內情者運用決定日與申請日間之時間落差進行交易，引發內線交易之質疑。

（三）公開收購程序之進行

　　公開收購人及其關係人自申報並公告之日起至公開收購期間屆滿日止，不得於集中交易市場、證券商營業處所、其他任何場所或以其他方式，購買同種類之公開發行公司有價證券。

　　違反上述規定者，公開收購人應就另行購買有價證券之價格與公開收購價格之差額乘以應募股數之限額內，對應賣人負損害賠償責任（證交§43-3）。

　　公開收購人應於向證期局提出公開收購申請之日起2日內公告下列事項，除依本法第28條之2規定買回股份者外，並應將其意旨通知被收購有價證券之公開發行公司：

1.公開收購人之姓名或名稱及住所或所在地。
2.被收購有價證券之公開發行公司名稱。
3.被收購之有價證券種類、數量及價格。
4.公開收購申請日期及預訂公開收購期間。
5.公開收購目的。
6.公開收購之申請及補正書件供閱覽之處所。
7.其他證期局規定事項。

　　被收購有價證券之公開發行公司於接獲公開收購人之收購通知後10日內，應就下列事項公告、作成書面申報證期會備查及抄送證券相關機構：

1.現任董事、監察人及其配偶與未成年子女、持有本公司已發行股份超過10%之股東目前持有之股份種類、數量。
2.就本次收購對其公司股東之建議，並應載明任何持反對意見之董事姓名及其所持理由。
3.公司財務狀況於最近期財務報告提出後有無重大變化，及其變化內容。
4.現任董事、監察人或持股超過10%之大股東持有公開收購人或其關係企業之股份種類、數量及其金額。
5.其他相關重大訊息。

被收購有價證券之上市或上櫃公司另應依前項規定期限及公告申報事項輸入股市觀測站資訊系統。

公開收購人應委任下列機構負責接受應賣人有價證券之交存，公開收購說明書之交存及公開收購價款之收付等事宜，其依本法第28條之2規定買回本公司股份者，得免除交付公開收購說明書之義務：

1. 證券商。
2. 銀行。
3. 其他經證期局核准之機構。

公開收購人除依第28條之2規定買回本公司股份者外，應於應賣人請求時或應賣人向委任機構交存有價證券時，交付公開收購說明書。

公開收購人未交付公開收購說明書及其內容有虛偽或隱匿情事，準用本法第31條第2項與第32條公開說明書之民事賠償責任（證交§43-4）。

公開收購之期間不得少於10日，多於50日，公開收購人進行公開收購後，除有下列情事之一，並經主管機關核准者外，不得停止公開收購之進行：

1. 被收購有價證券之公開發行公司，發生財務、業務狀況之重大變化，經公開收購人提出證明者。
2. 公開收購人破產、死亡、受監護或輔助宣告或經裁定重整者。
3. 其他經主管機關所定之事項。

公開收購人所申報及公告之內容有違反法令規定之情事者，主管機關為保護公益之必要，得命令公開收購人變更收購申報事項，並重行申報及公告。

公開收購人未於收購期間完成預定收購數量或經主管機關核准停止公開收購之進行者，除有正當理由並經主管機關核准者外，公開收購人應於公開收購期間屆滿之日起2日內，公告下列事項：

1. 公開收購人之姓名或名稱及住所或所在地。
2. 被收購有價證券之公開發行公司名稱。
3. 被收購有價證券之種類。
4. 公開收購期間。
5. 以應賣有價證券之數量達到預定收購數量為收購條件者，其條件是否達成。

6.應賣有價證券之數量、實際成交數量。

7.支付收購對價之時間、方法及地點。

8.成交之有價證券之交割時間、方法及地點。

應賣有價證券之數量超過預定收購數量時，公開收購人應依同一比例向所有應賣人購買，並將已交存但未成交之有價證券退還原應賣人。

公開收購上市或上櫃公司股票者，應按各應賣人委託申報數量之比例分配至1,000股為止。如尚有餘量，公開收購人應按隨機排列方式依次購買。

公開收購人與其關係人於公開收購後所持有被收購公司已發行股份總數超過該公司已發行股份總數50%者，得以書面記明提議事項及理由，請求董事會召集股東臨時會，不受公司法第173條第1項規定之限制（證交§43-5）。亦即公開收購後，對於公開收購後所持有股份過半之公開收購人，得排除公司法第173條必須股東繼續1年以上，持有已發行股份總數3%以上股東始可請求召集股東臨時會之限制，得以立即請求董事會召集臨時股東會，進行企業改組之工作，俾順利完成公司經營權之移轉。

在此特別提醒公開收購人如違反第43條之2第1項、第43條之3第1項、第43條之5第1項或主管機關依第43條之1第4項及第5項所定辦法有關收購有價證券之範圍、條件、期間、關係人及申報公告事項之規定，或第165條之1、第165條之2準用第43條之3第1項、第43條之5第1項規定。得依證交法第178條規定處新台幣24萬以上240萬以下罰鍰。

八、信用交易（參考第七章第三節證券信用交易）

（一）信用交易之意義

信用交易以廣義而言，包括買賣雙方互為授信，或證券商、證券金融公司及銀行給證券投資人授信之行為。以狹義而言，信用交易係指證券金融事業或證券商經證券主管機關核准，對證券自營商或投資人以買賣有價證券為目的之融資或融券以完成交割之授信行為謂之。

本節之信用交易，即指狹義而言。融資者指證券金融事業或證券商對其客戶融通資金，亦即指投資人預期股價上漲，為增加證券之投資量，故向融資機構辦理融資，由投資人繳納規定之自備款而取得一定比率之貸款，委託證券經紀商買進特定證券，而由融資機構取得所購進股票之質權，作為借款之擔保。稱融券者指證券金融事業或證券商對其客戶融通證券，亦即指投資

人預期股價下跌,為增加其證券之出售量,乃向證券機構辦理融券,由投資人繳納規定成數之保證金而取得一定數量之特定證券,然後委託證券經紀商賣出特定證券,而由融券機構取得售出股票價金之質權,以為融券之擔保。

　　證券交易法規定證券商不得收受存款、辦理放款、借貸有價證券及為借貸款項或有價證券之代理或居間。但經主管機關核准者,得為下列之行為(證交§60):

　　1.有價證券買賣之融資或融券。

　　2.有價證券買賣融資券之代理。證券商辦理有價證券買賣融資融券之管理辦法,由主管機關擬訂報請行政院核定之(證交§60)。

(二)信用交易之功能

　　信用交易乃證券投資人藉財務槓桿作用,獲利增加,激發投資意願,導引國民儲蓄進入證券市場,發展工商企業,增強證券市場之流通性。就活潑市場交易而言,有信用交易之證券市場,不僅有真實需求、供給以維持市場流通,尚有經由融資、融券所造成假性需求、供給,可擴大市場深度,以維持市場交易之圓滑,另就穩定市場而言,僅由真實需求、供給所形成之市場,將造成過鉅之買壓或賣壓,而經由融資、融券所形成假性需求、供給,可調整真實需求、供給之不均衡,故具信用交易之市場,可藉由假性需求、供給,使證券市場多頭與空頭相互牽制抵銷,具有調節股票價格的機能,使證券市場交易價格趨於穩定。

　　信用交易雖有前述正面之功能,惟就反面而言,信用交易極富投機性,操作失當,易造成投資人過鉅之損失;另信用交易如過分擴張易流於投機,導致金錢遊戲,並易使投機者利用於操縱股價機會,造成證券市場違法脫序行為,融資與融券政策運用配合不當,易於產生漲時助漲,跌時助跌之負面效果。信用交易雖有前述弊端,惟不可否定其對證券市場之正面功能,因此在證券信用交易制度之設計上,兼顧活絡股市、穩定股價並防範過分投機,係各國證券管理機構致力追求之目標。

(三)信用交易之種類

1.融資交易

　　融資交易乃投資人預測某種股票之市場價格可能上漲,為增加其股票之購買量,以獲取漲價差額利益,由投資人繳納規定之自備款而取得一定比率

之貸款，委託證券經紀商買進其指定之股票，其差額由證券商或融資機構墊付，而以融資所取得之股票作為放款之擔保，如所購買股票價格跌至最低保證金標準以下時，顧客應增繳現金或以證券補足之，否則證券商或融資機構將處分作為擔保之股票謂之融資交易。

　　證券商辦理有價證券買賣融資融券，應與客戶簽訂融資融券契約，並開立信用帳戶，融資融券契約必須載明融資比率及補繳期限、擔保品之處分、融券賣出價款及融券保證金不得移作他用及其應支付利息之利率等事項。投資人以其買進證券向融資機構提供質押的行為，稱為證券質押，投資人稱為質押人或出質人，融資機構稱質權人或受質人，質押品市場價值有變動，須由出質人應自行補繳自備款之差額，否則融資機構（質權人）即得處分其提供擔保之證券。

2. 融券交易

　　融券交易乃投資人預測某種股票之市場價格可能下跌，為增加其股票出售量，以獲取跌價差額之利益，由投資人繳納規定成數之保證金，借得一定數量之股票，委託證券經紀商賣出，而由融券機關取得售出股票價金作為融券之擔保，未來於客戶償還結清時，應即將客戶融券賣出價款與保證金發還客戶，謂之融券交易。

　　委託融券交易之人必須先在證券經紀商處開戶，並與融券機關簽訂契約，始得為之，委託融券經紀商賣出股票，委託賣出人須交付規定成數之保證金，而以借得股票賣出後如期辦理交割，再俟適當時機補進。

九、有價證券買賣爭議之仲裁（證交§166～§170）

　　證券交易不同於一般商業行為，其糾紛亦異，故證券交易糾紛如不先經由仲裁而逕向法院提起訴訟，可能因法官不熟悉證券交易各項技術問題，反將增加法院負擔，因此證券交易糾紛先經仲裁程序，可使眾多複雜問題趨於簡單，亦可使許多糾紛因仲裁而獲得解決，無須再經訴訟，故有價證券買賣爭議仲裁，實無異於替訴訟先作資料審查工作，對公平合理解決爭議助益甚大。因之證券交易法規定有價證券交易所生之爭議，當事人得依約定進行仲裁。但證券商與證券交易所或證券商相互間，不論當事人間有無訂立仲裁契約，均應進行仲裁（證交§166）。亦即有價證券買賣之爭議，如屬非證券商之間，原則上採用任意仲裁制度，當事人均得行使請求仲裁之權利。至於

證券商與證券交易所或證券商相互間，仍採強制仲裁制度。

　　另有價證券買賣之爭議，若訂有仲裁契約者，當事人得依約定進行仲裁，爭議當事人之一造違反約定，另行提起訴訟時，他造得據以請求法院駁回其訴（證交§167）。

　　依仲裁法第9條規定：「仲裁協議，未約定仲裁人及其選定方法者，應由當事人各選一仲裁人，再由雙方選定之仲裁人共推第三仲裁人為主任仲裁人，並由仲裁庭以書面通知當事人。仲裁人於選定後，三十日內未共推主任仲裁人者，當事人得聲請法院為之選定。」惟證券交易法第168條則規定：「爭議當事人之仲裁人不能依協議推定另一仲裁人時，由主管機關依申請或以職權指定之。」排除仲裁法上述規定之後段，主要是因為對於此類爭議案件，仲裁人之選擇，主管機關較為清楚，故本法規定由主管機關依申請或以職權指定之。

　　證券商對於仲裁之判斷，或依仲裁法第44條成立之和解，延不履行時，除有仲裁法第40條情形，經提起撤銷判斷之訴者外，在其未履行前，主管機關得以命令停止其業務（證交§169），俾利強制其履行。

第八節　集中交易市場買賣有價證券之禁止及限制行為

一、股價操縱行為之禁止（反操縱條款）（證交§155）

（一）操縱行為之意義與性質

　　所謂操縱行為（market manipulation），即係以人為方法使證券市場供需力量無法發揮其自然調節作用，而將某一證券之價格控制於某一水準，操縱者遂可按此價格出售或買進該種證券；且其出售價格必高於正常供需所決定之價格，而其買進價格則必低於正常供需所決定之價格。操縱者扭曲市場價格機能，坐收差額利益，造成新購進者被套牢或新售出者損失，損人利己，其為證券市場違法脫序行為之根源，嚴重影響一國經濟之正常發展，各國證券交易法規為維護證券市場之自由運作與證券市場應有之正常功能，皆明文禁止股價操縱行為，以維護證券市場交易秩序並保護大眾投資人。

　　操縱行為字義上脫不出人為干預之範圍，但若僅以人為方式影響股價自

然形成作爲操縱之內涵似嫌簡略，因市場價格之形成係藉由市場供需而定，股票不同於一般商品市場，主要係股價認定包含投資人主觀認知之因素，且此比例顯較其他商品市場爲重，若僅以所謂以人爲方式使股價脫離正常價值作爲操縱行爲之內涵，首先必遭遇何謂證券應有價值之難題，股市之分析非但指基本分析、技術分析，甚或投機因素均須一併評估，再者，因投資人主觀認定各有不同，如何在法律層面區別屬於操縱性質之買賣以及非屬操縱性質之買賣甚難解決，因之所謂以人爲方式影響股價自然形成，雖係操縱行爲本質之一，惟仍難含括操縱之全部概念。此種矛盾，使得操縱行爲之規範在實務運作上顯得模糊而且難解，若偏重彈性化，則不但在刑法層面會出現罪刑法定主義接受挑戰之現象，也因規範對象無法預知違法所在而引起民怨，若偏於安定性，則又無法符合規範操縱行爲之彈性需要而脫離實情，對此衝突與矛盾，實須依賴主管機關與司法界對操縱行爲建立正確共識，方能使證券交易法反操縱規定得以確實運作。

　　另操縱行爲本質上亦係投機行爲之一種，操縱行爲與投機行爲不易區分，二者均帶有追求價差利益目的之共通性，除非操縱行爲本質上另具備其他不法要素，否則操縱行爲本身並不代表任何不法之意義，非必一概可認係違法行爲，亦即除非操縱行爲已構成過度投機而足以傷害國家經濟體制者外，法律尚難加以禁止。

（二）操縱行爲禁止之立法理由

　　依經濟學供需法則，商品之公平價格取決於供給及需求之均衡點，同理，股票之公平價格亦取決於供需關係，然其公平價格之形成，應以市場健全運作爲基礎，一旦供需關係受到人爲干預，則價格機能勢必受到扭曲，嚴重影響股票市場之公正性及公益性，因此必須立法明文予以禁止，俾保護一般善意投資大眾，基於上述意旨，我國證券交易法於民國57年施行當時，即參照美國於1934年之證券交易法（Securities Exchange Act, 1934）第9條第1項及日本證券交易法第125條及我國當時之交易所法第52條及證券商管理辦法第57條、第58條等規定（現均已廢止）訂定本法第155條，明文禁止股票市場之操縱行爲，77年證券交易法全盤修訂時，增訂第2項將本條適用範圍擴及店頭市場，及第3項增加行爲人應負之民事責任。

　　股價操縱行爲，係一種常見之經濟犯罪行爲，其特徵在行爲人意圖謀取不法利益，利用法律與經濟交易所允許之經濟活動空間，濫用經濟秩序賴以

存在之誠信原則，違反直接或間接規範經濟功能之有關法令，而產生足以危害正常經濟活動及干擾經濟生活秩序之違法行為。經濟犯罪本質上屬於專業刑法，通常規定於附屬刑法中，而不單獨另立刑事法，此乃其立法形式上之特色。證券交易法第171條規定違反同法第155條第1項、第2項之規定者，處3年以上10年以下有期徒刑，得併科新台幣1,000萬元以上2億元以下罰金。犯前項之罪，其犯罪所得金額達新台幣1億元以上者，處7年以上有期徒刑，得併科新台幣2,500萬元以上5億元以下罰金。其立法要旨，主要保護法益為國家經濟秩序與整體經濟結構之安全以及參與經濟活動者個人之財產法益，目的在保護證券市場機能之健全，並保護投資人之利益。

（三）操縱行為之類型分析

證券交易法第155條規定對於在證券交易所上市之有價證券，不得有下列各款之行為：

1. 在集中交易市場委託買賣或申報買賣，業經成交而不履行交割，足以影響市場秩序。〔**違約交割**〕
2. 在集中交易市場，不移轉證券所有權而偽作買賣者（89年6月修正時刪除）。〔**沖洗買賣**〕
3. 意圖抬高或壓低集中交易市場某種有價證券之交易價格，與他人通謀，以約定價格於自己出售，或購買有價證券時，使約定人同時為購買或出售之相對行為者。〔**相對委託**〕
4. 意圖抬高或壓低集中交易市場某種有價證券之交易價格，自行或以他人名義，對該有價證券，連續以高價買入或以低價賣出，而有影響市場價格或市場秩序之虞。〔**不法炒作**〕
5. 意圖造成集中交易市場某種有價證券交易活絡之表象，自行或以他人名義，連續委託買賣或申報買賣而相對成交（95年1月增訂）。
6. 意圖影響集中交易市場有價證券交易價格，而散布流言或不實資料者。〔**散布流言**〕
7. 直接或間接從事其他影響集中交易市場某種有價證券價格之操縱行為者。

操縱股價行為係證券交易法第155條之討論重點，惟該條對此操縱行為並未加以定義，僅於第1項第1款至第6款採定型化之規定，第7款採概括規定，俾涵蓋所有可能發生之操縱行為，以免因採列舉規定而發生掛一漏萬之

現象。

　　以下謹就前述六款操縱行為分述如下：

1. 在集中交易委託買賣或申報買賣，業經成交而不履行交割，足以影響市場秩序者（違約交割）

　　本款為行為犯並非結果犯，只要行為人該當本款之構成要件即觸犯本罪，並不因證券商或台灣證券交易所之代為履行交割而免除其責。本款之行為人以在集中交易市場或店頭市場委託買進或賣出之投資人為犯罪主體，由於我國證券市場人頭戶風行，因此行為人如以人頭戶進行買賣者，除行為人本身應負其民、刑事責任外，對於人頭戶而言，則視其知情與否而有不同之責任歸屬，如人頭戶與行為人有犯意聯絡、行為負擔，則應視為共同正犯；如人頭戶知情但僅係提供其個人帳戶供行為人使用而無犯意聯絡及行為負擔者，則視為幫助犯；另人頭戶如係被盜用，其個人完全不知情，依目前法院實務，通常傾向不起訴處分。

　　本款在美、日二國證券交易法並無類似條款，當初係沿襲自美證券商管理辦法第57條第1項第1款無實際成交意思而空報價格之規定而來，當為我國證券交易法所獨創。惟本法在77年1月29日修正時，本款由原先在有價證券集中交易市場無實際成交意思，空報價格，業經有人承諾接受而不實際成交，足以影響市場者，修正為在集中交易市場報價，業經有人承諾接受而不實際成交或不履行交割，足以影響市場秩序者，刪去無實際成交意思及空報價格等要件，依該次修正理由說明，認為有本款之行為，足以破壞市場交易秩序及公平，爰刪除無實際成交意思等要件，並增列不履行交割之情形。由於修正條文刪除行為人主觀意思要件，使得本款單純處罰違約不交割之情形，不論行為人係故意或過失，或是否有主觀上操縱市場之意圖，均一律予以處罰，以與刑法第12條第1項行為非出於故意或過失者不罰之規定不盡相符，似有違罪刑法定主義之原則，各界對其立法目的亦有若干討論，對本款存廢亦曾引發甚大爭議。

　　立法之初，市場交易方式係採人工撮合方式進行，而目前交易已全面採用電腦自動化撮合，與人工交易市場時代之交易型態完全不同，投資人之委託一經證券商申報輸入電腦，除非取消申報，否則即依規定撮合成交，應無業經有人承諾接受而不實際成交之情形，故本要件之成立應係指不履行交割而言。在目前二段式交割作業方式之下，投資人於成交後應向受託之證券商

完成交割義務,再由證券商統一向台灣證券交易所辦理交割工作,只要投資人未於規定時間前向證券商完成交割義務,即符合本款要件,即使證券商依本規定代為完成交割義務,亦不能免除其責。不履行交割係一般通稱之違約,但違約行為除非涉及詐欺或有操縱市場之行為,否則應屬民事之範圍,一律施以刑事處罰似有不當之處,另由於我國市場人頭文化盛行,往往鉅額違約案發生時,證券商所報送之投資人幾乎千篇一律全為人頭戶,查核過程中無法查出幕後真正造成違約之主使者,使一般投資大眾對於證券管理機關之監管能力失去信心。

　　另本款要件「足以影響市場秩序者」,用語含糊不明確,依一般通說,所謂足以影響市場秩序者,係指市場秩序有因此而受到影響之危險即可構成,至於市場秩序是否確實因而受到損害或影響,並非所問。本款之立意係為防範惡意投資人不履行交割義務,影響市場交易秩序,至於一般小額投資人若非屬惡意違約,其違約金額亦不致足以影響市場交易秩序,則不會有本款之適用。

2. 在集中交易市場,不移轉證券所有權而偽作買賣者(沖洗買賣,89年6月修正時刪除)

　　本款所禁止之行為即俗稱之沖洗買賣行為,亦即證券商管理辦法第57條第3款所稱之含有沖銷性之買賣,其立法係仿自美國1934年證券交易法第9條第1項第1款完成交易而不移轉該有價證券之真實所有權者及日本證券交易法第125條第1項不移轉權利之虛偽買賣而來。本款雖仿自美、日,但於77年本法修正時卻將美、日之意圖影響市場行情之主觀構成要件予以刪除,而僅存其客觀構成要件。所謂主觀構成要件即須有意圖使有價證券產生不真實,足以令人誤解其買賣達於活絡或繁榮之行為始予以處罰,至於客觀之構成要件即須有沖洗交易之行為,從本款條文觀之似其構成要件僅需行為人有沖洗交易之行為即可能構成本款沖洗交易之操縱行為,而不論其是否有操縱股價之意圖存在,看似與證交法第155條之立法目的不合,但筆者認為當一個人的行為及其相關事實符合刑法(包括形式與實質刑法)所明定之構成要件要素,亦即實現構成要件時,該行為即具有構成要件該當性。凡是符合構成要件之行為,同時亦顯示出該行為之違法性。詳言之,由實現法律上對個別犯罪行為所規定之情狀,而推論出行為之違法性,雖然在法律條文中,通常並不明文規定犯罪行為須具備違法性,但它對任何犯罪而言,是必要先決要件之一,如果有特定之事由之一,例如正當防衛、緊急避難、依法令行為等,

即可藉此等合法化事由排除該行爲之違法性，而不成立犯罪，此等事由通稱爲排除違法事由，亦稱爲合法化事由。

再者，一個實現構成要件之違法行爲，若要歸屬於犯罪行爲而加以處罰，必須再具備另一原始必備之要件——罪責，犯罪通常須具備故意罪責，例外則過失罪責即已足（參見刑法§12Ⅰ、Ⅱ）。並不因法律文字中未加意圖，即不論其故意之罪責，此與前述違法性之推論相同。此外，有一些特別情狀，例如不可避免的違法性錯誤、罪責能力，能夠排除罪責，而不成立犯罪。由此可知，犯罪在結構上，必須具備三個共同的成立要件：(1)構成要件該當性；(2)違法性；(3)罪責。一個行爲之所以能夠被評價爲犯罪，必須實現三個最基本的結構部分，三者缺一不可。所謂沖洗交易（或稱沖洗買賣），指在證券市場一面賣出又一面買入，以製造行情之欺騙性交易，亦即操縱行爲人在相同或不同證券商利用不同帳戶連續爲雙向買賣委託，利用互相轉帳沖銷方式進行交易，反復「做價」，實際上買賣雙方當事人均屬實質同一委託人，而結果不變更此證券之實質所有權（Beneficial Ownership），除向證券經紀商辦理交割手續，付出手續費及證券交易稅外，其並非實質之成交買賣，僅在虛構成交量值之紀錄，由於此種沖洗買賣在市場上能夠製造交易活絡之假象，影響證券市場交易行情。在實務上一般常見之沖洗買賣操做法，即操縱行爲人在相同或不同證券經紀商處開立二個以上帳戶，一個爲其眞實姓名，另一個則爲利用其配偶、家屬或他人名義開戶（俗稱人頭戶），並利用二個以上不同帳戶於大致相近之時間、價格與數量對某一特定有價證券，如欲哄抬市價時，則以高於市價之價格；如欲壓低市價時，則以低於市價之價格，委託證券經紀商爲雙向買賣，經證券經紀商申報買賣，由證券交易所電腦輔助交易撮合成交者。以上定義僅能謂之學理上之定義，目前我國證券市場人頭文化盛行，實務上眞正利用沖洗交易操縱股市之行爲人根本無需使用本人名義開戶買賣，依以往案例，其通常皆使用大量人頭戶在同一證券經紀商或不同之證券經紀商，同時委託買進及賣出，以製造該股票交易活絡之假象，在此情況下，人頭戶如何認定是一大問題。另在現行交割制度之下，賣出部分，投資人於成交次日須將賣出證券交付證券商；買進部分，則俟成交後第3日始可領取，故投資人縱有當日買進及賣出同種證券之行爲，除有違法沖銷者外，其證券所有權必因上述交割方式而有二次移轉，且其時差相隔2日，故不移轉所有權，除非明定爲不移轉實質所有權，否則在現行交割制度下並無發生之可能，即使投資人交付予證券商之證券及自證券商處取回之證券係同一張證券，其亦係因證券商與交易所採用總額交割制

度所致，並非表示投資人與證券商間未依規定辦理交割，並完成證券所有權之移轉。另且自84年2月4日起已全面實施款券劃撥制度，證券之交割僅係集中保管帳戶為數量增減之登載，並無證券字號之記載，故個別股票之所有權有無實際移轉已無從辨認，因此本款如未刪除或修正，徒增現行交割制度適法性之困擾。

此外在目前全面電腦化撮合制度之下，買賣雙方均由電腦負責配對撮合，當事人並無自由選擇之餘地，一經撮合成交，買賣契約即告成立，故本款偽作買賣之規定，在現行制度之下，似亦無存在之可能，此一觀念還停留在人工撮合時代。

目前檢調單位偵辦此類案件多係依據主管機關移送之監視報告查證相關操縱者同一營業日相近時間內委託買進又賣出等相關交易資料，向證券商調閱投資人之相關交易憑證，追查投資人之資金來源及流向，以證明其彼此間係有關連且推定其為實質同一委託人，但此項查證甚為費事，亦為目前偵辦案件極待克服之處。

另在審檢實務上各級法院對「不移轉所有權」之見解亦不相同，有法官認為當事人既已完成交割，即已完成所有權之移轉，故判無罪；但亦有法官則認同「實質」所有權之觀念，認為即使完成交割，但「沖洗交易的行為」即代表未移轉「實質所有權」，予以判刑，完全在法官自由心證之原則下判斷，此爭執點之解決只有靠修法將本款條文內容做更明確之規範，或由最高司法機關對其做統一之規定，始可解決。

此外在現行查核實務上，沖洗買賣行為之認定，通常係指在「相近」時間內以高價委託買進並以低價委託賣出的行為，所謂「相近」時點並未有固定規範，因在同一個營業日內，投資人原本看好某一有價證券而委託買進，但盤中可能因有壞消息又再委託賣出，如此一來實無法將其歸為沖洗買賣。委託買賣時間如果極為接近，則投資人就較難自圓其說，然多久才算是相近時間，法律並無規定，僅能憑監視單位之主觀認知，缺乏統一監視標準，亦使法官在審判時常因見解不同，以致產生案情相同，判決結果卻完全不同之現象，使投資人無所適從。民國89年6月證券交易法修正時立法院基於本款構成案件欠明確，常遭任意羅織罪名，對人民權益侵害至甚，爰將其修正刪除。

3. 意圖抬高或壓低集中交易市場某種有價證券之交易價格，與他人通謀，以約定價格於自己出售，或購買有價證券時，使約定人同時為購買或出售之相對行為者（相對委託）

本款所禁止之行為即俗稱之相對委託，係仿自美國1934年證券交易法第9條第1項第1款第2目：購買或委託購買某種有價證券，明知同一人或他人於同時以同數量同價格出售，或委託出售同一有價證券者；第3目：出售或委託出售某種有價證券，明知同一人或他人於同時以同數量同價格購買，或委託購買同一有價證券者；及日本證券交易法第159條第1項第4款：預先與他人通謀，約定於自己出售之同時，由他人以同一價格購買，第5款：預先與他人通謀，約定於自己買進之同時，由他人以同一價格出售有價證券。本款禁止之行為，在操作技術上與前款之沖洗買賣行為類似，均係利用虛偽交易行為，創造某種有價證券交易熱絡之假象，俾誘使投資大眾跟進買賣。

本款行為之態樣，在主觀上必須有意圖抬高或壓低集中交易市場某種有價證券之交易價格，其僅需針對某一特定有價證券之交易價格為拉抬或壓低即可，並非以對整體市場價格為必要，至於價格之高低，應指自由市場機能供需產生之合理價格，並非指該有價證券發行公司之淨值價位。

另在現行電腦撮合規則價格優先、時間優先之前提下，行為人為操縱有價證券交易價格及製造活絡之假象，除非係開盤前之委託，否則通常一方以高價委託買進，另一方則以低價委託賣出，而未必會以同一價格委託，因此本款所稱與他人通謀，以約定價格於自己出售，或購買有價證券時，使約定人同時為購買或出售之相對行為，實務上似無發生之可能。

4. 意圖抬高或壓低集中交易市場某種有價證券之交易價格，自行或以他人名義，對該有價證券，連續以高價買入或以低價賣出，而有影響市場價格或市場秩序之虞（不法炒作）

本款所禁止之行為即俗稱之不法炒作，係仿自美國1934年證券交易法第9條第1項及日本證券交易法第125條第2項之規定，惟本款規定並未如美、日法律將以誘使他人買賣有價證券之目的為其構成要件。本款構成要件之主觀犯意，只要行為人有影響市場之意圖即可，並無同時須有誘使他人產生買賣之犯意，以此推論，本款處罰範圍過大，犯罪構成要件有欠嚴謹，對證券投資者似有未妥，但本款之立法目的原為禁止藉連續買賣以抬高或壓低某種有價證券之價格，進而誘使他人買進或賣出之行為，故未來修法時，本款宜比照美、日立法例，增列誘使他人購買或出賣之要件。

　　目前集中交易市場電腦撮合採用價格優先原則，而買賣報價又有漲跌停板之限制，且委託申報須採限價申報，禁止市價申報，致正當投資人本於正當理財決策，如欲取得優先買進或賣出成交之機會，即須以漲跌停價格申報，此已成為證券市場上之交易習慣，因此只要投資人並無操縱價格之意圖，縱使股價因其正當連續大量高買、低賣而漲跌，亦係交易制度所致，並非投資人之本意，以此予以處罰，似有失公平。本款所禁止之行為，為目前證券主管機關移送法辦案件中占最大比例者，由於制度設計之故，致投資人易誤觸本款規範，故外界對本款多所批評，甚至要求廢除。鑑於本法原第155條第1項第4款所列「高價」買入、「低價」賣出之判斷標準不一，易生爭議，筆者曾建議宜參考期貨交易法第106條規定，修正為抬高、維持或壓低特定有價證券交易價格之買賣較為妥適。查本法第155條立法目的旨在維護市場供需及價格形成之自由機能，故須其行為故意危害此一機能者，始應受處罰，然現行規定，不論其結果有無致使價格上漲、下跌或交易活絡均予處罰，似有未當，故本款宜將現行抽象危險犯改為結果犯，同時對能證明其連續買進或賣出之交易有正當理由與必要者，排除在本款禁止行為之外，以免阻礙正當投資意願，影響經濟活動。實務早期係以漲跌停板價為認定基準，現則以「接近最高買價或以最高買價買進，或以接近最低賣價或以最低賣價賣出」為基準（參最高法院93年度台上字第6507號判決）。

　　民國104年7月1日有鑑於第4款有關不法炒作股票之操縱條款規定，從57年立法迄今，歷經40年均未做實質檢討與修正，相較現今政治經濟環境反證券市場之發展與現況，40年前之立法已明顯不符合實際現況，本項款構成要件過於抽象，僅以不明確之文意規定規範構成要件，惟所有買賣股票之人對於股票之買賣本就有所期待，然現行條文未明確區別其態樣，將使投資人動輒觸法，又「連續」、「高價買進」及「低價賣出」等要件更無明確之標準，其行為結果不論是否造成市場正常價格之破壞，均該當犯罪，似有違刑法處罰之目的，尤其在外資、法人等大型專業投資機構，甚至國安基金進場護盤時，若依修正前規定，實有觸法之疑慮。然法律課以人民刑事懲戒，拘束人身自由，影響人權甚鉅，最忌模糊、不確定之法律概念。依據法律明確性原則，法律條文應使受規範者能預見其何種作為或不作為將構成義務違反及所應受之懲戒為何，以維法之安定性與明確性，此乃法制國家重要之基本原則。為明確規範本法之構成要件，以維護人權、維持法律明確性及安定性，更避免解是空間過大，造成人民受法律上不平等之待遇，爰增列「有影響市場價格或市場秩序之虞」要件，使本項之運用更加明確化。亦即使修正

前不法炒作之行為，由抽象危險犯改為結果犯，不法炒作行為必須導致有影響市場價格或市場秩序之變動，始構成犯罪。

　　另筆者認為上述修正並未完全符合證管單位查緝不法炒作操縱行為之現況，似應將上述規定由現行「而有影響市場價格或市場秩序之虞」修正為「致影響市場價格及市場秩序達證交所公告處置標準者」，如此將對不法炒作之處罰要件當更為明確，其理由如下：

　　台灣證券交易所股份有限公司對於證券交易市場之監管，本制訂有「台灣證券交易所股份有限公司實施股市監視制度辦法」，並依據該辦法第4條、第5條對於證券交易市場成交情行異常之有價證券，另制訂有「台灣證券交易所股份有限公司公布或通知注意交易資訊暨處置作業要點」，其中對於有價證券之漲跌幅、成交量、周轉率、集中度、本益比、股價淨值比、券資比、溢折價百分比等交易異常之情形，有具體及數據化之規定，只要將現行條文增定「足以影響市場正常價格及市場秩序」之要件，再將上開台灣證券交易所股份有限公司所制訂之交易異常而到達公告處置之標準，列為不法炒作構要件，當使本罪要件更為明確，相信如此修正對證券市場公平秩序之維繫將有甚大助益。

5. 意圖造成集中交易市場某種有價證券交易活絡之表象，自行或以他人名義，連續委託買賣或申報買賣而相對成交者（製造交易活絡表象之「相對成交買賣」行為）

　　證券交易法第155條第1項第2款原有「在集中市場交易，不移轉證券所有權而偽作買賣者」之規定，由於「不移轉證券所有權」在實務上並無不移轉所有權之情形，立法院前於89年6月修正時刪除之，惟刪除理由係「所有權」之爭議，而非否定其可罰性。基於「沖洗買賣」係股價操縱過程中常發生之現象，即操縱股價者經常以製造某種有價證券交易活絡之表象，藉以誘使他人參與買賣，係操縱手法之一，經參考美國、日本等國之立法例，爰於95年1月本法修正時增訂本款，將此一行為態樣納入禁止規範，以達管理目的。

6. 意圖影響集中交易市場有價證券交易價格，而散布流言或不實資料者（散布流言）

　　本款係仿自美國1934年證券交易法第9條第1項第3款、第4款、第5款及日本證券交易法第125條第2項第2款、第3款。行為人在主觀上必須有意圖

影響全體集中交易市場，或某種有價證券之交易價格。但美國證券交易法條文中，對於主觀犯意均有為誘使他人買賣有價證券之規定，而日本證券交易法亦有無論何人，不得以引誘他人在有價證券市場買賣有價證券為目的之規定，但我證券交易法則將主觀犯意訂為意圖影響集中交易市場有價證券交易價格，此與目前各國證券交易法之立法例不符，應修正為意圖引誘他人買賣集中交易市場某種上市有價證券為宜。

目前本法對流言及不實資料未有任何明確定義，實務上易生滋擾，一般認為其所傳布者足以影響有價證券之價格方可屬之，故必須在客觀上認為有重要性，即普通之投資人亦會因該流言或不實資料而受影響為判斷之準據。散布流言與散布不實資料，二者略有不同，散布流言，其內容係操縱者正在或將要進行散布不實資料，其流言可能為不確實或可能有部分確實；然不實資料，至少可確定其已經為不真實者。

實務上本款適用實例極少，並非集中交易市場無流言或無人散布不實資料，我國集中交易市場由於自然人投資占90%，因此明牌及不實謠言盛行，然此通常都僅於投資人間耳語相傳，加以人頭文化盛行，根本無從追查其源頭，是為查證難以突破之關鍵。

7. 直接或間接從事其他影響集中交易市場某種有價證券交易價格之操縱行為者

本款為概括性規定，主要在彌補前述各款規定之不足，其主觀意圖及行為之主體、客體可參考前五款之說明，本款最大難題在於操縱一詞之定義，按操縱行為係以人為方式影響證券之價格殆無疑問，惟詐欺是否為操縱行為之構成要件，尚無定論，以此不確定之法律概念為構成要件內容，有違反罪刑法定主義構成要件明確化之基本要求，易導致司法機關恣意擅斷，是故本款主觀構成要件之欠缺，為本款之嚴重疏失。另本款之適用對象亦不明確，有可能係投資人，亦可能非投資人，如以過去主管機關移送司法機關偵辦案件統計，似多以股友社為其主要對象，然目前司法實務上，有關股友社案例之判決，是否涉及操縱行為，以及其行為究應適用證券交易法第155條第5款或第7款，似尚無一致之見解。

（四）操縱行為之法律責任

1. 民事責任

依證券交易法第155條第3項規定，違反股價操縱行為條款之規定者，對

於善意買入或賣出有價證券之人所受之損害，應負賠償之責。此乃證券交易法為保護投資人所特設之法定責任。惟關於損害賠償金額之計算方法，未有明文規定，故損害賠償金額在受害人請求時均須依民法第216條規定「損害賠償，除法律另有規定或契約另有訂定外，應以填補債權人所受損害及所失利益為限。依通常情形，或依已定之計畫、設備或其他特別情事，可得預期之利益，視為所失利益。」處理。

損害賠償責任之主體為操縱行為人，操縱行為人包括自然人投資人、法人投資人及證券商。就自然人投資人而言，應單獨承擔損害賠償責任，其無須與賠償請求權人具有契約關係。就法人投資人而言，董事有從事操縱行為者，其行為則由法人所吸收，應由該法人與該負責人依共同侵權行為之規定，應負連帶賠償責任。

損害賠償請求主體為善意買入或賣出有價證券之人，委託證券經紀商以行紀名義買入或賣出之人，視為前項買入或賣出有價證券之人（證交§20）。所謂善意者，乃不知情之謂，亦即行為人對於某一法律關係或其前後之事實，不知而為之，惟善意及其損害之舉證責任在於原告，關於損害賠償金額之計算方法，受害人請求時得依民法第216條規定辦理，即以所受損害及所失利益為其求償範圍。實務上請求權人為證明其為善意及其所受之損失與該操縱行為有因果關係甚為困難，求償之案例幾乎未曾發生過。

按證交法規定之損害賠償請求權，自有請求權人知有得受賠償之原因時起2年間不行使而消滅；自募集、發行或買賣之日起逾5年者亦同，證交法第21條定有明文。證交法第155條第3項係針對行為人在證券交易市場製造市場供需及價格變動之假象，影響投資人判斷而買進或賣出股票，受有損害之特殊侵權行為類型，其請求權時效，應適用證交法第21條規定，該條立法者特別考量證券交易之特性，為使買賣雙方之權利義務儘早確定，乃將民法第197條規定侵權行為時效10年，縮短為5年，善意買入或售出股票之被害人固得依證交法第155條3項及民法侵權行為規定請求賠償，兩者為請求權競合，若證交法規定之損害賠償請求權時效以逾同法第21條時效而完成，被害人依民法侵權行為規定請求賠償時，應認其該請求權亦以罹於時效，以符合該條之立法目的。

2. 刑事責任

依證券交易法規定，違反禁止股價操縱行為條款規定者即應負刑事上責任，處3年以上10年以下有期徒刑，得併科新台幣1,000萬以上2億元以下罰

金（證交§171）。

　　股價操縱行為，以在集中交易市場或在店頭市場上委託買進或賣出證券之操縱行為人為行為主體，包括投資人或證券商，違反關於禁止股價操縱行為條款之一之規定者，即應獨立構成犯罪。

　　操縱行為人利用他人名義（人頭戶）委託證券經紀商買進或賣出證券之人，若能證明係利用不知情他人名義買賣證券者亦屬之。操縱行為人如與人頭戶有犯意聯絡及行為分擔，則應為共同正犯，如人頭戶以幫助之意思，提供帳戶，則視幫助之情節是否參與上開行為而分別論以幫助或共同正犯。

　　另我國採法人實在說，認為法人或證券商得為違反禁止股價操縱行為規範之行為主體。若有違反禁止股價操縱行為之事實，亦成立違反禁止股價操縱行為之犯罪，自亦有違反禁止股價操縱行為規範之適用，然依本法規定，處罰其為行為之負責人，亦即本法明定法人投資人或證券商得為禁止股價操縱行為條款規範之刑事責任主體，惟於處罰時，採用代罰規定，僅處罰其行為之負責人（證交§179）。

（五）操縱行為主觀構成要件修正建議

　　按有價證券交易市場操縱之過程往往搭配運用各種手法，惟其主觀意圖不外為影響有價證券之交易價格或造成其交易活絡之表象等干預市場自由運作之目的，目前本法第155條第3款至第6款之主觀意圖要件規範不一致，第1款及第7款則無主觀意圖要件，為使同類犯罪行為歸於一致，應將主觀意圖影響其交易價格或意圖造成其交易活絡之表象，加於第155條第1項序文，俾使其第1款至第7款各行為皆得適用。

二、內部人短線交易之禁止（證交§157）

（一）短線交易及歸入權之意義

　　短線交易係指已依證券交易法發行股票之上市公司內部人於買入公司股票後，在短期內（6個月）再將之賣出；或於賣出公司股票後，在短期內（6個月）再行買入，因而獲得利益之行為謂之。短線交易所獲之利益，應依公司之請求，將其利益歸於公司，而此種公司得請求歸給利益之權利，即所謂之歸入權。本項規定在於禁止內部人員利用短線買賣而產生不公平之現象，並禁止其謀求不法之利益，而對公司應負之責任，依證券交易法第157條，

短線交易應只適用上市股票，並未明文規定適用上櫃股票，然依證期會之解釋依證券交易法第62條第3項之規定，上櫃股票亦適用，此種轉折式之解釋，一般讀者不易瞭解，非正確之立法，應於證券交易法第157條中明文規定對發行股票公司皆適用之文字。

　　本法第157條短線交易之規定，僅規範公司內部人從事本公司股票買賣之利得，除短期性進出外，並無利用公司尚未公開之內部消息等情事，此點必須瞭解，俾與證券交易法第157條之1內線交易有所區別，我國證券交易法第157條實繼受1934年美國證券交易法第16條(b)項之規定，其立法目的乃在規範內部人員利用未經公開之內部消息，從事短線交易，而獲得不當利得，惟本法現行條文中完全捨去內部人員利用未公開之內部消息之要件，舉凡內部人員在6個月內買入再賣出股票，或賣出再買入股票，即應將利益歸入公司，而不問該買賣是否本於未公開之內部消息而為，似失原立法之本意。查美、日、韓各國證券交易法之規定，皆明載內部人員利用未公開之內部消息之要件於條文中，我國似宜就證券交易法第157條之現行規定，有所檢討與更張，俾符禁止短線交易之立法本旨。

（二）短線交易歸入請求權之行使

1. 歸入請求權之意義

　　證券交易法第157條規定，董事、監察人、經理人及持股10%以上的大股東，於短期內（6個月）從事本公司股票買賣，如有利得，發行公司應就其利得請求歸於公司。歸入權之行使，係就與公司具有償委任、與股東具信託責任之內部人，藉職務之便，私取屬於公司資產一部分之內線消息，並於該消息尚未公開前，利用該消息從事本公司證券買賣，其所獲利潤應歸於發行公司。實務上位居管理階層之內部人，難免均有從事短期買賣之行為或意圖，而怠於對他人行使是項請求權，小額股東則因代位求償費時費力且實益有限，亦不願舉發，以致歸入權形同虛設，而其他與公司業務有關之個人或團體，以及雖與公司業務無關卻消息靈通之人，對於公司內部正在形成，或已形成但尚未發布利多或利空因素，較一般投資人更早知悉，並於價格尚未反映多空因素之前，採取有利於己，或停止採取有損於己之措施，在非公平對等之條件下，於交易中取得差價利益，使歸入權對交易公平之保障益形薄弱。

　　綜言之，證券交易法第157條第1項歸入權之行使，僅需內部人對上市

公司之股票,具備「於取得後6個月內再行賣出,或於賣出後6個月內再行買進,因而獲得利益者」此形式要件即可,而未規定內部人主觀目的之要件。內部人若有於6個月內於集中交易市場或證券商營業處所取得股票以後賣出,或賣出股票後買進之行為,即有該條之適用,至其主觀意圖為何,均在所不問,亦即內部人主觀之事由不可作為排除適用歸入權規範之依據,否則即有違該條機械性、技術性適用之本質。(臺灣高等法院高雄分院111年度金上字第2號112年7月28日判決)

2. 歸入請求權之立法理由

公開發行公司董事受股東之委託與公司之委任,參與董事會作成有關公司業務執行之決定,經理人受公司委任,就其業務範圍內對外代表公司,對內參與公司之經營,渠等因職務之便,得以瞭解公司內情,知悉營業上之機密,然此等內部消息係隨公司業務情形所形成或消滅,性質上為公司資產之一部分,其因而導致公司市值之增減損益,應歸於公司所有者即全體股東,董事及經理人雖以職務之便得較外部股東提早知悉,然基於渠等與公司間存在有償委任關係,如於提供勞務之所得對價外,並私取公司資產以謀私利,則於公司將發生委任關係之道德危險(Moral Hazard),因此董事及經理人之股票交易雖非屬公司營業範圍內之競爭行為,公司亦應將其所得視為公司之所得,而為交付之請求,此一請求之必要,對於公司經營管理具重大影響力之大股東與監察人亦適用之。

其次股票真實價值之增貶,並非內部人證券交易行為努力之結果,而係內部人私取公司已至發布時機而尚未發布之內部消息,從事本公司證券買賣,其交易對手本有權於交易時獲取該消息做成正確之投資決策,其因而未能做成並發生交易損失,內部人原本應不得較其他股東及投資人享有優先受益之權利,因職務之便,取得受益之優勢地位,並以此優勢地位置私利於全體股東利益之上,對其他股東而言為信託責任(Fiduciary Duty)之違背,其因此所獲利潤應由公司收回,分享全體股東,以彰交易公平,此為證券交易法第157條歸入請求權之立法宗旨。然現行證券交易法第157條並未載有內部人利用未公開之內部消息之要件,而逕行行使歸入權,似與歸入請求權之立法原旨不符,實應予修正以符立法原意。

3. 歸入權之請求權人

(1) 請求權人

公開發行股票公司應請求該公司之內部人，因從事內線交易所獲得之利益歸入公司，亦即歸入請求權主體應為公司本身。公司之董事會或監察人應代表公司行使請求權；董事會或監察人不為公司行使該項請求權時，股東得以30日之限期，請求董事或監察人行使之，受請求之董事或監察人逾期仍不行使時，請求行使之股東得為公司行使該項請求權（證交§157Ⅱ）。

另證券交易法為保障發行股票公司及其他股東之權益，課以公司董事或監察人有為公司計算行使歸入權之義務，如董事或監察人明知或可得而知有應歸入利益之情事發生時，應為公司計算行使歸入權而竟怠於行使，致公司因此受有損害時，應對公司負連帶賠償之責（證交§157Ⅲ）。

(2) 行使義務人

依本法規定歸入權之行使屬公開發行股票公司之董事會或監察人。因董事會是公司之執行機關，監察人是公司之監督機關，公司係法人，其行為能力自當由其機關代理行使，是故本法課以發行股票公司之董事會或監察人有為公司計算行使歸入權之義務，亦即行使歸入權乃是董事會或監察人之法定義務。惟歸入權行使之對象內部人如為公司之董事、監察人或經理人，發行股票公司之董事會或監察人若不為公司計算行使前項請求權時，證券交易法賦予股東得以30日之限期，請求董事或監察人行使之，逾期不行使時，請求之股東得為公司行使前項請求權，亦即該股東得為公司計算代位公司對違反義務之內部人起訴請求利益歸入公司，股東雖得為公司行使歸入權，然最後請求所得之利益仍歸屬公司所有。

4. 歸入權之適用對象（內部人）

所謂「內部人」係實務上之用語，而非法律上之正式名詞，依證券交易法第157條規定，被禁止利用短線交易之內部人包括下列人員：

(1) 董事、監察人

公司董、監事實際參與公司經營決策，熟悉公司財務業務狀況，較之一般股東有更多機會接觸公司內部消息，此項優勢可直接或間接影響公司內部人買賣股票之決定；然本法第157條對內部人短線交易之構成要件並不以董、監事有利用公司未經公開消息買賣公司自身股票為必要，亦即只要證明該董、監事在6個月內有買賣所屬公司股票之情事，即有歸入權之適用。

至於董事、監察人應於何時取得董事、監察人身分，始得為歸入權行使

之對象，證券交易法未見明文規定，然爲防杜發行公司董、監事援引公司法第197條，在任期中轉讓持有公司股份數額超過二分之一，當然解任，規避證券交易法第157條規定之適用，我國證券主管機關於82年1月以行政命令補充解釋，上市公司之董事、監察人或經理人辭職或任期中轉讓持股逾選任當時持有股份二分之一而當然解任，其於買入或賣出時如具有董事、監察人或經理人身分者，即有證券交易法第157條之適用，俾免使歸入請求權無法發揮其阻止內部人短線交易之功效。

(2) 經理人（證交§22-2、25、28-2、157、157-1）

公司法規定公司得依章程規定置經理人，其委任、解任及報酬，在股份有限公司應由董事會以董事過半數之出席，及出席董事過半數同意之決議行之。經理人應在國內有住所或居所。

經理人之職權，除章程規定外，並得依契約之訂定。經理人在公司章程或契約規定授權範圍內，有爲公司管理事務及簽名之權。

經理人除經由董事會以董事過半數出席，及出席董事過半數同意決議外，不得兼任其他營利事業經理人，並不得自營或爲他人經營同類業務。

另公司記帳憑證及會計帳簿，應由代表商業的負責人、經理人、主辦及經辦會計人員簽名或蓋章負責。其決算報表應由代表商業的負責人、經理人及主辦會計人員簽名或蓋章負責。

證券主管機關爲防範上市公司有實質管理權利，卻規避「經理人」須申報持股異動，可能行內線交易弊端，於民國92年3月27日函令擴大「經理人」定義，包括有爲公司管理事務及簽名權利者，都納入「經理人」範圍。依據新解釋令各公司總經理、副總經理、協理及其相當等級者，財務部門主管，會計部門主管，以及其他有爲公司管理事務及簽名權利之人，均是證交法上規定之經理人，具備違反證券交易法第157條短線交易，以及第157條之1內線交易之資格，必須接受嚴格規範。筆者認爲，近幾年來，隨著國內上市上櫃公司大幅增加，利用身分進行內線及短線交易之不法情事相當盛行，不僅嚴重侵犯投資大眾權益，更間接損傷台灣國際形象，政府主管部門確有必要嚴格法令解釋以防堵疏漏。

新解釋令認定其他有爲公司管理事務及簽名權利之人爲公司經理人，從實務及學理來看，說得過去，也有其必要。因爲以往很多公司實際負責人爲規避法律責任，即發明或借用各種奇怪稱謂，例如總裁、總監、高級顧問或執行長等，實際上掌握公司經營大權，並握有指揮整個組織人事權力，然而，一旦公司運作發生牴觸法令必須負責時，他們即以名義上不是公司法或

證交法之經理人逃避法律責任，對於這種脫法行為，英美法上早已有「揭開公司面紗」原則，務實而公平地要求實際掌權者，要相對地承擔應負之法律責任。

(3) 持有公司股份超過10%股東

持有公司股份超過10%之股東，雖不擔任發行股票公司業務執行之職務，惟因持股較多，對公司具有相當影響力，常有機會接觸公司經營者，易於獲悉公司未經公開之內部消息，從事公司自身股票之交易，因此有加以規範之必要，股東不以自然人股東為限，法人股東亦為本款規範對象主體。法人股東之持股，應包括其代表人、母子公司、關係企業就其有無實質所有關係，予以認定。

(4) 董事、監察人、經理人及持有該公司10%之股東，其配偶、未成年子女及利用他人名義所持有之股票亦同受短線交易之規範（證交§22-2）

至於外部人（Tipees）宜否列入歸入權行使之適用對象，證券交易法現無規定，著者認為外部人基於自利動機取得內線消息，無論此內線消息是否已至公布時機，由於外部人既無權利亦無義務予以公布，如渠等以有利於己之方式，沉默利用內部消息從事無特定對象之公開市場交易，則其行為僅係私取理論之違背，除非另有其他處罰要件，不應任意以維繫交易公平為由訂其罰則，因於自由競爭之市場中，以自利方式取得所需資訊，難謂違反消息獲知平等理論。

5. 短線交易取得適用範圍

發行股票公司董事、監察人、經理人或持有公司股份超過10%之股東及其特定受讓人對所屬公司之上市股票於取得後6個月再行賣出或賣出後6個月內再行買進，因而獲得利益。其取得之適用範圍如下：

(1)因受贈或繼承而取得上市股票，係屬短線交易取得之範圍。

(2)因信託關係受託持股當選上市公司董事、監察人後，再以證券承銷商身分依證券交易法第71條規定取得之上市股票，係屬短線交易所定取得範圍。

(3)公營事業經理人於官股依公營事業移轉民營條例釋出時，依移轉民營從業人員優先認購股份辦法認購上市上櫃及興櫃股票，其於認購後6個月內賣出該上市股票時，有證券交易法第157條短線交易之適用（金管證交字第1110382481號函）。

(4)金融機構對質押股票之實行質權，不論係自行拍賣或向法院聲請強

制執行均係代理債務人即出質人賣出股票，其出賣人仍為出質人，屬第157條第1項所定之「賣出」範圍。惟若因公司其他董事或監察人之質押股票遭金融機構實行質權強制賣出等非自發性之行為或非可歸責於自己之事由造成持股成數不足，而須依證券交易法第26條及「公開發行公司董事監察人股權成數及查核實施規則」第2條、第5條規定補足持股成數時，該買進之股票於計算本條第1項規定時可不予計算。

(5) 發行股票公司董事、監察人、經理人或持有公司股份超過百分之十之股東違反本條之規定者，於計算差價利益時，其於未具前述身分前及喪失身分後買進或賣出之股票，不列入計算範圍。也就是說，持有10%以上的股東該如何認定？據證管會（證期局前身）1996年函釋，實務上採「兩端說」的認定方法以行之有年。也就是說，取得及賣出股票時，都需具有持股10%以上的大股東身分，才會被視為短線交易，這時賺取的獲利才會有「歸入權」的問題。事實上，短線交易並非少見，據證期局統計，111年證券市場應行使歸入權案件共281件、金額達7,672萬元；110年股市熱絡時達307件、金額逾3億元。

另本法第157條第6項規定公司發行具有股權性質之其他有價證券，亦準用短線交易之規範。所稱具股權性質之其他有價證券，指可轉換公司債、附認股權公司債、認股權憑證、認購（售）權證、股款繳納憑證、新股認購權利證書、新股權利證書、換股權利證書、債券換股權利證書及其他具有股權性質之有價證券（證施§11）。

6. 歸入權之計算

關於內部人短線交易買賣利益之計算，為使買賣利益計算有所準據，計算公式化，證券交易法施行細則規定，內部人短線交易所獲利益，其利益已計算與項目如下：

(1) 買賣利益

買賣利益係指發行股票公司之內部人，於6個月內從事買入或賣出該公司股票所取得差價利益，發行公司行使歸入權必須先確定內部人從事短線交易所獲得之買賣利益，為明確區分同種類及不同種類有價證券歸入權利益之計算方式，經參酌美國證期會所訂規則16b-6規定，分別規定所獲利益之計算方式如下：

①取得及賣出之有價證券，其種類均相同者，以最高賣價與最低買價相配，次取次高賣價與次低買價相配，依序計算所得之差價，虧損部分不予計入。

②取得及賣出之有價證券，其種類不同者，除普通股以交易價格及股數核計外，其餘之有價證券，以各該證券取得或賣出當日普通股收盤價格視爲買價及賣價，並以得行使可轉換普通股之股數爲計算標準，其配對計算方式準用前款規定。

亦即在同一案件中，將在6個月內連續買賣各筆交易中，不論從事短線交易之內部人是否確實獲有利潤，依照前述公式依實際買入賣出股數計算買賣利益，所有能產生利益之交易均予計算，直至取得交易之買價超過賣價爲止，而所相配之賣出與買進之2筆交易期間不可超過6個月即可，亦即以最不利於行爲人之方法相配爲原則，其虧損部分不予計入。

實務上，台北地方法院80年度重訴字第628號、81年度重訴字第122號民事判決及台灣高等法院82年度重上字第401號民事判決，就華隆上市公司之內部人國華人壽保險公司於6個月內買進華隆公司普通股並賣出華隆公司特別股乙案，認爲該公司普通股與特別股在系爭買賣期間內有價差倍數，應將該價差因素扣除，庶得其平，故將主管機關所計算出之特別股與普通股之短線價差，除以特別股交易日當日特別股與普通股之價差倍數，分別計算各筆之「實質（或有利益之）短線差價」；惟查外國立法例並無類似規定，故參採美國證期會所定規則16b-6予以修訂，前述法院見解俟日後再發生類似案例時，得提供法院爲審理之參考。

(2) 股　息

列入計算前款買賣利益之交易股票所獲配之股息（證施§11），內部人於除息（權）前買進，而於除息（權）後賣出者，如該筆進出股票獲有配息配股者，應加上該項股息。

(3) 利　息

列入上述(1)款計算差價利益最後一筆交易日起及第(2)款獲配現金股利之日起至交付公司時，應依民法第203條所規定利率5%計算法定利息（證施§11）。

另證券交易法規定歸入請求權自獲得利益之日起2年間不行使而消滅。

（三）各國內部人短線交易行為規範之比較

　　茲將證券交易法內部人短線交易之規定與美、日、韓各國相關法規比較如下，俾明瞭其差異之所在：

1. 我國證券交易法第157條之規定

　　「發行公司董事、監察人、經理或持有公司股份超過百分之十之股東，對公司之上市股票，於取得後六個月內再行賣出，或於賣出後六個月內再行買進，因而獲得利益者，公司應請求將其利益歸於公司。

　　發行公司董事會或監察人不為公司行使前項請求權時，股東得以三十日之限期，請求董事或監察人行使之；逾期不行使時，請求之股東得為公司行使前項請求權。

　　第一項之請求權，自獲得利益之日起二年間不行使而消滅。」

2. 美國證券交易法第16條(b)項之規定

　　「為防止主要股東、董事或職員因其與證券發行人間之密切關係，易於獲得未公開之內部消息而影響公平交易，如該主要股東、董事或職員於不滿6個月之期間內，對該發行人發行之股權證券（豁免登記之證券除外）買進後再行賣出，或賣出後再行買進，除非此項證券之取得確屬與以前契約債務履行有關，不論該主要股東、董事或職員在從事此項交易之原意在持有6個月以上者，或不在6個月以內買回出售之證券，其因此獲得之利潤應歸於該發行人，並由該發行人向其求償之。對於此項利潤之求償，得由發行人依法或依衡平法向有權管轄法院以訴請求之，或由持有發行人該項證券之股東，於向發行人請求後60日內，該發行人未能或拒絕提出訴訟，或發行人不願意積極追訴時，以發行人之名義代其以訴向法院請求之。但該項利潤獲得後已達2年以上者，不得再以訴求償之。」

3. 日本證券交易法第189條之規定

　　「為防止公司之董事、監察人或主要股東（指以自己或包括假設人在內之他人名義，持有已發行股份之總額10%以上股份之股東或出資總額10%以上之出資者而言，以下同）以其職務或地位取得之秘密，為不當之利用，就其在該公司之股份，於買得股份後6個月內即行賣出，或賣出之股份於6個月以內即以買回因而獲得利益者，該公司得請求其利益歸於公司。

　　公司之股東，對於公司要求依前項規定之請求，自要求日以後60日內，

公司不依前項之規定，而爲請求者，公司之股東，得代位公司行使請求權。

依前兩項之規定，對公司之董事、監察人或主要股東之請求權利，自取得利益日起2年間不行使而消滅。

前三項之規定，主要股東於賣出或買進之任一時期並非主要股東者，不適用之。」

4. 韓國證券交易法第188條第2、3、4、5、6項之規定

「發行公司之高級職員、受僱人或主要股東利用其在公司之職務或地位而取得之機密消息，就其在該公司之股份，於買得股份後6個月內即行賣出，或賣出之股份於6個月以內即行買回，因而獲得利益者，該公司得請求其將此利益歸入於公司。

發行公司之股東於要求公司依前項規定爲請求後30日內，該公司未爲請求者，該股東得代位公司請求。

依第2、3項規定之請求權，自利益取得日起2年內不行使而消滅。

第2項規定，於主要股東於股份出賣或買入時非主要股東者，不適用之。

第2、3項規定，並適用於公開銷售發行公司所發行之新證券，在外流通證券或承銷發行公司之股份之證券公司。」

（四）短線交易規範之檢討

對短線交易規範之設立，從不同角度可能提出不同之理念，例如經濟學者通常較強調市場效率，認爲交易公平之目的，係在於維持證券市場之完全競爭性，從而使證券市場能有效發揮資金交易之功能，因此公平原則僅需予一般而合理之規範即可；但立法及執法機構則認爲公平乃不可破壞之原則，否則即爲社會公義之毀棄，行政機關受立法及執法者影響，大都以維持交易之絕對公平爲證券管理之最高準則，其他理念須在不違反公平原則下方予採納，本節僅就證券交易法第157條規範及實務上之缺失提出下列數項建議：

1. 增列內部人利用「未經公開之內部消息」從事短線交易之構成要件

證券交易法現行規定未表現規範內部人員利用內部消息從事短線交易之立法目的，查證券交易法第157條係繼受美國證券交易法第16條(b)項之規定，其立法目的乃在規範內部人員利用未經公開之內部消息，從事短線交易，而獲得不當利得。惟現行條文中完全捨去「內部人員利用未公開之內部

消息」之要件，舉凡內部人員在6個月內買入再賣出股票，或賣出再買入股票，即應將利益歸入公司，而不問該買賣是否本於未公開之內部消息而為，似失立法之本意。另查美、日、韓各國證券交易法之規定，皆明載「內部人員利用未公開之內部消息」之要件於條文中，因之本法應於證券交易法第157條之現行規定中加入內部人利用未公開之內部消息之要件，始符合立法之本旨。

2. 擴大歸入權之適用對象

證券交易法現行規定歸入權之適用對象專指公司董、監事、經理人及持有公司股份超過10%之大股東等內部人，至於外部人基於自利動機取得內線消息，為短線交易而獲利者，證券交易法尚無法對渠等產生拘束，然對未取得該內部消息而從事該項股票之一般投資人，似嫌不公，宜增列自內部人員直接取得未公開內部消息之人，利用該內部消息從事短線交易所得利得，應歸入公司，提供此項內部消息之內部人員，亦應就此利得之歸入，對公司負連帶責任之規範。

3. 增列內部人短線交易之刑事責任

證券交易法現行規定僅止於發行公司之董事會或監察人有權為公司請求利益歸入公司，並賦予股東於一定條件下，得為公司行使該請求權，但如內部人員利害一致，則難期董事會或監察人主動行使此項請求權，至股東為公司行使此項請求權之可能性更低，蓋股東花費時間、精神、支付律師費、車馬費、墊付訴訟費用，而行使此項請求權之結果係歸公司所有，股東本身一無所得，在此吃力不討好之情況下，試問有股東願意行使歸入權嗎？本法似可參酌美國法例，增列刑責，以收嚇阻之效，並濟民事責任之不足。

4. 增列2年時效之起算時期

證券交易法現行規定對內部人短線交易之歸入請求權，自獲得利益之日起2年間不行使而消滅，但若內部人未向主管機關申報其持股之變動，則外界實無由窺知其短線交易，致使消滅時效輕易經過，故似有必要特別規定未申報持股之時效起算點，現行條文宜修正如下，「第一項之請求權，自獲得利益之日起二年間不行使而消滅，但若內部人之持股異動未依規定向主管機關申報或不為正確之申報者，其消滅時效自歸入權之行使人知悉或可得而知時起算。」

三、內部人內線交易之禁止（證交§157-1）

（一）內線交易之意義與立法沿革

　　內線交易又稱為內部人交易（insider trading/dealing），乃證券市場之有關人員，利用職務或職權，或基於其特殊關係，獲悉尚未公開而足以影響證券行情之資訊，買入或賣出有關之證券，取得不當之利益或減少甚至規避其損失之行為謂之內線交易。內線交易之情形，不論中外，自有股票交易以來即其存在，然由於其行為違反公開之原則，造成少數人暴利建立在多數不知情證券投資人之損失上，嚴重破壞證券市場之公平性，造成股票市場不法操縱之畸形現象，為促進證券市場交易公平性，維護投資大眾信心，及促進證券市場資訊流通，以利投資人作最佳之投資評估與決策，各國法律皆有禁止之明文。關於內線交易之流程可參圖5-2。

　　民國77年證券交易法修訂前，證券交易法中對於董事、監察人、大股東及經理人等所謂內部人買賣自家公司股票之規範，僅止於第157條短線交易

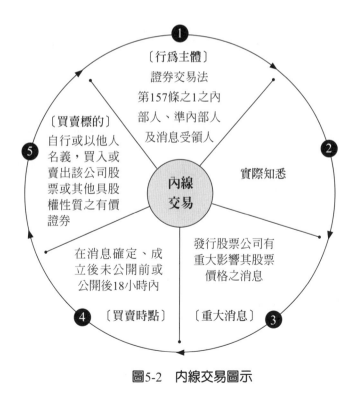

圖5-2　內線交易圖示

之禁止，並未禁止內部人員利用未經公開之重要消息買賣公司股票以圖利，加以其行為在刑法上又不構成詐欺罪，形成證券管理上之一大漏洞，股市流傳口語「散戶怕作手，作手怕公司大戶」，即其印證，為維護證券市場之公開、公正及公平要求下，77年證券交易法修正時，乃參照先進國家之法例於證券交易法中增訂第157條之1，並於同法第175條增列刑責，89年6月本法修正時刑罰由第175條移到第171條第1款並提高其最高刑罰為7年以下有期徒刑。93年4月刑罰再度提高為3年以上10年以下有期徒刑，得併科新台幣1,000萬元以上2億之以下罰金。95年1月本法修正時，為加強防制內線交易不法，對內線交易其「內部人範圍」、「公開之場所」、「公開期限」及「重大消息」等要件之定義予以特別明確規範。

1. 第157條之1

下列各款之人，獲悉發行股票公司有重大影響其股票價格之消息時，在該消息未公開或公開後18小時內，不得對該公司之上市或在證券商營業處所買賣之股票或其他具有股權性質之有價證券，買入或賣出：

(1)該公司之董事、監察人、經理人及依公司法第27條第1項規定受指定代表行使職務之自然人。〔內部人〕

(2)持有該公司之股份超過10%之股東。〔內部人〕

(3)基於職業或控制關係獲悉消息之人。〔準內部人〕

所稱基於職業關係獲悉消息之人係指舉凡基於工作之便利獲悉發行股票公司未公開重大消息而買賣該公司股票者，均為本款所規範之對象。例如：公司職員，或接受公司委任處理事務之律師、會計師、財務顧問等。

所稱基於控制關係獲悉消息之人，例如：母公司基於控制關係獲悉子公司重大消息者。

(4)喪失前三款身分後，未滿6個月者。〔準內部人〕

(5)從前四款所列之人獲悉消息之人。〔消息受領人〕

違反前項規定者，對於當日善意從事相反買賣之人買入或賣出該證券之價格，與消息公開後10個營業日收盤平均價格之差額，負損害賠償責任；其情節重大者，法院得依善意從事相反買賣之人之請求，將賠償額提高至3倍；其情節輕微者，法院得減輕賠償金額。

第1項第5款之人，對於前項損害賠償，應與第1款第1款第4款提供消息之人，負連帶賠償責任。但第1項第1款至第4款提供消息之人有正當理由相

信消息已公開者，不負賠償責任。

第1項所稱有重大影響其股票價格之消息，指涉及公司之財務、業務或該證券之市場供求、公開收購，對其股票價格有重大影響，或對正當投資人之投資決定有重要影響之消息；其範圍及公開方式等相關事項之辦法，由主管機關定之。

本法第22條之2第3項規定，於第1項第1款、第2款，準用之；其於身分喪失後未滿6個月者，亦同。第20條第4項規定，於第2項從事相反買賣之人，準用之。

2. 第171條

有下列情事之一者，處3年以上10年以下有期徒刑，得併科新台幣1,000萬元以上2億元以下罰金：

(1)違反第20條第1項、第155條第1項、第2項或第157條之1第1項之規定者。

(2)已依本法發行有價證券公司之董事、監察人、經理人或受僱人，以直接或間接方式，使公司為不利益之交易，且不合營業常規，致公司遭受損害者。

（二）內線交易之適用範圍及對象

1. 適用範圍

內線交易適用之範圍，依證券交易法第157條之1第1項規定，內部人不得對該公司之上市或在證券商營業處所買賣之股票或其他具有股權性質之有價證券，買入或賣出，因此內線交易之適用範圍除上市或上櫃之股票外，尚包括具有股權性質之有價證券如可轉換公司債等有價證券在內。至於未上市、上櫃之股票、公債、公司債及其他有價證券均不在適用範圍之內。

2. 適用對象（內部人）

所謂內部人係實務上之用語，而非法律上之用語，依證券交易法第157條之1第1項第1款至第5款之規定，被禁止利用內線消息交易之內部人包括：

(1) 公司董事、監察人、經理人及依公司法第27條第1項、第2項規定受指定代表行使職務之自然人

上述人員除本人外，依據該條第5項：「第二十二條之二第三項之規定，於第一項第一款、第二款準用之；其於身分喪失後未滿六個月者，亦

同。」之規定，亦不得利用配偶、未成年子女及他人名義，從事內線交易之行為。

另公司董監事如係依公司法第27條第1項及第2項當選之法人董監事時，該法人董監事指派執行職務之代表人，經常有機會接觸公司重大消息，因之金管會於110年7月29日金管證交字第1100362962號令釋公司法第27條規定適用證券交易法之情形如下：

① 依公司法第27條第1項規定，政府或法人為股東，以政府或法人身分當選為董事、監察人，並指派代表行使職務之自然人時，該自然人及其配偶、未成年子女、利用他人名義所持有之股票，亦有證券交易法第22條之2、第25條、第157條、第157條之1有關董事、監察人持股規定之適用。

② 依公司法第27條第2項規定，政府或法人為股東，由其代表人當選為董事、監察人時，除當選為董事、監察人之代表人持股外，其配偶、未成年子女及利用他人名義持有之股票，及該政府或法人之持股，亦有前點證券交易法有關董事、監察人持股規定之適用。

③ 政府或法人為股東時，依公司法第27條第1項當選為董事、監察人，其所指定代表行使職務之自然人，亦應同受證券交易法第51條兼任禁止之適用。

(2) 持有該公司股份超過10%之股東

此即通稱之大股東，大股東持分數之計算，除以本人名義持有外，依前述規定，尚包括以配偶、未成年子女名義持有及以他人名義持有之部分。因之，除本人外亦不得利用上述人員從事內線交易之行為。

另本款所稱「持有該公司股份超過10%股東」，其旨意以股東控制權之有無為認定標準，故應以實際受讓股份，連同以往持有股份合計超過10%者，即適用該款規定，並不以實際過戶完成為認定標準（財政部證券管理委員會（78）台財證(二)字第14860號）。

(3) 基於職業或控制關係獲悉消息之人

本款所稱「基於職業關係獲悉消息之人」，其適用之範圍極為廣泛，不以律師、會計師、管理顧問等傳統職業執業人員為限，舉凡基於工作之便利獲得發行公司足以影響股價變動之資料或消息而為該公司股票之買賣者，均為該條款所規範之對象。至於因控制關係獲悉消息，一般應係指關係企業而言。

(4) 喪失前三款身分後，未滿6個月者

前述第1款至第3款之人於喪失身分後一定期間內，通常仍對公司之財務、業務有熟悉度或影響力，且實務上上開人等常有先辭去現職後，再買進或賣出發行公司之股票以規避本條規範之情形，爰於95年1月本法修正時參酌日本證券取引法第166條第1項後段之規定以及我國之國情，新增本款之規定，擴大內線交易之適用，使涉嫌者無所遁形，俾利受害投資人求償範圍更加周延。同時配合修正本條第5項，增訂公司內部人於其喪失身分6個月內，以其配偶、未成年子女或利用他人名義買賣公司股票者，亦有本條禁止內線交易之適用。

(5) 直接或間接從前四款所列之人獲悉消息者

由前四款所列人員獲悉消息者，除直接獲悉者外，間接獲悉消息者當亦存在，為使法律適用更明確，爰參照新加坡立法例，將消息受領人規定為直接或間接獲悉消息之人，俾解決以往在實務適用上之不一致。

（三）內線交易犯罪構成要件

1. 實際知悉發行股票公司有重大影響其股票價格之消息（內線交易重大消息之範圍）

現行證交法規定內部人涉及內線交易案件，主觀上必須「實際知悉」有內線消息，其原規定為「獲悉」，99年6月2日公布修正通過證交法第157條之1第1項，將原規定「獲悉」修正為「實際知悉」，然此項修正並非行政院版修正草案，而係立法院賴士葆委員於該法案協商討論時所增列，並未附任何修正理由，本修正立法意旨究竟為何？及實際知悉定義為何？遍查立法院議事關係文書中未見任何紀錄，僅有「照協商條文通過」，此種粗糙之立法方式實有待討論，目前在適用時，如吾人逕行推論立法本旨係藉此強調未來檢察官必須負嚴格之舉證責任，其將使內線交易犯罪構成要件更趨嚴格，其將對執法產生困擾，此項修正結果不可不予重視，其後不僅造成實務適用上疑義，更可能與當初修法原意不符，有違修正本旨。

所謂重大影響其股票價格之消息，依證券交易法第157條之1第5項規定，係指涉及公司之財務、業務或該證券之市場供求、公開收購，其具體內客對其股票價格有重大影響，或對正當投資人之投資決定有重大影響之消息而言。

以往我國證券交易法第157條之1關於「重大消息」之界定係採用抽象

定義方法，並非如日本立法例將內線消息之重大性予以類型化及量化，此一方式雖可收彈性運用之效，避免因採列舉方式造成漏洞，但是卻造成公司內部人等較難有明確之依據可循，常造成主管機關、公司內部人及司法檢調單位等就同一事件出現不同看法，筆者認為內線交易事涉刑責，在罪刑法定主義之原則下，應藉由國外相關法規及判例之累積，應使重大性予以具體明確化，較符合刑法之本質。另於斷定系爭消息是否為重大消息時，似亦可儘量參考美國實務上倚賴「專家證詞」（expert testimony）之做法，藉助專家之專業素養，俾法官做合適、妥當之判斷。

民國95年1月證券交易法修正第157條之1第4項，授權主管機關訂定重大消息之範圍及其公開方式等相關事項。有鑑於「罪刑法定原則」及「構成要件明確性原則」，並因應未來市場之變化及符合市場管理之需要，金管會於95年5月30日（中華民國95年5月30日行政院金融監督管理委員會金管證三字第0950002519號令訂定發布）參酌證券交易法施行細則第7條規定、歷年來內線交易案例、日本證券交易法規定及「台灣證券交易所股份有限公司對上市公司重大訊息之查證暨公開處理程序」第2條所稱重大消息等內容，訂定「證券交易法第157條之1第4項重大消息範圍及其公開方式管理辦法」（以下簡稱本辦法）。

另為使重大消息規範更為周延明確，並配合99年6月2日修正後證券交易法第157條之1，將非股權性質之公司債納入內線交易規範之行為客體及授權主管機關針對重大影響發行股票公司支付本息能力消息之範圍及公開方式等相關事項訂定相關辦法，爰於99年12月修正本辦法，並同時修正本辦法名稱為「證券交易法第157條之1第5項及第6項重大消息範圍及其公開方式管理辦法」。列舉諸多時點供參考，並強調重大消息必須明確而且具體，但在司法個案中，重大消息明確之時點依然「不明確」。

事實上，重大消息常係一連串事件的演進歷程，隨事件不同，重大消息如何才能算是明確，實務上確實存有各種可能性，而難以一概而論。若內部人均未有任何買賣公司股票的行為，原則上不會構成內線交易；隨重大事件發展，過程中買賣股票構成內線交易的風險同時也會逐步升高。

以實務上常見之併購案為例，某電子大廠併購他公司時，法院判決即認為只要雙方對於交易架構、價格等交易重要事項已經達成共識時，消息即已明確，後續履行步驟僅係將交易流程執行完畢而已；法院甚至認為如展開產權交付的前置作業，例如將廠房淨空，交易就可能已達明確，可見即使在併購交易之早期階段，仍然很有可能被認定為併購消息業已明確，而不應再

行買賣股票，否則即有觸法之虞。此外，法院也會考量事件本身對公司及股東權益的影響程度來判斷消息明確之時點，如果事件的影響甚大，也可能提前被認定為消息成立。例如在某兩家電子大廠之換股案中，雖然在雙方代表人員初步磋商階段，僅確立將以股份轉換的方式進行合併，尚未簽訂契約，也未經過董事會決議，甚至換股比例等交易條件也尚未確定，但司法實務考量到兩家公司將合併的消息，已對於股價造成重大影響，所以雙方談判到一半時，消息就已經明確確定。

亦有實務判決從投資人角度，觀察整起事件究竟在哪個時間點，會達到足以影響理性投資人的投資判斷的程度，進而影響消息明確時間點的認定。換言之，有關證券內線交易時點，司法實務認定和我們一般商業交易的看法並不一致，從以上案例中就可以看出，法院實務認定重大消息明確時點之方式相當多元，對於公司內部人而言，倘若知悉公司此時已有發展之重大消息，實不宜輕率買賣公司股票，縱使有買賣公司股票之必要，則必須理解司法實務在個案中認定標準未必一致，應謹慎處理，詢問專業人士的意見，以免交易完成而覆水難收構成內線交易犯罪。

(1) 證交法第157條之1第5項所稱涉及公司之財務、業務，其具體內容對其股票價格有重大影響，或對正當投資人之投資決定有重要影響之消息，指下列消息之一：

① 證交法施行細則第7條所定之事項。

② 公司辦理重大之募集發行或私募具股權性質之有價證券、減資、合併、收購、分割、股份交換、轉換或受讓、直接或間接進行之投資計畫，或前開事項有重大變更者。

③ 公司辦理重整、破產、解散、或申請股票終止上市或在證券商營業處所終止買賣，或前開事項有重大變更者。

④ 公司董事受停止行使職權之假處分裁定，致董事會無法行使職權者，或公司獨立董事均解任者。

⑤ 發生災難、集體抗議、罷工、環境汙染或其他重大情事，致造成公司重大損害，或經有關機關命令停工、停業、歇業、廢止或撤銷相關許可者。

⑥ 公司之關係人或主要債務人或其連帶保證人遭退票、聲請破產、重整或其他重大類似情事；公司背書或保證之主債務人無法償付到期之票據、貸款或其他債務者。

⑦ 公司發生重大之內部控制舞弊、非常規交易或資產被掏空者。

⑧ 公司與主要客戶或供應商停止部分或全部業務往來者。

⑨ 公司財務報告有下列情形之一：

A.未依證交法第36條規定公告申報者。

B.編製之財務報告發生錯誤或疏漏，有證交法施行細則第6條規定應更正且重編者。

C.會計師出具無保留意見或修正式無保留意見以外之查核或核閱報告者。但依法律規定損失得分年攤銷，或第一季、第三季及半年度財務報告若因長期股權投資金額及其損益之計算係採被投資公司未經會計師查核簽證或核閱之報表計算等情事，經其簽證會計師出具保留意見之查核或核閱報告者，不在此限。

D.會計師出具繼續經營假設存有重大疑慮之查核或核閱報告者。

⑩ 公開之財務預測與實際數有重大差異者或財務預測更新（正）與原預測數有重大差異者。

⑪ 公司營業損益或稅前損益與去年同期相較有重大變動，或與前期相較有重大變動且非受季節性因素影響所致者。

⑫ 公司有下列會計事項，不影響當期損益，致當期淨值產生重大變動者：

A.辦理資產重估。

B.金融商品期末評價。

C.外幣換算調整。

D.金融商品採避險會計處理。

E.未認列為退休金成本之淨損失。

⑬ 為償還公司債之資金籌措計畫無法達成者。

⑭ 公司辦理買回本公司股份者。

⑮ 進行或停止公開收購公開發行公司所發行之有價證券者。

⑯ 公司取得或處分重大資產者。

⑰ 公司發行海外有價證券，發生依上市地國政府法令及其證券交易市場規章之規定應即時公告或申報之重大情事者。

⑱ 其他涉及公司之財務、業務，對公司股票價格有重大影響，或對正當投資人之投資決定有重要影響者。

(2) 證交法第157條之1第5項所稱涉及該證券之市場供求、公開收購，其具

體內容，對其股票價格有重大影響，或對正當投資人之投資決定有重要影響之消息，指下列消息之一：

① 證券集中交易市場或證券商營業處所買賣之有價證券有被進行或停止公開收購者。

② 公司或其控制公司股權有重大異動者。

③ 在證券集中交易市場或證券商營業處所買賣之有價證券有標購、拍賣、重大違約交割、變更原有交易方法、停止買賣、限制買賣或終止買賣之情事或事由者。

④ 依法執行搜索之人員至公司、其控制公司或其符合會計師查核簽證財務報表規則第2條之1第2項所定重要子公司執行搜索者。

⑤ 其他涉及該證券之市場供求，對公司股票價格有重大影響，或對正當投資人之投資決定有重要影響者。

(3) 證交法第157條之1第6項所稱公司有重大影響其支付本息能力之消息，指下列消息之一：

① 證交法施行細則第7條第1款至第3款所定情事者。

② 第2條第5款至第8款、第9款第4目及第13款所定情事者。

③ 公司辦理重整，破產或解散者。

④ 公司發生重大虧損，致有財務困難、暫停營業或停業之虞者。

⑤ 公司流動資產扣除存貨及預付費用後之金額加計公司債到期前之淨現金流入，不足支應最近期將到期之本金或利息及其他之流動負債者。

⑥ 已發行之公司債採非固定利率計息，因市場利率變動，致大幅增加利息支出，影響公司支付本息能力者。

⑦ 其他足以影響公司支付本息能力之情事者。

前項規定，於公司發行經銀行保證之公司債者，不適用之。

民國99年6月2日修正通過本法第151條之1第1項將原規定「知悉」修正為「實際知悉」，此項修正並非行政院版修正草案，係立法院賴士葆委員於協商討論時所增列，並未附修正理由，本修正立法意旨究竟為何？有待討論，如推論藉此強調未來檢察官必須負嚴格舉證責任，俾使內線交易構成要件更為嚴格，似將對執法產生困擾。

2. 內部人須明知該內線消息並於消息明確後，未公開前或公開後18小時內，自行或以他人名義買入或賣出該公司股票（公司債或其他具有股權性質）之行為

　　內線交易須為內部人明知發行股票公司未經公開將影響市場供需關係之內部消息，在該消息未經公開前蓄意利用，買賣該公司上市或上櫃股票謀利，或將內部消息傳遞給他人買賣該公司上市或上櫃股票謀利，即構成內線交易。內部人擅用內部消息買賣股票圖利，乃是股市內線交易之根源，故證券交易法規定發行公司內部人獲悉發行股票公司有重大影響其股票價格之消息時，在該消息確定、成立後，未公開前或公開後18小時內，不得對該公司之上市或上櫃股票從事買賣之交易行為。反之內部人在該項重大消息公開揭露後買賣該公司之上市股票或上櫃股票，並不構成內線交易。所謂未經公開之重大影響其股票價格之消息，係指該項消息一般投資大眾尚無法取得，對於一個理性投資人為選擇投資決定時，其可能用以為判斷之重要資訊，無論其為利多消息抑或利空消息均屬之。至消息之成立時點，為事實發生日、協議日、簽約日、付款日、委託日、成交日、過戶日、審計委員會或董事會決議日或其他依具體事證可得確定之日，以日期在前者為準，俾確定股票交易是否在重大消息成立之後所為。

　　民國99年6月本條修正時，將內線交易交易時間修正為必須是該消息「確定、成立」後，消息未公開前或公開後18小時內，此項修正亦係立法院賴士葆委員於法案協商時提出，未附修正理由，筆者推論新增「確定、成立後」之字樣，似乎等於從實認定，是否連帶影響檢方未來延後執法，尚值得進一步觀察探討。從以往案件中我們發現內線交易案件爭執點幾乎大都落在「時間點」之關鍵上，內線交易態樣實過於複雜，單靠法理尚不足以包含全部，最後仍將回歸個案，必須從不同個案建立構成要件之適用原則。

　　至於消息公開與未公開之時點如何界定，對於內線交易之查核，有關消息公開時點之認定，係甚為重要之一部分，由於資訊之發達，新聞媒體對於上公司內部消息之公開，經常有比上市公司早一步獲知之情況，此時究應以新聞媒體刊登之日期為準，抑或以上市公司在證券交易所之股市觀測站公告之時間為準，易生爭議。按外國對於內線交易，規定公司內部人應俟公司將重大消息公開一段合理時間，使投資人有足夠時間吸收消息後，才可進行買入或賣出，以維持證券交易之公平性，而所謂一段合理時間，在美國為24小時，日本則為12小時。99年6月本法修正時爰參酌美國、日本之規定及我國

之國情，並考量市場資訊之對稱性與限制公司內部人買賣時點之合理性。由於我國幅員不如美國遼遠廣闊，加上現今網路時代盛行，資訊傳播快速，如公司已於當日晚上公布重大消息，投資人即可於隔日開盤前得知訊息並作出適當反應，市場資訊之對稱性已可得以維持，另考量如定為24小時，則在市場資訊已充分反應下，內部人仍須承擔1日不得買賣之限制。恐造成過度限制，反而對公司內部人造成不公平。爰將序文「在該消息未公開前」修正為「在該消息未公開前或公開後18小時內」。關於內線交易禁止期間可參圖5-3。

　　此外為考量「罪刑法定原則」及「構成要件明確性原則」，亦參酌美國、日本有關「公開」管道之規定，明定公司公開涉及財務，業務消息者，應於主管機關指定之網站公告，以符合「法律安定性」以及「預見可能性」之要求。

　　由於證交法第157條之1所謂之重大消息係指公司能決定或控制者，考量資訊公開平台「公開資訊觀測站」僅供公開發行公司發布重大訊息，且該平台業已行之有年，投資人已習於該平台查詢公司之重大消息，爰明定涉及公司財務、業務消息之公開方式，應經公司輸入公開資訊觀測站。

　　至於涉及證券市場供求之消息，非屬公司所能決定或控制，其消息公開之方式，經參酌美國及日本之規定（美國係根據證交所之指導方針，須透過道瓊資訊系統、路透社經濟資訊網路等媒體發布消息，而日本係依證券交

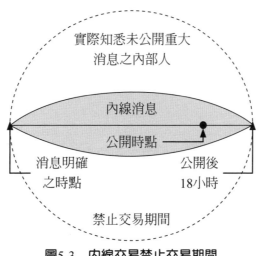

圖5-3　內線交易禁止交易期間

易法施行細則第30條之規定，須透過同條文規定之2個以上新聞媒體予以公開）爰訂定應經公司輸入公開資訊觀測站、台灣證券交易所股份有限公司基本市況報導網站中公告、財團法人中華民國證券櫃檯買賣中心基本市況報導網站中公告、兩家以上每日於全國發行報紙之非地方性版面、全國性電視新聞或前開媒體所發行之電子報報導。

涉及市場供求之消息，如兩家以上每日於全國發行報紙之非地方性版面、全國性電視新聞或前開媒體所發行之電子報報導而公開者，明定證交法第157條之1第1項有關18小時之計算，係以派報或電視新聞首次播出或輸入電子網站時點孰後者起算，以杜絕爭議。另為求明確，明定派報時間早報以上午6：00起算，晚報以下午3：00起算。

3. 內部人主觀犯意是成立的關鍵

關於司法偵辦內線交易案件所面臨的舉證困難，檢方除要舉證被告的客觀犯罪事實之外，最重要的就是要證明被告的「主觀犯意」；換句話說，就是要證明被告「心中所想的事情」，主觀犯意是偵辦關鍵，而這也是檢方偵辦類似案件時，最難突破的面向，被告主觀犯意成立的先決條件，是被告必須先實際知悉其所得到的訊息，是從公司內部人或準內部人所流出，而非是市場上的道聽塗說，假設被告客觀上已買進特定股票，但主觀上買賣股票的動機，並非從公司內部或準內部人得知，那也不構成犯罪。司法講求證據，無法僅憑推論就認定被告有罪，但檢察官偵辦內線交易案時，常碰到難以證明被告心中主觀犯意的難題，也只能從比對相關人的簡訊、通聯紀錄、電子郵件紀錄等旁證來試圖突破，而這情況也正是內線交易案定罪率不高的關鍵所在原因。

（四）內線交易之法律責任

1. 民事責任

(1) 損害賠償請求權人

凡發行公司內部人獲悉發行股票公司有重大影響其股票價格之消息時，在該消息未公開前，不得對該公司之上市股票或在證券商營業處所買賣之股票從事買入或賣出之行為，故若有買進或賣出之行為，無論其買進後是否賣出，或賣出後是否買進，其間是否獲利，涉嫌人一旦被查出有該項行為，不論有無不法意圖或獲得不法利益，經法院判決確定，應對當日善意從事相反

買賣之人，負損害賠償責任。所謂善意，指不知或非可得而知他方有利用內部消息而爲短線交易之情事。所謂善意從事相反買賣之人，係指在證券集中交易市場與店頭市場不知或非可得而知該公司內部人利用未經公開之內部消息，從事該公司之上市股票或上櫃股票買賣之事實，而於內部人買入時，其正逢賣出，或內部人賣出時，其正逢買入而受有損害之人。

　　另善意從事相反買賣者雖係委託經紀商以行紀名義買入或賣出者，亦視爲該善意從事相反買賣之人（證交§157-1準用§20Ⅳ）；因證券經紀商不論於店頭市場或集中交易市場均係以行紀受託買賣，即買賣直接當事人爲證券經紀商，並非委託人，若因內部人交易而應行使損害賠償請求權時，委託人將不能逕向侵權行爲人請求，而須透過證券經紀商輾轉向侵權行爲人請求，致權利之行使程序，顯過於繁複，爰有此項規定之立法，惟實務上對所謂善意第三人舉證甚爲困難，使此項損害賠償請求權形同虛設，不易發揮其求償之效用，建議增列規定，無論有無善意受損害人之告訴，或損害賠償金額之爭議，均得由證期局視違規情節輕重，請求法院科以罰款。

(2) 損害賠償之主體

　　發行股票公司之內部人利用該公司未經公開有重大影響其股票價格之消息，從事買賣該公司上市或上櫃股票牟利，應對當日善意從事相反買賣者負損害賠償責任，賠償責任主體可分爲下列數項：

①該公司之董事、監察人、經理人及依公司法第27條第1項規定受指定代表行使職務之自然人。

②持有該公司股份超過10%之股東：包括自然人股東及法人股東，法人股東應包括其代表人在內。

③基於職業或控制關係獲悉消息之人：基於職業或控制關係獲悉消息之人，亦稱內部關係人，所謂基於職業獲悉消息之人，指因其職業而與發行公司有業務往來者，諸如發行公司聘任之受僱人、律師、會計師及證券承銷商、證券交易所、證期會所屬人員、銀行之授信人員及於從事相關新聞工作人員等；所謂控制關係之人，指公司持有他公司有表決權之股份或出資額超過他公司已發行有表決權之股份總數或資本額50%者，該公司即爲控制公司。

④喪失前三款身分後，未滿6個月者。

⑤直接或間接從前四款所列之人獲悉消息者：所謂從前四款所列之人獲悉消息者，係指從發行股票公司之董事、監察人、經理人，持有公司股份超過10%股東，或基於職業或控制關係獲悉消息之人等處取得公

司未經公開有重大影響其股票價格之消息，從事內線交易之直接或間接受益所有人。本項賠償責任主體，對於上述之損害賠償，應與上述四款提供消息之人，負連帶賠償責任，但上述四款提供消息之人有正當理由相信消息已公開者，不負賠償責任（證交§157-1）。

(3) 損害賠償之範圍

關於民事損害賠償，原則上係以被害人所受損害之程度為範圍，損害賠償之目的，在於填補損害，不論是積極損害或消極損害均應予賠償。所稱積極損害，即民法第216條第1項之所受損害，而所稱消極損害，乃同條第1項、第2項之所失利益，即其利益確實應可獲得而未獲得者。然違反內部人交易者之損害賠償責任，並未採民法所受損害或所失利益，主要是因證券交易錯綜複雜，於買進之情況，在未賣出之前，並無法計算其利得或損失；在賣出之情況，可能與前面買進之價額有利得，但後面因價格上漲，再行買進時，可能有損失，且各個交易之時日並非一致，故無法以民法之實際利得或損失計算賠償之範圍。證券交易法規定賠償之範圍係在就消息未公開前其買入或賣出該股票之價格，與消息公開後10個營業日收盤平均價格之差額限度內，換言之，其賠償之範圍係由法律予以推定，所稱消息未公開前其買入或賣出者，係指自消息發生之日起至消息首次公開後12小時間，違反內部人交易禁止規定者於集中交易市場或店頭市場申報買進或賣出之情形。

主張於該期間善意從事相反買賣之人，即賠償請求權人，應先算出其所相反買進（即違反者為賣出）或賣出（即違反者為買進）之股數占當日該股票賣出或買進之總股數之比例，再以之乘以買入或賣出價格與消息公開後10個營業日收盤平均價格之差額，即為應賠償之金額。惟法院如認為情節重大者，並得依善意從事相反買賣之人之請求，將該賠償責任限額提高至3倍，此種規定顯係針對情節重大之違反者，將其賠償責任擴及於懲罰性之損害賠償，所謂情節重大者，指內部人有以虛偽詐欺或其他足致他人誤信行為，或以股價操縱行為從事短線交易之情形（證交§20、§155），然因法無明文規定如何情節方屬重大，原則上自得由法院斟酌案情以定。惟考量內線交易行為人之犯罪情節如屬輕微者，仍需負擔龐大之賠償金額，不符合比例原則，爰規定對於情節輕微者，法院得減輕其賠償金額。

另本法規定該善意從事相反買賣之人亦得向提供消息之公司內部人或準內部人請求原得向消息受領者請求之全部損失，但提供消息之人有正當理由相信消息已公開者，不負賠償責任（證交§157-1），其責任基礎則來自民法共同侵權行為中之幫助人應與行為人同負連帶責任之理念，惟渠等如欠缺

幫助之故意，自得提出反證主張免責。

　　前項損害賠償請求權之消滅時效，自有請求權人知有得受賠償之原因時起2年間不行使而消滅，所謂知有得受賠償之原因時起，係須知其損害係由侵權行為而發生，如法院已對內部人短線交易之違反判定有罪者，自有侵權行為時起逾5年者亦同（證交§21）。

(4) 民事賠償案例研究

　　案例：上市公司內部人甲於96年5月31日獲悉公司將認列重大損失，並於6月1日、6月3日各賣出800千股（每股18元）、2,000千股（每股19元），公司於6月7日發布認列損失之重大消息。投資人乙於6月1日及3日分別買進600千股（每股18元）及400千股（每股19元）、丙於6月1日及3日分別買進400千股（每股18元）及600千股（每股19元）、丁於6月6日買進200千股（每股20元）。消息公開後10個營業日收盤平均價為14元，假設乙、丙、丁均對甲提出民事求償，其他投資人則未對甲提出民事求償，則甲對乙、丙、丁應負內線交易損害賠償責任額分別為多少元？

　　解答：

數量單位：千股；金額單位：千元

日期	甲賣出股數	乙受償額				丙受償額				丁受償額		甲賠償總金額
		股數	金額	受償金額	三倍	股數	金額	受償金額	三倍	股數	受償金額	
6/1	800	600	18元	(18-14)*600 = 2,400	7,200	400	18元	(18-14)*400 = 1,600	4,800	-	-	12,000
6/3	2,000	400	19元	(19-14)*400 = 2,000	6,000	600	19元	(19-14)*600 = 3,000	9,000	-	-	15,000
6/6	0	0	-	-	-	0	-	-	-	200	無相反買賣	0
合計	2,800	-	-	5,400	13,200	-	-	4,600	13,800	0		27,000

　　乙受償額＝7,200千元＋6,000千元＝13,200千元
　　丙受償額＝4,800千元＋9,000千元＝13,800千元
　　丁受償額＝0千元
　　（丁雖於4月6日消息公開前買進，惟甲於當日並未賣出，丁非屬相反買賣之投資人，故丁不適格，非屬請求權人）
　　甲賠償總金額13,200＋13,800＝27,000千元

2. 刑事責任

內線交易嚴重影響證券市場之公平、公正性，破壞證券市場交易秩序，阻礙證券市場健全發展，屬重大經濟犯罪，主管機關得依職權主動勾稽查核，或依利害關係人檢舉，一經查明涉及內線交易行為者，應即移送司法機關偵辦，77年證券交易法修正時，乃參照先進國家之法例於證券交易法中增訂第157條之1，並於同法第175條增列2年刑責，89年6月本法修正時內線交易刑罰由第175條移到至第171條第1款並提高其最高刑罰為7年以下有期徒刑。其主要修正理由如下：

(1)本法對禁止利用內部消息買賣公司股票圖利之規定係參照美國立法例（1988年內線交易及證券詐欺舉發法），美國有關刑事責任之最高刑度規定，已從原定5年有期徒刑，提高為10年有期徒刑，而本法就違反第157條之1之刑事責任，依當時第175條之規定，僅為2年以下有期徒刑，相形之下，顯然無從發揮嚇阻犯罪之功能。

(2)又依當時第175條所定，違反禁止利用內部消息買賣股票圖利者，最高刑度為2年以下有期徒刑，依刑法第61條第1款及刑事訴訟法第449條之規定，屬輕微簡易案件，依簡易程序處理，將無法達遏止犯罪之效果。

綜據前述理由，爰將違反第第157條之1第1項禁止利用內部消息買賣公司股票圖利之規定之刑罰由第175條移列第171條第1款，並提高其最高刑度為7年以下有期徒刑。有關本罪行為主體、客體及行為態樣已見前述，於此不再重述。違反禁止內線交易行為規定者應負刑事上之責任，刑法上關於共同正犯、教唆犯、幫助犯、間接正犯等規定均適用於此。

93年4月為配合金融七法修正，全面提高刑度，使法益侵害與刑罰刑度取得平衡，爰再度提高刑期為3年以上10年以下有期徒刑，得併科新台幣1,000萬元以上2億元以下罰金；另增加犯罪所得金額達新台幣1億元以上者，處7年以上有期徒刑，得併科新台幣2,500萬元以上5億元以下罰金。

3. 犯罪所得計算公式

由於增加犯罪所得金額如達1億元以上，刑度將大幅加重，因之在歷年案件審理中，對因犯罪獲得財務上利益之計算方法學理上及實務上產生若干不同見解，茲生困擾，使內線交易案延宕甚長，各界對此現象頗多微詞，主要是因為衍生下列二項多年難解的爭議問題所導致：

(1)證交法第171條第1項第1款之內線交易罪，因犯罪獲取之財物或財產上利益，實應如何計算？（爭議一）

(2)計算內線交易因犯罪獲取之財物或財產上利益之範圍，應否扣除證券交易稅及證券交易手續費等稅費成本？（爭議二）

110年5月19日最高法院刑事大法庭裁定（108年度台上大字第4349號）將上述二項長期爭議問題統一見解如下，以徹底解決法律紛爭：

(1)有關爭議一部分：

93年4月28日證交法第171條修法目的係為使法益侵害與刑罰刑度間平衡，並避免犯罪者不當享有犯罪所得，以發揮嚇阻犯罪之效。而關於因犯罪獲取之財物或財產上利益，在其立法理由說明：「第二項所稱犯罪所得，其確定金額之認定，宜有明確之標準，俾法院適用時不致產生疑義，故對其『計算犯罪所得時點』，依照刑法理論，應以『犯罪行為既遂』或『結果發生時』，該股票之市場交易價格，或當時該公司資產之市值為準。至於『計算方法』，可依據相關交易情形，或帳戶資金進出情形，或其他證據資料加以計算。例如對於內線交易，可以行為人買賣之股數，與消息公開後價格漲跌之變化幅度，差額計算之」等旨，並未揭示明確之內線交易犯罪利得計算方法，且證券交易市場影響股價之因素錯綜複雜，股價之漲跌、成交數量之多寡，皆以市場供需決定，投資人對股票買賣之數量、金額，各有其個人之價值判斷及投資決策，變化因素過大，實難斷定股價漲跌之絕對原因。立法理由就內線交易犯罪利得之計算方法，雖例示說明「可以行為人買賣之股數，與消息公開後價格漲跌之變化幅度，差額計算之」，但僅係一種原則性例示，尚難完全規範各種不同行為態樣之內線交易。縱使理論上可以計算「消息公開後價格漲跌之變化幅度差額」，實務上仍可能提出不同之計算模式，或由不同專家提供意見，導出分歧之結論，造成內線交易犯罪利得計算無法確定之困境，且係人為設算難謂客觀，亦不利於司法安定性。故單以「消息公開後價格漲跌之變化幅度差額」計算所有內線交易犯罪利得，無異緣木求魚，殊不可行。況且立法理由終究非屬法律本文，僅能供為法院解釋、適用法律之參考，尚不具有絕對拘束力。

從內線交易罪之立法目的而言，既著重「避免犯罪者不當享有犯罪所得」，苟行為人獲悉內線消息而買入（或賣出）股票，股價上漲（下跌）之增益（避損）也在犯罪既遂之後，如認應扣除消息公開之前及公開之後，因市場因素所產生之增益（避損），無異使行為人「不當享有犯罪利得」，豈非與立法目的背道而馳。且不論是法律文義或是立法理由，均未揭示股票「價格漲跌之變化幅度」，須與「重大消息」之公開，具有因果關係，故法院於計算內線交易犯罪利得時，自無需考量影響股價漲跌之經濟或非經濟因

素。

　　再從罪刑相當原則立論，行為人於何時買入與賣出股票，既均出於自主之選擇與判斷，則其因自身決定之買賣行為產生利得，自當承受「利得越多、刑責越高」之結果，此並無違罪刑相當原則。蓋行為人係因內線消息而買入（或賣出）股票，在其決定賣出（或買入）以前，得以享受期間內各種市場因素所促成之利益（增益或避損），因此其實現利得全部可謂係因內線交易行為所得。從而，行為人獲悉內線消息後，在消息未公開前或公開後一定沉澱時間內，買入（或賣出）股票，嗣後再行賣出（或買入）股票，即已實現利得之個案情狀，法院擇用「實際所得法」，亦即以其前後交易股價之差額乘以股數，作為內線交易罪所獲取財物之計算方法，不僅合於法律之文義解釋、目的解釋，亦無違罪刑相當及法律明確性原則。

　　又就損益之概念，除以差額說為基礎之「自然意義損益概念」外，尚應以「規範意義損益概念」補充之，後者係指損益之認定，應探討法規及相關情事規範意旨，倘損益行為發生後，財產總額未出現計算上之差額，但依法規範之意旨，仍認為行為人獲有利益或被害人受有損害者，即不得以行為人或被害人之財產無差額，而否定其損益之存在。行為人獲悉「利多內線消息」後買入，但於消息公開後持續持有而未出售之部分；及行為人獲悉「利空內線消息」後出售避損且未買回之情形，考量證交法第157條之1第3項內線交易民事損害賠償金額之計算、同法第171條第2項加重罪刑之目的等規範意旨，並審酌依通常情形，客觀上可得預期有增益或避損之財產上利益，不能僅因行為人嗣後並未賣出或買回，即認未獲得財產上利益。

　　107年1月31日修正公布證交法第171條，將其第2項「犯罪所得」修正為「因犯罪獲取之財物或財產上利益」，固僅係避免法律用語混淆所為之文字修正，而非法律之變更，但自一般通常文義來理解，可知內線交易罪所稱「因犯罪獲取之財物或財產上利益」，係指犯罪「獲取之財物」與「獲取之財產上利益」之總和，其中「獲取財物」之部分，為行為人實際買入（或賣出）再行賣出（或買入）之價差而已實現之利得；而「獲取財產上利益」部分，即為行為人未實現之利得。誠然，關於消息公開後應以何時點、何一價額計算行為人未實現之利得，證交法並無明文，但基於損、益常為一體兩面、同源對稱之論理上假設，將行為人因犯罪獲取利益擬制為證券市場秩序或不特定投資人所受損害，不失為一種可行之方式。參之同法第157條之1第3項就內線交易所生民事損害賠償金額，明定以「消息公開後10個營業日收盤平均價格」為基準計算差額，係採取擬制性交易所得計算公式。此既屬

立法者就內部人因其資訊優勢所劃定之損害賠償範圍，可認立法者應係本於證券實務之考量及損害額之估算，以此作爲計算民事損害賠償數額之擬制基準。則犯內線交易罪之擬制所得既無明文規定計算方法，上開計算民事損害賠償規定，經斟酌其立法政策、社會價值及法律體系精神，應係合乎事物本質及公平正義原則，爲價值判斷上本然或應然之理，本院自可援用民事上處理類似情形之前揭規定，以消息公開後10個營業日收盤平均價格，作爲擬制賣出（或買入）之價格，據以計算行爲人獲取之財產上利益。此「擬制所得法」既具有客觀上之計算基準，亦兼顧民、刑法律體系之調和，使民事責任損害與刑事犯罪利得擬制基準齊一，符合法律秩序一致性之要求。

綜上所述，犯內線交線罪獲取之財物或財產上利益之計算方法，應視行爲人已實現或未實現利得而定。前者，以前後交易股價之差額乘以股數計算之（即「實際所得法」）；後者，以行爲人買入（或賣出）股票之價格，與消息公開後10個營業日收盤平均價格之差額，乘以股數計算之（即「擬制所得法」）。亦即，採用簡明方便之實際所得法，輔以明確基準之擬制所得法，援爲犯內線交易罪獲取之財物或財產上利益之計算方法，不僅合於證交法之立法目的，亦不悖離法律明確性、可預期性原則，有利於司法判斷之穩定及一致。

(2)有關爭議二部分：

在證券交易市場買賣有價證券者，其證券交易稅係由出賣有價證券人負擔，並由證券經紀商負責代徵、繳納，證券交易稅條例第2條第1款、第3條及第4條第1項第2款分別定有明文。另依證交法第85條規定，證券交易手續費係由證券經紀商向委託人收取。亦即，依現行證券交易市場之款券交割機制，買賣股票者，不論其原因、動機爲何，均應依法繳交前述稅、費，不能拒繳或免除此部分支出，且係由證券經紀商結算後，直接將扣除應繳稅、費之餘額匯給股票出賣人，股票投資人並未實際支配過前述稅、費。從而，實務上對於因內線交易罪獲取之財物或財產上利益之範圍，向來多採差額說，以內線交易買賣股票之價差，扣除證券交易稅及證券交易手續費等稅費成本，據以計算行爲人因犯罪獲取之財物或財產上利益之數額。

4. 行政責任（證券商內線交易行爲之處罰）

證券商因辦理證券業務，獲悉重大影響上市或在證券商營業處所買賣之股票價格消息時，在該消息未公開前，不得買賣該股票或提供消息給客戶或他人。證券商經營業務，違反證券商管理規則之規定者，依證券交易法之規

定處罰，亦即構成違反證券交易法或證期會依證券交易法授權所訂頒各項法令之規定者，主管機關得視情節之輕重為下列處分（證交§66）：

(1)警告。

(2)命令該證券商解除其董事、監察人或經理人職務。

(3)6個月以內之停業。

(4)營業許可之撤銷。

（五）內線交易規範之檢討

1.現行內線交易犯罪構成要件文字欠缺明確性

　　一般而言，刑法構成要件係塑造一個具有普遍性之不法類型，相較於民事與行政不法，刑法構成要件必須顯示出，某一行為已被社會視為不被容許的方式，而侵害個人或多數人之自由，因之立法者須使用刑罰之最後手段加以禁絕，刑法基於罪刑法定原則，要求構成要件必須具有明確性，以發揮構成要件之警示機能，使人民對於其行為之法律效果得以預期。因之刑法基於明確性原則之要求，對於法規用語概念性文字之解釋應較為嚴格。證券交易法第157條之1規定，分別於95年1月11日、99年6月2日修正公布，99年6月2日修正公布之條文將內部人就重大消息之主觀上認知程度，由「獲悉」改為「實際知悉」（新修正條文第1項）。另將應於公布並禁止內部人於一定期間內交易之重大消息形成階段，規定至「消息明確」之程度（新修正條文第1項）。此外將對股票價格有重大影響之消息，明定須有「具體內容」（新修正條文第5項）。上述修正究竟係文字略作修正以資明確或另有其他立法意義，在立法院法案修正公報中未見隻字片語，僅有「照協商條文通過」，未見任何修正理由。其後不僅造成實務適用上疑義，更可能與當初修法原意不符，有違修正本旨。

　　在修正實質內容上，筆者認為目前仍存在若干未經釐清之概念，對其股票價格是否有重大影響之消息呈現顯而易見之疑慮，刑法對其構成要件應明確地要求行為人目的之不法性，故更應該嚴格解釋，方屬適當，否則其後在個案適用上之模糊性將可預見。從法律之觀點論之，以上修正是否已涉及構成要件之限縮，如「獲悉」改為「實際知悉」、重大消息必須「明確」、重大消息必須要有「具體內容」。或是否涉及構成要件之擴張，如擴大內部人範圍等，應否推論修正係屬刑法第2條第1項所規定行為後「法律有變更」之情形，或僅屬於「單純之文字修改」，使其在文字上為更精確之用語，以避

免於法律適用上產生爭議，並未有實質變動等不同看法，筆者建議尚待學理及實務上進一步研討，方符合法治之本旨。

2. 內線交易重大消息何時明確之詮釋因人而異，導致判決分歧

　　證交法第157條之1於2010年6月2日雖增定在該消息「明確後」之要件，但並沒有成立的用詞，內線交易案件中重大消息是否有成立之時點？如有成立時點，何時開始為成立？一直係學說及實務討論的焦點，然以往之討論多集中於個別構成要件之檢討，鮮有探討要件間之關連性，事實上，消息成立時點與重大消息為何息息相關，而重大消息與被告何時知悉有密切之關連。如重大消息若正確認定後，接續有關消息成立時點及被告知悉時點即不難認定，但在甚多司法判決中常將消息成立與被告知悉兩要件混為一談。筆者認為就客觀上觀察，重大消息所指內涵於一定期間必然發生之情形已經明確，或有事實足資認定事實已經發生，而內部人已實際上知悉此消息，自不能因公司或其內部人主觀上不願意成為事實，即謂消息尚不明確，或事實尚未發生，或未實際知悉消息之發生，否則內部人即可能蓄意拖延應進行之法定程度，或利用該消息先行買賣股票，導致資訊流通受影響，阻礙證券市場公平競爭，而與資訊平等取得原則之立法意旨相違。

3. 人頭文化盛行

　　我國內線交易情形已司空見慣，加以規範欠周，主管機關與司法機關以及投資大眾之看法或認定標準不一，致無法明確論斷而難以有效處理。在我國大多數公司皆係由家族企業開始發展，股權集中，一旦經營達到一定之規模，決定提出上市申請時，基於資本額應在一定金額以上之規定，於是開始分年辦理增資，而在辦理增資過程中，常有將股權分散登記於親友或是較忠心之員工名下，實際上控制權仍掌握在經營者手中。另上市後，證券商、金主、營業員為爭取生意，更提供眾多人頭戶供客戶使用，因此上市公司內部人如有心買賣自家公司股票，自己、配偶及未成年子女名義皆可不用，即可達其目的，證券主管機關實無法查核具體內線交易之案件，由於國情及交易制度之差異，內線交易被舉發之案例，在美國通常多於炒作案例，而在我國，涉及炒作案件則多於內線交易之案件，但此並不表示我國上市公司內部人，其道德水準高於外國人，也並非我國主管機關怠忽職守，實在是我國人頭文化盛行所致，因此人頭戶實是查核業務上之一大瓶頸，不過近年來對於利用人頭戶賣出之情形，證券交易所已規定各證券商應提出第一手或非第一

手委託書，透過委託書之查核，近年來亦查出數家上市公司內部人，利用公司重大消息尚未曝光之際，以他人戶頭出清股票之不道德行為，並移送主管機關核辦，然此畢竟是少數，像前述於上市前即已分散股權之情況而言，上市公司內部人利用那些人頭戶買賣之行為，除非司法機關偵辦，否則甚難為外界發掘。

另主管機關目前對各上市公司內部人名單，雖已完成建檔工作並逐月更新，但資料來源係各上市公司向主管機關申報之內部人股權變動申報書，如申報書關於內部人資料不全，對於內線交易查核績效勢必大打折扣，以往於查核過程中常發現部分上市公司內部人僅有董事、監察人、大股東及少部分人之配偶及未成年子女之資料，而大部分內部人之配偶、未成年子女及經理人等資料則完全欠缺，不禁令人懷疑，難道國內大部分上市公司內部人係獨身或無子女，抑或有心隱瞞，此外，由於我國承認雙重國籍，部分上市公司內部人或基於商業行為需要，另外取得外國國籍，此等內部人中有部分人在證券商開戶時是以我國國民身分開戶，可是在向主管機關申報之資料中，卻以外國人身分申報，致無法從電腦交易資料中獲得真實情況，此等情形實有賴主管機關全面清查，以建立正確之資料檔，始能提高內線交易之查核績效。

證券交易法第155條有關操縱股票之禁止行為，第157條之1內部人交易之禁止行為，其舉證和認定均極為不易，證期局固可依證券交易法第38條、第64條命令發行人、證券商提出財務、業務報告，或直接檢查財務、業務狀況，但被檢查之機構由於自知涉案情況，常有拒絕或妨礙檢查之情事，雖仍可移送偵辦，但對原檢查之案情往往已緩不濟急；因此，除授與證期局檢查權之外，建議有條件地再授與搜索權，俾真正落實內線交易之查核，建立公平、公正之交易秩序。

4. 內線交易舉證困難，起訴亦不易定罪

隨著內線交易的犯行舉證越趨嚴格，近來檢方偵辦類似案件時，難免被質疑雷聲大雨點小；舉近年來較受矚目的案例：瑞士信貸台灣區邱姓總經理被控利用人頭買股案、霹靂國際子公司「偶動漫」的大股東中信創投被控在利空消息曝光前避損、IC設計公司凌耀科技被收購過程中林姓董事被控洩漏內線等案，最終都以不起訴處分告結。

鑑於過去內線交易的認定要件欠明確，致定罪率偏低，立法院於109年5月修法，將內線交易的認定明確化，檢方辦案無法再像修法前，僅憑檢舉便當成起訴依據，必須「確實舉證」才能認定，間接也導致檢方辦案常面臨舉

證困難的窘境；即使掌握被告有買股套利或賣股避損的客觀事實，但若無法舉證被告係接受內線消息後才進場交易的主觀犯意，縱使起訴也難成罪。其中較受矚目的不起訴確定案，莫過於曾一舉包辦荷蘭商ASML收購漢微科、日月光與矽品合組控股公司等重量級併購案之知名外資信貸公司台灣區邱姓總經理，2年多前在自家廁所進行與客戶電話會議，卻被丈夫許○○隔著門偷聽到內線消息，許○○背著邱○○私下買股套利，連帶使邱○○受牽連而惹上內線交易官司，台北地檢署曾兩度不起訴邱○○，直到107年10月不起訴確定。

　　然此案調查2年多，最後被起訴的被告，不是公司內部人或準內部人，而是因承認偷聽邱○○講電話才獲知內線並進而買股套利的邱夫許○○，作為「消息受領人」的許○○，一肩扛下罪責，指自己另建議不知情的母親跟進買股，最終檢方只能憑許○○的自白證明其「主觀犯意」，至於邱○○及其婆婆，因檢方難證明有涉內線交易的主觀犯意，順利擺脫官司即為適例。

（六）宜增列內線交易免責抗辯事由（豁免條款）以利證券正當交易

　　為考量行為人之交易如係為執行實際知悉消息前已訂立之買賣有價證券契約，應得作為免責抗辯事由，似可參酌美國、歐盟、日本及香港相關立法例，增列行為人證明其交易係為執行實際知悉證交法第155條第1項或第2項所定消息前已訂立之買賣有價證券契約者，不受第1項及第2項規定之限制。但買賣有價證券契約顯係行為人意圖規避第1項或第2項之適用而訂立者，不在此限。此但書係指下列情形之一：

　　1.行為人未依契約內容執行有價證券之買賣。

　　2.行為人訂立二個以上存續期間重疊或接續之契約，未依契約內容執行有價證券之買賣。

　　3.行為人訂定買賣有價證券之價格、數量或金額區間過大，且其買賣有價證券明顯集中於第1項或第2項所定之消息明確後至消息公開後18小時內。

　　4.行為人為第1項或第2項所定之消息有關事件負責人或參與人員，於事件進行中至消息明確前，訂立契約，且其買賣有價證券明顯集中於消息明確後至消息公開後18小時內。

　　5.其他行為人非基於誠信而訂立契約之情形。

　　此外，為避免日後就行為人所訂立之買賣有價證券契約產生是否可信並具有證據力之爭議，應規定得作為內線交易免責抗辯事由之有價證券買賣契

約應以書面爲之,並同時規定行爲人應於契約訂立後2日內依其買賣標的別分別將契約副本申報證券交易所或證券櫃檯買賣中心。證券交易所及證券櫃檯買賣中心並應於契約所載存續期間屆滿後10日內,將契約行爲人及買賣標的等主要內容於網站公告。

(七)內線交易與短線交易之比較

	內線交易	短線交易
適用法規	證券交易法第157條之1	證券交易法第157條
適用主體	1.該公司之董事、監察人、經理人及依公司法第27條第1項規定,指定代表使職務之自然人。 2.持有該公司之股份超過10%之股東。 3.基於職業或控制關係獲悉消息之人。 4.喪失前三款身分後,未滿6個月者。 5.從前四款所列之人獲悉消息之人。	發行股票公司董事、監察人、經理人或持有公司股份超過10%之股東。(包括其配偶、未成年子女及利用他人名義)
行爲客體	上市、上櫃股票及具有股權性質之有價證券屬非股權性質之公司債。	上市、上櫃股票
違規行爲	實際知悉發行股票公司有重大影響其股票價格之消息時,在該消息確定、成立後,未公開前或公開後18小時內,不得對該公司之上市或在證券商營業處所買賣之股票或其他具有股權性質之有價證券,自行或以他人名義買入或賣出。	對所屬公司股票於取得後6個月內再行賣出或賣出後6個月內再行買進,因而獲得利益。
刑事責任	3年以上10年以下有期徒刑、得併科新台幣1,000萬元以上2億元以下罰金。犯罪所得達新台幣1億元以上:處7年以上有期徒刑,得併科2,500萬元以上5億元以下罰金(證券交易法第171條)。	原則上無刑事責任,除非其行爲同時另涉及內線交易或操縱行爲。
民事責任	對於當日善意從事相反買賣之人負損害賠償責任。	公司應對短線交易行爲人請求將其利益歸於公司(歸入權)

四、内部人利益輸送行為之禁止（不合營業常規交易罪）（證交§171Ⅰ②）

（一）利益輸送之意義與立法沿革

我國係海島型之國家，本身缺乏天然資源，在經濟上除傳統之農、漁業生產外，賴以維持台灣經濟生存命脈僅係台灣蓬勃發展之工商企業活動，不論係從事實際生產之製造業、提供資金、保險之金融服務業，抑或扮演經濟輸出、入橋樑角色之進出口貿易商、運輸業等等，繁複而綿密之工商活動，架構出台灣經濟命脈，造就出台灣數十年來強大之經濟實力。

然而近年來企業間經常藉由各種不合常規之經濟活動方式，進行各式利益移轉輸送予特定利害關係人之違法交易行為，從事利益輸送者，層出不窮，不僅造成社會財富分配之不平均，使社會經濟活動受到不正當之扭曲，亦使市場經濟在扭曲之企業活動下，侵害正常資本市場下投資大眾之權益，影響投資人之投資意願，同時國家租稅之徵收，亦將因企業規避稅賦之營運方式而減少國庫收入，間接亦打擊合法繳納稅捐之企業，對之形成不公平之市場競爭，造成社會正義與經濟秩序之雙重混亂，憶及數年前之「華隆案」、「國產汽車案」、「東隆五金案」、「台鳳公司案」、「台開信託案」及「景文集團案」爆發時，立刻引起大眾傳播媒體之關注，「利益輸送」一詞，遂成社會大眾耳熟能詳、時而口誅筆伐之用語。「利益輸送」行為造成社會價值扭曲、社會財富分配不當、社會公義淪喪，特別是企業間藉由各種不合常規之經濟活動方式將利益移轉輸送予特定利害關係人之行為，然新聞媒體報導使眾人耳熟能詳之利益輸送行為，究竟涵蓋何種法律上之意涵，特別是近年來影響社會重大之上市公司利益輸送行為，在新聞熱潮後進入之刑事司法審判，其結果與社會大眾之認知與期待，究竟發生何種程序之落差，產生何種問題與法律上之盲點，實值得吾人關注。

經濟活動在自由經濟體制下以追求利潤、獲取最高利益為目標，人們發明創造出各種營利事業之企業組織，追求最高利潤成為營利事業最主要之目的，企業組織為追求利潤、獲取最高利益，在不違反法令規範之前提下，莫不竭盡所能，以最有效率之組織、最有利之經營策略來取得市場優勢，以最低之代價取得最豐厚之利益。公司法第1條開宗明義指出，公司係以「營利」為目的之法人組織，因此在自由市場經濟中，原則上應是放任參與經濟活動者自由競爭，加以商業行為在本質上屬於私權利之性質，政府公權力對

人民私法上之活動，本應任其自由，如非必要，不宜加以干涉，除非人民間之私權活動，有妨害社會秩序或侵害善意他人之權利，否則公權力對人民間私權活動之介入干預，必求對一般人民私權活動干預最小，亦即規範干預之程度須以合乎規範的目的性為限，在符合比例原則下之合目的性（例如達到賦稅公平、防止不正當之利益輸送侵害股東權益等）範圍內，才能對私權活動加以適度之干預。

　　近年來我國甚多公司亦藉由形成集團化之關係企業組織，利用各種非常規交易（Non-Arm's-Length Transaction）模式，遂行企業某些不正當目的之行為，部分是規避國家稅捐之繳納、部分是公司利益不正當之移轉、部分是公司不正當之競爭等，使得原本正常經濟活動下追求之最高利潤，集中在少數特定人手中，侵害原本應歸屬於參與經濟活動之投資大眾共同分配享有之利益，造成社會正義與經濟秩序受到嚴重之戕害，因此，公司藉由此等不合常規的交易模式達成不當利益輸送，應如何加以規範俾使參與經濟活動之投資大眾權益得以適度之保護，並嚴懲犯罪惡性重大之行為人，此為89年證券交易法修正時對利益輸送增列處罰規定之緣起，俾維持社會正義與正當經濟秩序。

（二）利益輸送之適用範圍

　　利益輸送適用之範圍，依證券交易法第171條第1項第2款之規定，已依本法發行有價證券公司之董事、監察人、經理人或受僱人，以直接或間接方式，使公司為不利益之交易，且不合營業常規，致公司遭受損害者。因之利益輸送適用之範圍為依本法公開發行有價證券之股份有限公司，其包括已上市、上櫃及未上市、上櫃但已公開發行之股份有限公司，其適用範圍較內線交易、短線交易及操縱行為適用之範圍為廣。

（三）利益輸送之適用對象

　　利益輸送犯罪主體包括下列各項之內部人員：

1. 董事、監察人

　　公司董、監事實際參與公司經營決策，熟悉公司財務業務狀況，較之一般股東有更多機會接觸公司內部決策，此項優勢可直接或間接影響公司內部人使公司為不利益之交易，且不合營業常規，致公司事務產生損害。

　　至於董事、監察人應於何時取得董事、監察人身分，始得爲利益輸送禁止之對象，證券交易法未見明文規定，然爲防杜發行公司董、監事援引公司法第197條在任期中轉讓持有公司股份數額超過二分之一，當然解任，規避證券交易法第171條規定之適用，似宜比照證券交易法第157條內部人短線交易歸入權之適用對象認定標準，即公開發行公司之董事、監察人或經理人辭職或任期中轉讓持股逾選任當時持有股份二分之一而當然解任，其於使公司爲不利之交易時如具有董事、監察人或身分者，即有證券交易法第171條之適用，俾發揮打擊公司內部人利益輸送之功效。

　　若政府或法人爲股東時，其依公司法第27條第1項、第2項規定當選董事、監察人者，則爲該被指派之代表人或行使職務之自然人。

2. 經理人（證交§22-2、§25、§28-2、§157、§157-1）

　　公司法規定公司得依章程規定置經理人，其委託、解任及報酬，在股份有限公司應由董事會以董事過半數之出席，及出席董事過半數同意之決議行之，經理人應在國內有住所或居所。

　　經理人之職權，除章程規定外，並得依契約之訂定。經理人在公司章程或契約規定授權範圍內，有爲公司管理事務及簽名之權。

　　經理人除經由董事會以董事過半數出席，及出席董事過半數同意決議外，不得兼任其他營利事業經理人，並不得自營或爲他人經營同類業務。

　　另公司記帳憑證及會計帳簿，應由代表商業的負責人、經理人、主辦及經辦會計人員簽名或蓋章負責。其決算報表由代表商業的負責人、經理人及主辦會計人員簽名或蓋章負責。

　　證券主管機關爲防範上市公司有實質管理權利，卻規避「經理人」須申報持股異動，可能行內線交易弊端，於民國92年3月27日函令擴大「經理人」定義，包括有爲公司管理事務及簽名權利者，都納入「經理人」範圍。依據新解釋令各公司總經理、副總經理、協理及其相當等級者，財務部門主管，會計部門主管，以及其他有爲公司管理事務及簽名權利之人，均是證交法上規定之經理人，具備違反證券交易法第157條短線交易，以及第157條之1內線交易之資格，必須接受嚴格規範。筆者認爲，近幾年來，隨著國內上市上櫃公司大幅增加，利用身分進行內線及短線交易之不法情事相當盛行，不僅嚴重侵犯投資大眾權益，更間接損傷台灣國際形象，政府主管部門確有必要嚴格法令解釋以防堵疏漏。

　　新解釋令認定其他有爲公司管理事務及簽名權利之人爲公司經理人，從

實務及學理來看，說得過去，也有其必要。因為以往很多公司實際負責人為規避法律責任，即發明或借用各種奇怪稱謂，例如總裁、總監、高級顧問或執行長等，實際上掌握公司經營大權，並握有指揮整個組織人事權力，然而，一旦公司運作發生牴觸法令必須負責時，他們即以名義上不是公司法或證交法之經理人逃避法律責任，對於這種脫法行為，英美法上早已有「揭開公司面紗」原則，務實而公平地要求實際掌權者，要相對地承擔應負之法律責任。

3. 受僱人

受僱人意義有多種解釋，而民法第188條僱用人應負賠償責任，係以選任或監督受僱人有過失為原因，則解釋受僱人之意義，並非僅限於僱傭契約所稱之受僱人，應以僱用人對其選任或監督有無責任，以為決定標準。凡客觀上被他人使用，為之服勞務而受其監督者，均應認為受僱人（57年台上字第1663號）。即使構成從事勞務基礎之法律行為無效，對於第188條之適用亦屬無礙，至於報酬之有無、勞務之種類、期間之長短，均非所問。所謂監督係指對勞務之實施方式、時間及地點加以指示或安排之一般的監督而言（81年台上字第2686號）。

本條立法目的主要在防止對公司決策有影響力之人，不當使用其影響力量，侵害公司及股東權益，其規範對象為上列各項，但未包括持股10%以上之大股東及利用他人名義持股者，與短線交易、內線交易相較，範圍較小。事實上公司利益輸送案件中，可發現真正操控非常規交易、實施利益輸送行為者，往往並非公司董、監事、經理人，多半係利用他人名義持股之真正大股東，因之在偵辦公司利益輸送案件，應將幕後利用他人名義持股操控者以共犯論告，始可將公司利益輸送情形減至最低。本法亦應將適用對象擴及幕後操控者，以資周延。

在此筆者建議似可參考我國財務會計準則公報第6號關係人交易之揭露中所稱之「關係人」，依該公報規定凡企業與其他個體（含機構與個人）之間，若一方對他方具有控制能力或在經營、理財政策上具有重大影響力者，該雙方即互為關係人；受同一個人或企業控制之各企業，亦互為關係人。另具有下列情形之一者，通常即為企業之關係人（但能證明不具有控制能力或重大影響力者，不在此限）：

1.企業採權益法評價之被投資公司。
2.對公司之投資採權益法評價之投資者。

3.公司董事長或總經理與他公司之董事長或總經理為同一人，或具有配偶或二親等以內關係之他公司。

4.受企業捐贈之金額達其實收基金總額三分之一以上之財團法人。

5.公司之董事、監察人、總經理、副總經理、協理及直屬總經理之部門主管。

6.公司之董事、監察人、總經理之配偶。

7.公司之董事長、總經理之二親等以內親屬。

在判斷是否為關係人時，除注意其法律形式外，仍須考慮其實質關係。

另關係人交易係指關係人間資源或義務之移轉，不論有無計收價金均屬之。

（四）不合營業常規交易罪之構成要件

按公司經營者應本於善良管理人注意義務及忠實義務，為公司及股東謀求最大利益，然時有公司經營者或有決策權之人，藉由形式上合法，實質上不法或不正當之手段，將公司資產或利益移轉、輸送給特定人，或為損害公司利益之交易行為，損害公司、股東、員工、債權人、一般投資大眾之權益，甚至掏空公司資產，影響證券市場之穩定或社會金融秩序。有鑑於此，立法院89年修正證券交易法第171條第2款規定：「已依本法發行有價證券公司之董事、監察人、經理人或受僱人，以直接或間接方式，使公司為不利益之交易，且不合營業常規，致公司遭受損害者，處七年以下有期徒刑，得併科新臺幣三百萬元以下罰金。」本罪構成要件所稱之「不合營業常規」及「不利益交易」，均為不確定法律概念，89年立法時立法說明並未對此加以說明或列舉定義，其應屬於不確定之法律概念，其後執行時常引起爭議，主管機關宜針對實際情形，就各項動產、不動產有價證券及其他常見之交易，制定具體之認定標準，俾利各企業遵守。

因利益輸送或掏空公司資產之手段不斷翻新，所謂「營業常規」之意涵，自應本於立法初衷，參酌時空環境變遷及社會發展情況而定，不能拘泥於立法前社會上已知之犯罪模式，或常見之利益輸送、掏空公司資產等行為態樣。該規範之目的既在保障已依法發行有價證券公司股東、債權人及社會金融秩序，則除有法令依據外，舉凡公司交易之目的、價格、條件，或交易之發生，交易之實質或形式，交易之處理程序等一切與交易有關之事項，從客觀上觀察，倘與一般正常交易顯不相當、顯欠合理、顯不符商業判斷者，

即係不合營業常規,如因而致公司發生損害或致生不利益,自與本罪之構成要件該當。

所謂「不合營業常規交易」(Non-Arm's Length Transaction),意指交易雙方具有特殊關係,並未經由正常之商業談判達成契約,其交易條件亦未反映市場的公平價格。此用語係仿自60年修正之所得稅法第43條之1及第83條之1而來,其指賣低買高之情形而言,所得稅法第43條之1規定:「營利事業與國內外其他營利事業具有從屬關係,或直接間接為另一事業所有或控制,其相互間有關收益、成本、費用與損益之攤計,如有以不合營業常規之安排,規避或減少納稅義務者,稽徵機關為正確計算該事業之所得額,得報經財政部核准按營業常規予以調整」。

另於86年6月公司法修正時,增訂第369條之4,其第1項規定:「控制公司直接或間接使從屬公司為不合營業常規或其他不利益之經營,而未於營業年度終了時為適當補償,致從屬公司受有損害者,應負賠償責任」。前述不合營業常規經營,由於無具體認定標準,不能解決不確定法律概念之爭議,就此部分不確定法律概念,將來只能由法院依個案事實認定,斟酌公司業務關係,以及一般社會普遍性觀念,配合美國法之BUSINESS HIDGEMENT(合理交易之判斷),來作為研判。

至所謂「不利益交易」,本法未見定義及說明,參酌公司法關係企業專章第369條之4規定若控制公司直接或間接使從屬公司為「不合常規」或「其他不利益之經營」,而未於營業年度終了時為適當補償,致從屬公司受有損害者,應負賠償責任。若控制公司負責人使從屬公司為「不合營業常規經營」或「其他不利益經營」者,應與控制公司負連帶賠償責任。從屬公司之債權人或繼續1年以上持有從屬公司已發行有表決權股份總額或資本總額1%以上之股東,得以自己名義行使從屬公司之權利,請求對從屬公司為給付。

前述新增關係企業專章中亦未對「不合營業常規經營」或「不利益經營」加以說明或列舉定義,其屬不確定法律概念甚為明顯,雖屬包容性廣泛之低度立法,但將來執行時勢必引起爭議,若單純依法條解釋,係以「營業年度終了時」為判斷基準點,換言之,控制公司是否使從屬公司為「不合營業常規經營」或「不利益經營」,僅在營業年度終了時,就該從屬公司是否虧損而判斷,此種立法,尚有未洽。因之對本利益輸送不利益交易之要件解釋並無任何助益,有待主管機關進一步釐清俾司法單位偵辦時有所依據。

另本法第171條第1項第2款使公司為不利益交易,係刑法詐欺及背信犯罪之特別立法,係針對嚴重影響公司及投資人權益之惡性重大不法交易,基

於保護廣大投資大眾目的，93年4月28日本法修正時，將原致公司遭受「損害」之規定，修正爲致公司遭受「重大損害」爲其結果要件，性質上屬實害結果犯，倘公司所遭受「損害」程度未達重大，即無成立同條第2項加重犯罪之餘地；而損害是否「重大」之認定，應以受損害之金額與該公司之規模（例如公司年營業額及公司資產等）加以比較，以衡量其重大損害程度（例如造成公司營業或財務發生困難、重整或減資等情形）。有罪判決書，對於此項「重大損害」結果要件之具體事實，不僅須詳加認定記載明白，且須說明其憑以計算之依據及理由，方足資以論罪科刑。

（五）刑事處罰

公司內部人從事利益輸送行爲依證券交易法第171條規定處3年以上10年以下有期徒刑，得併科新台幣1,000萬以上2億元以下罰金，此處罰爲證券交易法中最嚴厲之處罰，因爲公司內部人相關人員，使公司爲不合營業常規或不利益交易行爲，嚴重影響公司及投資人權益，有詐欺及背信之嫌，同時因受害對象尚包括廣大之社會投資大眾，犯罪惡性重大，實有必要嚴以懲處，以收嚇阻之效果，爰增列重大處罰之規定。犯前項之罪，其犯罪所得金額達新台幣1億元以上者，處7年以上有期徒刑，得併科新台幣2,500萬元以上5億元以下罰金。

另犯前項之罪，於犯罪後自首，如有犯罪所得並自動繳交全部所得財物者，減輕或免除其刑；並因而查獲其他共犯者，免除其刑。此外在偵查中自白，如有犯罪所得並自動繳交全部所得財物者，減輕其刑；並因而查獲其他共犯者，減輕其刑至二分之一。至其犯罪所得利益超過罰金最高額時，得於所得利益之範圍內加重罰金；如損及證券市場穩定者，加重其刑至二分之一。此外其因犯罪所得財物或財產上利益，除應發還被害人、第三人或應負損害賠償金額者外，以屬於犯人者爲限，沒收之。如全部或一部不能沒收時，追徵其價額或以其財產抵償之。

（六）民事責任

證券交易法第171條有關利益輸送之規定未如本法第155條操縱行爲、第157條短線交易、第157條之1內線交易有損害賠償請求之規定，未來訴訟實務上證券投資人（公司股東）是否可對利益輸送行爲人請求損害賠償，因爲公司內部人對公司有事實上之支配力，因之應課以忠實義務，以避免犧

牲公司之利益，損及公司股東及債權人。事實上對公司內部人課以忠實義務，實則為保護少數股東之權益。忠實義務之範圍，在於控制權之出售、對少數股東之傷害、內部交易、關係企業間之交易。其中關係企業間之交易，雖非禁止，但仍以「公平原則」為準繩，不可踰越，為達公平標準，應測試「詐欺」、「推定的詐欺」、「經營判斷原則」、「合法程序」、「常規交易」、「客觀公平」、「合理期待」、「利益與否」之是否存在。

因之是否可對利益輸送之內部人依公司法第23條規定「公司負責人對於公司業務之執行，如有違反法令致他人受有損害時，對他人應與公司負連帶賠償之責」，或民法侵權行為或債務不履行請求損害賠償，值得進一步研究探討。

（七）日本、美國及德國利益輸送行為之探討

日本於1990年完成與美國貿易結構障礙談判後，承諾就關係企業及關係人交易之情形，加強其揭露，因此，於1990年分別制定「與股票之大量持有之狀況有關之揭露制度」、「與股票之大量持有之狀況有關之揭露制度之執行規定」、「與財務報表檢查、證明有關之部令」、「與關連投資者之交易有關之情報之揭露相關之準則」等規定。其重點有二：(1)加強對上市公司持股達5%以上者之揭露及申報規定；(2)加強對上市或未上市公司之關係人及其交易之認定，以及相關之揭露。上述日本制定之持有股權達5%之揭露規定，係參照美國1934年證券交易法第13條及Rule 13 D而制定，我國亦早於民國77年修訂證券交易法時，增列第43條之1之規定，以收購股權達十分之一為申報準點。至於日本對關係人交易之揭露規定，其內容與我國關係企業法大致相同。

美國公司法及證券交易法，公司之董事（美國無監察人之制度）、經理人等對公司有忠誠義務（fiduciary duty）；甚至大股東就控制權之行使，對小股東亦有忠誠義務。準此，董事等人剽竊公司之業務機會（misappropriation of corporate opportunities）或從事關係人交易未予事先揭露及迴避，而其交易條件實質上對公司不利，或股東不遵守公司正常程序，使公司居於不利益之地位，或對公司取得債權等種種情形，除涉及行為人個人民事賠償責任之外，並可撤銷股東有限責任之保障，一般稱為揭開公司面紗（piercing the corporate veil），並可使公司對該股東之債務從屬於對其他第三債權人之債務，予次順位清償，此稱深石原則（Deep Rock Doctrine），或衡平法上之順位求償原則。此外，美國法上對於是否有控制

公司情事之認定，不以身分為唯一認定標準，而係採實質控制之理論，期以追訴事實上從事操縱，但未具備董事、經理人或股東等可行使影響力地位或身分之人。

美國程序法對具備公益性質之訴訟，設有代表訴訟制度以及集體訴訟制度，以利少數股東等人行使前述實體法上之救濟，法院並得酌定律師費之給付。此外，美國會計準則之FASB-57規則、美國證管會會計規則（Regulation S-X）等規定，對關係人交易之揭露有詳盡之規定；此外，由於美國法上有關證券詐欺（securities fraud）之規定（如Rule 10-5、Rule 14a-g）與其揭露制度之結合，對不法利益輸送行為，有相當嚇阻之作用，並對鑑價人、會計師未盡專業注意者，亦可科以民事責任，可稱制度健全，執行有效。我國關係企業法甚多規定，即係參考該國立法及判例而草擬。

德國法對關係企業之規範，最早見於1931年修正股份公司之增列規定，目前係依德國股份公司法第311條等規定，控制公司使從屬公司從事不利益交易者，必須補償其損失，否則負損害賠償責任；此外該法第329條至第338條尚且規定：控制公司必須編列合併財務報表及合併年報，第312條復規定：從屬公司應每年就關係人交易提具「控制報告」。除德國股份公司法之明文條文規定之外，德國法院對關係人交易或利益輸送之認定，亦頗能以商場現實情形之角度予以觀察。準此，法院曾認定控制公司尚可包括自然人以及政府機關，因此亦係採實質控制之見解。

五、董監事經理人掏空公司行為之禁止（特別背信罪證交§171Ⅰ③）（93年4月新增）

（一）公司內部人掏空公司行為禁止立法緣起

已依本法發行有價證券公司之董事、監察人或經理人，如利用職務之便挪用公款或利用職權掏空公司資產，將嚴重影響企業經營及金融秩序，並損及廣大投資人權益，實有必要加以懲處，以收嚇阻之效果，因之93年4月28日本法修正時，將該等人員違背職務之執行或侵占公司資產等涉及刑法侵占、背信等罪責加重其刑責，爰於本法第171條第1項增訂第3款規定，已依本法發行有價證券公司之董事、監察人或經理人，意圖為自己或第三人之利益，而為違背其職務之行為或侵占公司資產者，處3年以上10年以下有期徒刑，得併科新台幣1,000萬元以上2億元以下罰金。另如其犯罪所得金額達新

台幣1億元以上者，處7年以上有期徒刑，得併新台幣2,500萬元以上5億元以下罰金，期盼嚇阻公開發行公司內部人利用職權之便，任意挪用公司資產，影響大眾投資人之權益。

（二）掏空公司犯罪之適用對象

掏空公司犯罪主體包括下列各項之內部人員：

1. 董事、監察人

公司董、監事實際參與公司經營決策，熟悉公司財務業務狀況，較之一般股東有更多機會接觸公司內部決策，此項優勢可直接或間接影響董、監事作出違背職務之決策，使公司為不利益之交易，致公司資產產生損害。

若政府或法人為股東時，其依公司法第27條第1項、第2項規定當選董事、監察人者，則為該被指派之代表人或行使職務之自然人。

2. 經理人（證交§22-2、§25、§28-2、§157、§157-1）

公司法規定公司得依章程規定置經理人，其委任、解任及報酬，在股份有限公司應由董事會以董事過半數之出席，及出席董事過半數同意之意議行之。經理人應在國內有住所或居所。

經理人之職權，除章程規定外，並得依契約之訂定。經理人在公司章程或契約規定授權範圍內，有為公司管理事務及簽名之權。

經理人除經由董事會以董事過半數出席，及出席董事過半數同意決議外，不得兼任其他營利事業經理人，並不得自營或為他人經營同類業務。

另公司記帳憑證及會計帳簿，應由代表商業的負責人、經理人、主辦及經辦會計人員簽名或蓋章負責。其決算報表應由代表商業的負責人、經理人及主辦會計人員簽名或蓋章負責。

證券主管機關為防範上市公司有實質管理權利，卻規避「經理人」須申報持股異動，可能行內線交易弊端，於民國92年3月27日函令擴大「經理人」定義，包括有為公司管理事務及簽名權利者，都納入「經理人」範圍。依據新解釋令各公司總經理、副總經理、協理及相當等級者，財務部門主管，會計部門主管，以及其他有為公司管理事務及簽名權利之人，均是證交法上規定之經理人，具備違反證券交易法第157條短線交易，以及第157條之1內線交易之資格，必須接受嚴格規範。筆者認為，近幾年來，隨著國內上市上櫃公司大幅增加，利用身分進行內線、短線交易及掏空公司等不法情事相

當盛行，不僅嚴重侵犯投資大眾權益，更間接損傷台灣國際形象，政府主管部門確有必要嚴格法令解釋以防堵疏漏。因之本罪經理人之適用範圍亦應比照上述規定。

　　新解釋令認定其他有為公司管理事務及簽名權利之人為公司經理人，從實務及學理來看，說得過去，也有其必要。因為以往很多公司實際負責人為規避法律責任，即發明或借用各種奇怪稱謂，例如總裁、總監、高級顧問或執行長等，實際上掌握公司經營大權，並握有指揮整個組織人事權力，然而，一旦公司運作發生牴觸法令必須負責時，他們即以名義上不是公司法或證交法之經理人逃避法律責任，對於這種脫法行為，英美法國早已有「揭開公司面紗」原則，務實而公平的要求實際掌權者要相對地承擔應負之法律責任。

　　綜言之，證券交易法第171條第1項第3款特別背信罪之立法目的在於嚇阻對公司決策或業務之執行有重要影響力之管理階層，不當利用其職權以侵蝕或掏空公司資產，致公司財產受有損害，乃著重於保護個別公司之整體財產法益，兼及保障整體證券市場發展、金融秩序及廣大不特定投資大眾之社會法益。又參民法第553條第1項規定：「稱經理人者，謂由商號之授權，為其管理事務及簽名之人。」及公司法第31條第2項規定：「經理人在公司章程或契約規定授權範圍內，有為公司管理事務及簽名之權。」是證券交易法第171條第1項第3款特別背信罪犯罪主體所規定之「經理人」，當指依公司章程或契約之授權，有為公司管理事務及簽名權限之人即屬之，至於其所主管或綜理事務之職權事項，依公司內部組織編制有無其他批核之人，則非所問。

（三）掏空公司犯罪（特別背信罪）之構成要件

1. 須意圖為自己或第三人之利益

　　此為行為人主觀違法要素，只須有此意念即可，不以達到目的為必要。「第三人」，指行為人與被害人以外之人，包括自然人與法人。另此處之利益應指不法之利益，文字中雖未提及不法，但事實上係指不法利益，「不法」，指無法律上之理由。「不法利益」，謂無法律上之原因而產生之利益。

　　在刑法構成要件中，意圖犯除對基本客觀構成要件須具備故意之外，仍須具有特定之內在意向，多數財產犯罪類型中，其意圖即屬涉及所保護法益

之侵害，有關本條之意圖亦屬之；其構成要件則包含特定之內在意向及故意，並有違背其職務之行為，以詐術或不正之方法致生損害於利益為要件。

2. 須為違背其職務之行為或侵占公司資產

本罪以實行違背職務之行為為要件，而實行違背職務之行為，必須違反其職責，常涉及違反其他法令，亦常觸犯其他罪名。至於所謂「違背其職務之行為」，乃指董監事經理人對於公司法及證交法上規定之職責有所違反，亦即其行為對職務言，有下列情形：

(1)應為而不為。例如公司虧損達實收資本額二分之一時，董事會應即召集股東會報告，但由於董監事營私舞弊，故意拖延，甚至股東要求仍不理會，最後致虧損嚴重倒閉，股票變壁紙，投資人血本無回即為其適例。

(2)不應為而為。例如董監事為自己或他人為屬於公司營業範圍內之行為，應取得股東會之許可，其未得許可而為之，造成公司利益損失即為其適例。

所謂「侵占公司資產」，其行為客體應為「業務上所持有公司之物」，此業務上所持有公司之物，係以所侵占之公司所有物，須因執行公司業務而持有，若非因執行公司業務，而基於其他委任關係持有之物，即與本罪構成要件不符。

一般而言，侵占行為在主觀上須有排除他人所有權利之意思，使自己或第三人為不法之所有，其型態有二：(1)將持有他人之物，予以處分，如出賣、設立負擔、消費、贈與等；(2)將持有之意思，變更為所有之意思，如隱匿、否認受寄、諉稱遺失。另在客觀上須行為人對上述兩種型態，有行為之意思表示，侵占罪行即行成立，不以達到此行為之目的為必要。在侵占之將持有變為所有，不以有移動行為為必要，此與竊盜搶奪詐欺恐嚇罪之不同，因侵占行為，必以他人所有物先有法律上或契約上之原因，已經為行為人所持有為前提，即對物事實上有支配權，故以直接占有為要件，民法上之間接占有，應不包括在內。

3. 須違背職務或侵占公司資產使公司損害達新台幣500萬元以上（結果犯）

本款犯罪原規定未如同條第2款以致公司遭受重大損害為要件，是以已依本法發行有價證券公司之董事、監察人或經理人，凡有違背職務或侵占公司資產的行為，不論背信、侵占之情節如何輕微，一律以第171條第1項之重

刑相繩，尚有未妥。

民國101年1月本法修正時爰參考德國刑法第266條規定及日商法第484條規定等立法例，與學者對於背信罪本質爲實害結果犯之看法，以及參酌洗錢防制法第3條第2項序文規定該項各款所定之罪，其犯罪所得在新台幣500萬元以上者亦屬重大犯罪之規定，於第1項第3款增訂「致公司遭受損害達新台幣500萬元」之要件，以符合處罰衡平性及背信罪本質爲實害結果之意涵。

（四）刑事處罰

已依本法發行有價證券公司之董事、監察人或經理人，意圖爲自己或第三人之利益，而爲違背其職務之行爲或侵占公司資產，致公司遭受損害達新台幣500萬元。依證券交易法第171條規定處3年以上10年以下有期徒刑，得併科新台幣1,000萬元以上2億元以下罰金，其因犯罪獲取之財物或財產上利益金額達新台幣1億元以上者，處7年以上有期徒刑，得併科新台幣2,500萬元以上5億元以下罰金。另其行爲致公司遭受損害未達新台幣500萬元者，依刑法第336條（侵占罪）及第342條（背信罪）規定處罰。

另犯前項之罪，於犯罪後自首，如有犯罪所得並自動繳交全部所得財物者，減輕或免除其刑；並因而查獲其他共犯者，免除其刑。此外在偵查中自白，如有犯罪所得並自動繳交全部所得財物者，減輕其刑；並因而查獲其他共犯者，減輕其刑至二分之一。至其因犯罪獲取之財務或財產上利益超過罰金最高額時，得於犯罪獲取之財務或財產上利益之範圍內加重罰金；如損及證券市場穩定者，加重其刑至二分之一。此外，證交法第171條第1項至第3項之罪者，其犯罪所得或第三人因刑法第38條之1第2項所列情形取得犯罪所得，除應發還被害人、第三人或應受損害賠償者外，沒收之。

（五）實際案例

從2000年以來，被控掏空公司重大弊案，涉入公司包括太平洋電線電纜（太電）、中信金控、幸福人壽、遠雄人壽、訊碟科技、皇統科技、博達科技、萬泰銀行，總計掏空金額達600億之多。

其中掏空金額最多的是太電案，共200億元；太電前副總兼財務長胡○○策劃將太電海外資產侵占入己、債留太電，前董座孫○○也配合向董事會隱瞞不法行爲，同案被告包括時任董座全○○、全的秘書黃○○、前副董

事長繆○○。案經13年纏訟，5名被告均遭判刑定讞，除了繆潛逃國外遭押解回台外，4名被告均已入獄服刑或易科罰金完畢。

金額次高的是幸福人壽案，共台幣127億元；前董事長鄧○○被控透過香港渣打銀行職員，將幸福人壽存款8,900多萬美元和債券1億200多萬美元質押挪為私用，並將幸福人壽5,000萬美元資產移給EFG銀行，待成立基金後，再向EFG借款2,200萬元作為私人用途，另也挪用幸福人壽1億5,600萬美元。鄧先後被判刑10年、20年確定，已入獄服刑。

第三多是中信金掏空案，約合新台幣95億元；中信集團已故創辦人辜○○及其子辜○○兩父子，從2004年到2007年間，以旗下中信資產公司投資不良債權名義，將3億美元（約新台幣95億元）分13次層層轉匯到辜仲諒等人可掌控的人頭帳戶或境外公司，作為辜等人私人投資用途。台北地院一審及更二審，辜○○獲判無罪，目前仍在法院審理中。

排名第四是博達科技案，共新台幣63億元；前董事長葉○○透過虛增營業額、以境外交易套取公司資金、發行不實海外公司債等三大手法犯案，加上另涉尚達掏空案，遭判刑16年8月定讞；葉2015年轉至台中女子外役監繼續服刑，目前已刑滿出監。

第五名是萬泰銀行案，約合新台幣逾50億元；前董座許○○挪用萬泰資產違法核貸，但因繳完本息、未造成萬泰銀行損害，獲判11月徒刑、得易科罰金，併科罰金700萬元確定。

第六名是皇統科技案，共48億元；董座李○○以假銷貨虛增公司營業額來美化財報，並向國內外等27家金融機構詐貸，李因認罪，獲判3年6月徒刑確定。

第七名是訊碟科技案，共27億元；前董座呂○○利用訊碟做擔保，委託香港某證券商發行可轉換公司債，掏空訊碟，還聯合多間虛設公司做假帳並內線交易，呂遭判刑1年6月定讞。

第八名是遠雄人壽案，共4億多元；遠雄人壽購入位於北市松高路的集團總部大樓，被查出購地所支付的佣金，有一部分回流到董事長趙○○父子身上，涉嫌掏空遠雄人壽，現由法院審理中。

六、人頭戶之風險及法律責任

（一）人頭戶之定義及風險

　　一般而言，股票投資人使用他人之名義，在證券商開立帳戶買賣股票之行為，有可能獲得帳戶名義人之同意，但亦有未獲得同意，而擅自使用他人名義者。惟無論何者，該戶頭之使用，均係由使用他人名義之實際股票投資人操作，盈虧亦由其自負，而不涉帳戶名義人，即一般通稱之「人頭戶」。

　　利用人頭戶買賣股票者動機不一而足，有僅為避免轉讓申報之煩，亦有為隱藏資金、降低稅負及規避身分關係之限制者，更嚴重者，則有藉之為炒作股票、內線交易及違約交割等足以嚴重影響股市交易秩序與投資人權益之不法行為。

　　人頭戶雖非我國特有之現象，惟氾濫情況卻屬我國特別嚴重，究其主因實與我國民風素不重法律，慣鑽法律漏洞有莫大關連，致人頭戶遂在我國大肆猖獗，影響股市之健全發展甚鉅。

　　現今使用人頭戶者之所以如此猖獗，原因之一係因人頭戶本人欠缺相關法律知識，不知將戶頭借與他人，一旦違約交易除涉及禁止交易及影響票據信用外，同時亦可能成立刑事共同正犯、幫助犯或幫助逃漏稅捐之罪責。諸如此類嚴重之後遺症，皆因民眾法律知識之欠缺，以致有使自身陷於囹圄之虞而不自知。

（二）人頭戶之法律責任

　　人頭戶本人同意將其「普通帳戶」或「信用交易帳戶」借與他人使用，或知悉其名義已被開立帳戶使用而不予阻止時，則有可能擔負下列法律責任：

1. 民事責任

　　(1) 債務不履行責任

　　人頭戶被開立使用，若發生債務不履行之違約責任時，人頭本人即有可能因此須負擔契約責任。

　　(2) 禁止交易

　　依台灣證券交易所股份有限公司營業細則第76條規定，人頭本人因其帳戶證券交易違約，除非其案已結並滿3年期限，人頭本人即不得再開戶或委

託買賣證券，且一旦因其帳戶借與他人，被主管機關通知停止買賣證券有案或曾被司法機關以違反證券交易法規定，判處有罪刑事判決確定時，非經結案5年期限亦不得開戶或委託買賣。

(3) 共同侵權之連帶賠償責任

由於我國民法對共同侵權行為人之定義係採廣義解釋，即舉凡意思有聯絡之人或行為有關連性之人，皆應依民法第185條規定共負共同侵權之連帶賠償責任。基此，一旦使用者涉及證券交易法第20條第3項、第155條第3項、第157條之1第3項之損害賠償責任時，人頭本人即有可能因知情將其帳戶借與他人使用而須共負共同侵權之連帶賠償責任。

2. 刑事責任

(1)使用者使用人頭帳戶涉及刑事責任時，如違約交割、操縱炒作、內線交易或偽作買賣等不法行為，就人頭本人而言，如人頭知悉借用者之使用目的或知情其借用者係股市之炒作股票老手或公司之董、監事、大股東，則其對借用者之不法行為顯為知情或具預見可能性存在，即應擔負刑事幫助犯罪責；更甚者人頭本人若與借用者間有犯意聯絡或構成要件行為分擔之情事者，則應成立（共同正犯），人頭即有可能依證券交易法第171條規定，被處3年以上10年以下有期徒刑、得併科1,000萬元以上2億元以下罰金。

(2)另前述之不法行為，如涉及洗錢者，則人頭有可能依洗錢防制法第14條規定，被處7年以下有期徒刑，得併科新台幣500萬元以下罰金。

3. 行政責任

人頭使用者如利用人頭名義從事股份收購，依照證券交易法第43條之1第1項規定，任何人單獨或與他人共同取得任一公開發行公司已發行股份總額超過10%股份者，應於取得後10日內向主管機關申報其取得股份之目的、資金來源及主管機關所規定應行申報之事項；申報事項如有變動時，應即補正之。因此人頭使用者如未依照該項規定辦理申報，則人頭本人即有可能依同法第178條規定，被處24萬元以上240萬元以下之罰金。

4. 信用損害

使用者使用人頭帳戶一旦違約時，人頭本人之帳戶即留有違約交割紀錄在案，此對人頭本人之債信而言，無疑是種信用損害。

5. 信用交易違約責任

　　投資人若將其信用帳戶借與他人使用，若使用者以信用交易方式買賣股票，當價格持續下跌，致使整戶維持率低於規定之比率時，經授信機構通知限期補繳差額，若其不予補繳時，授信機構即依法處分該擔保品。處分後不足差額部分則由該授信機構依法向該信用交易戶之投資人追償。除蒙受嚴重財產損失外，尚須背負各項可能之法律責任，顯見提供信用交易帳戶供人使用之風險至鉅。

七、證券詐偽罪（有價證券募集、發行、買賣虛偽詐欺）（證 交§20Ⅰ、§171Ⅰ、§174）

（一）證券詐偽罪與刑法詐欺罪之差異

　　證券交易法第1條立法宗旨係「為發展國民經濟，並保障投資，特制定本法」，第2條並規定「有價證券之募集、發行、買賣、其管理、監督依本法之規定：本法未規定者，適用公司法及其他有關法律之規定」，可知證券交易法之規範目的，係經由對有價證券之募集、發行、買賣之管理、監督，使投資大眾得獲保障，以發展國民經濟。而證券交易安全之確保，首重誠信，並以透過防範證券詐欺，始能達成。故證券交易法第20條第1項規定「有價證券之募集、發行、私募或買賣，不得有虛偽、詐欺其他足致他人誤信之行為」，即係為禁止證券詐欺，維護證券市場之誠信而設。違反證券交易法第20條第1項規定者，為證券詐偽罪，應依同法第171條第1項第1款規定論處，且只要一有虛偽、詐欺或其他足致他人誤信之行為者即成立證券詐偽罪，不以發生特定實害結果為必要，係抽象危險犯，而非實害犯，雖與刑法第339條第1項詐欺取財罪以行為人之詐術須使相對人陷於錯誤為其成立要件之結果犯不同，惟證券詐偽罪係以行為人所為虛偽，詐欺或其他足致他人誤信之詐偽行為而為有價證券之募集、發行、私募或買賣為其要件，其中所謂「虛偽」係指陳述之內容與客觀事實不符；所謂「詐欺」，係指故意以欺罔之方法使人陷於錯誤；所謂「其他足致他人誤信之行為」，係指故意以其他方法或行為（例如故意隱瞞重要事項致他人判斷失當等），誤導相對人對事實之瞭解或發生偏差之效果（以上各項行為，均須出於行為人之故意），與刑法第339條第1項詐欺取財罪行為人所為使人陷於錯誤之詐術行為之行為態樣並無不同，因證券詐偽罪通常發生在證券市場，投資人無從單純僅自證

券所記載之內容判斷該證券之價值，如有故意藉虛偽資訊或施用詐術募集或買賣證券者，極易進行其詐財之目的，被害人動輒萬千，妨礙證券市場健全發展及交易安全，為維護公益並促進市場發展，乃特設刑罰以嚇阻不法，因此證券詐偽罪為刑法詐欺取財罪之特別規定。

在證券市場中，由於交易型態與標的物價值之特性，使得詐欺行為較其他市場更易進行。為保障證券之真實性，以保護投資人，證券交易法乃有課關係人以民刑責任之規定。茲將民、刑事責任分述如下：

（二）刑事責任

證券交易法第20條第1項規定：「有價證券之募集、發行、私募或買賣，不得有虛偽、詐欺或其他足致他人誤信之行為。」第2項規定：「發行人依本法規定申報或公告之財務報告及財務業務文件，其內容不得有虛偽或隱匿之情事。」如有違反依證券交易法第171條規定，處3年以上10年以下有期徒刑，得併科新台幣1,000萬元以上2億元以下罰金。另依本法第174條第2項律師、會計師有下列情事之一者，處5年以下有期徒刑，得科或併科新台幣1,500萬元以下罰金：

1. 律師對公司、外國公司有關證券募集、發行或買賣之契約、報告書或文件，出具虛偽或不實意見書。
2. 會計師對公司、外國公司申報或公告之財務報告、文件或資料有重大虛偽不實或錯誤情事，未善盡查核責任而出具虛偽不實報告或意見；或會計師對於內容存有重大虛偽不實或錯誤情事之公司、外國公司之財務報告，未依有關法規規定、一般公認審計準則查核，致未予敘明。

因此，有價證券之募集、發行、私募、買賣，如有虛偽、詐欺、或其他足致他人誤信之行為者，在刑事責任方面，應依本法相關規定科以刑罰，本法第20條及第174條所定罰則係證券交易法中較重之刑事處罰。茲將其刑事構成要件分述如下：

1. 有價證券之範圍

依證券交易法第6條規定：「本法所稱有價證券，指政府債券、公司股票、公司債券及經主管機關核定之其他有價證券（第1項）。新股認購權利證書、新股權利證書及前項各種有價證券之價款繳納憑證或表明其權利之證書，視為有價證券（第2項）。」按第1項末段為概括規定，以補充列舉規定

之不足，使該條規定之有價證券之種類，不限於政府債券、公司股票及公司債等，尚包括財政部認為有納入證券交易法管理必要之其他有價證券。例如證券投資信託事業為募集證券投資信託基金所發行之受益憑證；另財政部認為外國之股票、公司債、政府債券、受益憑證及其他具有投資性質之有價證券，凡在我國境內募集、發行、買賣或從事上開有價證券之投資服務，亦均應受我國證券管理法令之規範。

有價證券之範圍與證券交易法著重防止詐欺之立法宗旨有甚大關係，證券交易法適用之範圍越大，所能提供投資者之保護亦越大，因此，從保護投資人之立場觀之，證券之範圍應予以擴大。我國證券交易法第20條反詐欺條款係保護投資人之利器，在適用範圍上當然是證券交易法上證券意義之最大範圍。例如美國證券交易法中有豁免證券（exempted securities）之規定，豁免證券原則上可豁免登記及公開原則之適用，但仍不能免除詐欺條款之適用。日本證券交易法第二章關於有價證券之募集或銷售之申報等規定並不適用於國債證券等除外證券，但該法第58條中禁止證券詐欺之規定，仍適用於所有之證券。

2. 募集之定義

證券交易法第7條規定：「本法所稱募集，謂發起人於公司成立前或發行公司於發行前，對非特定人公開招募有價證券之行為。」茲將其意義分述如下：

(1)募集之主體為發起人或公司。所謂發起人係指參與公司設立，並從事有關招募之人，凡從事籌備設立公司，或有招募有價證券事實者均屬之，不以在章程上簽名者為限。股份有限公司之發起人得為政府、法人或自然人。法人為發起人者，以公司為限，自然人為發起人者，以具有完全行為能力者為限。惟無論何種發起人，均係以成立公司為目的。公司成立後，亦得為募集之主體。例如公司為發行新股或招募公司債等情形。

(2)募集之客體，同上述1.有價證券之範圍。

(3)募集之方式為對非特定人公開招募。因之如對特定人為招募行為，則無論人數多寡、標的大小，均不構成募集。例如新股發售對象為可確定者，如公司之股東、員工或其他特定對象之人，不論人數多寡，識別股票優劣之知識經驗如何，均不為本法之募集。

3. 發行之定義

證券交易法第8條規定：「本法所稱發行，謂發行人於募集後製作並交付，或以帳簿劃撥方式支付有價證券之行為。」茲將其意義分述如下：

(1)發行之主體為發行人。依本法第5條規定，即指募集及發行有價證券之公司或募集有價證券之發起人。按發行係發行人募集後之行為，募集既為發行之先行行為，無募集則當無發行行為，二者密切相關。

(2)發行之客體為前述之有價證券。

(3)發行之內容為製作並交付有價證券之行為。可知此之所謂發行，包括製作與交付，因此係指某種新股之發行。如原有股份再為公開發售，即非發行。

4. 買賣之定義

本法第9條原係有關買賣之定義，民國77年本法修正時刪除，修正前第9條原有之規定係將買賣行為限於在證券交易所集中交易市場與店頭市場為之始足當之。惟上市有價證券依第150條規定，除在集中交易市場競價買賣外，如符合該條所列3款要件者，亦得於場外交易；又有價證券申請在證券商營業處所買賣者，本法並無強制必須在各證券商營業處所買賣。修正前第9條之定義，雖有助於界定本法證券交易之市場，使範圍明確，管理方便，惟由於定義過於狹窄，適用上遭遇若干困難。如有人在證券交易所集中交易市場或店頭市場，以詐欺方式誘騙他人買賣證券，應負第20條之民事責任及第171條之刑事責任。然有人在集中交易市場或店頭市場以外之場所，以同樣詐術誘騙他人買賣相同之證券，則因該行為人之行為並非修正前第9條所稱之買賣，因之不僅無第20條民事責任之適用，亦無同法第171條之刑責，如此情形似非妥適。77年本法修正時將第9條買賣定義刪除，使有價證券的買賣，不再限於在集中交易市場與店頭市場中為之，市場外之買賣行為亦為本法所規範，因之證券交易法第20條禁止詐欺買賣證券之規定，不論是否在集中交易市場內為之，均受其規範，以確保買賣之公平。

至於買賣之意義可參考民法第345條規定：「稱買賣者，謂當事人約定一方移轉財產權於他方，他方支付價金之契約。」此一定義，顯較本法原第9條之定義為廣，可適應各類型之商業交易。

5. 違法行為之態樣

證券交易法第20條第1項所稱「虛偽、詐欺或其他足致他人誤信之行

為」及本法第174條第2項所稱虛偽不實之行為皆為本條明文禁止之行為。所謂「行為」，可包括語言文字之陳述、非文字之行動、作為或不作為。茲將其之行為態樣分述如下：

(1) 虛偽不實

指陳述之內容與客觀之事實不符，而為陳述者在陳述時所明知，例如發行人於發行證券時聲稱認購人認購其股票，未來將有固定之投資收益，此與股票投資之性質不符，可謂虛偽之陳述之例。

(2) 詐　欺

詐欺必須行為人自始意圖為自己不法之所有，行使詐術使被害人陷於錯誤而為財物之交付或以此得財產上不法利益，始能構成，且所謂之詐術，並不以欺罔為限，即利用人之錯誤而使之交付，亦不得謂非詐欺。事實上之不告知，有時雖亦可認係詐術之手段，即依事實上之不告知，使對方陷於錯誤而交付財物，亦可成立詐欺罪；然於社會交易上，事實之不告知並非在任何場合均值以刑法非難之；依一般不作為犯之原則，須法律上負有告知義務者，始克相當。惟是否具有法律上之告知義務，非就公序良俗之評價標準或基於倫理、道德、宗教、社會等理由而認定之防止或作為業務，均可認於法律上即負有告知義務，以免有違刑法罪刑法定主義之原則，即仍須視其不告知之程度是否已逾交易上所容認之限度，是否逾越社會上可認相當之範圍。本法第20條詐欺行為之解釋應以上述刑法詐欺罪之概念為相同之解釋。

(3) 其他足致他人誤信之行為

指陳述雖非虛偽或尚未構成詐欺，但由於陳述之內容有遺漏、不完整或其他原因，足以產生引人誤導之效果，使陳述之相對人對事實之瞭解產生偏差。

另第20條規定雖無明文限定以故意行為為限，惟觀之第20條之文義，虛偽及詐欺之不法行為當然須以行為人之故意為前提，殆無疑問，至同項所稱之「其他足致他人誤信之行為」，依解釋概括規定應參酌列舉規定之解釋方法，應可認為該項概括規定之行為亦應以出於故意為必要。上述不法行為既均以行為人之故意為前提，如因過失而生者，當不在處罰之列。

(4) 虛偽、詐欺及其他足致他人誤信之行為所陳述之內容是否應以涉及公司財務、業務及市場有關之重要事實為成立要件之探討

我國證券交易法第20條及第174條在證券詐欺責任規範上並無列舉重要事實之要件，但參酌外國立法例及考慮到投資人是否信賴該不實表示之可能性，常隨其事實重要與否而定，故在探討證券交易法第20條之構成要件時似

應加入有關公司財務、業務之重要事實此一要件，似較妥適。

美國證券交易法Rule 10b-5規定重要事實（materiality）為訴訟成立一不可或缺之要素。惟重大性究竟是否能以一套標準予以量化、列舉，值得商榷。

在此時能否成為重要事實之判斷標準，似可參考本法第157條之1第4項對違法之內線交易以未公開之重大影響股票價格之消息之存在為要件，基本上該觀念係仿自美國法院所發展的「materiality」及「reliance」的觀念而來，參考本法第20條之立法意旨，似應將重要性之概念適用至第20條之規定，參考下列各標準以決定其違法行為是否為重要事實之依據：

①有關公司之財務、業務之訊息：指與發行公司內部變化或營運情形之消息，如公司本年獲利遽增或驟降，其內容包羅萬象，可參考證券交易法施行細則第7條所列舉之「對股東權益或證券價格有重大影響」之事項，但不以此為限，主要係指下列事項：

A.存款不足之退票、拒絕往來或其他喪失債信情事者。

B.因訴訟、非訟、行政處分或行政爭訟事件，對公司財務或業務有重大影響者。

C.嚴重減產或全部或部分停工、公司廠房或主要設備出租、全部或主要部分資產質押，對公司營業有影響者。

D.有公司法第185條第1項所定各款情事之一者。

E.經法院依公司法第287條第1項第5款規定其股票為禁止轉讓之裁定者。

F.董事長、總經理或三分之一以上董事發生變動者。

G.變更簽證會計師者。

H.簽訂重要契約、改變業務計畫之重要內容、完成新產品開發或收購他人企業者。

I.其他足以影響公司繼續營運之重大情事者。

②有關該證券之市場供需之訊息：關於其範圍應包括利率、匯率或稅制等國家政策變動，影響及於整個證券市場之消息；有認為應限於機構投資人鉅額買賣、公開收購等限於影響某一特定公司股票價格之消息；更有認為應限於有關人為方式影響特定證券在市場之供需以維持該證券價格，及所謂安定操作事項。

③是否重大影響股票價格或正當投資人之投資決定：由於法條文字係屬不確定法律概念之用語，有認為現行法對消息重要性之判斷，係兼採市價測定標準及合理投資人測定標準者；亦有認為此二者屬於同質之影響，應無加以區分之必要。由於我國證券交易法並未如日本立法例將消息之重要性予以量化，明文列出認定標準，故須由法院就具體事例認定。此外，亦有學者提出重大性、具體性與確實性之三基準作為判斷之依據。

（三）民事責任

證券交易法第20條規定，有價證券之募集發行或買賣，不得有虛偽、詐欺或其他足致他人誤信之行為。發行人申報或公告之財務報告及其他有關業務文件，其內容不得有虛偽或隱匿之情事。

違反前二項規定者，對於該有價證券之善意取得人或出賣人因而所受之損害，應負賠償之責。

委託證券經紀商以行紀名義買入或賣出之人，視為前項之取得人或出賣人。此為證券詐欺行為禁止之民事責任，茲分述如下：

1. 賠償義務人

依證券交易法第20條第3項規定，如買方擬主張本條賠償責任時，必須證明其相對人或相關之第三人有「虛偽、詐欺或其他足致他人誤信之行為」，然於目前集中交易市場之情形，每日參與買賣者甚多，買賣雙方通常並無直接接觸，而係透過證券經紀商在集中市場撮合成交，實務上買方欲證明虛偽、詐欺行為係出於賣方所為，近乎不可能，因而難以援引本條規定求償，如此之規範，顯無法達成保護投資人之目的，立法上似有改進之處。

2. 請求權利人

本條第3項規定：「違反前二項規定者，對於該有價證券之善意取得人或出賣人因而所受之損害，應負賠償之責。」即明確規範請求賠償主體限於善意取得人及出賣人。而所謂善意係指不知情，即不知其虛偽而上當者。而出賣人係指被詐欺而出售股票或其他有價證券之人亦受本條之保護。此外並賦予投資人「視為買賣當事人」之法律地位以取得當事人適格，因在現行證券交易實務上，投資人係依行紀契約關係委託證券經紀商買賣股票，在此契約關係下，證券經紀商以自己名義為投資人之計算買賣股票，故買賣契約當事人為經紀商而非投資人，本法第20條第4項之增訂，即為解決因行紀契約

關係產生之訴訟當事人適格問題。

3. 損害賠償之方式

　　證券交易法第20條第3項雖對請求權利人有所規範，但對於損害賠償之方式與計算，則未有明文規定，筆者認為仍應以民法規定為依據，我國民法就損害賠償之方式於第213條至第218條設有一般規定，主要以回復原狀或金錢賠償為損害賠償之原則，至於損害賠償之範圍依民法第216條規定，以填補債權人所受損害及所失利益為限，但所受損害或所失利益中，何者應予填補，何者不應予填補，則未設有明文，判例及學說通常皆以相當因果關係為依據，亦即損害賠償之債，以有損害之發生及有責任原因之事實，其兩者之間有相當因果關係為成立要件。

　　一般而言，證券交易有其特殊性，民法中之解約權、撤銷權、回復原狀等救濟方式適用上有其困難之處，因之金錢損害賠償應為主要救濟方式。另在證券集中交易市場買賣證券，其買賣價格皆係依買賣當時供需情形而為決定，原則上均反映買賣當時之公平價格，被詐欺之善意取得人如何證明其損害數額，確屬困難。美國立法例採取以詐欺買賣之價格與重要消息公開後相當期間內之最高成交價格間之差額推定為損害賠償數額，以解決實際計算上之困難，因為何謂證券之合理價格實難以決定，證券投資本身即存有投資風險，部分風險投資人自應予以承擔，如投資人本身怠於行使權利，究應否填補其全部損失，值得商榷。

　　證券與一般有體物不同，其價值之認定自不相同，如何對投資人之損失予以適當填補，在我國法制尚不周延的情況下，應參考外國立法例之規定，以尋找出最為妥當之損害賠償方法及其計算方式。證券交易法第20條應有完整獨立之損害賠償計算方法，否則民事損害賠償責任將無法落實，有待未來修法時加以正視。

4. 證券交易法損害賠償請求權之時限

　　證券交易法第21條規定損害賠償請求權，自有請求權人知有得受賠償之原因時起2年間不行使而消滅；自募集、發行或買賣之日起逾5年者亦同。

　　因之本法損害賠償請求權之消滅時效，其起算標準有二種，一為自有請求權人知有得受賠償之原因時起2年，其起算點係以賠償請求權人主觀上認知有得受賠償之原因時為準，以第20條情形而言，即自善意取得人或出賣人得知被詐欺等情事之時起算，賠償請求權人應負舉證之責；以第157條之1內

線交易情形而言，即自善意從事相反買賣之人得知有內線交易而有應受損害賠償之時起算。

　　另一種則為自募集、發行或買賣之日起5年，其起算點則以客觀上募集、發行或買賣之時為準。但募集與發行依本法第7條及第8條規定，其程序之進行，自開始迄至完成，可能延續數月之久，因之自募集、發行之日起，究係以程序開始之日起計算或程序完成之日為準，按消滅時效之本旨，一方面係懲罰權利上之睡眠者，另方面係避免權利存續期間太長產生舉證之困難，因此，解釋上有認為可從嚴而以程序開始之日為起算點，惟第20條時效定為2年及5年，時間並未太長，似已符合時效制度之本旨，因此在所定之時效期限內，如以保障投資人之目的而論，則應以程序完成之日為準較為妥適。

八、財報申報不實之刑事責任（證交§20Ⅱ、§171Ⅰ、§174Ⅱ）

　　證券交易法第20條第2項規定：「發行人依本法規定申報或公告之財務報告及財務業務文件，其內容不得有虛偽或隱匿之情事。」而依同法第20條之1規定，違反該項規定者，對於該有價證券之善意取得人或出賣人因而所受之損害，應負賠償之責。按該項規定主要係為配合本法第36條之規定。若公司依第36條規定所申報、公告之財務報表有虛偽不實之記載時，公司或其負責人依上述規定應負起民事責任，加強對於投資人之保障，其立法主要目的在促使公開發行發行人有適時提出其正確、可靠且取得容易之財務報表之義務。

　　證券交易法第20條第2項主要規範之對象係以「發行人」為限，依證券交易法第5條之定義，主要係指募集及發行有價證券之公司或募集有價證券之發起人，亦即必須發行人所申報或公告之財務報告及其他業務文件有虛偽、隱匿之情事時，始有本條賠償責任之適用，如報告或文件係由發行人以外之人所申報或公告者，縱有虛偽隱匿情事，亦不得依第20條之1規定請求賠償。然依證券交易法第14條規定，財務報告之編製人除發行人外，尚包括有證券商及證券交易所，證券商包括經紀商、自營商及承銷商。另依第18條之1準用第38條的結果，財務報告之編製人尚包括有證券交易法第18條所規定的證券事業——證券投資信託事業、證券金融事業、證券投資顧問事業、證券集中保管事業或其他證券服務事業。因此，依證券交易法第20條第2項

之規定,則第18條之證券事業、證券商及證券交易所等均不在本條適用範圍之內。在解釋上,如第18條之證券事業、證券商及證券交易所之資本額均在新台幣5億元以上而辦理公開發行者,應即成為本法所稱之發行人,當受本法之規範。

財務報告之編製及公開,為「公開原則」適用上最重要之核心問題,主管機關與投資大眾最為關切,如有虛偽、隱匿之情事,將使投資人難以為正確之投資判斷,故本法對財務報告編製不實者課以民事責任。所稱財務報告依本法第14條第1項之立法解釋,係指發行人及證券商、證券交易所依照法令規定,應定期編送主管機關之財務報告,其編制準則,依同條第2項之規定,則授權主管機關以命令定之。而針對發行人,證期會制頒有「證券發行人財務報告編製準則」,其規定內容有財務報告編製之原則性規定、應編製之財務報表的具體內容、發行人應揭露其財務預測及其他揭露事項等等,對於第20條虛偽隱匿記載之民事責任,不分係何種財務報告均可請求。

有關刑事不法行為之態樣,主要係指虛偽、隱匿之行為。「虛偽」指財務報表有不實之情事,因主管機關對財務報表之編製訂有「財務報表編製準則」,若有應記載事項而未記載者即屬之,例如公司把財產抵押而未於財務報表上列明,致使投資人無法做出正確之判斷即屬虛偽之行為。至所謂「隱匿」,乃謂財務報告中應予揭漏之事項,私自隱秘藏匿不呈現於財報中之意,若係疏忽致遺漏未載於財報中,尚難令負刑事責任。

93年4月28日本法修正時,鑑於第20條第2項有關發行人申報或公告之財務報告有虛偽不實之行為,為公司相關人之重大不法行為,亦屬重大證券犯罪,有處罰之必要,爰於第171條第1項第1款增列違反第20條第2項之處罰規定。亦即發行人申報或公告之財務報告或其他有關業務之文件,其內容如有虛偽或隱匿之情事,得處3年以上10年以下有期徒刑,得併科新台幣1,000萬元以上2億元以下罰金。此部分業者較易違反,不可不慎。

另本法第174條第2項亦規定有下列情事之一者,處5年以下有期徒刑,得科或併科新台幣1,500萬元以下罰金:

(一)律師對公司、外國公司有關證券募集、發行或買賣之契約、報告書或文件,出具虛偽或不實意見書。

(二)會計師對公司、外國公司申報或公告之財務報告、文件或資料有重大虛偽不實或錯誤情事,未善盡查核責任而出具虛偽不實報告或意見;或會計師對於內容存有重大虛偽不實或錯誤情事之公司、外國公司之財務報告,未依有關法規規定、一般公認審計準則查核,致未予敘明。

九、公開發行公司財報不實發行人及其負責人、承辦職員及會計師民事賠償責任（證交§20-1）

　　民國95年1月證交法修正前其第20條，通說認為其係證券市場「反詐欺」之一般規範，不僅適用於發行市場、亦適用於流通市場。證交法修正前，在一般財務報告不實記載之案件，原告（通常為投資人保護中心）雖常援引前述第20條之規範作為請求權之基礎，然而，因第20條之條文結構上有極大之不明確性，例如責任主體不明及主觀歸責要件不明等，導致求償困難，會計師在一般財務報告虛偽不實之民事救濟案例中尚未見援引證交法第20條、第32條或民法第184條侵權行為提起訴訟之勝訴案例。依據投資人保護中心提供之資料，立大農畜、順大裕、大中鋼鐵及台開案件，雖在發行人或董監事部分請求成功，但會計師部分均未能順利求償，除歸責條件不明為其原因外，法院一般多以會計師之過失與投資人損害間無相當因果關係為由，使侵權行為不得成立。95年6月證交法修正時特參考同法第32條立法體例、美國證券交易法第18條及證券法第11條、日本證券交易法第21條等規定，增訂本法第20條之1，明確規範財務報告及財務業務文件之主要內容有虛偽或隱匿情事者，應負責之人其民事之賠償責任，提供投資人民事求償更為明確之法律基礎。我們瞭解提升財務資訊品質及透明度乃安定金融秩序及健全資本市場之基礎，透過證交法修正，加強會計主管之素質並明確財務資訊相關人員之責任，相信必能對財務資訊品質之提升及投資人權益之保障有重大明確之助益。茲將第20條之1分述如下：

（一）發行人及其負責人、曾在財務報告或財務業務文件上簽章之職員

　　證交法第20條之1第1項及第2項原規定，發行人及其負責人、發行之職員，曾在財務報告或財務業務文件上簽名或蓋章者，對於發行人所發行有價證券之善意取得人、出賣人或持有人因而所受之損害，應負賠償責任。前揭人員，除發行人、發行人之董事長、總經理外，如能證明已盡相當注意，且有正當理由可合理確信其內容無虛偽或隱匿之情事者，免負賠償責任。本條規定，發行人、發行人之董事長及總經理需對財務報告或財務業務文件之真實性負「無過失責任」，即該等人員縱無故意或過失，亦不得舉證免責；至其他應負賠償責任之人則負「推定過失責任」，得舉證免責，其立法目的係考量發行人等與投資人間，其對於財務資訊之內涵及取得往往存在不對等之

狀態，在財務報告不實之民事求償案件中，若責成投資人就發行人等故意、過失負舉證之責，無異阻斷投資人求償之途徑，爰於94年立法增訂發行人等之民事賠償責任。

鑑於財務報表具備高度財會專業性，公司負責人縱已善盡義務，亦未必能予查覺。惟依原法令規定，財務報表如有疏漏或不實情事，董事長及總經理必須擔負絕對賠償責任。惟查美國證券交易法第18條對於財務報告之虛偽或隱匿係規定：發行人之董事長與總經理僅於故意或重大過失時始負賠償責任（Securites Exchange Act of 1934 §18），其實務上亦多認董事長與總經理如無故意或重大過失仍得予免責（Tellabs, Inc. v. Malcor Issues & Rights, Ltd. 551 U.S. 308 (2007)）。而依日本證券交易法第24條之4及第24條之5規定，董事長及總經理就財報有虛偽或隱匿之情事負「推定過失」責任（日本金融商品取引法§21、§22、§34-4、§24-5）而有別於我國之「絕對賠償」責任。值此國家經濟發展之際，爲避免過苛之責任降低適任之優秀人才擔任董事長或總經理之意願，104年7月1日本法修正時，刪除第20條之1第2項及第5項中發行人之董事長與總經理，將董事長與總經理之絕對賠償責任修正爲推定過失責任。

（二）會計師

證交法第20條之1第3項規定，會計師辦理財務報告或財務業務文件之簽證，有不正當行爲或違反或廢弛其業務上應盡之義務，致第1項之損害發生者，負賠償責任。依此會計師之責任未如前述發行人及其職員一般，採取「過失推定」之做法，而是由原告對會計師之不正當行爲或違反或廢弛其業務上應盡之義務負舉證責任。相較之下，新增訂之第20條之1對於會計師責任就顯得異常寬鬆，事實上當初行政院提出修正草案有關會計師責任並非現行規定，當初草案文字係：「第1項之財務報告及財務業務文件，其主要內容有虛偽或隱匿之情事，會計師出具虛偽不實或不當之意見者，會計師對於發行人所發行有價證券之善意取得人、出賣人或持有人因而所受之損害，應依其過失比例與第一項之人負連帶賠償責任。但會計師能證明其已善盡專業上之注意義務者，免負賠償責任。」換言之，依照行政院原意，會計師與發行人及其職員之賠償責任認定方法完全相同，係採「推定過失責任」，而後由會計師自行舉證免責，與本法第32條公開說明書虛偽不實所規範會計師責任一致，草案審議時因會計師公會強力遊說，在朝野立法委員支持會計師公

會立場之情況下，將第20條之1草案但書「但會計師能證明其已善盡專業上之注意義務者，免負賠償責任。」刪除，會計師之責任轉爲「過失責任」，由原告舉證責任，但與本法第32條相較，將產生會計師在不同文件下所產生之過失，其舉證責任不一致之情形，如何解決有待釐清。另筆者認爲主管機關於證交法修正草案中，原係將會計師簽證不實民事責任，採舉證責任倒置之設計，先推定會計師過失，再由其證明已善盡專業上之注意義務，始免負賠償責任，站在保護投資人之立場而言，此爲一項開創性之做法，應予高度肯定，最後未能正式立法通過，殊爲可惜。惟爲避免投資人與會計師在民事訴訟過程中，投資人相對在證據取得上居於弱勢，不利於舉證攻防，爰於同條增訂第4項，規定有價證券之善意取得人、出賣人或持有人得聲請法院調閱會計師工作底稿並請求閱覽或抄錄，會計師及會計師事務所不得以業務機密或其他理由拒絕相對人之閱覽，以強化投資人之舉證能力。

然第20條之1第3項何謂不正當行爲？何謂違反或廢弛其業務上應盡之義務？法無明文解釋，此又爲不確定法律概念之一例。「業務上應盡之義務」是否與民法第535條規定「善良管理人之注意義務」之概念相當？所謂專業之注意義務是否同於審計實務界基於一般公認審計基準之業界要求，法院在個案中之認定是否與行政機構或會計公會之認定完全一致，皆爲未來爭議之所在。目前證交所與證期局在對會計師進行行政處分時，係以是否違反「會計師查核簽證財務報表規則（查簽規則）」以及「一般公認審計準則」作爲判斷之基礎，且從證交法第174條研析，「一般公認審計準則」係爲刑事處罰之判斷標準，而依會計師法授權訂定之查簽規則第2條亦明訂會計師查核簽證財務報表應依「一般公認審計準則」辦理，故對證券主管機關而言，「一般公認審計準則」及「查簽規則」具有法律強制性，但實務上法院並不一定認爲遵守該兩法規即可等同於「遵守專業注意義務」，縱遵守前述法規，仍可能因專業上之警覺不足或未能達到應有之懷疑，而有未能遵守專業注意義務之情事出現。筆者建議主管機關應儘速參酌相關學者見解，本於權責予以解釋，定義「義務上應盡之義務」並釐清其與「善良管理人之注意義務」之差異，俾避免實務適用時有所疑義。

此外筆者亦建議證期局應對公司工作底稿之保存訂定嚴格之內控規定，加強證券及期貨投資人保護中心向周邊單位調閱資料之權限，亦可仿效美國「法院之友」制度，使證券周邊單位有責任協助投保中心以及檢調單位之辦案，利用證交所、櫃檯買賣中心相對充沛之查核人力，協助原告進行資料之蒐集，方可平衡投資人所處之相對資訊劣勢，使本法第20條之1第4項規定能

真正發揮加強保護投資人，打擊不法金融犯罪之立法原意。

（三）比例責任之引進

證交法第20條之1第5項規定，發行人及其負責人、曾在財務報告或財務業務文件上簽章之職員及會計師等，除發行人、發行人之董事長、總經理外，因其過失致投資人損害之發生者，應依其責任比例，負賠償責任。本規定之立法目的在考量財務報告或財務業務文件上簽章之人及會計師之責任不同，為衡平相關人員之責任，避免因連帶負責而使責任分配不均，故明訂除故意行為外，其他人員得依其過失責任比例負賠償責任。至責任比例如何認定問題，美國1995年Private Securities Litigation Reform Act亦未作明確規定，而係由法官依個案情節審酌認定，故我國證交法亦未明定之；未來法院似可參考上開美國法案之規定，在決定相關人員所應負擔之責任時，可考量導致或可歸屬於投資人損失之每一違法人員之行為特性，及違法人員與原告損害間因果關係之性質與程度，視個案認定相關人等應負之賠償金額。

第六章　證券商之設立與管理
（證交§44～§48）

第一節　證券商之意義及分類

一、證券商之意義

　　證券商係指經主管機關之許可及發給許可證照，依公司法及證券交易法組織登記成立，以經營證券業務及其他經主管機關核准之相關業務之股份有限公司謂之（證交§16、§44、§46）。證券交易法上所稱之證券商係包括證券承銷商、證券自營商及證券經紀商。茲分析其定義如下：

（一）證券商係以經營證券業務及其他經主管機關核准之相關業務為目的

　　證券商係以經營證券業務為目的事業者，所謂證券業務，其種類包括有價證券之承銷、自行買賣及買賣之行紀或居間、代理及其他經主管機關核准之相關業務（證交§15），經營上述各項之一者即為證券商（證交§16）。所謂承銷者謂依約定包銷或代銷發行人發行有價證券之行為（證交§10）。所謂自行買賣係指為自己計算，自行負擔盈虧，直接到證券交易所有價證券集中交易市場從事買賣有價證券，不須透過證券經紀商，或逕在證券商營業處所自行買賣有價證券而言。所謂行紀者謂以自己之名義為他人之計算，為動產之買賣或其他商業上之交易，而受報酬之營業（民§576）。為他人計算，指買賣交易所生經濟上利益或損失，均歸於該他人。就證券行紀言，指行紀人接受客戶委託，以自己名義買進或賣出有價證券，而向客戶收取報酬；居間者謂當事人約定，一方為他方報告訂約之機會，或為訂約之媒介，他方給付報酬之契約（民§565），就證券居間言，居間人或為雙方報告買賣證券之機會，使雙方訂立證券買賣契約，或更進一步作為訂約之媒介，撮合雙方訂立買賣契約，他方給付報酬。有價證券買賣之行紀或居間，係指證券經紀商投資人訂立委託買賣有價證券契約，接受委託買賣有價證券，為他人計算，向委託人收取佣金之業務。

（二）證券商須經主管機關之許可及領得許可證照者為限

證券業務係為證券商專屬經營之業務，乃為依法律須經目的事業主管機關許可之事業，因此，凡經目的事業主管機關之許可及發給許可證照，以經營證券業務為目的事業者即為證券商。

（三）證券商須為依法設立登記之股份有限公司

證券商須為依法設立登記之公司，但依證券交易法第45條第2項但書規定兼營者，不在此限（證交§47），故證券商須先申請目的事業主管機關許可，其後再依公司法組織設立登記成立，並經證券主管機關發給許可證照，經營證券業務之股份有限公司。

二、證券商之分類

我國證券市場證券商之分類，在發行市場為證券承銷商，在流通市場分為證券經紀商與證券自營商（證交§16）。茲分述如下：

（一）證券承銷商

證券承銷係指經營有價證券之承銷業務，即辦理證券的募集、發行、上市、上櫃的承銷。承銷商為公開發行公司辦理證券初次上市，包括輔導、申請、和公開承銷。輔導是對公開發行公司的業務、財務、會計、營利、內部控制、股權分布等上市審核項目做規劃，使其符合將來申請上市的標準。證券承銷商之主要業務係依約定包銷或代銷發行人所發行有價證券予投資人，並協助發行人順利發行有價證券之機構。證券發行過程中，承銷商擔負顧問、文書、風險承擔及分配之功能，包括協助發行公司決定需要資金之數額、發行證券之種類、約定之發行條件等，以及起草承銷契約、簽定契約、完成文書表格之預備工作而後進行承銷，工作異常繁複。目前國內承銷商之業務正蓬勃發展中，除發行公司發行新股之承銷業務外，在新上市公司上市前承銷作業中，亦扮演非常重要之角色。證券承銷商一方面由於具有證券之推銷能力及經驗，熟悉發行手續及市場動向，故能釐訂最佳之證券發行條件，協助發行人順利發行證券；另一方面，承銷商為其承銷之證券得以順利發售，須對發行公司之財務狀況、業務內容及未來展望審慎評估，故能降低購買者投資風險，較易建立投資者之信心，而促進購買之意願。故在證券發

行市場中，證券承銷商實居於樞紐之地位，其角色功能之是否能充分發揮，實為發行市場健全發展之重要關鍵。

（二）證券自營商

經營有價證券自行買賣及其他經主管機關核准之相關業務者為證券自營商。證券自營商之主要業務係自行買賣有價證券，亦得為公司股份之認股人或公司債之應募人（證交§83），及兼營證券相關業務。所謂自行買賣指為自己計算，自行負擔盈虧，而以自己名義直接到證券交易所有價證券集中交易市場從事買賣有價證券，無須透過證券經紀商。證券自營商經營自行買賣有價證券業務，應視市場情況有效調節市場之供需關係，並注意勿損及公正價格之形成及其營運之健全性，是故自營商除可加強證券之流通外，亦可發生穩定股價之作用。

（三）證券經紀商

經營有價證券買賣之行紀或居間、代理及其他經主管機關核准之相關業務者，為證券經紀商，其任務主要為客戶之計算，於其營業處所接受客戶之委託買賣有價證券，並收取手續費之機構，為證券市場之中堅，亦為投資大眾買賣證券之主要橋樑，其一方面誘導閒置資金用於生產，另方面促使生產成果分享於投資人，因此證券市場之健全發展，除可加速擴大資本形成，提高企業經營競爭能力，促進民生均富外，更可進一步成為經濟升級之動力。

三、證券服務事業家數統計表（2024年6月）

年	證券商總家數		綜合證券商	投資信託公司	投資顧問公司
	總公司	分公司			
2010	130	998	40	38	109
2011	121	1,028	39	39	110
2012	120	1,031	37	38	109
2013	121	993	34	38	103
2014	119	964	33	37	96
2015	120	965	33	37	89
2016	116	910	33	37	96
2017	111	883	31	39	84

年	證券商總家數		綜合證券商	投資信託公司	投資顧問公司
	總公司	分公司			
2018	108	871	31	39	82
2019	106	853	31	39	84
2020	105	848	30	39	84
2021	105	849	30	39	86
2022	105	849	29	39	86
2023	102	828	29	38	87
2024	102	828	29	38	88

資料來源：證期局證券服務事業家數統計表。

第二節　證券商之設立要件

一、組織型態

　　證券商為許可事業，故其設立須經目的事業主管機關之許可及發給許可證照，方得營業；證券商分支機構之設立，應經目的事業主管機關許可。外國證券商在中華民國境內設立分支機構，應經目的事業主管機關許可及發給許可證照。另根據證券交易法規定（證交§4、§47），證券商除由金融機構兼營者外，須為依法設立之股份有限公司，故證券商之設立，須先依證券交易法規定向目的事業主管機關申請許可及依公司法規定成立股份有限公司後，再向證券主管機關申請核發許可證照，即可成立。

　　股份有限公司之設立，依公司法之規定，有募集設立及發起設立兩種。依證券商設置標準（以下簡稱設置標準）規定，發起人於發起時，對規定之最低實收資本額，應一次認足之，亦即設置證券商，限以發起設立，不得募集設立。

二、最低資本額

　　證券商應有最低資本額，由主管機關依其種類以命令分別定之，前項所稱資本，為已發行股份總額之金額（證交§48），其最低資本額依證券商設置標準之規定，承銷商為新台幣4億元，自營商為新台幣4億元，經紀商為新

台幣2億元，發起人應於發起一次認足。金融機構兼營證券業務，應按兼營種類依設置標準第3條所定金額，指撥相同數額之營運資金，其實收資本額不足指撥營運資金者，應先辦理增資，始得申請兼營。

三、對外負債總額

證券商之對外負債總額不得超過其資本淨值之規定倍數；其流動負債總額不得超過其流動資產總額之規定成數。前項倍數及成數，由主管機關以命令分別定之（證交§48）。證券商除由金融機構兼營者另依銀行法規定辦理外，其對外負債總額不得超過其資本淨值之4倍；其流動負債總額不得超過其流動資產總額。但經營受託買賣有價證券或自行買賣有價證券業務者，其對外負債總額不得超過其資本淨值。前項負債總額之計算，得扣除依證券商管理規則規定所提列之買賣損失準備、違約損失準備及承作政府債券買賣所發生之負債金額。

四、繳存營業保證金

為證明發起人已具備足額資金之能力及健全經營業務之信心，證券交易法規定證券商發起人，應於向證期局申請許可時，按其種類，向證期會指定銀行存入下列款項：
(一)證券承銷商：新台幣4,000萬元。
(二)證券自營商：新台幣1,000萬元。
(三)證券經紀商：新台幣5,000萬元。
(四)經營二種以上證券業務者，按其經營種類依前三款規定併計之。
(五)設置分支機構：每設置一家增提新台幣1,000萬元。
(六)證券商辦理有價證券買賣融資融券，其營業保證金，應增提至新台幣1億5,000萬元。

前述存入之款項，得以政府債券或金融債券代之。經許可設置者，於公司辦理設立登記提存營業保證金後，始得動用；未經許可設置或經撤銷許可者，由證期局通知領回。

五、發起人資格之限制

證券商不同於一般行業，對國民經濟具有高度公益性，業務經營首重信

用，發起人自應具有相當之社會信用，參酌公司法第30條及證券交易法第53條所定消極條件，規定證券商之發起人不得有下列情事：

(一)曾犯內亂、外患罪，經判刑確定或通緝有案尚未結案者。

(二)曾犯詐欺、背信、侵占罪或違反工商管理法令，經受有期徒刑1年以上刑之宣告，執行完畢尚未逾2年者。

(三)曾服公務虧空公款，經判刑確定，執行完畢尚未逾2年者。

(四)受破產之宣告，尚未復權，或曾任法人宣告破產時之董事、監察人、經理人或與其他地位相等之人，其破產終結未滿3年或調協未履行者。

(五)有重大喪失債信情事，尚未了結或了結後未逾2年，或最近3年內在金融機構有拒絕往來或喪失債信之紀錄者。

(六)限制行為能力者。

(七)依證券交易法之規定，受罰金以上刑之宣告，執行完畢、緩刑期滿或赦免後未滿5年者。

(八)證券交易法第56條及第66條第2款解除職務之處分，未滿3年者。

六、合格業務人員人數之限制

證券商經營證券業務，應依證券商負責人及業務人員管理規則有關規定之資格，由登記合格人員執行業務。證券商業務人員最低人數如下：

(一)證券承銷商：5人。

(二)證券自營商：5人。

(三)證券經紀商：9人。

所謂證券商業務人員，依「證券交易法施行細則」第9條及「證券商負責人與業務人員管理規則」第2條第2項規定係指在證券商辦理下列業務之人員：

(一)在證券承銷商為辦理有價證券承銷、買賣接洽或執行之人員。

(二)在證券自營商為辦理有價證券自行買賣、結算交割、代辦股票或衍生性金融商品風險管理或操作之人員。

(三)在證券經紀商為辦理有價證券買賣之開戶、徵信、招攬、推介、受託、申報、結算、交割、融資融券或為款券之收付、保管之人員。

(四)在證券投資信託事業為辦理受益憑證之募集與發行，或對於基金買賣有價證券提供研究、分析、建議，或執行基金買賣有價證券之相

關業務之人員。

(五)在證券投資顧問事業爲對證券投資有關事項提供研究分析意見、投資推介建議、出版、證券投資分析活動或講授之人員。

(六)在證券投資顧問事業或證券投資信託事業辦理全權委託投資業務有關之研究分析、投資決策或買賣執行之人員。

(七)在證券金融事業爲融資融券業務之開戶、徵信、結算交割、帳務處理或爲款券收付之人員。

(八)在證券集中保管事業爲執行有價證券保管或帳簿劃撥登錄業務之人員。

(九)前八款所列證券商或證券服務事業之主辦會計、投資分析人員或內部稽核人員。

七、場地設備

　　證券集中交易市場已自82年11月起全面實施電腦自動交易；店頭市場櫃檯買賣交易亦設有市場交易資訊之傳輸系統。因之，籌設經營在集中交易市場或店頭市場買賣證券業務之證券商，必須先取得與證券交易所集中交易市場或櫃檯買賣中心櫃檯買賣資訊之電腦連線設備，而該項設備之取得，須於籌設之前，先行徵得該二單位之承諾，以作爲許可籌設之條件，其設置規定如下：

　　(一)申請在集中交易市場經營受託或自行買賣有價證券業務之證券商，應於向證期會申請許可前，按其種類依下列規定先取得證券交易所集中交易市場電腦連線之承諾：

　　1.證券自營商：主機或一部終端機之連線。

　　2.證券經紀商：主機或二部終端機之連線。

　　(二)申請在證券營業處所經營受託或自行買賣有價證券業務之證券商，應於向證期會申請許可前，先向櫃檯買賣中心取得其買賣有價證券交易資訊之電腦連線承諾。

八、訂定業務章則

　　證券商不同於一般行業，對國民經濟具有高度公益性，其經營證券業務，除不得違反有關法令外，對其經營業務方針與工作方法，亦應訂定業務章則，作爲內部作業之準繩，俾能以制度之管理，替代人爲管理，而促進證

券商健全業務之經營。爰規定證券商於申請核發許可證照時，應檢附公司業務章則，並規定應行記載之事項如下：

(一)組織結構與部門職掌。

(二)內部管理控制制度。

(三)內部會計控制制度。

(四)人員配置、管理與培訓。

(五)資金運用對象及方針。

(六)客戶輔導及營業紛爭之處理。

(七)經營業務之原則與方針。

(八)業務操作程序及權責劃分。

(九)其他經證期局規定應行記載之事項。

九、金融機構申請兼營證券業務應具備之條件

（一）須以機構名稱申請

我國建立證券市場之初期，因民間經營證券業務能力不足，金融機構兼營證券業務扮演極為重要之主導角色，惟於民國57年制定證券交易法，對第45條第3項證券商不得投資於其他證券商；第51條證券商之董事、監察人或經理人不得投資於其他證券商或兼為其他證券商之董事、監察人或經理；第126條證券商及其股東或經理人不得為公司制證券交易所之董事、監察人或經理人等均無排除金融機構兼營證券業務者。至原已參與證券交易所籌設或同時經營證券業務者，因基於政策或金融機構相互投資，而同時兼營證券業務，即與規定不符，爰准許以信託部或儲蓄部名義兼營之，其後證券交易法修正時，已將該等條文排除金融機構之適用，為符機構內部單位並非獨立法人，不宜作為許可之主體，爰於設置標準中明定金融機構申請兼營者，應以機構名義申請之。

（二）得兼營之業務種類

金融機構與證券商業務性質及功能原本不同，為免角色混淆及避免金融機構過度兼營證券業務，於兼營證券業務發生風險時，可能導致金融業務存款人擠兌，發生支付不能之情事，對金融機構申請兼營證券業務，原則僅限兼營一種，惟對兼營承銷者，為便於包銷後能以自營身分在市場出售，發揮

承銷之功能，宜准同時兼營承銷及自營業務；又證券商在店頭市場，除經營經紀業務外，尚應負有應買應賣之功能，宜准同時兼營自營業務，爰明定金融機構兼營證券業務之種類，只能擇下列之一爲限：

1.有價證券之承銷。

2.有價證券之自行買賣。

3.有價證券買賣之行紀或居間。

4.有價證券之承銷及自行買賣。

5.有價證券之自行買賣及在其營業處所受託買賣。

（三）指撥營運資金

金融機構兼營證券業務，應按兼營種類，依所定專業證券商最低實收資本額之標準，指撥相同數額之營運資金。

（四）其他專業證券商設置條件之準用

包括最低業務人員人數、場地設備、提存款項、業務章則等應行準用前述各有關規定。

第三節　證券商之設立程序

一、申請許可

證券商須經主管機關之許可及發給許可證照，方得營業（證交§44），因證券業務具有特殊之公益性，影響國民經濟層面甚大，因此證券交易法明定證券商之設立採許可主義，申請設立證券商者，在客觀條件上縱完全符合設立條件，仍以取得目的事業主管機關許可爲設立之效力要件。

設置證券商，發起人應檢具下列書件向證期會申請許可：

(一)申請書。

(二)公司章程。

(三)營業計畫書：載明業務經營之原則、內部組織分工、人員招募、場地設備概況及未來3年之財務預測。

(四)發起人會議紀錄。

(五)發起人名冊。

(六)發起人無設置標準第4條規定各款情事之聲明文件。

(七)已依設置標準第7條規定存入款項之證明文件。

(八)已依設置標準第8條規定取得電腦連線之承諾文件。

(九)其他經證期局規定應提出之文件。

二、公司設立登記

　　申請設立證券商之發起人，應自證期局核准許可之日起6個月內，依公司法以發起設立或募集設立方式完成公司設立登記。

三、申請核發許可證照

　　證券商在開始營業前，須依法向目的事業主管機關申請發給許可證照，設置證券商應自證期會許可之日起6個月內完成公司設立登記，於完成公司設立登記後，檢具下列書件向證期局申請核發許可證照，即可開始營業：

(一)申請書。

(二)公司執照影本。

(三)公司章程。

(四)公司業務章則。

(五)申請日前1個月內之資產負債表。

(六)股東名冊。

(七)董事名冊及董事會議事錄。

(八)監察人名冊。

(九)經理人及業務人員名冊及資格證明文件。

(十)董事、監察人、經理人無證券交易法第53條規定情事之聲明文件。

(十一)符合設置準則第6條規定之證明文件。

(十二)已提存營業保證金之證明文件。

(十三)已依設置準則第8條規定簽訂使用電腦連線設備之契約。

(十四)其他經證期局規定應提出之文件。

　　證券商未於前項期間內申請核發許可證照者，撤銷其許可。但有正當理由，在期限屆滿前，得申請證期局延展，延展期限不得超過6個月，並以一次為限。

第四節　證券商分支機構之設立

一、申請許可

證券商如擬設立分支機構，應合乎下列各條件，向行政院金融監督管理委員會證期局申請許可：

（一）經營業務

依證券商設置標準許可設置之證券商，開始營業屆滿1年者得申請設置分支機構；在該標準發布前已許可設置之證券商，依該標準完成補正後屆滿1年者亦同。證券商設置分支機構，每滿1年以申請設置1家為限。但證券商因合併或受讓其他證券商之全部營業或財產，而增設分支機構者不在此限。證券商設置分支機構，以每一直轄市5家、縣（市）內3家為限。

（二）經營績效

證券商申請設置分支機構，除須限制經營業務期間外，對經營績效不良或有違規紀錄者，宜予以排除，爰規定設立分支機構積極及消極條件如下：
1. 最近年度每股淨值不低於票面金額且其財務狀況符合證期會依證券交易法第49條所定之標準者。但因合併或受讓而增設分支機構者不受最近年度每股淨值不低於票面金額之限制。
2. 最近半年未曾受證期會依證券交易法第66條第2款所為命令該證券商解除其董事、監察人或經理人職務處分者。
3. 最近2年未曾受證期局依證券交易法第66條第3款之停業處分者。
4. 最近3年未曾受證期局撤銷分支機構設立許可之處分者。
5. 最近1年未曾受證券交易所依其章則為處以違約金或停止或限制買賣之處分。

（三）增加最低實收資本額

為使設有分支機構之證券商其業務經營能維持一定水準，並保障因其業務所生債務之債權人權益，爰規定證券商每設置一家分支機構，應增加資本額3,000萬元。

（四）業務人員最低人數、場地設備、電腦連線

　　證券商分支機構業務人員最低人數，應按經營業務種類達設置標準第5條所定人數之二分之一；場地及設備標準準用設置標準第6條之規定。

　　證券商分支機構經營在集中交易市場受託買賣業務，應於向證期局申請許可前，取得證券交易所集中交易市場及證券集中保管事業電腦連線之承諾。

　　證券商分支機構經營在其營業處所受託買賣有價證券業務，應於向證期會申請許可前，先向證券商同業公會取得其買賣有價證券交易資訊之電腦連線承諾。

二、分支機構設立登記

　　證券商申請設置分支機構經許可後，應於6個月內依法辦妥分支機構設立登記。

三、申請核發許可證照

　　證券商於分支機構設立登記辦妥後，應檢具下列書件，向證期局申請核發分支機構許可證照：

(一)申請書。
(二)分支機構設立登記證影本。
(三)經理人及業務人員名冊及資格證明文件。
(四)符合證券商設置標準第6條規定之證明文件。
(五)已增加提存營業保證金之證明文件。
(六)已依設置標準第22條第2項或第3項規定簽訂使用電腦連線設備之契約。
(七)其他經證期局規定應提出之文件。

　　證券商未於前項期間內申請分支機構許可證照者，撤銷其許可。但有正當理由，在期限屆滿前，得申請延展，延展期限不得超過6個月，並以1次為限。

第五節　證券商各項保證金之提列

一、營業保證金

　　依證券交易法第55條規定，證券商於辦理公司登記後，應依主管機關規定提存營業保證金，以作為證券商因經營證券業務所生債務之債權人，供其優先受償之準備金。衡酌三種證券商經營業務所可能產生債務之大小，以及複數經營、設置分支機構之不同，爰規定證券商提存營業保證金之標準及提存標的範圍如下：

　　(一)證券商應於辦理公司登記後，依下列規定，向證期局所指定銀行提存營業保證金：

　　1.證券承銷商：新台幣4,000萬元。

　　2.證券自營商：新台幣1,000萬元。

　　3.證券經紀商：新台幣5,000萬元。

　　4.經營二種以上證券業務者：按其經營種類依前三款規定併計之。

　　5.設置分支機構：每設置一家增提新台幣1,000萬元。

　　(二)證券商之營業保證金，應以現金、政府債券或金融債券提存。

二、交割結算基金

　　依證券交易法第132條規定，公司制證券交易所於其供給使用有價證券集中交易市場之契約內，應訂立由證券自營商或證券經紀商繳存交割結算基金，其標準由主管機關以命令定之，爰對提存該交割結算基金為下列之規定：

　　(一)證券商經營在集中交易市場受託買賣有價證券業務者，於開始營業前，應一次向證券交易所繳存交割結算基金新台幣2,000萬元；並於開始營業後，按受託買賣上市有價證券手續費收入之10%，於每季終了後10日內繼續繳存交割結算基金，但交割結算基金金額累積已達新台幣5,000萬元者，得免繼續繳存。

　　(二)證券商經營在集中市場自行買賣有價證券業務者，於開始營業前，應一次向證券交易所繳存交割結算基金新台幣2,000萬元。

　　(三)證券商經營在集中交易市場受託及自行買賣有價證券業務者，應按

前二項併計繳存。

(四)證券商每增設一分支機構應於開業前，向證券交易所一次繳存交割結算基金新台幣500萬元，前已增設者並應補繳之。

三、買賣損失準備

為健全並安定經營自行買賣有價證券業務之證券商經營證券業務，避免於買賣獲有利益時即大量處分利用，而於虧損時即無利益可資彌補，波及公司之財務結構。爰規定經營自行買賣有價證券業務之證券商，應依下列規定提列買賣損失準備：

(一)證券商經營自行買賣有價證券業務者，其自行買賣有價證券利益額超過損失額時，應按月就超過部分提列10%，作為買賣損失準備。

(二)證券商提列之買賣損失準備，除彌補買賣損失額超過買賣利益額之差額外，不得使用之。

(三)證券商提列買賣損失準備累積已達新台幣2億元者，得免繼續提列。

四、違約損失準備

證券商受託買賣有價證券業務常因客戶違約、營業員侵占客戶款項、收受瑕疵有價證券等造成損失，進而影響到支付其他客戶之能力，無法有效保障投資人權益。爰規定經營受託買賣有價證券業務之證券商，應依下列規定提列違約損失準備：

(一)證券商經營受託買賣2%，作為違約損失準備。

(二)證券商提列之違約損失準備，除彌補受託買賣有價證券違約所發生損失或本會核准者外，不得使用之。

(三)證券商提列違約損失準備累積已達新台幣2億元者，得免繼續提列。

第六節　證券商資金運用之限制

證券業務係具有高度專門性及技術性之商業交易行為，參與證券投資買賣者眾多，每日成交量值甚大，證券業務經營所造成之後果，對於社會經濟有極大之影響，因此，證券商必須適法經營，如涉嫌有虛偽、詐欺或其他足

致他人誤信之行為，以達其非法圖利之目的，則對社會公益及投資人權益造成損害，適足影響證券市場之安全，為確保社會公益及投資大眾之利益，證券交易法對證券商資金之運用設有下列各項限制，俾防止違法經營：

一、限制對外負債及流動負債總額

依證券交易法第49條規定，證券商對外負債總額及流動負債總額，授權由主管機關訂之。衡酌各種證券商經營證券業務需要及對外負債不影響公司財務結構之負荷能力。爰限制證券商對外負債及流動負債總額如下：
(一)證券商除由金融機構兼營者另依銀行法規定辦理外，其對外負債總額不得超過其資本淨值之4倍；其流動負債總額不得超過其流動資產總額，但僅經營受託買賣有價證券業務者，其對外負債總額不得超過其資本淨值。
(二)對外負債總額之計算，得扣除所提列之買賣損失準備及違約損失準備。

二、提列特別盈餘公積

為健全證券商財務結構，避免證券商於有盈餘年度將盈餘全部分配。爰規定證券商應提列特別盈餘公積及其用途如下：
(一)證券商除由金融機構兼營者另依銀行法規定外，應於每年稅後盈餘項下，提列20%特別盈餘公積，但金額累積已達實收資本額者，得免繼續提存。
(二)證券商提列特別盈餘公積，除填補公司虧損，或特別盈餘公積已達實收資本50%，得以其半數撥充資本者外，不得使用之。

三、不得為任何保證人、票據轉讓之背書或提供財產供他人設定擔保

證券商對國民經濟具有高度之公益性，則對可能損害公司財務之為人保證、票據轉讓背書及提供財產供他人設定擔保等宜禁止為之，爰限制證券商除由金融機構兼營者另依銀行法規定辦理外，不得為任何保證人、票據轉讓之背書或提供財產供他人設定擔保。

四、不得購置非營業用固定資產,營業用固定資產不得超過所定之限額

　　證券商經營證券業務主要與投資人進行有價證券交易,其資產宜具適度之流動性,除不宜購買非營業用之不動產外,對營業用之固定資產亦宜酌行限制,以免過度投入固定資產,招致資產之固定化,影響資金運用效率或財務體質。爰規定證券商除由金融機構兼營者另依銀行法規定外,不得購置非營業用之不動產;其營業用之固定資產總額,不得超過其資產總額之60%。

五、除為因應公司緊急資金周轉外,不得向非金融機構借款

　　為避免證券商濫行借入款項,影響公司之財務結構,其借入款項因應公司緊急資金周轉外,宜透過金融機構為之。爰對證券商對外借款作下列之限制:
(一)證券商除由金融機構兼營者外,不得向非金融機構借款,但為因應公司緊急資金周轉者,不在此限。
(二)證券商為因應公司緊急資金周轉而向非金融機構借款者,應於事實發生之日起3日內向證期會申報。

六、限制資金之用途

　　證券商直接與投資大眾接觸,與投資人之權益利害關係密切,是以對於證券商之管理,除必須防範其營業行為不得侵害投資人之權益外,對公司財務亦須防止惡化,則對證券商資金之運用項目,亦有必要加以規範限制。證券商之資金,除由金融機構兼營者另依銀行法規定辦理外,非屬經營業務所需者,不得借貸予他人或移作他項用途;其資金之運用以下列用途為限:
(一)銀行存款。
(二)購買政府債券或金融債券。
(三)購買國庫券、可轉讓之銀行定期存單或商業票據。
(四)其他經證期局核准之用途。

第七節　證券商董事、監察人、經理人與營業員之資格

一、證券商董事、監察人、經理人之資格

（一）積極條件

1. 公司董事會，設置董事不得少於3人，由股東會就有行為能力之股東中選任之（公§192）。
2. 限制行為能力人不得充任經理人（公§30）或董事、監察人。民法第85條之規定，對於前項行為能力不適用之（公§192）。
3. 監察人準用前項規定（公§216）。

（二）消極條件

有下列情事之一者，不得充任證券商之董事、監察人或經理人，其已充任者解任之，並由主管機關函請經濟部撤銷其董事、監察人或經理人登記（證交§53）。

1. 有公司法第30條各款情事之一者。
2. 曾任法人宣告破產時之董事、監察人、經理人或與其他地位相等之人，其破產終結未滿3年或調協未履行者。
3. 最近3年內在金融機構有拒絕往來或喪失債信之紀錄者。
4. 依證券交易法之規定，受罰金以上刑之宣告，執行完畢、緩刑期滿或赦免後未滿3年者。
5. 違反證券交易法第51條之規定者。
6. 受證券交易法第56條及第66條第2款解除職務之處分，未滿3年者。

另為使證券商之董事、監察人、經理人，能專心致力於證券事業，提高證券商之信譽，避免上開人員因投資於發行公司而兼任重要職務，予人操作股票之不佳風評，原於證券交易法第51條規範證券商之董事、監察人或經理人不得投資於其他證券商，或兼為其他證券商或公開發行公司之董事、監察人或經理人。93年本法修正時為配合推展證券商大型化及業務、投資多元化，修正放寬證券商經營業務範圍，並取消證券商董監事及經理人兼任公開發行公司董監事、經理人之限制，且基於投資關係時，經主管機關核准者，得兼任被投資證券商之董事或監察人。

二、證券商營業員之資格

（一）積極條件

證券商僱用對於有價證券營業行為直接有關之業務人員，應為有行為能力之中華民國國民，且具備有關法令所規定之資格條件（證交§54）。

（二）消極條件

證券商僱用對於有價證券營業行為直接有關之業務人員，應為有行為能力之中華民國國民，且具備有關法令所規定之資格條件，並無下列各款情事之一者（證交§54）：

1.受破產之宣告尚未復權者、受監護宣告或受輔助宣告尚未撤銷。
2.兼任其他證券商之職務者。但因投資關係，並經主管機關核准兼任被投資證券商之董事或監察人者，不在此限。
3.曾犯詐欺、背信罪或違反工商管理法律，受有期徒刑以上刑之宣告，執行完畢，緩刑期滿或赦免後未滿3年者。
4.有證券交易法第53條第2款至第4款及第6款之情事者。
5.違反主管機關依照證券交易法所發布之命令者。

前述所稱業務人員，指為證券商從事下列業務之人員：
1.有價證券投資分析或內部稽核。
2.有價證券承銷、買賣之接洽或執行。
3.有價證券自行買賣、結算交割或代辦股務。
4.有價證券買賣之開戶、受託、申報、結算、交割或為款券收付、保管。
5.有價證券買賣之融資融券。

證券商之業務人員，依其職務之繁簡難易、責任輕重，分為下列三種：
1.高級業務員：負責前述各款業務之主管、投資分析或內部稽核等職務者。
2.業務員：從事前述各款有價證券承銷、自行買賣或受託買賣等職務者。
3.助理業務員：協助業務員從事有價證券承銷、自行買賣或受託買賣等職務者。

證券商高級業務員應具備下列資格條件之一：

1.大學系所以上畢業，擔任證券機構業務員3年以上者。

2.金管會證期局認可或測驗合格之證券投資分析人員。

3.經證期局或該局所指定機構舉辦之高級業務員測驗合格者。

4.於本規則修正施行前已登記為證券商高級業務員者。

5.現任證券機構業務員，於本規則修正施行前任職1年以上，且在本規則修正施行後，繼續擔任業務員併計達5年者。

證券商業務員應具備下列資格條件之一：

1.證期局認可或測驗合格之證券投資分析人員。

2.經證期局或該會所指定機構舉辦之業務員測驗合格者。

3.於本規則修正施行前已依本規則登記為證券商業務員者。

高中或高職以上畢業，具行為能力者，得登記為證券商之助理業務員。另證券商之董事或經理人，擔任或直接從事前述有關證券交易職務者，應取得或具備前述各項相關資格條件。其擔任買賣及交割業務部門之經理人，亦應具高級業務員資格條件。

第八節　證券商負責人與業務人員違法行為之法律責任

一、負責人

依公司法第8條規定，董事為證券商之法定負責人，經理人為證券商之職務負責人，彼等均為證券商之機關，就證券商之業務對外有代表權（民§27），執行業務均應依照法令章程（公§192參照）。主管機關發現證券商之董事、監察人及受僱人，有違背證券交易法或其他有關法令之行為，足以影響證券業務之正常執行者，除得隨時命令該證券商解除其職務外，並得視其情節之輕重，對證券商處以：(一)警告；(二)命令該證券商解除董事、監察人或經理人職務；(三)6個月以內之停業；(四)營業許可之撤銷等處分；(五)其他必要之處置（證交§66）。所稱受僱人係指經理人及對於有價證券營業行為直接有關之業務人員，使用受僱人名稱，主要係避免證券商屢有以利用其他受僱人員，為違背證券交易法或其他有關法令之行為，以規避證券交易法之管理。

證券商之董、監事或經理人違法前述規定者，證券交易法未定有刑事責

任，惟若經證券主管機關制止而不服從者，應可解為違反主管機關其他依本法所為禁止、停止或限制之命令者之規定，處1年以下有期徒刑、拘役、或科或併科120萬元以下罰金（證交§177）。

二、業務人員

證券商營業人員指證券商依法定程序僱用之受僱人員，證券商為僱用人本身負有甄選與管理之注意義務，營業人員雖非證券商之負責人仍係證券商之受僱人，若營業人員有盜賣客戶股票或挪用、侵占客戶款項，或因執行業務過失，致損害投資人之權益，構成證券商之侵權行為，證券商對營業員有違法行為應負連帶損害賠償責任外（公§22），依民法第188條第1項前段規定，受僱人因執行職務，不法侵害他人之權利者，由僱用人與行為人連帶負損害賠償責任。

證券商經營證券業務，應依證券商負責人及業務人員管理規則之規定，由登記合格之業務人員執行業務，證券商僱用非經登記合格之業務人員，即違反證券商負責人與業務人員管理規則之規定，依證券交易法及其他有關法律規定處罰之，證期局得依證券交易法第66條規定處分證券商。

第九節　證券商營業行為之限制

一、證券商非經許可不得營業

證券商須經主管機關之許可及發給許可證照，方得營業；非證券商不得經營證券業務（證交§44）。因證券業務為證券商專屬經營之業務，故非證券商不得經營證券業務，俾保障合法證券商之權益。所謂非證券商係指非經證券主管機關之許可及發給許可證照者而言，證券業務不僅關係國民經濟，且與投資大眾利害關係至鉅，非具專業經營經驗及履行誠信義務之能力者，不得任意為之。

證券商違反規定，未經發給許可證照而即逕行從事自行買賣股票或受託買賣股票者，依公司法規定未經設立登記，不得以公司名義經營業務或為其他法律行為。違反規定者，行為人各處1年以下有期徒刑、拘役或科或併科15萬元以下罰金，並自負民事責任，行為人有2人以上者，連帶負民事責

任，並由主管機關禁止其使用公司名稱（公§19）。另公司法亦規定公司不得經營登記範圍以外之業務，公司負責人違反前項規定時，各處1年以下有期徒刑、拘役或科或併科5萬元以下罰金，並賠償公司因此所受之損害（公§15）。依證券交易法規定，違反前述規定者處2年以下有期徒刑、拘役或科或併科180萬元以下罰金（證交§175），法人違反規定者，處罰其爲行爲之負責人（證交§179）。

二、證券商不得由他業兼營

依證券交易法規定證券商不得由他業兼營（證交§45）。證券業務僅許可合法證券商專業化經營，不得由他業兼營，其目的在保障合法證券商之權益，確立專業化之經營，以提升證券業務之經營效率，促進證券市場之健全發展。所謂不得由他業兼營者，係指證券業務不得由非經證券主管機關許可及發給許可證照之其他行業經營，諸如證券商不得由依證券交易法第18條規定設立之證券事業非經證券主管機關許可之金融業兼營證券業務者是。違反上述規定，處1年以下有期徒刑、拘役或科、或併科120萬元以下罰金（證交§177）。

三、證券商投資有價證券之限制

證券商除由金融機構兼營者另依銀行法規定外，其經營自行買賣有價證券業務者，持有任一公司股份之總額不得超過該公司已發行股份總額之10%；其持有任一公司所發行有價證券之成本總額，並不得超過本身資產總額之10%。

證券商因承銷取得有價證券，與自行買賣部分併計超過前項限額者，其超過部分，應於取得後1年內，於有價證券集中交易市場爲之；其未上市者，得於經主管機關依證券交易法第62條核准證券經紀商或證券自營商之營業處所出售。

四、證券商禁止經營之業務

依證券交易法規定證券商不得收受存款、辦理放款、借貸有價證券及爲借貸款項或有價證券之代理或居間。但經主管機關核准者，得爲下列之行爲：(一)有價證券買賣之融資或融券；(二)有價證券買賣融資融券之代理

（證交§60）。目前證券商已開放辦理融資、融券業務，因之目前證券商僅不得收受存款及辦理放款，因收受存款，辦理放款，屬於金融業務，依銀行法第29條規定，除法律另有規定者外，非銀行不得經營。證券商非金融業，應禁止證券商經營該項業務，俾維持金融及證券市場之秩序。

證券商違反前述規定，處2年以下有期徒刑、拘役、或科或併科新台幣180萬元以下罰金（證交§175）。證券商違反主管機關依證券交易法第61條有價證券融資融券標準之規定者，處1年以下有期徒刑、拘役或科或併科120萬元以下罰金（證交§177）。證券商收受存款、辦理放款，違反銀行法第29條規定，處1年以上7年以下有期徒刑，得併科新台幣300萬元以下罰金（銀§125）。

五、證券商經營店頭市場交易之限制

證券經紀商或證券自營商在其營業處所專設櫃檯受託或自行買賣公開發行股票而不在集中交易市場以競價方式買賣所形成之市場謂之店頭市場。店頭市場交易之標的僅限於公開發行而未上市之股票（證交§150），證券商從事店頭市場之交易係採許可制，故證券交易法規定證券經紀商或證券自營商，在其營業處所受託或自行買賣有價證券者，非經主管機關核准不得為之。前項買賣之管理辦法，由主管機關定之（證交§62）。證券自營商或證券經紀商經證期會核准得自行或受託買賣有價證券（公開發行未上市股票），不受分業經營限制。證券商違反前述規定者，處2年以下有期徒刑、拘投或科或併科180萬元以下罰金（證交§175）。

六、證券商非加入證券商同業公會，不得開業

證券商應組織證券商同業公會，證券商非加入證券商同業公會，不得開業（證交§89）。證券商經營櫃檯買賣應加入財團法人中華民國證券櫃檯買賣中心，方得經營櫃檯買賣業務。

第十節　證券商之監督與處罰

證券商為代銷及包銷發行公司發行之有價證券，為恐其涉嫌虛偽、詐欺或其他足以致人誤信之行為，或直接間接為其他不法行為，對大眾投資人利益及證券市場秩序影響甚鉅，故主管機關基於職責所在，自有監督之必要。證券交易法於第三章證券商通則中，對證券商可採取下列之監督方式：

一、業務監督

(一)主管機關為有價證券募集或發行之核准，因保護公益或投資人利益，對發行人、證券承銷商或其他關係人，得命令其提出參考或報告資料，並得直接檢查其有關書表、帳冊（證交§38）。

(二)有價證券發行後，主管機關得隨時命令發行人提出財務、業務報告或直接檢查財務、業務狀況（證交§38）。

(三)證券商或其分支機構於開始或停止營業時，應向主管機關申報備查（證交§58）。

(四)主管機關為保護公益或投資人利益，得隨時命令證券商提出財務或業務之報告資料，或檢查其營業、財產、帳簿、書類或其他有關物件，如發現有違反法令之重大嫌疑者，並得封存或調取其有關證件（證交§64）。

(五)主管機關於調查證券商之業務、財務狀況時，發現該證券商有不符合規定之事項，得隨時以命令糾正，限期改善（證交§65）。

(六)證券商對於主管機關命令提出之帳簿、表冊、文件或其他參考或報告資料之內容有虛偽之記載者，或於依法或主管機關基於法律所發布之命令規定之帳簿、表冊、傳票、財務報告或其他有關業務文件之內容有虛偽之記載者，處1年以上7年以下有期徒刑得併科2,000萬元以下罰金（證交§174）。

(七)證券商對於主管機關命令提出之帳簿、表冊、文件或其他參考或報告資料，逾期不提出，或對於主管機關依法所為之檢查予以拒絕或妨礙者，處24萬元以上480萬元以下罰鍰，並得命其限期改善；屆期未改善者，得按次處罰。（證交§178）。

(八)證券商於依法或主管機關基於法律所發布之命令規定之帳簿、表冊、傳票、財務報告或其他有關業務之文件，不依規定製作、申報、公告、

備置或保存者，處24萬元以上480萬元以下罰鍰（證交§178）。

二、財務監督

（一)證券商應依中央主管機關規定，定期編送財務報告（證交§14），即證券商須依公司法第228條及證券交易法第36條與證券發行人財務報告編製準則之規定，定期公開財務資訊。關於編製、申報及公告財務報告之規定，於證券商準用之（證交§63）。證券商依證券交易法第36條規定應公告與申報之財務報告為營業年度及半營業年度、第一季、第三季等，至於公告、申報之程序、時間等則依該條條文內容辦理。證券商依主管機關規定編製之財務報告，須經會計師查核簽證、董事會通過及監察人承認後申報公告之。前項財務報告（包括資產負債表、損益表、股東權益變動表、現金流量表、各科目明細表、會計師查核報告書）、董事會議事錄、監察人審查報告書及公告報紙等，屬於上半年度者，應於每半營業年度終了後2個月內檢送台灣證券交易所公司各一式五份，台灣證券交易所公司並以三份核轉主管機關，屬於全年度者，應於營業年度終了後4個月內檢送台灣證券交易所公司各一式五份，證券交易所公司並以三份核轉主管機關。

（二)證券經紀商不得將其資金存放於非經營銀行業務之機構，證券經紀商不得以其自有資金買賣非上市股票。其買賣上市股票者，應先報經台灣證券交易所公司核轉主管機關核准。

（三)證券商除由金融機構兼營者另依銀行法規定辦理外，不得為任何保證人、票據轉讓之背書或提供財產供他人設定擔保。

（四)證券商除由金融機構兼營者另依銀行法規定外，應於每年稅後盈餘項下，提存20%特別盈餘公積。但金額累積已達實收資本額者，得免繼續提存。前項特別盈餘公積，除填補公司虧損，或特別盈餘公積已達實收資本50%，得以其半數撥充資本者外，不得使用之。

三、人事監督

有關人事監督，請參閱本章柒、證券商董事、監察人、經理人與營業員之資格其積極條件與消極條件。

四、證券商之處罰

　　證券商違反證券交易法或依證券交易法所發布之命令者，除依證券交易法處罰外，證期局得視情節之輕重，對證券商予以適當處分（證交§66）。所謂違反證券交易法係指違反證券交易法有關條文之規定，所謂依證券交易法所發布之命令者，係指證期局依據證券交易法授權所訂頒之各項行政命令而言。金管會證期局對證券商之處分可分爲下列數種：

　　(一)警告。

　　(二)命令該證券商解除其董事、監察人或經理人職務。

　　(三)對公司或分支機構就其所營業務之全部或一部爲6個月以內之停業。

　　(四)對公司或分支機構營業許可之撤銷。

　　(五)其他必要之處置（108年4月增列）。

　　另公司制證券交易所應於契約內訂明對使用其有價證券集中交易市場之證券自營商或證券經紀商有證券交易法第110條各款規定之情事時，應課以繳納違約金或停止或限制其買賣或終止契約（證交§133），賦予懲戒權限。

第十一節　證券商營業許可之撤銷

一、撤銷之原因

　　(一)證券商取得經營證券業務之特許，或設立分支機構之許可後，經證期會發覺有違反法令或虛僞情事者，得撤銷其特許或許可（證交§57）。

　　(二)證券商自受領證券業務特許證照，或其分支機構經許可並登記後，於3個月內未開始營業，或雖已開業而自行停止營業連續3個月以上時，證期會得撤銷其特許或許可。前項所定期限，如有正當事由，證券商得申請核准延展之（證交§59）。

二、撤銷之法律效力

　　(一)證券商經主管機關依證券交易法之規定撤銷其特許或命令停業者，該證券商應了結其被撤銷前或停業前所爲有價證券之買賣或受託之事務（證

交§67）。

(二)經撤銷證券業務特許之證券商，於了結前述之買賣或受託之事務，就其了結目的之範圍內，仍視為證券商；因命令停業之證券商，於其了結停業前所為有價證券之買賣或受託事務之範圍內，視為尚未停業（證交§68）。

(三)證券商於解散或部分業務歇業時，應由董事會陳明事由，向主管機關申報之（證交§69）。違反前述條文規定者，處24萬元以上480萬元以下罰鍰；並得限期改善；屆期未改善者，得按次處罰（證交§178）。

第十二節　證券承銷商

一、承銷商之意義

證券承銷商係指經主管機關許可及發給許可證照，經營有價證券之承銷及其他經主管機關核准之相關業務為主要業務之證券商（證交§15、§16）。換言之，證券承銷商指從事依約定包銷或代銷發行人所發行有價證券予投資人，並協助發行人順利發行有價證券之機構。在證券發行過程中，承銷商擔負顧問、文書、風險承擔及分配之功能，包括協助發行公司決定需要資金之數額、發行證券之種類、約定之發行條件等，以及起草承銷契約、簽定契約、完成文書表格之預備工作而後進行承銷，工作非常繁複。目前國內承銷商之業務正蓬勃發展中，除發行公司發行新股之承銷業務外，在新上市公司上市前承銷作業中，亦扮演非常重要之角色。

二、承銷商之功能

由於證券承銷商熟悉發行手續及市場動向，具有證券之推銷能力及經驗，故較能制定最佳之證券發行條件，協助發行人順利發行有價證券；承銷商為期盼承銷之證券得以順利發售，事先即須對發行公司之財務狀況、業務內容及未來展望審慎評估，俾能降低購買者投資風險，建立投資人信心，而促進購買之意願。如是，在證券發行市場中，證券承銷商實居於樞紐之地位，其角色功能之是否充分發揮，為發行市場健全發展之重要關鍵。一般而言，證券承銷商主要功能可分為下列數項：

（一）包銷有價證券

證券承銷商包銷有價證券，於承銷契約所訂定之承銷期間屆滿後，對於約定包銷之有價證券，未能全數銷售者，其賸餘數額之有價證券，應自行認購。證券承銷商包銷有價證券得先行認購後再行銷售，或於承銷契約訂明保留一部分自行認購（證交§71）。

證券承銷商除依包銷規定外，於承銷期間內，不得為自己取得所包銷或代銷之有價證券（證交§74），本法禁止證券商從事穩定價格行為，其禁止之主要理由：1.為防止證券承銷商在承銷熱門股票時，與投資人爭利，在承銷期間內大量自行認購其所承銷之證券，非但影響投資大眾利益，且妨礙股權分散政策之推行；2.承銷期間大量購買其承銷之證券，易促使交易價格上揚，形成異常交易，造成搶購熱潮，圖利自己及發行人，且一旦停止，證券交易價格會突然下降，有害投資大眾。

證券承銷商違反於承銷期間內不得為自己取得所包銷或代銷之有價證券之規定者，應處相當於所取得有價證券價金額以下之罰鍰，但不得少於12萬元（證交§177-1）。

另前述先行認購之有價證券，應於承銷契約所訂承銷期間內再行銷售；如未能全數銷售者，其賸餘數額之有價證券，應於1年內在有價證券集中交易市場出售，其為未上市者得於證券商營業處所櫃檯為之。另為自行認購部分證券之出售方式亦同。證券承銷商包銷有價證券者，其包銷總金額，不得超過其流動資產減流動負債後餘額之15倍。

（二）代銷有價證券

證券承銷商代銷有價證券，於承銷契約所訂定之承銷期間屆滿後，對於約定代銷之有價證券，未能全數銷售者，其賸餘額之有價證券得退還發行人。

（三）顧問諮詢

承銷商可適時提供發行公司證券市場之各項資訊，並於發行公司需求資金時，依其財務結構、證券市場狀況等建議發行證券之種類、發行時機及發行價格，同時指導發行公司編製申請文件，完成手續，順利募得所需資金。因此，承銷商經常擔任發行公司之財務顧問，即使新證券發行後，亦繼續維

持此種關係。

　　具體言之，資本市場之積極目標在於引導社會游資，透過承銷管道，籌集企業所需之長期資金，挹注企業之成長，進而促進經濟發展，而企業籌資功能能否發揮，又取決於籌資管道是否暢通，承銷制度是否健全，我國承銷制度在現行實務上，承銷商較著重於輔導上市公司，撰寫評估報告，申請核准之說明與申購抽籤等有關業務，至於篩選發行人資格，建立銷售管道，構組承銷團以協助企業籌措資金，或擔任市場創造者（Market Maker）價格安定之操作等方面，承銷商目前則較無法發揮。

三、承銷商承銷有價證券之限制

　　(一)證券交易法設置證券承銷商之目的，主要負責將證券從發行人分散至投資人之中介功能，對其所包銷取得之有價證券，自不宜任許長期持有，否則與設置證券商之意旨不合，爰規定證券商承銷有價證券所取得之有價證券，除有正當理由報經主管機關核准者外，應於取得後6個月內透過交易市場出售。

　　(二)辦理證券承銷業務之證券商，因業務之故可能獲悉發行公司尚未公開之重大影響上市或在證券商營業處所買賣之股票價格消息時，如證券商在消息尚未公開前，而買賣該股票或將消息提供給客戶或他人，除須負民、刑事責任外，再於證券商管理規則中列為禁止規定，增科其行政責任。

四、承銷商證券承銷作業程序

　　國內證券承銷商兼具有輔導企業上市或上櫃之任務，自開發具有潛力之公司起，至股票公開承銷完畢於證券交易所掛牌買賣或於證券商營業處所櫃檯買賣為止，其作業程序依序為：

（一）開發客戶

　　證券承銷商之業務人員需積極開發潛在之客戶，向客戶說明上市或上櫃之優、缺點，俾引發發行公司上市或上櫃之意願；對有上市或上櫃興趣之公司，詳加解說，使發行公司真正瞭解上市或上櫃之意義，並解答各項疑慮，此一階段，承銷商為溝通上市或上櫃觀念及輔導公司符合上市或上櫃標準，需投入甚多之人力與時間。

（二）上市或上櫃進度之規劃

對有上市或上櫃意願，且符合上市或上櫃條件之公司，承銷商於瞭解公司之財務、業務狀況及未來展望後，即可進行規劃上市或上櫃之進度及條件，諸如：案件之申請時間、承銷方式、作業內容，上市或上櫃時機等，俾使證券上市或上櫃順利進行。

（三）協助客戶申請公開發行

若公司尚未公開發行，則須協助公司辦理公開發行之申請，此階段最主要之工作乃協助公司編製公開說明書，建立會計制度、內部控制制度及各項規章。

（四）簽訂承銷契約

民國195年1月本法修正時已將本法第76條承銷契約應行記載事項刪除，由證券承銷商與有價證券發行人自行簽訂相關協議，規範承銷行為及確定雙方之權利義務關係。

（五）撰寫承銷商評估報告

依「股票上市審查作業手冊」之規定，承銷商應對申請公司財務、業務及未來展望，審慎評估，並提出承銷商評估報告。承銷商之評估報告為交易所與證期會對於上市案件之審查重點，且應刊載於公開說明書內，並對其評估結果負責。

（六）協助發行公司申請上市或上櫃

發行公司應檢具「台灣證券交易所股份有限公司有價證券上市審查準則」規定之書件，向證券交易所申請上市審查，或檢具「財團法人中華民國證券櫃檯買賣中心證券商營業處所買賣有價證券審查準則」規定之書件，向證券櫃檯買賣中心申請上櫃審查。證券承銷商對於擬上市或上櫃案件能順利進行。

（七）議訂承銷價格（詳見第四章，第五節，六）

股票上市或上櫃案件經核准後，承銷商與發行公司應依「股票承銷價格訂定使用財務資料注意事項」之規定，共同議訂承銷價格。承銷價格使用之財務資料，應經會計師查核簽證，其價格須由證券專家及財務分析專家表示意見。

（八）協助發行公司辦理股票上市或上櫃前業績發表會

為使投資者瞭解即將上市或上櫃公司之財務業務狀況以作為投資決策之參考，證期局特要求舉辦有價證券上市或上櫃業績發表會。上市或上櫃業績發表會應依「股票上市業績發表會實施要點」辦理，由於發行公司並無辦理該項發表會之經驗，由承銷商協助將較為周全。

（九）承銷證券公告並分送公開說明書

依證券商管理規則第23條之規定，證券商承銷有價證券，應於承銷開始日前1日為承銷證券之公告，並應登載於當地之日報。其公告事項，應包括據以訂定承銷證券銷售價格之財務性資料、會計師對財務資料之查核簽證意見、專家表示意見要旨及公開說明書之取閱地點及方法。此外，一般實務作業在承銷公告中亦包括銷售辦法及申購手續等。又依證券交易法第79條之規定，證券承銷商出售其所承銷之有價證券，應依同法第31條第1項之規定，募集有價證券，應先向認股人或應募人交付公開說明書。前項之公告稿，應經證期會核備後始准刊登。

（十）承銷證券之銷售

依證券商管理規則第26條之規定，證券商承銷或再行銷售有價證券，應依證券商同業公會訂定之處理辦法處理之，目前處理辦法所規定之銷售方式係採抽籤方式及洽商銷售為之，承銷商有部分自主銷售權，而抽籤及洽商銷售方式之進行，亦應依證券商公會之處理辦法規定辦理。

（十一）將承銷股款交予發行人

依證券商管理規則之規定，證券商承銷表價證券代收款項，須向認購人交付價款繳納憑證所銷售之有價證券後始得動支，承銷商於得動支後，即將

款項撥入發行人於承銷契約中所指定之銀行帳戶。

　　以上為承銷商承銷作業之主要程序，若係發行新股，則除第(一)、(二)、(三)、(六)、(九)之程序可省略外，大致相同。

五、證券承銷商收入之來源

（一）上市、上櫃輔導費收入

　　上市上櫃公司輔導費收入是向未上市、上櫃企業逐月收取，以往承銷市場屬賣方市場，承銷商每月輔導費收入甚為可觀，近年來承銷商業務競爭壓力劇增，部分小型承銷商甚至不收取輔導費，使得各家輔導費收入大幅下降。

（二）申購書作業處理費

　　承銷商承銷上市、上櫃股票或現金增資新股時，承作股票抽籤作業申請，可收取每份30元之處理費，然此項收入多寡全視股市行情而定，股市行情好，投資人申購踴躍，獲利豐厚。

（三）資本利得

　　股市多頭時，承銷商如包銷到行情較佳之股票，其配合大股東鎖碼拉抬股價，發揮股市蜜月行情，包銷利潤甚佳，此為承銷商最主要之獲利來源。

（四）手續費

　　承銷上市上櫃股票或現金增資新股時，承銷商依承銷總金額收取固定費率之手續費，主辦承銷商幾乎享有90%之手續費收益，此亦為承銷商之重要收入來源。

六、各國承銷制度之比較

（一）美國承銷制度

　　美國證券承銷大都由投資銀行（Investment Bankers）充當承銷人，

尤其是著名之幾家投資銀行幾乎壟斷所有著名或稍具規模公司之證券發行業務，一般證券之發行由發行公司選任一投資銀行為主要承銷人（Lead underwriter），再由主要承銷人與發行人協商組成承銷團，其成員除主要承銷人外，尚包括共同主要承銷人（Co-lead underwriter）與共同經理人（Co-manager）。主要承銷人負責股票承銷價格之決定與發行股票之分售，發行價格之決定由市場供需法則決定，當發行公司開始於各主要城市辦理業績發表會時，即已開始接受各機構投資人及個人投資人圈購（circling），一般情況，主要承銷人會接受比擬發行數量為多之圈購，以確保該股票發行之後供不應求，則該股票之價格於發行後方能穩定，當主要承銷人確認有足夠認購之股數時，再與發行人議定發行價格，一般發行價格由圈購之金額、股數與當時一般股票市場情況等因素來決定，如果圈購之金額及股數不足擬發行之股數時，主要承銷人及承銷團將要求發行人降低發行價格或發行數量，或二者皆減少以適應市場之需求，圈購行為在法律上並無約束力，因買賣雙方皆未能預知所能出售或購買之股數，但依一般慣例，投資人大都會接受圈購範圍內所分配到之股數。又一般承銷人較重視專業機構投資人之圈購，因機構投資人之投資期間較長，有助於股價長期安定，因此在通常情況下，如機構投資人之圈購低於出售股數50%以下，承銷人會要求發行人降低發行股價或股數，俾吸引較多機構投資人，否則承銷人寧可取消發行。

　　發行股價與發行股數經發行人與主要承銷商協議決定後，承銷團再與發行人簽定承銷契約，承銷團彼此間亦簽定承銷團契約以決定承銷團各參與者之權利義務，股票發行價格議定後，股數即由主要承銷人參考圈購股數及股價，當天分發給簽購之機構投資人，發行價格之議定與股數之分配，通常於股市收盤後進行，承銷契約簽定後，通常第二天股票即可掛牌交易，股票則於7天後交割，由於承銷人俟股票全數預售之後始簽定承銷契約，承銷人及承銷團所負擔之風險，僅限於發行價格決定後股票交割前之市場風險，通常一般承銷契約皆載有於戰禍及其他不可抗拒之天災時，豁免其履行承銷之義務。又承銷契約通常給予承銷人溢額發行之權利，承銷人在股票發行後一定期間內（通常為30天）能向發行人按發行價格再購買該次發行股數15%之股份，以作為安定市場之工具，由於承銷人於發行新股時，通常溢售發行股數20%至30%之股份給投資人，股票發行後，市價如低於發行價，則承銷人可進場買入股份以彌補其溢售之股份，如股票市價高於承銷價格，則承銷人有權向發行人再購買發行股數15%之股份，以彌補其溢售之部分。美國法令並無承銷人須包銷之規定，承銷人幫助發行人在發行市場依法預售股票，當所

有股票皆預售完或甚至溢售時，始能議定發行價格及決定股票之分配，雖名為包銷其實是預銷，包銷風險有限，股數之分配則按所圈購之股數由主要承銷人全權分配，但分配之方式則以機構投資人為重。

（二）英國承銷制度

英國承銷制度較接近美國之方式，但新股發行價格之決定除按市場情況由承銷人與發行人議定外，亦採競標方式，但無論採取任何方式，發行價格一般皆低於市價，以促進股權之分散，又股票之分配亦採公開選購之方式，由投資大眾按發行價格公開選購，按選購之情況，承銷人再分配股數給選購人，而選購人於選購時須附上選購金額之支票。

證券集中交易市場對承銷業務亦扮演重要角色，首先於股票尚未分配給承銷人之時，股票在股市已開始掛牌買賣，集中交易市場規定35%分配給投資大眾，25%配給證券商或市場創造者，以達成分散股權之目標。承銷人與附屬承銷人（Subunderwriters）共同組成承銷團，對發行股票承負餘額包銷之責任，如公眾未能充分選購發行股數時，則餘額由承銷團包銷，在英國承銷人有時僅做代銷工作，代理發行人將股票直接銷售給投資人，其並不負擔包銷之風險。

（三）日本承銷制度

日本證券交易法令可回溯至1878年創立之證券交易法規及東京及大阪交易所之建立，1948年證券交易法因受美軍占領期間之影響，師法美國制度，尤其以證券發行之登記、年度及期中報表之申報、惡性操縱市場股價之禁止及民刑事之責任等有關規定皆類似美國證券交易法之翻版，又股票之發行亦採公開原則申報制，不採審核制。

發行價格之決定通常以本益比及股價淨值兩項重要計價觀念為主，再參照類似公司之股價、市場狀況及其他因素，其結果為產生最低之拍賣價格標準，再以最低價加30%之價格為最高價，投資人於此價格之間來往競標，最後價格則按競標結果，以加權平均法來決定最後發行之價格，有時股票之發行由發行人直接分給投資人，承銷人僅負責代銷之業務。股票之分配則由承銷團處理，分配方式與美國相同，日本證券交易法雖禁止操縱股價，但允許安定操作之交易，俾使新股之發行或公開賣出順利進行。

七、我國承銷制度努力之方向

　　各國承銷制度雖不盡相同，但其追求自由市場、股權分散、鼓勵資本形成之精神皆類似，然國外承銷商扮演較為積極之角色，在建立配售管道、構組承銷團以協助企業籌措資金，配合拍賣制度與自由市場機能，產生合理承銷價格或擔任市場創造者、訂定安定價格制度等方面頗值得我國作為改進承銷制度之參考。比較各國承銷制度與我國承銷市場現況，我國承銷制度宜朝下列目標努力：

（一）鼓勵資本形成

　　鼓勵資本形成應與股權分散及保護投資大眾等，同為證券主管機關未來管理與法令擬訂之重點，不宜過度保護投資大眾而妨礙長期資本之形成，我國經濟發展至今，已進入已開發國家之列，欲更上層樓，則國內廠商需與世界各著名公司共同競爭，資本之雄厚與否係競爭成敗之主因，我國證券市場應能發揮匯集民間資金，聚川成河，使國內廠商能在國際經濟舞台一爭長短。

（二）促進證券市場自由化

　　透過自由市場之供需法則決定證券發行之價格及股數以達證券市場自由化為各先進國家追求之最終目標，然各國國情相異，證券市場發展之階段亦各不相同，因此在追求市場自由化採用之手段與階段亦有不同，我國證券市場發展至今已具相當規模，自由市場之雛型已具，似宜在此時研擬部分中期步驟，期能將我證券市場導向自由市場之最終目標。

（三）發展機構投資人（Institutional investors）、資產管理人（Assets-management）及共同基金（Mutual fune）

　　散戶比例過重與其盲目之投資方式係目前國內股市不穩定之主因，未來應朝向增加專業投資機構比例，以期非專業性之投資個人，能透過專業投資管道，參與股票市場投資，而又能讓個人投資者分享股市成果，以達均富之理想。

（四）加重承銷商充當資本市場仲介之專業功能

在歐美日各國承銷商擔任發行人與資本市場之仲介角色，一方面對發行人之發行資格加以過濾，亦以其龐大資金承擔承銷風險；另一方面透過市場機能決定市場價格，並建立強大承銷管道以協助企業籌措資金。在先進國家多以投資銀行爲證券承銷人，其所屬之股票經紀人對於投資人之需求瞭若指掌；其研究部門對各行業及各公司較有深入之研究與瞭解，定期發行對各行業及公司之研究報告，供投資人投資參考，因此其承銷業務僅係整體業務之一環，其對發行人之服務係全面性，我國證券市場要更健全，承銷商之專業資格與權威性極須加以培養，整體之業務發展觀念亦需建立，而政府亦應允許其追求合理利潤以配合其所承擔之風險，否則承銷商無法建立充當資本市場仲介角色應具備之整體專業性之研究部門、銷售網及承銷部門，另如此亦可藉由風險觀念及市場法則對不良承銷商產生自然淘汰作用。

第十三節　證券自營商

一、自營商之意義與功能

證券自營商係指經主管機關之許可及發給許可證照，經營有價證券之自行買賣及其他經主管機關核准之相關業務爲主要業務之證券商（證交§16）。所謂自行買賣，係指爲自己計算，自行負擔盈虧，直接利用與證券交易所電腦連線從事競價買賣證券，不透過證券經紀商，惟證券自營商係於集中交易市場自行買賣，須與證券交易所簽訂供給使用有價證券集中交易市場契約，始得爲之（證交§129）；經主管機關核准，亦得在其營業處所受託或自行買賣有價證券（證交§62）。一般而言，自營商有比較周密之投資計畫，因買賣證券之損益皆自行負責，再則自營商並負有配合政府調節股價之任務，目的在加強證券之流通性並促進股價之穩定，與一般之投資公司顯有不同。證券自營商亦得在發行市場爲公司股份之認股人或公司債之應募人（證交§83），此即表示證券自營商亦得經認股手續繳納股款而成爲股份有限公司之股東，及得購買公司債券。證券自營商經營自行買賣有價證券業務，應視市場情況有效調節市場之供求關係，並注意勿損及公正價格之形成及其營運之健全性，俾發揮穩定證券市場之功能。

二、自營商買賣有價證券之限制

(一)證券商設立之目的，主要在扮演證券市場中介之功能，促使證券發行、交易之順利運作及機能發揮，對證券商經營自行買賣有價證券業務者，其投資買賣股票，金額若過大或過度集中於部分特定股票，而可左右發行公司經營權或市場交易，不但與設置證券商之意旨不符，且將對市場造成莫大之損害，甚至在市場低迷時造成證券商財務危機，為防止證券商買賣股票過度集中，促使分散，爰規定證券商除金融機構兼營者另依銀行法規定外，其經營自行買賣有價證券業務者，持有任一公司股份之總額不得超過該公司已發行股份總額之10%；其持有任一公司所發行有價證券之成本總額，並不得超過本身資產總額之10%。

(二)證券自營商由證券承銷商兼營者，除得先行認購後再行銷售或於承銷契約訂明保留一部分自行認購外，於承銷期間內，不得為自己取得所包銷或代銷之有價證券（證交§74），違反者，處相當於所取得有價證券價款金額以下之罰鍰，但不得少於12萬元（證交§177-1）。

(三)證券商兼營證券自營商及證券經紀商者，應於每次買賣時，以書面文件區別其為自行買賣或代客買賣（證交§46）。違反前項規定者，處1年以下有期徒刑、拘役或併科新台幣120萬元以下罰金（證交§177）。

(四)證券商在集中交易市場自行及受託買賣有價證券，應分別設立帳戶辦理申報與交割，申報後不得相互變更，藉以防杜證券商侵占投資人資金及影響投資人之權益。

(五)證券商經營自行買賣有價證券業務，應視市場情況有效調節市場之供求關係，並注意勿損及公正價格之形成及其營運之健全性。

(六)證券商在集中交易市場經營自行買賣有價證券業務，應依證券交易所之協調，至少負責一種上市股票未達一個成交單位之應買應賣。

證券商在營業處所經營自行買賣有價證券業務，應依證券商同業公會之協調，至少負責一種有價證券之應買應賣。

證券商在營業處所經營自行買賣有價證券業務，對所持有之有價證券，於持有期間，並應對該有價證券提供賣出之報價。

(七)證券商在證券集中交易市場自行買賣有價證券，不得申報賣出其未持有之有價證券。

金融機關兼營之證券商，其以自有資金與信託資金在同一日內作同一有價證券之相反自行買賣者，應依銀行法第108條規定，報經證期會備查。

第十四節　證券經紀商

一、經紀商之意義與功能

　　證券經紀商係指經主管機關之許可及發給許可證照，與證券交易所訂立供給使用有價證券集中交易市場契約，經營有價證券買賣之行紀或居間業務為目的事業之股份有限公司（證交§16、§44、§47、§158）。所稱行紀，謂以自己名義為他人之計算，為動產之買賣或其他商業上之交易而受報酬之營業。所稱居間，謂當事人約定，一方為他方報告訂約之機會，或為訂約之媒介，他方給付報酬之契約。當有價證券上市後，上市有價證券之買賣，應於證券交易所開設之有價證券集中交易市場為之（證交§150），一般於集中交易市場從事上市有價證券買賣者，僅限於與證券交易所訂立供給使用有價證券集中交易市場契約之證券經紀商或證券自營商（證交§129），一般投資人無法於集中交易市場買賣上市有價證券，必須委託與證券交易所訂立證券市場契約之證券經紀商為之。換言之，證券交易所證券買賣業務，皆採間接買賣方式進行，證券經紀商代表客戶買進與賣出，兼具代理與仲介之地位。由於證券交易係具有高度專門性與技術性之交易行為，且證券種類繁多，一般投資大眾較無法比較分析，委由經紀商提供專業意見委託買賣較具保障。

二、經紀商受託買賣有價證券之程序

（一）受理開戶

　　證券經紀商於接受託證券買賣時，必須先與委託人辦妥受託契約，未經辦妥受託契約者，證券經紀商應不得受理。

　　證券商與客戶簽訂受託買賣契約時，應指派專人作契約內容之說明及有關證券買賣程序之講解，並對客戶應建立下列資料，該項資料，除應依法令所為查詢外，應予保密：

　　　1.姓名、住所及通訊處所。

　　　2.職業及年齡。

　　　3.資產之狀況。

　　　4.投資經驗。

5.開戶原因。

6.其他必要的事項。

　　證券商受託買賣有價證券，應依據前述之資料及往來狀況評估客戶投資能力；客戶之委託經評估其信用狀況如有逾越其投資能力，除提供適當之擔保者外，得拒絕受託買賣。證券商對前述有關客戶資料，除應依法令所為查詢外，應予保密。

（二）委託書、買賣報告書及對帳單之備置製作與保存

　　證券經紀商應備置有價證券購買及出售之委託書，以供委託人使用，其受託買賣有價證券，應於成交時作成買賣報告書交付委託人，並應於每月底編製對帳單分送各委託人，上述書件，並應保存於證券經紀商之營業處所，有關書件內容，應依「證券經紀商受託買賣有價證券製作委託書、買賣報告書及對帳單應行記載事項準則」規定辦理，證券商未依規定製造、備置或保存上述書件者，依證券交易法第178條處以24萬元以上240萬元下罰鍰，並責令限期辦理，逾期仍不辦理者，得繼續限期令其辦理，並按次連續各處48萬元以上480萬元以下罰鍰，至辦理為止。

三、經紀商有價證券買賣委託之限制

（一）全權委託買賣證券之禁止

　　依證券交易法規定，證券經紀商不得接受對有價證券買賣代為決定種類、數量、價格或買入、賣出之全權委託（證交§159）。因證券經紀商僅得為買賣之行紀或居間、代理，並無代為決定投資之權利，雖受託買賣，亦可提供投資適當諮詢之服務，然其投資之決定須由投資人自行為之。如可全權委託，實質上將成為證券投資信託之性質，易侵害投資人之權益，因而應加以禁止。

　　證券經紀商違反前述規定，接受全權委託買賣證券者，處24萬元以上240萬元以下罰鍰（證交§178）。另台灣證券交易所發現證券經紀商涉有違反上述規定者，應報請主管機關處理。

（二）自行及受託買賣應分別設帳

　　證券經紀商兼營證券自營商者，應於每次買賣時，以書面文件區別其為

代客買賣或自行買賣，並應分別設立帳戶辦理申報與交割，申報後不得相互變更，同時於受託買賣時，不得利用受託買賣之資訊，對同一買賣爲相反之自行買賣，但因經營在其營業處買賣有價證券業務，依其報價應賣，並同時申報買進者，不在此限。

（三）證券經紀商受託買賣不得有不當勸誘買賣之行爲

爲確保受託買賣之證券商，公正執行受託買賣業務，不侵害客戶權益，不影響市場運作。爰限制證券商受託買賣有價證券，不得有下列行爲：

1. 提供某種有價證券將上漲或下跌之判斷，以勸誘客戶買賣。
2. 約定或提供特定利益或負擔損失，以勸誘客戶買賣。
3. 提供帳戶供客戶買賣有價證券。
4. 推介客戶買賣特定之股票。
5. 對客戶提供有價證券之資訊，有虛僞、詐騙或其他足致他人誤信之行爲。
6. 接受客戶對買賣有價證券之種類、數量、價格及買進或賣出之全權委託。
7. 接受客戶以同一帳戶爲同種有價證券買進與賣出或賣出與買進相抵之交割。
8. 接受客戶以不同帳戶爲同一種有價證券買進與賣出或賣出與買進相抵之交割。
9. 接受客戶以他人送存集中保管證券憑證或買進報告書第二聯辦理交割。
10. 於其本公司或分支機構之營業場所外，直接或間接設置固定場所爲接受有價證券買賣之委託。
11. 於其本公司或分支機構之營業場所外，直接或間接設置固定場所，從事與客戶簽訂受託契約或辦理有價證券買賣之交割。
12. 受理未經辦妥受託契約之客戶，買賣有價證券。
13. 受理未具客戶委任書之代理人開戶或買賣。
14. 知悉客戶有利用公開發行公司尚未公開而對其股票價格有重大影響之消息或有操縱市場行情之意圖，仍接受委託買賣。
15. 利用客戶名義或帳戶，買賣有價證券。
16. 非應依法令所爲之查詢，洩漏客戶委託事項及其他業務上所獲悉之秘密。
17. 挪用客戶之有價證券或款項。

18.代客戶保管款項或證券存摺。

19.未經證期局核准辦理有價證券買賣之融資或融券，直接或間接提供款項或有價證券供客戶辦理交割。

20.其他違反證券管理法令或經證期局規定應為或不得為之行為。

（四）證券經紀商受託買賣收受客戶交割款項，應設專戶不得流用，及逐日製作銀行調節表

為避免證券經紀商自有資金與客戶交割款項互為流用，及促使證券商能逐日瞭解專戶款項收付情形，以免發生冒領、溢領之情形，爰規定證券商受託買賣有價證券，應於銀行設立專用帳戶辦理對客戶交割款項之收付，該帳戶款項不得流用。另證券商對前項專用帳戶，應逐日編製銀行調節表。

（五）另闢營業處所或資訊站之禁止

證券經紀商不得於其本公司或分支機構以外之場外，接受有價證券買賣之委託（證交§160）；禁止證券經紀商另設資訊站或貴賓室辦理開戶、接單、下單及交割事項。違反上述規定者，證期局得視情節輕重，依證券交易法第66條之規定處分證券經紀商，其負責人或受僱人處2年以下有期徒刑、拘役或科或併科180萬元以下罰金（證交§175）。

（六）手續費費率之限制

證券經紀商受託於證券集中交易市場，買賣有價證券，其向委託人收取手續費之費率，由證券交易所申報主管機關核定之。

證券經紀商非於證券集中交易市場，受託買賣有價證券者，其手續費比率，由證券商同業公會申報主管機關核定之（證交§85）。

第十五節　證券商業同業公會

證券交易法規定證券商應依其經營證券業務之種類，分別地區，組織同業公會，凡經證期會許可及領有證券商許可證照者，皆須加入同業公會為會員，證券商非加入同業公會，不得開業（證交§89），目前證券商同業公會

為符合證券市場實際需要，係由證券承銷商、證券經紀商及證券自營商共同組成，於民國87年4月4日成立中華民國證券商業同業公會。

一、公會之宗旨

　　中華民國證券商業同業公會係以保障投資大眾、發展國民經濟、協調同業關係及增進共同利益為宗旨。由會員指派代表一人出席。會員代表以證券商之董事、經理人或兼營證券業務之金融機構二級以上正副主管人員，具有中華民國國籍，年滿20歲以上而無公司法第30條及證券交易法第53條各款情事者為限。

二、公會之任務

(一)關於配合國家經濟建設，盡力促進證券市場發揮其應有之功能事項。

(二)關於國內外證券業務之聯繫、調查、統計諮詢、研究發展及發行刊物等事項。

(三)關於政府經濟政策與證券交易法令之協助推行與研究、建議事項。

(四)關於督促會員自律，共謀業務上之改進，及聯繫、協調事項。

(五)關於同業間共同性各項業務規章之釐訂及編纂事項。

(六)關於促進會員組織之健全及發展事項。

(七)關於會員營業缺失之矯正事項。

(八)關於辦理報備股票業務事項。

(九)關於同業員工技能訓練及業務講習之舉辦事項。

(十)關於會員公益事業之舉辦事項。

(十一)關於會員合法權益之維護事項。

(十二)關於會員違規之議處事項。

(十三)關於會員間或會員與投資人間紛爭之調處或仲裁事項。

(十四)關於會員業務規程或公平交易規則之制定事項。

(十五)關於會員委託證照之申請、變更、換領及其他服務事項。

(十六)關於參加國際性證券組織及加強國民外交事項。

(十七)關於接受機關、團體之委託服務事項。

(十八)關於社會運動之參加事項。

(十九)關於維護有價證券買賣之公正及保護投資人事項。

(二十)關於防止有價證券買賣詐欺、操縱市場、收取不當手續費、費用及其他不當得利等行為事項。

(二十一)關於辦理證券商業務人員資格測驗及登記事項。

(二十二)依其他法令規定或會員建議應行辦理之事項。

三、公會之組織

公會以會員大會為最高權力機構，監事會為監察機構。公會設理事33人，組織理事會；監事11人，組織監事會；均由會員大會就會員代表中用無記名連記法互選之。另公會設理事長1人，由理事就常務理事中用無記名單記法選舉之，以得票較多者為當選。

公會會務工作人員設秘書長1人，綜理會務，副秘書長1人至3人，輔佐秘書長，襄理會務。公會依業務需要，設置(一)行政管理部：分為秘書組、財務組、電腦資訊組及企劃組；(二)業務發展部：分為業務服務組、教育訓練組及國際事務組。另公會為有效推動業務，設置承銷業務、自營業務、經紀業務、研究發展、紀律、財務、教育訓練、國際事務、公共關係、大陸事務、金融期貨業務、新金融商品、債券業務及外資事務等14個委員會研議相關證券事務。

第十六節　金融監理沙盒試驗

一、立法緣起

有鑑於證券交易法第44條規定，證券商須經主管機關許可並發給證照，方得營業，並明定非證券商不得經營證券業務，然為協助證券業運用科技創新服務，提升證券業效率及競爭力，並促進金融科技產業發展，參考英、星、澳等國家做法，提出監理沙盒（Regulatory Sandbox）試驗，於確保金融消費者及金融市場之健全下，主管機關得放寬業者適用金融服務業之相關法規限制，並於明確定義的範圍及期間進行創新之金融科技技術試驗，使業者有機會試驗創新技術之可行性，期提升我國整體金融競爭力，立法委員多人於105年9月主動提出增訂證交法第44條之1修正案，並於106年12月9日獲立法院三讀通過。茲將該條文逐項說明職下：

（一）依據2015年世界經濟論壇資料統計，金融科技可分為六大區塊，即支付（Payment）、保險（Insurance），存貨（Deposit or Lending）、籌資（Capital Raising）、投資管理（Investment Management）及市場資訊供應（Market Provisioning），其中除既有之金融範疇外，尚包括了大數據、互聯網金融、網路與行動銀行、第三方支付、網路微型貸款、P2P貸款及跨國匯兌、群眾募資、機器人理財、比特幣等虛擬貨幣及區塊鏈技術等新興領域，顯示金融業受科準進步之影響，已然啟動全新之金融變革。為促進金融科技新創業發展，加速金融產業轉型，另參考英國、新加坡等國家推行監理沙盒扶植新創之成功試驗，開放企業申請監理沙盒試驗，但限於明確定義的範圍及期間，以避免金融服務業之相關法規限制，阻礙跨領域金融科技創新之發展。申請監理沙盒試驗者須具備有關金融科技之技術、具創新性、有利於消費者、有試驗之必要及已製作完整調查報告等資格，得向主管機關申請監理沙盒試驗，且以誠信方式進行監理沙盒試驗。特增設本法第44條之1為促進普惠金融及金融科技發展，不限於證券商及證券金融事業，得依金融科技發展與創新實驗條例申請辦理證券業務創新實驗。

（二）為利金融科技業及資訊服務業監督管理，並確保金融市場及金融消費者之健全，經核准之監理沙盒，由主管機關依個案輔導、監管、調整或豁免本法之應遵行事項後，始得試驗監理沙盒，故於第44條之1第2項規定前項之創新實驗，於主管機關核准辦理之期間及範圍內，得不適用證交法之規定。

（三）另為維護金融系統之安全，有效控管風險，並在創新的過程中，幫助企業順利融入市場運作機制，建立監管者與創新者之間的良性互動關係，爰要求主管機關應提供參與者與金融科技發展相關的法規環境、法令規章詢問與規管之諮詢、協調，並適時對試驗提出之相關金融法規適時檢討其安全性。

二、立法檢討

為加速協助跨領域之金融科技創新創業發展及協助金融業轉型創新，107年1月立法採行監理沙盒（Regulatory Sandbox）試驗，增訂證交法第44條之1，但內容過於簡略。

為確保消費者及金融市場之健全，適當監管是必要的，避免過度法令規範抑制金融科技創新發展，主管機關本應依個案輔導、監督、調整或豁免本

法之應遵行事項後，始得執行監理沙盒試驗，主管機關得採取行動如提供個別專業輔導、准許豁免法令應遵行事項、消費者之保護措施，可能賠償計算及履行保證等。惟須強調監理沙盒試驗非為豁免現行法規之限制，係為推動金融科技，於明確定義的範圍及期間下，暫時免除現行法規限制，監理沙盒試驗完成後，各業者仍須回歸適用現行法規。

(一)主管機關實施「監理沙盒」制度的主要目的之一，為同步獲取第一手新創產業發展資訊，以便最快時間內建立法令應否修政之方針。為求提高行政及立法效率，以利我國新創產業的國際競爭力，建議「監理沙盒」制度實施之結果應同步讓行政院及立法院知悉，以利日後法制作業之加速進行。

(二)有關監理沙盒試驗的推動，皆需通過主管機關審查。由於金融科技多為跨領域之結合，故為使監理沙盒試驗之審查機制更為完善，並確保跨領域之意見得以兼顧，故建議應於本條中明定監理沙盒試驗之審查應有金融及非金融領域之專家共同參與，以使審查機制更加完備。

(三)為確保消費者及金融市場之健全，當有顯著危及金融市場及金融消費者健全經營之虞者，建議應明定保留主管機關得命停止之權限。

(四)建議應明定有關申請監理沙盒試驗之資格標準、試驗計畫之審核、試驗計畫之監控準則、法令豁免之適用準則、對於消費者及金融體系之保護機制、試驗計畫中止之適用準則、測試報告之內容需求及企業財務、業務及其他應遵行事項之辦法，授權由主管機關定之，並得依個案調整或豁免證券交易法之應遵行事項及行政規定。

第七章　證券金融事業

第一節　證券金融事業之意義及功能

一、意　義

　　為健全證券市場發展，不僅應促進證券發行及交易市場之健全發展，亦應促進相關周邊制度之健全發展，特別是證券金融業務之發展，證券金融業務從狹義之角度而論，即是證券融資融券業務；但從廣義之角度而論，則尚包括證券保管與劃撥清算等業務。現代工商營運、市場活動及國家經濟發展皆需藉助金融業務之支持配合，就證券市場而言，證券發行人在初級市場募集或增資發行籌措長期資金，經由證券承銷商包銷，以及市場投資人、公司員工及原有股東之認購，均需資金周轉融通；在證券交易市場方面，投資人間之證券買賣常向金融機構申辦或經由證券經紀商以信用交易方式辦理融資融券，甚或證券投資人質押證券變現或購買期貨避險、儲存或借用資券等活動皆需金融服務，而證券商包銷證券、自營商購進證券商品及證券經紀商承作信用交易及日常營運等各項業務活動均需資金支應，在有效調度運用自有資金不足時，亦需向金融機構借貸或轉融通，該等以證券為擔保或以證券為商品、媒體之金融及授信業務，以及對證券業者資金融通周轉均可統稱為證券金融，實為金融體系之一環。證券金融公司亦稱證券融資公司，是指依法設立的在證券市場上專門從事證券融資業務的法人機構。證券金融公司自股票市場或銀行取得資金，再將這些資金提供給需要融資的投資人，並依規定將融資擔保的股票提供給融券的投資人，以促進交易市場的活絡，並建立完整的金融制度。證券金融公司的產生是源於信用交易的發展。

　　證券金融業務係指以有價證券為標的，在有價證券市場之發行、流通過程中提供金融服務，對有價證券市場參加者（上市公司、證券商、投資人等）所需款券提供信用融通。舉凡各種有價證券如股票、債券、受益憑證等之發行、買賣、承銷、擔保、質押、借貸等之融通，均屬證券金融業務之範疇。因此，藉多元化金融服務與信用之提供，可促使交易市場活絡，達成調節供需與兼顧穩定股價之目的。

目前我國證券金融業務，僅限於辦理對代理證券商之客戶提供有價證券買賣融資融券（通稱信用交易），及對證券商之轉融資、轉融券（通稱轉融通）等二項，但在我國證券市場發展過程中，其存在不但可促進資金融通、證券流通之效率與加速資本形成，亦對整體投資活動之順序成長具有相當之貢獻，因此，如何進一步強化證券金融之功能，乃屬今後證券市場重要課題之一。

二、功　能

證券融資融券業務之主要功能，在於透過融資融券之信用授受，調節市場供需與穩定股價之目的，證券市場參與者有兩種主要類型，一為長期投資者，一為短期投資者，證券市場不能只有前者而無後者，蓋證券市場之投資者如皆為長期持有者，不輕易賣出，則極易形成有行無市，亦惟有在投機者之積極參與買賣，才能圓滑，甚至熱絡市場交易，市場參與者對於市場價格之預期往往頗為分歧，看漲者先行設法買進，俟股價真正上漲後再予賣出，賺取價差利益；相反地，看跌者必先行設法賣出，俟股價真正下跌後則予買入，亦可賺取價差利益，然由於投機者本身往往欠缺足夠之資金或股票，以供其買賣股票，遂行其投機目的；此時如有證券金融機構之參與，即可提供相當現金或股票以讓其完成交易，足見融資融券有活潑市場交易，並調節市場價格之功能。

由於證券之保管、流通至為方便，資產證券化則頗具市場性及大眾化，而證券金融對於證券發行、交易與證券投資人投資理財之資券融通、變現避險，以及證券商之經營等各項活動，可提供多元性之金融服務，發揮市場創造、款券供需調節及活絡交易與穩定行情等各種功能，對於證券市場之健全發展，實具關鍵性之作用。

第二節　我國證券金融事業發展沿革

我國證券集中市場在民國49年開業之先，證券商只承作店頭買賣，考量其組織規模及人員經驗素養，以及國內資金普呈不足之情況，由證券商負責籌款供應市場資金，提供投資顧問分析及基金管理等諸項業務，實難有效推

展興辦，鑑於日本設置證券金融等周邊事業之成效，政府乃於57年首次公布之證券交易法中即明定設置證券金融、證券投資信託及證券投資顧問等事業有關規定，其後配合市場規模之擴增，行政院於67年8月依證券交易法規定發布「證券金融事業管理規則」設置證券金融事業，以籌措金融體系及民間資金，供應市場之需；72年5月發布「證券投資信託事業管理規則」設置證券投資信託事業，發行各項基金，並開放華僑及外國人參與投資經營，以吸取技術經驗；同年10月發布「證券投資顧問事業管理規則」設置證券投資顧問事業，規定應有合格之投資分析人員參與投資經營，財政部除規定有關辦法，並公開辦理投資分析人員之甄試，以維證券顧問分析水準，而建立我國以證券金融等周邊事業與證券商完整之服務體系，俾使各證券周邊事業配合證券業務，有效發揮專業功能，促進證券市場健全發展。

　　我國於67年籌設證券金融事業之時，適逢中美斷交，一般投資意願不高，當時國內證券僅約20餘家，其設定資本額僅為1,000萬元，且當時規定證券商並不得投資他業及辦理融資融券業務，乃由原即試辦之台銀、土銀邀光華投資公司、中國信託及台灣證券交易所等參與投資，於69年成立復華證券金融公司，77年1月修正公布之證券交易法准許證券商經辦及代理融資融券業務，並將證券金融事業之設定資本額自4億元調增為40億元，80年6月修訂規定准許證券商轉投資證券金融事業，原復華證券金融公司獨家辦理證券金融業務之情形已不復存在，復加上84年7月起環華、富邦、安泰及元大等4家證券金融公司陸續開業，實有助於證券市場信用交易制度之加速自由化與健全之發展。但目前僅剩元大證券金融股份有限公司1家。

　　證券金融在證券市場與金融市場上，係相當重要且特殊之專業金融制度。在證券市場上，提供證券市場所需資金，提高資金有效配置，增進證券市場供需彈性與調節證券信用；在金融市場上，則是填補一般金融機構對證券市場參加人金融服務提供不足之處，地位上係擔任調和證券、金融市場之競合關係。我國證券金融事業設立迄今逾十餘載，承辦之證券金融業務仍僅限於有價證券買賣融資融券及轉融通等二項業務，惟實際上，證券金融業務之範圍涵蓋甚廣，包含所有以證券為標的之各項金融行為，依其授信標的為分類標準，可區分為股票金融、債券金融及其他證券金融等，鑑於證券市場規模擴大，投資活動之複雜性日益提升，現有單純之證券金融業務實已無法滿足市場需求，且未能配合證券市場情勢變化而進行金融服務與彈性調節之能力，因此，證券金融事業亦積極研發開拓新種證券金融業務，期使能有效支援配合證券市場健全發展。

第三節　證券信用交易

一、證券信用交易之意義與功能

　　證券信用交易係指證券金融事業或證券商經證券主管機關核准，對證券自營商或投資人以買賣有價證券爲目的之融資或融券以完成交割之授信行爲。稱融資者指證券金融事業或證券商對其客戶融通資金之謂，亦即指投資人預期股價上漲，爲增加證券之購買量，向融資機構辦理融資，由投資人繳納規定之自備款而取得一定比率之貸款，委託證券經紀商買進特定證券，而由融資機構取得所購進股票之質權，作爲借款之擔保。稱融券者指證券金融事業或證券商對其客戶融通證券之謂，亦即指投資人預期股價下跌，爲增加其證券之出售量，乃向融券機構辦理融券，由投資人繳納規定成數之保證金而取得一定數量之特定證券，然後委託證券經紀商賣出特定證券，而由融券機構取得售出股票價金之質權，以爲融券之擔保。

　　證券買賣融資融券基本功能在於藉由信用之授與，以滿足投資人利用財務槓桿效果追求更大利潤之動機，並進而活絡股市交易。此種操作方式易於助長短線投機，雖爲不爭之事實，然因融資買進可增加證券買賣之連續性，圓滑市場交易，有助於提高證券之流通性，融券之賣出或事後回補，亦具有調節市場價格之功能，對於證券市場之發展仍具有相當正面之助益，因此各國證券市場大部分皆允許此種信用交易之存在，惟爲避免造成過度之投機，各國亦皆針對本國之國情，設計其適當管理制度，嚴格加以管理。

二、我國證券信用交易之沿革

（一）例行交易時期（民國51年至62年）

　　我國證券集中交易市場於民國51年2月正式運作，初期股票交易買賣係採取例行交易方式，所謂例行交易又稱內部信用。由於當時社會大眾對證券投資認識不足，投資風氣未開，證券市場交易清淡，致有導入有限度信用供給交易方式之倡議，即證券投資人買賣雙方於成交後各自繳交一定金額之保證金，並可延至未來一特定時日始辦理現款現券交割，但自成交日至交割日此段期間，買賣雙方均可爲反向沖銷交易，交割日時僅須按價差辦理交割，主管機關可利用調整買賣證券保證金比率方式調節證券市場信用之緊縮或擴

張，但也由於交割時間差異及採行餘額交割方式，亦使市場交割風險增大，此種在證券交易過程中短期相互供給信用，乃為我國證券市場證券金融服務之始。

例行交易之證券買賣，在民國51年至62年期間，占交易總值之比例平均為20.3%，足以顯示證券集中交易市場對證券信用需求，惟62年2月16日主管機關為減少投機風險，收縮市場信用，對買賣雙方計繳的保證金比率提高為100%，故是項交易方式已形同終止。

（二）金融機構辦理融資業務時期（民國63年至68年）

例行交易停止後，各方反應強烈，極力要求主管機關正式開放證券交易過程中，提供證券款項之信用供給業務為替代措施。62年7月行政院擷取60年間國際復興開發銀行所屬國際財務公司（International Finance Corporation）來台研究我國資本市場問題研究報告結論建議訂定「授信機構辦理融資融券業務暫行辦法」，但並未立即實施。63年因受石油危機影響，經濟蕭條，證券市場持續低迷不振，投資大眾損失重大，政府為挽救證券市場，幾經審慎考慮後擷採眾議，乃於同年4月6日正式公布實施「授信機構辦理融資融券業務暫行辦法」，並核定台灣銀行、土地銀行及交通銀行等3家金融機構為證券市場信用供與機構，惟為顧及當時證券市場仍處股價重挫下，故僅規定辦理對買進證券者融資業務，而不辦理對賣出證券者融券業務。

（三）復華證券金融公司辦理融資融券業務時期（民國69年至79年）

鑑於金融機構試辦證券信用供給多偏重於融資業務，較不易發揮調節功能，且易發生助漲助跌之現象，為健全證券市場信用供給益趨正常與合理，乃再有設立證券金融事業專責辦理證券信用供與業務之議，並期以正規有效率之金融體系取代龐大之地下證券金融市場。

民國68年7月18日行政院依證券交易法第18條及銀行法第139條第3項公布「證券金融事業管理規則」，明定證券金融事業之意義、設立之條件及其業務相關事項，並由當時經辦融資業務之台灣銀行、土地銀行邀請光華投資公司、中國信託及台灣證券交易所等參與投資，參採日、韓兩國證券金融事業之運作，歷經年餘之規劃籌組，於69年4月正式成立復華證券金融公司運作，首先接替3家銀行辦理證券融資，同年7月21日起集中辦理證券信用供與業務。

（四）證券金融事業與證券商分別辦理有價證券買賣融資融券業務時期（民國79年迄今）

依77年1月修正證券交易法第60條規定，證券商經主管機關之核准，得為有價證券買賣之融資融券業務，前財政部證期會於79年9月27日研擬「證券商辦理有價證券買賣融資融券管理辦法」，以行政院核定發布，實收資本額20億元以上之證券商經核准後即得辦理融資融券信用交易，自此證券商開始辦理有價證券融資融券業務，原復華證券金融公司專辦融資融券業務已不復存在。前項辦法於81年6月及11月分別修正，目前前項標準已下降至淨值8億元。另於63年4月訂定「上市股票得為融資融券標準」，後經修正為「有價證券得為融資融券標準」，82年4月起除上市公司股票外，受益憑證亦已納入得為融資融券交易之標的。

三、集中交易市場證券信用交易

（一）上市股票得為融資融券信用交易之要件

依「有價證券得為融資融券標準」第2條規定非屬櫃檯買賣管理股票及興櫃股票之普通股股票上櫃滿6個月，每股淨值在票面以上者，或屬第一上櫃公司無面額或每股面額非屬新台幣10元，最近一個會計年度決算無累積虧損者，且該發行公司符合下列各款規定，由證券櫃檯買賣中心公告得為融資融券交易股票，但有下列各款情事之一者，得不核准其為融資融券交易股票：

1. 股價波動過度劇烈者。
2. 股權過度集中者。
3. 成交量過度異常者。

另上市（櫃）公司依金融控股公司法轉換為金融控股公司時，預計轉換為金融控股公司之金融機構股票中如有具融資融券資格者，則轉換後之金融控股公司如為上市公司，除其股票有股權過度集中之情事者外，即得為融資融券交易。

（二）上市信用交易股票暫停信用交易或調整融資比率及融券保證金

依「有價證券得為融資融券標準」第4條規定得為融資融券之股票有下

列情事之一者，證券交易所得公告暫停該股票之融資、融券交易，或在證期會所定之範圍內，調整其融資比率或融券保證金成數。

1. 上市股票變更交易方法為全額交割者。
2. 上市股票停止買賣者。
3. 上市股票終止上市。
4. 上市股票每股淨值低於票面。
5. 上市股票有鉅額違約情事且融資或融券餘額達一定比率者。
6. 股價波動過度劇烈者。
7. 股權過度集中者。
8. 成交量過度異常者。
9. 其他不適宜繼續融資融券交易之情事者。

依上述暫停融資融券交易或調整融資比率、融券保證金成數者，於暫停或調整原因消滅時，由證券交易所公告恢復。

此外另依「有價證券得為融資融券標準」第6條規定，每種得為融資融券交易之股票，其融資餘額或融券餘額達該種股票上市股份25%時，暫停融資買進或融券賣出，俟其餘額低於18%時，恢復其融資融券交易。但融券餘額雖未達25%或低於18%，如其餘額已超過融資餘額時，暫停融券賣出；俟其餘額平衡後，恢復其融券交易。

此外，發行公司停止過戶前5個營業日起，停止融資買進3個營業日；發行公司停止過戶前7個營業日，停止融券賣出5個營業日。

（三）信用帳戶開戶應具備之條件

投資人若符合下列條件，便可透過證券經紀商，依融資融券業務相關法令之規定，申請開立信用帳戶，從事融資融券：

1. 須為年滿20歲有行為能力的中華民國國民，或依中華民國法律組織登記的法人。
2. 開立受託買賣帳戶滿3個月。
3. 最近1年內委託買賣成交10筆以上，累積成交金額達所申請之融資額度50%，其開立受託買賣帳戶未滿1年者亦同。
4. 最近1年所得與各種財產合計達所申請額度30%。委託人期滿辦理續約者，應提供證明文件證實其條件需符合前述之規定。
5. 所提財產證明以本人或其配偶、父母、成年子女所有為限，但非本人所有者，其財產所有人應為連帶保證人。相關財產證明如下：

(1)不動產所有權狀影本或繳稅稅單。

(2)最近1個月之金融機構存款證明。

(3)持有3個月以上有價證券之證明。（上述條件適用於新開立之信用交易帳戶，惟原信用交易帳戶尚未到期者，暫不必補件，俟到期換約時須按新規定辦理。）

(4)最近1年之所得及各種財產合計達所申請融資額度之百分三十。

投資人申請開立信用帳戶，每人以一戶為限；且同一委託人於同一代理融資融券業務之證券商處，僅能選定一家證券金融公司開立一個信用帳戶買賣有價證券，但投資人可同時向開辦融資融券業務的證券商申請開立信用帳戶。

開立信用帳戶的投資人，若連續3年沒有融資融券交易紀錄，本公司即註銷其信用帳戶，並通知投資人與其證券商，自銷戶之日起3個月內不得申請開戶。

（四）投資人簽訂融資融券契約時應注意之事項

投資人從事股票交易一段時間後，依其平常之交易信用及個人財產資力等條件，可以開立信用交易帳戶，在開立信用帳戶時，投資人應與主管機關核准可開辦信用交易之證券商或證券金融公司（目前僅有元大金融股份有限公司開辦）之代理業務證券商簽訂融資融券契約，契約內容應包括：擔保維持率之計算、融資比率、融券保證金成數限額與期限、差額補繳期限（應於證券商通知送達之3個營業日內補繳差額）、融資融券之證券種類、擔保品的處分方式、手續費、保證金利息等相關問題。其中尤以保證金之追繳與擔保品的處分所發生的紛爭最為常見，投資人一定要先查看此二種規定事項。至於電話委託與書面委託的資料，投資人也應該留存證據，用以在營業人員發生錯誤或違反委託時，憑此依據請求法律上救濟。

（五）使用信用交易投資人應注意之義務

1.須注意融資比率，以準備自備款。

2.須注意融券保證金成數，繳納保證金。

3.注意擔保維持率之變動，若整戶擔保維持率低於規定比率時，應於證券商通知送達3個營業日之期限內補繳差額，如果逾期不繳，證券商就有權處分投資人之擔保品，因此投資人簽訂融資融券契約時，應確實瞭解契約所

載相關內容。

　　4.須注意融資融券之期限，依現行規定，在買賣融資融券半年期限屆滿前，客戶可申請展延期限6個月，惟以二次為限。

　　5.已融券者，應於股東常會及除權除息停止過戶第6個營業日前還券了結。

（六）融資自備款、融券保證金成數

　　融資比率及融券保證金成數之規定係依據證券交易法及中央銀行函規定辦理，目前上市有價證券最高融資比率調整為60%，最低融券保證金成數為90%。上櫃股票最高融資比率目前為50%，最低融券保證金成數為90%。

（七）融資、融券限額

　　依照證券交易法第61條規定：融資融券的額度、期限，以及融資比率和融券保證金成數，都是由主管機關研商經中央銀行同意後訂定，這是政府對證券信用實施選擇性管理的最主要方式，目前規定見表7-1。

表7-1　融資、融券限額　　　　　　　　　單位：萬元

| 等級 | 整戶額度 | | | | 單一個股扣除其他授信業務後之額度（融資、融券） | | | |
| | 融資額度 | | 融券額度 | | 上市 | | 上櫃 | |
	全部股票	非權值股	全部股票	非權值股	權值股	非權值股	權值股	非權值股
B	50	50	50	50	50	50	50	50
A	100	100	100	100	100	100	100	100
1	250	250	250	250	250	250	250	250
2	500	500	500	500	500	500	500	500
3	1,000	1,000	1,000	1,000	1,000	1,000	1,000	1,000
4	1,500	1,500	1,500	1,500	1,500	1,500	1,500	1,500
5	2,000	2,000	2,000	2,000	2,000	2,000	2,000	2,000
6	2,500	2,500	2,500	2,500	2,500	2,500	2,000	2,000
7	3,000	3,000	3,000	3,000	3,000	3,000	2,000	2,000
8	6,000	4,000	6,000	3,000	3,000	3,000	2,000	2,000
9	8,000	4,000	6,000	3,000	5,000	3,000	2,000	2,000
10	10,000	5,000	10,000	5,000	6,000	3,000	5,000	2,000

表7-1　融資、融券限額（續）

| 等級 | 整戶額度 | | | | 單一個股扣除其他授信業務後之額度（融資、融券） | | | |
| | 融資額度 | | 融券額度 | | 上市 | | 上櫃 | |
	全部股票	非權值股	全部股票	非權值股	權值股	非權值股	權值股	非權值股
11	12,000	6,000	12,000	6,000	6,000	3,000	6,000	2,000
12	14,000	7,000	14,000	7,000	6,000	3,000	6,000	2,000
13	16,000	8,000	16,000	8,000	6,000	3,000	6,000	2,000
14	18,000	9,000	18,000	9,000	6,000	3,000	6,000	2,000
15	20,000	10,000	20,000	10,000	6,000	3,000	6,000	2,000

（八）融資、融券期限

期限皆為半年；依主管機關規定期限屆滿前，各證券金融公司得視客戶信用狀況，准予客戶申請展延期限6個月，並以二次為限。

（九）融資利率、融券保證金利率、融券手續費

各證券金融公司依市場供需狀況予以調整並公告。

（十）整戶擔保維持率公式

委託人信用帳戶內各筆融資融券交易依照下列公式併計其整戶擔保維持率：

$$\frac{融資擔保證券市值 + 原融券擔保價款及保證金}{原融資金額 + 融券證券市值} \times 100\%$$

倘因市價變動，致擔保維持率低於120%時，證券金融公司即通知委託人，另副知代理證券商，於通知送達2個營業日內補繳差額，並依下列規定處理：

1.若通知送達之2個營業日內（Ｔ＋2日），委託人整戶擔保維持率仍未達百分之120%，且未補繳差額，證券金融公司即自第三營業日起（Ｔ＋3日），處分其擔保品（俗稱斷頭）。

2.若通知送達之2個營業日內,委託人整戶擔保維持率回升至120%以上,雖未補繳差額,第三營業日證券金融公司暫不處分擔保品;惟嗣後任一營業日,其整戶擔保維持率又低於120%時,委託人應即於當日下午自動補繳,否則證券金融公司即自次一營業日起,處分其擔保品。

3.委託人雖未補繳差額或僅補繳一部分而整戶擔保維持率回升至180%以上,或於前款規定處分擔保品前陸續繳納差額合計達到所通知之補繳差額者,取消追繳紀錄。

(十一)融資股票過戶手續

融資擔保之股票,係由集保公司保管,因此辦理過戶時,原則上交由集保公司直接向發行公司或股務代理機構辦理過戶。融資買進之股票,融資人如自行辦理過戶,應於停止過戶開始日第二個營業日前,以現金償還取得股票並至發行公司辦理過戶。

投資人融資買進之股票,雖係向證券金融公司或券商借款購買,如有過戶,仍可全數享有股東權益。而融券戶一定要在停止過戶前,將賣出股票全數償還(未還券者,擔保品將會被處分),以便融資戶辦理過戶。

(十二)資券相抵沖銷交易(信用交易當日沖銷)

1.定　義

所謂資券相抵沖銷交易,係指委託人在信用帳戶內,同日對同種證券之「融資買進,融券賣出」或「融券賣出,融資買進」其相等數量部分,得於成交日之次日以現金償還融資及現券償還融券方式,將應收、應付證券及款項相互沖抵,僅結計淨收、淨付之款項差額。

2. 使用資券相抵當日沖銷之優點

(1)提供投資人規避風險之管道:投資人融資買進股票成交後,如逢突發重大利空消息,為減少損失,可於當日收盤前以融券方式賣出,避免長期套牢。

(2)投資人可賺取短期投資差額:開放當日沖銷交易,可促進股市活絡,滿足投機客戶或大戶之操作需求,賺取投資差價利益。

(3)公平交易機會:實施當日沖銷,可使散戶或一般小股東處於與公司

大股東或市場大戶相等之規避風險地位。

　　(4)消弭空中交易之盛行：開放當日沖銷，將可使空中交易不法行爲漸趨式微。

　　(5)促進證券市場之自由化、制度化：衡諸國外之實例，開放當日沖銷行爲乃時勢所趨，並可促進證券交易制度之自由化。

3. 使用資券相抵之時機

　　(1)有突發之重大利多或利空消息。

　　(2)投資人本身可運用資金有限。

　　(3)股市處於盤整階段，爲求短期價差時。

4. 進行當日沖銷交易之程序

　　(1)開立信用帳戶：投資人必須在復華證券金融公司之代理證券商處，開立信用交易帳戶，始能進行信用交易之當日沖銷。

　　(2)簽訂概括授權同意書：委託人欲採資券相抵交割者，應事先與復華證券金融公司其代理證券商簽訂代爲自動相抵交割之同意書。

　　委託人同日就同種證券融資買進及融券賣出均成交者，其數量相同部分即自動沖抵，並由代理證券商代爲填製申請書，辦理融資現金償還及融券現券償還，委託人不需逐件申請，但委託人不爲沖抵時，應於當日收盤前向受託證券商聲明。

　　(3)融資及融券額度：投資人欲進行信用交易當日沖銷時，每種證券融券最高限額爲750萬元；有關個別帳戶融資券額度採總額計算，當日沖抵數額不得循環使用。

　　現以一級戶（融資250萬元，融券250萬元）爲例，說明如下：

・個別帳戶：無融券餘額時

　委託人當日同種證券融券賣出價金不得超過250萬元，相對沖抵之融資買進價金亦不得超過250萬元。

・個別帳戶：融券餘額100萬元時

　委託人當日融券賣出價金不得超過150萬元，相對沖抵之融資買進價金亦不得超過150萬元。

　惟委託人當日若有融券買進100萬元償還者，則當日可再融券賣出價金100萬元之證券用以沖抵。

・委託人融券賣出，如因市價上漲致其融券餘額超過規定限額時，得在當日最高漲幅範圍內增加。

例如：某甲為第一級戶，融券限額250萬元，1月5日委託融券賣出台泥35張，每股價格70元，總金額245萬元，但因市價上漲，成交價格為72元，總金額為252萬元，則超過部分不需要交付現券。

・委託人委託融資買進與融券賣出之價格，均得在當日漲跌幅範圍內限價委託之。

（十三）實施「有條件之積極處分權」

　　融資融券授信機構（包含自辦融資融券證券商與4家證券金融公司）對於簽訂融資融券契約之客戶，就其有價證券交易依照契約及相關法令規定提供融資與融券服務，並以客戶融資買進之證券，或證券賣出之價款與客戶繳交之融券保證金作為擔保。當客戶違反融資融券契約，由授信機構取得擔保品之處分權時，以往授信機構僅得處分客戶信用帳戶中，違約之該筆融資融券擔保品：若仍不足清償債務，授信機構得就客戶自行了結信用帳戶其餘各筆融資融券買賣所得之款項予以抵充，由於授信機構僅得消極被動地等待，稱之為「消極抵充權」。

　　民國94年3月1日起各授信機構處分客戶違約擔保品後之「消極抵充權」，改採「有條件之積極處分權」。換言之，授信機構處分客戶違約之該筆融資融券擔保品，不足清償債務，並以其信用帳戶內其他款項抵充仍不足者，經通知客戶補足仍未補足，則授信機構得於債務清償範圍內，就客戶信用帳戶內餘額予以處分，此即賦予融資融券授信機構「有條件之積極處分權」。此項處分權並同時放寬申報客戶信用違約之成就要件，亦即當授信機構行使「有條件之積極處分權」，經處分客戶整戶信用帳戶仍不足清償，而有既存債務時，才需向證券交易所或證券櫃檯買賣中心申報客戶信用違約，註銷其信用帳戶。

四、櫃檯買賣市場信用交易

（一）上櫃股票得為融資融券信用交易之要件

　　依「有價證券得為融資融券標準」第2條規定非屬櫃檯買賣管理股票及興櫃股票之普通股股票上櫃滿6個月，每股淨值在票面以上者，或屬第一上櫃公司無面額或每股面額非屬新台幣10元，最近一個會計年度決算無累積虧損者，且該發行公司符合下列各款規定，由證券櫃檯買賣中心公告得為融資

融券交易股票，並按月彙報主管機關：

　　1.設立登記屆滿3年以上。發行公司屬上市、上櫃公司之分割受讓公司者，得依被分割公司財務資料所顯示被分割部門之成立時間起算；屬投資控股公司或金融控股公司者，得依其營運主體之設立時間起算。

　　2.實收資本額達新台幣3億元以上。但第一上櫃公司無面額或每股面額非屬新台幣10元者，股東權益達新台幣6億元以上。

　　3.獲利能力：

　　　(1)最近一個會計年度決算無累積虧損，且其個別或合併財務報表之營業利益及稅前純益占年度決算實收資本額比率達百分之三以上。但實收資本額達新台幣6億元以上之公司，得不適用上開營業利益及稅前純益之規定。

　　　(2)第一上櫃公司無面額或每股面額非屬新台幣10元者，其合併財務報表之營業利益及稅前純益占年度決算股東權益比率達百分之三以上。

　　另股票有下列各款情事之一者，得不核准爲融資融券交易股票。

　　1.股價波動過度劇烈者。

　　2.股權過度集中者。

　　3.成交量過度異常者。

　　另上市（櫃）公司依金融控股公司法轉換爲金融控股公司時，預計轉換爲金融控股公司之金融機構股票中如有具融資融券資格者，則轉換後之金融控股公司如爲上櫃公司，除其股票有股權過度集中之情事者外，即得爲融資融券交易。

（二）上櫃信用交易股票暫停信用交易或調整融資比率及融券保證金

　　得爲融資融券交易之股票有下列情事之一者，證券櫃檯買賣中心得公告暫停該股票之融資、融券交易，或在證期會所定之範圍內，調整其融資比率或融券保證金成數。

　　1.上櫃股票變更交易方法爲應先收足款券者。

　　2.上櫃股票停止買賣者。

　　3.上櫃股票終止上市或上櫃者。

　　4.上櫃股票不符合第2條第2項之標準者。

　　5.上櫃股票有鉅額違約情事且融資或融券餘額達一定比率者。

　　6.股價波動過度劇烈者。

　　7.股權過度集中者。

　　8.成交量過度異常者。

　　9.其他不適宜繼續融資融券交易之情事者。

　　依前項暫停融資融券交易或調整融資比率、融券保證金成數者，於暫停或調整原因消滅時，由證券櫃檯買賣中心公告恢復。

（三）信用帳戶開戶應具備之條件

　　櫃檯中心開戶條件與集中市場信用交易開戶條件相同，即委託人申請開立信用帳戶須具備下列條件：

　　1.須為年滿20歲有行為能力之中華民國國民或依中華民國法律組織登記之法人。

　　2.開立受託買賣帳戶滿3個月。

　　3.最後1年內委託買賣成交10筆以上，累積成交金額達所申請融資額度之50%，其開立受託買賣帳戶未滿1年者亦同。

　　4.最近1年之年所得與各種財產計達所申請融資額度之30%。惟前述在受託買賣帳戶，僅集中市場或櫃檯買賣市場開戶滿3個月即可。近1年內委託買賣成交10筆以上之規定，二市場可合併計之。

　　櫃檯買賣市場信用交易帳戶與集中市場信用交易帳戶，是共用同一信用帳戶。故原在集中交易市場已開立信用交易帳戶者，不需另行開立，只須開立櫃檯買賣交易帳戶即可以信用交易方式買賣上櫃股票。

（四）信用交易之期限

　　上櫃股票買賣融資融券之期限比照上市有價證券之規定辦理，即期限為6個月，惟期限屆滿前，辦理有價證券買賣融資融券之授信機構得斟酌客戶信用狀況，准予展延6個月，並以一次為限。

（五）信用交易之限額

　　關於信用交易之限額，有融資限額及融券限額，其額度與級數分別參見表7-1。

（六）融資比率及融券保證金成數

上櫃股票信用交易投資人最高融資比率為5成，最低融券保證金成數為9成。上市股票其最高融資比率為6成，最低融券保證金成數為9成。

（七）整戶擔保維持率之計算

因為上櫃股票與集中交易市場二市場信用交易帳戶共用，所以投資人整戶擔保維持率，亦是以投資人信用交易帳戶內二市場交易之有價證券合併計算整戶擔保維持率，以控管客戶之風險。所以上市股票可以用來抵繳融券賣出上櫃股票之融券保證金及補繳上櫃股票之融資、券差額追繳。惟抵繳融券保證金部分，須以得為融資融券上市股票才可抵繳；抵繳融資、券差額追繳部分，僅須以除非屬變更交易方法之上市股票。抵繳成數，上市價證券依前一營業日收盤價7折計價。反之，上櫃股票當然亦可抵繳上市股票之標的。惟皆須以得為融資融券之上櫃股票且抵繳成數以上櫃有價證券依前一營業日之收盤價6折計價。另無記名政府債券亦可用於抵繳，無記名政府債券依面額9折計價。

五、我國證券信用交易制度基本架構

證券、證券金融及銀行業均為金融體系之重要單元，一般言之，證券業務以承銷、經紀及自營等三項為主，各國對合乎適度規範之證券業者通常多准予辦理證券金融業務中之信用交易業務；對銀行業者經營證券業務，在美國因1930年代證券市場危機而予以業務間隔及授信限制，在歐洲尤以德國銀行業之經營項目即含有證券業務，日本除創設「證券金融」專業金融外，對各銀行則採轉投資方式辦理證券業務。我國在證券交易法57年初次訂頒時，即明定設置證券金融專業，對銀行業則採綜合經營各項金融業務為目標。證券交易法第45條第2項即明定「證券商不得由他業兼營，但『金融機構』得經主管機關之許可，兼營證券業務」，而對證券業辦理金融業務，初採限制規定。證券交易法第60條限制證券商不得收受存款、辦理放款、借貸有價證券及為借貸款項或有價證券之代理居間，直至77年增訂但書規定，證券商經證券主管機關核准者得為有價證券買賣之融資融券或融資融券之代理。

我國證券信用制度結構大致仿自日本，但對證券投資人提供信用供給之機構，則為證券金融事業與經主管機關核准辦理是項業務之證券商，兩者兼有；而證券金融事業同時又肩負對自辦證券商轉融通之責，因此，我國證券

信用制度結構係爲證券信用一段式與兩段式借貸關係雙軌併存，而異於美國及日本、韓國，自成爲證券信用制度之第三種模式。綜觀我國現行證券信用制度整體架構，請參閱表7-2與表7-3。

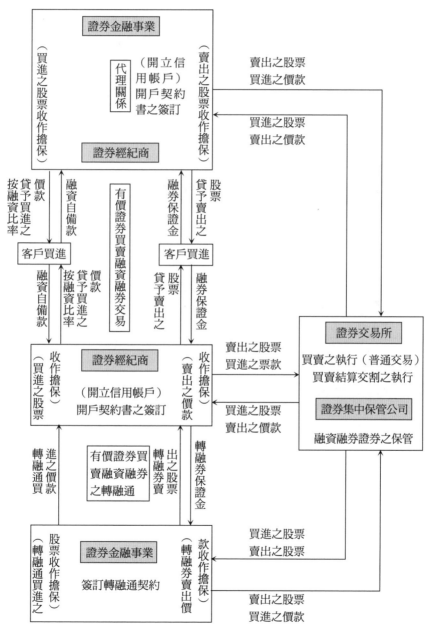

表7-2　我國雙軌制證券信用制度

資料來源：財團法人中華民國證券暨期貨市場發展基金會，台灣證券金融事業之發展與規劃，頁11。

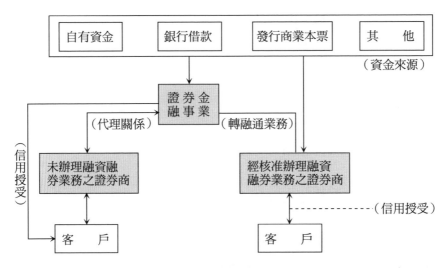

表7-3　我國證券信用制度結構

第八章　證券投資信託事業

第一節　證券投資信託之意義

　　所謂「證券投資信託」係指證券投資信託公司以發行受益憑證之方式募集成立證券投資信託基金，並運用證券投資信託基金投資證券，將投資所得之利益分配予受益憑證持有人之一種制度，其目的在於集合多數投資人之資金，組成共同基金，委由專業機構負責經理，並由銀行負責保管該基金資產，以兼具專業經營及分散投資風險之特質。其負責經理基金之專業機構即為證券投資信託公司，在國外亦稱為基金經理公司。我國證券投資信託制度之開創，原係配合行政院核定之「引進僑外資投資證券計畫」第一階段之執行，按此階段之僑外資投資我國證券，係採間接投資之方式，亦即僑外以購買我國證券投資信託公司在海外所發行之受益憑證之方式，投資於我國證券市場。證券投資信託組織說明參見圖8-1。

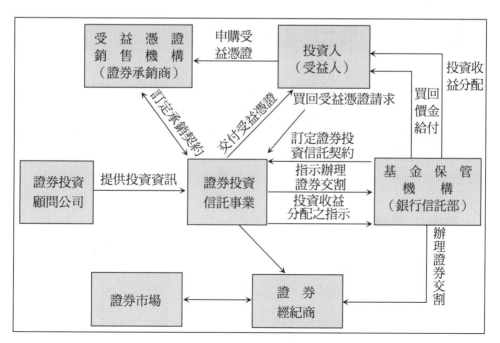

圖8-1　證券投資信託組織架構圖

第二節　證券投資信託公司（基金經理公司）

　　證券投資信託公司又稱基金經理公司，係指發行受益憑證募集證券投資信託基金，並運用證券投資信託基金從事證券投資之事業，依據證券交易法第18條之規定，其設立應經證期局之核准，另依證券投資信託及顧問法規定，證期局得視國內經濟、金融情形、證券投資信託及證券市場之狀況，限制證券投資信託事業之設立。證券投資信託事業之組織，以股份有限公司為限，其資本總額不得少於新台幣3億元，此資本總額應一次實收，不得分次繳納。

　　申請設立證券投資信託事業之手續，依規定應具申請書，先向證期局申請核准，經取得此項設立之核准後，如有華僑或外國人投資者，應報經經濟部投資審議委員會審議後，再憑以向經濟部、或直轄市建設局辦理公司登記及營利事業登記。證券投資信託事業應自證期局核准之日起6個月內依法辦妥公司登記，向證期局申請核發營業執照，經取得營業執照後，始可正式營業。

第三節　證券投資信託基金

　　證券投資信託基金，係指由證券投資信託公司依證券投資信託及顧問法規定，向投資大眾募集所得之資金，由基金保管機構保管，並由證券投資信託公司運用以投資有價證券所成立之基金，與一般信託公司以特定信託方式所成立之信託資金有別。其專指證券投資信託契約之信託財產，包括因受益憑證募集或私募所取得之申購價款、所生孳息及以之購入之各項資產。

一、基金之種類

（一）公司型與契約型

1.公司型

　　公司型係以發行股票成立公司之方式，集合多數人之資金從事有價證券之投資，投資人於購入該公司股票時，即成為該公司股東，可參與分享其經

營成果，美國共同基金大都採用此型。

2. 契約型

　　契約型乃相對於公司型而言，指證券投資信託公司與基金保管機構雙方訂定信託契約，向不特定大眾募集資金後分割為均等之受益權單位，從事證券投資，其投資所生之收益，則由投資人以受益人身分享有，基金本身不組公司，我國及日本均採契約型。

（二）開放型與封閉型

1. 開放型

　　自開始募集之日起，投資人可隨時向銷售機構申購；而自基金發行日起屆滿一段期間後，受益憑證持有人亦可隨時向基金經理公司申請買回，由於隨時開放供投資人購買或申請買回，故稱為開放型，開放型基金所發行在外之受益權單位數，會因投資人購買而增加、請求買回而減少。

2. 封閉型

　　封閉型基金於募集期間，投資人可向經理公司或銷售機構申請，當基金最高淨發行總額全部募足，或募集期間屆滿並已募得所規定之最低淨發行總額時，經理公司通常會向台灣證券交易所申請基金上市，封閉型基金於上市後，投資人不得向基金經理公司申購或要求買回受益憑證，因此，發行在外之總受益權單位不會改變，故稱為封閉型。

二、基金之募集

　　證券投資信託事業募集證券投資信託基金，非經主管機關核准或向主管機關申報生效後，不得為之；其申請核准或申報生效應檢附之書件、審核程序、核准或申報生效之條件及其他應遵行事項之準則，由主管機關定之。基金之募集、發行、銷售及其申購或買回之作業程序，由同業公會擬訂，報經主管機關核定。前述基金，如為國外募集基金投資國內或於國內募集基金投資國外者，應經中央銀行同意。

　　證券投資信託事業募集證券投資信託基金，應依主管機關規定之方式，向申購人交付公開說明書。另證券投資信託事業向特定人私募證券投資信託基金，應應募人之請求，負有交付投資說明書之義務。如證券投資信託事業

未依規定交付公開說明書或投資說明書者,對於善意相對人因而所受之損害,應負賠償責任。

公開說明書或投資說明書應記載之主要內容有虛偽或隱匿之情事,對於善意相對人因而所受損害之賠償責任,準用證券交易法第32條規定。

任何人非經主管機關核准或向主管機關申報生效後,不得在中華民國境內從事或代理募集、銷集、投資顧問境外基金。境外基金之私募不得為一般性廣告或公開勸誘之行為,境外基金之投資顧問為一般性廣告或公開勸誘之行為者,亦同。

在中華民國境內從事或代理募集、銷售境外基金,涉及資金之匯出、匯入者,應經中央銀行同意。

三、基金之運用操作

證券投資信託基金之運用操作,依目前實務,原則上投資於上市公司股票、公債、公司債及短期票券,惟視未來之需要,證券投資信託公司亦得為各種不同之組合,募集各種特定用途之證券投資信託基金。證券投資信託基金,如為開放型,由於具有隨時因應受益人買回求現之特性,因此,須留一部分可以隨時變現之現金,用以支付受益人請求買回受益憑證之價金或其他必要之支付。

證券投資信託基金運用是否得當,不僅關係受益人之權益,且對上市公司經營權之更易以及證券價格之穩定,均具有相當之影響,此外,證券投資信託公司所募集之證券投資信託基金不限一個,亦即一家證券投資信託公司可同時經理數個基金,此時,證券投資信託公司運用投資於證券之資金可能相當龐大,如其利用龐大之資金介入上市公司之經營權,或操作股價意圖影響行情,若不加以限制,勢必危及證券市場之安定,故世界各國對證券投資信託基金運用均有嚴格限制之規定。依證券投資信託及顧問法規定,證券投資信託事業應依該法及證券投資信託契約之規定,除主管機關另有規定外;不得為下列行為:

(一)指示基金保管機構為放款或提供擔保。

(二)從事證券信用交易。

(三)與本證券投資信託事業經理之其他證券投資信託基金間為證券交易行為。

(四)投資於本證券投資信託事業或與本證券投資信託事業有利害關係之

　　公司所發行之證券。

(五)運用證券投資信託基金買入該基金之受益憑證。

(六)指示基金保管機構將基金持有之有價證券借與他人。

四、信託基金之管理

　　證券投資信託事業募集或私募之證券投資信託基金，與證券投資信託事業及基金保管機構之自有財產，應分別獨立。證券投資信託事業及基金保管機構就其自有財產所負之債務，其債權人不得對於基金資產為任何請求或行使其他權利。

　　基金保管機構應依證券投資信託及顧問法及證券投資信託契約之規定，按基金帳戶別，獨立設帳保管證券投資信託基金。

　　有下列情形之一者，不得擔任基金保管機構：

(一)經主管機關依證券投資信託及顧問法第115條規定處分，處分期間尚未屆滿。

(二)未達經主管機關核准或認可之信用評等機構一定等級以上評等。

　　有下列情形之一，除經主管機關核准外，不得擔任各該證券投資信託事業之基金保管機構：

(一)投資於證券投資信託事業已發行股份總數達一定比率股份。

(二)擔任證券投資信託事業董事或監察人；或其董事、監察人擔任證券投資信託事業董事、監察人或經理人。

(三)證券投資信託事業持有其已發行股份總數達一定比率股份。

(四)由證券投資信託事業或其代表擔任董事或監察人。

(五)擔任證券投資信託基金之簽證機構。

(六)與證券投資信託事業屬於同一金融控股公司之子公司，或互為關係企業。

(七)其他經主管機關規定不適合擔任基金保管機構。

第四節　受益憑證

一、受益憑證之意義

　　受益憑證係指為募集或私募證券投資信託基金而發行或交付，用以表彰受益人對該基金所享權利之有價證券。通常每張受益憑證為1,000個受益權單位或其整倍數，由證券投資信託公司依證期局所定格式印製，載明其應記載事項，並經基金保管機構簽署後發行之。發行受益憑證應經簽證，其簽證事項準用公司發行股票及公司債簽證規則之規定。受益憑證分為記名式或無記名式兩種，記名式受益憑證得因受益人之請求改為無記名式；無記名式受益憑證亦得因受益人之請求改為記名式。受益憑證得自由轉讓，無記名式受益憑證以交付轉讓之；記名式受益憑證由受益人背書交付轉讓之，記名式受益憑證之轉讓，非將受讓人姓名或名稱記載於受益憑證，並將受讓人姓名或名稱、住所或居所記載於證券投資信託事業之受益人名簿，不得對抗該事業。

　　我國證券投資及顧問法規定受益憑證應為記名式。發行受益憑證得不印製實體，而以帳簿劃撥方式交付之。

二、受益憑證持有人之權利

　　投資人自證券投資信託公司接受其申購並繳足其價金之日起，或為證券投資信託基金之受益人，一般而言，基金之受益權按已發行在外之受益權單位總數平均分割，而每一受益權單位均有同等之權利，即本金之受償權、收益之分配權、參加受益人大會討論案表決權、證券投資信託契約修約重大事項同意權、證券投資信託契約抄錄及查閱權等權益。

　　受益人會議為基金最高意思機關，其如股份有限公司之股東會，而受益人大會並非每年召開之，一般而言，受益人大會由證券投資信託公司或由基金保管機構召集之，但繼續持有基金受益憑證達證券投資信託契約規定期間以上之受益人，且其受益權單位總數占已發行在外受益權單位總數達規定比例以上者，得以書面請求證券投資信託公司召集之，證券投資信託公司不得召集時，受益人得報經證期局許可後自行召集。

　　證券投資信託基金之受益權，按受益權單位總數，平均分割，每一受益憑證之受益權單位數，依受益憑證之記載。受益人對於受益憑證之權利，依

其受益憑證所載內容，按受益權之單位數行使之。基金追加募集或私募發行之受益權，亦享有相同權利。

受益人之收益分配請求權，自收益發放日起5年間不行使而消滅，因時效消滅之收益併入該證券投資信託基金。

三、受益憑證之買回

受益憑證之買回，係指開放型基金之受益人得依受益憑證之記載，以書面或其他約定方式請求證券投資信託公司買回其受益憑證，受益人經受益憑證之買回，得將其投資變現，此為開放型證券投資信託基金之特點，至於封閉型基金則不得請求買回，此時受益憑證須透過證券交易市場賣出，以獲取所需資金，故受益憑證究竟可否請求買回，影響投資人之權益甚大，應於證券投資信託契約、公開說明書及受益憑證上載明。

買回價金之計算，以請求買回之書面到達證券投資信託事業或其代理機構次一營業日之證券投資信託基金淨資產價值核算之。為因應受益人於請求買回受益憑證，證券投資信託基金必須維持一定可變現性資產（即流動資產）用以作為支付買回受益憑證之現金來源，以此項比率之可變現資金或有不足時，仍須於證券市場上出售基金所持之證券，以換取現金，用以支付買回價金。證券投資信託事業應自受益人買回受益憑證請求到達之次日起5日內給付買回價金。證券投資信託事業對受益憑證買回之請求不得拒絕，對買回價金之給付不得遲延。但有下列情事之一，並經證期局核准者，不在此限：

(一)證券交易所或外匯市場非因例假日而停止交易。

(二)通常使用之通信中斷。

(三)因匯兌交易受限制。

(四)有無從收受買回請求或給付買回價金之其他特殊情事者。

受益人買回受益憑證之價金給付請求權，自價金給付期限屆滿日起，15年間不行使而消滅。

第五節　基金保管機構

　　基金保管機構係指本於信託關係，擔任證券投資信託契約受託人，依證券投資信託事業之運用指示從事保管、處分、收付證券投資信託基金，並依證券投資信託及顧問法及證券投資信託契約辦理相關基金保管業務之信託公司或兼營信託業務之銀行而言，亦稱保管銀行。由於保管基金資產須由商譽良好且設備齊全之銀行擔任，而銀行經管受託保管證券投資信託基金業務，則屬於銀行信託部之經營業務項目之一，故銀行辦理是項業務，應須先取得信託部執照，再報經證期會核准。

　　基金保管機構主要之職能，在於依證券投資信託契約之規定，為受益人全體之利益，保管證券投資信託基金，並遵照證券投資信託公司之指示，為款券交割、受益分配等行為。運用證券投資信託基金所買入證券亦登記為基金保管機構名義下之某證券投資信託基金專戶，其職能僅為消極地保管，而不積極參與運用。

　　在證券投資信託制度之設計，各國對於基金保管機構所扮演之角色亦有不同之安排，有極端擴大基金保管機構之功能者，不僅證券投資信託公司之選定由基金保管機構為之，必要時，其並得撤換管理基金之證券投資信託公司，另行指定新證券投資信託公司接替管理證券投資信託基金，對於證券投資信託公司運用基金之指示，基金保管機構得變更或拒絕，於證券投資信託公司因被撤換等事由，致證券投資信託基金無人管理運用時，基金保管機構並得接替證券投資信託公司之職能，此種設計，無異在基金保管機構轄下設一僅負責證券投資分析之證券信託公司，該公司由某種角度視之，實乃受基金保管機構管轄，二者之主從關係非常明顯，此種情形與信託公司吸收由公司代為確定用途之信託資金用以投資證券，並延請證券投資專家以提供投資決策之情形甚為相似，此種架構見於香港、英國。另一種架構之設計與我國之現制較為相近，惟其基金保管機構對於證券投資信託公司運用證券投資信託基金之批示，具有相當之審查權，認為該指示不合於證券投資信託契約之規定，或有損全體受益人之權益者，得請求證券投資信託證券公司撤回或變更有關指示，如證券投資公司不接受此項請求，二機構發生爭議時，報請財政部長最後之裁決。此種架構，韓國採之。

　　依各國證券投資信託制度之通例及我國目前所採證券投資信託制度之精神，基金保管機構僅為全體受益人之利益居於消極保管基金之地位，而由證

券投資信託事業積極發揮其證券投資之專業知識，爲全體受益人謀求利益。

第六節　證券投資信託事業暨證券投資顧問事業接受客戶全權委託投資（代客操作）

一、全權委託投資之意義

　　所稱全權委託投資業務（一般簡稱代客操作），係指證券投資顧問事業或證券投資信託事業接受委任人委任，對客戶委任交付或信託移轉之委託投資資產，就有價證券、證券相關商品或其他經主管機關核准項目之投資或交易爲價值分析、投資判斷，並基於該投資判斷，爲客戶執行投資或交易之業務。

　　政府開放「全權委託證券投資」業務之基本考量，在於提供民眾一項新的理財方式，即除目前證券投資人自己直接投資股市或透過共同基金參與市場之投資方式外，希望能綜合設計出一種專爲投資人個人之需求而量身訂做之投資方式。換言之，即在法律上充分授權證券專業人員，本於其證券投資專業上之知識、能力與經驗，以謀求客戶最大利益爲前提，就該客戶所寄託於保管機構之資產範圍內，進行證券投資行爲，進而收取報酬之證券交易型態。財政部亦期盼藉由代客操作業務之開放，滿足投資人個人理財之需要，使證券市場上之機構性投資資金能有效運用，並提升法人參與證券市場之比重，更可藉由委託證券投資專業法人之理性投資決策，創造我國穩定之投資環境。

　　就我國證券市場發展之現階段而言，開放代客操作業務是優先考量之政策之一，而且周延的全權委託行政管理制度可滿足社會對證券投資之需求，亦符合我國金融國際化之行政革新工作；然就投資人立場觀之，惟有認識全權委託證券投資之本質，健全證券市場上投資人自己責任原則之意識，始是保障投資人權益之起點。

二、全權委託投資資金之運用範圍

　　證券投資顧問事業或證券投資信託事業經營全權委託投資業務，其投資

範圍以下列為限，且不得從事證券信用交易：

(一)於本國證券交易所上市之有價證券。

(二)於本國證券櫃檯買賣中心交易之有價證券。

(三)經證期局核准得投資之承銷有價證券。

(四)政府債券、公司債券。

(五)其他經證期局核准者。

證券投資顧問事業或證券投資信託事業經營全權委託投資業務，從事前第(一)款及第(二)款有價證券投資，除法令另有規定外，應委託證券經紀商，於集中交易市場或證券商營業處所為之。

三、經營全權委託投資業務之資格

（一）證券投資顧問事業

證券投資顧問事業申請經營全權委託投資（代客操作）業務，應具備下列條件：

1.實收資本額達新台幣5,000萬元以上，且最近期經會計師查核簽證之財務報告每股淨值不低於面額。

所稱「最近期」，係指經會計師查核簽證之最近年度或當年上半年度之財務報告。另虧損公司亦得以溢價增資或先減資再增資之方式使其淨值不低於面額。投顧業實收資本額未達新台幣5,000萬元者，亦可同時提出經營全權委託投資業務及辦理現金增資之申請，但須於向證期會申請核發營業執照前，完成增資。

2.營業滿2年，並具有經營全權委託投資業務能力。

所稱「具有經營全權委託業務能力」，依投信暨投顧商業同業公會審查要點規定，係以其最近2年是否均有營業收入且平均年營業收入達新台幣400萬元以上為準。

3.最近2年未曾受證期局依證券交易法第66條第2款以上之處分。

4.最近半年未曾受證期局依證券交易法第66條第1款警告之處分。

5.其他經證期局規定應具備之條件。

（二）證券投資信託事業

證券投資信託事業申請經營全權委託投資業務，應具備下列條件：

1.最近期經會計師查核簽證之財務報告每股淨值不低於面額。所稱「最近期」，係指經會計師查核簽證之最近年度或當年上半年度之財務報告。
2.最近2年未曾受證期局依證券交易法第66條第2款以上之處分。
3.最近半年未曾受證期局依證券交易法第66條第1款警告之處分。
4.其他經證期局規定應具備之條件。

　　證券投資顧問事業或證券投資信託事業經營全權委託投資業務，應設置專責部門，並指派專責部門主管及業務人員辦理之。除專責部門外，證券投資顧問事業或證券投資信託事業並應設置投資研究、財務會計及內部稽核等部門。上述專責部門應配置適足及適任之主管及業務人員，並應符合證券投資信託及顧問法相關資格條件。

　　證券投資顧問事業或證券投資信託事業經營全權委託投資業務，其接受委任人委託投資時之資金，最低限額由同業公會定之。

　　另證券投資顧問事業經營全權委託投資業務，接受委任投資之總金額，不得超過該事業其淨值之一定倍數，其倍數由證期局定之。但實收資本額達新台幣3億元以上者，不在此限。淨值以最近期經會計師查核簽證、董事會通過及監察人承認之財務報告為準。

四、全權委託資金獨立及營業保證金之提存

　　證券投資顧問事業或證券投資信託事業接受委任人全權委託投資之資金，與證券投資顧問事業或證券投資信託事業及保管機構之自有財產，應分別獨立。證券投資顧問事業或證券投資信託事業及保管機構對其自有財產所負債務，其債權人不得對委任人委託之資金及該資金購入之資產，為任何之請求或行使其他權利。

　　另投顧業或投信業經營全權委託投資業務，應由委任人將委託投資之資金交由保管機構保管，投顧業或投信業不得以任何理由保管委任人之資金及以該資金購入之資產。保管機構應以經財政部核准得辦理保管業務，並符合證期局認可之信用評等機構評等達一定等級以上之金融機構為限。

　　證券投資顧問事業或證券投資信託事業應依下列規定，向金管會核准得辦理保管業務，並符合證期局認可之信用評等機構評等達一定等級以上之金融機構提存營業保證金：
(一)實收資本額未達新台幣1億元者，提存新台幣1,000萬元。

(二)實收資本額新台幣1億元以上而未達新台幣2億元者，提存新台幣2,000萬元。

(三)實收資本額新台幣2億元以上而未達新台幣3億元者，提存新台幣3,000萬元。

(四)實收資本額新台幣3億元以上者，提存新台幣5,000萬元。

前項營業保證金不得分散提存於不同金融機構；提存金融機構之更換，應函報證期會核准後始得為之。另證券投資顧問事業之實收資本額增加時，應於申請換發營業執照前，應依前述標準向提存之金融機構增提營業保證金。

前述所稱「信用評等機構評等達一定等級以上」者，係指金融機構應符合下列情形之一者：

(一)經Standard & Poor's Corp.評定，長期債務信用評等達BBB-級以上，短期債務信用評等達A-3級以上。

(二)經Moody's Investors Service評定，長期債務信用評等達Baa3級以上，短期債務信用評等達P-3級以上。

(三)經Thomson Bank Watch評定，長期債務信用評等達BBB-級或LC-BBB-級以上，短期債務信用評等達TBW-3級或LC-3級以上。

(四)經Fitch IBCALTD.評定，長期債務信用評等達B/C級以上，短期債務信用評等達A-3級以上。

(五)經中華信用評等股份有限公司評定，長期債務信用評等達twBBB-級以上，短期債務信用評等達twA-3級以上。

五、全權委託投資相關契約之簽訂

投顧業或投信業經營全權委託投資業務，僅負責投資判斷及下單，本身並不保管委託資產，而係由保管機構負責委託資產之保管與交割作業，故為保障委任人（一般投資客戶）之權益，委任人與投顧業或投信業（受任人）者、保管機構之間應分別簽訂「全權委託投資契約」、「委任保管契約」及「三方權義協定書」等。

（一）全權委託投資契約之簽訂

1.應先對委任人之資力、投資經驗及其目的需求充分瞭解：此項作業主要是確定客戶委託投資之資產規模、投資方針及投資範圍，均能符合委任人

之資力、投資經驗及目的需求。執行此項作業，須製作委任人資料表連同相關證明文件留存備查。

　　2.預留委任人審閱全部條款內容之期間：契約之簽訂應基於委任人之自主判斷，並須委任人詳閱契約條款，且瞭解相關權利義務及風險後，始行簽約；故有必要給予委任人7日以上之審閱期間。

　　3.選派專人向委任人詳細說明，並交付全權委託投資說明書：投顧業或投信業與委任人簽約前，另應將全權委託投資之相關事項指派專人向委任人做詳細說明，並交付載有下列事項之全權委託投資說明書；該說明書並作為全權委託投資契約之附件。說明書內容如有變更，應向證期會報備。

　　(1)全權委託投資之性質、範圍、經營原則、收費方式、禁止規定、委任人、受任人、保管機構之法律關係及運作方式等事項。

　　(2)該事業運用資金從事全權委託之分析方法、資訊來源及投資策略。

　　(3)該事業經營全權委託投資業務之部門主管及業務人員之學歷與經歷。

　　(4)該事業最近2年度損益表及資產負債表。

　　(5)該事業因辦理證券投資顧問、證券投資信託或全權委託投資業務，發生訴訟、非訟事件之說明。

　　(6)投資風險警語。

　　4.全權委託投資契約應載明之事項：投顧業或投信業應與委任人個別簽訂全權委託投資契約，不得接受共同委任，並應載明下列事項：

　　(1)契約當事人之名稱及地址。

　　(2)簽約後可要求解約之事由及期限。

　　(3)委託投資時之資金。

　　　　依管理辦法第12條規定，投顧業或投信業經營全權委託投資業務，其接受委任人委託投資時之資金，最低限額由證期會定之。依證期會之規定，其最低限額為1,000萬元。委託投資之資金，應於簽約時一次全額存入保管機構；增加委託投資資金時，亦同。

　　(4)投資基本方針及投資範圍之約定與變更。投資範圍應明白列出有價證券之種類或名稱。

　　　　此部分應參酌委任人之財力、投資經驗、投資目的及投資法令限制，審慎議定之。

　　(5)投資決策之授與及限制。

(6)資產運用指示權之授與及限制。

全權委託投資資產之運用指示權，涉及閒置資金之運用及範圍，由證期會另定之。

(7)投資經理人之指定與變更。

(8)保管機構之指定與變更、保管方式及收付方式之指示。

(9)證券經紀商之指定與變更。

證券經紀商之指定，由委任人自行為之；委任人不指定時，由投顧業或投信業指定之，惟應注意適當之分散，避免過度集中，其與該證券商有相互投資關係或控制與從屬關係者，並應於契約中揭露。至於委任人與證券商之關係，則係由保管機構代理與證券經紀商簽訂全權委託投資受託買賣契約。

(10)善良管理人之注意義務及保密義務。

(11)委任人為公開發行公司之董事、監察人、經理人或持有公司股份超過股份總額10%之股東，其股權異動之有關法律責任。

(12)報告義務。

(13)委託報酬與費用之計算、交付方式及交付時機。

(14)契約生效日期及其存續期間。

(15)契約之變更與終止。

(16)重要事項變更之通知及其方式。

(17)委任關係終止後之了結義務。

(18)違約處理條款。

(19)受停業或撤銷或廢止核准處分後之處理方式。

(20)紛爭之解決方法及管轄法院。

(21)其他經證期局規定應記載事項。

5.全權委託投資契約及相關資料，於契約失效後至少保存5年。

6.全權委託投資所生紛爭之調解處理辦法及全權委託投資契約範本，由同業公會擬訂後，函報證期局核定。

（二）委任保管契約之簽訂

委任人與投顧業或投信業簽訂全權委託投資契約後，須指定保管機構保管其委託投資之資產，並與之簽訂「委任保管契約」，由保管機構辦理證券投資之開戶、款券保管、買賣交割、帳務處理或股權行使等事宜。

　　1.保管機構應由委任人自行指定：委任人指定之保管機構，有下列情事之一者，投顧業或投信業應對委任人負告知義務：

　　(1)投資於投顧業或投信業已發行股份總數10%以上股份者。

　　(2)擔任投顧業或投信業董事或監察人者；或其董事、監察人擔任投顧業或投信業董事、監察人或經理人者。

　　(3)投顧業或投信業持有其已發行股份總數10%以上股份者。

　　(4)由投顧業或投信業或其代表人擔任董事或監察人者。

　　(5)保管機構與投顧業或投信業間，具有其他實質控制關係者。

　　董事、監察人爲法人者，其代表人或指定代表行使職務者，準用前述(2)之規定。

　　2.保管機構應與委任人個別簽訂委任保管契約，不得接受共同委任。

　　3.代理委任人辦理證券投資之開戶、款券保管、買賣交割、帳務處理或股權行使等事宜。

　　4.保管機構執行受任人（投顧投信業）之交割指示業務，應先審核全權委託投資契約約定之範圍及限制事項。

（三）三方權利義務協定書之簽訂

　　1.由委任人、受任人（投顧投信業）及保管機構共同簽訂。

　　2.確認受任人投資決策權、委託買賣代理權及交割指示權，與上開權限之限制及範圍。

　　3.確認保管機構於交割前負有交易審查義務，並應於法定及約定範圍內依受任人之指示辦理交割及行使股權等資產管理事宜。

六、全權委託投資業務之實施規範

　　投顧業或投信業經營全權委託投資業務，應由同業公會擬訂業務操作辦法，規定簽約、開戶、買賣、交割、結算及其他有關事項之處理等事項，並報經證期局核定；修正時亦同。投顧業或投信業辦理全權委託投資業務，應依上開業務操作辦法爲之。

（一）總投資額

投顧業經全權委託投資業務，其接受委任人投資之總金額，不得超過其淨值之一定倍數，其倍數由證期局定之。但實收資本額達新台幣3億元以上者，不在此限。

依證期局之規定，投顧業實收資本額未達新台幣3億元者，其得承作倍數為其淨值之20倍。前述淨值係以最近期會計師查核簽證、董事會通過及監察人承認之財務報告為準。

（二）受任人應於約定範圍內執行全權委託投資

1.投顧業或投信業經營全權委託投資業務時，應依據投資分析報告做成投資決策，投資分析報告應記載分析基礎、根據及投資建議；投資決策應載明決定買賣之證券種類、數量、價格及時機；執行紀錄應記載投資標的種類、數量、價格及時間，並說明投資差異原因，上述書面資料應按時序記載並建檔保存。

2.投顧業或投信業應按委任人別獨立設帳，按日登載委任人資產交易情形及委任資產庫存數量及金額；委任人得要求查詢前開資料，受任人不得拒絕之。

3.投顧業或投信業運用全權委託投資資金買賣有價證券時，收取證券商之手續費折讓，應作為委任人買賣成本之減少。

（三）受任人越權交易之處理

全權委託投資契約及受託證券經紀商之受託契約，應載明投顧業或投信業運用全權委託投資資產從事證券投資逾越法令或全權委託投資契約所定限制範圍者，應由投顧業或投信業負履行責任。

1.保管機構審核投顧業或投信業依全權委託投資契約規範執行投資行為，發現有越權交易情事時，應即於成交日次一營業日上午11：00時前，依委任保管契約之約定，就越權部分出具越權交易通知書，載明越權之事由及詳細內容，分別通知委任人、受任人、證券商或其他交易對象及同業公會。

2.除經委任人出具同意交割之書面並經保管機構審核符合相關法令外，受任人應負責於交割日前將保管機構認定為越權交易之款項撥入委任人之投資保管帳戶後，由保管機構辦理交割。

　　3.受任人就越權部分未依同業公會「全權委託投資業務操作辦法」第55條之規定辦理，致保管機構未能完成交割者，因之所生責任悉由受任人依相關契約向受託買賣證券商或其他交易對象負責。

（四）受任人及保管機構之報告義務

　　1.投顧業或投信業經營全權委託投資業務，應每月定期編製委任人資產交易紀錄及現況報告書送達委任人。

　　2.委任人委託投資資產之淨值發生下列情況時，受任人應於事實發生之日起2個營業日內編製委任人資產交易紀錄及現況報告書送達委任人：

　　(1)委任人委託投資資產之淨值減損達原委託投資資金20%以上。

　　(2)委託投資資產之淨值較前次報告資產淨值減損達20%以上。

　　3.保管機構應於每月終了後5個營業日內將上月之買賣證券明細表及庫存資產狀況表送達委任人及其受益人。

（五）運用全權委託投資資金比例之限制

　　投顧業或投信業應依證券投資信託及顧問法及全權委託投資契約之規定運用全權委託投資資金，並不得有下列行為：

　　1.為每一委任人投資任一發行公司有價證券之總額，超過每一受託投資淨資產價值之20%。但有價證券為公司債者，不得超過每一受託投資淨資產價值之10%。

　　2.為全體委任人投資任一發行公司之股份總額，超過該發行公司已發行股份總額之10%。

（六）受任人及其董事、監察人、受僱人之禁止行為

　　依證券投資信託及顧問法第59條規定，投顧業或投信業及其董事、監察人、經理人及業務人員辦理全權委託投資業務，除應遵守相關法令規定外，並不得有下列行為：

　　1.利用職務上所獲知之資訊，為自己或其他委任人以外之人從事有價證券買賣之交易。

　　2.運用全權委託投資資金買賣有價證券時，從事足以損害委任人權益之交易。

3. 與客戶爲投資有價證券收益共享或損失分擔之約定。但主管機關對績效報酬另有規定者，不在此限。

4. 運用客戶之委託投資資產，與自己資金或其他客戶之委託投資資產，爲相對委託之交易。但經由證券集中交易市場或證券商營業處所委託買賣成交，且非故意發生相對委託之結果者，不在此限。

5. 利用客戶之帳戶，爲自己或他人買賣有價證券。

6. 將全權委託投資契約之全部或部分複委任他人履行或轉讓他人。但主管機關另有規定者，不在此限。

7. 運用客戶委託投資資產買賣有價證券時，無正當理由，將已成交之買賣委託，自全權委託帳戶改爲自己、他人或其他全權委託帳戶，或自其他帳戶改爲全權委託帳戶。

8. 未依投資分析報告作成投資決策，或投資分析報告顯然缺乏合理分析基礎與根據者。但能提供合理解釋者，不在此限。

9. 其他影響事業經營或客戶權益者。

七、全權委託投資契約之移轉與終止

（一）全權委託投資契約之移轉

　　投顧業或投信業因停業或顯然經營不善，證期局得經委任人同意命其將全權委託投資契約移轉其他投顧業或投信業經理。

（二）全權委託投資契約之終止

　　投顧業或投信業，因解散、撤銷或廢止核准等事由，致不能繼續經營全權委託投資業務者，其全權委托投資契約應予終止。

八、代客操作與共同基金之區別

　　小額投資者投資之共同基金與全權委託投資之代客操作同樣皆係委託投資專家操作投資有價證券，然其差異性如何？其實共同基金是聚集多數投資人資金而集體運用，且依共同基金募集發行計畫所定之標的物與方針來進行操作，因是眾人之資金，故不能針對個別需求來操作，而代客操作則係針對個別投資者之特質與需求，依客戶個別需求量身訂作。「以購衣爲例，投資

基金好比是買成衣；代客操作則是找裁縫師爲自己量身訂作。」一般而言，代客操作與共同基金之差異可參見表8-1。

表8-1　共同基金與代客操作差異比較

	服務對象不同	投資金額限制	投資策略	風險和報酬分擔
共同基金	基金運作與投資標的由經理人決定與控制。	基金投資採用定期定額或單筆申請兩種方式。	共同基金投資策略非依各人量身訂作，僅於公開說明書上明白記載其投資標的，投資者再依其個別喜好與需求決定是否購買。	共同基金屬於中、長期之投資，風險性較低，報酬相對較低，其風險與利潤是由全體投資人共同分擔、分享。
代客操作	根據投資人之意見、風險承受度等決定投資標的。	代客操作最低金額1,000萬。	依客戶不同需求量身訂作其投資策略。	代客操作屬於「高報酬、高風險」較偏向於短線操作獲取高報酬率，風險與利潤則係由投資人單獨負擔。

第七節　ETF（指數股票型基金）

一、ETF之意義

ETF是近數年來國內最熱門的投資商品，國內投信公司相繼推出各類型的ETF，究竟ETF是什麼商品？它和共同基金有什麼不同？這是投資前必須瞭解的課題。

ETF英文原文爲「Exchange Traded Funds」，正式名稱爲「指數股票型證券投資信託基金」，我國簡稱爲「指數股票型基金」，香港稱爲「交易所買賣基金」，中國大陸稱爲「交易所交易基金」，ETF是一種上市交易的有價證券，是追蹤某一項特定指數在證券交易所的基金，目的是使投資人能像

買賣股票那麼簡單地去買賣標的指數的一種基金，使得投資人能從中獲取該項商品與指數變化同步的報酬率。

所稱指數係用來衡量各市場或產業走勢之指標，每檔ETF均是追蹤某一個特定指數，所追蹤之指數即為各檔ETF之標的指數，投資人如欲追求某一個市場或產業之股價報酬率，便可直接投資以該市場或產業指數為標的之ETF。為使ETF市價能反映與標的指數之水平，每一檔ETF在產品規劃之初，會將ETF之每一單位淨值設計為標的指數之某一百分比，因為將ETF之淨值和股價指數連結起來，投資ETF之損益便與指數之走勢直接相關。

在交易方式上，ETF與股票完全相同，投資人只要有證券帳戶，就可以在盤中隨時買賣ETF，交易價格依市場即時變動，相當方便且具流動性。

二、ETF之特性

ETF係1990年由美國約翰‧伯格（John Bogle）所發明，其最大的特點係將「股票指數證券化」，根據投資組合理論，投資股票的風險可分為「系統風險」與「個別企業風險」，投資組合隨著投資標的增加，可降低個別企業的風險，但系統風險是無法降低的，ETF係一項投資組合的概念，其中雖然包含很多個別成分股，可使投資人免除個別企業的風險，但仍需承擔系統風險。在ETF出現之前，投資人無法直接投資股票指數，例如「臺灣加權股價指數」，要複製其績效，只能依照其比例購買類似的股票，對大多數人而言甚為麻煩且有高門檻，美國約翰‧伯格先生發明之ETF，讓投資人可以用買賣股票的方式直接買賣相當於指數成分的一籃子股票。

ETF本質上就是共同基金商品，但能在證券交易所中進行交易，並以股票的型態保持高度的買賣彈性，對於上班忙碌、資金較小且無法花費時間在投資研究者而言，ETF是非常適合的投資工具。但對於主動型投資人並非係最佳之投資工具，因投資標的分散風險的同時，也分散了投資的績效，因此是否將ETF作為個人投資理財之最佳工具，當視投資人的理財性質始能決定是否合適。

三、ETF的管理與運作

ETF之持股操作，主要是讓淨值能與指數維持連動關係，與一般基金積極追求績效的目的不同，因此，ETF大多因為連動指數成分股內容及權重改

變而調整投資組合之內容或比重，以符合ETF「被動式管理」之目的在追求指數報酬率。因此，ETF經理人不會主動選股，指數的成份股就是ETF這檔基金之選股內容，ETF操作重點不在打敗指數，而是在追蹤指數。一檔成功的ETF是能夠儘可能與標的指數走勢相同，亦即能「複製」指數，使投資人安心穩定地賺取指數之報酬率。傳統股票型基金的管理方式屬於「主動式管理」，基金經理人將透過積極選股達到報酬率擊敗大盤指數的目的，此為二者最大不同處，此外在投資組合透明度方面，ETF投資組合每天公布，可說相當透明，而封閉式基金的投資標的為每月公布，投資人無法即刻得知，投資組合透明度較差。

四、ETF與共同基金之區別

區別／產品	ETF	共同基金
交易與定價	交易時段內隨時進行	以每天收市後資產淨值定價及交易
交易市場	證券交易所	透過銀行、基金公司
可否放空	可買進與放空	只可買進不可放空
投資組合變動	除非所連動的指數其成分變動，否則投資組合固定	依基金經理人判斷而定，有時會常改變投資組合
交易費用	認購費：無 贖回費：無 轉換費：無 管理費：較低（0.3%～0.4%） 經紀手續費與買賣價差：有	認購費：有 贖回費：有 轉換費：有 管理費：較高（1.15%～1.6%） 經紀手續費與買賣價差：無
投資組合揭露	每天向市場參與者揭露	通常每月一次
管理方式	被動追蹤指數	經紀人操盤
投資目標	複製指數表現	打敗大盤
流動性	高	較低

資料來源：作者自製。

五、ETF之優點

（一）投資商品種類多樣化

ETF連結的指數涉及各個國家、市場及產業，包含的範圍相當廣泛，提供投資人多樣化的選擇，舉例來說，如投資人看好歐洲市場，便可投資連結指數是衡量歐洲股票市場表現的ETF；若投資人看好黃金，即可投資連結指數與黃金相關的ETF。

目前ETF依投資資產可分為以下類別：

1.股票組成：全球跨區域、區域型即單一國家的ETF，也有各種產業類別的ETF。

2.債券組成：各國公債、投資級債券、高收益債、新興市場債、可轉債及通膨指數債券等。

3.匯率組成：美元、英鎊、歐元、日圓、紐幣、人民幣等。

4.商品組成：包括原油、黃金、白銀、基本金屬、農產品等原物料的ETF。

（二）交易成本較低

世界上最早指數型ETF是1993年發行的標準普爾500指數ETF（SPY-US），主要係追蹤標準普爾500指數，目前是美國規模最大也是流動性最好的ETF，該指數涵蓋美國前500家大型上市公司，約占美股總市值的75%，並隨著反映更廣泛的市場變化定期更換成分股，再根據市值決定比例。其後再針對道瓊、那斯達克、羅素、威爾夏等指數的各式ETF亦紛紛問世，開始進入ETF的戰國時代。目前國內ETF交易稅為千分之一，較股票的千分之三為低；另ETF一上市便可進行信用交易，不同於一般上市櫃股票需有6個月的限制期。每年扣除基本管理費用後，所得利潤均回饋至投資人，並隨時追蹤市場、適時調整各相關成分股。

（三）交易時間較共同基金短簡單易行

一般有購買過基金的投資人瞭解基金申購贖回時間較長，但此為基金結構性問題，因基金係信託架構，投資人係透過信託法規將投資款委託給發行基金的投信公司，投信公司收到投資人的錢後再行購買股票；反之亦同，當

投資人想贖回基金時，投信公司需要先賣掉股票再把錢結算給投資人，這來往的申購贖回時間較長。而ETF的交易方式就像購買股票，投資人只要開立證券帳戶即可在ETF交易時段內進行買賣，交易規則與股票完全相同，簡單易行。

（四）投資交易風險分散

ETF係被動式之投資組合管理，一般而言，持股數目較主動型管理的共同基金要多，因之ETF較不易受個別公司漲跌而影響其績效，可有效降低個別公司所帶來的風險，也可降低投資組合的波動性。這也是大多數投資人想購買ETF達成的預期效果。例如全世界規模最大的ETF美國「標準普爾500指數ETF（SPY-US）」，資產規模已超過2000億美金，其目標就只是單純的「複製美國大盤S&P500」的績效，投資組合公開透明，流動性極佳，深受全球投資人之喜愛。

六、ETF之缺點

（一）投資ETF並不當然保證一定獲利（正報酬）

股市名言凡投資就有風險，沒有任何一項投資商品可以保證一定獲利，如果有人向你說保證獲利，那肯定是詐騙行為，凡投資必有風險，任何投資事先一定要有風險意識。

以股票型ETF而論，就是讓你一次投資一籃子股票，其風險會比你投資在單一股票來的分散，但並不代表就不會遇到股市大跌。當市場動盪起伏時，ETF亦將同步波動，例如通貨膨脹率上升、戰爭、天災、金融海嘯等，當股市個公司都下跌時，持有這些成分股的ETF自然也跟著下跌，這就是所謂的系統性風險，此風險無法透過分散投資來降低風險，通常不同類型的ETF所承受的風險亦不相同，例如股票型中的產業型ETF、金融股ETF、科技股ETF及不動產ETF，因為集中在單一產業上，分散風險效果較差，波動程度亦可能較大。如果想要配置各類型的ETF，建議要先清楚了解其投資何種產品、特性如何，一定要切實評估自己的風險承受度，不要配置超出自身財務承受的能力。

（二）ETF不會與大盤指數表現完全相同

ETF交易會有若干內扣費用，包括基金經理人的管理費用、保管資金的費用、雜支項目等，投資ETF時並不會向投資人收取這些費用，而是直接反映在ETF淨值上，此費用將會造成ETF根指數的表現產生落差，稱為「ETF追蹤誤差」。追蹤誤差風險就是投資人必須承擔的風險之一，多數情況下追蹤誤差都不會太大，但如追蹤誤差擴大，其投資績效也可能隨之變差。基本上挑選ETF時應以規模大、且發行有一段時間（至少經歷過熊市和牛市）、流動性高的ETF較不太會有追蹤誤差過大的問題產生。

（三）買賣頻繁增加交易成本

指數型ETF係不需挑選買點的投資工具，只要買進之後長期持有，且再持續投入資金即可，最普遍的做法就是採用定期定額的方式，但許多投資人認為那是一件非常無聊的事情，因為他們投資股市就是喜歡享受短線殺進殺出，靠自以為是的能力獲取價差的感覺，這就是股市中為何始終只有二成不到的投資人可賺錢的主因。如果你以這樣的方式投資ETF，每買入或賣出一筆ETF皆需要支付交易費用，雖然ETF的管理與交易成本較低，但長期累積也是可觀的數目，可能降低投資人的投資績效，因之ETF較適合為長期投資的工具，而非短期頻繁買賣的交易。

（四）ETF交易時有折價與溢價問題

ETF交易時係根據市場當下的市價進行買賣，而非根據淨值，因此市價和淨值間就會產生誤差，也就是所謂的折價（市價＜淨值）或溢價（市價＞淨值）。長期而言溢價是會持平的，但少數情況下兩者的誤差可能很大，在交易時要特別注意。

第九章　證券投資顧問事業

第一節　證券投資顧問事業之意義與功能

　　證券投資顧問事業廣義而言，係以專家身分對個人或機構投資人提供有關證券投資之專門知識、判斷、資產運用，接受客戶全權委託投資及其他服務為事業者。89年9月17日證券交易法修正前指經證券主管機關核准，收取報酬，提供證券顧問服務之事業，亦即以提供證券投資之專業分析與建議為主要業務之事業。89年10月開放投顧業代客操作業務，鼓勵投資人透過專業投資機構參與市場，引進外部資金，增加法人投資比重。

　　我國證券市場由於規模較小，個人投資占上市公司資本額之比率及短期操作之比率均屬偏高，而投資大眾或因個人缺乏投資分析能力，或因資訊取得困難，或因無時間研究證券投資等因素，造成多數投資人經常僅靠道聽塗說進行投資，如此不惟其投資缺乏合理之資訊基礎，且易增加證券市場之投機氣氛，扭曲市場公正價格之形成，影響股市之安定與發展，為使投資人有投資之諮詢對象，提高投資分析水準，遂有證券投資顧問事業之設立，由投資顧問事業以專家之立場，提供證券投資之分析與建議，指導投資大眾從事安全穩健之投資，其對證券市場發揮之功能如下：

　　一、由於其專業之投資諮詢服務可提供投資人在資金運用方式以及投資管道上更多之選擇，而投資風險亦可因更多訊息之取得而相對降低，對於加速資本形成將有正面之影響。

　　二、投資人因證券投資顧問事業之存在，得以取得更詳細、客觀及有系統之上市公司財務、營運資料及分析意見，而不致盲目投資，造成股價暴漲暴跌；進而促使證券市場健全發展。

　　三、證券投資顧問事業對上市公司經營狀況之報導及對財務、管理績效評估提供大眾參考，將可引導投資資金進入經營具有效率且組織健全之公司，經濟資源遂得以有效利用。

　　四、具有專業性投資知識與技術，可促使投資者願將其資金透過專家投資機構投入股市，過去我國資本市場過分偏重個人投資之失衡現象可望減輕，同時亦可減少短線投機之操作現象，有利於證券市場結構之改善。

此外，根據歐、美及日本之先例，證券投資信託事業亦經常與證券投資顧問事業結合，對於證券投資信託基金之經營提供優越之顧問服務，其對證券投資信託事業之發展，以及股市之健全，均具有積極之作用。

第二節　證券投資顧問事業之設立

經營證券投資顧問事業，應經主管機關之核准。前項事業之管理、監督事項，依據93年6月30日公布之證券投資信託及顧問法規範之。目前，證券投資顧問事業之設立，採核准制，應先經證期局之核准，而後依法辦理公司設立登記及營業登記。證券投資顧問事業，以股份有限公司組織為限，其實收資本額不得少於新台幣1,000萬元。其設立管理等事項，除證券交易法及依該法所訂之規則有特別規定外，均有公司法之適用。申請核准時，應檢具下列文件向證期局申請審核：

一、公司章程。

二、營業計畫書。

三、發起人名冊，載明姓名、住址及其出資額。

申請設立證券投資顧問事業，如經營業務項目中有發行證券投資出版品者，於取得證期局經營核准後，須申請行政院新聞局核發出版事業登記證，然後始可向經濟部、省建設廳或直轄市建設局為公司設立登記之申請，辦妥公司登記後，再檢具公司登記文件向證期局申請核發營業執照，取得此項營業執照後，即可正式營業。

證券投資顧問事業應自證期局核准之日起6個月內依法辦妥公司設立登記，並檢具下列文件向證期局申請核發營業執照。證券投資顧問事業未於前項期間內申請核發營業執照者，證期局得撤銷其核准。但有正當理由得申請證期局核准延展，延展期限不得超過6個月：

一、公司執照影本。

二、公司章程。

三、股東名冊。

四、董事名冊及其資格證明文件。

五、監察人名冊。

六、投資分析人員名冊及其資格證明文件。

截至94年12月底止，共核准日盛等219家證券投資顧問公司，接受投資人委託提供證券投資顧問服務；核准怡富證券投資顧問公司等37家公司提供818種海外基金顧問業務；核准大華證券投資顧問股份有限公司及統一證券投資信託股份有限公司等82家公司辦理全權委託投資業務。

第三節　證券投資顧問事業之業務範圍

一、接受委任，對證券投資有關事項提供研究分析意見或建議投資人在進行證券投資需要為投資決策之指導時，可委任證券投資顧問事業為有關之分析或建議，此項委任應訂定書面之委任契約，以投資人為委任人，證券投資顧問公司為受任人，成立委任契約關係。以確實載明當事人間之權利義務關係，俾保障投資人。

二、發行有關證券投資之出版品。

三、舉辦有關證券投資之講習。

四、接受客戶全權委託投資（代客操作）。此部分請參閱第八章、第六節：證券投資信託事業暨證券投資顧問事業接受客戶全權委託投資。72年證券投資顧問事業開放設定，惟由於業務範圍僅限於上述一至三項營業項目受到嚴格限制，因此自設立以來非但經營困難，功能也難以發揮。另民間資金亦日益成長，股市投資人結構自然人買賣股票之比例一直占總成交值近乎9成，顯示現有專業投資機構實無法滿足廣大民眾需求。另行政院亦宣示將台灣建立成為亞太資產管理中心，因此，為改善股市結構並配合資產管理中心之建立，政府乃於89年6月30日證券交易法修正時增訂第18條之3開放證券投資顧問事業或證券投資信託事業，從事接受客戶全權委託之代客操作業務，規定證券投資信託事業或顧問事業接受客戶全權委託投資，其資金具有獨立性，並授權財政部訂定管理辦法，以保障投資安全，鼓勵投資人透過專業投資機構參與市場，引進外部之資金，以增加法人投資之比重，除可促進市場資金之動能外，並可藉由專業法人理性的投資決策，創造穩定的投資環境，健全市場發展之機能。

五、其他經證期局核准之有關證券投資顧問業務。

第四節　證券投資顧問事業之管理

　　證券投資顧問事業係收取報酬提供證券顧問服務，輔導投資人從事證券投資之事業，自應本於善良管理人注意為投資人之利益，向投資人提供經過合理分析及研判所得之資訊，投資人對此資訊雖有採行與否之決定權，但投資人付費既在為取得足以信賴之投資資訊，以作為證券投資之依循，因之對專業證券投資顧問公司所提供之分析與建議自應予以採行，因此，證券投資顧問事業之業務行為，對於投資人之投資取向與投資人權益影響甚鉅，為促使證券投資顧問事業能以客觀獨立之立場正常經營，以保障投資人權益，證券交易法規定證券投資顧問事業接受委託作證券投資之分析與建議，必須與投資人訂立書面委任契約（證交§19）。該項契約應行記載事項，依管理規則規定，委任契約不得有下述內容之約定：

一、與委託人為投資證券收益共享或損失分擔之約定

　　禁止證券投資顧問公司與投資人合夥經營證券投資，或以投資利益之一定成數作為投資顧問之報酬，或約定分擔損失。

二、投資上市公司之股票

　　防範證券投資顧問公司為自己或他人，與投資人約定投資上市公司之股票，藉以避免證券投資顧問公司與委任人間存有利害衝突關係。

三、禁止詐欺行為

　　證券投資顧問公司不得有為虛偽、詐欺或其他足致他人誤信之行為（證交§20），例如為欺騙顧客利用奸計、陰謀、策略或從事販賣股票明牌構成詐欺行為之交易、習慣、營業等是，或參與詐欺、隱瞞性業務或空中交易等是。此項行為觸犯證券交易法第20條第1項之規定，自有同法第171條之適用。

　　另依證券交易法第18條之1準用同法第66條之規定，證券投資顧問事業或事業人員，違反證券交易法或依該法所發布之命令者，除依證券交易法處罰外，證期局並得視情節之輕重，為下列處分：

1.警告。

2.命令該證券商解除其董事、監察人或經理人職務。

3.6個月以內之停業。

4.營業許可之撤銷。（證交§66）

第十章　有價證券集中保管事業

第一節　證券集中保管劃撥交割制度之建立與意義

　　由於我國經濟快速成長，社會財富迅速累積，國民所得大幅提高，社會游資充沛，促使國人理財方式及觀念丕變，於是投資人口激增，使得證券市場蓬勃發展，每日證券交易市場成交值迭創佳績，台灣證券交易所股份有限公司為配合主管機關政策，謀求台灣證券市場穩健發展，並逐步提升對投資大眾及證券商的服務品質，79年集資籌設「台灣證券集中保管公司」（簡稱集保公司），來推動「證券集中保管劃撥交割制度」，並藉以達成下列各目標：

一、交割業務的合理化。
二、交割過程的安全化。
三、改善證券商交割業務的負荷量。
四、簡化投資人過戶手續。
五、避免證券發生瑕疵、竊盜、遺失、滅失等風險。

　　所謂「證券集中保管劃撥交割制度」就是指投資人買賣證券（含信用交易）應向受託證券經紀商收付之款項及證券，經由集保公司及證券經紀商指定之金融機構，依據證券經紀商編製之憑證，於規定交割日，逕自投資人在集保公司及金融機構開立劃撥帳戶內撥付或存入，完成交割而言。換言之，就是將在證券交易市場中買賣成交之有價證券，以高效率之電腦處理方式於帳簿上劃撥交割，而不須以現券收付方式辦理交割。投資人只要參加此制度，即由證券商發給證券存摺，日後只須憑此存摺，就可以自動轉帳方式登載買賣紀錄及辦理交割。證券商參加此制度，即可由在台灣證券集中保管公司開立的保管劃撥帳戶，與台灣證券交易所股份有限公司的交割帳戶以轉帳方式辦理集中交割，省卻投資人與證券商辦理交割的繁複手續。

　　有價證券集中保管帳簿劃撥作業制度係採兩段式架構，辦理投資人有價證券交割、轉帳、送存、領回、過戶等事宜。關於證券集中保管帳簿劃撥作業制度參見圖10-1。

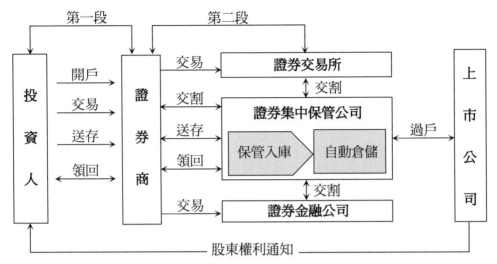

圖10-1   證券集中保管帳簿劃撥作業制度架構圖

第一段：投資人向證券商開設帳戶，簽訂契約委由證券商辦理。證券商設置客戶帳簿，辦理投資人證券之登載與劃撥。

第二段：證券交易所、證券金融公司及證券商等參加集中交易交割作業之單位，皆須向證券集中保管事業開設劃撥帳戶，辦理劃撥交割。

有價證券集中保管帳簿劃撥作業制度之運作，係建立在完善之電腦系統上，透過此套電腦系統及全省連線網絡，各證券商可直接在終端機上輸入交易資料，即時之資訊傳輸完成投資人帳簿登載作業，並依此產生各類交易明細，憑以辦理證券商與交易所間之結算交割及證券商與集中保管事業之證券送存、領回及轉撥等事宜。

送存集中保管有價證券每日之庫存餘額，均係彙整全省各證券商交易資料，予以核對後之正確數額，每張進入集中保管之證券，均經黏貼條碼、登錄建檔處理，因而掃除市場上瑕疵之證券，減少證券變造、滅失之風險。同時於上市公司除權、除息或召開股東會時，利用電腦檔案記錄之資料，編製股票所有人名冊，送交發行公司股務機構，代理投資人辦理過戶手續。

所有送存集中保管之有價證券，均存放於精心設計、具有安全防護系統的自動倉儲設備中，每一種有價證券之儲位，採自動手臂存取方式管理，依種類別井然有序地存放於庫房中，藉由大量實體證券不移動所帶給投資人

之信賴，為日後證券無實體化（Dematerialization）鋪路。所謂無實體化又稱「登錄形式」（Book-Entry）證券指於證券之發行當時即不再印製實體證券，而純以帳簿之記載取代，嗣後所有關於證券之所有權登記及其移轉之紀錄與證明等，皆運用電子帳簿加以處理。依據公司法第162條之2、第257條之2及證券交易法第6條第3項暨第8條第2項的規範，未印製表示其權利的實體有價證券者，亦視為有價證券；即由證券集中保管事業的登錄及帳簿劃撥方式交付有價證券者，得不印製實體，謂之無實體發行有價證券。

　　投資人持有有價證券的方式，係由證券集中保管事業電腦系統登錄帳載，投資人藉證券存摺登錄餘額及交易紀錄，代替發行公司實體證券之印製及發放；即交付、買賣、設質、信託等，皆採取帳簿劃撥方式進行。

　　無實體化之劃撥交割，由於無須印製發行證券，關於證券印製及日後之保管等手續皆可省去，為最徹底之簡化制度，然此一制度之實施，涉及基本證券發行制度之更張，除相關法律必須先行調整外，市場投資人能否改變其過去習慣而加以接受，亦係一項值得考慮之問題。因此當今世界各國直接實施無實體化劃撥交割制度之情形尚不多見，大部分國家仍是先行實施集中保管制度。

　　相對於無實體化制度於證券發行時即不印製實體憑證之做法，部分市場由於受到法律規範或投資人之接受意願等因素之限制，仍須印製發行證券，其帳簿之劃撥即須附有相對之實體證券以為登錄所有權之基礎，換言之，市場投資人仍可持有實體證券或象徵性的保管在集保機構。實施集中保管帳簿劃撥交割時，市場參與者應先在集中保管機構設帳，將證券存入，辦理交割時，則以帳上委託保管的證券撥付給相對方的市場參與者，相對方市場參與者倘續將證券委託集中保管時，則整個交割作業將僅有集保機構帳簿記載的變更，而無涉及實體證券的收付作業，對於證券交割作業可有效的加以簡化。集中保管制度的功能，係證券予以集中存放，不再移動，亦稱為「無移動化」（Immobilization）之集中保管體系，此項集中保管制度雖不若無實體化效果徹底，但對交割作業之簡化，仍有相當顯著效果，因此世界各國實施相當普遍。

第二節　有價證券集中保管事業之意義與功能

　　證券集中保管事業係指經營前述有價證券之保管及帳簿劃撥之事業而言。集中保管制度係先將有價證券集中予以混合保管，使數額持分之轉帳即代表權利之移轉。此突破性之做法，基本上須有法律依據，否則相對於傳統型態權利移轉之處理方式而言，兩者難以相容。基於此，證券交易法於民國77年1月修正時，已於該法第43條第2項、第3項增列集中保管有價證券以帳簿劃撥辦理買賣交割或設置交付之特別規定，以排除公司法及民法有關證券權利移轉或設定負擔一般規定之適用。

　　證券交易法規定證券集中保管事業以股份有限公司組織為限，其實收資本額不得少於新台幣5億元，發起人並應於發起時一次認足之，證期會並訂頒「證券集中保管事業管理規則」乙種，以為規範，俾確保該業務之正常運作。由於證券交易市場日漸成長，財政部證期會為減輕日趨龐大之交割作業，於民國79年責成台灣證券交易所與復華公司及各證券商共同集資成立「台灣證券集中保管公司」，以專責辦理「證券集中保管劃撥交割制度」，復於84年2月4日開始實施款券劃撥交割制度，實際施行後，有關款項交割部分，採用全面款券劃撥制度，證券商不再收受投資人之支票，亦不再開立支票予投資人，完全以帳簿劃撥方式由銀行匯撥應收付款項，交割效率提升自不待言。

　　有價證券集中保管帳簿劃撥交割制度主要在使證券市場之交割手續合理化，俾簡化證券交割作業程序，發揮證券集中保管功能，減少證券經紀商、證券金融事業等每日須清點、保管及運送大量待交割之證券向證券交易辦理交割，並於交割後取回證券之風險。另證券集中保管事業建立帳簿劃撥制度，透過款券劃撥進行交割作業，可防止違約交割。

第三節　有價證券集中保管制度組織架構

　　有價證券中交易市場每日交易之證券及已流通之證券、政府債券及其他有價證券，設專責機構集中保管，嗣後之買賣則以帳簿劃撥代替證券移轉，此種減少證券流通之做法，即所謂集中保管劃撥交割制度。證券集中保管事

業在本制度中扮演關鍵角色，可謂實施本制度之核心，專責辦理有價證券保管及以帳簿劃撥方式辦理保管證券買賣之交割或設質之交付。實施帳簿劃撥交割，應先向保管事業開戶送存證券，再以保管證券作買賣交割或設質交付之劃撥，保管事業因之成為交易所與證券商、證券商與客戶間結算交割事務處理任務賦予之所在。本制度之運作，證券交易所、證券商、證券金融公司及保管銀行皆為參加人，其中證券交易所、證券商及證券金融公司在證券市場交易中有清算交割義務或業務，於保管事業開設帳戶可便於利用帳戶間之帳簿劃撥進行證券交易之結算交割。另金融機構接受大批證券擔保融資交易，若能以帳簿劃撥方式進行設質擔保交易，則已送存保管之證券即毋庸因設質之交付而必須領回，如此可維持更高比率證券之集中保管狀態，可提高本制度之運作效率。

　　證券交易市場中以股票之流通占較大比例，因此有價證券集中保管辦理帳簿劃撥之主要對象有價證券亦為股票，今日流通市場中之股票幾乎全數為記名式，交易結果雖發生股權轉讓之效果，但是在未過戶前依公司法第165條第1項之規定「不得以其轉讓對抗公司」，即不得向公司主張受讓股票享有股東權益。然依證券交易法第43條第5項之規定：證券集中保管事業處理保管業務，得就保管之股票、公司債以該證券集中保管事業之名義登載於股票發行公司股東名簿或公司債存根簿。證券集中保管事業於股票、公司債發行公司召開股東會、債權人會議或決定分派股息及紅利或其他利益，或還本付息前，將所保管股票及公司債所有人之本名或名稱、住所或居所及所持有數額通知該股票及公司債之發行公司時，視為已記載於公司股東名簿、公司債存根簿或已將股票、公司債交存公司，不適用公司法第165條第1項及第176條、第260條及第263條第3項之規定。此項證券集中保管事業就集中保管之股票得以自己名義登載於股東名簿，使證券集中保管事業成為保管股票之形式股東，此即美、日等國擬制人名義（Street Name）之做法，係民國89年6月本法修正時所增列，其主要作用在使其所保管股票於銷除前手及過戶事項更加便利，惟集中保管事業僅為形式股東，股東權之行使與享有，仍屬股票所有人，故集中保管事業於股票發行公司召開股東會或決定分派權息前，應依上述規定通知該發行公司，俾發行公司得據以通知股票所有人行使股權；有關公司債銷除前手及過戶事項亦有適用擬制人名義做法之必要，併規定如上。

第四節　帳簿劃撥交割作業

　　帳簿劃撥交割係指投資人買賣股票應付、應收之款項一律透過銀行帳戶辦理轉帳劃撥之制度。在未實施帳簿劃撥交割作業之傳統市場，現券點收搬運可說是結算交割作業中最繁複的部分，當市場參與者依結算結果辦理交割時，須就每種證券買賣相抵後淨賣出部分，提交現券交付結算機構或其指定之交割對象，有淨買進者，則向結算機構或其指定之市場參與者領取，市場參與者與結算機構必須投入大量人力從事點數、搬運工作，點數工作除確保數量之正確無誤外，更重要也更困難的部分，在於發現偽造或瑕疵證券，此項工作在股票流通量大時，即使最資深之工作人員亦難以完全防範。因此所須投入的人力規模自然相當龐大，此外，倘未能即時發現偽造或瑕疵，其所可能產生的損失，以及搬運階段可能遭到被竊被盜的風險等，都是市場參與者沉重的負擔。解決以上的問題最根本的方法，就是實施徹底的帳簿劃撥交割，各參與結算系統之市場參與者不再實際占有實體的有價證券，而改以抽象的帳簿記載來表彰其權利。凡有關證券之決算、交割、過戶皆透過電腦作業處理，投資人只要參加此制度，即由券商發給存摺，日後只需憑此存摺，就可以自動轉帳方式登錄買賣紀錄及辦理交割、過戶，所有作業皆由銀行辦理，由銀行信用擔保，安全上絕無問題。買進時，投資人只需在開設帳戶有足夠之存款，應付之股款即可直接劃撥。賣出時，證券商再委託銀行自動將投資人應收之款項，直接撥入投資人銀行帳戶，經主管機關核准證券商所指定之銀行可在證券商營業所設置收付處，證券集中保管事業保管之有價證券，其買賣之交割，得以帳簿劃撥方式為之。市場參與者間就結算結果進行交付時，即無須交付實體證券，而可以帳簿之移轉登載來取代。

　　現行有價證券集中保管劃撥作業制度之作業原則如下：

一、所有有價證券之結算交割作業，採帳簿劃撥方式辦理。

二、所有帳簿劃撥之有價證券結算交割作業，皆於成交日後第二營業日完成。

三、建立完整之電腦連線系統及即時資訊網路，辦理有價證券集中保管帳簿劃撥作業。

四、投資人與證券商訂立契約開設集中保管帳戶後，由證券商發給存摺，並提供線上查詢。投資人可自由決定是否將證券交付集中保管。

五、成立專責機構辦理有價證券集中保管及帳簿劃撥等事宜。

六、集中保管股票送由股務單位辦理銷除前手作業，除權除息時由集中保管事業造具所有人名冊，送發行公司直接過戶。

另現行有價證券集中保管帳簿劃撥作業方式如下：

一、成交日當天：由證券集中保管事業根據證券交易所成交紀錄資料，計算各參加人各種證券應收應付數額，代證券交易所編製「交割計算表」通知各參加人準備交割。

二、成交日後第一營業日：賣出參加人客戶為集中保管客戶者；由參加人通知證券集中保管事業將該客戶應交割數額自客戶帳轉撥至參加人待交割帳，非集中保管客戶部分，則由參加人送存證券集中保管事業，由證券集中保管事業登載於參加人待交割帳，再由證券集中保管事業彙計該參加人應交割總數以劃撥轉帳方式撥入證券交易所開設於證券中保管事業之劃撥交割帳戶。

三、成交日後第二營業日：買進參加人於繳付現款後，由證券交易所通知證券集中保管事業以劃撥轉帳方式自交易所帳戶撥入該參加人待交割帳，參加人客戶為集中保管帳戶者，由參加人通知證券集中保管事業將參加人待交割帳撥入各該客戶帳，非集中保管客戶，則由參加人至證券集中保管事業辦理領回現股後交付客戶。

第五節　利用帳簿劃撥設定有價證券質權

所謂有價證券質權設定採用帳簿劃撥，即投資人擬將存放在台灣證券集中保管公司之有價證券設定質權，可以用帳簿劃撥轉帳之方式，將該項有價證券設定給質權人，以替代以往必須攜帶實體證券交付給質權人後方可辦理質權設定之法定程序。一般而言，有價證券質權設定採用集中保管帳簿劃撥之實益如下：

一、便利出質人及質權人辦理質權設定

以往以集中保管之有價證券辦理質權設定，出質人必須先在證券商處申

請將集中保管帳戶內的有價證券領出,將證券背書交付給質權人始完成質權設定,出質人及質權人在有價證券之申請領回、點數、搬運及保管等過程中均必須耗費較多之時間及精力,如果以集中保管帳簿方式辦理質權設定,出質人僅需攜帶證券存摺至證券商辦理轉帳手續,並由證券商交付單式存摺給質權人作為質權設定之憑證即可,手續十分簡便。

二、縮減證券商作業流程,提高辦理質權設定時效

以往以集中保管的有價證券辦理質權設定,投資人必須先透過證券商向台灣證券集中保管公司領回證券後,再攜帶證券向相關單位辦理質權設定及登記,這樣也必會增加證券商處理證券送存、領回及重複點數的作業負擔,如果以集中保管帳簿劃撥方式辦理質權設定,證券商即可免除上述處理證券送存、領回及重複點數的工作,並節省人力,提高辦理質權設定時效。

三、簡化發行公司作業,快速完成設質登記

依照規定,以記名式有價證券辦理質權設定,出質人必須在證券上背書,才可以產生質權設定之效力。記名式有價證券的質權人,如果要享受權息,在質權設立生效後,還必須到證券發行公司辦理設質登記,手續才算完備,因此辦理質權設定的出質人、質權人及發行公司除了必須在所有證券上背書外,發行公司尚須逐張登錄,手續頗為繁複,如果以集中保管帳簿劃撥的方式辦理質權設定,證券發行公司的此項作業負擔自可免除,並可快速完成設質登記。

四、降低實體證券移動所可能產生之風險

以實體證券之交付來辦理質權設定之做法,除手續繁瑣,對出質人、質權人、證券商、證券發行公司形成不便外,處理實體證券之各方尚須承擔實體證券因移動所可能產生遺失、滅失、變造偽造或毀損之風險,如果質權設定採用劃撥轉帳的方式處理,上述風險即可完全避免。

第六節　證券集中保管登錄帳簿劃撥制度對投資人之影響

一、免除被挪用、盜賣等風險，投資人原則上無須花費，即可運用科技化制度管理所投資之證券資產，更可保障自身權益。

二、證券買賣後以證券集保戶的帳簿劃撥辦理交割，不必攜帶大量現券往返奔波，減少證券遺失風險及申請掛失補發證券之困擾，即使「證券存摺」遺失，亦可隨時向證券商申請補發，在此期間仍可買賣，既便捷又安全。

三、遇集中保管證券除權、除息或召開股東會等時，依證交法規定通知發行公司產生過戶效力，發行公司依通知名冊處理股東股利、股息及參加股東會權益事宜。

四、投資人只要在往來證券商填留款項劃撥同意書，同意提供買賣有價證券之金融機構劃撥帳號資料，公司即會將股息、紅利或其他款項，直接撥付指定帳戶。

五、投資人集保帳戶內有價證券可申請出借，當證券市場有借券需求而被借出時，投資人可獲得額外之一筆借券收入。

六、投資人往來之證券商自行申請停業或因經營違規而遭停業處分，投資人自該證券商停業日起，可經由受委任證券商領回集保帳戶內證券，或申請將證券匯撥至投資人開設於其他證券商之集保帳戶。亦即，縱證券商停業或倒閉，集保戶之權益亦不致受到影響。

七、投資人集保帳戶各項資料，集保公司均依「證券集中保管事業管理規則」、「電腦處理個人資料保護法」及其他相關法令規定做最嚴謹的管控，投資人財產隱私權可獲得完全保障。

八、集保公司保管有價證券之金庫設備，係經過專業設計，具有最完善的防火、防盜、防震、防濕及防蟲等安全防護系統，並配置24小時安全警衛，另委請保全公司負責外圍戒護，毫無安全顧慮。

九、集保公司針對庫存保管有價證券，採行嚴密之查核措施，內部查核單位除每月至少抽點有價證券3次外，另針對庫存管理、證券登錄及瑕疵處理及有價證券進出管制等作業，每年至少進行40次查核以確保有價證券餘額正確無誤，另保管單位亦於每周抽點有價證券以落實內部自行查核及加強內部管理。

十、集保公司為確保保管有價證券的安全無慮，更投保員工不忠實行為

險、營業處所有價證券的財產險及運送有價證券的財產險，集保戶資產權益可獲得充分保障。

第十一章　會計師簽證之法律責任

第一節　概　說

　　20世紀末最後幾年，我國內企業相繼發生多起財務危機，使公司債權人、往來廠商及廣大股票投資人蒙受鉅額損失，在此地雷股頻傳之同時，社會大眾不斷質疑上述這些問題公司定期所公布之財務報表難道是假的嗎？這些長期在財報上查核簽證之會計師是否失職？為何未見主管機關及司法單位追究其失職之處？921地震後，凡建築物倒塌者，司法單位立刻追究建商及建築師之失職及刑責，此為我國社會大眾有目共睹之實例，為何在社會重大經濟犯罪案件中未見追究會計師責任之案件，值得有關單位之重視。

　　2002年全美排名第七大之企業安隆（ENRON）公司破產醜聞震驚全球，ENRON案雖然未直接對美國股市造成重大衝擊，但本案爆發出公司管理階層內線交易，會計師事務所（Anthur Anderson簽證）喪失超然獨立之審計立場，美國財務會計準則出現漏洞，華爾街證券分析師判斷失誤，導致投資人信心大受打擊。我們不禁要問如此大規模的公司、全美排行第七大企業，並於1996年至2000年間連續6年度財經媒體評為最具創意、最菁英、最具權威，看起來最安全，獲利不錯之公司，竟也發生做假帳、欺騙投資人與其他公司掛勾從事不正當之交易，使全球約28,500名客戶及2,100多名員工受影響。其股價從83元跌降至2毛6，使美國到全球投資人對證券市場之信心大受打擊。無獨有偶，2002年上半年美國企業除安隆案獲利灌水10億美元外，又相繼發生IBM涉嫌美化帳面，奇異金融部門在工業部門掩護下，取得AAA之債信評等，世界通訊將高達38億美元之費用支出列為資本帳支出，全錄過去5年浮報營收達64億美元及默克藥廠Medco事業品單位登錄從未入帳之124億美元營收等醜聞。究竟這些問題是如何發生的？什麼原因？又該如何補救？台灣企業今後是否亦應儘早發現問題並加以防範處理？美國在整個事件中是如何做危機處理的，都是我們企業應加強學習之處，尤其是本案重創會計師信譽及企業財務公信力，爆出美國企業有單獨或與會計師聯手作假帳等問題，尤其值得會計師警惕。

　　近幾十年來，我國工商企業締造經濟奇蹟，所需資本亦甚龐大，經由資

本市場之擴大與健全發展，不僅企業有充沛之資金來源，亦使資金供給者可獲得安全合理報酬之投資管道。會計師在近代經濟社會中扮演著一個非常重要之角色，因為企業之經營者與提供資金的投資者係站在相對的立場，經由其間會計師獨立公正的專業意見，始可使彼此信賴，並各得所需，促進經濟社會之健全發展。會計師以其專業所提供之簽證報表不僅為經營決策之依據，更係投資、授信之重要指標。因之，我們可說會計師之專業品質與執業操守之優劣，是直接牽動企業營運與社會經濟整體發展之重要因素。然在會計師業競爭日趨激烈之際，低價策略、多元化服務策略等行銷手法紛紛出籠，竟未知在每位會計師成為行銷高手之同時，卻也隱藏著不確定性之危機，會計師以低價擴增業務，其帶來之未必是高收入，卻可能是高風險。其結果不僅吞噬會計師原有風格，亦使會計師簽證品質飽受質疑。

因之如何提升會計師之服務品質，使其能超然公正利用專業知識以輔導企業設立健全之會計制度，並確保投資人、授信機關及稅捐機構，能獲得正確而充分公開之財務資訊，實為目前之重要課題，同時適時且合理之懲戒制度，亦為直接有效之管理方法。

民國100年底會計師事務所就組織型態觀察，由會計師單獨開業（即個人執業）者769家，占76.0%，而由二位以上開業會計師聯合執業（即合夥執業）者243家，占24.0%。

民國100年底會計師事務所中從業人數未滿20人之小型事務所894家為最多，占88.3%；20人至49人之中型事務所82家，占8.1%；50人至99人之大型事務所19家占1.9%；而100人以上之超大型事務所17家占1.7%，顯示會計師事務所以中小型者（從業人數未滿50人）居多（約96.4%），至前4大會計師事務所吸納了42.9%之從業人員。

民國100年底會計師事務所之地區分布，按主事務所所在之縣市別觀察，以設在台北市者504家為最多，占49.8%，其次依序為設在新北市者133家，占13.1%、設在台中市者126家，占12.5%、設在高雄市73家，占7.2%、設在台南市者48家，占4.7%，顯示工商業發達都會區為此行業叢集所在。

一般而言，整體會計師業之市場規模仍在持續擴大中，且會計師事務所型態有漸由個人執業轉為合夥執業之趨勢。就會計師業各項營收來源之比例而言，目前最主要之營業收入來源為稅務簽證，其次則為財務報表簽證工作（含融資簽證及公開發行公司簽證），再其次則為其他執行業務、工商登記及管理顧問。

第二節　會計師查核簽證之法律責任

　　由於會計師所承辦之業務，尤其在查核簽證方面，係對社會大眾負責。因此，各國對會計師之執業，均訂有專業準則及法律責任。會計師責任一般可分為：行政責任、民事賠償責任與刑事責任三類，其中行使行政裁量權為行政主管機關；民事與刑事則由司法院執行。然任何一類責任懲處對會計師而言，不僅是執業行為遭致處分，其聲望亦可能因此蒙上陰影。以下茲將行政責任、民事責任及刑事責任分別列表說明如下：

一、行政責任

	違規項目	罰則	法令依據
1	會計師辦理證券交易法第36條財務報告之查核簽證發生錯誤或疏漏者。	主管機關得視情節之輕重，為下列處分： (1)警告。 (2)停止證券交易法所規定之簽證2年。 (3)撤銷簽證之核准。	證券交易法第37條第3項。
2	(1)對重大影響財務報表允當表達事項，未實施必要的查核程序。 (2)對重大影響財報事項，已實施必要查核，但深度不足以支持其查核結論。	警告或停止2年內簽證。	會計師違規案件依證券交易法第37條第3項規定處分標準參考原則。
	(3)未依一般會計或相關法令編製財務報告且影響重大，會計師未查明者 (4)未出具適當意見的查核報告。 (5)財報未適當揭露或調整，會計師未於查核報告予以指明。 (6)對專家選擇及專家報告採用，未依一般公認審計準則辦理。 (7)公司內部控制的考量，未依一般公認審計準則辦理。	警告或停止2年內簽證。	會計師違規案件依證券交易法第37條第3項規定處分標準參考原則。

	違規項目	罰　則	法令依據
3	會計師對公司申報或公告之財務報告、文件或資料有重大虛偽不實或錯誤情事，未善盡查核責任而出具虛偽不實報告或意見；或會計師對於內容存有重大虛偽不實或錯誤情事之公司財務報告，未依有關法規規定、一般公認審計準則查核，致未予敘明者。（不實簽證）	(1)停止執行簽證工作之處分。 (2)金融機構不得接受其融資簽證。	證券交易法第174條第2項第2款。 財政部（72）台財融字第23289號函。
4	會計師下列情事之一者，應移付懲戒： (1) 有犯罪行為受刑之宣告確定，依其罪名足認有損會計師信譽。 (2)逃漏或幫助、教唆他人逃漏稅捐，經稅捐稽徵機關處分有案，情節重大。 (3)對財務報告或營利事業所得稅相關申報之簽證發生錯誤或疏漏，情節重大。 (4)違反其他有關法令、受有行政處分，情節重大，足以影響會計師信譽。 (5)違背會計師公會章程之規定，情節重大。 (6)其他違反本法規定，情節重大。	由利害關係人、業務事件主管機關或會計師公會，報轉金管會交付會計師懲戒委員會懲戒，懲戒處分之方法： (1)新台幣12萬元以上120萬元以下罰鍰。 (2)警告。 (3)申誡。 (4)停止執行業務2個月以上2年以下。 (5)除名。	會計師法第61條至第65條。
5	會計師為納稅義務人代辦有關應行估計、報告、申請復查、訴願、行政訴訟、證明帳目內容及其他有關稅務事項，違反所得稅法有關規定時。	由該主管稽徵機關報財政部依法懲處，視情節輕重處分如下： (1)警告。 (2)申誡。 (3)一定期間內停止稅務代理人職務。 (4)函請會計師懲戒委員會懲戒。	所得稅法第118條。

	違規項目	罰　　則	法令依據
6	會計師辦理融資簽證，涉及不實情事時。	由各金融機構依會計師法第61條規定程序送請懲戒。	財政部（71）台財融函請會計師懲戒委員會懲戒第11175號函。
7	會計師之融資簽證報告有違反會計師法或未依會計師查核簽證財務報表規則、一般公認準則等規定辦理時。	各金融機構應將違規事實，送請會計師公會全國聯合會之查核簽證業務評鑑委員會予以評議。	財政部（73）台財融第20426號函。
8	會計師受委託辦理保稅盤存查核簽證，如有違反有關法令作不實之簽證，致生逃漏稅捐及其他違反情事者。	海關應函請行政院金管會會計師懲戒委員會依法懲戒。	保稅工廠辦理盤存注意事項第18條。

二、民事責任

	違規項目	罰　　則	法令依據
1	會計師執行業務不得有不正當行為或違反或廢弛其業務上應盡之義務。（違反忠誠義務應負之賠償責任）	會計師因前條情事致指定人、委託人、受查人或利害關係人受有損害者，負賠償責任。 會計師因過失致前項所生之損害賠償責任，除辦理公開發行公司簽證業務外，以對同一指定人、委託人或受查人當年度所取得公費總額10倍為限。 法人會計師事務所之股東有第1項情形者，由該股東與法人會計師事務所負連帶賠償責任。 法人會計師事務所未依主管機關規定投保業務責任保險者，法人會計師事務所之全體股東應就投保不足部分，與法人會計師事務所負連帶賠償責任。	會計師法第41條、第42條

	違規項目	罰　則	法令依據
2	公開說明書應記載之主要內容有虛偽或隱匿之情事，而會計師曾在公開說明書上簽章，以證實其所載內容之全部或一部或陳述意見者。〔公開說明書虛偽或隱匿之責任〕	對於善意之相對人，因而所受之損害，應就其所應負責任部分與公司負連帶賠償責任。	證券交易法第32條第1項第4款。
3	會計師接受客戶委任處理事務受有報酬，因之其所應負擔之責任人義務應以善良管理人之注意為之。〔受任人之義務〕	會計師因處理委任事務有過失或因逾越權限之行為所生之損害，對於委任人（客戶）應負賠償之責	民法第535條、第544條。
4	會計師基於職業關係從事內線交易。〔內線交易之責任〕	對於當日善意從事相反買賣之人負損害賠償責任。	證券交易法第157條之1。
5	會計師辦理公開發行公司財務報告或財務業務文件之簽證，不得有不正當行為或違反或廢弛其業務上應盡之義務。	對於發行人所發行有價證券之善意取得人、出賣人或持有人因而所受之損害，應依其責任比例，負賠償責任（過失責任）。	證券交易法第20條之1第3項、第4項。

三、刑事責任

	違規項目	罰　則	法令依據
1	會計師有下列情事之一者應付懲戒： (1)有犯罪行為受刑之宣告確定，依其罪名足認有損會計師信譽。 (2)逃漏或幫助、教唆他人逃漏稅捐，經稅捐稽徵機關處分有案，情節重大。 (3)對財務報告或營利事業所得稅相關申報之簽證發生錯誤或疏漏，情節重大。	會計師懲戒委員會處理懲戒事件，認為有犯罪嫌疑者，應為告發。	會計師法第61條及第65條。

	違規項目	罰　　則	法令依據
	(4)違反其他有關法令，受有行政處分，情節重大，足以影響會計師信譽。 (5)違背會計師公會章程之規定，情節重大。 (6)其他違反本法規定，情節重大。		
2	執行業務之會計師教唆或幫助他人以詐術或不正常方法逃漏稅捐者。〔**教唆或幫助逃漏稅捐**〕	教唆幫助犯處3年以下有期徒刑，拘役或科6萬元以下罰金，執業會計師加重其刑至二分之一。	稅捐稽徵法第43條第1項。
3	從事業務之人，明知為不實之事項，而登載於其業務上作成之文書，足以生損害於公眾或他人者。〔**業務登載不實**〕	處3年以下有期徒刑或拘役或15,000元以下罰金。	刑法第215條。
4	為他人處理事務，意圖為自己或第三人之不法利益，或損害本人之利益，而違背其任務之行為，致生損害於本人財產或其他利益〔背信罪〕	處5年以下有期徒刑、拘役或併科50萬元以下罰金。	刑法第342條。
5	會計師（基於職業關係獲悉消息之人）從事內線交易。（證券交易法§157-1）	處3年以上10年以下有期徒刑，得併科新台幣1,000萬以上2億元以下罰金。	證券交易法第157條之1及171條第1項第1款。
6	會計師無故洩漏因業務知悉或持有他人秘密者。	處1年以下有期徒刑、拘役或5萬元以下罰金。	刑法第316條。
7	會計師對公司申報或公告之財務報告、文件或資料有重大虛偽不實或錯誤情事，而出具虛偽不實報告或意見或會計師對於內容存有重大虛偽不實或錯誤情事之公司財務報告，未依有關法規規定，一般公認審計準則查核，致未予敘明者。（不實簽證）	處5年以下有期徒刑，得併科新台幣1,500萬之以下罰金。 犯上項之罪，如有嚴重影響股東權益或損及證券交易市場穩定者，加重其刑二分之一。 另主管機關對上述犯案之會計師，應予停止執行簽證工作之處分。	證券交易法第174條第2項、第3項及第5項。

	違規項目	罰　則	法令依據
8	商業負責人、主辦及經辦會計人員或依法受託代他人處理會計事務之人員有下列情事之一者： (1)以明知為不實之事項，而填製會計憑證或記入帳冊者。 (2) 故意使應保存之會計憑證、帳簿報表滅失毀損者。 (3)意圖不法之利益而偽造、變造會計憑證、帳簿報表內容或撕毀其頁數者。 (4)故意遺漏會計事項不為記錄，致使財務報表發生不實之結果者。 (5)其他利用不正當方法，致使會計事項或財務報表發生不實之結果者。	處5年以下有期徒刑，拘役或科或併科新台幣60萬元以下罰金。	商業會計法第71條。

第三節　會計師與當事人間之法律關係

　　會計師與當事人間之法律關係通常係以會計師與當事人簽訂委託書之內容範圍為雙方權利義務之基礎，委託書內載明會計師受任範圍及查核所採取之方法及程序。並同時約定公費之金額及計算之方式。一般而言會計師受託辦理查核簽證，可謂係當事人約定，一方委託他方處理事務，他方允為處理之契約，當事人係屬民法委任關係（民§528～§552），且係有償契約，無庸置疑。

　　依民法第535條規定，受任人處理委任事務，應依委任人之指示並與處理自己事務為同一之注意。其受有報酬者應以善良管理人之注意為之。另依民法第544條規定，受任人因處理委任事務有過失或因逾越權限之行為所生之損害，對於委任人應負賠償之責。亦即規範會計師執行查核簽證業務時應

盡善良管理人之注意義務，會計師係專業人士，具有專門之知識、經驗與技能，對當事人自當提供專業性之服務，此點毫無疑問。惟會計師是否應依民法第535條前段規定依當事人之指示執行其查核業務，會計師已如前述係專門職業人員，其處理受任事務涉及專業判斷，為確保會計師查核簽證之獨立性，應不允許當事人有指示權，參酌會計師法第25條第1款規定委託人意圖使其不實或不當之簽證者，會計師應拒絕簽證其財務報表，可瞭解會計師可不受民法第535條前段之拘束，此乃委任關係之特例，會計師執照為國家所賦予之特權，此項特權乃要求會計師對社會大眾，尤其是投資人與當事人之債權人，負有忠實義務，基於公益之要求，當事人對會計師之辦理查核簽證，不應有其指示權。

至所稱會計師應盡善良管理人之注意義務，即會計師執行查核簽證時，應盡客觀上之注意義務，所謂客觀上之注意義務，應指會計師同業所共同具有專門知識、經驗與技能之注意標準而言，亦即所謂專業之注意，會計師就具體個案是否已盡專業上之注意義務，其認定標準除審酌有關會計、審計準則外，實務上之慣例與程序亦甚為重要。若就特定情事並無慣例，或會計業意見紛歧，法院得徵詢專家鑑定意見，供判斷之參考。會計師若未遵守一般公認會計準則（GAAP）與一般公認之審計準則（GAAS），通常被認定未盡專業注意義務，為有過失。美國法院通常接受美國財務會計準則委員會（FASS），美國會計師協會（AICPA）與其他專業組織所發表之準則公報供為適用會計師之注意標準，但採納情形亦相當紛歧，原因係緣自各州不同之合理注意標準，但法官對於會計師角色之觀念與態度不同亦為關鍵。

另會計師若未提供委託書約定之服務，為債務不履行，應負債務不履行賠償責任，如當事人另聘任其他會計師時，則會計師應賠償公費之差額。又服務提供之期限，由於簽證報告之提交主管機關，相關法令均設有規定，無論委託契約有無明示，若會計師遲延給付，除非因不可歸責於會計師之事由，致未為給付，不負遲延責任者外，會計師應負遲延之賠償責任。

此外會計師執行查核簽證，若有不正當之行為，違反或廢弛其業務上應盡之義務，或未盡其注意義務，並應對當事人負故意或過失侵權行為損害賠償責任，此為契約責任與侵權責任之競合，當事人得自由選擇侵權行為或契約債務不履行損害賠償請求權。

第四節　會計師查核簽證應有之正確認知

　　會計師在資本市場發展過程中扮演非常重要之角色，為提升審計品質，確保會計資訊之可靠性，絕大多數國家之會計師專業團體或主管機關皆訂有嚴格之審計準則及職業道德規範，以作為會計師執行業務之準繩，如何有效管制會計師專業，更是各國面臨之重大課題。

　　企業經營不善倒閉停業股票下市，一般稱之為「企業失敗」，查核人員未依照一般公認審計準則執行查核工作，出具不當之查核報告則稱為「審計失敗」，企業失敗可能係因為產業景氣不佳、經營者能力不足、誠信不夠、資金不足、技術、研發不良或其他環境因素而造成企業營運上之困境。而審計失敗，一般會計師皆認為會計師之角色是以第三者超然獨立之身分，依一般公認審計準則及有關法令規定蒐集證據和評估，再對財務報表表示意見，供管理階層向股東或業主報告，即已解除其責任。以往傳統查核方式，會計師查核重點只在查帳，核對憑證、核對帳簿，事實上帳是可以作出來的，憑證也是可以作出來的，制度不良之公司甚至可臨時加工趕製憑證以供查核，會計師如未善盡責任蒐集足夠和確切之證據，使其對所表示之意見有合理之依據。此即產生所謂「假帳真查」之案例。因之如何避免審計之失敗，不應再以以往微觀方式查核憑證，而應針對審計缺失徹底檢討，以宏觀方式跳脫會計及查帳員之角色，以企業經營者觀點去瞭解客戶之產業結構、競爭環境、產品製程、企業流程、股權結構、財務運作、相關法規與潛在風險，尤其對客戶最高管理階層之經營理念及管理哲學更須審慎瞭解，如其本業獲利不佳而熱衷於股票買賣，如股價表現為唯一之經營準則，則其虛飾報表之可能性即相對增大，對此類企業之查核應不可不慎。

　　因之會計師應瞭解有效之查核策略，其必須花費更多時間瞭解客戶行業特性及其可能之風險，此查核策略學術上稱為「企業經營審計」（business audit approach）或「策略系統審計」（strategic-systems auditing），均係以風險為基礎之審計方法（risk-based audit approach），一般金融機構、保險公司、建設公司、高科技事業等均需實施。

　　上述「經營審計」或「策略系統審計」，主要是在提供會計審計人員將查核技術從過去著重翻傳票核憑證勞力密集之方式轉為著重分析性之查核方法，要求對客戶產業作競爭分析，其中包括優勢與威脅分析，並對客戶企業流程等充分瞭解，據以預期客戶重要之財務數據，以與帳上之財務數據加以

比較。期能及早發現問題並加以預防，運用知識提升服務價值，發揮會計師提升我國會計品質之專業功能。

　　2002年美國安隆（ENRON）公司事件發生後，紐約大學教授里維在美國國會對安隆案發表證詞，公開指出傳統財務報表缺失。其指出傳統財務報表只反映過去交易歷史，例如進銷貨情形、有形資產等，其他像是無形資產如商標、專利權之價值、企業知識管理系統、經營衍生性商品所承擔的風險，甚或公司之合夥等交易，都無法在財務報表上顯現。

　　里維認為改善之道是公司提出「擴充式之財務報告」，除傳統財務報表外，還應呈現公司治理狀況、內部控制制度、不尋常風險等。亦即所謂推動企業價值報告，建立新的公司財務典範。所謂企業價值報告（Value Reporting）指打破過去財務報表之觀念，具涵蓋財務、非財務資訊，除有數字說明外，尚有詳盡文字、圖表，甚至多媒體敘述，揭露公司整體狀況。企業價值報告不限於傳統書面形式，可以放上網路，供投資人擷取資訊、甚至互動，更不同的是，傳統財務報表皆由主管機關制式規定，但企業價值報告卻可依據企業特性量身訂作，由企業自行決定以顯現價值。在企業價值報告實務典範模式中，包含市場概況、價值策略、價值管理、價值平台四大揭露面向，市場概況是由公司發表對於競爭、法規環境、總體經濟環境之看法；價值策略，則是詳述公司目標及架構，近來頗受重視的公司治理議題及情況，也可在此與投資人溝通。價值管理則包含傳統之財務績效，另外還新增添風險管理等要素；價值平台則更傾向於無形資產的評估，其中包括了公司品牌、擁有哪些顧客、供應鍊狀況、公司聲譽、員工情況等。

　　另各公司完成之「企業價值」報告，如何經公正評鑑而不致誤導投資人，此為重要之課題，宜參考國外證交所和各類型企業併購案經驗，逐步建立評鑑機制。

　　會計師在提供審計服務所扮演角色與律師不同，會計師必須承擔超越與客戶之委任關係，在執行此一特殊功能時，他必須對客戶之股東、債權人及投資大眾負責，此一「公共監督」（Public Watchdog）之功能要求會計師永遠與客戶保持超然獨立，並完全忠於大眾之信託。前美國證期會（SEC）主任委員Arthur Levitt曾經指出：「獨立性乃會計師專業之靈魂」，美國會計師協會職業道德規範規定：「在執行任何專業服務時，會員應維持誠正、避免利益衝突，所不得明知而做不實陳述，或屈服其判斷於他人……。會員有義務確保其行為符合大眾之利益，不負大眾之信託，並表現其對專業精神之承諾。」

我國會計師職業道德規範公報第2號亦規定：

一、會計師應以公正、嚴謹及誠實立場，保持超然獨立精神，服務社
　　會。

二、會計師對於委辦事項與其本身有直接或間接利害關係而影響其公正
　　及獨立性時，應予迴避，不得承辦。

三、會計師承辦查核簽證業務，應本超然獨立立場，公正表示其意見。

隨著會計師業務之不斷擴充延伸，以及競爭之劇烈化，過分把會計師業
務經營商業化之結果，會計師專業之超然獨立，已經面臨嚴重之挑戰。依照
美國一般公認審計準則規定，會計師執行審計工作時應保持心態之超然獨
立。理論上，會計師替代外界資訊使用者檢查公司之財務報表，而會計師係
由公司管理當局所委任及付費，因此公司及管理階層成為會計師之客戶，客
戶可以隨意委任及解任會計師。此外，經濟上之動機可能誘導會計師之判斷
發生偏差，有利於付費的客戶，而且會計師在競爭環境下莫不努力發展並維
持客戶關係，凡此均使會計師在心理上很難做到真正之獨立判斷。

超然獨立是會計師專業生存發展的基石，缺少獨立性，會計師專業與一
般營利事業便沒有什麼區別，因而不夠資格成為專業，也不再享有崇高之社
會地位與尊嚴，當會計師對財務報表之允當性表示專家意見時，讀者均假設
簽證會計師係獨立於委託人而不受其影響，如果會計師不具獨立性，以致其
不論外觀或實質之客觀性受到傷害，則審計之功能與效益便難以達成。

第十二章　公司治理

　　2001年11月30日全美500大企業排名第七的安隆公司（ENRON）股價由2000年每股90美元跌至當日每股0.26美元，並於2001年12月2日以資產高達634億美元（新台幣2兆922億元）申請破產，震驚全球。安隆案陰影尚未結束之稱，全美第二大長途電話公司世界通訊（World Com）又發生財報弊端，股票價格由1999年6月最高每股64美元跌至2002年4月30日每股0.83美元，該公司並於2002年7月21日以資產價值高達1,070億美元（台幣3兆5,310億元）申請破產，創下美國金融史上最大破產個案。隨即美國全錄公司（Xerox）、泰可（Tyco International）、艾德發通訊（Adelphia Communications）、美國聯網（Computer Associates）、奎斯特通訊（Qwest Communications）及環球通訊（Global Crossing）亦相繼涉及財務報表詐欺，遭美國證券管理委員會（The Securities Exchange Commission）調查。

　　近年來由於亞洲多事風暴及上述美國各大公司之財務詐欺不法事件所造成之廣泛影響，公司治理在國際間受到高度重視，1999年經濟合作與發展組織（OECD）更提出「公司治理原則」（Principles of Corporate Governance），成為各國改革公司治理依循之依據。一般而言，公司治理主要在使企業組織透過法律之制衡控管與設計，在企業所有與企業經營分離之組織體系中，有效監督其組織活動，以及如何健全其組織運作，防止脫法行為之經營弊端，以實現企業社會責任之高度目標。亦即公司治理係指一種指導及管理企業之機制，以落實企業經營者之責任，並保障股東之合法權益及兼顧其他利害關係人之利益。良好的公司治理應具有促使董事會與管理階層以符合公司與全體股東最大利益之方式達成營運目標之正當誘因，協助企業管理結構之轉型，以及提供有效的監督機制，以激勵企業善用資源、提升效率，進而提升競爭力，促進全民之社會福祉。

第二節　公司治理之基本原則

　　參照OECD及國內外機構對改革公司治理之建議方向，可歸納公司治理之基本原則如下：

一、保障股東基本權益及決策參與權。

二、公平對待大小股東及外國股東。

三、重視利害關係人包括股東、員工、客戶、上下游廠商、銀行、債權人等彼此間權利及義務關係的平衡。

四、確保有關公司財務狀況、績效、所有權及其他重大資訊之正確揭露及透明性。

五、確保公司董事會之策略性指導及有效性監督。

第三節　公司治理之範圍

　　從各國經驗來看，公司治理涵蓋之範圍可區分為狹義及廣義兩方面：

一、狹　義

　　公司治理狹義範圍係指「公司監理」，尤其是上市、上櫃公司之監理，重點涵蓋公司經營者之責任、公司股東之權利義務、公司董監事之結構與權責，以及公司營運之防弊措施等；涉及之規範包括公司法、證券交易法、商業會計法及會計準則等。

二、廣　義

　　公司治理廣義範圍除公司監理之外，尚包含相關之市場機制、企業併購、特定組織（如管制機關、公營事業等）之治理、機構投資人機能、資本市場專業機構的建立、破產與重整機制、財經法之執行與改革等。

第四節　推動我國公司治理之重要性

　　由於我國經濟快速發展，國內企業數量及規模日益擴增，近十餘年國內資本市場迅速成長及企業國際化發展，公司股權漸趨大眾化，因此，公司治理較以往更形重要。然因傳統家族企業型態及我國公司治理機制上若干缺失，遠論我國在亞洲金融風暴期間爆發本土型金融風暴，近論及博達公司案，使部分企業相繼陷入經營危機，並暴露出我國公司治理之諸多問題，包括：

一、公司決策機制閉鎖，例如：家庭企業公司股權集中、董監事功能不彰等因素，造成公司決策受到董事長或少數人操縱。

二、財務透明度不佳，例如：關係人借款及交易（如大陸或第三地投資往往以關係人借款，再以關係人個人名義投資大陸或第三地）；公司財務報表不實等。

三、財務槓桿過高，例如：交叉持股、炒作股票及房地產等。

四、其他問題，例如：員工分紅入股、併購、投資人保護、公營事業管理、金融服務業及特定行業管理等。

　　為強化我國公司治理，近年來財經部會相關機關已持續推動各項改革，例如：修定公司法，禁止交叉持股；引進獨立董監事制度；提升上市上櫃公司資訊揭露品質；對不當行為及有關弊案提出追訴與協助投資人求償；制定「上市上櫃公司治理實務守則」；加強內部稽核內部控制制度；建置資本市場單一資訊觀測站；加強以外文資訊提供國際投資人參考；成立健全企業會計制度推動改革小組；成立金融改革專案小組；制定金融控股公司法、金融重建基金設置與管理條例、企業併購法與證券投資人暨期貨交易人保護法等。惟鑑於世界各國均正積極推動公司治理改革，且我國企業亦正快邁向國際化，為強化企業競爭力，並提升我國公司治理在國際上的排名，有必要加速我國公司治理改革之步伐，展開更積極改革行動。

第五節 我國企業執行公司治理法律架構

一、公司法

公司法係公司治理之規範主軸，有關股東會、董事會及監察人之公司法制有如政治上三權分立體制，期藉由彼此間相互制衡，以達到公司治理之目的。

二、證券交易法

凡公開發行股票之股份有限公司，其有價證券募集、發行、買賣之管理與監督悉依證交法之規定，證交法未規定者始適用公司法及其他有關法律之規定。證交法第36條及證交法施行細則第7條在公司治理機制中，係著重於財務資訊之揭露及對股東權益之影響，而財務資訊之傳遞往往可以顯現出公司治理之成果與效益。另除證交法外，證券主管機關依據證交法授權訂定之公開發行公司相關規範亦為公司治理之重要內涵。

三、上市、上櫃相關規章

證交所及櫃檯買賣中心所訂上市上櫃相關規章，併同公司法、證交法及公開發行公司之相關規範，均可協助並引導上市上櫃公司建立、執行與落實公司治理制度。

鑑於設置獨立董事、監察人乃推動公司治理制度之重要環節，證交所於91年2月22日公告實施之「有價證券上市審查準則」第9條第1項第12款暨「有價證券上市審查準則補充規定」第17條修正條文對於初次申請上市者，以及櫃檯買賣中心於91年2月25日公告實施之「證券商營業處所買賣有價證券審查準則」第10條暨「第10條第1項各款不宜上櫃規定之具體認定標準」修正條文對於初次申請上櫃者，均就設置獨立董事、監察人之席次、資格條件與獨立性等訂有具體規範；於上開日期以後（含當日）申請上市上櫃者應依規辦理，至該日期之前已經上市上櫃者亦期能參照辦理。

第六節　獨立董事制度之建立

一、立法緣起

　　參考各國設置獨立董事之立法例訂定，如新加坡、韓國及美國等國，均規定公司應設置獨立董事；另本法第126條第2項及期貨交易法第36條亦規定公司制之證券交易所及期貨交易所之董事、監察人至少應有一定比例由非股東之相關專家擔任之。由國際發展趨勢發現，強化董事獨立性與功能，已為世界潮流，加速動獨立董事之立法，應有其必要性，故於95年1月本法修正時增列獨立董事之制度。

二、獨立董事人數及選任

　　已依本法發行股票之公司，除經主管機關核准者外，設置獨立董事不得少於2人。另依法設置獨立董事之公司，董事會設有常務董事者，常務董事中獨立董事人數不得少於1人，且不得少於常務董事席次五分之一。推動方式考量企業實務狀況，主管機關得採分階段實施。

　　關於獨立董事之選任，應有適當之提名方式，以評估候選人是否適格；另獨立董事之人數，本法雖已有最低標準之規範，但公司如欲兼顧股東之提名權利，或為強化公司治理而提高選任之人數，亦無不可，爰規定獨立董事之人數及提名方式由公司於章程明定之。

　　另獨立董事因故解任，致人數不足第1項或章程規定者，應於最近一次股東會補選之。獨立董事均解任時，公司應自事實發生之日起60日內，召開股東臨時會補選之，俾避免公司營運造成影響。

　　經股東會選任為獨立董事者，於任期中如有不適任情形致應予解任時，不得變更其身分為非獨立董事。經股東會選任為非獨立董事者，於任期中亦不得逕行轉任為獨立董事。

　　另獨立董事較諸一般董事尚有其特定之職權及責任，故兼任獨立董事之家數不宜過多，以避免影響獨立董事執行職務之品質，獨立董事兼任其他公司獨立董事不得逾3家。

三、獨立董事之條件

獨立董事應具備專業知識，其持股及兼職應予限制，且於執行業務範圍內應保持獨立性，不得與公司有直接或間接之利害關係。獨立董事之專業資格、持股與兼職限制、獨立性之認定及其他應遵行事項之辦法，由主管機關定之。依據行政院金管會95年3月28日公布之「公開發行公司獨立董事設置及應遵循事項辦法」規定。公開發行公司之獨立董事，應取得下列專業資格條件之一，並具備5年以上工作經驗：

(一)商務、法務、財務、會計或公司業務所需相關科系之公私立大專院校講師以上。

(二)法官、檢察官、律師、會計師或其他與公司業務所需之國家考試及格領有證書專門職業及技術人員。

(三)具有商務、法務、財務、會計或公司業務所需之工作經驗。

有下列情事之一者，不得充任獨立董事，其已充任者，當然解任：

(一)有公司法第30條各款情事之一。

(二)依公司法第27條規定以政府、法人或其代表人當選。

(三)違反本辦法所定獨立董事之資格。

公開發行公司之獨立董事於執行業務範圍內應保持其獨立性，不得與公司有直接或間接之利害關係，應於選任前2年及任職期間無下列情事之一：

(一)公司或其關係企業之受僱人。

(二)公司或其關係企業之董事、監察人。

(三)本人及其配偶、未成年子女或以他人名義持有公司已發行股份總額百分之一以上或持股前十名之自然人股東。

(四)第1款之經理人或前二款所列人員之配偶、二親等以內親屬或三親等以內直系血親親屬。

(五)直接持有公司已發行股份總數百分之五以上、持股前五名或依公司法第27條第1項或第2項指派代表人擔任公司董事或監察人之法人股東之董事、監察人或受僱人。

(六)公司與他公司之董事席次或有表決權之股份超過半數係由同一人控制，他公司之董事、監察人或受僱人。

(七)公司與他公司或機構之董事長、總經理或相當職務者互為同一人或配偶，他公司或機構之董事（理事）、監察人（監事）或受僱人。

(八)與公司有財務或業務往來之特定公司或機構之董事（理事）、監察人（監事）、經理人或持股百分之五以上股東。

(九)為公司或關係企業提供審計或最近2年取得報酬累計金額逾新台幣50萬元之商務、法務、財務、會計等相關服務之專業人士、獨資、合夥、公司或機構之企業主、合夥人、董事（理事）、監察人（監事）、經理人及其配偶。但依本法或企業併購法相關法令履行職權之薪資報酬委員會、公開收購審議委員會或併購特別委員會成員，不在此限。

前項第(八)款所稱特定公司或機構，係指與公司具有下列情形之一者：

(一)持有公司已發行股份總額20%以上，未超過50%。

(二)他公司及其董事、監察人及持有股份超過股份總額10%之股東總計持有該公司已發行股份總額30%以上，且雙方曾有財務或業務上往來紀錄。前述人員持有之股票，包括其配偶、未成年子女及利用他人名義持有者在內。

(三)公司之營業收入來自他公司及其聯屬公司達30%以上。

(四)公司之主要產品原料（指占總進貨金額30%以上者，且為製造產品所不可缺乏關鍵性原料）或主要商品（指占總營業收入30%以上者），其數量或總進貨金額來自他公司及其聯屬公司達50%以上。

四、獨立董事之職權

為強化董事會及獨立董事之功能，對於下列公司財務業務有重大影響之事項明定應提董事會之決議過程：

(一)依本法第14條之1規定訂定或修正內部控制制度。

(二)依本法第36條之1規定訂定或修正取得或處分資產、從事衍生性商品交易、資金貸與他人、為他人背書或提供保證之重大財務業務行為之處理程序。

(三)涉及董事或監察人自身利害關係之事項。

(四)重大之資產或衍生性商品交易。

(五)重大之資金貸與、背書或提供保證。

(六)募集、發行或私募具有股權性質之有價證券。

(七)簽證會計師之委任、解任或報酬。

(八)財務、會計或內部稽核主管之任免。

(九)其他經主管機關規定之重大事項。

前述事項獨立董事如有反對意見或保留意見者，除規定應於董事會會議紀錄載明外，未來主管機關並應在相關規範要求須於指定之資訊網站公開相關資訊，以強化資訊透明度及外界監督之機制，確保股東權益。

五、獨立董事應負之法律責任

公司治理之觀念現今越來越受到重視，被期待能提升董事會效能及落實監督功能的獨立董事，權力日益擴大，不過凡事都是一體兩面，若公司出現財報不實等違法或內控失靈的情況時，獨董的責任也大增，如無法舉證有減免責任的事由，將難逃「推定過失責任」的法律風險，且不得再以「起訴時任期內發生」為限，意即辭職後也可能被求償。

根據證券及期貨投資人保護中心最新統計，至2020年12月為止，全國各公司共有64名獨董面臨投保中心的團體訴追或求償，其所涉案件的求償總金額合計達80餘億元。被告的獨董須各負比例責任，顯見擔任獨董可能面臨承擔法律高風險的責任。

獨董比照監察人，有單獨召開股東會的權限，其發揮效能的平台來自於獨董所組成的審計委員會，屬於董事會下設的功能性委員會，主要是在事前或事中發揮獨立超然的監督治理機制，預防經營階層發生違失，首要任務就是監督查核財報；對比過去財報由監察人事後查核的制度，審計委員會更主動，財報若在審計委員會「卡關」，就無法進入董事會討論。

正因如此，公司若爆出弊端，獨董或監察人無法舉證事前監督毫無過失，極易落入「推定過失責任」的困境；辭職下台事小，如被投保中心展開團體訴追與求償，恐招惹一身官司，此時獨董與一般董事的差別，僅剩「比例賠償責任」的落差。過去就有獨董曾遭遇投保中心的連帶求償，官司一拖就是十餘年，身心俱疲。

舉轟動一時的博達掏空案，博達公司及董事長葉○○等被告，被判賠53億多元定讞；投保中心另向角色如現今獨董的博達前監察人賴○○等人求償，賴○○於歷審都躲過官司，不過如今公司治理越來越受重視，高等法院更一審2019年逆轉，認定賴○○等人當初對財報及公開說明書的審查過程，未達到審查義務，由於證交法對董事的財報審查採取「過失推定」主義，董事或監察人無法舉證「已盡到相當注意」，因此即被推定具有重大過失，判

賴○○須賠5,551萬元，全案上訴現仍在最高法院審理中。

　　另舉台北地檢署偵辦中的康友-KY掏空案為例，投保中心2020年11月初已公告受理投資人求償登記，準備要對康友的董事會成員展開團體訴訟與求償，因掏空案發生在第一屆董事會期間，繼康友董事長黃○○被爆出涉嫌掏空公司30多億元而逃亡海外被通緝後，針對康友所涉及財報不實一事，包括已辭職的獨董在內，第一屆董事會成員均被投保中心視為是應負推定過失責任的名單之一。

　　我國公司治理內控制度從以往監察人轉變為現今的獨立董事制度。獨董在董事會的權限，相較於一般董事可說是有過之而無不及，其不僅可以比照監察人獨立召開股東會，也可事前於審計委員會上檢視公司財務報表，只要財報在審計委員會卡關，就無法進入董事會討論，由此可知獨董權力之重要性。

　　然擁有多大的權力，那就是要承擔多大的責任，實務上獨立董事執行職務最大風險就是財務報告不實的法律責任，通常只要董事未涉及或參與公司弊案與不實財務報告之編製，檢察官通常不會訴追獨立董事財務報告不實之刑事責任。至於財報不實的民事責任，依證交法20條之1，獨立董事應負「推定過失責任」。當公司發生財報不實之弊端時，獨立董事須負舉證之責，證明其已盡相當注意、且有正當理由可合理確信其內容無虛偽或隱匿之情事，使免負賠償責任。依法院審判案例，獨立董事常以為主張自身未具備財會專業知識、未實際參與決策、財報係授權經理部門編製、信賴公司所委任會計師對財報之查核簽證、未出席通過財報之董事會或股東會已承認通過財報等，可作為其等免責的理由，然而這些抗辯實際上並不被法院所採認。因此獨立董事除對其執行職務產生的責任應有正確的理解與認知外，如何做才算是已盡相當注意義務，從而能有效強化獨立董事會職能、維護公司及股東權益，同時避免相關賠償責任。

　　當董事會成員被投保中心提起團體訴追求償，身為董事會成員的獨董，自然也成為被求償的對象之一，難以獨善其身。要想從公司的違失中脫身，只有向法院證明已善盡注意義務一途。例如白紙黑字或錄影錄音的會議紀錄，能證明曾在董事會上提出反對意見等。至於如何才符合「已盡相當注意」？首先有幾個步驟可參考，既然答應擔任負有監督公司治理責任的獨董，除有義務深入瞭解公司營運外，也應清楚公司的財報、法遵等內控機制；最好能定期與簽證會計師開會，且留下會議紀錄，並時刻掌握公司動態，舉凡公司重大交易或資產處分等情況時，獨董都應站在維護股東權益的

立場嚴謹把關，且在會議紀錄上留下曾反對或質疑意見之文字。

　　至於有何項動態須掌握，證交法第14條之3有明確規定，公司訂定或修正內控制度、處分資產、從事衍生性商品交易、資金貸與他人、背書，募集、發行或私募具有股權性質的有價證券，以及簽證會計師的委任、解任等，獨董如有反對意見或保留意見，應於董事會議事錄中載明。

　　隨著上市櫃公司董事會下設功能性委員會的數量越來越多，也衍生出獨董人數不足的難題，常有政府退職官員及知名學者1人身兼數家公司獨董的情況已是常態。根據「上市上櫃公司治理實務守則」第24條規定，獨董應具備專業知識，持股應限制，不宜同時擔任超過5家上市櫃公司董事（含獨董）或監察人，且於執行業務範圍內應保持獨立性，不得與公司有直接或間接的利害關係。不過不宜同時擔任5家公司董事，僅止於建議，並無強制性，唯有靠獨董自制，落實監督公司治理的責任，強化專業並確實花時間投入，才不至於他日因監督過失而被民刑事訴訟追訴。

六、審計委員會之設立

　　目前國際推廣之公司治理制度甚重視董事會之專業能力，爰設置審計委員會等功能性委員會，藉由專業之分工及獨立超然之立場，協助董事會決策。例如新加坡規定上市公司應設置審計委員會，其主席及過半數成員應為獨立董事；日本規定設置審計委員會、提名委員會及薪酬委員會之公司，則不設監察人，各委員會之獨立董事應超過半數；韓國規定，公司設置由三分之二以上獨立董事組成之審計委員會者，則不設置監察人；美國沙氏法案（Sarbannes-Oxley Act）規定，新上市之公司應設置審計委員會，且須全數由獨立董事組成。由國際發展趨勢觀之，推動審計委員會亦有其必要性。

　　依本法第14條之4第2項之規定，審計委員會之成員均為獨立董事，且應由3名以上獨立董事組成，尚不得包括獨立董事以外之人員。例如：某公司有5位獨立董事，則其審計委員會即由此5位獨立董事所組成。

　　另依本法第14條之4第1項前段規定：「已依本法發行股票之公司，應擇一設置審計委員會或監察人」，故依證券交易法設置審計委員會之公司，需配合於其公司章程中刪除關於監察人之相關規定，即已設置審計委員會者，不得再依公司法規定選任監察人。金融監督管理委員會已公告依證券交易法第14條之4、第14條之5、第178條規定，我國上市櫃公司於111年起全面設置審計委員會取代監察人。

　　鑑於審計委員會有其特有之職權，考量其應具備專業及獨立性，本法明定審計委員會應由全體獨立董事組成，其人數不得少於3人，其中1人為召集人，且至少1人應具備會計或財務專長，以確實發揮審計委員會之功能。

　　然其基於彈性起見，本法中對此資格之認定標準並無規範。為利公司於判斷具備會計或財務專長時，有參考之標準，如符合「公開發行公司獨立董事設置及應遵循事項辦法」所定獨立董事之專業資格條件且符合下列條件之一者，應可認為具備會計或財務之專長，另公司亦可依自身需求，另訂更高之標準：

　　(一)具公開發行公司財務主管、會計主管、主辦會計、內部稽核主管之工作經驗。

　　(二)具直接督導上開(一)職務之工作經驗。

　　(三)取得會計師、證券投資分析人員等證書或取得與財務、會計有關之國家考試及格證書，且具有會計、審計、稅務、財務或內部稽核業務2年以上之工作經驗。

　　(四)經教育部承認之國內外專科以上學校修畢會計、財務、審計或稅務相關科目12學分以上，且具有會計、審計、稅務、財務或內部稽核業務3年以上之工作經驗。

　　(五)經教育部承認之國內外高職或同等學校修畢會計、財務、審計或稅務相關科目12學分以上，且具有會計、審計、稅務、財務或內部稽核業務5年以上之工作經驗。

　　公司未依規定組成審計委員會者，依本法第178條第1項第2款規定處罰。另審計委員會之決議，應有審計委員會全體成員二分之一以上之同意。

七、審計委員會之職權

　　為有效發揮審計委員會之功能，本法規定已依本法發行股票之公司設置審計委員會者，下列事項應經審計委員會全體成員二分之一以上同意，並提董事會決議，不適用第14條之3規定：

　　(一)依第14條之1規定訂定或修正內部控制制度。

　　(二)內部控制制度有效性之考核。

　　(三)依第36條之1規定訂定或修正取得或處分資產、從事衍生性商品交易、資金貸與他人、為他人背書或提供保證等重大財務業務行為之處理程序。

(四)涉及董事或監察人自身利害關係致有害於公司利益之虞之事項。

(五)重大之資產或衍生性商品交易。

(六)重大之資金貸與、背書或提供保證。

(七)募集、發行或私募具有股權性質之有價證券。

(八)簽證會計師之委任、解任或報酬。

(九)財務、會計或內部稽核主管之任免。

(十)年度財務報告及須經會計師查核簽證之第二季財務報告。

(十一)其他公司或主管機關規定之重大事項。

考量審計委員會均由獨立董事組成,且設置審計委員會已不選任監察人,為有效發揮審計委員會之獨立、專業功能,本法規定審計委員會之職權規定應經全體成員二分之一以上同意,另得由全體董事三分之二以上同意行之,排除第14條之3規定,惟相關事項仍應經董事會決議,以明確落實董事會之責任。

此外,關於本法第36條規定之年度及半年度財務報告,因公司設置審計委員會已不設置監察人,且已納入審計委員會之職權,故明定不適用第36條第1項應經監察人承認之規定。

參考國外設置審計委員會國家多透過審計委員會會議方式行使職權,考量審計委員會採合議制,可透過會議集思廣益,落實審計委員會監督職能的發揮,涉及公司訴訟或交易代表攸關公司重要事項宜透過合議制周延討論,證券交易法第14條之4已規範對董事提起訴訟、股東會召集權及董事為自己與公司交易時代表公司權應以審計委員會合議為之。金管會說明,若審計委員會的獨立董事成員因故辭職、解任僅剩一席獨立董事,或不可抗力等合理理由,導致無法召開會議時,為避免影響公司營運,證券交易法第14條之5第1項各款應由審計委員會決議事項,於審計委員會有正當理由無法召開時,應以董事會全體董事特別決議行之。此外,審計委員會的獨立董事成員基於審計委員會成員身分,對於財務報告事項仍應出具同意與否的意見,違反者有違公司治理,同法第178條增訂相關處罰規定。

八、審計委員會之運作

民國95年3月28日行政院金融監督管理委員會發布「公開發行公司審計委員會行使職權辦法」,依該辦法規定:審計委員會應至少每季召開一次,並於審計委員會組織規程中明定之。審計委員會之召集,應載明召集事由,

於7日前通知委員會各獨立董事成員。但有緊急情事者,不在此限。審計委員會應由全體成員互推1人擔任召集人及會議主席,召集人請假或因故不能召集會議時,由其指定其他獨立董事成員1人代理之;召集人未指定代理人者,由委員會之獨立董事成員互推1人代理之。另審計委員會得決議請公司相關部門經理人員、內部稽核人員、會計師、法律顧問或其他人員提供相關必要之資訊。

召開審計委員會時,公司應設簽名簿供出席獨立董事成員簽到,並供查考。審計委員會之獨立董事成員應親自出席審計委員會,如不能親自出席,得委託其他獨立董事成員代理出席;如以視訊參與會議者,視為親自出席。審計委員會成員委託其他獨立董事成員代理出席審計委員會時,應於每次出具委託書,且列舉召集事由之授權範圍。審計委員會之決議,應有全體成員二分之一以上之同意。表決之結果,應當場報告,並作成紀錄。如有正當理由致審計委員會無法召開時,應以董事會全體董事三分之二以上同意行之。但證交法第14條之5第1項第10款之事項仍應由獨立董事成員出具是否同意之意見。

審計委員會之獨立董事成員對於會議事項,與其自身有利害關係,致有害於公司利益之虞者,應予迴避。如因上述規定致委員會無法決議者,應向董事會報告,由董事會為決議。審計委員會之議事,應作成議事錄,議事錄應詳實記載下列事項:

(一)會議屆次及時間地點。

(二)主席之姓名。

(三)獨立董事成員出席狀況,包括出席、請假及缺席者之姓名與人數。

(四)列席者之姓名及職稱。

(五)紀錄之姓名。

(六)報告事項。

(七)討論事項:各議案之決議方法與結果、委員會之獨立董事成員、專家及其他人員發言摘要、反對或保留意見。

(八)臨時動議:提案人姓名、議案之決議方法與結果、委員會之獨立董事成員、專家及其他人員發言摘要、反對或保留意見。

(九)其他應記載事項。

另審計委員會或其獨立董事成員得代表公司委任律師、會計師或其他專業人員,就行使職權有關之事項為必要之查核或提供諮詢,其費用由公司負擔之。

九、獨立董事制度之探討

民國95年1月公布之證交法修正案設立獨立董事之規定，對台灣上市櫃公司之公司治理透明度的確有所助益，我國企業的公司治理，一向為外資所詬病，而以往一連串之地雷股事件，更讓外資質疑台灣上市櫃公司的公司治理不彰，尤其外資對台灣企業內部作帳問題非常質疑，如今獨立董事有法可循，當可發揮檢視與制衡作用。

但筆者認為台灣的獨立董事，似乎很難獨立，有沒有設獨立董事差別不大，連本身是股東的董事，對公司的控制力量都已經無法發揮，更何況是獨立董事，要公司治理透明、不再發生內部作帳或五鬼搬運等情事，還是要靠公司經營者的「誠信」，始為根本之道。

雖明定獨立董事應具備專業知識，然獨立董事之知識畢竟有其侷限，難期全面兼具會計、法律及公司治理專業。而過去法院判決對獨立董事之要求，援引公司法及獨立董事之職權法條，獨立董事往往必須個人同時超越簽證會計師及律師之專業，在事實狀況下並不權責相符。是故，獨立董事若要善盡公司治理之責，對公司事務做出獨立、客觀之判斷，宜另有其他專業評估意見供其審酌，俾厚實其見解，有效監督公司的運作和保護股東權益。然而，獨立董事蒐集相關治理專業意見，必須支付相當金額之費用，雖然獨立董事支領一定薪酬，惟其薪酬乃依據公司經營規模而有所不同，尤其小型上市櫃公司之獨立董事薪資所得，並非全部皆為年薪數百萬千萬，往往僅領取月薪5萬或是3萬，不可能自行另聘請律師、會計師。鑑此，為強化獨立董事之專業監督能力，並避免獨立董事執行職務受到不當干擾，爰參考現行「○○股份有限公司獨立董事之職責範疇規則參考範例」第7條規定，107年4月25日證交法修正時特別增列證交法第14條第3項明定「公司或董事會其他成員不得妨礙、拒絕或規避獨立董事執行職務。獨立董事執行職務認有必要時，得要求董事會指派相關人員或自行聘請專家協助辦理。聘請專家及其他獨立董事行使職權費用以必要者為限，由公司負擔。」以健全公司治理，落實獨立董事對公司事務為獨立判斷與提供客觀意見之職責與功能。且為配合證交法第14條之2第3項增訂，並明定違反第14條之2第3項罰則，俾真正落實獨立董事職權之行使。

在此筆者多年觀察台灣「企業經營者」的心得，特別提出下列建議，「企業經營者」絕對不可以：(一)高估利潤；(二)低估法治；(三)錯估價值，因為台灣「企業小股東」的制衡力量正逐漸成形。

　　一個受尊敬的「企業」，必需建立下列核心價值：(一)企業社會責任的建立；(二)尊重人性觀念的實現；(三)環境生態健康的維護。

　　如果要成為受投資人尊敬的「企業家」，應善盡下列責任：(一)經營者需要誠信、正直；(二)心中時時以投資大眾為念；(三)持續為股東創造企業價值。總之，企業只會賺錢，難以贏得尊敬。

　　筆者最後的結論：企業倫理好，獲利能力高（Good Ethics Can Bring Good Profits）。

第七節　上市上櫃公司推行公司治理制度應有之認識

一、強化董事會職能

　　董事會成員應本著忠誠、謹慎及高度注意態度，以公司利益為前提，對於評估公司經營策略、風險管理、年度決算、業務績效及監督主要資本支出、併購與投資處分等重大事項須善盡職責，同時應確保公司會計系統和財務報告之適正性，並避免有董事會成員損及公司之行為或與股東間發生利益衝突之情事。又董事會應審慎選任、監督經營階層，對公司事務進行客觀判斷，以及遴選適任之內部稽核主管，確保內部控制之有效性，俾防範弊端。

二、董事對公司財報不實應負之法律責任

　　一般董事執行職務最大風險就是財務報告不實的法律責任，通常只要董事未涉及或參與公司弊案與不實財務報告之編製，檢察官較不會追究一般董事財務報告不實之刑事責任。但財報不實的民事責任，依證交法20條之1，規定董事應負「推定過失責任」，當公司發生財報不實之弊端時，董事須負舉證之責，證明其已盡相當注意、且有正當理由可合理確信其內容無虛偽或隱匿之情事，始免負賠償責任。依以往法院案例顯示，訴訟中董事常以主張自身未具備財會專業知識、未實際參與決策、財報係授權經理部門編製信賴公司所委任會計師對財報之查核簽證、未出席通過財報之董事會或股東會已承認通過財報等，作為其等免責抗辯的理由，但這些抗辯實際上並不為法院所採認。因此董事除對其執行職務產生的責任應有正確的理解與認之外，如何監督才是已盡相當注意義務，從而能有效強化董事會職能、維護公司及股

東權益，同時避免相關賠償責任，實乃董事執行義務應有之認知。

董事會為公司治理的中心，應以公司及股東最佳利益為依歸，在兼顧其他利害關係人的權益下，應以高道德標準，進行獨立客觀的判斷，以踐行其各項職責。董事會運作的良窳，影響整體公司發展的榮枯，個別董事行使職權產生的權利、義務，則對董事具有切身利害關係，董事應強化對財務報告品質的監督，包括持續強化自身專業能力、密切關注公司和產業情況、督導公司建立誠信經營文化、審慎選認財會及稽核主管暨會計師、並加強溝通互動、建置有效的吹哨機制等，且執行職務務必保留相關文件、資料與工作紀錄，以供未來舉證明自己已善盡職責之證據。

三、發揮監察人功能

監察人應適時行使監察權，並本於公平、透明、權責分明之理念，促使監察人制度之運作更為須順暢；監察人除切實監督公司之財務業務事項外，必要時得委託專業會計師、律師代表審核相關事務。另為避免公司之監察人與董事為同一法人之代表人，或監察人與董事間有實質無法獨立行使職權之情形，公司於申請上市或上櫃時對於證交所或櫃檯買賣中心所出具之相關承諾事項，監察人宜督促公司確實補正改善，以免日後損及股東權益。又監察人應確實查閱內部稽核報告，追蹤公司內部控制與內部稽核之執行情形。遇有危害公司之狀況，監察人倘能適時主動告知主管機關及證交所或櫃檯買賣中心，將有助先期防範或遏止弊端。

四、重視股東及利害關係人之權利

公司應公平對待大小股東，鼓勵其踴躍出席股東會，積極參與董監事之選舉或公司章程等之增修事宜，公司亦應給予股東適當、充分發問或提案之機會，俾達制衡之效，同時股東應有即時、經常取得公司資訊及分享利潤的便利。此外公司治理尤須重視利害關係人的權益，在創造財富、工作及維持財務健全上與之積極合作，如有利害關係人為公司挹注資金之情形，公司務必依法相對履行債務人之責任，以避免公司產生財務危機。

五、資訊揭露透明化

「上市上櫃公司治理實務守則」第2條明定提升資訊揭露透明度乃公司

治理之原則之一，公司應建立發言人制度並妥善利用公開資訊系統，使股東及利害關係人能充分瞭解公司之財務業務狀況以及實施公司治理之情形。

六、內部控制暨內部稽核制度之建立與落實

　　為健全公司經營，協助董事會及管理階層確實履行其責任，公司應建立完備之內部控制制度，並確實有效執行監察人除應依相關規定查閱、追蹤內控與內稽之執行情形外，上市上櫃公司尚應確實辦理自行評估作業，董事及管理階層亦應每年檢討各單位自行查核結果及稽核單位之稽核報告，作成內部控制聲明書按期陳報主管機關。

七、慎選優良之會計師及律師

　　專業且負責之會計師於定期對公司財務及內部控制之查核過程中，較能適時發現、揭露異常或缺失事項，並能提出具體改善或防弊意見，或將因此突破公司治理之盲點，藉以增進公司治理之興利與防弊功能。良好的律師則可以提供適當的決策法律風險咨詢服務，協助董事會及管理階層提升其基本的法律風險素養，避免公司或相關人員觸犯法令，俾公司治理在法律架構及法定程序下從容運作：一旦董事會、監察人與股東會有違法衝突情事，適當的法律措施可能使公司治理得以靈活發揮效益。

第八節　2002年美國企業革新法──沙班氏／歐克斯利法簡介

一、2002年沙班氏／歐克斯利法緣起

　　美國在前述一連串財務報表詐欺醜聞發生後，影響層面廣泛，除投資人及債權人遭受龐大之損失，社會資源之流失，甚至全球經濟景氣也因此受到負面之衝擊。美國總統布希於2002年6月29日在Bush Targets Executive Wrongdvers演說中，誓言對違法公司主事者，施以嚴厲之制裁，包括罰金及刑罰，企圖維繫投資人及債權人對美國商業環境的信賴；布希總統於2002年7月30日在白宮簽署一項嚴厲掃蕩企業詐欺之法律──沙班氏／歐克斯利法

（Sarbanes-Oxley Act of 2002，簡稱沙歐法）該法對於防制及懲罰企業與會計師詐欺之不法行為採取較嚴格之規範，對於違法者給予司法上之懲罰，藉以保護企業員工及股東之權益。

二、沙歐法內容概要

本法主要規範可分為十一章，茲將各章條次內容名稱分別摘錄於後：

第1章　公開發行公司會計監督委員會
第101條　設立；管理規定
第102條　向會計監督委員會辦理註冊登記
第103條　審計、品質管制與獨立性準則規範
第104條　註冊會計師事務所之檢查
第105條　調查與懲處程序
第106條　國外會計師事務所
第107條　證期會對會計監督委員會之監督
第108條　會計準則
第109條　資金籌募

第2章　會計師之獨立性
第201條　查核人員執行查核工作以外之服務
第202條　事先核准之規定
第203條　定期輪調簽證會計師
第204條　致審計委員會之查核報告
第205條　配合修改其他法令
第206條　利益衝突
第207條　強制輪調註冊會計師事務所之研究
第208條　證期會之職權
第209條　適當州政府主管機關之考量

第3章　公司之責任
第301條　公開發行公司之審計委員會
第302條　公司編製財務報表之責任
第303條　對審計行為之不當影響
第304條　紅利與利益之沒收
第305條　高階主管與董事之禁制與懲罰

三、沙歐法關於律師執業準則之規範——建立律師通報制度

　　沙歐法第307條規定，爲保障投資人或大眾之利益，美國證管會（Securities and Exchange Commission, SEC）應於法案通過之180天之內，訂定代表發行公司出庭或執業律師之最低執業道德。SEC於2003年1月29日，公告聯邦規範第2章第17節第205項命令「證券發行人代表律師於證管會前執業之專業執業準則」（Standards of Professional Conduct for Attorneys Appearing and Practicing before the Commission in the Representation of an Issuer；以下簡稱「律師執業準則」）。

　　有關律師執業準則中之重大違規事證通報程序分述如下：

　　(一)律師代表證券發行人於證管會前執業時，發現該證券發行人（或其主管、職員、代理人）有重大違規之證據時，該律師應立即將該證據報告該證券發行人之法務長（Chief Legal Officer, CLO），或同時報告於法務長與執行長（Chief Executive Officer, CEO）。

　　(二)證券發行人之CLO或CEO於收到前述律師之通報後，應立即調查該重大違規事證是否屬真，倘調查屬實，即應採取適當之處置。不論該調查結果認定重大違規事證是否屬實，證券發行人之CLO或CEO均應並將調查結果（倘調查屬實，包括其採取之適當處置），告知發動通報程序之律師。

　　(三)倘發動通報程序之律師，未能於合理期限內獲得證券發行人CLO或CEO之適當回應，該律師應將此重大違規事證，再呈報於該證券發行人之「會計委員會」、「獨立董事委員會」或「董事會」。倘律師認為沒有必要將該重大違規事證通報予CLO或CEO時，亦得直接進行本階段之通報。

　　(四)若發行公司已成立法律遵循委員會（Qualified Legal Compliance Committee, QLCC），其成員應包括至少一位審計委員會成員及二位以上之獨立董事，律師將執行業務過程中以發現之重大違規事證，通報予該QLCC，由該QLCC來負責調查該重大違規事證。任何循此程序通報之律師，於通報予QLCC之後，即完成（解除）其通報之義務，將來亦毋須審閱證券發行人提出之回覆（調查）報告。

　　沙歐法第307條除要求證管會必須就代表證券發行人（issuer）之律師，於證管會前執業之情形，訂定一最低之律師專業執業標準，尚要求律師將證券發行人重大違反證券法規或委託義務人之證據（evidence of material violation），呈報於該證券發行人之高層。證券會訂定律師執業準則之目的，係為透過建立代表各證券發行人之律師，對於證券發行人重大違規事證之通報系統，來保護投資人之利益並增加其投資信心。

　　目前我國對於律師需於證券管理方面出具意見，係於公開發行公司有募集設立、發行新股、受讓他公司股份發行新股、收購合併或發行轉換公司債券等之情形，由律師出具法律意見評估報告或檢查表。為建立投資大眾之信心，以保護投資人之利益，我國似可參考沙氏法之精神，要求公開發行公司借重律師之專業知識及客觀超然之立場，建立律師對於委任之發行公司重大違規事證之通報制度。

　　另本律師執業準則明訂，不得以律師、法律事務所或證券發行人是否遵守準則（包括遵守與未遵守），作為向其提起私法追訴之請求權基礎。該「保護傘原則」係英國證管會參考美國交易法、律師法與美國律師公會模範準則中，對於會計師與律師提供保護傘（Safe Harbor）之制度後，予以訂定。美國證管會於原始提案中，其保護傘之範圍原僅限於律師，惟證管會為求保護之周延性，遂於正式公告之準則中，將保護傘擴張到包括律師、法律

事務所、或證券發行人。

四、沙歐法關於會計師查核簽證之規範——提升會計師之獨立性

　　沙歐法為提升會計師之獨立性，在法案中限制會計師執行業務之範圍、強制定期輪調簽證會計師與要求會計師有利益衝突時須加以迴避，茲分述如下：

（一）限制會計師執行業務範圍（沙歐法§201、§202）

　　沙歐法第201條中規定註冊會計師事務所若為發行公司提供查核簽證，則不得對該發行公司提供下列非審計服務：
　　1.提供客戶記帳或其他與會計紀錄、財務報表相關之服務。
　　2.財務資訊系統設計與執行。
　　3.提供鑑價（評估）或評價之服務、表示允當意見或正確決策回饋之報告。
　　4.提供與客戶財務報表或科目金額相關之精算諮詢服務。
　　5.提供客戶內部稽核委外之服務。
　　6.提供管理職能或人力資源之服務。
　　7.提供經紀商或自營商、投資顧問或投資銀行之服務。
　　8.提供非屬會計師查核業務範圍內之法律顧問服務與專業服務。
　　9.其他由會計監督委員會依法認定不合規定之服務。

　　註冊會計師事務所惟有事先取得發行公司之審計委員會核准之情況下，始得為其審計客戶提供除前列第1項至第9項以外之非審計服務。原則上，所有會計師允許提供予發行公司之服務，皆須事先取得發行公司審計委員會之許可。審計委員會應建立對某些特定服務有關事先核准之政策或步驟，以確保會計師獨立性之持續。會計師若對發行公司進行非審計服務時，若符合下列條件，得免除前段所要求之事先核准：
　　1.會計師提供予發行公司所有非審計服務總金額未達發行公司整個會計年度支付予會計師金額之5%。
　　2.於簽訂委任書時，發行公司並未覺察該項服務屬非審計服務。
　　3.該項非審計服務立即為發行公司審計委員會知悉，且於完成查核工作前即取得審計委員會之核准，或由一個或一個以上之審計委員會委員

核准，且該委員亦是審計委員會所授權之董事會之成員。

　　沙歐法限制會計師對提供查核簽證之客戶，不得再提供任何非審計服務，以限制會計師事務所提供業務之範圍，其主要目的，在於避免因會計師主要收入來自於非審計服務，使會計師對客戶之依存性提高，導致會計師擔心失去收入之威脅下，容易屈服於客戶壓力，無法客觀公正表達真正意見，喪失應有之獨立性。

（二）強制輪調維護審計之獨立性（沙歐法§203）

　　沙歐法規定擔任公開發行公司主查之簽證會計師（lead or coordinating audit partner），或複核其查核結果之會計師，禁止連續逾5年對同一發行公司提供審計服務。

　　由於企業編製之財務報表須仰賴會計師把關，會計師之審計品質若較高，企業較無法出具不實表達之財務報表，惟擔心企業之財務報表長期由某一會計師查核簽證，易使會計師懈怠，或因習慣而未盡應有之注意查核客戶之財務報表，導致審計失敗的發生，故提出定期輪調會計師之要求。

（三）利益衝突之迴避（沙歐法§206）

　　本法亦訂定旋轉門條款，禁止註冊會計師事務所雇用曾擔任發行公司之執行長（cheif executive officer）、審計長（controller）、財務長（chief financial officer）、會計長（chief accounting officer）或任何相當職位之人，於查核工作開始之1年內參與該發行公司之查核工作，則該會計師事務所為該發行公司執行任何查核服務係屬違法行為，此規定主要在藉由冷卻期之訂定以規避利益衝突之可能。

附錄一：證券交易法

民國104年2月4日總統令修正公布第3條條文
民國104年7月1日總統令修正公布第20-1、43-1、43-3、155、156、178條條文
民國105年12月7日總統令修正公布第28-4、43-1條條文
民國107年1月31日總統令修正公布第171、172條條文；增訂第44-1條條文；並刪除第174-2條條文
民國107年4月25日總統令修正公布第14-2、178條條文
民國107年12月5日總統令修正公布第14條條文
民國108年4月17日總統令修正公布第14-5、28-2、39、43-1、65、66、165-1、177-1、178、179條條文；增訂第178-1條條文
民國108年6月21日總統令修正公布第14-5、36條條文
民國109年5月19日總統令修正公布第14條條文
民國110年1月27日總統令修正公布第54條條文
民國111年11月30日總統令修正公布第22-1條條文
民國112年5月10日總統令修正公布第43-1、178-1、183條條文
民國112年6月28日總統令修正公布第14-4、14-5、178、181-2條條文；增訂第174-3、174-4條條文
民國113年8月7日總統令修正公布第14條條文

第一章　總則

第1條
為發展國民經濟，並保障投資，特制定本法。

第2條
有價證券之募集、發行、買賣，其管理、監督依本法之規定；本法未規定者，適用公司法及其他有關法律之規定。

第3條
本法所稱主管機關，為金融監督管理委員會。

第4條
本法所稱公司，謂依公司法組織之股份有限公司。
本法所稱外國公司，謂以營利為目的，依照外國法律組織登記之公司。

第5條
本法所稱發行人，謂募集及發行有價證券之公司，或募集有價證券之發起人。

第6條

本法所稱有價證券，指政府債券、公司股票、公司債券及經主管機關核定之其他有價證券。

新股認購權利證書、新股權利證書及前項各種有價證券之價款繳納憑證或表明其權利之證書，視爲有價證券。

前二項規定之有價證券，未印製表示其權利之實體有價證券者，亦視爲有價證券。

第7條

本法所稱募集，謂發起人於公司成立前或發行公司於發行前，對非特定人公開招募有價證券之行爲。

本法所稱私募，謂已依本法發行股票之公司依第四十三條之六第一項及第二項規定，對特定人招募有價證券之行爲。

第8條

本法所稱發行，謂發行人於募集後製作並交付，或以帳簿劃撥方式交付有價證券之行爲。

前項以帳簿劃撥方式交付有價證券之發行，得不印製實體有價證券。

第9條　（刪除）

第10條

本法所稱承銷，謂依約定包銷或代銷發行人發行有價證券之行爲。

第11條

本法所稱證券交易所，謂依本法之規定，設置場所及設備，以供給有價證券集中交易市場爲目的之法人。

第12條

本法所稱有價證券集中交易市場，謂證券交易所爲供有價證券之競價買賣所開設之市場。

第13條

本法所稱公開說明書，謂發行人爲有價證券之募集或出賣，依本法之規定，向公衆提出之說明文書。

第14條

本法所稱財務報告，指發行人及證券商、證券交易所依法令規定，應定期編送主管機關之財務報告。

前項財務報告之內容、適用範圍、作業程序、編製及其他應遵行事項之財務報告編製準則，由主管機關定之，不適用商業會計法第四章、第六章及第七章之規定。

第一項財務報告應經董事長、經理人及會計主管簽名或蓋章，並出具財務報告內容無虛僞或隱匿之聲明。

前項會計主管應具備一定之資格條件，並於任職期間內持續專業進修；其資格條件、持續專業進修之最低進修時數及辦理進修機構應具備條件等事項之辦法，由主管機關定之。

股票已在證券交易所上市或於證券櫃檯買賣中心上櫃買賣之公司，依第二項規定編製

年度財務報告時，應另依主管機關規定揭露公司薪資報酬政策、全體員工平均薪資及調整情形、董事及監察人之酬金等相關資訊。

前項公司應於章程訂明以年度盈餘提撥一定比率爲基層員工調整薪資或分派酬勞。但公司尚有累積虧損時，應予彌補。

前項調整薪資或分派酬勞金額，得自當年度營利事業所得額減除之。

第14-1條

公開發行公司、證券交易所、證券商及第十八條所定之事業應建立財務、業務之內部控制制度。

主管機關得訂定前項公司或事業內部控制制度之準則。

第一項之公司或事業，除經主管機關核准者外，應於每會計年度終了後三個月內，向主管機關申報內部控制聲明書。

第14-2條

已依本法發行股票之公司，得依章程規定設置獨立董事。但主管機關應視公司規模、股東結構、業務性質及其他必要情況，要求其設置獨立董事，人數不得少於二人，且不得少於董事席次五分之一。

獨立董事應具備專業知識，其持股及兼職應予限制，且於執行業務範圍內應保持獨立性，不得與公司有直接或間接之利害關係。獨立董事之專業資格、持股與兼職限制、獨立性之認定、提名方式及其他應遵行事項之辦法，由主管機關定之。

公司不得妨礙、拒絕或規避獨立董事執行業務。獨立董事執行業務認有必要時，得要求董事會指派相關人員或自行聘請專家協助辦理，相關必要費用，由公司負擔之。

有下列情事之一者，不得充任獨立董事，其已充任者，當然解任：

一、有公司法第三十條各款情事之一。

二、依公司法第二十七條規定以政府、法人或其代表人當選。

三、違反依第二項所定獨立董事之資格。

獨立董事持股轉讓，不適用公司法第一百九十七條第一項後段及第三項規定。

獨立董事因故解任，致人數不足第一項或章程規定者，應於最近一次股東會補選之。

獨立董事均解任時，公司應自事實發生之日起六十日內，召開股東臨時會補選之。

第14-3條

已依前條第一項規定選任獨立董事之公司，除經主管機關核准者外，下列事項應提董事會決議通過；獨立董事如有反對意見或保留意見，應於董事會議事錄載明：

一、依第十四條之一規定訂定或修正內部控制制度。

二、依第三十六條之一規定訂定或修正取得或處分資產、從事衍生性商品交易、資金貸與他人、爲他人背書或提供保證之重大財務業務行爲之處理程序。

三、涉及董事或監察人自身利害關係之事項。

四、重大之資產或衍生性商品交易。

五、重大之資金貸與、背書或提供保證。

六、募集、發行或私募具有股權性質之有價證券。

七、簽證會計師之委任、解任或報酬。

八、財務、會計或內部稽核主管之任免。

九、其他經主管機關規定之重大事項。

第14-4條

已依本法發行股票之公司，應擇一設置審計委員會或監察人。但符合主管機關依公司規模、業務性質及其他必要情況所定條件者，應設置審計委員會替代監察人。

審計委員會應由全體獨立董事組成，其人數不得少於三人，其中一人為召集人，且至少一人應具備會計或財務專長。

公司設置審計委員會者，本法、公司法及其他法律對於監察人之規定，於審計委員會準用之。

公司法第二百條、第二百十六條第一項、第三項、第四項、第二百十八條第一項、第二項、第二百十八條之一、第二百十八條之二第二項、第二百二十四條至第二百二十六條及第二百四十五條第二項規定，對審計委員會之獨立董事成員準用之；對獨立董事提起訴訟準用公司法第二百十四條、第二百十五條及第二百二十七條但書規定。

審計委員會與其獨立董事成員對前二項所定職權之行使、作業程序、議事錄應載明事項及其他相關事項之辦法，由主管機關定之。

審計委員會之決議，應有審計委員會全體成員二分之一以上之同意。

第14-5條

已依本法發行股票之公司設置審計委員會者，下列事項應經審計委員會全體成員二分之一以上同意，並提董事會決議，不適用第十四條之三規定：

一、依第十四條之一規定訂定或修正內部控制制度。

二、內部控制制度有效性之考核。

三、依第三十六條之一規定訂定或修正取得或處分資產、從事衍生性商品交易、資金貸與他人、為他人背書或提供保證之重大財務業務行為之處理程序。

四、涉及董事自身利害關係之事項。

五、重大之資產或衍生性商品交易。

六、重大之資金貸與、背書或提供保證。

七、募集、發行或私募具有股權性質之有價證券。

八、簽證會計師之委任、解任或報酬。

九、財務、會計或內部稽核主管之任免。

十、由董事長、經理人及會計主管簽名或蓋章之年度財務報告及須經會計師查核簽證之第二季財務報告。

十一、其他公司或主管機關規定之重大事項。

前項各款事項除第十款外，如未經審計委員會全體成員二分之一以上同意者，得由全體董事三分之二以上同意行之，不受前項規定之限制，並應於董事會議事錄載明審計委員會之決議。

如有正當理由致審計委員會無法召開時，第一項各款事項應以全體董事三分之二以上同意行之。但第一項第十款之事項仍應由獨立董事成員出具同意意見。

公司設置審計委員會者，不適用第三十六條第一項財務報告應經監察人承認之規定。

第一項至第三項及前條所定審計委員會全體成員及全體董事，以實際在任者計算之。

第14-6條

股票已在證券交易所上市或於證券商營業處所買賣之公司應設置薪資報酬委員會；其成員專業資格、所定職權之行使及相關事項之辦法，由主管機關定之。

前項薪資報酬應包括董事、監察人及經理人之薪資、股票選擇權與其他具有實質獎勵之措施。

第15條

依本法經營之證券業務，其種類如左：

一、有價證券之承銷及其他經主管機關核准之相關業務。

二、有價證券之自行買賣及其他經主管機關核准之相關業務。

三、有價證券買賣之行紀、居間、代理及其他經主管機關核准之相關業務。

第16條

經營前條各款業務之一者為證券商，並依左列各款定其種類：

一、經營前條第一款規定之業務者，為證券承銷商。

二、經營前條第二款規定之業務者，為證券自營商。

三、經營前條第三款規定之業務者，為證券經紀商。

第17條　（刪除）

第18條

經營證券金融事業、證券集中保管事業或其他證券服務事業，應經主管機關之核准。

前項事業之設立條件、申請核准之程序、財務、業務與管理及其他應遵行事項之規則，由主管機關定之。

第18-1條

第三十八條、第三十九條及第六十六條之規定，於前條之事業準用之。

第五十三條、第五十四條及第五十六條之規定，於前條事業之人員準用之。

第18-2條　（刪除）

第18-3條　（刪除）

第19條

凡依本法所訂立之契約，均應以書面為之。

第20條

有價證券之募集、發行、私募或買賣，不得有虛偽、詐欺或其他足致他人誤信之行為。

發行人依本法規定申報或公告之財務報告及財務業務文件，其內容不得有虛偽或隱匿之情事。

違反第一項規定者，對於該有價證券之善意取得人或出賣人因而所受之損害，應負賠償責任。

委託證券經紀商以行紀名義買入或賣出之人，視為前項之取得人或出賣人。

第20-1條

前條第二項之財務報告及財務業務文件或依第三十六條第一項公告申報之財務報告，其主要內容有虛偽或隱匿之情事，下列各款之人，對於發行人所發行有價證券之善意取得人、出賣人或持有人因而所受之損害，應負賠償責任：

一、發行人及其董監事。

二、發行人之職員，曾在財務報告或財務業務文件上簽名或蓋章者。

前項各款之人，除發行人外，如能證明已盡相當注意，且有正當理由可合理確信其內容無虛偽或隱匿之情事者，免負賠償責任。

會計師辦理第一項財務報告或財務業務文件之簽證，有不正當行為或違反或廢弛其業務上應盡之義務，致第一項之損害發生者，負賠償責任。

前項會計師之賠償責任，有價證券之善意取得人、出賣人或持有人得聲請法院調閱會計師工作底稿並請求閱覽或抄錄，會計師及會計師事務所不得拒絕。

第一項各款及第三項之人，除發行人外，因其過失致第一項損害之發生者，應依其責任比例，負賠償責任。

前條第四項規定，於第一項準用之。

第21條

本法規定之損害賠償請求權，自有請求權人知有得受賠償之原因時起二年間不行使而消滅；自募集、發行或買賣之日起逾五年者亦同。

第21-1條

為促進我國與其他國家證券市場主管機關之國際合作，政府或其授權之機構依互惠原則，得與外國政府、機構或國際組織，就資訊交換、技術合作、協助調查等事項，簽訂合作條約或協定。

除有妨害國家利益或投資大眾權益者外，主管機關依前項簽訂之條約或協定，得洽請相關機關或要求有關之機構、法人、團體或自然人依該條約或協定提供必要資訊，並基於互惠及保密原則，提供予與我國簽訂條約或協定之外國政府、機構或國際組織。

為促進證券市場國際合作，對於有違反外國金融管理法律之虞經外國政府調查、追訴或進行司法程序者，於外國政府依第一項簽訂之條約或協定請求協助調查時，主管機關得要求與證券交易有關之機構、法人、團體或自然人，提示相關之帳簿、文據或到達辦公處所說明；必要時，並得請該外國政府派員協助調查事宜。

前項被要求到達辦公處所說明者，得選任律師、會計師、其他代理人或經主管機關許可偕同輔佐人到場。

第二項及第三項規定之機構、法人、團體或自然人，對於主管機關要求提供必要資訊、提示相關帳簿、文據或到達辦公處所說明，不得規避、妨礙或拒絕。

第二章　有價證券之募集、發行、私募及買賣

第一節　有價證券之募集、發行及買賣

第22條

有價證券之募集及發行，除政府債券或經主管機關核定之其他有價證券外，非向主管機關申報生效後，不得為之。

已依本法發行股票之公司，於依公司法之規定發行新股時，除依第四十三條之六第一項及第二項規定辦理者外，仍應依前項規定辦理。

出售所持有第六條第一項規定之有價證券或其價款繳納憑證、表明其權利之證書或新股認購權利證書、新股權利證書，而公開招募者，準用第一項規定。

依前三項規定申報生效應具備之條件、應檢附之書件、審核程序及其他應遵行事項之準則，由主管機關定之。

前項準則有關外匯事項之規定，主管機關於訂定或修正時，應洽商中央銀行同意。

第22-1條

已依本法發行股票之公司，於增資發行新股時，主管機關得規定其股權分散標準。

公開發行股票公司召開股東會、股東會視訊會議、書面或電子方式行使股東會表決權、股東或股票之股務事務、股務自辦或股務委外辦理、股務評鑑及其他相關股務事務，其應符合之條件、作業程序及其他應遵行事項之準則，由主管機關定之。

第22-2條

已依本法發行股票公司之董事、監察人、經理人或持有公司股份超過股份總額百分之十之股東，其股票之轉讓，應依左列方式之一為之：

一、經主管機關核准或自申報主管機關生效日後，向非特定人為之。

二、依主管機關所定持有期間及每一交易日得轉讓數量比例，於向主管機關申報之日起三日後，在集中交易市場或證券商營業處所為之。但每一交易日轉讓股數未超過一萬股者，免予申報。

三、於向主管機關申報之日起三日內，向符合主管機關所定條件之特定人為之。

經由前項第三款受讓之股票，受讓人在一年內欲轉讓其股票，仍須依前項各款所列方式之一為之。

第一項之人持有之股票，包括其配偶、未成年子女及利用他人名義持有者。

第23條

新股認購權利證書之轉讓，應於原股東認購新股限期前為之。

第24條

公司依本法發行新股者，其以前未依本法發行之股份，視為已依本法發行。

第25條

公開發行股票之公司於登記後，應即將其董事、監察人、經理人及持有股份超過股份總額百分之十之股東，所持有之本公司股票種類及股數，向主管機關申報並公告之。

前項股票持有人，應於每月五日以前將上月份持有股數變動之情形，向公司申報，公

司應於每月十五日以前，彙總向主管機關申報。必要時，主管機關得命令其公告之。

第二十二條之二第三項之規定，於計算前二項持有股數準用之。

第一項之股票經設定質權者，出質人應即通知公司；公司應於其質權設定後五日內，將其出質情形，向主管機關申報並公告之。

第25-1條

公開發行股票公司出席股東會使用委託書，應予限制、取締或管理；其徵求人、受託代理人與代為處理徵求事務者之資格條件、委託書之格式、取得、徵求與受託方式、代理之股數、統計驗證、使用委託書代理表決權不予計算之情事、應申報與備置之文件、資料提供及其他應遵行事項之規則，由主管機關定之。

第26條

凡依本法公開募集及發行有價證券之公司，其全體董事及監察人二者所持有記名股票之股份總額，各不得少於公司已發行股份總額一定之成數。

前項董事、監察人股權成數及查核實施規則，由主管機關以命令定之。

第26-1條

已依本法發行有價證券之公司召集股東會時，關於公司法第二百零九條第一項、第二百四十條第一項及第二百四十一條第一項之決議事項，應在召集事由中列舉並說明其主要內容，不得以臨時動議提出。

第26-2條

已依本法發行股票之公司，對於持有記名股票未滿一千股股東，其股東常會之召集通知得於開會三十日前；股東臨時會之召集通知得於開會十五日前，以公告方式為之。

第26-3條

已依本法發行股票之公司董事會，設置董事不得少於五人。

政府或法人為公開發行公司之股東時，除經主管機關核准者外，不得由其代表人同時當選或擔任公司之董事及監察人，不適用公司法第二十七條第二項規定。

公司除經主管機關核准者外，董事間應有超過半數之席次，不得具有下列關係之一：

一、配偶。

二、二親等以內之親屬。

公司除經主管機關核准者外，監察人間或監察人與董事間，應至少一席以上，不得具有前項各款關係之一。

公司召開股東會選任董事及監察人，原當選人不符前二項規定時，應依下列規定決定當選之董事或監察人：

一、董事間不符規定者，不符規定之董事中所得選票代表選舉權較低者，其當選失其效力。

二、監察人間不符規定者，準用前款規定。

三、監察人與董事間不符規定者，不符規定之監察人中所得選票代表選舉權較低者，其當選失其效力。

已充任董事或監察人違反第三項或第四項規定者，準用前項規定當然解任。

董事因故解任，致不足五人者，公司應於最近一次股東會補選之。但董事缺額達章程

所定席次三分之一者，公司應自事實發生之日起六十日內，召開股東臨時會補選之。

公司應訂定董事會議事規範；其主要議事內容、作業程序、議事錄應載明事項、公告及其他應遵行事項之辦法，由主管機關定之。

第27條

主管機關對於公開發行之股票，得規定其每股之最低或最高金額。但規定前已准發行者，得仍照原金額；其增資發行之新股，亦同。

公司更改其每股發行價格，應向主管機關申報。

第28條　（刪除）

第28-1條

股票未在證券交易所上市或未於證券商營業處所買賣之公開發行股票公司，其股權分散未達主管機關依第二十二條之一第一項所定標準者，於現金發行新股時，除主管機關認為無須或不適宜對外公開發行者外，應提撥發行新股總額之一定比率，對外公開發行，不受公司法第二百六十七條第三項關於原股東儘先分認規定之限制。

股票已在證券交易所上市或於證券商營業處所買賣之公開發行股票公司，於現金發行新股時，主管機關得規定提撥發行新股總額之一定比率，以時價向外公開發行，不受公司法第二百六十七條第三項關於原股東儘先分認規定之限制。

前二項提撥比率定為發行新股總額之百分之十。但股東會另有較高比率之決議者，從其決議。

依第一項或第二項規定提撥向外公開發行時，同次發行由公司員工承購或原有股東認購之價格，應與向外公開發行之價格相同。

第28-2條

股票已在證券交易所上市或於證券商營業處所買賣之公司，有下列情事之一者，得經董事會三分之二以上董事之出席及出席董事超過二分之一同意，於有價證券集中交易市場或證券商營業處所或依第四十三條之一第二項規定買回其股份，不受公司法第一百六十七條第一項規定之限制：

一、轉讓股份予員工。

二、配合附認股權公司債、附認股權特別股、可轉換公司債、可轉換特別股或認股權憑證之發行，作為股權轉換之用。

三、為維護公司信用及股東權益所必要而買回，並辦理銷除股份。

前項公司買回股份之數量比例，不得超過該公司已發行股份總數百分之十；收買股份之總金額，不得逾保留盈餘加發行股份溢價及已實現之資本公積之金額。

公司依第一項規定買回其股份之程序、價格、數量、方式、轉讓方法及應申報公告事項之辦法，由主管機關定之。

公司依第一項規定買回之股份，除第三款部分應於買回之日起六個月內辦理變更登記外，應於買回之日起五年內將其轉讓；逾期未轉讓者，視為公司未發行股份，並應辦理變更登記。

公司依第一項規定買回之股份，不得質押；於未轉讓前，不得享有股東權利。

公司於有價證券集中交易市場或證券商營業處所買回其股份者，該公司依公司法第

三百六十九條之一規定之關係企業或董事、監察人、經理人、持有該公司股份超過股份總額百分之十之股東所持有之股份，於該公司買回之期間內不得賣出。

第一項董事會之決議及執行情形，應於最近一次之股東會報告；其因故未買回股份者，亦同。

第六項所定不得賣出之人所持有之股份，包括其配偶、未成年子女及利用他人名義持有者。

第28-3條

募集、發行認股權憑證、附認股權特別股或附認股權公司債之公開發行公司，於認股權人依公司所定認股辦法行使認股權時，有核給股份之義務，不受公司法第一百五十六條第七項價格應歸一律與第二百六十七條第一項、第二項及第三項員工、原股東儘先分認規定之限制。

前項依公司所定認股辦法之可認購股份數額，應先於公司章程中載明，不受公司法第二百七十八條第一項及第二項規定之限制。

第28-4條

已依本法發行股票之公司，募集與發行公司債，其發行總額，除經主管機關徵詢目的事業中央主管機關同意者外，依下列規定辦理，不受公司法第二百四十七條規定之限制：

一、有擔保公司債、轉換公司債或附認股權公司債，其發行總額，不得逾全部資產減去全部負債餘額之百分之二百。

二、前款以外之無擔保公司債，其發行總額，不得逾全部資產減去全部負債餘額之二分之一。

第29條

公司債之發行如由金融機構擔任保證人者，得視為有擔保之發行。

第30條

公司募集、發行有價證券，於申請審核時，除依公司法所規定記載事項外，應另行加具公開說明書。

前項公開說明書，其應記載之事項，由主管機關以命令定之。

公司申請其有價證券在證券交易所上市或於證券商營業處所買賣者，準用第一項之規定；其公開說明書應記載事項之準則，分別由證券交易所與證券櫃檯買賣中心擬訂，報請主管機關核定。

第31條

募集有價證券，應先向認股人或應募人交付公開說明書。

違反前項之規定者，對於善意之相對人因而所受之損害，應負賠償責任。

第32條

前條之公開說明書，其應記載之主要內容有虛偽或隱匿之情事者，左列各款之人，對於善意之相對人，因而所受之損害，應就其所應負責部分與公司負連帶賠償責任：

一、發行人及其負責人。

二、發行人之職員，曾在公開說明書上簽章，以證實其所載內容之全部或一部者。

三、該有價證券之證券承銷商。

四、會計師、律師、工程師或其他專門職業或技術人員，曾在公開說明書上簽章，以
　　證實其所載內容之全部或一部，或陳述意見者。

前項第一款至第三款之人，除發行人外，對於未經前項第四款之人簽證部分，如能證
明已盡相當之注意，並有正當理由確信其主要內容無虛偽、隱匿情事或對於簽證之意
見有正當理由確信其為真實者，免負賠償責任；前項第四款之人，如能證明已經合理
調查，並有正當理由確信其簽證或意見為真實者，亦同。

第33條

認股人或應募人繳納股款或債款，應將款項連同認股書或應募書向代收款項之機構繳
納之；代收機構收款後，應向各該繳款人交付經由發行人簽章之股款或債款之繳納憑
證。

前項繳納憑證及其存根，應由代收機構簽章，並將存根交還發行人。

已依本法發行有價證券之公司發行新股時，如依公司法第二百七十三條公告之股款繳
納期限在一個月以上者，認股人逾期不繳納股款，即喪失其權利，不適用公司法第
二百六十六條第三項準用同法第一百四十二條之規定。

第34條

發行人應於依公司法得發行股票或公司債券之日起三十日內，對認股人或應募人憑前
條之繳納憑證，交付股票或公司債券，並應於交付前公告之。

公司股款、債款繳納憑證之轉讓，應於前項規定之限期內為之。

第35條

公司發行股票或公司債券應經簽證，其簽證規則，由主管機關定之。

第36條

已依本法發行有價證券之公司，除情形特殊，經主管機關另予規定者外，應依下列規
定公告並向主管機關申報：

一、於每會計年度終了後三個月內，公告並申報由董事長、經理人及會計主管簽名或
　　蓋章，並經會計師查核簽證、董事會通過及監察人承認之年度財務報告。

二、於每會計年度第一季、第二季及第三季終了後四十五日內，公告並申報由董事
　　長、經理人及會計主管簽名或蓋章，並經會計師核閱及提報董事會之財務報告。

三、於每月十日以前，公告並申報上月份營運情形。

前項所定情形特殊之適用範圍、公告、申報期限及其他應遵行事項之辦法，由主管機
關定之。

第一項之公司有下列情事之一者，應於事實發生之日起二日內公告並向主管機關申
報：

一、股東常會承認之年度財務報告與公告並向主管機關申報之年度財務報告不一致。

二、發生對股東權益或證券價格有重大影響之事項。

第一項之公司，應編製年報，於股東常會分送股東；其應記載事項、編製原則及其他
應遵行事項之準則，由主管機關定之。

第一項至第三項公告、申報事項及前項年報，有價證券已在證券交易所上市買賣者，

應以抄本送證券交易所；有價證券已在證券商營業處所買賣者，應以抄本送主管機關指定之機構供公眾閱覽。

公司在重整期間，第一項所定董事會及監察人之職權，由重整人及重整監督人行使。

股票已在證券交易所上市或於證券商營業處所買賣之公司股東常會，應於每會計年度終了後六個月內召開；不適用公司法第一百七十條第二項但書規定。

股票已在證券交易所上市或於證券商營業處所買賣之公司董事及監察人任期屆滿之年，董事會未依前項規定召開股東常會改選董事、監察人者，主管機關得依職權限期召開；屆期仍不召開者，自限期屆滿時，全體董事及監察人當然解任。

第36-1條

公開發行公司取得或處分資產、從事衍生性商品交易、資金貸與他人、爲他人背書或提供保證及揭露財務預測資訊等重大財務業務行爲，其適用範圍、作業程序、應公告、申報及其他應遵行事項之處理準則，由主管機關定之。

第37條

會計師辦理第三十六條財務報告之查核簽證，應經主管機關之核准；其準則，由主管機關定之。

會計師辦理前項查核簽證，除會計師法及其他法律另有規定者外，應依主管機關所定之查核簽證規則辦理。

會計師辦理第一項簽證，發生錯誤或疏漏者，主管機關得視情節之輕重，爲左列處分：

一、警告。

二、停止其二年以內辦理本法所定之簽證。

三、撤銷簽證之核准。

第三十六條第一項之財務報告，應備置於公司及其分支機構，以供股東及公司債權人之查閱或抄錄。

第38條

主管機關爲有價證券募集或發行之核准，因保護公益或投資人利益，對發行人、證券承銷商或其他關係人，得命令其提出參考或報告資料，並得直接檢查其有關書表、帳冊。

有價證券發行後，主管機關得隨時命令發行人提出財務、業務報告或直接檢查財務、業務狀況。

第38-1條

主管機關認爲必要時，得隨時指定會計師、律師、工程師或其他專門職業或技術人員，檢查發行人、證券承銷商或其他關係人之財務、業務狀況及有關書表、帳冊，並向主管機關提出報告或表示意見，其費用由被檢查人負擔。

繼續一年以上，持有股票已在證券交易所上市或於證券商營業處所買賣之公司已發行股份總數百分之三以上股份之股東，對特定事項認有重大損害公司股東權益時，得檢附理由、事證及說明其必要性，申請主管機關就發行人之特定事項或有關書表、帳冊進行檢查，主管機關認有必要時，依前項規定辦理。

第39條

主管機關於審查發行人所申報之財務報告、其他參考或報告資料時，或於檢查其財務、業務狀況時，發現發行人有不符合法令規定之事項，除得以命令糾正、限期改善外，並得依本法處罰。

第40條

對於有價證券募集之核准，不得藉以作為證實申請事項或保證證券價值之宣傳。

第41條

主管機關認為有必要時，對於已依本法發行有價證券之公司，得以命令規定其於分派盈餘時，除依法提出法定盈餘公積外，並應另提一定比率之特別盈餘公積。

已依本法發行有價證券之公司，申請以法定盈餘公積或資本公積撥充資本時，應先填補虧損；其以資本公積撥充資本者，應以其一定比率為限。

第42條

公司對於未依本法發行之股票，擬在證券交易所上市或於證券商營業處所買賣者，應先向主管機關申請補辦本法規定之有關發行審核程序。

未依前項規定補辦發行審核程序之公司股票，不得為本法之買賣，或為買賣該種股票之公開徵求或居間。

第43條

在證券交易所上市或證券商營業處所買賣之有價證券之給付或交割應以現款、現貨為之。其交割期間及預繳買賣證據金數額，得由主管機關以命令定之。

證券集中保管事業保管之有價證券，其買賣之交割，得以帳簿劃撥方式為之；其作業辦法，由主管機關定之。

以證券集中保管事業保管之有價證券為設質標的者，其設質之交付，得以帳簿劃撥方式為之，並不適用民法第九百零八條之規定。

證券集中保管事業以混合保管方式保管之有價證券，由所有人按其送存之種類數量分別共有；領回時，並得以同種類、同數量之有價證券返還之。

證券集中保管事業為處理保管業務，得就保管之股票、公司債以該證券集中保管事業之名義登載於股票發行公司股東名簿或公司債存根簿。證券集中保管事業於股票、公司債發行公司召開股東會、債權人會議，或決定分派股息及紅利或其他利益，或還本付息前，將所保管股票及公司債所有人之本名或名稱、住所或居所及所持有數額通知該股票及公司債之發行公司時，視為已記載於公司股東名簿、公司債存根簿或已將股票、公司債交存公司，不適用公司法第一百六十五條第一項、第一百七十六條、第二百六十條及第二百六十三條第三項之規定。

前二項規定於政府債券及其他有價證券準用之。

第二節　有價證券之收購

第43-1條

任何人單獨或與他人共同取得任一公開發行公司已發行股份總額超過百分之五之股份者，應向主管機關申報及公告；申報事項如有變動時，亦同。有關申報取得股份之股

數、目的、資金來源、變動事項、公告、期限及其他應遵行事項之辦法,由主管機關定之。

不經由有價證券集中交易市場或證券商營業處所,對非特定人為公開收購公開發行公司之有價證券者,除下列情形外,應提出具有履行支付收購對價能力之證明,向主管機關申報並公告特定事項後,始得為之:

一、公開收購人預定公開收購數量,加計公開收購人與其關係人已取得公開發行公司有價證券總數,未超過該公開發行公司已發行有表決權股份總數百分之五。

二、公開收購人公開收購其持有已發行有表決權股份總數超過百分之五十之公司之有價證券。

三、其他符合主管機關所定事項。

任何人單獨或與他人共同預定取得公開發行公司已發行股份總額或不動產證券化條例之不動產投資信託受益證券達一定比例者,除符合一定條件外,應採公開收購方式為之。

依第二項規定收購有價證券之範圍、條件、期間、關係人及申報公告事項與前項有關取得公開發行公司已發行股份總額達一定比例及條件之辦法,由主管機關定之。

對非特定人為公開收購不動產證券化條例之不動產投資信託受益證券者,應先向主管機關申報並公告後,始得為之;有關收購不動產證券化之受益證券之範圍、條件、期間、關係人及申報公告事項、第三項有關取得不動產投資信託受益證券達一定比例及條件之辦法,由主管機關定之。

第43-2條

公開收購人應以同一收購條件為公開收購,且不得為左列公開收購條件之變更:

一、調降公開收購價格。

二、降低預定公開收購有價證券數量。

三、縮短公開收購期間。

四、其他經主管機關規定之事項。

違反前項應以同一收購條件公開收購者,公開收購人應於最高收購價格與對應賣人公開收購價格之差額乘以應募股數之限額內,對應賣人負損害賠償責任。

第43-3條

公開收購人及其關係人自申報並公告之日起至公開收購期間屆滿日止,不得於集中交易市場、證券商營業處所、其他任何場所或以其他方式,購買同種類之公開發行公司有價證券或不動產證券化條例之不動產投資信託受益證券。

違反前項規定者,公開收購人應就另行購買有價證券之價格與公開收購價格之差額乘以應募股數之限額內,對應賣人負損害賠償責任。

第43-4條

公開收購人除依第二十八條之二規定買回本公司股份者外,應於應賣人請求時或應賣人向受委任機構交存有價證券時,交付公開收購說明書。

前項公開收購說明書,其應記載之事項,由主管機關定之。

第三十一條第二項及第三十二條之規定,於第一項準用之。

第43-5條

公開收購人進行公開收購後,除有下列情事之一,並經主管機關核准者外,不得停止公開收購之進行:

一、被收購有價證券之公開發行公司,發生財務、業務狀況之重大變化,經公開收購人提出證明者。

二、公開收購人破產、死亡、受監護或輔助宣告或經裁定重整者。

三、其他經主管機關所定之事項。

公開收購人所申報及公告之內容有違反法令規定之情事者,主管機關為保護公益之必要,得命令公開收購人變更公開收購申報事項,並重行申報及公告。

公開收購人未於收購期間完成預定收購數量或經主管機關核准停止公開收購之進行者,除有正當理由並經主管機關核准者外,公開收購人於一年內不得就同一被收購公司進行公開收購。

公開收購人與其關係人於公開收購後,所持有被收購公司已發行股份總數超過該公司已發行股份總數百分之五十者,得以書面記明提議事項及理由,請求董事會召集股東臨時會,不受公司法第一百七十三條第一項規定之限制。

第三節 有價證券之私募及買賣

第43-6條

公開發行股票之公司,得以有代表已發行股份總數過半數股東之出席,出席股東表決權三分之二以上之同意,對左列之人進行有價證券之私募,不受第二十八條之一、第一百三十九條第二項及公司法第二百六十七條第一項至第三項規定之限制:

一、銀行業、票券業、信託業、保險業、證券業或其他經主管機關核准之法人或機構。

二、符合主管機關所定條件之自然人、法人或基金。

三、該公司或其關係企業之董事、監察人及經理人。

前項第二款及第三款之應募人總數,不得超過三十五人。

普通公司債之私募,其發行總額,除經主管機關徵詢目的事業中央主管機關同意者外,不得逾全部資產減去全部負債餘額之百分之四百,不受公司法第二百四十七條規定之限制。並得於董事會決議之日起一年內分次辦理。

該公司應第一項第二款之人之合理請求,於私募完成前負有提供與本次有價證券私募有關之公司財務、業務或其他資訊之義務。

該公司應於股款或公司債等有價證券之價款繳納完成日起十五日內,檢附相關書件,報請主管機關備查。

依第一項規定進行有價證券之私募者,應在股東會召集事由中列舉並說明左列事項,不得以臨時動議提出:

一、價格訂定之依據及合理性。

二、特定人選擇之方式。其已洽定應募人者,並說明應募人與公司之關係。

三、辦理私募之必要理由。

依第一項規定進行有價證券私募，並依前項各款規定於該次股東會議案中列舉及說明分次私募相關事項者，得於該股東會決議之日起一年內，分次辦理。

第43-7條

有價證券之私募及再行賣出，不得爲一般性廣告或公開勸誘之行爲。

違反前項規定者，視爲對非特定人公開招募之行爲。

第43-8條

有價證券私募之應募人及購買人除有左列情形外，不得再行賣出：

一、第四十三條之六第一項第一款之人持有私募有價證券，該私募有價證券無同種類之有價證券於證券集中交易市場或證券商營業處所買賣，而轉讓予具相同資格者。

二、自該私募有價證券交付日起滿一年以上，且自交付日起第三年期間內，依主管機關所定持有期間及交易數量之限制，轉讓予符合第四十三條之六第一項第一款及第二款之人。

三、自該私募有價證券交付日起滿三年。

四、基於法律規定所生效力之移轉。

五、私人間之直接讓受，其數量不超過該證券一個交易單位，前後二次之讓受行爲，相隔不少於三個月。

六、其他經主管機關核准者。

前項有關私募有價證券轉讓之限制，應於公司股票以明顯文字註記，並於交付應募人或購買人之相關書面文件中載明。

第三章　證券商及監理沙盒

第一節　通則

第44條

證券商須經主管機關之許可及發給許可證照，方得營業；非證券商不得經營證券業務。

證券商分支機構之設立，應經主管機關許可。

外國證券商在中華民國境內設立分支機構，應經主管機關許可及發給許可證照。

證券商及其分支機構之設立條件、經營業務種類、申請程序、應檢附書件等事項之設置標準與其財務、業務及其他應遵行事項之規則，由主管機關定之。

前項規則有關外匯業務經營之規定，主管機關於訂定或修正時，應洽商中央銀行意見。

第44-1條

爲促進普惠金融及金融科技發展，不限於證券商及證券金融事業，得依金融科技發展與創新實驗條例申請辦理證券業務創新實驗。

前項之創新實驗，於主管機關核准辦理之期間及範圍內，得不適用本法之規定。

主管機關應參酌第一項創新實驗之辦理情形，檢討本法及相關金融法規之妥適性。

第45條

證券商應依第十六條規定，分別依其種類經營證券業務，不得經營其本身以外之業務。但經主管機關核准者，不在此限。

證券商不得由他業兼營。但金融機構得經主管機關之許可，兼營證券業務。

證券商非經主管機關核准，不得投資於其他證券商。

第46條

證券商依前條第一項但書之規定，兼營證券自營商及證券經紀商者，應於每次買賣時，以書面文件區別其為自行買賣或代客買賣。

第47條

證券商須為依法設立登記之公司。但依第四十五條第二項但書規定兼營者，不在此限。

第48條

證券商應有最低之資本額，由主管機關依其種類以命令分別定之。

前項所稱之資本，為已發行股份總額之金額。

第49條

證券商之對外負債總額，不得超過其資本淨值之規定倍數；其流動負債總額，不得超過其流動資產總額之規定成數。

前項倍數及成數，由主管機關以命令分別定之。

第50條

證券商之公司名稱，應標明證券之字樣。但依第四十五條第二項但書之規定為證券商者，不在此限。

非證券商不得使用類似證券商之名稱。

第51條

證券商之董事、監察人及經理人，不得兼任其他證券商之任何職務。但因投資關係，並經主管機關核准者，得兼任被投資證券商之董事或監察人。

第52條 （刪除）

第53條

有左列情事之一者，不得充任證券商之董事、監察人或經理人；其已充任者，解任之，並由主管機關函請經濟部撤銷其董事、監察人或經理人登記：

一、有公司法第三十條各款情事之一者。

二、曾任法人宣告破產時之董事、監察人、經理人或其他地位相等之人，其破產終結未滿三年或調協未履行者。

三、最近三年內在金融機構有拒絕往來或喪失債信之紀錄者。

四、依本法之規定，受罰金以上刑之宣告，執行完畢、緩刑期滿或赦免後未滿三年者。

五、違反第五十一條之規定者。

六、受第五十六條及第六十六條第二款解除職務之處分，未滿三年者。

第54條

證券商僱用對於有價證券營業行為直接有關之業務人員，應成年，並具備有關法令所

規定之資格條件,且無下列各款情事之一:

一、受破產之宣告尚未復權、受監護宣告或受輔助宣告尚未撤銷。

二、兼任其他證券商之職務。但因投資關係,並經主管機關核准兼任被投資證券商之董事或監察人者,不在此限。

三、曾犯詐欺、背信罪或違反工商管理法律,受有期徒刑以上刑之宣告,執行完畢、緩刑期滿或赦免後未滿三年。

四、有前條第二款至第四款或第六款情事之一。

五、違反主管機關依本法所發布之命令。

前項業務人員之職稱,由主管機關定之。

第55條

證券商於辦理公司設立登記後,應依主管機關規定,提存營業保證金。

因證券商特許業務所生債務之債權人,對於前項營業保證金,有優先受清償之權。

第56條

主管機關發現證券商之董事、監察人及受僱人,有違背本法或其他有關法令之行為,足以影響證券業務之正常執行者,除得隨時命令該證券商停止其一年以下業務之執行或解除其職務外,並得視其情節之輕重,對證券商處以第六十六條所定之處分。

第57條

證券商取得經營證券業務之特許,或設立分支機構之許可後,經主管機關發覺有違反法令或虛偽情事者,得撤銷其特許或許可。

第58條

證券商或其分支機構於開始或停止營業時,應向主管機關申報備查。

第59條

證券商自受領證券業務特許證照,或其分支機構經許可並登記後,於三個月內未開始營業,或雖已開業而自行停止營業連續三個月以上時,主管機關得撤銷其特許或許可。

前項所定期限,如有正當事由,證券商得申請主管機關核准延展之。

第60條

證券商非經主管機關核准,不得為下列之業務:

一、有價證券買賣之融資或融券。

二、有價證券買賣融資融券之代理。

三、有價證券之借貸或為有價證券借貸之代理或居間。

四、因證券業務借貸款項或為借貸款項之代理或居間。

五、因證券業務受客戶委託保管及運用其款項。

證券商依前項規定申請核准辦理有關業務應具備之資格條件、人員、業務及風險管理等事項之辦法,由主管機關定之。

第61條

有價證券買賣融資融券之額度、期限及融資比率、融券保證金成數,由主管機關商經中央銀行同意後定之;有價證券得為融資融券標準,由主管機關定之。

第62條

證券經紀商或證券自營商，在其營業處所受託或自行買賣有價證券者，非經主管機關核准不得爲之。

前項買賣之管理辦法，由主管機關定之。

第一百五十六條及第一百五十七條之規定，於第一項之買賣準用之。

第63條

第三十六條關於編製、申報及公告財務報告之規定，於證券商準用之。

第64條

主管機關爲保護公益或投資人利益，得隨時命令證券商提出財務或業務之報告資料，或檢查其營業、財產、帳簿、書類或其他有關物件；如發現有違反法令之重大嫌疑者，並得封存或調取其有關證件。

第65條

主管機關於調查證券商之業務、財務狀況時，發現該證券商有不符合規定之事項，得隨時以命令糾正、限期改善。

第66條

證券商違反本法或依本法所發布之命令者，除依本法處罰外，主管機關得視情節之輕重，爲下列處分，並得命其限期改善：

一、警告。

二、命令該證券商解除其董事、監察人或經理人職務。

三、對公司或分支機構就其所營業務之全部或一部爲六個月以內之停業。

四、對公司或分支機構營業許可之撤銷或廢止。

五、其他必要之處置。

第67條

證券商經主管機關依本法之規定撤銷其特許或命令停業者，該證券商應了結其被撤銷前或停業前所爲有價證券之買賣或受託之事務。

第68條

經撤銷證券業務特許之證券商，於了結前條之買賣或受託之事務時，就其了結目的之範圍內，仍視爲證券商；因命令停業之證券商，於其了結停業前所爲有價證券之買賣或受託事務之範圍內，視爲尚未停業。

第69條

證券商於解散或部分業務歇業時，應由董事會陳明事由，向主管機關申報之。

第六十七條及第六十八條之規定，於前項情事準用之。

第70條

證券商負責人與業務人員管理之事項，由主管機關以命令定之。

第二節　證券承銷商

第71條

證券承銷商包銷有價證券，於承銷契約所訂定之承銷期間屆滿後，對於約定包銷之有

價證券，未能全數銷售者，其賸餘數額之有價證券，應自行認購之。

證券承銷商包銷有價證券，得先行認購後再行銷售或於承銷契約訂明保留一部分自行認購。

證券承銷商辦理前項之包銷，其應具備之條件，由主管機關定之。

第72條

證券承銷商代銷有價證券，於承銷契約所訂定之承銷期間屆滿後，對於約定代銷之有價證券，未能全數銷售者，其剩餘數額之有價證券，得退還發行人。

第73條　（刪除）

第74條

證券承銷商除依第七十一條規定外，於承銷期間內，不得為自己取得所包銷或代銷之有價證券。

第75條

證券承銷商出售依第七十一條規定所取得之有價證券，其辦法由主管機關定之。

第76條　（刪除）

第77條　（刪除）

第78條　（刪除）

第79條

證券承銷商出售其所承銷之有價證券，應依第三十一條第一項之規定，代理發行人交付公開說明書。

第80條　（刪除）

第81條

證券承銷商包銷有價證券者，其包銷之總金額，不得超過其流動資產減流動負債後餘額之一定倍數；其標準由主管機關以命令定之。

共同承銷者，每一證券承銷商包銷總金額之計算，依前項之規定。

第82條

證券承銷商包銷之報酬或代銷之手續費，其最高標準，由主管機關以命令定之。

第三節　證券自營商

第83條

證券自營商得為公司股份之認股人或公司債之應募人。

第84條

證券自營商由證券承銷商兼營者，應受第七十四條規定之限制。

第四節　證券經紀商

第85條

證券經紀商受託於證券集中交易市場，買賣有價證券，其向委託人收取手續費之費率，由證券交易所申報主管機關核定之。

證券經紀商非於證券集中交易市場，受託買賣有價證券者，其手續費費率，由證券商

同業公會申報主管機關核定之。

第86條

證券經紀商受託買賣有價證券,除應於成交時作成買賣報告書交付委託人,並應於每月底編製對帳單分送各委託人。

前項報告書及對帳單之記載事項,由主管機關以命令定之。

第87條

證券經紀商應備置有價證券購買及出售之委託書,以供委託人使用。

前項委託書之記載事項,由主管機關以命令定之。

第88條

第八十六條第一項及第八十七條第一項之書件,應保存於證券經紀商之營業處所。

第四章　證券商同業公會

第89條

證券商非加入同業公會,不得開業。

第90條

證券商同業公會章程之主要內容,及其業務之指導與監督,由主管機關以命令定之。

第91條

主管機關為保障有價證券買賣之公正,或保護投資人,必要時得命令證券商同業公會變更其章程、規則、決議或提供參考、報告之資料,或為其他一定之行為。

第92條

證券商同業公會之理事、監事有違反法令怠於實施該會章程、規則,濫用職權,或違背誠實信用原則之行為者,主管機關得予糾正,或命令證券商同業公會予以解任。

第五章　證券交易所

第一節　通則

第93條

證券交易所之設立,應於登記前先經主管機關之特許或許可;其申請程序及必要事項,由主管機關以命令定之。

第94條

證券交易所之組織,分會員制及公司制。

第95條

證券交易所之設置標準,由主管機關定之。

每一證券交易所,以開設一個有價證券集中交易市場為限。

第96條

非依本法不得經營類似有價證券集中交易市場之業務;其以場所或設備供給經營者亦同。

第97條

證券交易所名稱，應標明證券交易所字樣；非證券交易所，不得使用類似證券交易所之名稱。

第98條

證券交易所以經營供給有價證券集中交易市場為其業務，非經主管機關核准，不得經營其他業務或對其他事業投資。

第99條

證券交易所應向國庫繳存營業保證金，其金額由主管機關以命令定之。

第100條

主管機關於特許或許可證券交易所設立後，發現其申請書或加具之文件有虛偽之記載，或有其他違反法令之行為者，得撤銷其特許或許可。

第101條 （刪除）

第102條

證券交易所業務之指導、監督及其負責人與業務人員管理事項，由主管機關以命令定之。

第二節　會員制證券交易所

第103條

會員制證券交易所，為非以營利為目的之社團法人，除依本法規定外，適用民法之規定。

前項證券交易所之會員，以證券自營商及證券經紀商為限。

第104條

會員制證券交易所之會員，不得少於七人。

第105條

會員制證券交易所之章程，應記載左列事項：

一、目的。

二、名稱。

三、主事務所所在地，及其開設有價證券集中交易市場之場所。

四、關於會員資格之事項。

五、關於會員名額之事項。

六、關於會員紀律之事項。

七、關於會員出資之事項。

八、關於會員請求退會之事項。

九、關於董事、監事之事項。

十、關於會議之事項。

十一、關於會員存置交割結算基金之事項。

十二、關於會員經費之分擔事項。

十三、關於業務之執行事項。

十四、關於解散時賸餘財產之處分事項。

十五、關於會計事項。

十六、公告之方法。

十七、關於主管機關規定之其他事項。

第106條 （刪除）

第107條

會員得依章程之規定請求退會，亦得因左列事由之一而退會：

一、會員資格之喪失。

二、會員公司之解散或撤銷。

三、會員之除名。

第108條

會員應依章程之規定，向證券交易所繳存交割結算基金，及繳付證券交易經手費。

第109條

會員應依章程之規定出資，其對證券交易所之責任，除依章程規定分擔經費外，以其出資額為限。

第110條

會員制證券交易所對會員有左列行為之一者，應課以違約金並得警告或停止或限制其於有價證券集中交易市場為買賣或予以除名：

一、違反法令或本於法令之行政處分者。

二、違反證券交易所章程、業務規則、受託契約準則或其他章則者。

三、交易行為違背誠實信用，足致他人受損害者。

前項規定，應於章程中訂定之。

第111條

會員制證券交易所依前條之規定，對會員予以除名者，應報經主管機關核准；其經核准者，主管機關並得撤銷其證券商業務之特許。

第112條

會員退會或被停止買賣時，證券交易所應依章程之規定，責令本人或指定其他會員了結其於有價證券集中交易市場所為之買賣，其本人於了結該買賣目的範圍內，視為尚未退會，或未被停止買賣。

依前項之規定，經指定之其他會員於了結該買賣目的範圍內，視為與本人間已有委任契約之關係。

第113條

會員制證券交易所至少應置董事三人，監事一人，依章程之規定，由會員選任之。但董事中至少應有三分之一，監事至少應有一人就非會員之有關專家中選任之。

董事、監事之任期均為三年，連選得連任。

董事應組織董事會，由董事過半數之同意，就非會員董事中選任一人為董事長。

董事長應為專任。但交易所設有其他全權主持業務之經理人者，不在此限。

第一項之非會員董事及監事之選任標準及辦法，由主管機關定之。

第114條

第五十三條之規定，於會員制證券交易所之董事、監事或經理人準用之。

董事、監事或經理人違反前項之規定者，當然解任。

第115條

會員制證券交易所之董事、監事或經理人，不得為他證券交易所之董事、監事、監察人或經理人。

第116條

會員制證券交易所之會員董事或監事之代表人，非會員董事或其他職員，不得為自己用任何名義自行或委託他人在證券交易所買賣有價證券。

前項人員不得對該證券交易所之會員供給資金，分擔盈虧或發生營業上之利害關係。但會員董事或監事之代表人，對於其所代表之會員為此項行為者，不在此限。

第117條

主管機關發現證券交易所之董事、監事之當選有不正當之情事者，或董事、監事、經理人有違反法令、章程或本於法令之行政處分時，得通知該證券交易所令其解任。

第118條

會員制證券交易所之董事、監事或經理人，除本法有規定者外，準用公司法關於董事、監察人或經理人之規定。

第119條

會員制證券交易所，除左列各款外，非經主管機關核准，不得以任何方法運用交割結算基金：

一、政府債券之買進。

二、銀行存款或郵政儲蓄。

第120條

會員制證券交易所之董事、監事及職員，對於所知有關有價證券交易之秘密，不得洩露。

第121條

本節關於董事、監事之規定，對於會員董事、監事之代表人準用之。

第122條

會員制證券交易所因左列事由之一而解散：

一、章程所定解散事由之發生。

二、會員大會之決議。

三、會員不滿七人時。

四、破產。

五、證券交易所設立許可之撤銷。

前項第二款之解散，非經主管機關核准，不生效力。

第123條

會員制證券交易所僱用業務人員應具備之條件及解除職務，準用第五十四條及第五十六條之規定。

第三節　公司制證券交易所

第124條

公司制證券交易所之組織，以股份有限公司為限。

第125條

公司制證券交易所章程，除依公司法規定者外，並應記載左列事項：

一、在交易所集中交易之經紀商或自營商之名額及資格。

二、存續期間。

前項第二款之存續期間，不得逾十年。但得視當地證券交易發展情形，於期滿三個月前，呈請主管機關核准延長之。

第126條

證券商之董事、監察人、股東或受僱人不得為公司制證券交易所之經理人。

公司制證券交易所之董事、監察人至少應有三分之一，由主管機關指派非股東之有關專家任之；不適用公司法第一百九十二條第一項及第二百十六條第一項之規定。

前項之非股東董事、監察人之選任標準及辦法，由主管機關定之。

第127條

公司制證券交易所發行之股票，不得於自己或他人開設之有價證券集中交易市場上市交易。

第128條

公司制證券交易所不得發行無記名股票；其股份轉讓之對象，以依本法許可設立之證券商為限。

每一證券商得持有證券交易所股份之比率，由主管機關定之。

第129條

在公司制證券交易所交易之證券經紀商或證券自營商，應由交易所與其訂立供給使用有價證券集中交易市場之契約，並檢同有關資料，申報主管機關核備。

第130條

前條所訂之契約，除因契約所訂事項終止外，因契約當事人一方之解散或證券自營商、證券經紀商業務特許之撤銷或歇業而終止。

第131條　（刪除）

第132條

公司制證券交易所於其供給使用有價證券集中交易市場之契約內，應訂立由證券自營商或證券經紀商繳存交割結算基金，及繳付證券交易經手費。

前項交割結算基金金額標準，由主管機關以命令定之。

第一項之經手費費率，應由證券交易所會同證券商同業公會擬訂，申報主管機關核定之。

第133條

公司制證券交易所應於契約內訂明對使用其有價證券集中交易市場之證券自營商或證券經紀商有第一百十條各款規定之情事時，應繳納違約金或停止或限制其買賣或終止契約。

第134條

公司制證券交易所依前條之規定，終止證券自營商或證券經紀商之契約者，準用第一百十一條之規定。

第135條

公司制證券交易所於其供給使用有價證券集中交易市場之契約內，應比照本法第一百十二條之規定，訂明證券自營商或證券經紀商於被指定了結他證券自營商或證券經紀商所為之買賣時，有依約履行之義務。

第136條

證券自營商或證券經紀商依第一百三十三條之規定被終止契約，或被停止買賣時，對其在有價證券集中交易市場所為之買賣，有了結之義務。

第137條

第四十一條、第四十八條、第五十三條第一款至第四款及第六款、第五十八條、第五十九條、第一百十五條、第一百十七條、第一百十九條至第一百二十一條及第一百二十三條之規定，於公司制證券交易所準用之。

第四節　有價證券之上市及買賣

第138條

證券交易所除分別訂定各項準則外，應於其業務規則或營業細則中，將有關左列各款事項詳細訂定之：

一、有價證券之上市。

二、有價證券集中交易市場之使用。

三、證券經紀商或證券自營商之買賣受託。

四、市場集會之開閉與停止。

五、買賣種類。

六、證券自營商或證券經紀商間進行買賣有價證券之程序，及買賣契約成立之方法。

七、買賣單位。

八、價格升降單位及幅度。

九、結算及交割日期與方法。

十、買賣有價證券之委託數量、價格、撮合成交情形等交易資訊之即時揭露。

十一、其他有關買賣之事項。

前項各款之訂定，不得違反法令之規定；其有關證券商利益事項，並應先徵詢證券商同業公會之意見。

第139條

依本法發行之有價證券，得由發行人向證券交易所申請上市。

股票已上市之公司，再發行新股者，其新股股票於向股東交付之日起上市買賣。但公司有第一百五十六條第一項各款情事之一時，主管機關得限制其上市買賣。

前項發行新股上市買賣之公司，應於新股上市後十日內，將有關文件送達證券交易所。

第140條

證券交易所應訂定有價證券上市審查準則及上市契約準則，申請主管機關核定之。

第141條

證券交易所與上市有價證券之公司訂立之有價證券上市契約，其內容不得牴觸上市契約準則之規定，並應報請主管機關備查。

第142條

發行人公開發行之有價證券於發行人與證券交易所訂立有價證券上市契約後，始得於證券交易所之有價證券集中交易市場為買賣。

第143條

有價證券上市費用，應於上市契約中訂定；其費率由證券交易所申報主管機關核定之。

第144條

證券交易所得依法令或上市契約之規定終止有價證券上市，並應報請主管機關備查。

第145條

於證券交易所上市之有價證券，其發行人得依上市契約申請終止上市。

證券交易所應擬訂申請終止上市之處理程序，報請主管機關核定；修正時，亦同。

第146條　　（刪除）

第147條

證券交易所依法令或上市契約之規定，或為保護公眾之利益，就上市有價證券停止或回復其買賣時，應報請主管機關備查。

第148條

於證券交易所上市有價證券之公司，有違反本法或依本法發布之命令時，主管機關為保護公益或投資人利益，得命令該證券交易所停止該有價證券之買賣或終止上市。

第149條

政府發行之債券，其上市由主管機關以命令行之，不適用本法有關上市之規定。

第150條

上市有價證券之買賣，應於證券交易所開設之有價證券集中交易市場為之。但左列各款不在此限：

一、政府所發行債券之買賣。

二、基於法律規定所生之效力，不能經由有價證券集中交易市場之買賣而取得或喪失證券所有權者。

三、私人間之直接讓受，其數量不超過該證券一個成交單位；前後兩次之讓受行為，相隔不少於三個月者。

四、其他符合主管機關所定事項者。

第151條

於有價證券集中交易市場為買賣者，在會員制證券交易所限於會員；在公司制證券交易所限於訂有使用有價證券集中交易市場契約之證券自營商或證券經紀商。

第152條

證券交易所於有價證券集中交易市場，因不可抗拒之偶發事故，臨時停止集會，應向主管機關申報；回復集會時亦同。

第153條

證券交易所之會員或證券經紀商、證券自營商在證券交易所市場買賣證券，買賣一方不履行交付義務時，證券交易所應指定其他會員或證券經紀商或證券自營商代為交付。其因此所生價金差額及一切費用，證券交易所應先動用交割結算基金代償之；如有不足，再由證券交易所代為支付，均向不履行交割之一方追償之。

第154條

證券交易所得就其證券交易經手費提存賠償準備金，備供前條規定之支付；其攤提方法、攤提比率、停止提存之條件及其保管、運用之方法，由主管機關以命令定之。

因有價證券集中交易市場買賣所生之債權，就第一百零八條及第一百三十二條之交割結算基金有優先受償之權，其順序如左：

一、證券交易所。

二、委託人。

三、證券經紀商、證券自營商。

交割結算基金不敷清償時，其未受清償部分，得依本法第五十五條第二項之規定受償之。

第155條

對於在證券交易所上市之有價證券，不得有下列各款之行為：

一、在集中交易市場委託買賣或申報買賣，業經成交而不履行交割，足以影響市場秩序。

二、（刪除）

三、意圖抬高或壓低集中交易市場某種有價證券之交易價格，與他人通謀，以約定價格於自己出售，或購買有價證券時，使約定人同時為購買或出售之相對行為。

四、意圖抬高或壓低集中交易市場某種有價證券之交易價格，自行或以他人名義，對該有價證券，連續以高價買入或以低價賣出，而有影響市場價格或市場秩序之虞。

五、意圖造成集中交易市場某種有價證券交易活絡之表象，自行或以他人名義，連續委託買賣或申報買賣而相對成交。

六、意圖影響集中交易市場有價證券交易價格，而散布流言或不實資料。

七、直接或間接從事其他影響集中交易市場有價證券交易價格之操縱行為。

前項規定，於證券商營業處所買賣有價證券準用之。

違反前二項規定者，對於善意買入或賣出有價證券之人所受之損害，應負賠償責任。

第二十條第四項規定，於前項準用之。

第156條

主管機關對於已在證券交易所上市之有價證券，發生下列各款情事之一，而有影響市場秩序或損害公益之虞者，得命令停止其一部或全部之買賣，或對證券自營商、證券

經紀商之買賣數量加以限制：

一、發行該有價證券之公司遇有訴訟事件或非訟事件，其結果足使公司解散或變動其組織、資本、業務計畫、財務狀況或停頓生產。

二、發行該有價證券之公司，遇有重大災害，簽訂重要契約，發生特殊事故，改變業務計畫之重要內容或退票，其結果足使公司之財務狀況有顯著重大之變更。

三、發行該有價證券公司之行為，有虛偽不實或違法情事，足以影響其證券價格。

四、該有價證券之市場價格，發生連續暴漲或暴跌情事，並使他種有價證券隨同為非正常之漲跌。

五、發行該有價證券之公司發生重大公害或食品藥物安全事件。

六、其他重大情事。

第157條

發行股票公司董事、監察人、經理人或持有公司股份超過百分之十之股東，對公司之上市股票，於取得後六個月內再行賣出，或於賣出後六個月內再行買進，因而獲得利益者，公司應請求將其利益歸於公司。

發行股票公司董事會或監察人不為公司行使前項請求權時，股東得以三十日之限期，請求董事或監察人行使之；逾期不行使時，請求之股東得為公司行使前項請求權。

董事或監察人不行使第一項之請求以致公司受損害時，對公司負連帶賠償之責。

第一項之請求權，自獲得利益之日起二年間不行使而消滅。

第二十二條之二第三項之規定，於第一項準用之。

關於公司發行具有股權性質之其他有價證券，準用本條規定。

第157-1條

下列各款之人，實際知悉發行股票公司有重大影響其股票價格之消息時，在該消息明確後，未公開前或公開後十八小時內，不得對該公司之上市或在證券商營業處所買賣之股票或其他具有股權性質之有價證券，自行或以他人名義買入或賣出：

一、該公司之董事、監察人、經理人及依公司法第二十七條第一項規定受指定代表行使職務之自然人。

二、持有該公司之股份超過百分之十之股東。

三、基於職業或控制關係獲悉消息之人。

四、喪失前三款身分後，未滿六個月者。

五、從前四款所列之人獲悉消息之人。

前項各款所定之人，實際知悉發行股票公司有重大影響其支付本息能力之消息時，在該消息明確後，未公開前或公開後十八小時內，不得對該公司之上市或在證券商營業處所買賣之非股權性質之公司債，自行或以他人名義賣出。

違反第一項或前項規定者，對於當日善意從事相反買賣之人買入或賣出該證券之價格，與消息公開後十個營業日收盤平均價格之差額，負損害賠償責任；其情節重大者，法院得依善意從事相反買賣之人之請求，將賠償額提高至三倍；其情節輕微者，法院得減輕賠償金額。

第一項第五款之人，對於前項損害賠償，應與第一項第一款至第四款提供消息之人，

負連帶賠償責任。但第一項第一款至第四款提供消息之人有正當理由相信消息已公開者，不負賠償責任。

第一項所稱有重大影響其股票價格之消息，指涉及公司之財務、業務或該證券之市場供求、公開收購，其具體內容對其股票價格有重大影響，或對正當投資人之投資決定有重要影響之消息；其範圍及公開方式等相關事項之辦法，由主管機關定之。

第二項所定有重大影響其支付本息能力之消息，其範圍及公開方式等相關事項之辦法，由主管機關定之。

第二十二條之二第三項規定，於第一項第一款、第二款，準用之；其於身分喪失後未滿六個月者，亦同。第二十條第四項規定，於第三項從事相反買賣之人準用之。

第五節　有價證券買賣之受託

第158條
證券經紀商接受於有價證券集中交易市場為買賣之受託契約，應依證券交易所所訂受託契約準則訂定之。

前項受託契約準則之主要內容，由主管機關以命令定之。

第159條
證券經紀商不得接受對有價證券買賣代為決定種類、數量、價格或買入、賣出之全權委託。

第160條
證券經紀商不得於其本公司或分支機構以外之場所，接受有價證券買賣之委託。

第六節　監督

第161條
主管機關為保護公益或投資人利益，得以命令通知證券交易所變更其章程、業務規則、營業細則、受託契約準則及其他章則或停止、禁止、變更、撤銷其決議案或處分。

第162條
主管機關對於證券交易所之檢查及命令提出資料，準用第六十四條之規定。

第163條
證券交易所之行為，有違反法令或本於法令之行政處分，或妨害公益或擾亂社會秩序時，主管機關得為左列之處分：

一、解散證券交易所。

二、停止或禁止證券交易所之全部或一部業務。但停止期間，不得逾三個月。

三、以命令解任其董事、監事、監察人或經理人。

四、糾正。

主管機關為前項第一款或第二款之處分時，應先報經行政院核准。

第164條
主管機關得於各該證券交易所派駐監理人員，其監理辦法，由主管機關以命令定之。

第165條

證券交易所及其會員，或與證券交易所訂有使用有價證券集中交易市場契約之證券自營商、證券經紀商，對監理人員本於法令所為之指示，應切實遵行。

第五章之一　外國公司

第165-1條

外國公司所發行之股票，首次經證券交易所或證券櫃檯買賣中心同意上市、上櫃買賣或登錄興櫃時，其股票未在國外證券交易所交易者，除主管機關另有規定外，其有價證券之募集、發行、私募及買賣之管理、監督，準用第五條至第八條、第十三條至第十四條之一、第十四條之二第一項至第四項、第六項、第十四條之三、第十四條之四第一項、第二項、第五項、第六項、第十四條之五、第十四條之六、第十九條至第二十一條、第二十二條至第二十五條之一、第二十六條之三、第二十七條、第二十八條之一第二項至第四項、第二十八條之二、第二十八條之四至第三十二條、第三十三條第一項、第二項、第三十五條至第四十三條之八、第六十一條、第一百三十九條、第一百四十一條至第一百四十五條、第一百四十七條、第一百四十八條、第一百五十條、第一百五十五條至第一百五十七條之一規定。

第165-2條

前條以外之外國公司所發行股票或表彰股票之有價證券已在國外證券交易所交易者或符合主管機關所定條件之外國金融機構之分支機構及外國公司之從屬公司，其有價證券經證券交易所或證券櫃檯買賣中心同意上市或上櫃買賣者，除主管機關另有規定外，其有價證券在中華民國募集、發行及買賣之管理、監督，準用第五條至第八條、第十三條、第十四條第一項、第三項、第十九條至第二十一條、第二十二條、第二十三條、第二十九條至第三十二條、第三十三條第一項、第二項、第三十五條、第三十六條第一項至第六項、第三十八條至第四十條、第四十二條、第四十三條、第四十三條之一第二項至第四項、第四十三條之二至第四十三條之五、第六十一條、第一百三十九條、第一百四十一條至第一百四十五條、第一百四十七條、第一百四十八條、第一百五十條、第一百五十五條至第一百五十七條之一規定。

第165-3條

外國公司，應在中華民國境內指定其依本法之訴訟及非訴訟之代理人，並以之為本法在中華民國境內之負責人。

前項代理人應在中華民國境內有住所或居所。

外國公司應將第一項代理人之姓名、住所或居所及授權文件向主管機關申報；變更時，亦同。

第六章　仲裁

第166條

依本法所為有價證券交易所生之爭議，當事人得依約定進行仲裁。但證券商與證券交

易所或證券商相互間，不論當事人間有無訂立仲裁契約，均應進行仲裁。

前項仲裁，除本法規定外，依仲裁法之規定。

第167條

爭議當事人之一造違反前條規定，另行提起訴訟時，他造得據以請求法院駁回其訴。

第168條

爭議當事人之仲裁人不能依協議推定另一仲裁人時，由主管機關依申請或以職權指定之。

第169條

證券商對於仲裁之判斷，或依仲裁法第四十四條成立之和解，延不履行時，除有仲裁法第四十條情形，經提起撤銷判斷之訴者外，在其未履行前，主管機關得以命令停止其業務。

第170條

證券商同業公會及證券交易所應於章程或規則內，訂明有關仲裁之事項。但不得牴觸本法及仲裁法。

第七章　罰則

第171條

有下列情事之一者，處三年以上十年以下有期徒刑，得併科新臺幣一千萬元以上二億元以下罰金：

一、違反第二十條第一項、第二項、第一百五十五條第一項、第二項、第一百五十七條之一第一項或第二項規定。

二、已依本法發行有價證券公司之董事、監察人、經理人或受僱人，以直接或間接方式，使公司為不利益之交易，且不合營業常規，致公司遭受重大損害。

三、已依本法發行有價證券公司之董事、監察人或經理人，意圖為自己或第三人之利益，而為違背其職務之行為或侵占公司資產，致公司遭受損害達新臺幣五百萬元。

犯前項之罪，其因犯罪獲取之財物或財產上利益金額達新臺幣一億元以上者，處七年以上有期徒刑，得併科新臺幣二千五百萬元以上五億元以下罰金。

有第一項第三款之行為，致公司遭受損害未達新臺幣五百萬元者，依刑法第三百三十六條及第三百四十二條規定處罰。

犯前三項之罪，於犯罪後自首，如自動繳交全部犯罪所得者，減輕或免除其刑；並因而查獲其他正犯或共犯者，免除其刑。

犯第一項至第三項之罪，在偵查中自白，如自動繳交全部犯罪所得者，減輕其刑；並因而查獲其他正犯或共犯者，減輕其刑至二分之一。

犯第一項或第二項之罪，其因犯罪獲取之財物或財產上利益超過罰金最高額時，得於犯罪獲取之財物或財產上利益之範圍內加重罰金；如損及證券市場穩定者，加重其刑至二分之一。

犯第一項至第三項之罪，犯罪所得屬犯罪行為人或其以外之自然人、法人或非法人團體因刑法第三十八條之一第二項所列情形取得者，除應發還被害人、第三人或得請求損害賠償之人外，沒收之。

違反第一百六十五條之一或第一百六十五條之二準用第二十條第一項、第二項、第一百五十五條第一項、第二項、第一百五十七條之一第一項或第二項規定者，依第一項第一款及第二項至前項規定處罰。

第一項第二款、第三款及第二項至第七項規定，於外國公司之董事、監察人、經理人或受僱人適用之。

第172條

證券交易所之董事、監察人或受僱人，對於職務上之行為，要求期約或收受不正利益者，處五年以下有期徒刑、拘役或科或併科新臺幣二百四十萬元以下罰金。

前項人員對於違背職務之行為，要求期約或收受不正利益者，處七年以下有期徒刑，得併科新臺幣三百萬元以下罰金。

第173條

對於前條人員關於違背職務之行為，行求期約或交付不正利益者，處三年以下有期徒刑、拘役或科或併科新台幣一百八十萬元以下罰金。

犯前項之罪而自首者，得免除其刑。

第174條

有下列情事之一者，處一年以上七年以下有期徒刑，得併科新台幣二千萬元以下罰金：

一、於依第三十條、第四十四條第一項至第三項、第九十三條、第一百六十五條之一或第一百六十五條之二準用第三十條規定之申請事項為虛偽之記載。

二、對有價證券之行情或認募核准之重要事項為虛偽之記載而散布於眾。

三、發行人或其負責人、職員有第三十二條第一項之情事，而無同條第二項免責事由。

四、發行人、公開收購人或其關係人、證券商或其委託人、證券商同業公會、證券交易所或第十八條所定之事業，對於主管機關命令提出之帳簿、表冊、文件或其他參考或報告資料之內容有虛偽之記載。

五、發行人、公開收購人、證券商、證券商同業公會、證券交易所或第十八條所定之事業，於依法或主管機關基於法律所發布之命令規定之帳簿、表冊、傳票、財務報告或其他有關業務文件之內容有虛偽之記載。

六、於前款之財務報告上簽章之經理人或會計主管，為財務報告內容虛偽之記載。但經他人檢舉、主管機關或司法機關進行調查前，已提出更正意見並提供證據向主管機關報告者，減輕或免除其刑。

七、就發行人或特定有價證券之交易，依據不實之資料，作投資上之判斷，而以報刊、文書、廣播、電影或其他方法表示之。

八、發行人之董事、經理人或受僱人違反法令、章程或逾越董事會授權之範圍，將公司資金貸與他人、或為他人以公司資產提供擔保、保證或為票據之背書，致公司

遭受重大損害。

九、意圖妨礙主管機關檢查或司法機關調查,偽造、變造、湮滅、隱匿、掩飾工作底稿或有關紀錄、文件。

有下列情事之一者,處五年以下有期徒刑,得科或併科新台幣一千五百萬元以下罰金:

一、律師對公司、外國公司有關證券募集、發行或買賣之契約、報告書或文件,出具虛偽或不實意見書。

二、會計師對公司、外國公司申報或公告之財務報告、文件或資料有重大虛偽不實或錯誤情事,未善盡查核責任而出具虛偽不實報告或意見;或會計師對於內容存有重大虛偽不實或錯誤情事之公司、外國公司之財務報告,未依有關法規規定、一般公認審計準則查核,致未予敘明。

三、違反第二十二條第一項至第三項規定。

犯前項之罪,如有嚴重影響股東權益或損及證券交易市場穩定者,得加重其刑至二分之一。

發行人之職員、受僱人犯第一項第六款之罪,其犯罪情節輕微者,得減輕其刑。

主管機關對於有第二項第二款情事之會計師,應予以停止執行簽證工作之處分。

外國公司為發行人者,該外國公司或外國公司之董事、經理人、受僱人、會計主管違反第一項第二款至第九款規定,依第一項及第四項規定處罰。

違反第一百六十五條之一或第一百六十五條之二準用第二十二條規定,依第二項及第三項規定處罰。

第174-1條

第一百七十一條第一項第二款、第三款或前條第一項第八款之已依本法發行有價證券公司之董事、監察人、經理人或受僱人所為之無償行為,有害及公司之權利者,公司得聲請法院撤銷之。

前項之公司董事、監察人、經理人或受僱人所為之有償行為,於行為時明知有損害於公司之權利,且受益人於受益時亦知其情事者,公司得聲請法院撤銷之。

依前二項規定聲請法院撤銷時,得並聲請命受益人或轉得人回復原狀。但轉得人於轉得時不知有撤銷原因者,不在此限。

第一項之公司董事、監察人、經理人或受僱人與其配偶、直系親屬、同居親屬、家長或家屬間所為之處分其財產行為,均視為無償行為。

第一項之公司董事、監察人、經理人或受僱人與前項以外之人所為之處分其財產行為,推定為無償行為。

第一項及第二項之撤銷權,自公司知有撤銷原因時起,一年間不行使,或自行為時起經過十年而消滅。

前六項規定,於外國公司之董事、監察人、經理人或受僱人適用之。

第174-2條　　（刪除）

第174-3條

以竊取、毀壞或其他非法方法危害證券交易所、證券櫃檯買賣中心或證券集中保管事

業之核心資通系統設備功能正常運作者，處一年以上七年以下有期徒刑，得併科新臺幣一千萬元以下罰金。

意圖危害國家安全或社會安定，而犯前項之罪者，處三年以上十年以下有期徒刑，得併科新臺幣五千萬元以下罰金。

前二項情形致損及證券交易市場穩定者，加重其刑至二分之一。

第一項及第二項之未遂犯罰之。

第174-4條

對證券交易所、證券櫃檯買賣中心或證券集中保管事業之核心資通系統，以下列方法之一，危害其功能正常運作者，處一年以上七年以下有期徒刑，得併科新臺幣一千萬元以下罰金：

一、無故輸入其帳號密碼、破解使用電腦之保護措施或利用電腦系統之漏洞，而入侵其電腦或相關設備。

二、無故以電腦程式或其他電磁方式干擾其電腦或相關設備。

三、無故取得、刪除或變更其電腦或相關設備之電磁紀錄。

製作專供犯前項之罪之電腦程式，而供自己或他人犯前項之罪者，亦同。

意圖危害國家安全或社會安定，而犯前二項之罪者，處三年以上十年以下有期徒刑，得併科新臺幣五千萬元以下罰金。

前三項情形致損及證券交易市場穩定者，加重其刑至二分之一。

第一項至第三項之未遂犯罰之。

第175條

違反第十八條第一項、第二十八條之二第一項、第四十三條第一項、第四十三條之一第三項、第四十三條之五第二項、第三項、第四十三條之六第一項、第四十四條第一項至第三項、第六十條第一項、第六十二條第一項、第九十三條、第九十六條至第九十八條、第一百十六條、第一百二十條或第一百六十條之規定者，處二年以下有期徒刑、拘役或科或併科新台幣一百八十萬元以下罰金。

違反第一百六十五條之一或第一百六十五條之二準用第四十三條第一項、第四十三條之一第三項、第四十三條之五第二項、第三項規定，或違反第一百六十五條之一準用第二十八條之二第一項、第四十三條之六第一項規定者，依前項規定處罰。

違反第四十三條之一第二項未經公告而為公開收購、第一百六十五條之一或第一百六十五條之二準用第四十三條之一第二項未經公告而為公開收購者，依第一項規定處罰。

第176條　（刪除）

第177條

違反第三十四條、第四十條、第四十三條之八第一項、第四十五條、第四十六條、第五十條第二項、第一百十九條、第一百五十條或第一百六十五條規定者，處一年以下有期徒刑、拘役或科或併科新台幣一百二十萬元以下罰金。

違反第一百六十五條之一或第一百六十五條之二準用第四十條、第一百五十條規定，或違反第一百六十五條之一準用第四十三條之八第一項規定者，依前項規定處罰。

第177-1條

違反第七十四條或第八十四條規定者，處證券商相當於所取得有價證券價金額以下之罰鍰。但不得少於新臺幣二十四萬元。

第178條

有下列情事之一者，處新臺幣二十四萬元以上四百八十萬元以下罰鍰，並得命其限期改善；屆期未改善者，得按次處罰：

一、違反第二十二條之二第一項、第二項、第二十六條之一，或第一百六十五條之一準用第二十二條之二第一項、第二項規定。

二、違反第十四條第三項、第十四條之一第一項、第三項、第十四條之二第一項、第三項、第六項、第十四條之三、第十四條之五第一項至第三項、第二十一條之一第五項、第二十五條第一項、第二項、第四項、第三十一條第一項、第三十六條第五項、第七項、第四十一條、第四十三條之一第一項、第四十三條之四第一項、第四十三條之六第五項至第七項規定、第一百六十五條之一或第一百六十五條之二準用第十四條第三項、第三十一條第一項、第三十六條第五項、第四十三條之四第一項；或違反第一百六十五條之一準用第十四條之一第一項、第三項、第十四條之二第一項、第三項、第六項、第十四條之三、第十四條之五第一項至第三項、第二十五條第一項、第二項、第四項、第三十六條第七項、第四十一條、第四十三條之一第一項、第四十三條之六第五項至第七項規定。

三、發行人、公開收購人或其關係人、證券商之委託人，對於主管機關命令提出之帳簿、表冊、文件或其他參考或報告資料，屆期不提出，或對於主管機關依法所為之檢查予以規避、妨礙或拒絕。

四、發行人、公開收購人，於依本法或主管機關基於本法所發布之命令規定之帳簿、表冊、傳票、財務報告或其他有關業務之文件，不依規定製作、申報、公告、備置或保存。

五、違反第十四條之四第一項、第二項或第一百六十五條之一準用第十四條之四第一項、第二項規定；或違反第十四條之四第五項、第一百六十五條之一準用該項所定辦法有關作業程序、職權之行使或議事錄應載明事項之規定。

六、違反第十四條之六第一項前段或第一百六十五條之一準用該項前段規定，未設置薪資報酬委員會；或違反第十四條之六第一項後段、第一百六十五條之一準用該項後段所定辦法有關成員之資格條件、組成、作業程序、職權之行使、議事錄應載明事項或公告申報之規定。

七、違反第二十五條之一或第一百六十五條之一準用該條所定規則有關徵求人、受託代理人與代為處理徵求事務者之資格條件、委託書徵求與取得之方式、召開股東會公司應遵守之事項及對於主管機關要求提供之資料拒絕提供之規定。

八、違反主管機關依第二十六條第二項所定公開發行公司董事監察人股權成數及查核實施規則有關通知及查核之規定。

九、違反第二十六條之三第一項、第七項、第八項前段或第一百六十五條之一準用第二十六條之三第一項、第七項或第八項前段規定；或違反第二十六條之三第八

　　項後段、第一百六十五條之一準用該項後段所定辦法有關主要議事內容、作業程序、議事錄應載明事項或公告之規定。

十、違反第二十八條之二第二項、第四項至第七項或第一百六十五條之一準用第二十八條之二第二項、第四項至第七項規定；或違反第二十八條之二第三項、第一百六十五條之一準用該項所定辦法有關買回股份之程序、價格、數量、方式、轉讓方法或應申報公告事項之規定。

十一、違反第三十六條之一或第一百六十五條之一準用該條所定準則有關取得或處分資產、從事衍生性商品交易、資金貸與他人、為他人背書或提供保證及揭露財務預測資訊等重大財務業務行為之適用範圍、作業程序、應公告或申報之規定。

十二、違反第四十三條之二第一項、第四十三條之三第一項、第四十三條之五第一項或第一百六十五條之一、第一百六十五條之二準用第四十三條之二第一項、第四十三條之三第一項、第四十三條之五第一項規定；或違反第四十三條之一第四項、第五項、第一百六十五條之一、第一百六十五條之二準用第四十三條之一第四項所定辦法有關收購有價證券之範圍、條件、期間、關係人或申報公告事項之規定。

外國公司為發行人時，該外國公司違反前項第三款或第四款規定，依前項規定處罰。

依前二項規定應處罰鍰之行為，其情節輕微者，得免予處罰，或先命其限期改善，已改善完成者，免予處罰。

檢舉違反第二十五條之一案件因而查獲者，應予獎勵；其辦法由主管機關定之。

第178-1條

證券商、第十八條第一項所定之事業、證券商同業公會、證券交易所或證券櫃檯買賣中心有下列情事之一者，處各該事業或公會新臺幣三十萬元以上六百萬元以下罰鍰，並得命其限期改善；屆期未改善者，得按次處罰：

一、違反第十四條第三項、第十四條之一第一項、第三項、第二十一條之一第五項、第五十八條、第六十一條、第六十九條第一項、第七十九條、第一百四十一條、第一百四十四條、第一百四十五條第二項、第一百四十七條、第一百五十二條、第一百五十九條、第一百六十五條之一或第一百六十五條之二準用第六十一條、第一百四十一條、第一百四十四條、第一百四十五條第二項、第一百四十七條規定。

二、對於主管機關命令提出之帳簿、表冊、文件或其他參考或報告資料，屆期不提出，或對於主管機關依法所為之檢查予以規避、妨礙或拒絕。

三、於依本法或主管機關基於本法所發布之命令規定之帳簿、表冊、傳票、財務報告或其他有關業務之文件，不依規定製作、申報、公告、備置或保存。

四、證券商或第十八條第一項所定之事業未確實執行內部控制制度。

五、第十八條第一項所定之事業違反同條第二項所定規則有關財務、業務或管理之規定。

六、證券商違反第二十二條第四項所定有關發行經主管機關核定之其他有價證券之準

　　則、第四十四條第四項所定標準、規則、第六十條第二項所定辦法、第六十二條
　　第二項所定辦法、規則或第七十條所定規則有關財務、業務或管理之規定。

七、證券櫃檯買賣中心違反第六十二條第二項所定辦法、證券商同業公會違反第九十
　　條所定規則或證券交易所違反第九十三條、第九十五條、第一百零二條所定規則
　　有關財務、業務或管理之規定。

依前項規定應處罰鍰之行為，其情節輕微者，得免予處罰，或先命其限期改善，已改
善完成者，免予處罰。

第179條
法人及外國公司違反本法之規定者，除第一百七十七條之一及前條規定外，依本章各
條之規定處罰其為行為之負責人。

第180條　（刪除）

第180-1條
犯本章之罪所科罰金達新台幣五千萬元以上而無力完納者，易服勞役期間為二年以
下，其折算標準以罰金總額與二年之日數比例折算；所科罰金達新台幣一億元以上而
無力完納者，易服勞役期間為三年以下，其折算標準以罰金總額與三年之日數比例折
算。

第八章　附則

第181條
本法施行前已依證券商管理辦法公開發行之公司股票或公司債券，視同依本法公開發
行。

第181-1條
法院為審理違反本法之犯罪案件，得設立專業法庭或指定專人辦理。

第181-2條
經主管機關依第十四條之二第一項但書規定要求設置獨立董事、依第十四條之四第一
項但書規定設置審計委員會，或第二十六條之三施行時依同條第六項規定董事、監察
人應當然解任者，得自現任董事或監察人任期屆滿時，始適用之。

第182條　（刪除）

第182-1條
本法施行細則，由主管機關定之。

第183條
本法施行日期，除中華民國八十六年五月七日、八十九年七月十九日修正公布之第
五十四條、第九十五條及第一百二十八條，自九十年一月十五日施行；九十五年一
月十一日修正公布之第十四條之二至第十四條之五、第二十六條之三，自九十六年一
月一日施行；九十五年五月三十日修正公布條文，自九十五年七月一日施行；九十八
年六月十日修正公布條文，自九十八年十一月二十三日施行；九十九年六月二日修正
公布之第三十六條，自一百零一年一月一日施行；一百零一年一月四日修正公布之第
三十六條第一項第二款，自一百零二會計年度施行外，自公布日施行。
本法中華民國一百十二年四月二十一日修正之第四十三條之一，自公布後一年施行。

附錄二：證券交易法施行細則

民國101年11月23日金融監督管理委員會令修正發布第4～7、9條條文；並增訂第12-1條條文

第1條
本細則依證券交易法（以下簡稱本法）第一百八十二條之一規定訂定之。

第2條
本法第二十二條之二第三項所定利用他人名義持有股票，指具備下列要件：
一、直接或間接提供股票與他人或提供資金與他人購買股票。
二、對該他人所持有之股票，具有管理、使用或處分之權益。
三、該他人所持有股票之利益或損失全部或一部歸屬於本人。

第3條
本法第三十四條第一項所定依公司法得發行股票之日，指核准公司設立或發行新股變更登記執照送達公司之日。

第4條
依本法第三十六條第一項公告財務報告時，應載明下列事項。但其他法令另有規定者，從其規定：
一、年度財務報告應載明查核會計師姓名及其查核意見為「無保留意見」、「修正式無保留意見」、「保留意見」、「無法表示意見」或「否定意見」之字樣；其非屬「無保留意見」查核報告者，並應載明其理由。
二、季財務報告應載明核閱會計師姓名及核閱報告所特別敘明事項。
三、財務報告屬簡明報表者，應載明「會計師查核（核閱）之財務報告已備置公司供股東查閱或抄錄」之字樣。

第5條
本法第三十六條第一項第三款所定公告並申報之營運情形，指下列事項：
一、合併營業收入額。
二、為他人背書及保證之金額。
三、其他主管機關所定之事項。

第6條
依本法第三十六條所公告並申報之財務報告，未依有關法令編製而應予更正者，應照主管機關所定期限自行更正，並依下列規定辦理：
一、個體或個別財務報告有下列情事之一，應重編財務報告，並重行公告：
　　（一）更正綜合損益金額在新台幣一千萬元以上，且達原決算營業收入淨額百分之一者。

（二）更正資產負債表個別項目（不含重分類）金額在新台幣一千五百萬元以上，且達原決算總資產金額百分之一點五者。

二、合併財務報告有下列情事之一，應重編財務報告，並重行公告：

（一）更正綜合損益金額在新台幣一千五百萬元以上，且達原決算營業收入淨額百分之一點五者。

（二）更正資產負債表個別項目（不含重分類）金額在新台幣三千萬元以上，且達原決算總資產金額百分之三者。

三、更正綜合損益，或資產負債表個別項目（不含重分類）金額未達前二款規定標準者，得不重編財務報告，並應列為保留盈餘、其他綜合損益或資產負債表個別項目之更正數，且於主管機關指定網站進行更正。

依前項第一款或第二款規定重行公告時，應扼要說明更正理由及與前次公告之主要差異處。

第7條

本法第三十六條第三項第二款所定發生對股東權益或證券價格有重大影響之事項，指下列情形之一：

一、存款不足之退票、拒絕往來或其他喪失債信情事者。

二、因訴訟、非訟、行政處分、行政爭訟、保全程序或強制執行事件，對公司財務或業務有重大影響者。

三、嚴重減產或全部或部分停工、公司廠房或主要設備出租、全部或主要部分資產質押，對公司營業有影響者。

四、有公司法第一百八十五條第一項所定各款情事之一者。

五、經法院依公司法第二百八十七條第一項第五款規定其股票為禁止轉讓之裁定者。

六、董事長、總經理或三分之一以上董事發生變動者。

七、變更簽證會計師者。但變更事由係會計師事務所內部調整者，不包括在內。

八、重要備忘錄、策略聯盟或其他業務合作計畫或重要契約之簽訂、變更、終止或解除、改變業務計畫之重要內容、完成新產品開發、試驗之產品已開發成功且正式進入量產階段、收購他人企業、取得或出讓專利權、商標專用權、著作權或其他智慧財產權之交易，對公司財務或業務有重大影響者。

九、其他足以影響公司繼續營運之重大情事者。

第8條 （刪除）

第8-1條

本法第四十三條之七所定一般性廣告或公開勸誘之行為，係指以公告、廣告、廣播、電傳視訊、網際網路、信函、電話、拜訪、詢問、發表會、說明會或其他方式，向本法第四十三條之六第一項以外之非特定人為要約或勸誘之行為。

第9條

本法第五十四條第一項及第十八條之一第二項所定對於有價證券營業行為直接有關之業務人員及第十八條事業之人員，指下列業務之人員：

一、在證券承銷商為辦理有價證券承銷、買賣接洽或執行之人員。

二、在證券自營商為辦理有價證券自行買賣、結算交割、代辦股務或衍生性金融商品風險管理或操作之人員。

三、在證券經紀商為辦理有價證券買賣之開戶、徵信、招攬、推介、受託、申報、結算、交割、融資融券或為款券之收付、保管之人員。

四、在證券金融事業為融資融券業務之開戶、徵信、結算交割、帳務處理或為款券收付之人員。

五、在證券集中保管事業為執行有價證券保管或帳簿劃撥登錄業務之人員。

六、前五款所列證券商或證券服務事業之主辦會計、投資分析、自行查核、法令遵循、內部稽核人員或辦理其他經核准業務之人員。

第10條

本法第一百五十條第三款所定前後兩次之讓受行為相隔不少於三個月，依下列規定認定之：

一、私人間之直接出讓與受讓行為，應各算一次。

二、讓受行為之起算，應以讓受行為之日為準，無法證明時，以受讓人向公司申請變更股東名簿記載之日為準。

第11條

本法第一百五十七條第六項及第一百五十七條之一第一項所稱具有股權性質之其他有價證券，指可轉換公司債、附認股權公司債、認股權憑證、認購（售）權證、股款繳納憑證、新股認購權利證書、新股權利證書、債券換股權利證書、台灣存託憑證及其他具有股權性質之有價證券。

本法第一百五十七條第一項所定獲得利益，其計算方式如下：

一、取得及賣出之有價證券，其種類均相同者，以最高賣價與最低買價相配，次取次高賣價與次低買價相配，依序計算所得之差價，虧損部分不予計入。

二、取得及賣出之有價證券，其種類不同者，除普通股以交易價格及股數核計外，其餘有價證券，以各該證券取得或賣出當日普通股收盤價格為買價或賣價，並以得行使或轉換普通股之股數為計算標準；其配對計算方式，準用前款規定。

三、列入前二款計算差價利益之交易股票所獲配之股息。

四、列入第一款、第二款計算差價利益之最後一筆交易日起或前款獲配現金股利之日起，至交付公司時；應依民法第二百零三條所規定年利率百分之五，計算法定利息。

列入前項第一款、第二款計算差價利益之買賣所支付證券商之手續費及證券交易稅，得自利益中扣除。

第12條　　（刪除）

第12-1條

本細則中華民國一百零一年十一月二十三日修正發布之第四條至第六條，
其適用情形如下：

一、股票於證券交易所上市或於證券商營業處所買賣之公開發行股票公司，應自一百零二會計年度開始日適用。

二、股票未於證券交易所上市或未於證券商營業處所買賣之公開發行股票公司，應自
　　一百零四會計年度開始日適用。但自願自一百零二會計年度適用一百零一年一月
　　一日修正施行之證券發行人財務報告編製準則者，應自一百零二會計年度開始日
　　適用。
三、未依前二款規定辦理之公開發行股票公司，應依一百零一年十一月二十三日修正
　　發布前之規定辦理。

第13條

本細則自發布日施行。